Siever Johanna Meyer-Abich

Foelke Kampana

Meinen Eltern
Jann Janssen Berghaus
und
Seyde-Margaretha Mimken Berghaus
geb. Antons

Siever Johanna Meyer-Abich

Foelke Kampana

Verlag Soltau-Kurier-Norden

BIBLIOTHEK OSTFRIESLAND

Siever Johanna Meyer-Abich:
Foelke Kampana

Band V der
„Bibliothek Ostfriesland"
im Buchverlag des Hauses
Soltau-Kurier-Norden

3. Auflage 1990 · 14.–16. Tausend

ISBN 3-922365-87-6

Inhaltsverzeichnis Band I

ERSTES BUCH

KENO DER ÄLTERE

1.

Als die Wasser der Matthiasflut des Jahres 1372 sich verlaufen hatten, beschloß Kampo Habbena von Strackholt und Hinte, seinen Freund Imel Kenesna auf Burg Broke im Broekmerland zu besuchen, um zu sehen, ob dessen Land großen Schaden genommen habe. Bei dieser Gelegenheit wollte er auch die Pferdezucht des alten Keno Hilmersna besichtigen und, wenn es sich so träfe, ein Füllen aus dem Broekschen Stall kaufen.

Die Frühjahrsarbeiten auf dem Lande hatten diesen Besuch hinausgezögert, und nun wollte es schon Ostern werden. In der Karwoche reiste keine Friese; man hätte es als eine Entweihung der heiligen Zeit empfunden. Aber nach langem Hinundherüberlegen mit Gyla, seiner Frau, setzte Kampo Mariä Verkündigung als Reisetag fest.

"Dann ist das Land zur Saat bereitet", sagte er, "und der Lenzmond wird auch die warmen Tage bringen, die er uns schuldet, so daß ich Foelkeldis mitnehmen kann."

Lächelnd blickte er zu seiner Tochter hin, die eben eingetreten war.

"Vater, Ihr wolltet -? Ich darf-?"

"Du bist nun vierzehn Jahre alt, Foelke, und kein Kind mehr. Groß und kräftig bist du geworden. Du wirst doch einen Ritt ins Broekmerland aushalten, denke ich?"

Das Mädchen sprang auf ihn zu: "Vater, Ihr seid viel zu gut zu mir."

"So, so .. Und nun sieh zu, ob du deine Kleider in Ordnung hast, damit ich mich meiner großen Tochter nicht zu schämen brauche, wenn ich sie meinen Freunden vorstelle."

Gyla war nicht sehr angetan von diesem Reiseplan; sie fand ihre Tochter noch reichlich jung, bei Erwachsenen eingeführt zu werden, aber sie war nicht gewohnt, dem zu widersprechen, was der Hausherr angeordnet hatte. Und außerdem leuchtete die Freude ihres Kindes bald auch in ihr auf.

Am Morgen des 25. März stand Kampo Habbena schon früh auf dem Burgplatz. Tido, der Hund, drängte sich schweifwedelnd an ihn. Jetzt mochten viele Bauern in Friesland so dastehen wie er, dachte Kampo, und zum Himmel aufsehen. War die Nacht hell und klar und strahlten die Sterne, so gab es ein fruchtbares Jahr und eine gute Erntezeit. Der März war ziemlich trocken gewesen, wie es der Bauer gern hatte. Auch Nebel waren wenig gefallen, so daß man nicht mit viel sommerlichem Platzregen zu rechnen haben würde. Der Schnee war gut weggeschmolzen. Das freute die Bauern; denn Märzenschnee schadete dem Getreide. Ja, wenn Gott seine Hand weiter über allem halten wollte, dann konnte es ein gutes Jahr werden.

Von dem heutigen Tage war Sonnenschein zu erhoffen, dachte Kampo Habbena, und damit ging er in das Wohnhaus zurück, um mit dem Gesinde die Morgenandacht zu halten, bevor er die Anordnungen für den Tag gab.

Er konnte sich auf seine Knechte verlassen, es waren Broekmerländer, Kolonistenkinder. Man mußte etwas vorsichtig mit diesem freien, selbstsicheren Volk umgehen, das hatte Kampo erfahren, aber man konnte auf sie bauen. In ihnen allen steckte eine herrische Natur, sie waren zumeist zu stolz, die Arbeit in Abwesenheit des Herrn schlecht zu machen.

Nach den Pferden aber sah er jeden Morgen selbst. Sie hatten es in dieser Jahreszeit schwer, sie mußten gut gewartet werden. Kampos Reittier wieherte vor Freude, als er den Stall betrat. Des Pferdes Stimme verziert das Haus, hatte sein Vater oft gesagt.

"Schön bist du, Bruno", sagte der Mann und klopfte seinem Liebling den Hals, "ich freue mich auf dich." Er liebte dieses Tier mit den freien, kurzen, spitzigen Ohren und den großen Augen. Mit einem Strick band er es an der Linde im Burghof fest.

Nun war es an der Zeit, das Kind zu wecken. Die Sterne waren inzwischen verblaßt, und das Licht schien durch die hohen, kleinen Fenster in die Burgräume.

Im Vorbeigehen nickte er seiner Frau freundlich zu. Sie legte soeben dem Geflügel Lavendel in den Trank und wollte, wenn es Tag würde, die Magd Zwiebeln stecken und Kohlsaat in die sorgfältig vorbereiteten Beete legen lassen. Später sollten Meike und Hilleda den Hopfengarten einrichten. Wenn Kampo dies auch meine, sagte sie. "Das kannst du halten, wie du willst", sagte der Mann und ging ins Haus.

Sein Kind wollte er heute selbst wecken. Zum erstenmal sollte es mit ihm in die Welt hinaus reiten. Da stand er an der Butze.

Sie schliefen beide darin, seine Töchter. Vorn lag Foelkeldis, die ältere, hinten an die Wand drückte sich die kleine Tetta. Sie mochten nicht allein schlafen. In der Kälte der friesischen Nächte war es auch ein Trost, daß man nicht allein in dem riesigen Wandbett lag. Man verlor sich sonst in der Kälte und Einsamkeit.

Als er die schlafenden Mädchen sah, brachte Kampo es zunächst nicht über sich, sie aus der fernen Welt zurückzurufen. Gott mochte wissen, wo ihre Seelen weilten, so entrückt und engelhaft wie diese Kinder dalagen. Ja, mit Engeln redete wohl ihr Kinderherz, sie waren ihm heilig-fremd.

Foelke schlug die Augen auf: "Vater -, Mariä Verkündigung", sagte sie noch halb im Schlaf, "Ihr seid schon bereit, Vater?"

Er faßte ihre Hand: "Wenn du ganz wieder da bist, auf der Erde, meine ich", lächelte er, "dann steh auf, meine Foelke."

Damit ging er.

Foelke stahl sich aus der Butze, Tetta sollte weiterschlafen. Sie war zart und etwas anfällig, man schonte sie. Sie sollte geistlich werden, hatte der Vater gesagt, und man würde sie wohl bald in das Kloster Thedinga bringen, die arme Seele. Aber sie, Foelke, sollte mit dem Vater ausreiten, ins Broekmerland.

Umständlich schlüpfte sie in die bereitgelegten Sachen. Es war lange darüber verhandelt worden, was sie anziehen sollte. Sie kroch mit dem neuen Wollhemd hinein in das gute Oberkleid, das sehr lang war und in der Mitte durch einen goldenen Gürtel zusammengehalten wurde. Das Wollhemd hielt sie mit dem Brustschild zusammen, den ihre Ältermutter ihr vererbt hatte.

Mit dem Haar aber mußte sie heute wohl zur Mutter gehen. Gyla nahm eben der Magd die Morgengrütze ab, als Foelke, den großen Knochenkamm in der Hand, zu ihr trat. Ja, sie wollte gern helfen, daß der Zopf heute recht fest und steif und daß das schönste Stukelband, das ihre Truhe aufwies, hineingeflochten würde. Am Ende des Zopfes blieb ein Haarbusch frei, wie es sich für Jungfrauen geziemte. Er legte sich gleich, nachdem Gyla die klingenden, goldenen Eicheln des Stukelbandes mit rotseidenen Schnüren zusammengebunden hatte, in eine Locke. Gyla lachte leise in sich hinein - es war gut, daß diese Tochter nicht wußte, wie schön ihr Haar war. Foelke hatte im Gegenteil Kummer darüber, daß es dunkel und nicht goldglänzend war wie das anderer Friesenmädchen. Sie hatte bitterlich geweint, als einmal jemand sagte, sie sei wohl eine Südländerin. Aber wie sehr sie auch darum betete, ihr Haar blieb dunkelbraun.

Sie betrachtete, während Gyla immer wieder strählte und unter dem Geklingel des Stukelbandes den Zopf flocht, voller Stolz ihre neuen Schuhe, die sie soeben aus dem Verschlag unter der Butze hervorgeholt hatte. Kampo hatte sie ihr bei seinem letzten Besuch in Hinte aus Emden mitgebracht. In der Stadt am Strom, von der man in Strackholt nur voll Bewunderung sprach, weil dort die Goldarbeiter wohnten, die Esscharts und Brustschilde, herrliche Armbänder und gestrengede Ringe herstellten, wohnte auch ein Schuhmacher, der es verstand, Schuhe mit Seitenschnüren zu verfertigen. Für gewöhnlich konnte man sie in dem nassen Lande nicht tragen, aber heute -. Ach, heute!

Foelke sprang auf und umarmte ihre Mutter stürmisch.

"Kind, Kind, so freust du dich? Aber nun iß vorerst deine Grütze."

Wiewohl Gyla ihr dicken Rahm darübergoß, vermochte Foelke nur wenig zu essen, aber die Fastenzeit schrieb ohnehin Mäßigkeit vor, so daß Gyla heute nicht mahnte.

Die Pferde waren inzwischen gesattelt auf den Burghof geführt worden. Zu ihrer Verwunderung und nicht sehr großen Freude bemerkte Foelke, daß ihre schöne, braune Stute einen Frauensattel trug. Sie hielt es aber nicht für klug, etwas darüber zu sagen.

Gyla stand auf der Zugbrücke und sah den beiden Davonreitenden nach. Ihr Gesicht wurde traurig: Foelke sah sich nicht ein einziges Mal nach ihr um. Sie dachte nur an den Vater und daran, daß sie nun mit ihm fortreiten durfte.

"O Vater, was ist das für ein Tag!" jauchzte Foelke.

Kampo Habbena blickte über das weite Land und in den morgendlich geröteten Himmel hinein.

"Weißt du, meine Foelke, daß die Alten Mariä Verkündigung den Wundertag nannten? Weil das Wunder in die Welt eingezogen ist. Überall in friesischen Landen sät man nun das Korn, überall hat die Saat den Pflug beim Schwanz. Im Samenkorn aber liegt das große Wunder verborgen. Alles, was wird, ist schon da. Jetzt öffnen sich die Poren und Schweißlöcher der Erde, die im Winter fest verschlossen waren, und nun beginnt all die Feuchtigkeit in Pflanze und Tier herauszukommen. Die Erde ist wieder jung geworden, meine Foelke. Sie ist jung geworden und vermag Samen aufzunehmen mit allen Wundern, die sie in sich bergen."

Als Kampo seine Tochter bei diesen Worten ansah, dünkte sie ihn ein Bild der jungen, empfangsbereiten Erde zu sein. Voller verborgener Wunder erschien ihm ihr Kindergesicht, das rein und erwartungsvoll, wie in der Vorahnung von etwas ganz besonders Schönem, aus der fest um Kopf und Hals gewickelten Hatte heraussah. Zu sprechen vermochte sie nicht. Die Freude schnürte ihr das Herz zu.

Sie hatten noch immer die aufgehende Sonne im Rücken und mußten nun bald den Pfahldamm erreichen, der sie sicher über das Moor gen Norden führte. Er wurde die Spetze genannt. Kampo wandte sich noch einmal um. Strackholt lag auf einem der breiten Geeststreifen, die ganz Friesland vom Südwesten nach Nordosten durchzogen und die immer wieder vom Moor unterbrochen wurden. Das Land war, da der Lenzmond wenig Regen gebracht hatte, schon gut abgetrocknet, die Leegden wiesen noch Wasserflächen und moorige Stellen auf, aber das Winterkorn lag wie ein weicher Flaum auf den Feldern. Kampo achtete auch auf Foelkes Pferd. Das Mädchen saß so versonnen im Sattel, daß es wohl kaum achtgeben würde auf nasse, weiche Stellen. Leicht war es nicht, dachte der Mann, um diese Zeit einen Besuch im Norden des Seelandes auszuführen, aber seine Freundschaft zu den tom Broeks war tief. Imel hatte vor einigen Jahren sein Weib verloren und Kampo war seit dieser Zeit in Sorge um ihn. Es wurde Zeit, daß er einmal wieder nach dem Freunde sah.

Dort lag Timmel, ein reiches Geestdorf, in dem er einen schönen Hof an einen Erzfaulpelz verpachtet hatte, dem er nach dem Gesetz nicht nach dem Johannistage kündigen durfte. Dann aber sollte Hillert den Hof verlassen.

Sein Blick schweifte nach Westen. Dort lag auch das Emsigerland, in dem nun Imels Töchter verheiratet waren. Aber zwischen der Emsiger Marsch und der Geest des Binnenlandes lagen Wiesenmoore. Aus der Ferne sah man an diesem hellen, schönen Morgen die weite, arme Ebene, die kaum Siedlungen aufwies und hier und dort von flachen Landseen unterbrochen war, die wie ein Silberband unter dem hohen, hellen Himmel aufglänzten. In der Nähe der wenigen Dörfer würden heute auch dort die Menschen auf den von den niedrigen Deichen eingefriedigten Feldern arbeiten. Kampo selbst hatte Besitzungen in jener Gegend und zeigte Foelkeldis ein weißgekalktes Lehmhaus, das sich in weiter Ferne aus der gelbgrünen Umgebung abzeichnete.

"Erinnerst du dich noch daran, meine Foelke, daß ich dich und deine Schwester, als ihr kleine Mädchen wart, auf den Kreitwagen setzte und mit euch in die Meede fuhr, um Heu zu holen? Weißt du noch, wie du in dem weißen Mäherzelt lagst und Ihmo dir das erste Bier brachte, das du in deinem Leben genossen hast? Bier und Speck, sagte er, gehören in die Meeden."

Ja, Foelke wußte es noch genau. Eine Mäusemutter hatte eilends mit ihren rosigen, langschwänzigen Kindern das Weite gesucht, als sie in das weiße Mäherzelt hineinkroch. Es war wunderschön in der weiten, stillen Meede gewesen.

"Aber nirgends ist es so schön wie auf der Geest", sagte das Mädchen. "Liebt Ihr die Geest auch am meisten, Vater?"

"In den Meeden und den Mooren unseres Seelandes würden Menschen, wie deine Mutter, schwermütig werden", sagte Kampo ernst. "Ihretwegen war es auch, daß ich die Marsch verließ. Die Geest ist heiter. Gyla wurde froher, als sie Bäume und Büsche und Erdwälle sah, die jeden Kamp bei uns einfriedigen. Ich selbst ... ja, ich liebe die Geest auch mehr als die Marsch. Ich komme auch besser mit den Häuptlingen des Auricherlandes aus. Auch sie sind heiterer. Im Emsigerland gab es immer viel Streit. Imels Schwiegersöhne Hisko und Folkmar tragen nicht dazu bei, ihm das Leben zu erleichtern. Ich habe nicht bereut, daß wir Hinte einem Drosten unterstellt haben und selbst nach Strackholt gezogen sind."

"Liegt das Broekmerland auch auf der Geest, Vater?"

"Das nicht gerade, jedenfalls nicht ganz. Aber es wird dir auch gefallen. Es hat viel Moor und Bruchland und auch Marsch."

"Geest und Moor und Marsch," staunte das Kind. "Im Moor bin ich auch gern. Dort wachsen Birken. Habt Ihr das Birkenwasser gesehen, das Tetta und ich gestern heimbrachten? Mutter sagt, von Birkenwasser werden die Gedanken gut und weich."

"Möchtest du gern solche Gedanken haben?" lächelte der Vater.

"Ich weiß, daß ich nicht weich bin", sagte Foelke errötend. "Aber wenn Ihr bei mir seid, Vater ..."

Sie blickte scheu zu ihm hinüber.

Kampo sagte nichts. Er selbst hatte nur Freude an dieser Tochter gehabt, aber es war ihm auch nicht entgangen, daß Foelke ihre Mutter weniger liebte.

Von nah und fern grüßten jetzt Kirchen, die auf hohen Warfen standen. Aus dem Osten schimmerte der von der steigenden Morgensonne hell beleuchtete Tuffstein herüber. Man habe ihn aus dem Rheinlande herbeigeschafft, erzählte Kampo seiner Tochter, alte Handelsbeziehungen verbänden die Friesen mit dieser Gegend. Aber er bröckele leicht an der Wetterseite, und seit durch die Huder Mönche auch hier im sechsten Seeland das Ziegelbrennen bekanntgeworden sei, gebrauche man ihn nur noch selten zum Kirchenbau. Das sei nun ein gutes Menschenalter her. Hier in der Geest würden die Kirchen zumeist auf Findlingen erbaut, die aus der Zeit stammten, in der noch Riesen mit schweren Schritten durch das nasse Land stapften. Man fände die dicken Steine vielerorts, spalte sie mit Feuer und Wasser, bearbeite die Schnittflächen sorgfältig und verschmiere die beim Bauen bleibenden freien Stellen mit Lehm.

In der Nähe der Lambertskirche in Aurickhove, die Graf Johann von Oldenburg vor hundert Jahren erbaut hatte, wie alte Leute wissen wollten, gab es eine gute Herberge. Man nannte sie die Schnappe. Woher dieser seltsame Name stamme, vermochte Kampo seiner wißbegierigen Tochter freilich nicht zu sagen. Vor langer Zeit sollten friesische Edle, die miteinander in Streit lagen, sich hier gegenübergestanden und einen Kampf ausgefochten haben, so erzählte sich das Volk. Einer habe den andern durch die enge Tür des Lehmhauses bis an die Feuerstelle gejagt und ihn dort geschnappt.

Foelkeldis sah entsetzt auf. So schaurige Erinnerungen waren mit diesem kleinen strohgedeckten Hause verbunden, durch dessen niedrige Tür sie jetzt schritt?

"Das sind alte Erzählungen, die nicht wahr zu sein brauchen", tröstete der Vater.

Sie setzten sich auf die Holzbank, die dem offenen Feuer am nächsten stand. Kampo hängte seinen Kapkavel auf einen der langen Eisenhaken, die oben über den Butzen angebracht waren. Foelkeldis mochte die Hatte nicht abwickeln; es hatte sie verstört, was sie so plötzlich hörte.

Der Wirt kannte den Häuptling von Strackholt, der überall im Auricherlande wohl angesehen war, seit langem und beeilte sich, sein Bier in den landesüblichen zinnernen Bechern herbeizutragen. Vor Foelkeldis setzte er einen besonders schön verzierten Becher mit Beifußbier auf den Tisch.

"Das ist gut für die Jungfrau", sagte er, "das vertreibt das Kopfweh. Ihr seid müde geworden, Foelke Kampana ..."

Er sah in ihr bleiches Gesicht. "Habt Ihr von den alten Geschichten gehört, Kind? Glaubt sie nicht. Hier im Hause ist keiner erschlagen worden. Draußen war es. Und niemand weiß, wer den Speer geworfen hat. Bis auf den heutigen Tag hat man es nicht erfahren können. In der Morgenfrühe ist es gewesen - ja, Zank und Streit sind unter den Menschen, seit die Götter sie am Strande fanden und ihnen Blut und Leben gaben. Das ist nun so. Trinket, Jungfrau."

Foelke setzte den Becher an die Lippen. Ja, das Bier war gut. Sie trank den Becher halb leer. Das Bier vertrieb die Bilder, die sie plötzlich ungewollt sich entrollen sah. Sie fühlte sich jetzt geehrt durch die höfliche Behandlung, die der Wirt ihr zuteil werden ließ. "Ihr" hatte er zu ihr gesagt. Der Vater hatte doch recht gehabt mit dem Frauensattel.

"Euer Bier ist gut, Claas Ribbena", lobte nun auch Kampo. "Ihr habt es gut durch Sommer und Winter geführt."

"Das Bierbrauen muß an dem Orte gelernt werden, an dem man später brauen will", sagte der Mann. "In Aurickhove läßt sich kein Hamburger oder Utrechter Bier und in Groningen kein Aurickhovener Bier brauen. Es ist ein Besonderes um Wasser und Luft. Wir Brauer können vieles lernen - daß der Hopfen kleben und einen guten, starken Geruch haben muß, wenn man ihn gebraucht, denn nur dann treibt das Bier die schlechten Feuchtigkeiten aus dem Menschen. Aber das Letzte entscheidet doch das Wasser selbst. In ganz Friesland vom Sinkval bis zur Weser nimmt man Regenwasser zum Brauen. Herr, aber glaubet mir, Gott läßt es überall mit anderem Wasser regnen."

Sie lachten beide, und der Wirt begann nun, die Neuigkeiten aus der Gegend zu berichten, wie es zu seinem Berufe gehört.

Die Sturmflut habe diesmal nicht so großen Deichschaden angerichtet wie sonst. Der Matthiastag sei ja immer ein besonderer gewesen. Nach dem allgemeinen Volksglauben ließe an diesem Tage die Kälte nach, zerbräche in sich selbst oder verstärke sich. Das ließe wohl den Schluß zu, daß Sankt Matthias ein reichlich unberechenbarer Heiliger sei.Aber diesmal sei zum Guten ausgeschlagen, was er sich ausgedacht. Wüst habe es anfangs ausgesehen, und man habe, als die Stürme durch das Seeland heulten, bereits vom Untergang des Dorfes Westeel gemunkelt, auf den viele jahraus, jahrein angstvoll warteten. Das Dorf habe in den letzten Jahren schwer gelitten, aber Westeel stände so gut wie Osteel, und nicht ein Dorf des Brockmer- und des Norderlandes sei untergegangen. Die Küstenbewohner hätten ja auch gerade erst die Schrecken der furchtbaren Marcellusflut überwunden, die vor zehn Jahren soviel Unheil anrichtete. Da sei es ein wahrer Segen, daß Gott diesmal die Hand über die Deiche gehalten und eine solche Mannstränke verhütet habe.

"Nächst dem Allmächtigen aber verdanken wir es Keno Hilmersna tom Broek, daß die Deiche hielten", schloß Claas Ribbena seinen Bericht. "Er hat sie befestigt. Er hält öfter Deichschau, als das Gesetz vorschreibt, und wartet nur darauf, daß auch das Land zwischen Marienhove und Norden deichreif werde, um Westeel zu retten. Die Broekmer taten recht daran, daß sie sich ihn zum Herrn erkoren. Er hat das Bruchland mit ihnen entwässert und trägt seinen Namen wahrhaftig mit Recht." Herr Keno sei zwar nicht in ihren Dörfern geboren, aber gerade ein Auswärtiger, der zudem ein echter Friese und binnen Landes und nicht außer Landes geboren sei, wie das Gesetz auch vom Priester verlange, habe den Abstand, Streitigkeiten zu schlichten, wenn solche vorkämen. Nein, das sei nicht oft der Fall. Die Broekmer seien sicherlich die friedfertigsten der Friesen des sechsten Seelandes.

Das meine auch er, fügte Kampo bei.

"Broekmer kämpfen mit Sumpf und Moor, damit haben sie reichlich zu tun. Streit und Neid gehen immer vom Emsigerlande aus, Burgherr", sagte Ribbena, und der Stolz auf seine engere Heimat ließ sein starkknochiges, großes Gesicht rot anlaufen. "Dort regt sich immer wieder Mißgunst. Könnt Ihr selbst denn die Häuptlinge noch zählen, die dort aus der schweren Kleierde emporschießen wie Rapssaat im Frühjahr?" Kampo widersprach nicht.

"Wenn alle so für das Haus tom Broek eintreten wie Ihr, hat Herr Keno gutes Hinterland", sagte er, erhob sich und stülpte den Kapkavel über das dichte, blonde Haar. Es wurde Zeit, daß sie ihren Weg fortsetzten.

Als sie ihre Stute von dem Eisenhaken der Steinmauer losmachte, die den großen, freien Platz vor der Schnappe an der Südseite einfaßte, sah Foelkeldis sich scheu um. Hier war also eine schwere Fehde auf so seltsame Art ausgetragen worden. Rasch führte sie ihre Agathe an den Findling, der vorm Wirtshaus lag, setzte den linken Fuß darauf und schwang sich hastig aufs Pferd.

Was geschehen, war lange Zeit her. Es war vorbei. Warum sollte sie sich den Wundertag stören lassen!

Die Sonne schien jetzt so warm, daß das Kind ihre Strahlen wie eine Liebkosung empfand. Es legte den Kopf in den Nacken und schloß die Augen. Irgendwo jubelten Lerchen. Ja, es war ein Wundertag.

Kampo sah sich um. Ja, sie komme, rief Foelke durch den Frühlingsmorgen und setzte dem Vater nach.

Alte Wege, heilige Linien führten durch das ganze Seeland. Sie hatten einstmals die Heiligtümer miteinander verbunden. Das war zu der Zeit gewesen, als die Altvorderen noch in Hainen anbeteten und einander in Steingräbern bestatteten. Kampo zeigte Foelke den heiligen Weg, der von Aurickhove nach Marienhove führte. Um aber zur Burg Broke zu kommen, müsse man vorher nach Osten abzweigen, sagte er.

Schon von weitem wurden die gewaltigen Kirchen des Broekmerlandes sichtbar. Der Dom von Sankt Marien überragte weit und breit alle andern. Er sei das Seezeichen für die Schiffer, sagte Kampo, und auch Herrn Kenos und Herrn Imels Herzen schwöllen vor Stolz, wenn sie dieses Turms wundervolles Geläut aus der Ferne hörten. Kein Volk des Seelandes rühme sich solcher Kirchen wie die Broekmer. Sie hatten ihre eigenen Rechtssätze, in denen schon vor hundert Jahren auch das aufgezeichnet worden war, was diese Kirchen anging.

"Imels Bruder Ocko liebte diese Rechtssätze sehr", sagte Kampo. "Ich glaube, mich zu erinnern, daß er sie mit einem Mönch zusammen abgeschrieben hat. Imel und ich sind des Lesens und Schreibens immer noch nicht mächtig", lachte er. "Ocko aber lernte schon damals, die Buchstaben mit grüner und roter Tinte ausmalen. Goldplättchen legte er auf Bienenhonig, und schließlich fuhr er leicht mit einer Hasenpfote über die fertigen Initialen. Die Rechtssätze begannen fast alle 'Thet wellath brocmen'. Das wollen die Broekmänner. Alle freien Erbeingesessenen, so hat Ocko uns vorgelesen, bauten sich die Kirchen auf freiem Grund und Boden, und dann habe die Gemeinde sich selbst einen Priester zu wählen, der binnen und nicht außer Landes geboren sei. Claas Ribbena sagte, die Broekmer seien friedfertig", schmunzelte Kampo Habbena, "daß sie Priester erwürgt oder aus dem Lande gejagt haben, hat er wohl vergessen. Aber freilich, sie hatten Grund dazu. Der Bischof von Münster hat eine Sühne mit uns Friesen schließen müssen. Daß es so gekommen ist, verdanken wir zumeist den Broekmern. Aber das geht dich noch nichts an, meine Tochter ... Freust du dich an den Kirchen, meine Foelke?"

"Auch an den Rechtssätzen", sagte das Kind. "Es ist schön, daß sie alle anfangen `Thet wellath brocmen', und dann steht geschrieben, was die Broekmänner wollen. So weiß man es gleich zu Anfang, Vater."

"Ja, Broekmer sagen, was sie wollen, und das geschieht. Sie haben es auch in Stein in den Himmel hineingeschrieben, was sie wollen. In hundert Jahren werden hier noch nicht so viel Menschen wohnen, daß sie diese Kirchen füllen können. Aber so ist es den Broekmern gerade recht. Sie wollten vornehmlich ihren gewaltigen Willen zeigen."

"Zur Anbetung, Vater. Das meint doch auch Ihr?"

"Nun ... Ja, gewiß, Kind. Auch zur Anbetung.

Es war um die elfte Stunde dieses Tages Mariä Verkündigung, daß Foelke Kampana aus Strackholt im Auricherland zum erstenmal Burg Broke im Sonnenschein vor sich liegen sah.

Langsam ritt sie an der Seite ihres Vaters auf den Ringgraben zu. Nie hatte sie eine so gewaltige Burg gesehen. Sprachen ihre Mauern nicht wie die Rechtssätze und Kirchen dieses seltsame, kurze Wort 'Thet wellath brocmen'? Wie im Traum vernahm sie den Ruf des Wächters aus dem Torturm. Er bedeutete, daß Gäste auf die Burg zukamen, und gleich darauf wurde langsam an schweren Ketten die Zugbrücke heruntergelassen, und nun war eine Verbindung hergestellt zwischen dem gewaltigen Willen der Broekmänner und ihr, die in diese große Welt hineinritt, behütet und geführt von dem Mann, der das in sich begriff, was sie bisher vom Leben wußte.

Inzwischen war auch die zweite Zugbrücke, die über den inneren Burggraben führte, heruntergelassen worden; sie war, entsprechend dem breiteren Graben, sehr viel länger und schwerer als die äußere. Ein mächtiger Wall, wohl fünf Mannsschritt breit, meinte Kampo, umfriedete die innere Burg. Foelkeldis holte tief Atem. Es schien ihr unmöglich, daß diese gewaltige Wasserburg jemals von Feinden eingenommen werden könnte. Nein, der Wille der Broekmänner würde sich vor sie legen. Eine solche Burg hatten wohl die stärksten Feinde noch nicht gesehen.

Nun hatten sie auch den inneren Burggraben überquert, und Foelke sah den ganzen Warf, auf dem das Steinhaus mit all seinen aus Lehm gebauten, mit Stroh gedeckten Wirtschaftsgebäuden lag. Die Außenmauern der Burg ragten aus dem Wasser auf. Dicht über seinem Spiegel sah Foelke Spähluken. Die gab es auf Strackholt nicht. Aber die väterliche Burg daheim erhob sich auch nicht unmittelbar aus dem Burggraben. Dieser Teil des Steinhauses sei unterkellert, sagte Kampo, und gegen die drängende Wassermacht von innen durch Strebepfeiler gefestigt. Und er zeigte dem Kinde Sandsäcke, die man durch die Luken erspähen konnte. Mit ihnen hatte man die Mauern von innen gestützt. So hielten diese dem Wasserdruck des Grabens besser stand. In jeden der Torflügel war ein gewaltiger, rechtsblickender Adler geschnitzt.

Und nun ritten Kampo und Foelkeldis durch das aufgerissene Burgtor, das zwei Knechte festhielten, auf eine alte Eiche zu, das Wahrzeichen Burg Brokes.

Imel Kenesna trat aus der schweren Tür des Steinhauses, und Herr Keno kam aus einem der Ställe auf die Gäste zu.

Beide begrüßten Kampo in herzlicher Freude. Dann ging Herr Keno zu Foelke, die wie erstarrt auf ihrem Pferde saß.

"Und das ist deine Tochter, Kampo?" fragte er freundlich und leitete Foelkes Pferd an den Stein bei der Eiche, an dem Frauen am liebsten abstiegen.

"Seid uns willkommen, Foelke Kampana. Gott segne Euren Einzug auf Burg Broke und schenke Euch Frieden hier."

Mit diesen Worten hob er das Mädchen vom Pferd und setzte es behutsam auf die Flintsteine des Burghofes. Foelke blickte in ein so gütiges Gesicht, daß sie, nun die ganze Welt schon verzaubert war, meinte, nur Gott selbst könne sie noch väterlicher anblicken.

Erwachte sie nun aus einem Traum? Ihr war plötzlich, als sei sie schon oft hier gewesen. Todernst sah sie Herrn Keno an. Kannte sie ihn nicht schon lange? Es war sehr seltsam. Mit gemessenen Schritten ging sie langsam und hoch aufgerichtet in das Steinhaus, in dem ihr Vater und Herr Imel bereits verschwunden waren.

Imel Kenesna hatte seinen Freund in die Winterstube geführt, in der man bis zum Walburgstage zu wohnen pflegte und in der auch heute ein großes Torffeuer seinen warmen Schein auf den steinernen Fußboden und die weißgekalkten Wände warf.

Kampo sah wohl, daß der Freund noch älter und müder geworden war, seit er ihn zuletzt besuchte, und er riet ihm, seinen Kummer dadurch zu überwinden, daß er abermals ein gutes Weib ehelichte. Des sei er auch wohl Sinnes, war Imels Antwort, aber das Schicksal habe es nicht so gefügt, daß ihm diejenige begegnet sei, die Hebes Platz auf Burg Broke habe einnehmen können. Nun freue er sich, wenn Adda und Fossa, seine beiden Töchter, dann und wann zu ihm kämen. Freilich könne dies nicht oft geschehen, da beide einem großen Hauswesen vorzustehen und Kinder zu versorgen hätten. Zudem ständen ja die Leegden zwischen dem Emsiger- und dem Broekmerland während eines großen Teiles des Jahres unter Wasser.

Wie das Grundwasser aus gewaltigen, verborgenen Quellen aufstieg, seine Hand ausstreckte und die Wassermassen unheimlich tiefer Seen über das sechste Seeland ergoß, so schien in Imel immer wieder der Kummer um das Verlorene aufzusteigen, dachte Kampo und sann nach, wie diesem inneren Elend am besten beizukommen sei.

"Es ist schön, daß Ihr gekommen seid, Kampo", sagte nun Herr Keno, der mit Foelkeldis zu den Freunden getreten war. "Und daß du deine Tochter mitgebracht hast, ist besonders schön. Hier war Jugend und Lachen ausgestorben."

Er nahm den zweiten Hochsitz am Feuer ein und zog Foelke zu sich auf einen strohgeflochtenen Hocker. Nach friesischer Sitte hätte sie hinter dem Eichentisch auf der Frauenbank sitzen müssen.

"Aber da Ihr die einzige Frau hier seid, ist es Euch gewiß lieber, mit Männern um das Feuer zu sitzen", sagte Herr Keno, und sie nickte dankbar und stellte die kalten Füße auf die große, blanke Eisenplatte, in der sich die Flammen widerspiegelten. Und wieder war ihr, als hätte sie oft an diesem Feuer gesessen und zugehört, was Männer sprachen.

Meike, die Magd, brachte dunkles Bier. Sie war groß und breit und blickte ruhig von einem zum andern, indem sie den Gästen den Friesengruß bot. Foelke war es, als habe sie auch diese Magd schon gesehen, oder fügte sie sich so gut in Burg Broke ein, daß sie nicht fortzudenken war? Frei und ohne alle Befangenheit setzte Meike die schöne, silberne Bierkanne auf den Eichentisch und goß dann den Gästen zu Ehren das gut duftende Getränk in weite, silberne Becher, die eine kunstvolle Randverzierung aufwiesen.

Als die Magd gegangen war, stand Foelkeldis auf und brachte den Männern die Becher.

"Ihr kredenzt uns den Trank", sagte Imel und sah dem Mädchen froh ins Gesicht. "Ihr solltet bei uns bleiben. Was haltet Ihr davon, Vater?" wandte er sich an Herrn Keno.

"Ich gebe die Frage an Kampo weiter", sagte dieser.

Kampo Habbena lachte.

"Da möchte ich Gyla nicht vor die Augen treten, ihr Broekmänner", sagte er. "Wir wollen zu Sankt Michael unsere zweite Tochter nach Thedingen bringen, damit sie geistlich werde. Aber Foelke, nein, Foelke muß vorerst noch bei uns bleiben."

In das Gespräch der Männer, das sich um Frühjahrsbestellung und Jungtiere drehte, mischte sich bald das Mittagsgeläut der Kirchenglocken. Am klarsten waren die weichen, vollen Glockenschläge von Sankt Johannes in Utengrahove zu hören, der Kirche, in der auch Herr Keno die Messe zu hören pflegte. Foelkeldis horchte. So läuteten jetzt, in diesem selben Augenblick, hatte ihr Vater einmal gesagt, in ganz Friesland vom Sinkval bis zur Weser die Mittagsglocken. Überall zogen die Küster oder seine Kinder an den starken Glockentauen und riefen die Menschen vom Felde zum Tischgebet. So war es in Strackholt und seinen Nachbardörfern, so war es hier im Broekmerland, so war es in ganz Friesland. Die Welt wurde plötzlich groß für sie und blieb doch in eins verbunden.

Überall stellte sich jetzt der Hausvater, wie hier Herr Keno mit seiner Familie, um den Tisch und segnete das Essen, und überall aß man jetzt die Fastenspeise.

Meike hatte den Gästen zu Ehren außer dem Fischgericht einen Milchbrei gekocht, auf den sie ein sonderbar duftendes braunes Gewürz streute, das Foelke nicht kannte. Es war mit gelbem Zucker vermischt und bildete nun eine dicke, süße Kruste. Herr Imel nannte dieses Gewürz Kaneel und erzählte, daß broekmerische Schiffer es aus fernen Ländern mitgebracht hätten. Seinen beiden Töchtern habe es so gut geschmeckt, daß nun auch Hisko Abdenas und Folkmar Allenas Schiffe außer Wein und Seidenstoffen das braune Pulver mitbringen müßten.

Die Erwähnung der Namen von Imels beiden Schwiegersöhnen gab Kampo Veranlassung, nach den politischen Zuständen im Emsigerland zu fragen, für die vor allem Hisko, wiewohl er noch jung war, sich verantwortlich fühlte.

Ein tiefer Seufzer Herrn Kenos ließ Kampo aufblicken.

"Gott führt alles zum Besten", sagte der alte Mann, "aber verzeiht mir die Sünde, mir deucht, ohne die Menschen ist Gott selbst hilflos."

Die beiden Männer antworteten nicht. Der alte Häuptling konnte sich erlauben, seltsame Worte zu sprechen. Hinter ihm standen ein Leben und ein Lebenswerk. Foelkes Augen aber leuchteten. Nie hatte sie eine so kühne Sprache vernommen. Das Herz drohte stehenzubleiben, bis es plötzlich wieder heftig und wild schlug. Wenn Gott hilflos war ohne die Menschen, dann wollte sie selbst ihm helfen, so gut wie Männer ihm helfen mußten.

"Noch ist es das Glockengeläut, das Friesen eint", sagte Kampo. "Aber wir brauchen mehr. Wir waren einmal ein Volk. Wir sind es nicht mehr. Daran denkt Ihr, Keno Hilmersna!"

"Eine Zeitlang mochte dies angehn", fuhr der alte Mann erregt fort. "Ich muß euch dies sagen, Kampo und Imel. Ich bin alt, und wenn ihr auch nicht mehr zu den Jüngsten zählt, so doch zu denen, die auf Grund ihrer Lebenserfahrung ein Wort zu sagen haben, wenn Männer wie Folkmar und Hisko ... Was liegt ihrem Wollen denn zugrunde? Sagt mir, ob es etwas anderes ist als Selbstsucht."

Auch Imel widersprach nicht. Er mochte Verdruß genug von seinen Schwiegersöhnen haben.

"Man muß die Vergangenheit ansehen, um zu wissen, was in der Zukunft möglich ist", sagte Herr Keno wieder. "In dem Vergangenen liegen die Keime der Zukunft immer verborgen. Daß wir uns seit langem auf Abwegen befinden, kann mich nicht darüber hinwegtäuschen, daß wir gleichwohl noch in jedem Augenblick einen richtigen Weg einschlagen können, wenn wir selbst es wollen. Was geschehen ist, muß ertragen werden; was zu geschehen hat, sollte den Willen aufrufen." Er legte den runden, zinnernen Löffel auf den Tisch. "In aller Welt haben Friesen gestritten", sagte er heftiger, als sonst seine Art war.

"Männlich und tapfer hat man sie erfunden. Wir waren als Streiter in Portugal, und ihr wißt, daß Poptet Ulvinga aus Uttum sein Leben dort ließ, und daß ihn jenes dunkelhäutige Volk dort unten als seinen Schutzpatron verehrt. Wir waren dabei, als der Kettenturm von Damiette erobert wurde in dem fernen Lande, in dem man Pyramiden über Königsgräbern errichtete, und Papst Honorius hat uns in einer Urkunde bestätigt, daß Hayo und die anderen Friesen, deren Namen bei uns unsterblich sind, sich unter allen Nationen durch hochgemute Tapferkeit hervorgetan haben. Ihr kennt auch das Wort, das der große Staufenkaiser an uns richtete: Die fremden Völker fürchten eure Klugheit und haben sie erfahren. Wir haben gegen die heidnischen Wenden gekämpft, und wir haben die Stadt Aachen erobert, und nie hat man uns anders als männlich und streitbar erfunden. Von alters her haben sich die deutschen Kaiser Friesen verschrieben, wenn es galt, an gefahrvoller Stelle für sie zu kämpfen. Das war unsere Vergangenheit, und so urteilten Kaiser über uns. Und wie steht es heute um uns? Statt eines einzigen Führers, der die Zügel straff faßt oder locker läßt, wie es das Pferd verträgt, das er lenkt, haben wir unzählige, die heimtückisch und ängstlich nach den Zügeln schielen, um sie listig zu ergreifen, sobald die vielen andern, die sich auch Anwärter dünken, es möglich machen."

"Claas Ribbena sagte heute morgen, im Emsigerland schießen die Häuptlinge aus dem Kleiboden wie die Rapssaat im Frühjahr", sagte Kampo.

"Und gelb vor Neid und Mißgunst sind sie, wie Rapssaat im Wonnemond", fügte Imel hinzu. "Folkmar geht es jetzt um die Burg in Süderhusen. Ich kann ihn nicht davon abhalten. Es kann recht gut sein, daß er den alten Boinck ohne jeden Grund überfällt und erschlägt, um Süderhusen seinem eigenen Besitz einzugliedern."

"Als König Radbod Friesland regierte, da gab es keine Häuptlinge", fuhr Herr Keno ruhiger fort. "Aber die sieben Seelande waren ein einziges Reich. Damals gab es keine holländische Grafschaft. Holland war eines der Seelande des friesischen Reiches. Jetzt bekämpft es uns, wo es nur kann. Radbod, alle Friesen der sieben Seelande hinter sich wissend, war imstande, den Frankenkönig zu schlagen. Das Ganze ist erbärmlich klein, und der einzelne ist erbärmlich groß geworden. Die sieben Seelande sind in sich selbst zerfallen. Nicht einmal in den einzelnen Ländern selbst ist noch ein Zusammenhalt, geschweige in dem Gebiet, das man einstmals Friesland genannt hat und dessen Männer in der weiten Welt geachtet waren."

Er sah fragend zu seinem Sohn hinüber. Imel schüttelte müde den Kopf.

"Ihr erwartet zuviel von mir, Vater", sagte er, "oder - Falsches. Das einzige, was das Leben mir gelassen hat, sind meine beiden Töchter. Ich kann nicht in Unfrieden mit ihnen und ihren Männern leben. Ich rede zum Guten, soviel in meiner Macht liegt, aber niemand wird Folkmar davon überzeugen können, daß er rechtlich keinen Anspruch auf Süderhusen hat. Wer machthungrig ist, findet einen Weg. Ich glaube, man muß diesen Dingen ihren Lauf lassen. Es hat keinen Sinn, einem rollenden Rad in die Speichen zu greifen."

Damit erhob er sich, griff nach seinem Kapkavel und bot Kampo an, ihm das Füllen zu zeigen, von dem sie unlängst gesprochen hätten.

Auch Herr Keno nahm seinen roten, mit zackiger Goldborte berandeten Kapkavel, der neben seiner Armbrust an der Wand der Winterstube hing, und stülpte ihn so über den Kopf, daß auch der Nacken bedeckt war. Dann knöpfte er sich den kurzen, grünen Leibrock bis an den Hals hinauf zu.

"In der warmen Winterstube vergißt man den Märzwind", sagte er zu Foelke, die in ihren weiten Reitumhang geschlüpft war und sich die Hatte fest um Kopf und Hals gewickelt hatte. "Aber draußen ist es kalt. Möchtet Ihr nicht lieber hier bleiben, kleine Foelke?"

"Herr Keno", sagte das Mädchen, sich scheu umblickend, "sagt mir, warum werdet I h r nicht König von Friesland, wie König Radbod, von dem Ihr erzähltet?"

"Wer sich heute zum Führer über alle aufwerfen wollte, würde auf das Rad geflochten", antwortete der alte Mann ruhig. "Imel hat nicht unrecht, wenn er meint, daß man vielen Dingen zunächst ihren Lauf lassen muß. Die Menschen müssen vorbereitet werden auf das, was ihnen zuteil werden soll. Vielleicht müssen wir noch tiefer in Neid und Unrecht hinuntersteigen. Nur - ich kann es schlecht mit ansehen."

"Aber Ihr ...", beharrte das Mädchen und sah ihn mit flehenden Augen an.

"Ich bin alt, und ... dies gehört nicht mehr zu dem, was ich auf der Erde soll. Ocko könnte es. Aber er ist in Neapel. Er dient einem fremden Lande."

Klang Bitterkeit aus der Stimme des alten Mannes?

"Euer Sohn wird zurückkommen", sagte Foelkeldis lebhaft. "Und rühmtet Ihr nicht selbst die Friesen, die tapfer und männlich in der Fremde stritten? Kann einer, der so zurückkommt, nicht besser für die Heimat kämpfen als vorher? Ihr müßt dies glauben, Herr Keno ...", flehte sie.

Keno legte ihr die Hand auf die Schulter. Er sah, daß das Schicksal Frieslands die ersten Schatten und die ersten Lichter in diese junge Seele geworfen hatte. "Kommt nun", sagte er und schob sie sanft zur Tür hinaus.

Sie hörten Kampos Stimme, und nun trat er aus dem Pferdestall heraus und sah sich nach seinem Kinde um. Er nahm Foelke an die Hand, und dann folgten sie gemeinsam den beiden tom Broeks, die ihnen die Stallungen zeigten, die hier zum Teil auf dem Warf lagen, zum Teil sich an die Innenseite des breiten Burgwalls schmiegten. Dort waren auch Kornspeicher, Scheunen und Wagenschuppen untergebracht sowie Torf- und Holzlager, die Werkstätten und die Schmiede. Aus dem Waschhaus strömte dicker, warmer Wasserdampf, und im Backhaus, dessen Tür weit offenstand, sah Foelke einen Mann mit bloßen Füßen Brotteig kneten. Etwas weiter nach Norden zu lagen die Wohnungen der Knechte und Mägde. Herr Keno hatte sie nicht in die Scheune verlegt, wie es anderswo geschah.

Alles wies auf die in Friesland seit Jahrhunderten übliche Wirtschaftsform des Pflug- und Feldbaues hin, der zugleich Ackerbau und Viehzucht umfaßte, wobei die Viehzucht freilich immer noch den Feldbau an Bedeutung weit übertraf.

Die edleren Tiere hatte Imel auf dem Warf untergebracht. Seit sein Weib von ihm gegangen, waren die Pferde seine größte Freude.

Über das Füllen waren er und Kampo sich bald handelseinig. Beide kauften ihre Pferde nur von Bekannten. Die Blutlinie hatte immer viel bei den Friesen gegolten. Noch heute erzählten die Männer voll Stolz, daß die Römer für ihre Zelte nirgends so große Kuhhäute bekommen hätten wie hier in Friesland.

"Gefällt dir das Füllen?" fragte Kampo seine Tochter, die hellauf lachte, als das Tier seine drolligen Sprünge vor ihr vollführte. Es war schon ein Jahr alt und noch so füllenhaft in seinen Bewegungen! Ja, sie mochte es gern. Eine schöne, gleichmäßige Höhe hatte es, war breit von hinten und trug den Kopf frei und hoch. Kampo faßte es an die Gurgel. Die untere der drei Häute war dünn. Nun, da wurde es wohl nicht fett, war aber wahrscheinlich arbeitsam. Er kannte jeden Pferdestall im sechsten Seeland und wußte schon, bevor er den Handel begann, daß dieses Tier für den eigenen Hof geeignet war.

"Ein gutes Pferd muß dreierlei vom Wolf haben, dreierlei vom Fuchs und dreierlei von einem Weibe", wandte sich Imel an Foelkeldis. "Was, meint Ihr wohl, soll es mit der Frau gemein haben?"

Sie lachte. Das wußte sie nicht. Kampo warf seinem Freund einen raschen Blick zu. Er würde doch diesem Kinde gegenüber nicht die gängigen Redensarten gebrauchen?

"Eine breite Brust und Untertänigkeit", sagte Imel.

Foelke errötete. An die breite Brust mochte sie eher glauben als an die Untertänigkeit. Kampo war froh, daß sein Freund sich so zahm ausgedrückt hatte. Gemeinhin pflegte man andere Ähnlichkeiten zwischen Frau und Pferd festzustellen.

Nachdem die beiden tom Broeks ihren Gästen auch noch die Reittiere, Ackergäule und Wagenpferde gezeigt und sie durch den großen Rinderstall geführt hatten, in dem sich schon viele junge Kälber tummelten, sagte Keno zu seinem Sohn:

"Kampo hat nun sein Füllen gekauft. Laß uns jetzt an die Küste reiten und ihm zeigen, daß die Matthiasflut uns nichts hat anhaben können. Und wenn du dies auch meinst, nehmen wir die Stute mit, die du Lübbe Heyen in Marienhove verkaufen wolltest."

"Welche war es?" fragte Kampo, nach dem Stall blickend.

"Ich habe sie dir nicht gezeigt", sagte Imel, sich abwendend.

"Es wäre eine gute Gelegenheit", bat Herr Keno nochmals.

"Laß das, Vater. Ich mag sie noch nicht missen. Ihr wißt, ich hänge an dem Tier. Wir können es auch bei der Frühjahrsarbeit gut gebrauchen, zumal ich es Lübbe erst zum Sonnenwendtage versprochen habe."

"Ich möchte das Tier aus dem Hause haben, wenn ich die Wahrheit sagen soll", sagte Herr Keno unmutig. "Es hat eine quade Natur."

"Ihr meint, weil es zum Springen neigt." Imel nickte. "Das tut es freilich. Aber es läuft gut und lang und behält den Atem. Sorgt Euch nicht, Vater. Ich bringe das Tier am Johannestage selbst nach Marienhove. So ist es mit Lübbe vereinbart."

Foelke sah wohl, daß dies Herrn Keno nicht recht war. Aber er drängte nicht mehr. Er ging geneigten Hauptes in das Steinhaus, um seinen und Imels pelzgefütterten Mantel zu holen. Für Foelke brachte er ein weißes Webstück mit, das er ihr um den Hals wickelte.

"Hebe hatte viel für das Weben übrig", sagte Imel, als er dies sah. "Sie hat die Frauen im Bruch darin unterwiesen. Seitdem finden die feinen flandrischen Tuche und die kostbaren Leidener Laken bei unsern Kolonisten nur wenig Anklang mehr. Hebe hatte sagen hören, zur Zeit Karls des Großen seien die in Friesland gewebten Mäntel in aller Welt berühmt gewesen, und der Kaiser selbst habe sie als Gastgeschenk an einen ausländischen Fürsten gesandt. Das war lange bevor man sich in Flandern und England auf das Tuchweben verstand. Und da meinte Hebe, wir Siedler, die wir ohnehin arm und von den übrigen Seelanden als Kolonistenvolk unterschieden sind, sollten wieder unsere Kleider selbst weben, wie die Vorfahren getan. Wir Männer haben den Vorteil davon. Denn so warm wie unsere Leibröcke kann nur der Schafspelz selber sein."

Der Stolz auf sein Weib leuchtete Imel aus den Augen. Aber es war immer die Vergangenheit, die ihn freute, dachte Kampo sorgenvoll und nahm dem Knecht das Pferd ab, das dieser ihm gesattelt zuführte.

Wenn er Imel vor eine Aufgabe stellen könnte - . Am Walburgstage fand im Broekmerland die Neuwahl der Richter statt. Soviel Kampo wußte, war Imel in diesem Jahre an der Reihe, das Amt mit einigen anderen zu übernehmen. Er hatte wohl Lust, die Broekmer Willküren um Imels willen so genau kennenzulernen, wie Ocko sie kannte, der sich als Kind nicht gescheut hatte, einen Winter lang in das Dominikanerkloster nach Norden zu gehen, um die Gesetze mit einem alten, schriftkundigen Mönch auf gelbes Pergament zu schreiben.

Die Sonne stand schon im Westen über der Kirche von Utengrahove, als die Zugbrücken hinter den Reitern hochgezogen wurden. Sie hatten die Burg durch das Südertor verlassen, ritten eine Weile in den warmen Sonnenschein hinein und wandten sich dann nach Nordwesten, dem Meere zu.

In den Gärten bei den Bauernhäusern waren Frauen damit beschäftigt, die Beete zu richten und Kohlsaat in die Erde zu legen. Herr Keno ritt an keiner vorbei, ohne ein freundliches Wort hinüberzurufen.

"Sie haben ein schweres Leben", sagte er zu Foelke. "Ihr Strackholter seid ein altes, reiches Volk im Vergleich zu uns. Denkt Euch, kleine Foelke, wir haben all den Sand, auf dem unsere Dörfer jetzt stehen, herbeifahren müssen und ihn dann auf das Hochmoor geschüttet. Hier ist das Leben nicht so einfach wie bei Euch. Zweihundert Jahre mag es nun her sein, daß die Herbstfluten an der Küste Inseln und Festland wegrissen und die ersten Flüchtlinge sich hier ansiedelten. Wir Späteren haben uns das Land nachbargleich geteilt. Immer noch ziehen aus den Marschen weitere Flüchtlinge zu uns, wenn es ihnen zu unsicher wird."

Sie ritten an den Wilden Äckern entlang, die auch einmal Bruchland gewesen waren, und näherten sich bald dem Stück Deich, das die Leybucht bei Marienhove gegen das Meer abgrenzte. Es war eine völlig fremde Welt für Foelke. Sie blickte bald auf Herrn Keno, bald auf den Dom von Sankt Marien, dem sie sich näherten. Ihr war, als brauche sie etwas Festes, an das sie sich halten könne in all dem Neuen, das auf sie einstürmte.

Und dann lag das Meer vor ihnen, die Friesische See.

"Es hat uns diesmal nicht viel Schaden getan", sagte der alte Mann ernst. "Die Marcellusflut war bösartiger. Da mögt Ihr eben im Zahnwechsel gestanden haben. Ihr erinnert Euch wohl nicht mehr daran? Aber seht, auch jetzt ist zu erkennen, was die See will. Sie gedenkt sich Wege ins Land zu bahnen hier bei der Leybucht und drüben an dem andern Hauptarm der Ems, wo der Dollart seit hundert Jahren größer und größer wird. Und dort, weiter im Osten, läßt sie die grabende Hand nicht von dem Jadebusen. Es ist erst wenige Jahre her, daß ich als Führer des Landesaufgebots gegen Edo Wiemcken ins Rüstringerland zog, denn auch im Osten lauern Männer darauf, daß wir noch uneiniger werden. Hat Euer Vater Euch davon erzählt? Da habe ich erkannt, Foelke Kampana, daß die See uns auffrißt, wenn wir nicht alle Uneinigkeit begraben und unsere Kraft gemeinsam gegen die Fluten richten."

Er sah sich nach seinem Sohne und Kampo Habbena um. Sie standen am andern Ende des Deiches. Das Meer wälzte brüllend seine graugrünen Wogen an den Strand und gegen den Deich. Es wollte wieder Flut werden. Die Möwen jagten über Deich und Meer und stießen ins Wasser, um ihre Beute zu erhaschen und zu verschlingen. Unten am Deich waren Männer damit beschäftigt, Stroh und Sandsäcke in ein Loch zu stopfen, das die letzte Springflut gerissen haben mochte. Sie wußten, daß Herr Keno öfter, als der Mond wechselte, jedes Stück des Deiches einer genauen Besichtigung unterzog, wiewohl er nur sechsmal im Jahr die Deichschau zu vollziehen hatte.

Des alten Mannes Antlitz überflog ein Lächeln.

"Hier ist immer noch Weltenschöpfung, kleine Foelke", sagte er. "Mit Friesland ist Gottvater nicht zu Ende gekommen. Hier ist noch nichts, hier wird alles. Seltsam ist es für uns Broekmer zu denken, daß irgendwo fertiges Land sein soll. Wir verwandeln die Erde, und wir wissen, daß sie sich nur in dem Maße wandelt, als wir an ihr arbeiten. Begreift Ihr jetzt, daß Gott den Menschen zur Fortführung seiner Schöpfung braucht?"

Er zog sie von dem Deich fort und führte sie auf den Dom von Sankt Marien zu.

Sie banden ihre Pferde an einen der großen Eisenhaken in der Wykmauer, und Foelkeldis ging, noch ganz benommen von den Worten Herrn Kenos, zu einigen streitenden Kindern, die auf der steinernen Treppe mit Bickeln spielten. Die tönerne Kugel, die in die Luft geworfen werden mußte, während die

Hand rasch die kleinen, leuchtend rot gefärbten Gelenkknöchelchen von Schafen oder Schweinen in die vorgeschriebene Lage brachte, hatte einen falschen Weg genommen und war auf den Kopf eines kleinen Buben gefallen. Die Mädchen waren in Streit geraten, wer die Schuld an diesem Unglücksfall habe.

"Weine nun nicht mehr, Witzeld", tröstete Foelke, die in dem Durcheinander wenigstens den Namen des Kindes erfaßt hatte. "Ich zeige dir meinen schönen Brustschild. Magst du ihn leiden? Hat deine Mutter auch einen Brustschild?"

"Ich habe keine Mutter."

Rasch nahm Foelke das Kind auf den Arm und drückte es an sich. Dann setzte sie es auf ihr Pferd. "Nun reite, Ritter", lachte sie. "Und nun sage mir, wo du wohnst, Witzeld."

"Er ist nur zu Besuch hier", antwortete eines der Mädchen. "Er wohnt in Aurickhove."

Witzeld saß mit einem sonderbar stillen Gesicht auf Foelkes Agatha, die ruhig weiterfraß, was der Wegrand ihr bot.

"Auch ich bin nur zu Besuch hier", sagte Foelke, "und ich wohne gar nicht weit von Aurickhove. Möchtest du mich wohl einmal besuchen?"

Die schönen, blauen Augen des Kindes sahen sie lange prüfend an. Foelke erschrak beim Anblick dieser Augen. Sie waren so hell und klar wie Herrn Kenos, aber Trauer lag auf ihrem Grunde. Was mochte dieses arme, mutterlose Kind schon erlebt haben! Es schnitt Foelkeldis durchs Herz, als das Kind sie, ohne ihre Frage zu beantworten, so ansah. Sie hob, da sie ihren Vater und Herrn Imel kommen sah, den kleinen Burschen vom Pferd und hielt ihn ein Weilchen auf dem Arm.

"Sei nun ganz still, Witzeld", flüsterte sie. "Du kommst bald zu mir nach Strackholt. Ich hole dich. Jetzt muß ich mit den andern in die Kirche gehen. Spielst du nun weiter, Lieber?"

An Herrn Kenos Hand betrat sie den Dom. Nie hatte sie eine so gewaltige Kirche gesehen. Sie tauchte ihre Fingerspitzen in das Weihwasser und bekreuzigte sich. Dann nahm der Dom von Sankt Marien sie und die andern in seine feierliche Stille auf.

Kampo hatte einmal erzählt, daß Bentheimer Meister für

Broekmerländer Kirchen gearbeitet hatten. Das Holz war unter ihren Künstlerfingern lebendig geworden, und Engel breiteten ihre Fittiche über fromme Menschen, Heilige ermahnten zu Gott wohlgefälligem Leben.

Aber auch viele weltliche Bildwerke barg dieser Dom. An der Nordseite, auf die Herr Keno mit ihr zuschritt, sah Foelke eine Steingruppe von gepanzerten Rittern. Sie hatten das Schwert gezogen und beschützten die Jungfrau Maria. Es dünkte Foelkeldis in diesem Augenblick wunderbar, ein Ritter zu sein und für Heiliges streiten zu dürfen. Sicherlich war es leicht für einen so stark gepanzerten Mann, Gott in dem Sinne helfend zur Seite zu stehen, wie Herr Keno wollte. Auch an den langen Wänden der Seitenschiffe waren Könige und Ritter zu sehen. Herr Keno zeigte ihr Carolus Magnus und den Staufenkaiser, der das große Wort von der Klugheit der Friesen gesprochen hatte. Auch Karl IV., der jetzt das Heilige Reich beschirmte, aber meistens in Prag und nie in Friesland weilte, war hier in Stein gehauen zu sehen. Er hielt den Reichsapfel in der Hand. Sein strenges Gesicht war von Ruhe erfüllt; man konnte wohl Zutrauen zu ihm haben.

An anderer Stelle waren Statuen der Bischöfe von Münster, denen das Broekmerland unterstand. Alle trugen einen hohen, spitzen Hut und hielten den Hirtenstab in der Hand. Foelkeldis hatte noch niemals einen lebendigen Bischof gesehen. Auch sie mieden Friesland wie der Kaiser. Gewiß war ihnen allen die Reise zu weit und zu beschwerlich.

Nun stellte Foelkeldis sich in den Mittelgang. Erst jetzt bemerkte sie, daß Herr Keno sich zu den beiden anderen Männern gesellt hatte, aber es war schön zu wissen, daß der Dom sie alle umschloß. Die Kirche war merkwürdig weltlich und lebensfroh in all ihrer gewaltigen Frömmigkeit, empfand Foelkeldis. Hatte man jemals gehört, daß Kirchen Bilder von fremdartigen Burgen bargen, die auf Bergen lagen und nicht einen einzigen Ringgraben aufwiesen?

Auch Bilder aus biblischer Weisheit fanden sich. Die Legende von den beiden Frauen, die sich um ein Kind stritten, war dargestellt. Der König wollte es zerteilen, aber die richtige Mutter flehte entsetzt, es der anderen ganz zu geben. Das Kind auf dem Steinbild nahm plötzlich die Züge des kleinen Witzeld an. Foelkeldis wurde das Herz warm. Das Kind einer andern aufzuziehen, dachte sie sich nicht schwer. - Sehnsuchtsvoll wandte sie sich weiteren Bildern zu. Jenes dort, auf das nun die Abendsonne einen letzten flüchtigen Schein warf, mochte die Sage darstellen, die Kampo wohl an Winterabenden am Torffeuer erzählte. Ein Ritter namens Siegfried, der so stark war, daß er Drachen besiegen konnte, wurde meuchlings ermordet. Foelkeldis wurde rot vor Empörung. Sie dachte plötzlich wieder an die Fehde bei der Schnappe. Ein Held mußte im offenen Kampf fallen. Das war Heldenlos. Aber aus dem Hinterhalt getroffen zu werden, kam grimmer Schande gleich. Da konnte man nur erbittert weinen und Rache schwören.

Daß Kriemhild ihr Wrake bitter ernst nahm, erschien dem Kinde natürlich. Beim Betrachten des Antlitzes wurde ihr freilich deutlich, daß die Rachegedanken diese edle, arme Frau nicht glücklich machten. Auch nahm sie selbst ein unglückliches Ende, wie man hier sah. Sie wurde wie ihr Gemahl ermordet. Immerhin, Foelke Kampana wußte, daß sie sich genauso verhalten würde wie Kriemhilde, träte jemals so Furchtbares an sie heran. Hinterhältigen Verrat würde sie niemals über sich ergehen lassen, ohne grausame Rache zu nehmen.

Sie war in eine heiße, harte Stimmung hineingeraten, aber das merkte sie erst, als sie wieder vor einem der Marienbilder stand, die den Giebel des Querschiffes verschönten. Es war ihr, als ob sie aus einer andern Welt käme, aus einer Welt, in der es hart und grausam und kriegerisch zuging. Das Birkenwasser ihrer Mutter kam ihr plötzlich in den Sinn. Sie sehnte sich oft nach weichen, guten Gedanken und genoß es doch, wenn sie sich in hartem Rachedurst auf Schuldige werfen konnte. Ja, vor dem Bilde der Mutter mit dem Kinde schmolz die Eisrinde um ihr Herz, als ob die Sonne selbst sie beschienen habe. Sie versenkte sich noch tiefer in das Bild der Gottesmutter und mußte wieder an Witzeld denken, als sie das Kind ansah. Es war doch schön, daß es Bilder gab, die das Herz weit und groß machten und weiche, liebevolle Gedanken hineinfließen ließen. Foelke blickte noch einmal herum, erhaschte flüchtig das Bildnis eines Engels der Verkündigung, der eine weiße Lilie in der Hand trug, und erwachte dann wie aus einem Traum. Jemand hatte ihren Namen ausgesprochen. Sie sah, daß Herr Keno hinter ihr stand. Er faßte ihre Hand. Es wurde wohl Zeit, heimzureiten.

Die Sonne war inzwischen untergegangen. In tiefem Frieden lag das Broekmerland da. So still und friedvoll in sich hineinhorchend wie die Gottesmutter ist die Erde, dachte Foelke, als sie von ihrem Pferde aus das märzlich kahle Land überblickte. Und es wurde ihr alles eins, Gottesmutter und Erdenmutter, und sie empfand, wie groß und heilig Gott selbst war, der das Leben schuf.

Nun aber war sie so müde, daß sie nichts mehr sagen, nichts mehr denken konnte. Sie hatte Mühe, nicht von dem ungewohnten Frauensattel abzurutschen. Damit sie nicht auf dem Pferde einschliefe, richtete Herr Keno dann und wann ein freundliches Wort an sie.

Die Sterne gingen auf. Um Mittag hatte man vergessen, daß erst eben die Tag- und Nachtgleiche überschritten war. Man hatte sich sommerlicher Wärme nahe gefühlt. Aber jetzt war es märzlich kühl geworden, und früh legte sich Dunkel über das weite Land. In den struppig kahlen Gebüschen auf den Erdwällen zur Seite der Wege sangen vereinzelt Vögel ihre Abendlieder, aber auch sie verstummten bald. Es war noch zu früh zum Singen.

Der Abendstern erstrahlte in großer, warmer Ruhe über der Kirche von Utengrahove, und weißlich leuchtete das tröstliche Licht des Jupiter aus den dunklen Abendwolken.

Nach dem Nachtmahl brachte Meike, die Großmagd, eine Kerze und geleitete Foelke Kampana in die Gästekammer der Burg, in der sie ein schönes Feuer angezündet hatte.

“Gleichwohl ist das Bett noch klamm”, sagte Meike und glitt mit der Messingbettpfanne durch den hohen, steifen Federberg. Dem blauweißgestreiften, wollenen Webinlett hatte sie zur Hälfte ein weißes Linnenlaken übergelegt. Schon halb im Schlaf sah Foelkeldis, wie die Magd den glimmenden Topf wieder aus der schönen Bettpfanne nahm und ihn in der Aschgrube neben der Herdstätte einrakelte, und wie sie dann noch heiße Backsteine in weiße Webstücke wickelte und an die Stelle legte, an der gleich Foelkes müde Füße ruhen würden. Dann blieb Meike zweifelnd stehen. Sollte sie dem Gast beim Ausziehen behilflich sein? Sie wagte es zunächst nicht. Sie sah, sie hatte kein Kind vor sich. Aber als das Mädchen auf der Bank einzuschlafen schien, ging sie zu ihm, sprach ihm gut zu und zog es aus. Dann schlich sie sich leise fort.

Als Foelke in das weiche Bett hinuntersank und unter ihr das schöne, frische Stroh raschelte, verwirrte sich alles vor ihren Augen. Sie wollte ein Vaterunser beten, aber sie kam über die Anrede nicht hinaus. Sie sah Herrn Kenos gutes, stilles Gesicht. Unser Vater - . Dann schlief sie ein.

In der Nacht wogten Traumgesichte durch ihre Seele. Sie schrie ihr Wrake über eine Leiche, und ihr Herz war hart wie Stein. Dann blickte sie in das Gesicht der Gottesmutter, und das Kind auf ihrem Arm sah aus wie Witzeld und klammerte plötzlich seine mageren Ärmchen um ihren eigenen Nacken. Unendliches Glück durchströmte sie. Dann wurde sie ein Ritter und kämpfte für Friesland, und Witzeld verwandelte die Erde, wie Herr Keno sie verwandelt hatte. Die Erde - märzlich kahl lag sie da, aber sie hatte ein Gesicht wie ein Mensch. Sie nahm die weichen Züge der Gottesmutter an, und dann wieder war es Foelkes eigenes kindliches Antlitz, wie es ihr entgegensah, wenn sie in den Strackholter Ziehbrunnen hinunterschaute. Aber dieses Gesicht war nicht demütig und gut wie das der Gotteserdenmutter. Es war hart und trug einen gequälten Ausdruck. Es blickte einen langen Weg hinunter. Der war verschlammt, und es waren Blutlachen zu sehen, und man würde wohl keinem Pferd, das man lieb hatte, zumuten, hindurchzuwaten. In vielen sonderbaren Windungen führte dieser Weg durch ganz Friesland und weit über seine Grenzen hinaus.

2.

Am anderen Tag ritt Kampo Habbena gegen Mittag mit seiner Tochter wieder auf Burg Strackholt ein. Das Füllen zog er hinter sich her. Es war willig mitgegangen.

Sie hatten unterwegs wenig gesprochen. Beide sannen über das Erlebte nach. Kampo beantwortete Foelkes anfängliche Fragen nur kurz, da überließ sie ihn seinen Gedanken.

Er vergegenwärtigte sich noch einmal, was er mit Imel Kenesna besprochen, als sie auf den Leydeich zuritten. Imel hatte von Ocko zu sprechen angefangen, man müsse Ocko benachrichtigen, er solle unverzüglich heimkommen. Kampo war nicht in den Freund gedrungen. Er wollte nicht, daß in laute Worte gefaßt wurde, was dessen Gemüt so stark beunruhigte. Zog man es nicht noch mehr dadurch herbei? Es gab hier viele Menschen, die so stark von etwas Kommendem belastet waren, daß sie auf Grund ihres vermeintlichen Wissens über die Zukunft verfügten. Leider blieb kein Zweifel daran, daß vieles eintraf, was diese Menschen schauten. Aber Kampo hielt dafür, daß der Mensch kein Raub seiner eigenen Gesichte werden durfte. Er war fest entschlossen, weiterhin in dem Sinn auf Imel einzuwirken, daß dieser die Gesellschaft von andern Häuptlingen aufsuchte, wie Kampo ihm gestern geraten, und daß er zum zweitenmal heirate. Imel mußte sich besser in die irdischen Notwendigkeiten hineinstellen, fand Kampo. Es war wirklich zu begrüßen, daß er am Walburgstage zum Rediewa gewählt werden sollte. Von den andern freien Broekmern sollten einige mit ihm die Richter-, Talemann- oder Keddenwürde übernehmen. Sie würden ihn gewißlich bald in seine Aufgaben hineinziehen. Ja, und Imel hatte zu dem allem müde gelächelt und nur gesagt:

"Die Schicksalsmächte sind doch stärker als wir."

Traurig war es, daß ein Mann einfach zerbrach, ohne sich wirklich zu wehren. Aber wer konnte dies beurteilen, berichtigte Kampo seine eigenen Gedanken. Niemand sah in des andern

Herz. Niemand wußte, welche Kämpfe schon vorangegangen waren, bevor dieses Herz erkannte, daß es sie niemals würde bestehen können.

Imel hatte wieder von dem rollenden Rad gesprochen, dem in die Speichen zu fallen keinen Sinn habe. Aber wie stark auch die niederziehenden Kräfte sein mochten, Kampo war fest entschlossen, ihnen entgegenzuwirken. Zum Walburgstage wollte er wieder ins Broekmerland reiten, damit Imel nicht im letzten Augenblick noch vor der Annahme des Richteramtes zurückschrecke.

Vielleicht wäre alles leichter für den Freund, wenn er Freude an seinen Schwiegersöhnen hätte haben können. Aber soviel Kampo aus Andeutungen entnehmen konnte, bedrängten ihn neuerdings beide, die Fletiewa ihrer Ehefrauen zu ergänzen. Adda und Fossa waren gut ausgesteuert worden, und freilich war es üblich, nach geraumer Zeit, wenn man vermochte, der Fletiewa noch einige Grasen Landes hinzuzufügen. Aber die Art, in der Hisko und besonders Folkmar ihren Schwiegervater bedrängten, mußte Imel wohl recht wenig zusagen. Da Ocko in so weiter Ferne war, lagen die Verhältnisse nicht so einfach wie in den üblichen Fällen, und Imel hätte gern, bevor er eine endgültige Regelung traf, mit dem Bruder über dieses und jenes gesprochen. Geduld aber schien besonders Folkmar nicht aufbringen zu können. Das war es wohl auch, was Imel Kenesna lebensmüde machte. Seine beiden Töchter erwarteten Kinder, hatte er hinzugefügt. In diesem Zustande habe sich Adda ganz auf die Seite ihres Gemahls gestellt in den Fragen, die ihre Fletiewa angingen. Sonderbar, Imel kannte sich mit seinem eigenen Kinde nicht mehr aus, auch das nagte an ihm. Nein, dieser tom Broek war ganz gewiß nicht dazu geschaffen, die politischen Zustände zu wandeln, wie sein Vater die Erde gewandelt hatte, das mußte auch Kampo zugeben. Und doch - , nichts wollte er unversucht lassen, das Gemüt des Freundes vor der Verfinsterung zu retten. Denn auf sie lief hinaus, was sich jetzt als Trübsinn und Mutlosigkeit kundgab. Früher, daran tröstete sich Kampo Habbena, war Imel so gesund gewesen wie jeder andere Friese. Es nagte ein Wurm an seiner Wurzel, aber sollte dem nicht beizukommen sein? Nur Freundeshände vermochten vorsichtig das Erdreich nach diesem Totengräber abzusuchen und ihn unschädlich zu machen. Aber an Ocko zu schreiben, hatte Kampo Imel gleichwohl versprochen. Bis zum Walburgstage würde dies Zeit haben. Es war wohl das richtigste, wenn Herr Harco, der uralte Priester in Utengrahove, der Ocko vom ersten Lebenstage an gekannt, dieses Schreiben aufsetzte. Herr Aylco, der Strackholter Priester, stand nicht in engeren Beziehungen zu den Broekmern. Aber im Frühjahr, fiel Kampo jetzt ein, machten sich auch die Wandermönche wieder auf den Weg. Dominikaner und Franziskaner grasten die Dörfer nach Gaben ab. Sicherlich würde Gylas alter Freund, der Franziskaner Ägidius, bald, wie in jedem Frühjahr, in Strackholt erscheinen, um neue Gänsekiele zu suchen. Ägidius war im ganzen sechsten Seeland bekannt und auch oft in Burg Broke zu Gast, am liebsten aber kam er nach Strackholt. Er war der beste Pflanzenkenner, den Kampo je gesehen, und belehrte Gyla, die er schon viele Jahre vor ihrer Eheschließung gekannt, über alles, was Gott an Wegrainen und auf Feldern, am Grabenrand und im Moor wachsen ließ. Ja, Ägidius sollte, sofern ihn noch vor dem Walburgstage seine alljährliche Wanderung nach Strackholt führte, einen dort gefundenen Gänsekiel zuspitzen und an Ocko tom Broek nach Neapel schreiben, daß er heimkehren müsse. Dann war auch diese Sache in Gang gebracht und das Imel gegebene Versprechen eingelöst. Herr Keno sollte nicht damit beunruhigt werden, hatte der Freund gebeten. Es genüge, daß Menco, ein hellsichtiger, alter Schäfer, auf Burg Broke weile, den es nachts auf die Totendriften zöge, wenn Unheil bevorstünde.

"Da will ich selbst nicht auch noch vorspuken", hatte Imel leicht lächelnd hinzugefügt.

"Aber du darfst nicht vergessen, Kampo, daß es geschehe. Der Brief muß nun geschrieben werden."

Vorerst aber war Passionszeit und der Walburgstag noch fern. Die Vorbereitungen auf das Osterfest würden nun alle Friesen in Anspruch nehmen und gewiß auch Imel tom Broek viele Pflichten auferlegen.

Gyla war sehr glücklich, daß er so schnell heimkam, das sah Kampo wohl. Sie war eine tüchtige Frau, aber immer hatte sie ihm die Entscheidungen überlassen, auch in den kleinen Dingen des täglichen Lebens. Bisweilen fragte er sich, ob er ihr wohl nicht genügend Lebensraum vergönnt habe, damit sie sich entfalten könne. Wenn er sie solche Gedanken fühlen ließ, schmiegte sie sich an ihn, klein und zierlich, wie sie war, und sagte immer das gleiche:

"Ich wollte es nicht anders, Kampo. Es ist gerade recht so."

Als sie Kampo und Foelke auf den Burghof einreiten sah, ging Gyla ihnen froh entgegen.

Liebevoll streichelte sie ihre Tochter und fragte, ob es schön sei im Broekmerland.

"Du mußt mir viel davon erzählen", bat sie und ließ sich von Foelke zu dem Füllen führen, das nun als Unterpfand dieses Rittes auf Burg Strackholt bleiben sollte. Ja, es war ein schönes, gutes, vielversprechendes Tier, das fand auch Gyla.

"Nun wird es hungrig sein", sagte sie, "und ihr auch. Kommt nun ins Haus, Ihmo hat einen dicken Aal gefangen, den wollen wir zu eurem Empfang essen."

Aber als Foelke vorschlug, zunächst selber das Füllen in den Stall zu bringen und dies nicht einem Knecht zu überlassen, war Gyla auch damit einverstanden und folgte ihrem Gemahl und ihrer Tochter, die das Füllen führte, über den inneren, breiten Burggraben. Auf dem Warf selbst waren hier keine Pferdeställe. Foelke brachte dem Tier Häcksel und Hafer und klopfte ihm den Hals. Es sollte es am ersten Tag in der neuen Welt gut haben. Es war ein Stück von Broke, das sie mitgebracht und immer bei sich haben würde. Gyla spürte, daß ihr Kind in eine Welt hineingesehen hatte, die es als groß und herrlich empfand. Wenn sie auch nicht viel davon erfahren würde, so machte es sie doch glücklich, daß Foelke reich heimgekommen war.

Als sie das Tier versorgt hatte und neben der Mutter wieder auf den Warf zurückging, erschien Foelke plötzlich die elterliche Burg klein und beschränkt. Woran lag das? Das eigentliche Steinhaus hatte doch einen so hohen Turm, wie sie in Broke keinen gesehen hatte! Man ging nur im Falle äußerster Not hinein, wenn man, von Feinden bedrängt, keinen andern Ausweg wußte. Ihre Blicke umfaßten jetzt alle Gebäude. Die beiden großen Wohnflügel standen im Winkel zueinander. Ja, in Broke war ein großer Flügel mehr vorhanden. Aber das war es nicht allein.

Die Fenster mußten dort weiter auseinander liegen, die Räume waren wohl sehr viel größer. Aber auch die väterliche Burg hatte, so dachte Foelke wieder in einem Anflug, die bisherige Heimat verteidigen zu müssen, zwei hohe Stockwerke. An der Südseite führte eine Treppe von außen an das zweite Stockwerk hinauf, das an den übrigen drei Seiten von einer Galerie umgeben war. Von dort oben konnte man weit ins Land hineinsehen. Foelke hatte oft dort gestanden und nach Kampo Ausschau gehalten. Freilich waren Meer und Deiche in weiter Ferne. Sie wollte nach Tisch die schmale Steintreppe hinaufhuschen. Jetzt konnte sie wenigstens mit den Augen das Land suchen, dessen Herr es als sonderbar empfand, daß irgendwo die Schöpfung bereits zu Ende geführt war. Er war ein Schaffender, er war ein Schöpfer. Er verwandelte die Erde.

"Komm, Kind", sagte Gyla leise, "du vergißt dich. Ja, Keno tom Broek ist ein großer Mensch. Es ist schön, daß du ihn in jungen Jahren kennengelernt hast. Jetzt freue ich mich, daß dein Vater dich dort eingeführt hat."

Foelke sah die Mutter erschrocken an. Woher wußte diese, was in ihr vorging? Hatte sie sich doch verraten? Aber wenn nur Tetta es nicht erfuhr. Sie war allzu neugierig.

Beim Mittagessen berichtete Gyla weiter, wie man hier auf der Burg den gestrigen Tag genutzt hatte. Ihmo sei mit dem Säen des Sommerweizens zu Ende gekommen. Im Backhaus sei gar nicht mehr fertig zu werden, seitdem der Ofen Risse habe und qualme. Allmählich würde es wohl Zeit, einen neuen Ofen zu bauen.

"Ich mag gar nicht, daß du fortgehst", sagte sie später, als sie mit ihm über den Warf ging, zu Kampo. "Es ist nicht wegen der Arbeit, aber ich ... ja, ich muß es wohl zugeben, Kampo, ich scheue mich vor der Verantwortung."

Sie war viel jünger als ihr Gemahl. Oft meinte er, sie liebe ihn wie einen Vater. Nie hatte es Streit zwischen ihnen gegeben. Gyla tat, was er sagte. Ob seine Tochter wohl auch einen Mann auf solche Art lieben konnte? Kampo bezweifelte es. Aber er bedauerte es nicht.

In den folgenden Tagen vermied er, mit Foelke von dem Wundertag zu sprechen. Er wollte nicht, daß zerredet wurde, was sie dort empfunden hatte. Er hielt sie zu straffer Arbeit in der Wirtschaft an, sah sie bald im Küchengarten Pflanzbeete bereiten und besäen, bald Kühe melken, bald Bienenstöcke mit Heu ausstopfen, denn abends war es noch recht kalt. Foelke scheute sich vor keiner Arbeit. Das freute ihn. Die Magd Ulske, die irgendwo am Rhein das Licht der Welt erblickt, weder Vater noch Mutter hatte und auf eine unbekannte Art in dieses Geestland verschlagen war, ging Foelkeldis lieber zur Hand als Gyla. Kampo sah sie die Hühnerställe und den Taubenschlag gemeinsam säubern, wobei ihm auffiel, daß Ulske sich arg beschmutzte und sich nicht scheute, mit den Händen den Mist anzufassen, was seine Tochter ihr verwies, da es nicht nötig sei. Gyla hatte sich oft über das fremde Mädchen geärgert. Sie schwatzte und lachte gar zuviel. Aber Kampo mußte Foelke recht geben, wenn diese behauptete, Ulske schaffe ihre Arbeit trotz des vielen Schwatzens so gut wie andere, die sich stur und langsam durch den Kuhstall schleppten. Jetzt war es die Freude auf Ostern, die Ulske die Arbeit versüßte. Kampo hörte ihre helle Stimme Foelkeldis zurufen, ob sie gemeinsam mit ihr das Wyelbrot backen dürfe. Die tellergroßen, kreisrunden Osterkuchen waren die schönste Osterfreude für sie. Alljährlich bekam jeder vom Gesinde solch ein Sonnenrad außer vielen mit Zwiebelschale hellgelb gefärbten Eiern als Ostergabe. Kampo, der das Dach des Taubenschlages ausbesserte und das frohe Gerede hören konnte, freute sich an dem munteren Mädchen.

So kam Palmsonntag heran, der sechste Sonntag der Fastenzeit und der letzte vor Ostern. Es war hier auf der Geest Sitte, die Kirche mit Weidenzweigen zu schmücken. Die Burgkinder durften dem Priester bei der Ausschmückung helfen. Chorknaben und Küster brachten Zweige über Zweige, und Herr Aylco erzählte, daß man die Kirchen in den südlichen Gegenden mit Palmen schmücke.

Foelke fragte, ob man dies in Neapel auch so halte. Das sei ihm unbekannt, sagte Herr Aylco und wollte wissen, warum sie gerade nach Neapel frage. Es gelüstete sie zu erfahren, was Brauch und Sitte in südlichen Ländern sei, sagte Foelke, sich nach den Zweigen bückend, zögen doch viele Friesen südwärts, um fremdländische Gewürze, Seidenstoffe und andere Dinge zu erhandeln.

"Und um heilige Stätten zu besuchen", ergänzte der Priester ernst und erzählte, in eigene Erinnerungen versunken, weiter, daß man früher am blauen Ostertage den friesischen Kindern, die um Ostern getauft werden sollten, das Köpfchen mit Chrysam gesalbt habe. Aber zur Zeit seines Ältervaters, der auch Priester gewesen sei, hätten manche Bauern im sechsten Seeland diese Handlung für die Taufe selbst gehalten und seien gar nicht wieder erschienen. Nun sei die Sitte hier abgekommen.

Die Burgkinder lachten. Sie konnten sich gut vorstellen, daß die Menschen, die einsam auf entlegenen Dörfern wohnten, von der Pracht einer Kirche so überwältigt waren, daß sie bereits die heilige Handlung erlebt zu haben meinten. Wann sahen sie, die am Rande der weiten Meede oder irgendwo im Moor ihr kärglich Brot aßen, eine Kirche von innen? Während der größten Zeit des Jahres waren sie vom Wasser umgeben.

Nun erschien auch die blondlockige Ulske mit einem Arm voll Weidenzweigen. Sie sei freilich nicht damit beauftragt worden, raunte sie Foelke zu, aber da sie Foelke in die Kirche habe gehen sehen, so sei auch sie gekommen.

"Im Rheinland stellte man am Palmsonntag einen Esel vor die Kirchentür", flüsterte sie. "Und dem Christus gab man einen Harnisch, der von kostbaren Steinen blitzte, und einen Zaum, der aus lauter aufgereihten Edelsteinen bestand. Wie würde Euch das gefallen, Foelke Kampana?"

"Da wäre er ja ein Ritter", sagte Foelkeldis, plötzlich ernst werdend, und sah wieder die geharnischten Ritter aus dem Dom von Sankt Marien vor sich. Nie hatte sie einen Ritter gesehen. In Friesland wurde niemand zum Ritter geschlagen. Aber an fremden Höfen sollte es Männer geben, die den Ritterschlag empfingen, güldene Sporen und einen güldenen Gürtel tragen durften und von nun an verpflichtet waren, Schwache zu beschirmen und für das Recht zu streiten.

Foelke blieb sinnend vor dem Hochaltar stehen, über dem ein holzgeschnitztes Bildnis des Gekreuzigten hing, das jetzt verhangen war.

"Ein Ritter", sagte sie vor sich hin. "Kann es Höheres für einen Mann geben, als ein Ritter zu werden?" Sie verstand gut, daß Gott selbst, verkleidet als Ritter, in den Kampf zog.

Herr Keno trug weder goldene Sporen noch einen goldenen Gürtel. War er nicht gleichwohl ein Ritter? Nun wußte sie, was ihr an Herrn Imel, den ihr Vater so schätzte, nicht gefiel. Er war kein Ritter. Er war nicht kämpferisch. Er war kein Held. Sie errötete. Woher nahm sie sich das Recht, so hart über einen Mann zu urteilen -. Aber so sehr sie auch mit sich selbst ins Gericht ging, sie konnte wohl Mitleid mit Herrn Imel empfinden, aber einen Ritter vermochte sie nicht in Herrn Kenos Sohn zu sehen.

War es nicht im tiefsten Grunde auch die unritterliche Haltung, die sie an ihrer Mutter so wenig liebte? So fragte sie sich jetzt. Mußte man nicht auch, wenn man nur eine Frau war, für etwas Großes kämpfen und auch die Verantwortung dafür auf sich nehmen können? Wie mochte Kriemhild im Leben gestanden haben? Auch von Friesenfrauen wurde erzählt, daß sie ihre Männer in den Kampf begleitet und ihnen von ihren Wagen aus Mut zugesprochen hatten. Tapferkeit rühmte man ihnen nicht weniger nach als den Kriegern selbst.

Gyla aber war in den letzten Tagen noch demütiger als sonst. Sie versäumte keine Andacht und war fest davon überzeugt, ein schlechter Mensch zu sein. Es gab hier viele Frauen von dieser Art, das mußte Foelke zugeben. Auch die älteren Mägde liefen vielfach den Sektenmenschen nach, die hier, wie überall, von Zeit zu Zeit auftauchten und sonderbar inbrünstige Bußübungen veranstalteten.

Tetta ging gern mit der Mutter in die Kirche. Foelke glaubte freilich, daß es insonderheit die bunten Farben und das Kerzenlicht waren, die Tetta so stark beeindruckten, daß sie immer wieder mit Gyla ging. Jetzt freilich war das Kreuz auf den Hochaltären lange Zeit mit einem weißen Tuch verhangen gewesen, und Herr Aylco ermahnte zu größter Stille auch außerhalb der Kirche. Von allen Donnerstagen des Jahres sei keiner so erhaben und feierlich wie der vor dem Osterfest, sagte er, und man müsse ihn auf rechte Art begehen. Es war schön, fand Foelke, daß vor der ernsten Karwoche der blaue Ostertag gefeiert wurde. Da durfte man noch lachen und froh sein. Da durfte man noch an Ritter denken.

Sie brannte jetzt darauf, von Kampo eine Antwort auf ihre Frage zu erhalten. Am Gründonnerstag half sie Gyla Kräuter und grünes Gemüse in das Haus holen, weil sie wußte, daß dies den Vater freute. Viel war es nicht, was jetzt der Küchengarten schon bot, und die armen Leute suchten sich Nesseln, die sie kochten und mit etwas Butter schmackhaft zu machen versuchten.

Am Abend dieses Tages wusch Kampo wie alljährlich der ärmsten Frau des Dorfes die Füße. So hatte sein Vater es gehalten, und so sollte es weiter geschehen. Im Emsigerland war diese Sitte schon aus der Mode gekommen. Foelke sah es ungern, daß ihr Vater sich demütigte, aber Kampo sagte, jeder müsse lernen, andern zu dienen. Einem andern die Füße waschen sei ein Bild dafür, daß man ihn nun wieder rein und gut auf die Erde stelle, damit er mit neuem Mut seinen Weg fortsetzen könne.

"Wenn ich Imel tom Broek den gleichen Dienst erweisen könnte, mein Kind!" seufzte er.

"Auch Ihr seid mit Euren Gedanken noch in Burg Broke, Vater", sagte Foelkeldis erleichtert. Sie hatte fleißig gearbeitet, wie Kampo von ihr verlangte, aber bei allem, was sie tat, hatte sie etwas aus dem Broekmerland vor sich gesehen. Und immer war ihr gewesen, als ginge Herr Keno unsichtbar neben ihr. Es war schön, daß auch der Vater in Broke weilte, wiewohl er hier arbeitete.

In den Ostertagen erzählte er ihr, was sie wissen wollte. Der abnehmende Mond goß sein mildes Licht schon über die Burg, und vor den schmalen, tief in die dicken Steinwände eingelassenen Fenstern hoben und senkten sich im Nachtwind die Zweige der Linde und warfen den weichen Schatten ihrer Herzblätter gegen die weiße Mauer der Winterstube, als Kampo und seine Tochter immer noch am Feuer saßen und Bilder aus der Vergangenheit an sich vorbeiziehen ließen, wie sie die Überlieferung lebendig erhielt.

Mit dem abnehmenden Ostermond begann man allgemein, das Bier zu brauen. Ein guter Hausvater hielt darauf, schmackhaftes Bier zu haben. Das Wermutbier, das gut gegen mancherlei Krankheit sein sollte, hatte Kampo Habbena schon im März herstellen lassen.

Foelke stand dabei, als er, bevor man mit dem Mälzen begann, einige Körner durchbiß und versuchte auch selbst festzustellen, ob das Korn mehlig genug war. Denn hart durfte es nicht sein.

"Sonst bekommen die Ferkel das Beste davon", sagte Kampo.

Es war eine wichtige Aufgabe, alles sorgsam und gut zu beachten, denn nicht nur die Erntearbeiter waren Kenner des Bieres, auch die Richter erhielten einen Teil ihrer Vergütung in Bier. Und so war denn um diese Zeit in jedem Hause einer mit den Vorbereitungen für das Brauen beschäftigt. Die ärmeren Bauern hatten wohl kein Brauhaus, aber eine große Bütte zum Einweichen der guten Gottesgabe stand auf jeder Dreschdiele. Hier breitete man nachher auch die eingeweichte Gerste aus. Deren Behandlung erforderte viel Aufmerksamkeit, denn nun durchbrach bald der Wurzelkeim die Spitze des Korns. Das Leben wurde lebendig.

So würden nun auch die Broekmer dastehen, dachte Foelke, dies alles erwägend. Auch sie würden die ausgekeimte Gerste auf den Boden bringen, sie zum Trocknen ausbreiten und, nachdem sie jenen süßlichen Geruch angenommen hatte, den man auch zu schmecken meinte, das Malz zerkleinern und brauen. Die Frauen, die sie gesehen, als sie mit Herrn Keno ausritt, wußten, daß ein Teil ihres Bieres auch Herrn Imel zugute kommen würde, denn er sollte ja nun zum Rediewa gewählt werden. Es war eine Opfergabe, die sie tausendfältig vom Burgherrn zurückerhalten würden.

Die Zeit der Richterwahl stand dicht bevor.

"Das Jahr der Richter soll stehen bis zum Sonntag vor Walpurgistag", so sei geschrieben in den Broekmer Willküren, sagte Kampo. "Ist der Walpurgistag ein Sonntag, so halte man den vorhergehenden."

Das war in diesem Jahre der Fall, und so rückte der Tag der abermaligen Reise ins Broekmerland rasch näher. Es hatte nicht vieler Bitten bedurft, Kampo zu bewegen, seine Tochter wieder mitzunehmen. Er war der Meinung, daß einen jungen Menschen nichts besser in das Leben hineingeleite, als das Vorbild eines großen Mannes. Er fühlte, daß Foelke in Gedanken immer noch in Broke weilte. Es war an jenem Wundertag ein Samenkorn in ihre Seele gefallen, das nun geheimnisvoll in Gottes Acker ruhte wie die Saat in den Feldern. Es war nicht mehr fortzudenken.

So ritt Kampo zum zweitenmal mit seiner Tochter ins Broekmerland.

Imel schien mehr Lebensmut in den vergangenen Wochen gewonnen zu haben, fand Kampo, wiewohl eingetroffen war, was er befürchtet hatte. Imels Schwiegersohn Folkmar Allena hatte in der Osternacht Boinck von Süderhusen auf dessen Burg überfallen und ihn gezwungen, drei Kreuze unter ein vorgehaltenes Pergament zu setzen.

Imel wunderte sich, daß die Kunde von diesem Ereignis nicht nach Strackholt gelangt war.

"Bei uns im südlichen Auricherland herrscht Friede, Imel", sagte Kampo. "Es zieht uns nichts fort von unsern Höfen. Wir haben unsere Arbeit und sind zufrieden, und selten kommen Fremde in unsere Gegend. Von der Welt werden wir wenig gewahr."

Ja, wenn die Wandermönche schon unterwegs gewesen wären! Sie brachten Neuigkeiten aus dem ganzen sechsten Seeland. Kloster Valdern, dem der brave Ägidius angehörte, war nur durch die Delft von Emden getrennt, und Ägidius schlurfte ganz gewiß oft durch die Räume der gegenüberliegenden Abdenaburg, die Hisko und Fossa bewohnten, und sicherlich war er auch seit Ostern schon den Deich nach Osterhusen hinuntergewandert, um die näheren Umstände des dort Geschehenen zu erforschen. Schon um die Neugier der Weiber zu befriedigen, von denen er Gaben erbetteln mußte, verschaffte Ägidius sich die erforderlichen Kenntnisse.

"Also er war noch nicht bei Euch?" frage Imel.

"Du denkst an den Brief", sagte Kampo. "Nein, Imel, noch wurde er nicht geschrieben. Wenn du darauf drängst ... Aber meinst du nicht auch, daß wir Ocko getrost in Italien lassen sollen? Es besteht für mich kein Zweifel daran, daß er von selbst heimkommt. Ich glaube, er würde sonst am Heimweh sterben."

"Heimwehkrank wird er oft gewesen sein", bestätigte Imel. "Aber die Jahre werden solchen Schmerz glätten, Freund. Ocko weiß, daß er jederzeit heimkommen kann, aber solange ich lebe, hält er es nicht für nötig. Ich bin der Jüngste und erbe nach friesischem Recht die Herrlichkeit ... Daher muß Ocko im Glauben sein, daß er hier entbehrt werden kann. Wie soll er wissen, daß ich ... Das ist es ja, was Ihr ihm schreiben sollt."

"Er wird es nicht glauben, Imel", warf Kampo ein. "Wie kann er solches von dir glauben! Zudem lebt Euer Vater noch."

"Unser Vater ist alt", sagte Imel. "Wir sind beide - alt. Vielleicht bin ich noch älter als er. Ich müßte mein Erbe an Ocko abtreten, dann käme er vielleicht. Aber das kann ich um meiner Schwiegersöhne willen nicht tun. Eine Fehde in der engsten Familie wäre die Folge. Wie mir diese Gier nach ein paar Grasen Landes, nach steinernen Burgen und Frauenschmuck zuwider ist, Kampo -. Daß es nicht möglich ist, aus seinem eigenen Schicksal herauszuschlüpfen!"

"Du bist zum Richter ausersehen", mahnte Kampo. "Streit und Habsucht sind dir zuwider. Begreifst du nicht, daß gerade du dazu geschaffen bist, das zu leisten, was dein Vater sich ersehnt? Nur ein friedfertiger Mensch kann Frieden bringen."

"Ich weiß es nicht", sagte Imel zögernd. "Ich weiß nicht, ob ein kriegerischer Mann nicht zuletzt doch der friedfertige ist. Ocko würde zuschlagen und - sich den Frieden erzwingen."

Am Sonntag vor Sankt Walpurgis ritten Imel und Kampo den gewundenen Weg von Burg Broke nach Utengrahove. Die Büsche waren grün geworden, und die Kirschbäume waren bereits von weißlichem Schimmer übergossen. In wenigen Tagen würden sie ihre Blütenpracht der warmen Sonne entgegenbreiten. Es war die Zeit, in der Hebe das im Winter zubereitete Linnen zu bleichen pflegte, sagte Imel und blickte verloren ins Weite.

Am Wege standen Buben. Sie hatten sich Holunderzweige abgeschnitten und waren nun emsig damit beschäftigt, Pfeifen zu schnitzen. Einen von ihnen mochte der Übermut plagen. Er sprang plötzlich mitten auf den Weg und rannte wieder zurück. Imels Pferd scheute, sprang mit einem Satz in die Höhe, brach in die Knie, arbeitete sich wieder hoch und sprengte davon.

Ehe Kampo recht zur Besinnung kam, sah er den Freund in einer Staubwolke verschwinden.

Die Buben hatten entsetzt das Weite gesucht, und Kampo blieb nichts anderes übrig, als Imel nachzusetzen in der Hoffnung, daß kein Unglück geschehen sei.

Als er bei der nahegelegenen Kirche von Utengrahove ankam, sah er den Freund mitten unter dem bereits versammelten Volk stehen.

"Es ist der Fuchs, den mein Vater nicht leiden kann", sagte er lachend zu Kampo. "Du siehst, es ist wahr, daß er keinen Spaß verträgt, aber hat er seine Sache nachher nicht vorzüglich wieder zurechtgebracht? Gibt es ein Pferd, das sich geschickter wieder hocharbeitet, Kampo Habbena? Er springt wie der Teufel selbst, aber bei Gott, es hat mir Freude gemacht, mit ihm davonzujagen."

Kampo schüttelte den Kopf. Heute wurde er nicht klug aus Imel tom Broek. Er schien plötzlich um zwanzig Jahre jünger zu sein. Mochte er in Gottes Namen mit dem Springer davonjagen, wenn es ihn innerlich lebendig machte.

Die Richter des letzten Jahres und das Volk waren schon eine geraume Weile innerhalb der Wyk versammelt, als Kampo eintraf. Er wußte, es war ihre Pflicht, an diesem letzten Tage noch einmal zusammenzutreten und alles, was im letzten Jahr nicht zum Abschluß gekommen war, jetzt zu regeln. Wohl gab es allgemeine friesische Gesetze, die einmal in allen sieben Seelanden galten, allein es hatte sich in den wilden Zeitläuften als notwendig erwiesen, besondere Rechtssätze für die einzelnen Länder aufzustellen, unter denen die Broekmer Willküren sich durch große Klarheit und Genauigkeit auszeichneten.

Gleichwohl schien es Kampo, als ob heute eine letzte Regelung nicht gefunden werden könne. Überall standen Gruppen aufgeregt sprechender Männer, die sich mit einer Rechtsfrage beschäftigten, die keine Klärung gefunden hatte. Die Volksversammlung aber mußte heute hier auf dem Volkswarf die letzte Entscheidung treffen. Erst danach sollte sie die neuen Richter für das kommende Jahr nennen, ihre Talemänner, die ihnen in der Rechtsprechung zur Seite zu stehen hätten, wählen und auch die Kedden bestimmen, die alle Anordnungen bekanntzugeben und den Richterspruch zur Ausführung zu bringen hatten.

Ein dürres Dominikanermönchlein war in weißer, wehender Kutte zu dem alten Rembod Mentesna neben den dicken Findling getreten und sah mit fliegender Hast noch einmal das Buch durch.

"Auch Ihr werdet nichts mehr finden, Bruder Hilarius", sagte der alte Mentesna. "Es ist zwar strenge Vorschrift, daß die Brüche zu Sankt Michael und zu Sankt Peter aufgeschrieben werden, aber wie nahe Ihr auch das Buch an Eure kurzsichtigen Augen drängt, diese Brüche sind nicht zu Papier gebracht worden. Aber um diese kleine Sache geht es jetzt nicht."

Das Gemurmel in den Gruppen umher wurde lebhafter. Imel Kenesna ging von einer zur andern.

"Ich höre, es bleibt euch ein Letztes zu begleichen", sagte er, nun zu dem alten Rembod tretend, laut zu der Menge. "Ihr wollt kämpfen, Sibbelt Aggena und Luert Emmena. Du, Sibbelt, willst keine Sühne annehmen für das Schimpflichste, das einem freien Friesen angetan werden kann, daß Luert dir die Hände auf den Rücken gebunden und dir ein Tuch über die Augen geworfen hat. Was die Willküren darüber zu sagen haben, wird Bruder Hilarius jetzt verlesen."

Das dünne Mönchlein, das in dem Rufe stand, ungewöhnlich gelehrt zu sein und die Chronik seines Klosters zu Papier zu bringen, griff mit hageren, langen Fingern nach einem dicken, abgegriffenen Lederband und öffnete behende dessen silberne Schließe.

"Thet wellath brocmen", las er, "soll man kämpfen, so soll man dreimal kämpfen in dem Jahre, bei der Tagundnachtgleiche vor Sankt Marien und bei der Tagundnachtgleiche vor Sankt-Ludgerus-Tage. Vorher muß die Sache ausgemittelt und der Streit beschworen werden. Betrifft die Sache nur eine halbe Mark, so soll man schwören. Ist sie mehr, so soll man kämpfen. Jeden, welchen man will, kann man kämpflich grüßen, nicht aber ein minderjähriges Kind ..."

Bruder Hilarius hatte mit dünner, hoher Stimme dieses Gesetz verlesen und trat nun zurück, um Imel tom Broek sprechen zu lassen, der ihm zuwinkte.

War das Imel? Alle Schwermut schien von ihm abgefallen zu sein. Kampo hatte sein Pferd an die Wykmauer geleitet, weil er plötzlich das Gesicht seiner Tochter neben dem anderer Frauen und Mädchen hatte aufleuchten sehen.

"Vater, in Herrn Imel zieht wieder Leben ein", sagte Foelke leise.

Hoch aufgereckt stand Imel tom Broek neben dem mächtigen Stein unter der alten Eiche, durch die der Wind fuhr, und rief mit klingender Stimme:

"Euer Streit ist in den Dörfern des Broekmerlandes bekanntgeworden. Wir wissen, daß die Sache mehr als eine halbe Mark betrifft, und daß du, Sibbelt, mit Recht von einer zugefügten Schmach sprechen kannst. Aber was der letzte Grund zu eurem Zwiste ist, das wißt nur ihr allein. Nicht das nur ist Recht, was von außen gesehen als Recht erscheint, Freunde. So höret, was ich als euer Burgherr und euer neuer Richter euch bitte. Kämpfet nicht mehr um solcher Dinge willen. Euch wird noch mancher kämpflich grüßen. Schonet Friesenblut für kommende Zeiten. Aus Blutsaat unter Brüdern erwächst nur Haß und weiteres Blutvergießen. Du bist kein streitsüchtiger Mann, Sibbelt Aggena. Wir begreifen es, daß du die Schande des Händebindens und des Augenverdeckens lange nicht hast verwinden können. Wir begreifen dich Sibbelt ..."

Zum Erstaunen aller kam bei diesen Worten Sibbelt Aggena, ein breitschultriger, blondlockiger junger Mann, auf den Warf zu, gab Imel die Hand und verzichtete somit auf den Kampf. Weniger leicht mochte dies Luert Emmena werden, aber auch er kam zu Imel. Er war als Raufbold bekannt, und Kampo und Foelke sahen, daß ihm ein Ohr und ein Auge fehlten.

"Euer Kampfplatz wird größer sein als dreiundvierzig Fuß im Geviert", sagte Imel zu den beiden und trat von dem Warf zurück, sich nach Kampo umschauend. Seltsam, noch heute morgen hatte er, in seine Grübeleien versunken, gemeint, Rechtsprechung sei zwar nötig, aber zuletzt rücke Gott selbst alles zurecht, wie ihn gedünkte.

Und nun hatte er, ohne schon Richter zu sein, in eine Rechtslage eingegriffen und sie so geordnet, daß kein Blut vergossen wurde.

Ja, Kampo hatte recht, es war schön, in sich selbst das zu entdecken, womit man andern dienen konnte.

Auf einer Ablehnung der Berufung zum Richter stand harte Strafe, das wußte Imel tom Broek. Aber nicht darum, sondern aus freien Stücken wollte er jetzt die Wahl annehmen. Mit leichten Schritten ging er auf Kampo und Foelke zu, die ihm von fern zuwinkten. So froh war er seit Jahren nicht gewesen.

Es war sehr feierlich zu wissen, daß heute in dieser gleichen Stunde in allen vier Landesbezirken des Broekmerlandes vier neue Richter auf jedem Volkswarf standen und dem Recht, wie es in den Broekmer Willküren aufgezeichnet stand, Treue geloben wollten.

Kampo hatte in früheren Jahren einmal eine Richterwahl miterlebt und wußte, daß überall der älteste der bisherigen Richter die Vereidigung vornahm, aber alle anderen Männer hatten die Pflicht, die Wahl zu bestätigen, wie sie auch die Richter absetzen konnten, wenn diese sich ungebührlich verhielten.

In ähnlicher Weise fand auch in Strackholt die Richterwahl statt. Foelkeldis hatte manches Mal auf der Wykmauer gesessen, um besser sehen zu können, was geschah. Dies wagte sie hier nicht zu tun, da alle, Männer und Frauen, standen und entblößten Hauptes warteten, was nun geschehen würde.

Mitten durch die auseinanderweichende Volksmenge schob sich jetzt ein Reiter. Keno Hilmersna war erschienen. Er blieb auf seinem Rappen sitzen und ließ seine Blicke über die Volksversammlung schweifen. Rembod Mentesna stellte die vorgeschriebenen Fragen, die ihm durch Zuruf beantwortet wurden. Ja, es war allen recht, daß Imel Kenesna, Folpert Luert und Sibbelt Aggena im kommenden Jahr Richter würden. Aber Boro Ubbinga, der ihnen außer diesen dreien vorgeschlagen wurde, lehnten sie ab. Zum mindesten brauche er Bürgen, hieß es, und Rembod mußte über diese Frage einen Volksbeschluß herbeiführen.

Boro Ubbinga suchte das gütige Auge Herrn Kenos. Nicht er hatte sich zum Richteramt gedrängt. Keno tom Broek war es gewesen, der ihn in Vorschlag gebracht. Am liebsten wäre Boro noch jetzt zurückgetreten. Aber Imel flüsterte ihm zu, er solle sich nichts aus dem machen, was das Volk sage. Er werde gerecht richten, davon sei wohl jeder überzeugt, es sei nur wegen... . Boro wußte gut, weswegen man ihm kein volles Vertrauen schenkte. Das Richteramt durfte zwar jeder freie Friese übernehmen, aber es war an Grundbesitz gebunden, den man sich freilich durch Fleiß erwerben konnte. Hatte er das getan? Hatte er genügend Fleiß aufgebracht, die Gräben zu ziehen, wie Herr Keno angeordnet? Hatte er mehr Torf gegraben, als er für den eigenen Bedarf einfahren mußte? Tat er ein übriges, wie Herr Keno und alle, die hier im Bruchland vorankommen wollten?

Gequält fuhr er sich mit der Hand über die Stirn, neben Herrn Imel stehenbleibend. Keiner würde ihn so verstehen wie dieser. Auch ihn hatte das Unglück heimgesucht. Er krankte an dem Verlust eines Weibes; Boro Ubbinga war das Vieh gestorben an jener schrecklichen Seuche, die vor wenigen Jahren auch die kleinen Moor- und die Geestrinder heimgesucht hatte, wiewohl sie einsam wie in einer Wildnis ihre kärgliche Nahrung suchten. Seitdem war Boro arm geblieben. Er ging oft verträumt durch das Dorf und sah kaum, die ihm begegneten. Alte Leute hatten gemeint, so gingen die, die früh sterben mußten. Aber Boro war schon über vierzig Jahre alt geworden, von einem besonders frühen Sterben konnte jetzt keine Rede mehr sein.

"Es wird dir einmal wieder mit deinem Vieh besser gehen", tröstete Imel tom Broek. "Der Richterdienst geht reihum unter den anerkannten Grundbesitzern unseres Bezirks. Nein, Boro, du darfst dich nicht ausschließen. Du meinst, du wärest niemals für dieses Amt ausgesucht worden. Wir werden alle nicht dazu ausgesucht. Das weißt du doch. Die Aufgabe der anderen besteht nur darin, uns zu beurteilen, uns abzulehnen oder uns anzunehmen." Von einer Wahl könne somit keine Rede sein, darin habe er wohl recht, drang Imel weiter in den Mann ein. Aber er solle sich nicht an dem Wort stoßen. Der Walburgstag sei nun einmal als Tag der Richterwahl im Volksmunde bekannt.

"Du mußt nun erklären, ob du Bürgen haben willst, Boro", hörte Kampo Imel jetzt laut sagen. "Es sind genug Männer hier, die sich auf deine Seite stellen werden. Du träumst, Mann. Wo bist du -."

Er winkte einigen Männern zu, die nun wie Kampo ihre Hand auf das elfenbeinerne Reliquienkästchen legten. Imel fand selbst, daß es die weichste und schlaffste der Hände war, die Boro nun oben auf die andern legte.

"Soe ist riucht, dat hy syn hand op da helligha lidsa schil, ende di aesga schil him dine eed stowia ...", erklang es nun feierlich über den weiten Platz.

Es war Rembod Mentesna, der älteste der bisherigen Richter, der mit klarer, lauter Stimme die alten Formeln vorsprach.

"So ist es Rechtens", begann er, "daß er seine Hand auf die heiligen legen soll, und der Asega soll ihm den Eid vorhalten, daß ihm also Gott und die Heiligen helfen sollen." Dann folgte der Eid.

Kampo Habbena hatte sich zu den Bürgen gesellt, die für Boro Ubbinga, der ihm selbst freilich auch recht verträumt für einen Mann dünkte, dem nun das Volkswohl anvertraut werden sollte, einstanden. Der sonderbar stille, etwas verschüchterte Mensch mit dem bleichen Gesicht und den tiefliegenden, grauen Augen erinnerte ihn in der Schwere seines Wesens an Imel tom Broek. Freilich nicht an den Imel, den er hier auf dem Warf vor sich sah. Kampo stand wie vor einem Wunder. Das Pferd hatte gescheut, es war gesprungen, es war davongejagt, und Kampo fand Imel aufgelebt und gesund an dem Orte wieder, an dem eine neue Aufgabe auf ihn wartete. Sprunghaft, so dachte Kampo Habbena kopfschüttelnd, war Imel in diese neue Welt hineingeraten, und jetzt stand er einem andern, der von den gleichen niederziehenden Kräften wie er ergriffen war, bei, wieder in das Leben hineinzufinden.

Man sollte immer Menschen aufsuchen, denen es noch schlechter geht als einem selbst, dachte Kampo, dann weiß man wieder, daß man nicht so arm ist, um nichts geben zu können.

Während er so dastand, staunend über das Wunder, das sich in seinem Freunde zu vollziehen schien, fiel Kampo das Gesicht jenes Mannes auf, der zu Beginn der Volksversammlung von Imel aufgefordert worden war, auf den Kampf zu verzichten. Nicht nur das fehlende Auge, das ihm gewiß in einer Rauferei abhanden gekommen war, ließ erraten, daß Luert Emmena Streitigkeiten liebte. Kampo gefiel der Mann nicht. Er ließ den verträumten Boro nicht aus dem Auge. Beabsichtigte er auch ihm bei Gelegenheit die Hände zu binden und ein Tuch über den Kopf zu werfen? Das mochte wahrlich keine Heldentat genannt werden, denn daß jener Einäugige diesem Verträumten an Körperkraft weit überlegen war, sah man.

"Tritt zurück, Luert Emmena", hörte man nun Herrn Kenos Stimme über den Platz hallen.

Alle sahen sich nach dem alten Häuptling um, der bislang regungslos und schweigend von seinem Pferd aus die Geschehnisse miterlebt hatte.

Luert Emmena gehorchte. Aber Kampo bemerkte, daß er die Faust ballte und ingrimmig unverständliche Worte in sich hineinstieß.

Und jetzt wurde ihm auch klar, was den Mann erregte.

Es oblag den Broekmännern, nach der Richterwahl noch den Talemann und den Kedden zu küren. Luert Emmena hatte sich nahe an den Stein gedrängt. Offensichtlich lag ihm daran, das Amt des Talemann zu übernehmen.

Auch Imel hatte dies bemerkt.

"Du weißt, Luert", sagte er begütigend zu dem Einäugigen, "daß ein Talemann innerhalb eines Jahres keinen Streit mit einem Richter gehabt haben darf. Dieses nun kann man von dir nicht sagen. Du mußt einsehen, daß es in diesem Jahre ... Aber warum blickst du so wild, Mann. Begreife es doch! Willst du etwas anderes, als was die Willküren selbst verordnen? Du kannst nur das Rechte wollen, Luert Emmena, sonst wärest du keiner von uns. Haben wir uns nicht selbst dieses Recht so niedergeschrieben, wie es in diesem Buche steht?"

Dieses freiheitsdurstige Kolonistenvolk schützt sich durch den Talemann gegen seine eigenen Richter, dachte Kampo Habbena kopfschüttelnd. Wenn ein Richter sich aber zu Unrecht angeklagt glaubte, so konnte er sich mit sechs Mitschwörenden durch einen Eid reinigen, dies hatte Bruder Hilarius soeben verlesen und dann mit dünner, hoher Stimme hinzugefügt, daß er inzwischen die Stelle gefunden habe, wo die Brüche zu Papier gebracht worden, von denen der Richter des verflossenen Jahres gesprochen habe. Des Mönches flinke Hände schlossen den Silberbügel um den schweinsledernen Rücken des arg beschädigten Buches, und dann sah Kampo bald die weiße Dominikanerkutte durch die Reihen der Broekmer huschen.

Hilarius hatte seiner Pflicht genügt und wanderte in die Stadt Norden zurück, um die Abendandacht in seinem Kloster nicht zu versäumen.

Nachdem Talemänner und Kedden gewählt und darüber befunden worden war, ob sie in ihrer Person oder der Führung ihres Bauernplatzes Anstoß erregt hätten, verließ man den schmalen und ging zu dem breiten Warf, auf dem später zu bestimmten Zeiten des Jahres das allgemeine Volksgericht in Anwesenheit aller sechzehn Richter des Broekmerlandes stattfinden sollte.

"Nun mußt du nach Broke zurückgehen", sagte Kampo zu Foelke, die sich inzwischen zu ihm durchgedrängt hatte und sich nun bleich und erregt über alles, was sie gesehen und in sich aufgenommen hatte, an ihn lehnte. Auch Imel trat herzu.

"Ich muß der Sitte genügen, Foelke Kampana", sagte er, "und mit den anderen das Wirtshaus aufsuchen, das Ihr dort auf dem großen Warf liegen seht. Jener Thiadvard Johannesmann, von dem in den Willküren geschrieben steht, daß er dies Haus gebaut, hat wohl gewußt, was er tat. Es ist nun so, daß Männer, wenn etwas Schönes und Feierliches stattgefunden hat, das ihre besten Kräfte aufrief, das Bedürfnis haben, in eine Welt hinunterzusteigen, in der es weniger feierlich zugeht ... Aber was meinst du, Kampo, sollen wir uns heute beurlauben und mit deiner Tochter heimgehen?"

"Auf dem breiten Warf pflegt man, soweit ich unterrichtet bin, bei euch die neugewählten Richter zu feiern", sagte Kampo.

Das sei wohl so, stimmte Imel bei, aber er müsse sagen, daß ihm nicht viel an diesen Zusammenkünften liege, zumal sie meistens in Schlägereien ausarteten.

In diesem Augenblick schlug ihn einer mit der Hand auf den Rücken.

"Komm, Kenesna", sagte Folpert Luerts fröhliche Stimme, "vergiß nicht, was du deinem neuen Amt schuldig bist. Du willst heimgehen? Das würde das Volk dir schwer verübeln, Imel tom Broek. An eurem Hofe klebte die Herrlichkeit des

Richteramtes bereits, als Ihr noch kein Steinhaus gesetzt hattet; es wird die Zeit kommen, wo Ihr allein und Jahr für Jahr das Richteramt übernehmen werdet. Glaubst du das nicht?"

Unentschlossen sah Imel von Folpert zu Boro.

Da trat Herr Keno zu der Gruppe, Foelkeldis an die Hand fassend.

"Ihr kommt mit mir heim, Foelke Kampana", sagte er. "Euren Vater müssen wir wohl den anderen überlassen."

Auch Boro und Sibbelt, Imels Mitrichter, traten herzu.

"Ihr kennt den Rechtssatz, Imel tom Broek", lachte der junge Sibbelt: " 'Thet wellath Brocmen'...bei diesem Hause sollen die Richter Gericht halten außerhalb der Hauswände! Es wird aber Zeit, daß wir uns wieder auf uns selbst besinnen ..."

Jetzt lag über Imel wieder der Schatten, den Kampo gern für immer verbannt gewußt hätte.

Er sah Boro an.

"Ich bleibe nur, wenn du bleibst", sagte Boro. Es war Kampo, als habe dieser Mann sich innerlich in die Gewalt des Burgherrn begeben, des einzigen Menschen, dem er voll zu vertrauen schien. Wie eine Doppelerscheinung waren die beiden plötzlich für Kampo Habbena. Einer ging im andern auf, einer verstärkte den andern. Aber Imel war diesmal der Stärkere, und seine Kräfte schienen dadurch zu wachsen, daß sich ihm ein Mensch blindlings anvertraute. Imel würde sich selbst finden, indem er sich hinter diesen Mann stellte, das glaubte Kampo fest, der andere aber ... Wenn Imel stark genug würde, konnte er auch diesen Menschen in seine eigene Mitte zurückführen. Und beiden würden die unumstößlichen, klaren, unerbittlichen und gerechten Willküren der Anker sein, den sie in den Stürmen des Lebens auswarfen und mit dessen Hilfe sie immer Grund finden konnten.

"Du fürchtest Schlägereien", sagte Folpert, der in Imels Alter war und ihn seit frühester Kinderzeit kannte, ruhig. "Du hast niemals laute oder wilde Reden gemocht und dich ferngehalten von Streit und Wildheit. Aber du mußt bedenken, Imel, daß die Willküren verbieten, mit einem Richter handgemein zu werden, und daß wir auch von unseres Amtes wegen nichts zu

"In diesem Monat möchte man wieder jung werden, Gyla", sagte plötzlich eine tiefe Stimme hinter ihr, und ein dröhnendes Lachen folgte den Worten. "Ja, nun hast du auf mich gewartet, das nehme ich wenigstens an, aber kommen sehen hast du mich doch nicht."

Ein Mönch setzte sich zu ihr an den Wegrand.

"Wenn die Sonne im Stier steht, läßt man auch den Stier zu den Kühen ... Aber die Mönche schickt man über Land, damit sie Blumen pflücken."

"Ägidius, was Ihr immer für unsaubere Reden führt", tadelte Gyla, mußte aber doch lachen, als sie den wohlgenährten, behäbigen Franziskaner vor Vergnügen unter seiner braunen Kutte wackeln sah.

"Meinst du vielleicht, daß es immer eine Freude ist, allein einzuschlafen? Gott ist mein Zeuge, daß ich lieber zu zweit mein hartes Lager weichdrücken möchte."

"Dann hättet Ihr Bauer werden sollen, Bruder", sagte sie, "aber da wäret Ihr nicht in der Maienzeit in Sandalen über das Land gelaufen. Da hätte es wohl Landarbeit genug gegeben."

"Nun", schmunzelte der Mönch, "ich habe Kampo in der Nähe von Bagband beim Jagen getroffen. Ich hätte nichts dagegen, jetzt ein Burgherr zu sein und Haselhühner und Schnepfen zu jagen, statt Blumen zu pflücken und Federkiele zu sammeln, die mich nur an die viele Schreiberei erinnern, mit der wir Mönche im Winter unsere Tage zubringen. Hat Kampo schon Karpfen angesetzt? Auch das wäre eine Tätigkeit, die mich erfreuen könnte. Dreimal würde ich sie ansetzen - streichen die einen nicht, streichen die andern."

Gyla lachte. Es tat ihr gut, daß Ägidius so mit ihr sprach. Niemals packte er Sorgen vor ihr aus. Davon habe sie schon übergenug, war seine Meinung.

"Die Karpfen hat mein Gemahl angesetzt, aber Ihr könntet auf das Strohdach klettern, Ägidius, und es ausflicken, bevor die neue Ernte eingefahren wird. Die Knechte haben viel Arbeit um diese Zeit. Und dann warte ich schon lange auf jemand, der mir meinen Backofen ausbessert. Er ist gesprungen."

Der Mönch wurde ernst.

"Das durfte nicht geschehen, Gyla. Dann hast du nicht auf die rechte Zeit geachtet, als er gesetzt wurde." Er sann vor sich hin. "Sonderbar ist es, daß die Menschen meinen, sie könnten einen Backofen bauen, wann sie wollen, wo doch ein Jegliches seine Zeit hat. Hast du wenigstens daran gedacht, daß du jetzt die Böden und die Dreschdiele verschmieren lassen mußt, wenn du das Haus nicht bald voller Grillenfamilien haben willst? Bei euch zirpen genug am Herde und fressen euch das nasse Zeug kaputt, das ihr dort trocknet."

"Ja", fuhr er nach einer Weile fort, "da muß ich wohl einige Zeit bei euch bleiben, ehe ich ins Mormerland weiterwandere. Wenn du mir ein Lager in deinem Hause vergönnen willst, Gyla, so werde ich dir morgen einen Backofen bauen, der nicht wieder reißt. Ich möchte auch gern deine Töchter wiedersehen ... Aber nun zeige mir, was du heute gesammelt hast. Wermutblätter, das ist recht, damit kannst du manchen Schmerz lindern. Schlehdorn, auch gut. Den Sauerampfer hättest du schon zu Beginn des Monats pflücken müssen, und mit dem Tonkraut hätte es Zeit gehabt, bis die Sonne in die Zwillinge geht. Du mußt es dir dann vor Sonnenaufgang holen, damit es noch den Himmelstau hat. Tust du den Schweinen Angelikawurzeln in den Trank? Du mußt jetzt auf sie achten, die Raupen, die von den Bäumen fallen, sind ihnen nicht zuträglich."

Gyla fühlte sich geborgen, wenn Ägidius so mit ihr sprach. Niemand, auch Kampo nicht, konnte ihr in diesen Dingen, von denen sie gern mehr gewußt hätte, so gut weiterhelfen wie der Mönch. Einmal hatte er ihr geraten, um diese Zeit noch wieder Hühner anzusetzen und den Küken Lavendel ins Getränk zu legen. Sie hatte es getan. In diesem Frühjahr war ihr keines gestorben. Das erzählte sie ihm.

"Ja, du bist ein gelehriges Weib", lobte der Mönch. "Die andern Frauen brauen Zaubertränke und schlagen dreimal das Kreuz darüber, und die Männer vergessen vor lauter Landarbeit auf das hinzusehen, was Gott ihnen so aufdringlich vor die Nase hält."

Er nieste laut.

"Wir wollen nach Hause gehen", sagte er, "es gibt Regen. Die Schwalben fliegen tief, und, siehst du, die Regenwürmer kriechen aus der Erde, und die Ameisen suchen ihren Haufen. Und nun hast du gar eine langbeinige Mücke im Auge, Gyla."

Ruhig und vorsichtig nahm er sie heraus.

"Bringe mich nun als einen Gottesdiener in eure Burg. Ich habe gehört, daß eine deiner Töchter im Broekmerland gewesen ist. Als ich vor kurzem dort war, erzählte Herr Imel von einem dunkelhaarigen, schönen Mädchen, daß Kampo zu Besuch mit nach Broke gebracht hatte. Ist sie nun freundlicher zu dir, deine Foelke?"

Schwerfällig erhob er sich und ging mit Gyla nach Strackholt zurück.

Am folgenden Tage war Bruder Ägidius bald hier, bald dort auf dem Hof zu sehen. Er beschmierte die Bienenlöcher mit Ziegenmilch, um die Tiere zum Schwärmen anzuregen, er half der Magd, dem Hopfen die Stangen zu stecken, er stand dabei, wenn sie Gänse rupfte, und mahnte Gyla, den Tieren mehr abgebrühte Brennesseln zu fressen zu geben. Er ging auf die Dreschdiele und suchte die Löcher, die er jetzt mit Lehm verschmieren wollte, und verblüffte Kampo, indem er einem Pferd, das nicht fressen wollte, das Zahnfleisch mit Salz und einer Knoblauchwurzel abrieb. Auch dem Pferd solle Kampo Brennesseln durch das Futter geben, sagte Ägidius, es sei eine billige Art, das Vieh gesund zu erhalten. Damit ging er wieder weiter.

Wo Ägidius sich sehen ließ, erschienen auch bald Foelkeldis und Tetta. Früher war es insonderheit Tetta gewesen, meinte Kampo sich zu erinnern, die in dem Schatten der weiten, braunen Kutte durch Haus und Stall huschte, jetzt war auch Foelke oft in des Mönches Gefolge. Kampo hörte Tettas dünne, helle Kinderstimme nach lateinischen Worten fragen, die sie nicht verstanden, aber irgendwo gelesen hatte. Ägidius war es gewesen, der ihr im vergangenen Jahr Buchstaben in den Sand geschrieben und sie gelehrt hatte, diese nachzuziehen. Der Lerneifer des Kindes war groß. Gewiß war es nun bald an der Zeit, sie in ein Kloster zu geben.

"Ich möchte alles wissen, was Ihr wißt", sagte Tetta gerade, als Kampo zu dem Mönch an die Lehmgrube trat.

"Habt Ihr es gehört, Burgherr?" lachte Ägidius. "Gott lohne dir solche Worte, Tetta Kampana. Selten habe ich ein Burgkind einem Franziskaner nacheifern sehen. Das tut einem einsamen Mönchsherzen wohl. Ich halte nicht soviel vom Bücherlesen wie du, Tetta, aber lerne immerhin. Wenn es Euch recht ist, Kampo, unterweise ich auch Foelkeldis im Lesen und Schreiben."

Foelke lachte.

"Weder Herr Keno noch Herr Imel, noch mein Vater verstehen sich darauf", sagte sie. "Da ich nicht geistlich werden will, werde ich wohl ohne diese Kunst durch das Leben kommen."

"Ja, auf Burg Broke war es nur Ocko, der die Mühe des Lesenlernens nicht gescheut hat", gab Ägidius zu. "Man hört von Romfahrern, daß er einer hochgelehrten Königin dient. Dichter und Gelehrte sollen an ihrem Hofe leben, sie selbst aber soll die Sonne sein, um die sich alle scharen. Kannst du dir eine gelehrte Frau vorstellen, Foelke Kampana?"

"Nein", lachte Foelke, "ist sie eine Nonne gewesen?"

In Italien brauche man nicht geistlich zu werden und könne gleichwohl gelehrt sein, sagte Ägidius. Ja, dort gehe es anders zu als in Friesland. Er denke bisweilen, Herr Ocko werde niemals mehr heimkommen mögen, nun er sich Ruhm und Ehre am Hofe Neapels erworben habe. Erschrocken sah Foelke ihn an.

"Das darf nicht sein, Bruder Ägidius", sagte sie mit flehender Stimme. "Herr Keno wartet doch auf ihn. Er soll doch ..."

"Was soll er?" fragte Ägidius ruhig.

"Er soll ... Ich kann es Euch nicht sagen. Vater, Ihr glaubt doch auch, daß Herrn Kenos Sohn wieder zurückkommt?"

"Gewiß glaube ich das", sagte Kampo beruhigend. "Aber es eilt nun nicht mehr, Kind. Burg Broke ist in guten Händen. Freilich, Herr Keno ist alt und will seinen ältesten Sohn gern noch einmal sehen. Aber man muß bedenken, daß die Reise weit ist, und sicherlich hat Bruder Ägidius recht, wenn er glaubt, daß Ocko nicht leichten Herzens aus Italien fortgeht. Habt Ihr mehr von jener Königin gehört, Ägidius?"

"Nur, daß sie sehr schön sein soll", schmunzelte der Mönch, "und beständig von den Verwandten ihres ersten Gemahls bekriegt wird."

Nun war auch Tettas Neugier erwacht. Bislang hatte sie immer versucht, das Gespräch vom Broekmerland fortzulenken, wenn Foelke es wieder erreicht hatte, daß Ägidius von seinen vielen Wanderungen zu dem Kolonistenvolk erzählte. Sie begriff nicht, was die Schwester in das Bruchland zog, von dem doch alle, die daher kamen, erzählten, daß es immer noch naß und sumpfig sei und im Frühjahr wie im Herbst von den Stürmen zerschlagen werde, soweit nicht besonders feste Deiche es schützten. Sie hätte nach allem, was sie von diesem meernahen Lande gehört hatte, nicht dort wohnen mögen. Von einer Königin, die schön und gelehrt und doch nicht Priorin eines Klosters war, mochte sie dagegen gern hören. Da Ägidius aber außer deren Namen Giovanna nichts mehr von der Königin von Neapel wußte und den beiden Mädchen doch eine Freude machen wollte, ersann er fröhliche Geschichten von dem Hofleben in Italien, machte Ocko tom Broek zum König von Sizilien und ließ ihn im Auftrage der schönen Königin übers weite Meer gegen die Sarazenen ziehen.

Ach, es war eine schöne Zeit, wenn Bruder Ägidius' braune Kutte über den Burghof wehte.

Täglich hatte der Mönch fleißig geschafft, und nun ging auch schon der Backofen seiner Vollendung entgegen.

"Was werdet Ihr danach in Angriff nehmen, Bruder Ägidius?" fragte Tetta.

"Ihr werdet doch noch nicht weiterziehen?" bat auch Foelkeldis.

Vielleicht könne er später noch einmal einkehren, sagte der Mönch gutmütig, er müsse nun über den Geestrücken weiter nach Süden pilgern und im Mormer- und Lengenerland Gaben für sein Kloster sammeln.

Als er am Urbanstage gen Süden zog, begleiteten ihn beide Mädchen ein Stück Weges. Es traf sich, daß auch Kampo, der den Häuptling Hayno von Bagband aufsuchen wollte, um mit ihm über Ländertausch zu sprechen, mitging.

"Sollte Euer Weg Euch über Thedingen führen, Ägidius", sagte er, dem Mönch zum Abschied einen rheinischen Gulden in die weite Tasche seiner Kutte schiebend, "so könntet Ihr dort einen Gruß von mir ausrichten und bestellen, daß Gyla und ich im Sinne hätten, unsere zweite Tochter zu Sankt Michael nach Thedingen zu bringen. Es wäre auch nicht verkehrt, wenn Ihr einmal mit Abt Fulko sprächet und Euch etwas in dem Kloster umsähet. Das Klosterleben ist Euch vertraut, und Ihr werdet rasch sehen, ob Thedingen der geeignete Aufenthaltsort für unsere Tochter ist. Bislang habe ich von der Klosterzucht nur Gutes gehört, allein -."

Ägidius schmunzelte. Sein eigenes Kloster stand wahrhaftig nicht in dem Ruf, nur zahme, brave, fromme Mönche zu beherbergen, aber den Guardian würde es freuen, daß einer seiner Franziskaner von Kampo Habbena dazu ausersehen wurde, in Thedingen die Klosterzucht zu prüfen.

Er werde sein möglichstes tun, sagte Ägidius, und auch darüber berichten, wenn er kurz vor der Sonnenwende wieder auf Strackholt einträfe.

Als Kampo auf die Zugbrücke der Bagbander Burg zuschritt, bemerkte er, daß Foelkeldis und Tetta immer noch auf dem Wege standen, um Ägidius nachzublicken.

Des Lichtes wurde täglich mehr. Die Plejaden gingen nicht mehr auf dem Rücken des Stiers mit der Sonne zusammen hinter den Meeden in die Friesische See hinein. Die Sonne stieg höher, und die Welt war ins Blühen gekommen.

"Gott ist aus sich selbst herausgetreten und in die Welt hineingegangen", sagte Kampo zu Foelke. "Als wir nach Broke ritten, war alles Leben geheimnisvoll in die Erde hinein verzaubert, aber nun wird es sichtbar."

Foelkeldis war glücklich, daß der Vater von Broke zu sprechen begann. Sie sehnte sich bisweilen danach, mit Herrn Keno an die Leybucht zu reiten und über das weite Meer zu blicken. Aber sicherlich würde es sehr lange dauern, bis sie Herrn Keno wiedersähe, zumal ihr Vater Herrn Imels wegen nicht mehr in steter Unruhe war.

Oft dachte Foelke auch an das arme Weib, das über Nacht in das größte Unglück gestürzt worden war, und je mehr sie sich vergegenwärtigte, was in der eiskalten Morgenfrühe auf dem Burghof in Broke gesprochen wurde, um so unbegreiflicher erschien ihr, daß Herr Imel sich des Totschlägers angenommen hatte.

Als sie ihrem Vater dies sagte, gab er ihr zur Antwort, man müsse alt werden, um Mitleid empfinden zu können. Ja, empfand sie denn kein Mitleid?

Foelkeldis blickte auf die abgefallenen Blüten des Apfelbaumes, die um sie herum verstreut lagen, und griff mit der Hand nach einer winzig kleinen Frucht, die der Wind vom Baum gerissen.

"Warum geschah dies, Vater?" fragte sie, den mageren, grünen Apfel betrachtend, der kaum so groß war wie der Blütenrest, der ihm noch anhaftete.

"Diese Frucht hätte reif und brauchbar werden können", setzte sie hinzu. Kampo sah seine Tochter ernst an. Sie quälte sich wohl mehr mit dem, was sie in Broke miterlebt hatte, als er wußte. War nicht Boro Ubbinga auf dem besten Wege gewesen, mit Imels Hilfe ein brauchbarer Mann zu werden?

Er seufzte. Dasselbe hatte er selbst sich in diesem zeitigen Frühjahr gefragt, wenn er an Imel tom Broek dachte, dessen vermeintlichen Untergang er hatte kommen sehen. Imel und Boro waren zu jung, um schon dem Leben und seinen Aufgaben entzogen zu werden. Ja, es war unbegreiflich, daß, nun alles auf gutem Wege zu sein schien, jener Mann in der Nacht...

"Vielleicht müssen diese Äpfel fallen", sagte er, "damit Platz wird für die andern, die kräftiger und durch einen Wind nicht abzuschütteln sind. Du siehst, die Entscheidungen über die Früchte, die wir einmal ernten werden, fallen früh." "Ja", sagte er, in den Baum mit der weit ausladenden Krone hinaufblickend, "über die Ernte ist eigentlich schon jetzt vor der Sonnenwende entschieden."

Am Sonnenwendtag, fiel Kampo plötzlich ein, mußte er nach Timmel reiten, und Imel wollte dann jenes Pferd abliefern, das er so liebte. Wie stolz er auf das Tier war! Es hatte gescheut, aber es hatte sich meistern lassen. Imel war froh geworden. Was immer auch entschieden sein mochte, "was schadet es, wenn es nur keine Macht über uns gewinnt", hatte er gesagt.

Die Sommerarbeiten nahmen ihren Fortgang, und zum Grübeln blieb auch Foelke wenig Zeit. Der Hopfen, dem Ägidius die Stangen gesetzt hatte, war so in die Höhe geschossen, daß er nun angebunden werden mußte. Das Winterkorn, das an jenem Wundertag wie ein weicher, grüner Flaum die Felder bedeckt hatte, stand nun in steifen, gerade aufgereckten Ähren da und wartete auf die letzte Schwere. Die Bienen schwärmten. Apfel- und Kirschbäume zeigten schon ziemlich große Früchte, und der Wein, den Ägidius vor einigen Jahren an die Südseite der Burgmauer gepflanzt hatte, stand in Blüte, als der Mönch selbst den Sandweg nach Strackholt abermals hinaufpilgerte und Ausschau hielt, ob er nicht irgendwo an einem Feldweg Gylas ansichtig würde. Sicherlich würde sie weiter Kräuter sammeln, sofern sie bei aller Butter- und Käsebereitung noch Zeit dazu fand. Zwischen den beiden Frauentagen, das hatte der Mönch oft beobachtet, waren die Kräuter in ihrer besten Kraft. Die Sonne kam jetzt noch täglich der Erde näher, und was bis zu ihrer Wende nicht getrieben hatte und gut angewachsen war, das würde wohl schwerlich recht ins Leben kommen, meinte Bruder Ägidius.

So gut es ihm auch in Strackholt gefallen hatte, diesmal wollte er sich nur kurze Zeit hier aufhalten. Er mußte vor allem dem Burgherrn Bericht erstatten über das, was er über Thedingen in Erfahrung gebracht, und ihm sagen, daß er mit Abt Fulko über die Bedingungen verhandeln solle, unter denen das blasse Häuptlingskind in die Klostergemeinschaft aufgenommen werden könne.

Sein erster Gang aber war zu seinem Backofen. Er war überzeugt, daß Gyla zeit ihres Lebens keinen neuen mehr brauche. Bei dem Backofen traf er Gyla an. Ja, er habe seine Arbeit ausgezeichnet verrichtet, sagte sie dankbar. Da im Augenblick nicht gebacken werde, benutze sie das stille Backhaus, um ihre Pflanzen hier zu trocknen. Und sie zeigte Ägidius, was sie in den letzten Tagen zusammengetragen.

"Aber nun kommt in das Steinhaus", sagte sie dann. "Ihr seid müde. Ich will Euch Schaftalg für Eure Füße geben, und sicherlich seid Ihr hungrig und durstig heimgekommen."

Foelkeldis und Tetta hatten von einer Magd gehört, daß Bruder Ägidius wieder da sei, und sprangen nun eilends herbei, ihn zu begrüßen. Von der schönen Königin habe er die seltsamsten Geschichten erfahren, sagte der Mönch, und Tettas graue Augen wurden weit vor Neugier.

"Erzählen kann ich dir nicht alles, was man sich zuraunt", schmunzelte Ägidius, "freue dich auf das Klosterleben, da hörst du mehr Königsgeschichten, als du behalten kannst."

"Ich hatte einen Auftrag von Euch mitgenommen, Burgherr", sagte er abends zu Kampo, der von der Landarbeit heimkam. "Als ich Euch verließ, lag der Vollmond über Kirschbäumen, und nun leuchtet die Sonne über Ährenfeldern, und wir müssen das Sonnenwendfeuer vorbereiten. Aber da ich eine zustimmende Antwort von Herrn Fulko erhielt, brauchte ich wohl nicht vorzeitig meine Wanderung abzubrechen, um Euch Bescheid zu geben. Sie sind dort sehr stolz auf ihre Vornehmheit und die Überlieferung, die sie bereits aufzuweisen haben. Ja, mein Kloster Valdern ist noch keine hundert Jahre alt. Herr Fulko schätzt die neuzeitliche Einrichtung der Bettelorden nicht, das hat er mich wohl merken lassen. Er sprach davon, daß sein Kloster schon zur Zeit des Großen Karl in Broekzetel gegründet worden sei. Später ist es in die Nähe des Nedermoores verlegt worden, wo es noch heute liegt, und ist nach Teda, dem ersten Abt, der ihm weise und gottesfürchtig vorstand, Thedingen genannt worden. Dazumal haben Mönche und Nonnen gemeinsam darin gehaust. Das ist das einzige, was auch uns Franziskanern an Thedingen gefällt. Jetzt ist es freilich anders geworden, und du, meine Tetta, wirst jahrelang kein Mannsbild zu Gesicht bekommen, wenn du dich nicht doch entschließt, wieder in das Leben zurückzukehren."

"Daß du die Gelübde frei ablegen mußt, weißt du doch", fügte er ernst werdend hinzu. "Es darf dich keiner dazu zwingen. Du mußt freilich das gesetzliche Alter erreicht haben, bevor du dich bindest. Um das Ordensrecht solltet Ihr Euch noch etwas kümmern, Kampo. Für Frauenorden gelten in manchen Dingen besondere Bestimmungen, die ich nicht genau kenne. Sie gehen, hörte ich, auch die Mitgift an. Auch über die Beichtväter sollen andere Gesetze gelten als bei uns Männern. Ihr müßt Euch rechtzeitig danach umhören. Es ist ein Jammer, daß wir Franziskaner keine Jungfrauen aufnehmen dürfen. Unsere Klosterzucht freilich ... Nun, von Thedingen habe ich nur Gutes gesehen. Von Valdern aus aber könntest du wohl einmal nach Paris kommen, Tetta."

"Wart Ihr auch in Paris?" fragte Foelkeldis voller Verwunderung.

"Ich wandere von Valdern aus durch das sechste Seeland", lachte der Mönch, "nach weiteren Reisen steht mein Sinn nicht. Aber ich kenne einen Broekmer, einen aus dem Lande, das du so schätzest, Foelke, der jetzt in Paris ist. Hat Herr Keno dir nicht von ihm erzählt? Almer heißt er. Er ist ein entfernter Verwandter der tom Broeks und irgendwo an der Zuidersee zur Welt gekommen. Herr Keno hat ihn später eine Weile auf Burg Broke bei sich gehabt und von dem Priester in Utengrahove unterweisen lassen. Dann zog es Almer in die Ferne ..."

"Wie Herrn Ocko", sagte Foelkeldis und blickte sehnsüchtig den weißen, ziehenden Wolken nach, die sich am Abendhimmel wie einsame Schiffe auf dunkler See schließlich verloren.

Die wenigen Tage bis zur Sonnenwende blieb Ägidius auf Bitten der Burgbewohner noch in Strackholt. Tagsüber sammelte er Kräuter und gab Gyla Anweisung, was sie mit dem Inhalt all der kleinen Beutelchen, die er ihr hinterlassen würde, machen solle. Fast schien es, als ob der Mönch alles gebrauchen könne, was auf dem Sandboden wuchs. Von der einen Pflanze nahm er die Wurzeln, von der andern die Blätter, wieder von andern Samen oder Blüten.

Von der Königin Giovanna erzählte er nichts mehr, aber von Herrn Kenos verstorbener Gemahlin und seinen beiden Töchtern Elborg und Doda, die in Greetsiel und Valdern verheiratet waren, wußte er manches zu berichten. Auch Hebe, von der Herr Imel noch immer mit soviel Liebe sprach, hatte Ägidius gut gekannt. Ja, sie sei ein tüchtiges, braves Weib gewesen. An Tüchtigkeit käme ihr Adda von Osterhusen und an Freundlichkeit Fossa von Emden vielleicht am nächsten, sagte er. Von deren Männern freilich wisse er nichts Gutes zu berichten. Daß Herr Folkmar in der Osternacht den alten Boinck überfallen habe, empöre alle, die gerecht dächten. Herr Imel ...

"Imel wird nun das Pferd fortbringen, heute ist Sonnwendtag", sagte Kampo, der auch herzugetreten war. "Und heute abend werden überall die Feuer entzündet."

"Denkt Ihr immer noch an das Pferd, Vater?" fragte Foelke.

Ägidius schien nicht gehört zu haben, was der Burgherr sagte. Er hatte einen halbreifen Apfel durchgeschnitten.

"Die Natur weiß genau, daß es nun anders wird", sagte er, die Kerne betrachtend. "Pappeln und Weiden wenden ihre Blätter, und die Apfelkerne drehen sich in der Frucht um. Ja, Burgherr, wir müssen nun das alte Holz aufschichten und das Feuer entzünden."

"Ja", sagte Kampo Habbena, "das Licht darf nicht ausgehen, wenn uns auch die Sonne verläßt."

Sie waren noch mit der Anordnung des Sonnwendfeuers beschäftigt, an dessen Flammen sich in dieser Nacht das ganze Dorf ergötzen wollte, als ein Reiter auf die Burg zusprengte. Er war in Schwarz gekleidet, und sein Pferd trug eine große, schwarze, gestickte Decke, in deren Ecken Adler erglänzten.

Der Mann sprang im Burghof ab, band das Pferd an die Linde, ging mit steifen Beinen auf Kampo zu, entbot den Gruß und sagte mit eintöniger Stimme die Sterbeformel auf:

Herr Keno Hilmersna tom Broek auf Burg Broke im Broekmerland ließ Kampo Habbena in Strackholt ankündigen, daß es Gott, dem Allmächtigen, gefallen habe, seinen Sohn Imel am heutigen Tag abzuberufen. Die Einsargung werde am dritten, die feierliche Bestattung am fünften Tage stattfinden.

Kampo sah den Knecht an, als ob er nicht verstände. Er blieb einige Augenblicke vor ihm stehen, ohne ein Wort zu sagen, und schob den Mann dann ins Haus.

In der Winterstube fiel er in seinen Hochsitz, und der Knecht setzte sich auf die Bank und wartete, was der Burgherr zu fragen habe. Steif, schwarz und schweigend sah er in das kaum flammende Feuer.

Foelke war ihrem Vater gefolgt. Wie im Traum wogten gleich Meereswellen viele Bilder und Worte durcheinander. Durch all diese Bilder hindurch aber ritt der Mann im schwarzen Ansagergewand, dessen Pferd die Decke mit goldgestickten Adlern getragen hatte, und sagte:

"Er ist heute morgen mit dem Pferd gestürzt."

Lautlos glitt Foelke ihrem Vater vor die Füße.

4.

Kampo Habbena brachte es nicht übers Herz, das stilltrauernde Mädchen, dem Jammer und Nichtverstehen aus den dunklen Augen blickten, in Strackholt zu lassen, wenn er sich auf den Ritt ins Broekmerland begeben würde, um Imel tom Broek noch einmal zu sehen. Foelkeldis hatte nicht gefragt, ob sie mitkommen dürfte, denn sie wußte, daß es eigentlich der Mutter zukam, den Vater diesmal zu begleiten. Aber auch Gyla ertrug nicht ihr gequältes Schweigen und sagte, als die Feuer der Nacht ausgebrannt waren, zu Kampo:

"Wenn es dich auch dünkt, nimm Foelke statt meiner mit nach Broke. Ich habe Herrn Imel kaum gekannt, und es wird gewiß in Herrn Kenos Sinne sein, wenn du an meiner Statt deine Tochter mitbringst."

So wurden denn in der Morgenfrühe des dritten Tages abermals Kampos und Foelkeldis' Pferde gesattelt, um zum drittenmal in kurzer Zeit ihre Reiter ins Bruchland zu tragen.

Kampo hatte, nachdem er mit Hayno von Bagband über den Ländertausch, den er vorzunehmen gedachte, gesprochen hatte, sich überlegt, seinen Pächter Hillert Ubbena noch in diesem Sommer in Timmel zu belassen, um dann im kommenden Jahre zwischen Sankt Walburg und Sankt Johannes, wie das Gesetz vorschrieb, den Pachtvertrag zu lösen und den Ländertausch mit Hayno zu einem beide befriedigenden Ende zu führen. Aber er wollte gleichwohl jetzt mit Hillert sprechen und sehen, wie dieser im letzten Frühjahr das Land bearbeitet hatte. Hillert war zudem der Meinung, daß die Pachtjahre noch nicht abgeflossen seien, und nun konnte es sein, daß Kampo sich mit zwölf Konsakramentalen durch einen Eid reinigen mußte, um Hillert loszuwerden. Er wollte aber vorerst sehen, ob Hillert die Ländereien in diesem Jahre ordnungsgemäß gedüngt hatte, denn dann galten für ihn, da er dem Auricher Geestlande angehörte, besondere Bestimmungen.

So schlugen Kampo und Foelkeldis diesmal einen andern Weg ein. Nördlich von Bagband hatten sie einen schmalen Moorstreifen zu überqueren, der jetzt aber völlig trocken und gut passierbar war. Von nun an mußten sie sich genau westlich halten, um dann bald das reiche Geestdorf Timmel, in dem auch der kluge Abt Fulko sich zum Ärger der Häuptlinge ein Vorwerk gesichert hatte, zu erreichen.

Während Kampo zu Hillert in das Haus ging, band Foelkeldis ihre Agatha an eine Birke und setzte sich an den Grabenrand des nahen Kamps.

Sie verstand nicht ganz, daß der Vater heute seine Gedanken an anderes wenden konnte als an das, was in Broke geschehen war. Sie selbst war ganz kraftlos seit jener Nachricht. Ganz hatte sie sich von ihrer Ohnmacht noch nicht erholt, aber sie gab sich große Mühe, aufrecht im Sattel zu sitzen, um dem Vater keine Sorgen einzuflößen. Nie hatte sie sich so wenig an dem Johannesfeuer freuen können wie in diesem Jahr. Die prasselnden Flammen schienen alles zu verzehren, was einmal schön gewesen war in ihrem Leben, und lauter schwarze, unlösbare Rätsel lagen auf dem Grund, als sie in den Haufen Asche blickte, der von dem prächtig lodernden Feuer übriggeblieben war.

Ja, wenn man nur für kurze Zeit, damit der müde Kopf sich ausruhe, an etwas anderes denken könnte! Es tat gut, hier am Grabenrand zu sitzen und einige Augenblicke irgendwo zu verweilen, wo niemand kommen, niemand rufen, niemand etwas fragen würde. Sie legte sich in das weiche Gras, die Schönheit des Junitages wie Trost in sich aufnehmend. Ihr war, als sei der Himmel hier noch näher bei der Erde und den Menschen als in Strackholt. Silbrig flimmernde Wolken zogen über ihr hin in das Land hinein, und fortwährend strich ein weicher Wind liebkosend über das Gesicht. Neben ihr im Gras nickten Taubnesseln und Sternblumen, und auf dem Erdwall, der den Kamp, an dem sie lag, umsäumte, blühte Weißdorn.

Sie schloß die Augen. Wie still es hier war! Irgendwo krähte ein Hahn, und von fern hörte sie Kinderstimmen. Dabei fiel ihr Witzeld ein. Er hatte so bitterlich geweint, als ihm beim Bickelspiel die Tonkugel auf den Kopf gefallen war. Auch seine wehe Stimme hörte Foelke jetzt wieder.

Gekräftigt durch den Frieden, der hier um sie war, stand das Mädchen auf und ging den weißen, schmalen Sandpfad zum Bauernhaus hinunter. In den Kampen grasten die rotbunten Kühe ihres Vaters. Schafe, kahl geschoren, waren gepfercht. Das hatte Hillert also doch fertiggebracht, dachte sie im Vorbeigehen.

Über ihr sangen Lerchen, und aus einer hohen Birke erklang der frohe Gesang einer Amsel. Foelke sah nach oben. Wie Halme schwankten die feinen, silbrigen Äste der Birke unter dem blauen Himmel im Winde hin und her. Ohne Wind konnte man sich keinen einzigen Tag denken, aber so liebkosend wie heute hatte Foelke sein Streicheln wohl noch nie empfunden, meinte sie.

Nun kam Kampo aus dem Hause.

"Es ist nun so, daß wir uns an die Rechtssätze halten müssen, Hillert Ubbena", sagte er. "Aber da du in diesem Jahr, wie ich heute gesehen habe, das Land gut bearbeitet und gedüngt hast, so tritt für dich als dem Auricher Geestland angehörig in Kraft, daß du noch drei Jahre hierbleiben kannst. Sollte ich diesen Platz unterdessen aber zu verkaufen oder zu vertauschen Sinnes sein, alsdann gilt, daß der Pächter, welcher das Land gepflügt und besät hat, die Früchte des Jahres nehmen soll, und der das Land gekauft oder vertauscht hat, erhält die Miete."

Hillert und seine Frau standen, umringt von mehreren Kindern, vor der Haustür, als Kampo und Foelkeldis sich wieder auf das Pferd schwangen und davonritten. "Die Frau sah elend aus, Vater," sagte Foelke.

"Das tat sie. Aber ich mußte ihnen das Letzte sagen. Hillerts Fleiß hat selten lange vorgehalten. Was ihn ansporn t, ist die Furcht, den Platz verlassen zu müssen. Hier sind seine Kinder geboren. Der Platz ist ihre Heimat geworden. Er will ihn gewiß später gern kaufen. Auch er will eigenen Grund und Boden unter den Füßen haben, wie jeder Friese. Sie hängen an dem Land, das sie jahrelang gut oder schlecht bearbeitet haben. Wenn Hillert weiß, daß ich mit Hayno von Bagband Land tauschen will, arbeitet er. Nur so kann ich ihn zwingen."

Drei Jahre hatte er Hillert, den er eigentlich von Haus und Hof zu verjagen Sinnes gewesen, nun wieder zugebilligt, dachte Kampo. Ihm war, als sei Imel während der Unterredung mit

Hillert und dem abgezehrten Weibe bei ihm gewesen. Imel trat nie als der richtende Gott unter die Menschen; auch als Richter bediente er sich der helfenden Hand. Er zerschlug keinen. Er versuchte, den Zerschlagenen wieder aufzurichten

Es war Kampo schwer geworden, Hillert, nun er einmal das Land ordentlich bearbeitet hatte, zu sagen, daß er ihm vertraue. Der alte Ärger hatte wieder aufsteigen wollen. Denn durch den Fleiß eines Frühjahrs war nicht aufzuholen, was ein Pächter durch Jahre hindurch versäumt hatte. Imels Stimme war es gewesen, die Kampo Habbena zum Glauben an diesen Mann ermahnte. Imel würde fortan immer in solcher Lebenslage bei ihm sein, das wußte Kampo. Imel - den er nun einsargen sollte.

Es war schön, fand Foelkeldis jetzt, daß sie heute einen andern Weg ritten als sonst. Bald hatten sie wieder einen breiten Pfahldamm zu überqueren, der durch das Moor führte, aber dieses war so gut abgetrocknet, daß die Pferde kaum irgendwo noch einsanken. Sie hielten sich an die vielen kleinen Hügel, die aus vermodertem Wurzelwerk und aus den großen Soden der verschiedenen Heidearten gebildet worden waren. Ihre Hufe sanken in das weiche Moos, und hier und da erhaschten sie ein Maul voll Blätter von einem niedrigen Busch, der am Weg stand.

Seidig und weich wie die Wolken am Himmel flimmerte jetzt das Wollgras, das weite Moorflächen fast bedeckte. Der Wind spielte mit den weißen, hell glänzenden Flöckchen und neigte sie alle der steigenden Sonne zu. Man hätte denken können, daß sich des Himmels weiße Wolken selbst für eine Weile auf das Moor gelegt hätten.

Auch Kampo mochte jetzt nicht sprechen. Seiner Gewohnheit gemäß überschaute er, was ihn in der Nähe und in der Ferne umgab. Er freute sich, daß die Menschen auch in dieser Gegend mit dem Torfgraben und -stuken fertiggeworden waren. Sorgfältig und dem alten Brauch entsprechend hatten sie je acht der Torfsoden so übereinandergestellt, daß der Wind diese trockenblasen konnte, und warteten nun die Heuernte ab, um danach Zeit zu finden, den inzwischen abermals umgestukten Torf heimzuholen.

Über das Moor liefen Frauen und Kinder. Sie sammelten Heidebüsche, um Besen davon zu binden. Manche sahen abgehärmt aus. Ja, hier war es schwer, durch die Zeit zu kommen. Auch in Strackholt hatte Foelkeldis oft Frauen gesehen, die aus dem Moor kamen und ihre Strauchbesen, Schrubber und Böhner feilhielten. Aber wie mühselig es war, und wie sehr die kleinen Kinder mithelfen mußten, Heide zu sammeln, das hatte sie nicht gewußt.

In der Nähe einer Lehmhütte, deren Dachfirst ein alter Mann mit steifer, struppiger Heide ausbesserte, spielten Kinder. Beim Näherkommen erkannte Foelke Witzeld, von dem ihre Gedanken nicht loskamen, seit sie von Timmel fortgeritten waren.

Sie sprang überrascht vom Pferd, warf ihrem Vater die Zügel zu und ging zu dem Kind. Es erkannte sie sofort wieder.

"So bist du nicht mehr zu Besuch in Marienhove, Witzeld?" fragte Foelke.

Nein, er sei nun wieder zu Hause, antwortete der kleine Bursche.

Aber Aurickhove sei weit, entgegnete Foelkeldis und fragte, ob er zu Fuß bis an den Moorrand gegangen sei.

Freilich, sagte Witzeld. Aber er sei nicht in Aurickhove zu Hause, wie man Foelkeldis berichtet, sondern nicht weit von hier, in Ostersander.

"Warum hast du das damals nicht gleich gesagt?" fragte Foelke."Weil Ihr mich holen wolltet", antwortete das Kind leise. "Und Ostersander ist weiter von Strackholt entfernt als Aurich."

In einem plötzlich aufwallenden warmen Gefühl nahm Foelkeldis das Kind auf den Arm und setzte es dann auf ihr Pferd.

"Wir wollen ihn mit heimnehmen, Vater", bat sie, "wir kommen über Ostersander. Er braucht dann den weiten Weg nicht noch einmal zu Fuß zu machen ... Hast du Heide genug gesammelt, Witzeld?"

Das Kind blickte zu einem Korb hin, den die anderen Foelke nun reichten. Ja, er mußte den Korb mit heimnehmen. Amke, bei der er wohne, brauche einen Bentgrasbesen, und da sei er mit den anderen bis hierher gegangen, um welches zu holen.

"Ist Amke gut zu dir?"

Das Kind nickte. Foelke hätte gern noch mehr gefragt, aber Witzeld schlug einen Mantel von ruhigem Stolz um sich, den sie nicht abzunehmen wagte. Sie streichelte seinen blonden Haarschopf und bewunderte den schönen, langen Hinterkopf. Das Kind hatte ein vornehmes Gesicht, fand sie. Es hätte wohl auf einer Burg geboren oder zum Prior eines Klosters bestimmt sein können. Sie legte ihre Wange auf das blonde Haar und flüsterte zärtliche Worte.

Die beiden Reiter setzten Witzeld bald darauf in seinem Heimatdorf ab und kamen dann nach kurzem, scharfem Ritt zu Claas Ribbena in die Schnappe. Hier erfuhren sie auch Näheres über das Unglück. Imel habe, einem lange gegebenen Versprechen gemäß, das Pferd durchaus an diesem Tage nach Marienhove bringen wollen. Herr Keno sei damit nicht einverstanden gewesen und habe selbst reiten wollen, da das Pferd am Tage der Richterwahl, wie allgemein bekannt geworden sei, wieder gescheut habe, wenn auch Herrn Imel nichts zugestoßen sei. Als Herr Imel nun, wie die Broekmer Herren gewohnt seien, über die Zugbrücke an der Südseite geritten, die Wegbiegung nach Westen zu erreicht, und sein Pferd nach Norden habe lenken wollen, sei es geschehen. Ein Mann, der auf dem Felde mit den ersten Heuarbeiten beschäftigt gewesen, habe erzählt, daß das Pferd vor einem plötzlich in der Morgensonne aufblitzenden Spaten gescheut habe.

Kampo bezahlte seine Schuldigkeit und sagte draußen zu Foelke:

"Ja, Kind, mit all diesem wissen wir noch immer nur einen kleinen Teil von dem, was zusammengekommen ist, um das Leben eines Menschen in eben dieser Minute zum Abschluß zu führen. Imel selber hat gewußt, daß es eintreten würde. Wie ruhig war er wohl, als es geschah."

Foelkeldis antwortete nicht. Alles, was sie gehört, alles, was sie selber an Herrn Imel beobachtet hatte, trat nun, je mehr sie darüber nachsann, immer klarer als eine ungeheuerliche, unaufhörliche Frage des Schicksals an sie heran. Sie fühlte, daß sie zu dem verborgenen Wissen, das Herrn Imel eigen gewesen war, noch keinen Zutritt hatte.

Die beiden Reiter kamen nun wieder ins Broekmerland. Hier war man nahe an der See, Foelkeldis spürte es an dem stärkeren Wind. Die Wolken jagten über den Himmel. Es schienen

Regenwolken zu sein, aber der Wind trieb sie so schnell vor sich her, daß sie keine Zeit hatten, sich zu entladen. Und dann lag wieder Sonnenschein über dem Land.

Die Torflügel mit den gewaltigen rechtsblickenden Adlern waren weit geöffnet, als Kampo und Foelkeldis über die bereits herabgelassenen Zugbrücken auf Burg Broke einritten. Auf dem großen Burgplatz standen in unübersehbarer Zahl große und kleine Wagen, deren Deichseln jetzt auf den Flintsteinen lagen. Fast alle wiesen das Wappen der Häuptlinge auf, denen sie gehörten. Nur wenige Edle schienen noch kein Wappen ihr eigen zu nennen. Kampo mußte sich zwischen all diesen Wagen einen Weg bahnen.

"Auch Wibet aus dem Harlingerland ist gekommen", sagte er nun, auf das Wappen der Herren von Esens und Stedesdorf weisend, "und sieh, Edo Wiemcken aus Rüstringen hat den Streit vergessen, den er einst mit uns hatte. Oder ist es die Klugheit, die ihn Herrn Keno jetzt aufsuchen läßt -. Keno Hilmersnas Ansehen zieht die Entferntesten her", murmelte er, um sich schauend. Auch aus der Gegend der Lauwers und des Flie waren Trauergäste gekommen, wie an den Wappen zu ersehen. "Aber auch Imel war beliebt. Hier kam er uns entgegen, meine Foelke", sagte Kampo stehenbleibend, "als wir am Tage Mariä Verkündigung hier einzogen."

Foelkeldis sah fremd um sich.

Heute war alles anders als am Wundertag und auch als das letztemal. All die Wagen und das Gewieher der vielen fremden Pferde bedrückten sie. Wieviele Menschen mochten heute in der stillen Winterstube sein! Ja, damals waren Herr Keno und Herr Imel ihnen hier in ihren selbstgewebten, grünen Leibröcken entgegengekommen. Nicht reicher als andere Bauern der Umgegend trugen sich die Broekmer Häuptlinge. Es war alles einfach und ruhig hier gewesen. Jetzt drang unaufhörlich gedämpftes Sprechen aus den Häusern.

"Doda", sagte Kampo plötzlich zu einer reichgekleideten Edelfrau, die aus dem Frauenhaus trat. "Wieviele Jahre haben wir uns nicht gesehen, Doda Kenesna?" Er schüttelte ihr die Hand.

"Mein Vater hat von dir erzählt", sagte Doda Kenesna ernst.

"Und auch von Euch, Foelke Kampana, hat er gesprochen. Für ihn und Imel war es schön, daß ihr beide den weiten Weg zu ihnen nicht gescheut habt ... Ja, mein Vater nimmt es schwer. Er spricht kaum. Heute morgen sagte er: Kampo sollte das Kind mitbringen. Da seht Ihr, daß er gern an Euch denkt", fügte sie freundlich, zu Foelke gewandt, hinzu.

Diese guten Worte nahmen alle Beklommenheit und alle Fremdheit von Foelkeldis. Ihr war, als schlüge nun das Herz wieder lebendig in ihr. Die Tränen traten ihr in die Augen. Was gingen sie nun all die Menschen noch an. Sie atmete tief und frei.

Doda getraute sie sich wohl zu fragen, ob sie ihr helfen möchte, das Feiertagsgewand anzulegen, das Gyla in einen riesigen Fellsack gepackt und hinten auf Kampos Pferd geschnürt hatte. Mütterlich legte Doda Kenesna den Arm um das Mädchen, das sonderbar tief durch Imels Tod berührt und des Trostes wahrhaft bedürftig schien. Freundlichkeitsfältchen sprangen von ihrer Nasenspitze bis in die Augenwinkel, als Doda den Sack von Kampo in Empfang nahm und Foelke vor sich her in einen Raum hineinschob, in dem sie selber mit ihrer Schwester Elborg Unterkunft gefunden hatte.

"Ich sollte das Frauenhaus eigentlich nicht verlassen", sagte Doda, Foelkeldis von ihren schweren Gedanken abzulenken versuchend. "Alle, die so tief unter dem Schleier gehen, wie ich heute muß, sollen so lange an ihrem Platz sitzen bleiben, bis man zur Leiche ruft. Auch meinte ich die Stimme meines Gemahls zu hören. Edzard ist noch nicht mitgekommen. Unser Deich nahm Schaden in der letzten Nacht. Nicht schlimm, nein -, aber du weißt ja, jeder Deichpflichtige muß sich sofort einfinden, und der Häuptling ganz gewiß als erster. Deicharbeit ist eine von den sieben Notsachen, deren der freie Friese sich zur Entschuldigung bedienen darf, sogar, wenn er heute vor Gericht erscheinen müßte ... Aber ich denke, daß mein Gemahl noch heute hier eintrifft. Auch er hatte meinen Bruder Imel gern ... Nun zeige, was deine Mutter dir anzuziehen bestimmt hat. Schön ist dieses Schersson. Habt ihr die Goldplatten in Emden anfertigen lassen?"

Das wisse sie nicht, sagte Foelkeldis. Aber da ihr Vater bei seinen Besuchen in Hinte oft über Emden käme, würde es wohl so sein.

"Es ist gut, daß du dieses Schersson mit den vielen Goldplatten nicht unterwegs getragen hast", sagte Doda, das rote, schwere Kleid von allen Seiten betrachtend. "Etwas anderes ist es, wenn man im Wagen sitzt."

"Wir mußten unseres Pächters wegen über Timmel reiten", sagte Foelke entschuldigend. "Sei froh, mein Kind, daß du reiten kannst", lachte Doda Kenesna. "Wenn du alt bist, wirst du oft genug im Wagen durch das sechste Seeland fahren und dich nach deinem Pferde sehnen."

Sie hatte Foelkeldis das graue Unterkleid über den Kopf gezogen und mit einem runden Span zusammengehalten. Nun glättete sie die Goldplatten, die an dem roten Schersson in vier breiten Reihen von oben nach unten liefen, und ordnete die unzähligen Nähte, die Falten vortäuschten. Dann ließ sie Foelke hineinschlüpfen.

"Die Rosen sind wirklich sehr schön in das Gold graviert", sagte Doda, noch einmal die goldenen, auf das rote Kleid genähten Platten betrachtend. "Kampo muß mir sagen, wo er sie hat anfertigen lassen."

Um die Ober- und Unterarme legte sie Foelkeldis je zwei dicke Goldbänder, deren Verschluß leise läutende, goldene Glocken bildeten. Und dann blieben noch die großen Rosenknöpfe auf der Schulter zu schließen.

"Das Haar muß ich dir wohl noch einmal ordnen", meinte Doda dann und nahm ihren eigenen silbernen Kamm aus einem Elfenbeinkästchen, "unter der Hatte ist es etwas durcheinandergeraten."

"So hat die Mutter es auch gedacht", sagte Foelkeldis, "sie hat mir ein noch schöneres Stukelband mitgegeben - wenn Ihr mir das hineinflechten möchtet?"

"Schönes, weiches Haar hast du", lobte Doda beim Kämmen, "und so dunkel ist es, als ob du eine Südländerin seist. Kind, halte den Kopf still, ich reiße dich ja ... Du willst keine Südländerin genannt werden? Sei nicht traurig wegen deines Haares. Es gibt auch dunkle Friesen."

Foelke war aufgestanden. Sie fühlte, daß Doda um ihretwillen von anderen Dingen sprach, als die sie beide bewegten. Dafür war sie ihr dankbar. Als sie sich nach ihren Schuhen bückte, fiel der lange, schwere Zopf mit lautem Geklingel nach vorn.

"Wir stecken ihn unter den Gürtel", sagte Doda leise lachend, "und nun muß ich dir noch das schwarze Haarnetz zum Zeichen der Trauer unter den schweren Pael stecken." Sie hob das goldene Stirnband ein wenig, rieb die bunten Edelsteine, die ihre Finger berührt hatten, wieder blank und legte als letztes Schmuckstück das Esschart mit den drei großen, erhaben gearbeiteten Brustschilden, die an goldenen Ketten befestigt waren, um Foelkeldis' Hals. Nun fühlte das Mädchen sich wieder recht beklommen, aber Doda sagte:

"Wenn du gleich die vielen andern Frauen siehst, wirst du dir nicht mehr mit Gold beladen wie ein Glücksesel vorkommen. Die freie Friesin trägt Gold. Und nun komm, mein Kind."

Sie gingen miteinander in das Frauenhaus, wo die Frauen in langen Reihen an Tischen saßen. Nie hatte Foelkeldis so viele Friesinnen in Feiertagsgewändern beieinander gesehen. Aus allen sieben Seelanden waren sie gekommen, um Herrn Keno zu ehren.

Als Foelkeldis all diese Frauen und Jungfrauen in ihren roten, goldgeschmückten Kleidern sah, fühlte sie sich eher geborgen als bedrückt in ihrem Feiertagsgewand. Nur schwer war all das Gold. Großer Gott, was trug man allein auf dem Kopfe, und wie zog heute der Zopf das Gesicht in den Nacken!

Doda führte sie zunächst zu Adda und Fossa, Herrn Imels Töchtern. Vor beiden verneigte Foelkeldis sich tief, wie sie es gelernt hatte. Die tiefverschleierten jungen Frauen nickten ihr zu wie einer Fremden. Ja, sie war für die beiden eine der vielen, die hier versammelt waren, dachte Foelke. Wie sollten sie auch wissen, was ihre eigene Heimat einem Strackholter Mädchen bedeutete! Sie rafften den langen schwarzen Schleier vor der Brust zusammen, so daß das viele Gold ihres prächtigen Scherssons nur matt durch das Schwarz hindurchschimmerte. Wie angenehm mußte es sein, dachte Foelkeldis, solch einen Schleier zu tragen, wenn man trauerte. Er verbarg das verweinte

Gesicht vor den neugierigen Blicken all derer, die ihr Beileid kundgeben mußten.

Von Adda und Fossa, die die Ehrenplätze oben an der Frauentafel innehatten, führte Doda Foelkeldis weiter zu Herrn Imels Schwester Elborg von Valdern. Diese war, so hatte Ägidius erzählt, das älteste der vier Kinder Herrn Kenos. Elborg von Valdern hätte wohl keinen Blick für ihr kostbares Schersson gehabt, dachte Foelkeldis, als sie in das todtraurige Gesicht blickte.

"Du kannst dir nicht vorstellen, wie Elborg an Imel gehangen hat", flüsterte Doda, nachdem sich Foelkeldis noch unzählige Male vor verwandten und befreundeten Leidtragenden verneigt hatte. "Sie suchte mit ihm Haselnüsse und Brombeeren, sie war bei ihm, wenn Imel auf den Kreitwagen kletterte, um mit in die Meeden zu fahren, weil sie fürchtete, er möchte am Abend von dem hohen Heuberg herunterfallen. Daran muß sie jetzt, nun die Heuzeit beginnt, wieder denken. Auch sieht Elborg, daß unser Elternhaus leer wird, Foelke Kampana. Ich sehe es auch", sie seufzte tief. "Es ist sehr, sehr traurig, aber ich ... Ich werde es durchsetzen, daß Ocko heimkommt", sagte Doda plötzlich, und ihre blauen Augen leuchteten vor Tatkraft. "Und wenn ich selber ihn holen sollte! Ich sage dir, Foelke Kampana, daß es mein Ernst ist."

Foelke sprach von dem Brief, den zu schreiben ihr Vater hatte veranlassen sollen.

"Ich habe nichts davon gewußt", sagte Doda von Greetsiel, "das ist schade. Freilich - auch Elborg und ich hätten Imels Wunsch nicht ernst genommen. Mit aller Macht hätte ich meinen Bruder in das Leben zurückgezogen, so wie dein Vater es getan hat. Nein, Kampo soll sich keine Vorwürfe machen. Ich hätte nicht anders gehandelt. Ich hätte es Imel ausgeredet und meinen eigenen Lebensmut in ihn hineinströmen lassen. Und doch hätten wir schreiben sollen ..."

Sie brachte Foelkeldis zu Edo Wiemckens Schwester Jarste, die nicht schön, aber von freundlichem, gutmütigem Wesen war und ab und zu eine Frage an das Mädchen richtete.

Nun Doda von ihr gegangen, bedrückte Foelkeldis doch der schwarz ausgeschlagene Raum, in dem es heute trotz des hellen Sommers so dunkel war. Auch bemerkte sie, daß die reichgeschmückten Kleider der vielen Edelfrauen keineswegs gleich waren, wie es anfangs den Anschein gehabt. Sie blickte reihum. Manche Frauen trugen ein Esschart, dessen Brustschilde so groß und hochgewölbt waren, daß sie beide Brüste ganz bedeckten. Jarstes Ketten wiesen Kugeln auf, in denen weiße Perlen erglänzten, Dodas aber schienen aus goldenen Strängen geflochten zu sein wie manche der Ringe, mit denen die Finger der Häuptlingsfrauen bedeckt waren.

Jarste mußte wohl sehr reich sein, dachte Foelkeldis, den Blick wieder zu ihrer Nachbarin wendend. Zwölf Reihen Goldplatten schienen auf ihren roten Rock genäht zu sein, und jede dieser Platten trug das Wappen ihres Gemahls, einen grimmigen Wolfskopf. Foelkeldis konnte es freilich nicht schön finden, daß lauter Wolfsköpfe die gutmütige Jarste umgaben und daß sie selbst unzähligen Wölfen in den offenen Rachen sehen mußte, wenn ihre Blicke an Jarstes reichem Gewand hängenblieben. Sie gab sich Mühe, statt der Wolfsplatten die breiten, goldenen Bänder anzusehen, die von Jarstes Schulter aus über die Arme bis an die Hände liefen, wo sie sich in handbreiten Wylstern um das Gelenk legten.

Unter Jarstes langem Kleid sahen spitze, edelsteingeschmückte Holzschuhe hervor, und als ihre Nachbarin ein Tuch aus der Tasche des Unterkleides nehmen wollte, bemerkte Foelkeldis, daß Jarste golddurchwirkte Kniestrümpfe trug, die von blauen und roten Edelsteinen glänzten. In Gylas Hochzeitstruhe lag ein Paar ähnlich prächtiger Strümpfe, aber Foelke erinnerte sich nicht, bemerkt zu haben, daß ihre Mutter sie trug.

Während des Essens begannen die Glocken des Broekmerlandes zu läuten; das war das Zeichen dafür, daß nun Freundeshände Imel tom Broek einkleideten.

Foelke durchfuhr das Glockengeläut wie eine Mahnung. Es war ihr bis jetzt schier unmöglich gewesen, an den Toten zu denken. In all der ungewohnten Pracht, zwischen all den fremden Menschen entglitten ihr immer wieder die Gedanken an Herrn Keno und seinen Sohn. Ihr Auge mußte so viel aufnehmen, daß das Herz fast stumpf dabei wurde. Wie eine ferne Erinnerung sah sie bisweilen Herrn Kenos Gesicht vor sich, und spürte den klaren, kühlen Wind des Wundertages.

Diese Empfindung vermochte sie aber nur in sich wachzurufen, wenn sie die Augen schloß und das ständige Gemurmel der versammelten Frauen ihr zum Meeresrauschen wurde, das unaufhörlich jenseits des Leydeiches um Imel tom Broek klagte.

Als Meike, die das Haupt schwarz verhüllt hatte und sehr ernst aussah, ihr die Schüssel mit Geflügel darbot, nahm Foelke etwas, weil sie zu schüchtern war, allein hinter einem leeren Teller zu sitzen. Aber sie begriff nicht, wie manche Frauen jetzt einen Teller nach dem andern leer essen konnten. Sie bemerkte, daß auch Elborg von Valdern kaum aß und fühlte sich dieser stillen, tieftrauernden Frau dadurch nah verbunden.

Wieder läuteten die Glocken. Jarste versuchte jetzt wie die andern Frauen ein Gespräch mit ihrer Nachbarin anzuknüpfen, und Foelkeldis erzählte, woher sie sei und daß sie Broke schon lange kenne. Jarste war wirklich nicht schön. Ihre Nase hatte etwas Ungeheuerliches, fand Foelke. War es die Länge oder der sonderbare Höcker -, man sah nur eine Nase, wenn man Jarste ins Gesicht blickte. Aber mit der Zeit vergaß man die Nase, weil die Augen gut und freundlich waren.

Als die Glocken zum drittenmal geläutet hatten, öffnete sich die Tür der Frauenstube, und Folpert Luerts, den Foelkeldis von der Richterwahl noch in Erinnerung hatte, trat ein. Da wußten alle, daß es nun Zeit war, die Leiche zu besichtigen. Während Folpert die alte Formel sprach, man möge sich nun zu Imel tom Broek begeben, um Abschied von ihm zu nehmen, der den irdischen Leib verlassen habe, um in die Ewigkeit zurückzugehen, sahen die Frauen vor sich nieder, und manche begannen zu schluchzen.

Adda und Fossa erhoben sich als erste, Doda und Elborg folgten. Die nächsten Verwandten und Freunde schlossen sich an, und jeder achtete darauf, daß es nach dem Rang geschah, der ihm zustand.

Im Männerhaus war die gleiche Ankündigung erfolgt, und Foelkeldis sah, das Frauenhaus an Jarstes Seite verlassend, ihren Vater draußen zwischen andern Männern stehen, die darauf warteten, daß die Frauen ihnen vorangingen und den Saal beträten.

Und nun erblickte Foelke auch Herrn Keno. Sie fühlte, daß sie weiß wurde. Sie erschrak bis in die Herzwurzeln vor diesem strengen, undurchdringlichen Gesicht. Sie hätte nicht gewagt, ihn jetzt anzureden oder auch nur sich ihm zu nähern. Als sie dann ein Blick aus seinen schmerzerfüllten Augen traf, faßte sie Jarste am Arm. Sie meinte umzufallen vor Jammer. Jarste zog sie in den Saal und flüsterte ihr zu, sie müsse sich nun bekreuzigen. Ohne sich etwas dabei zu denken, gehorchte Foelke.

In der gleichen Reihenfolge, in der man den Saal betreten hatte, ging man nun an Imel tom Broek vorbei. Foelke hielt sich an Jarste fest. Priester knieten an dem Sarg. Weihrauch erfüllte die Luft. Zu Häupten Herrn Imels brannten viele Kerzen. Madonnenlilien neigten sich über das bleiche Antlitz. Aber das alles nahm Foelkeldis nur wie im Traum wahr. Ihr Blick haftete an dem runden, braunen Broekmerschild mit dem rechtsblikkenden Adler, den man Herrn Imel in die Hand gegeben, an dem langen Schwert mit dem Goldknauf, das man ihm an die Seite gelegt hatte, und an dem fest geschlossenen Mund, der nicht mehr sagte, was er wußte.

"Er war doch ein Ritter", schluchzte sie in sich hinein, "jetzt weiß ich es, daß er doch ein Ritter war."

Draußen kamen Elborg und Doda auf Foelkeldis zu. Sie hörte, wie Doda zu ihrer Schwester sagte:

"Wir wollen Kampos Tochter mit uns nehmen, Elborg. Ihre Augen sind erschreckend tief und dunkel. Sie darf nicht soviel allein sein." Vielleicht sagte Doda dies, um Elborg zu helfen, dachte Foelke, denn Elborg weinte immer noch still vor sich hin. Foelke selbst aber war Doda auch dankbar, daß sie sie wieder zu sich nehmen wollte.

Alles, was sie aus Imels Kindheit wußte, erzählte nun Elborg von Valdern unter Tränen. Imel sei immer verschlossen und empfindsam gewesen. Wie eine Schnecke habe er sich in sich selbst zurückgezogen, wenn ihn jemand ausfragen wollte oder grob angefahren habe. Wie anders Ocko doch gewesen sei!" "Du weißt es, Doda". Doda lachte leise.

"Ocko - ja. Du würdest die beiden nicht für Brüder gehalten haben, Foelke", sagte sie. "Ocko hörte sich ruhig an, was andere sagten. Er selbst sagte wenig, überlegte viel und tat immer, was er wollte. Und nie erfuhren wir von seinen Plänen, bevor sie ausgeführt waren." Und sie erzählte harmlose, aber bezeichnende Geschichten aus der Kindheit der Brüder.

"Herr Ocko kommt ganz gewiß, wenn er gewahr wird, was hier geschehen ist," sagte Foelkeldis später zu Doda. "Er wird doch Herrn Keno nicht allein lassen? Das glaubt doch auch Ihr nicht?"

Doda sah, wie dieses Mädchen mit ihrem Vater litt und tröstete sie wie ein eigenes Kind.

"Komm nun mit in das Steinhaus", sagte sie dann liebevoll. "Ich könnte dir eine Schlafstätte bei Jarste geben, aber ... Was meinst du, Elborg, wollen wir Kampos Tochter zu uns in das Schlafgemach nehmen? Du kannst bei mir in der Butze schlafen, mein Kind. Warum sollst du das Gerede fremder Frauen bis in die Nacht hinein anhören. Bleich bist du vor Müdigkeit. Komm nun mit mir. Wo möchtest du denn schlafen, vorn oder an der Wand?"

Das sei ihr einerlei, sagte Foelke. "Aber daß Ihr mich zu Euch nehmt, Doda Kenesna, das werde ich Euch nie vergessen."

Doda half ihr das schwere Schersson ausziehen und stellte es an die Wand. Von all dem Gold, mit dem es benäht war, konnte es allein stehen. Als sie ihr den Pael abnahm, sah Doda einen tiefen roten Streifen um Foelkes Stirn laufen.

"Als ob dich die Dornen gestochen hätten, Mädchen! War der Pael sehr schwer zu tragen?"

Foelke schüttelte den Kopf, ihr war der Mund wie zugeschnürt. Das Hemd behielt sie an. Zu Hause schlief sie nackt, aber die Mutter hatte strenge Anweisung gegeben, in einem fremden Bett das Hemd anzubehalten.

Durch den offenen Türspalt drang der goldene Schein der Abendsonne. Heute würde es kaum dunkel werden, dachte Foelkeldis, und es tröstete sie, dies zu wissen. Der Tag regierte die Nacht. Das Dunkel würde sie nicht verschlingen. Als Doda leise die Türen der Butze schloß, verging mit dem von außen eindringenden Stimmengewirr aber auch das Licht. Foelke sah zwei gute, feste, mütterliche Hände noch einmal die Türen behutsam öffnen, fühlte sich weich gestreichelt, und dann war sie schon eingeschlafen, ehe die Türen der Butze sich wieder schlossen.

damit er in die Burg eindringen könne. Nun, ein Judas findet sich leicht, wenn die dreißig Silberlinge nicht zu knapp bemessen sind. Folkmar Allena ist sehr sparsam, aber unser Knecht brauchte nicht darunter zu leiden."

"Euer Verwandter ist nicht verletzt worden?"

"Herr Folkmar hat meinem Ohm die Hände gebunden, und seine Knechte haben sich auf die Süderhusener geworfen. Niemand war darauf bedacht, daß in der Osternacht derartiges geschehen könnte."

"Folkmar ist zu mächtig", sagte Brunger von Loquard, "auch hat er Hisko Abdena hinter sich. Wenn wir jemand wüßten, der diesen beiden den Hut auf die Stange setzte, Kampo Habbena! Wir Emsiger Häuptlinge sind alle zu schwach. Sie werden einen von uns nach dem andern mit dem Scheine des Rechts überfallen. Und Keno tom Broek, der ihnen an Macht gleichkäme, ist ihr Verwandter."

"Gleichwohl billigt Herr Keno nicht, wenn sie unrecht tun", fiel Foelke leidenschaftlich ein. "Ihr solltet euch alle zusammentun, Herr Brunger, und Herrn Keno zu eurem Führer wählen."

"Er wird bald genug selbst von den beiden überfallen werden", sagte Brunger von Loquard. "Folkmar und Hisko reden schon lange von der Fletiewa ihrer Frauen, und nun ist Herr Imel so überraschend schnell gestorben, ohne diese Sache geregelt zu haben. Es wäre freilich zu wünschen, daß sie dem alten Mann vorerst Ruhe gönnten."

Kampo nickte.

"Wen der Besitzteufel in den Krallen hat, den läßt er selten wieder los", sagte er und ging mit Foelkeldis weiter.

Als Foelke sich an der Tür des Männerhauses von ihrem Vater verabschiedet hatte, stand plötzlich Herr Keno vor ihr.

"Es ist schön, daß du hier bist", sagte er leise. "Ich will deinen Vater bitten, daß er dich einige Tage bei mir läßt."

Foelkeldis zitterte so, daß sie sich gegen die Hauswand lehnen mußte. Da nahm Herr Keno abermals ihre Hand.

"Wenn du magst, reite gleich nach dem Mittagessen mit mir an den Leydeich", sagte er. "Ich habe etwas mit meinen alten Freunden Eberhard Itzinga und Ulrich Cirksena zu besprechen, aber du darfst gern dabei sein. Später muß ich dann hierbleiben, weil noch Friesen aus den westeremsischen Seelanden kommen werden. Auch ein Sendbote des Grafen von Holland wird heute eintreffen."

"Sei nicht zu traurig, Kind", fuhr er leise fort und legte ihr die Hand auf die Stirn. "Geh jetzt zu Imel in den Saal. Elborg und Doda werden auch dort sein."

Er brachte sie an den Nordflügel der Burg, dem der Saal angegliedert war, und ging dann mit großen, schweren Schritten zum Männerhaus zurück.

Foelkeldis konnte in dem hohen, schwarz ausgeschlagenen Raum, in dem auch noch die Fenster verhängt waren, zunächst nichts erkennen als die brennenden Kerzen und den Sarg. Die hohen Stengel der Madonnenlilien standen gerade und steif zu Häupten des Toten wie die langen, weißen Kerzen, deren Flammen flackerten, als Foelkeldis die Tür öffnete und schloß.

Als sie sich an die Dunkelheit des Raumes gewöhnt hatte, erkannte sie Elborg von Valdern, und nun sah sie auch Frau Doda, die ihr mit den Augen zuwinkte. So nahm sie denn neben den Schwestern Platz.

Wieder öffnete sich die Tür, und mit der hell flutenden, warmen Vormittagssonne kamen Frauen herein, die kranke Kinder auf dem Arm trugen. Doda schien alle zu kennen. Eine Frau, die ihr etwa gleichaltrig sein mochte, aber noch ein kleines Kind hatte, näherte sich voll Vertrauen.

"Es ist recht, Binlip", sagte Doda, und die Frau legte nun das vom Ausschlag befallene Körperchen ihres kleinen Buben auf des Toten Hände und ging dann getröstet fort. Nun kam eine Frau nach der andern; die Tür öffnete sich und schloß sich wieder.

Als das letzte Kind mit seinem warzenbedeckten Händchen Herrn Imels Stirn berührt hatte, stand Doda Kenesna auf und nahm Foelkeldis mit nach draußen.

"Gott hat ihn zu sich genommen", sagte sie ernst. "Mögen die Kranken sich von seiner Kraft holen, soviel sie benötigen, Foelke Kampana. Traurig ist es, daß er selbst sie hier nicht mehr gebrauchen darf."

Er ist ein Ritter, dachte Foelkeldis wieder. Noch im Tode ist er der Beistand schwacher, hilfsbedürftiger Seelen!

Sie ging mit Doda in das Frauenhaus, wo die Tische bereits gedeckt waren.

Das Bild der Trauergäste war heute ein anderes als gestern. Die Nahewohnenden waren am Abend nach Hause geritten, um die Schlafstätten denen zu überlassen, die eine weite Reise gemacht hatten.

Foelkeldis fand neben Djudelke, Louwert Itzingas Gemahlin, Platz, die allem Anschein nach jeden einzelnen der Anwesenden kannte und mit ihren scharfen, grauen Augen begutachtete.

"Auch aus Groningen und Appingadam sind sie gekommen", sagte Djudelke, lebhaft umheräugend. "Seht Ihr jene Häuptlingsfrau mit dem schönsten Pael, den je ein friesischer Goldarbeiter anfertigte? Es ist Sicko Huningas Gemahlin aus Dokkum ... Ja, sie wissen, was sie Herrn Keno schuldig sind. Es ist noch nicht allzulange her, daß er im Westeremsischen gegen die Holländer gekämpft und den andern Seelanden zu ihrem Recht verholfen hat. Gleichwohl gehen drüben die stillen Kämpfe immer weiter. Im Norder Hafen erwarten wir jetzt Bremer Schiffe. Habt Ihr davon gehört, was die Stadt Bremen sich gegen Itzingasche Koggen vorzunehmen erlaubt hat? Denkt Euch...". Hier unterbrach sich Djudelke, denn ein Mönch in weißer Kutte erschien im Türrahmen, um das Essen im Frauenhaus zu segnen.

"Es sind viele Dominikaner gekommen", fuhr Djudelke gleich nach Beendigung des Tischgebetes fort. "Auch sie wissen, warum. Sie haben einmal in schweren Fehden mit der Bevölkerung gelegen, aber später wurde ihnen auf dem Upstalsboom die Erlaubnis zum Predigen wiedergegeben. Habt Ihr den Subprior ins Männerhaus gehen sehen? Er ist oft bei uns auf der Itzingaburg. Ja, die Dominikaner vermeiden jetzt, mit der Bevölkerung in Streit zu geraten und geben sich auch Mühe, sich zu den Weltgeistlichen gut zu stellen. Ihr eßt gar nicht, Foelke Kampana", unterbrach sie sich abermals und füllte Foelkeldis den Teller mit Schinken und Nagelholz. "Man erträgt alles besser, wenn man gut gegessen hat."

Foelkeldis war froh, als sie nach dem langen Dankgebet der redseligen Djudelke von Norden entrinnen und sich in den Stall begeben konnte, um nach ihrer Stute zu sehen. Denn nun war der Augenblick gekommen, in dem sie mit den drei Greisen an den Leydeich reiten durfte.

Sie fand einen Kleinknecht damit beschäftigt, Agatha zu striegeln. Als sie die Tür hinter sich schloß, öffnete der Knecht sie gleich wieder.

"Es ist wegen Herrn Imel", sagte er. "Seit Hicko den Tieren den Tod angesagt hat, stehen die Türen offen."

"Herr Imel muß den Weg frei haben", erklärte der Großknecht und führte Herrn Kenos Pferd auf den Burgplatz. Foelkeldis folgte ihm, und Hicko brachte auch ihr gleich darauf ihre Stute und sattelte sie.

Der Weg, der zu den Wilden Äckern führte, war zu schmal, als daß die drei Greise und Foelkeldis hätten nebeneinander reiten können. So gesellte sich Herr Keno zu seinem Freunde Eberhard Itzinga, und Herr Ulrich sagte freundlich:

"Heute müßt Ihr mit mir vorliebnehmen, Foelke Kampana ... Aber ich sah Euch gestern lange bei meiner Schwiegertochter Doda - hättet Ihr nicht Lust, auch einmal nach Greetsiel zu kommen? Sobald wir an der Leybucht sind, will ich Euch den Kirchturm von Greetsiel zeigen. Wenn es klar ist, werden wir auch den Burgturm und die Mühlenflügel zu Gesicht bekommen. Vielleicht, daß Euch dann die Lust anwandelt, Doda Kenesna einmal in ihrer jetzigen Heimat zu besuchen."

Foelkeldis fühlte sich von den freundlichen Worten und der ruhigen Stimme angenehm berührt und nickte dankbar.

Sie hatte bemerkt, daß Herr Keno an der Wegbiegung nach Norden zu einen Augenblick sein Pferd anhielt und auf eine von Pferdehufen zerscharrte Stelle im Wege sah. Dann holte er tief Atem und ritt langsam weiter.

Hier war es also gewesen. Foelkeldis sah Herrn Imel, so wie er im Sarg gelegen, neben seinem Pferd, das auch Schaden genommen hatte. Sie hörte es laut und angstvoll wiehern vor Schmerz, und - ja, Herrn Imels Stimme redete dem Tier gut zu, ehe sich die mitleidigen Züge glätteten und der Mund sich schloß. Nun konnte er kein helfendes Wort mehr sagen. Er konnte weder Mensch noch Tier trösten, und doch würde er immer hier sein, meinte Foelke.

Nein, er war noch nicht fortzudenken. Aber Herrn Kenos Gesicht war wieder so undurchdringlich wie am Tage der Einsargung.

"Es tut mir leid, Keno", hörte Foelkeldis nun Herrn Eberhards tiefe, warme Stimme sagen, "daß ich dir gerade heute von dieser Sache berichten muß. Du darfst es mir nicht verübeln. Du kannst mir glauben, daß ich damit warten würde, wenn ich dächte, daß es Aufschub vertrüge. Auch was deinem Sohn geschehen ist, bestärkt mich darin, dir noch heute meine Sorge zu unterbreiten, ehe noch mehr Unerwartetes eintritt."

Nun habe Holland für eine Weile Ruhe gegeben, fuhr der alte Mann fort, indem er Herrn Keno sein starkknochiges Gesicht so zuwandte, daß Foelkeldis es von der Seite sehen konnte, aber die Zusammenstöße zwischen friesischen und bremischen Schiffern häuften sich in der letzten Zeit derart, daß man wohl eine ernsthafte Auseinandersetzung befürchten müsse.

Auch er habe über die Bremer zu klagen, bestätigte Ulrich Cirksena, während seine Rechte mit dem langen silbernen Vollbart spielte. Eine Unzahl von Verträgen mit Bremen sei von Friesen und Bremern unterzeichnet worden, gleichwohl lebe man in einem beständigen Fehdezustand mit jener Stadt. Bremen bräche jeden Vertrag. Nach wie vor würden Schiffe und Güter geraubt.

"Unsere Väter", fuhr Herr Eberhard fort, "haben vor fünfzig Jahren auf dem Upstalsboom eine Sühne unterzeichnet wegen eines Friesen, den die Bremer erschlagen hatten. Jetzt wurde im Hafen von Accum Totschlag verübt und in Blumental ein Östringer erschlagen, und kürzlich erfuhr ich, daß eines meiner Schiffe vor der Wesermündung ausgeplündert wurde."

"Glaubst du, daß Bremen sühnt, was es mir angetan? Weitere Drohungen werden sie gegen mich schleudern", sagte Eberhard Itzinga nach einer kurzen Pause mit erregter Stimme. "Man muß sich selbst helfen, Keno - wie ich es bereits getan habe."

"Auch du hast dich eines Schiffes bemächtigt?"

"Ich habe Geiseln nach Norden bringen lassen und behalte sie, bis mir Gerechtigkeit widerfahren ist."

"Im Norder Hafen liegen doch jetzt keine Bremer Schiffe?" fragte Herr Keno nun und sah den Freund aufmerksam an.

"Im Augenblick nicht", gab Herr Eberhard zur Antwort, "aber in wenigen Tagen werden welche eintreffen, soweit ich unterrichtet bin."

"Es können reine Handelsabsichten sein, die sie in deinen Hafen führen", sagte Herr Keno langsam. "Gleichwohl solltest du die Burg gut bewachen lassen, solange die Bremer im Hafen liegen. Bist du der Dominikaner sicher? Vergiß nicht, daß ihr Itzingas sie geholt habt und von ihnen verraten wurdet."

"Es war mehr das aufrührerische Volk als die Mönche", lenkte Herr Eberhard ein. "Jetzt halten sie Frieden", warf Herr Ulrich dazwischen. "Aber traurig ist es, daß sich in Norden eine Volksbewegung breit macht, die das Ansehen der Häuptlinge untergraben möchte."

"Das habe auch ich gedacht", bestätigte Herr Eberhard, löste den Kapkavel, der auch den Hals bedeckt hatte, und nahm ihn vom Kopf, so daß Foelkeldis sein schneeweißes Haar im Sonnenschein aufglänzen sah. "Und doch könnte ich Norden nie verlassen, Keno", schloß Eberhard Itzinga.

Nun waren sie am Meer. Möwen kreischten über ihnen. Herr Ulrich Cirksena wies mit der Hand an der Südküste der Leybucht entlang nach Greetsiel, und Herr Eberhard legte, wie um die Bilder kommender Fehden noch einen Augenblick von sich zu weisen, den Kopf in den Nacken und sagte mit geschlossenen Augen:

"Nun tritt die Sonne den Krebsgang an, auf dem wir drei uns schon lange befinden. Es wundert mich in jedem Jahr wieder, daß sie so genau weiß, wann es an der Zeit ist."

Foelkeldis fühlte sich so wohl geborgen inmitten der drei Männer, die alle weißhaarig, aber straff und gerade wie Kriegsleute im Sattel saßen, daß sie nur ungern nach Broke zurückkehrte. Es verlangte sie nicht, Herrn Eberhards redseliger Schwiegertochter wieder zu begegnen. Sie wollte es so einzurichten versuchen, daß sie von nun an in Jarstes Nähe blieb, da Doda als eine der nächsten Leidtragenden ja auch für viele andere da sein mußte.

Auf dem Heimweg hingen die Greise ihren Gedanken nach, die schwer genug sein mochten. Foelkeldis hörte irgendwo die Schwa eines Mähers erklingen. Es war das erstemal in diesem

Sommer, daß sie den hellen Klang vernahm, der gleich nach der Sonnenwende überall durch die warme Sommerluft zitterte. Unendlich hoch über den Reitern trillerten Lerchen. In allen Kampen grasten schwarzweiße Rinder. Sie schlugen mit dem Schweif um sich, um sich der Mücken zu erwehren. An den Erdwällen blühten Brombeeren, im Graben hohes Schilf, und den Weg säumten Storchschnäbel und Butterblumen, Wundklee und leuchtend blaue Grasnelken. Das Land lag so friedlich da, daß es Foelkeldis schwer wurde, an Schwertergeklirr auf überfallenen Koggen zu denken. Wie seltsam alles im Leben nebeneinander herlief, dachte sie plötzlich wieder. Von Frieden und Krieg war sie hier umgeben. Herr Keno, noch erstarrt im Schmerz um das, was ihm auferlegt war, wurde hineingezogen in Geschehnisse, die im Augenblick seiner Seele wohl so fern lagen wie jene Wolken der sommerlich träumenden Erde.

Am folgenden Tag versammelten sich alle Leidtragenden im Rittersaal zur Leichenfeier. Man hatte Bänke zu beiden Seiten des Sarges aufgestellt, und Foelkeldis, die neben Jarste Platz genommen hatte, blickte unruhig zur Männerseite hinüber, weil sie ihren Vater noch nicht gefunden hatte. An Foelkes linker Seite saß Wiska, Brunger von Loquards junges Weib, die noch sehr jung war und, so schien es Foelke wenigstens, ein Kind erwartete.

Auch Wiska suchte mit den Augen die Männerseite ab. Brunger sei dazu ausersehen, mit Herrn Louwert Itzinga ... Sie konnte nicht zu Ende erzählen, denn Herr Harco, der uralte Priester von Utengrahove, fing zu sprechen an. Weihrauchduft erfüllte die Luft. Der Rauch stieg in feinen, blauen Schwaden an den Flammen vorbei zu Gott empor.

Foelkeldis beugte sich vor, um zwischen den breiten Schultern Djudelkes und einer andern großen Frau ein einziges Mal den Sarg erspähen zu können. Großer Gott, nun war er geschlossen. Eine schwarze, silbergestickte Decke lag über ihm.

Neben Herrn Keno hatte Foelkeldis seine tief verschleierten Enkelinnen und deren Männer gesehen.

Es tat ihr gut, hier ruhig sitzen und denken zu dürfen, daß Herr Keno und ihr Vater die gleiche Luft mit ihr atmeten. Nun war sie nicht mehr allein inmitten der vielen fremden Menschen.

Jetzt begannen die Glocken des Broekmerlandes zu läuten. Foelkeldis hatte am Morgen gehört, daß die Männer, die vor kurzem mit Herrn Imel ein Amt erhalten hatten, heute die Glocken läuten sollten. Sie fand es schön, daß es Freunde waren, die dem Toten die wenigen letzten Dienste erwiesen.

Herr Keno stand als erster auf, stellte sich zu Füßen des Sarges, so daß Foelkeldis sein Gesicht nicht sehen konnte, verharrte dort eine Weile und hob dann plötzlich den Kopf, als ob er lausche. Dann setzte er sich wieder. Es verschlug Foelkeldis den Atem, als sie in sein steinernes Gesicht sah. Es war entsetzlich, einen Menschen, den man liebte, so leiden zu sehen.

Nun gingen Adda und Fossa, Imels Töchter, heftig weinend, mit ihren Männern nach vorn, und Doda und Elborg folgten. Doda sprach leise liebevolle Worte, und Elborg überkam wieder der tiefe Jammer um den jüngsten Bruder.

Da niemand mehr hinzutrat, ließen Brunger und Louwert den Sargdeckel nieder und trieben ihm die langen Nägel ein. Mönche sangen ein lateinisches Lied, der Priester verlas heilige Worte, und dann traten vier junge Häuptlinge und zwei freie Bauern hinzu, um Imel tom Broek an den Wagen zu tragen, der schwarz verhangen im Burghof bereitstand.

Nun kommt er wirklich zur Ruhe, dachte Foelkeldis, er, der in all der Unruhe dieser Tage einsam hier gestanden. Nun war er endlich ganz von den Pflichten der Lebenden befreit, von denen er sich lange fortgesehnt hatte. Es war tröstlich zu sehen, daß auch jetzt nur Freundeshände mit dem Toten vornahmen, was vorzunehmen war.

Die Töchter und Schwestern Herrn Imels nahmen auf dem Leichenwagen Platz. Alle andern gingen zu Fuß, wie es der Brauch verlangte. Foelkeldis sah, daß ihr Vater in den vordersten Reihen neben Herrn Louwert Itzinga ging, nicht sehr weit hinter all den Geistlichen, die unmittelbar vor den Verwandten dem Wagen folgten.

Foelke selbst hatte ihren Arm Wiska von Loquard gegeben, der das Gehen schwer zu werden schien.

Hier draußen schlossen sich dem Zuge noch viele Menschen an. Sie seien weither gekommen, flüsterte Wiska, sie selbst sei auch aus dieser Gegend, sie kenne viele.

"Sie sind in großer Sorge", fuhr sie fort. "Was soll aus ihnen werden, wenn auch Herr Keno stirbt! Ja, er ist alt. Einmal ist jedes Leben zu Ende. Die Broekmer haben sich Keno Hilmersna zu ihrem Häuptling gewählt und ihm auf einer Volksversammlung gestattet, entgegen dem Gesetz in den Broekmer Willküren dieses Steinhaus zu setzen. Sicherlich haben sie vornehmlich an sich selbst gedacht - wohin sollen sie gehen, wenn Herr Keno auch noch stirbt?" Foelkeldis war, als würde sie gepeitscht.

"Es soll mich wundern, ob Ocko tom Broek nun heimkommt", flüsterte Jarste, die an ihrer anderen Seite ging, Foelkeldis zu. "Herr Keno darf sich den Kummer nicht zu sehr zu Herzen nehmen. Er muß nun stark und gesund bleiben, bis Herr Ocko heimkommt. Ihr seid bleich, Foelke Kampana."

"Er kommt heim", stieß Foelkeldis hervor. "Aber Herr Keno - ach, Jarste, glaubt doch daran, daß Herr Keno noch lange lebt! Er muß auch noch leben, wenn sein Sohn wieder hier ist. Sonst hätte er ihn ja nicht mehr gesehen", stöhnte sie.

"Man sagt", fiel Wiska wieder ein, "daß Ocko das Leben sehr schwer nimmt. Er soll wegen einer Frau fortgegangen sein. Mancher vergißt auch draußen nicht, und sein Grabstein wird schließlich der eigene Kummer. Ihr braucht mich nicht so entsetzt anzusehen, Foelke Kampana. Die meisten Männer trösten sich schnell. Ist es die eine nicht, so ist es die andere. Schließlich nehmen sie eine, die ihnen das Haus besorgt und Kinder zur Welt bringt. Und damit ist ja auch schon viel gewonnen."

Jarste lächelte.

"Ihr nehmt das Leben, wie es ist, Wiska", sagte sie.

"Weiter bleibt uns allen nichts übrig", sagte Wiska von Loquard.

Man näherte sich jetzt der Wyk, die von einer hohen Mauer umgeben war. Vier gewaltige Kreuze wiesen darauf hin, daß hier der heilige Sprengel begann, der in einer Entfernung von sechzig Fuß außen um die Kirchhofmauer herumlief.

Als die sechs Freunde nun wiederum an den Sarg herantraten, um ihn vom Wagen zu nehmen und durch die Wyk auf den Kirchhof an das offene Grab zu tragen, schrie plötzlich eine Frau laut auf. Foelkeldis fuhr zusammen. Sie kannte die Stimme. Sie ließ Wiskas Arm los, trat aus der Reihe und sah, daß es jenes Weib war, das sie bei ihrem letzten Besuch in der Morgenfrühe auf dem Burghof hatte jammern hören. Hysa, so hieß die Frau wohl, wies jetzt voller Entsetzen auf das Kreuz an der Ostseite der Wykmauer. Foelkeldis erkannte auch den Mann, der sich gegen das Steinkreuz lehnte. Es war der Einäugige.

"Das ist wohl ein Friedloser?" fragte Jarste mit milder Stimme. "Wißt Ihr, was er verbrochen hat, Foelke Kampana, daß er nicht im Leichenzug geht wie jeder freie Friese, sondern sich wie ein Friedloser in die Wyk begibt, in der er nicht befehdet werden darf?"

"Es ist ein Totschläger, Jarste", entfuhr es Foelkeldis.

"Herr Keno tritt zu ihm", flüsterte Jarste. "Seht, wie er den Mann anblickt. Ihrer beider Gesichter sind von Stein, Kind, aber die Güte Keno tom Broeks erweicht auch Steine. Er holt den Mann zu sich. Aber er soll trauern dürfen. Hat Herr Imel ihm wohl sehr nahe gestanden?"

"Herr Imel hat ihn getröstet, als er in Schuld geraten war", sagte Foelkeldis und wunderte sich, daß ihr Herz nicht wieder hart wurde und sich gegen das Mitleid mit einem Schuldigen wehrte. "Es ist auch nicht ausgemacht, sagt mein Vater, wer den Streit angefangen hat, und wie dieser Totschlag gesühnt werden muß. Es gibt viele Gesetze darüber, sagt mein Vater ... Es ist in der Trunkenheit geschehen."

Boros Witwe ließ sich durch Luert Emmenas Anwesenheit nicht abhalten, wie die andern an der Mauer des heiligen Sprengels entlang um die Wyk herumzugehen. Sie sprach anfangs aufgeregt mit ihren Nachbarinnen, die ihr aber Frieden zu halten geboten, da auch Friedlose hier in Ruhe gelassen werden mußten.

"Die tom Broeks hätten ein Recht, eine Gruft in der Kirche zu finden", sagte Wiska von Loquard leise, "aber Herr Keno hat, als seine Gemahlin begraben wurde, gesagt, er sei ein Landmann und kein Geistlicher. Er habe Gott zwar auch in den schönen Kirchen, häufiger aber in Sonne und Regen, in Sturm und Gewitter angebetet."

Foelkeldis wurde das Herz wieder weit. Vielleicht wollte Wiska sie nur trösten, aber sie mochte wohl glauben, daß Herr Keno kein Kirchendach zwischen sich und der Ewigkeit wissen

Enno hatte seiner Mutter Roggenbrot und getrockneten Schinken auf einem silbernen Teller herbeigeholt.

"Es gelüstet mich zu wissen", sagte er lachend, "was unser Verwandter Folkmar Allena noch aus des Ältervaters Mägden herausfragen wird, Mutter."

"Du hast dich wieder in seine Nähe begeben, Enno?" tadelte Doda.

"Diesmal war es umgekehrt, Mutter", sagte Enno freundlich. "Ich holte Euch Brot, wie Ihr mich geheißen, und Folkmar schwankte herbei, um Meike den Metkrug abzunehmen, den sie aber fest in der Hand hielt. Da fragte er die Magd, wieviel silberne Teller und Besteck im Hause wären. Ich hätte große Lust, mich heute abend in Folkmars Nähe aufzuhalten, um selber seine Neugier zu befriedigen. Es tut mir leid, daß Ihr dies nicht erlaubt ..."

Auch die beiden andern traten dicht zu ihrer Mutter heran.

"Unser Vater und Ohm Haro von Valdern sind bei Folkmar", berichtete Haro, "aber ich fürchte, Mutter, sie erfahren heute nicht, was Enno und ich gern wüßten."

"Ihr wißt, meine Söhne", sagte Doda ernst, "daß Folkmar nicht mehr nüchtern ist. Da schwatzen die Männer. So seltsame Sachen würde Folkmar sonst gewiß nicht fragen."

Da lachten die drei.

"Wir lieben Euch um solcher Antwort willen noch mehr, Mutter", sagte Enno und küßte Doda auf die Stirn, "aber verzeiht - an Folkmars Selbstlosigkeit vermögen wir nicht mehr zu glauben, seit er Herrn Boinck in Süderhusen die Hände band."

"Damals suchte Folkmar sich die Osternacht aus", sagte Imel, der der stillste und frömmste der Edzardssöhne zu sein schien, "und nun benutzt er das Tröstelbeer unseres Ohms Imel, um sich zu bereichern."

"Ich möchte Folkmar Allena gern mit Weibergeschmeide behängen - jetzt, wo er trunken ist", lachte Enno. "Denkt Euch, Mutter, nicht nur die silbernen Teller erregten Folkmars Neugier, er wollte auch wissen, wo das große Esschart unserer Ältermutter sei. Es habe drei Brustschilde, drei große, geflochtene Ketten und ein Sonnenkreuz, sagte er. Erinnert Ihr Euch an ein solches Esschart, Mutter?" Gewiß erinnerte Doda sich.

jenes Weib war, das sie bei ihrem letzten Besuch in der Morgenfrühe auf dem Burghof hatte jammern hören. Hysa, so hieß die Frau wohl, wies jetzt voller Entsetzen auf das Kreuz an der Ostseite der Wykmauer. Foelkeldis erkannte auch den Mann, der sich gegen das Steinkreuz lehnte. Es war der Einäugige.

"Das ist wohl ein Friedloser?" fragte Jarste mit milder Stimme. "Wißt Ihr, was er verbrochen hat, Foelke Kampana, daß er nicht im Leichenzug geht wie jeder freie Friese, sondern sich wie ein Friedloser in die Wyk begibt, in der er nicht befehdet werden darf?"

"Es ist ein Totschläger, Jarste", entfuhr es Foelkeldis.

"Herr Keno tritt zu ihm", flüsterte Jarste. "Seht, wie er den Mann anblickt. Ihrer beider Gesichter sind von Stein, Kind, aber die Güte Keno tom Broeks erweicht auch Steine. Er holt den Mann zu sich. Aber er soll trauern dürfen. Hat Herr Imel ihm wohl sehr nahe gestanden?"

"Herr Imel hat ihn getröstet, als er in Schuld geraten war", sagte Foelkeldis und wunderte sich, daß ihr Herz nicht wieder hart wurde und sich gegen das Mitleid mit einem Schuldigen wehrte. "Es ist auch nicht ausgemacht, sagt mein Vater, wer den Streit angefangen hat, und wie dieser Totschlag gesühnt werden muß. Es gibt viele Gesetze darüber, sagt mein Vater ... Es ist in der Trunkenheit geschehen."

Boros Witwe ließ sich durch Luert Emmenas Anwesenheit nicht abhalten, wie die andern an der Mauer des heiligen Sprengels entlang um die Wyk herumzugehen. Sie sprach anfangs aufgeregt mit ihren Nachbarinnen, die ihr aber Frieden zu halten geboten, da auch Friedlose hier in Ruhe gelassen werden mußten.

"Die tom Broeks hätten ein Recht, eine Gruft in der Kirche zu finden", sagte Wiska von Loquard leise, "aber Herr Keno hat, als seine Gemahlin begraben wurde, gesagt, er sei ein Landmann und kein Geistlicher. Er habe Gott zwar auch in den schönen Kirchen, häufiger aber in Sonne und Regen, in Sturm und Gewitter angebetet."

Foelkeldis wurde das Herz wieder weit. Vielleicht wollte Wiska sie nur trösten, aber sie mochte wohl glauben, daß Herr Keno kein Kirchendach zwischen sich und der Ewigkeit wissen wollte. Nun war der Himmel Herrn Imels Dach, und die Sonne spendete ihm Licht. Die Wasser der Leybucht aber würden ihm das Schlummerlied singen.

Als man Herrn Imels Sarg in eine Steinkiste setzte, begann das Volk laut zu schluchzen. Nun nahm der harte, schwere Stein ihn auf. Stein barg Dauer. Stein war Ewigkeit. Nun war Imel tom Broek in die Ewigkeit eingegangen.

Foelkeldis wankte mit den andern um das offene Grab herum.

Dann ging sie, Wiska am Arm, in die Kirche.

Heute war die Johanneskirche fast gefüllt.

Nur wenn Foelkeldis sich schräg nach vorn neigte, konnte sie Herrn Kenos weißes Haar neben dem rötlichen Herrn Hiskos und dem dichten, strähnigen, hellblonden Herrn Folkmars sehen. Seine beiden alten Freunde saßen hinter Herrn Keno.

Von dem, was am Altar geschah, konnte Foelke nicht viel erspähen. Die breiten Frauenrücken vor ihr hemmten den Blick. Aber bald klang Herrn Harcos brüchige Stimme von der Kanzel, in deren unmittelbarer Nähe sie saß, zu ihr. Herr Harco erinnerte an die Sonnenwendfeuer der Altvorderen. Immer hätten Menschen empfunden, daß das Opfer der einzige Weg sei, in rechte Beziehung zu Gott zu kommen.

Noch viele gute Worte sprach Herr Harco, und die Leidtragenden, die anfangs geweint hatten, wurden ruhig dabei.

Foelkeldis aber spürte den alten, harten Ring sich um ihr Herz legen. Sie haßte das Wort Opfer, wenn es im Zusammenhang mit Herrn Imels Tod gebraucht wurde. Herr Keno hatte Opfer genug gebracht. Es mußte ertragen werden, was Gott verhängte, weil nichts anderes übrigblieb. Sollte Herr Keno seinen Sohn etwa freudig hingeben? Oh, es war widersinnig, was der alte Mann auf der Kanzel sagte. Es war so grausam, daß Foelke nicht mehr hinhören mochte.

Lieber besah sie sich, während Herr Harco mit zitternder Stimme weiter vom Opfern sprach, die schöne Johannesstatue in ihrer Nähe, die aus einer Sandsteinsäule herausgearbeitet war. Johannes hielt einen Heilstrank in der Hand, aus dem sich eine Schlange emporringelte. Foelkeldis konnte sich nichts dabei denken. Aber daß man einen Heilstrank brauchte, wenn man so litt, verstand sie. Heidnische Zaubertränke, die Vergessen schenkten, Vergessen all dieses Elendes, das der Tod über Menschen brachte, schienen ihr in diesem Augenblick mehr Linderung zu bringen als die Aufforderung, den Toten opfernden Herzens an Gott zurückzugeben.

Foelkeldis sah, daß viele der Leidtragenden die Kirche getröstet verließen. Vielleicht ist es ihnen wirklich eine Hilfe, zu wissen, daß Opfer willig gebracht werden müssen, dachte sie, vielleicht aber sind sie froh, daß nun die Feierlichkeit überstanden ist. Es war ihr in diesen Tagen oft schmerzlich zum Bewußtsein gekommen, daß sie an anderes als an den Toten dachte. Sie meinte, man müsse es zuwege bringen können, einige Tage wie in eine Versenkung unterzutauchen und nur an den zu denken, der nun den Leib verließ. Foelke hatte freilich nicht den Eindruck gewonnen, als ob die andern Leidtragenden diese tiefe, innere Ruhe in sich trügen, nach der sie selbst sich sehnte wie nach etwas zu dem Tode Gehörendem, aber das war nur ein schwacher Trost. Immerhin wußte sie jetzt besser, was sie von all denen halten sollte, die hier mit erleichterten oder sogar halbfrohen Gesichtern jetzt mit ihr die Kirche verließen. Zu Hause würde nun gut gegessen werden. Männer und Frauen sollten nicht mehr getrennt bleiben. Foelkeldis hatte am Morgen wohl gesehen, daß die Mägde außer Bier und Met Rheinwein aus dem Keller nach oben schleppten. Und ein Kalb war am Spieß gebraten worden.

Ja, viele, ganz gewiß aber die Fernerstehenden, sind nun wieder ganz auf der Erde, wo Bier getrunken und Fleisch gegessen wird, dachte sie, um sich blickend. Elborg von Valdern und ich werden zu den wenigen gehören, die jetzt nicht essen mögen.

Am Spätabend, als schon viele betrunken waren, ging Foelkeldis zu Doda und deren Söhnen. Enno, der zweite, mochte im gleichen Alter mit ihr stehen. Er hatte ein frisches, offenes Wesen, aber auch Haro und Imel, die beiden andern Edzardssöhne, mochte Foelkeldis gern leiden. Sie täuschten keine tiefe Trauer um den Ohm vor, aber sie vermieden auch, sich in das laute Getriebe der andern jungen Leute hineinziehen zu lassen, die Imel tom Broeks Tröstelbeer nach ihrer Meinung am geziemendsten begingen, wenn sie viel tranken.

Enno hatte seiner Mutter Roggenbrot und getrockneten Schinken auf einem silbernen Teller herbeigeholt.

"Es gelüstet mich zu wissen", sagte er lachend, "was unser Verwandter Folkmar Allena noch aus des Ältervaters Mägden herausfragen wird, Mutter."

"Du hast dich wieder in seine Nähe begeben, Enno?" tadelte Doda.

"Diesmal war es umgekehrt, Mutter", sagte Enno freundlich. "Ich holte Euch Brot, wie Ihr mich geheißen, und Folkmar schwankte herbei, um Meike den Metkrug abzunehmen, den sie aber fest in der Hand hielt. Da fragte er die Magd, wieviel silberne Teller und Besteck im Hause wären. Ich hätte große Lust, mich heute abend in Folkmars Nähe aufzuhalten, um selber seine Neugier zu befriedigen. Es tut mir leid, daß Ihr dies nicht erlaubt ..."

Auch die beiden andern traten dicht zu ihrer Mutter heran.

"Unser Vater und Ohm Haro von Valdern sind bei Folkmar", berichtete Haro, "aber ich fürchte, Mutter, sie erfahren heute nicht, was Enno und ich gern wüßten."

"Ihr wißt, meine Söhne", sagte Doda ernst, "daß Folkmar nicht mehr nüchtern ist. Da schwatzen die Männer. So seltsame Sachen würde Folkmar sonst gewiß nicht fragen."

Da lachten die drei.

"Wir lieben Euch um solcher Antwort willen noch mehr, Mutter", sagte Enno und küßte Doda auf die Stirn, "aber verzeiht - an Folkmars Selbstlosigkeit vermögen wir nicht mehr zu glauben, seit er Herrn Boinck in Süderhusen die Hände band."

"Damals suchte Folkmar sich die Osternacht aus", sagte Imel, der der stillste und frömmste der Edzardssöhne zu sein schien, "und nun benutzt er das Tröstelbeer unseres Ohms Imel, um sich zu bereichern."

"Ich möchte Folkmar Allena gern mit Weibergeschmeide behängen - jetzt, wo er trunken ist", lachte Enno. "Denkt Euch, Mutter, nicht nur die silbernen Teller erregten Folkmars Neugier, er wollte auch wissen, wo das große Esschart unserer Ältermutter sei. Es habe drei Brustschilde, drei große, geflochtene Ketten und ein Sonnenkreuz, sagte er. Erinnert Ihr Euch an ein solches Esschart, Mutter?" Gewiß erinnerte Doda sich.

"Wenn wir es ihm doch um den Hals hängen könnten!" fuhr Enno fort. "Was dünkt Euch, Mutter, würde er es ans Herz drücken oder aufessen wollen?"

"Lose Mäuler habt ihr", sagte Doda, die hellhaarigen Burschen lachend fortschiebend. "Gebt acht, daß ihr mit Folkmar keine Händel anfangt. Ihr wißt, er kann nichts vergessen. Er zahlt alles grausam heim. Geht nun schlafen, meine Söhne, und verabschiedet euch zuvor von euren Ältervätern." Die Burschen gehorchten. Doda nahm Foelke an die Hand.

"Sie haben nicht unrecht mit dem, was sie sagen. Vor Folkmar muß man sich in acht nehmen. Nun du es doch gehört hast, Foelke Kampana, kann ich es ruhig sagen - ich bin nicht stolz auf diese Verwandtschaft. Folkmar ist habsüchtig."

"Ist Propst Hisko nicht so habsüchtig?" fragte Foelke, scheu zu dem rothaarigen, dünnen Emder Häuptling hinüberblickend, der jetzt auf die drei Greise und den Holländer zuging.

"Hisko -", gab Doda zurück. "Freue dich, daß du mit diesen Männern nichts zu tun hast, Foelke, sie haben das Zeug, denen, die sie hassen, ein ganzes Leben zu vergällen. Wahrlich, darin sind sie unermüdlich. Ich glaube nicht, daß sie sich an meinen Vater herangetrauen, wiewohl Hisko soeben gewiß nicht Trauergefühle an dessen Seite getrieben haben. Hisko achtet darauf, sich nicht so zu betrinken, daß er die Herrschaft über die eigene Zunge verliert. Das ist, was ihn auszeichnet, Foelke. Er beherrscht die Zunge. Sie ist glatt wie ein Aal, aber sie entwischt ihm nicht."

"Herr Keno durchschaut ihn", sagte Foelkeldis ruhig. "Er durchschaut auch Herrn Folkmar. Nein, Doda, sie werden gar nicht wagen, Ungebührliches von Herrn Keno zu verlangen."

"Gott lohne dir solchen Glauben an meinen alten Vater", sagte Doda dankbar. "Auch ich bin der Meinung, daß sie ihn in Ruhe lassen und mit ihren Forderungen warten, bis Ocko heimkommt. Wenn er nun doch bald heimkäme, Kind! Ockos Fäuste sind hier vonnöten, mehr aber seine Klugheit."

Sie waren auf den Burghof getreten. "In der Stube meinte man die steife, schlechte Luft zu schmecken", sagte Doda tief aufatmend.

Auch Foelkeldis genoß die frische Luft und die Ruhe hier draußen. Der Duft der hohen Lilien, die im Burggarten verschwenderisch blühten, erfüllte den Abend. Von einem gemähten Kamp strömte Heuduft herüber, und es war so still, daß man einen Hund im Nachbardorf Utengrahove bellen hörte. In diese tiefe Stille trat Herr Harco.

"Euch führt ein Engel her", sprach Doda, auf den alten Priester zugehend. "Ich sehne mich danach, mit Euch zu sprechen. Aber Ihr wolltet gerade gehen. Seid Ihr sehr müde geworden, Herr Harco?"

"Ich kann mir denken, was du auf dem Herzen hast, Doda tom Broek", sagte der alte Priester. "Wir werden ohnehin eine Weile warten müssen, bis wieder ein Romfahrer seine Reise beginnt und den Brief mitnimmt. Jetzt sind schon alle unterwegs."

"O Herr Harco, schreibet Ihr meinem Bruder", bat Doda lebhaft, "schreibet es ihm mit großem Ernst. Schreibet so, daß auch die Königin von Neapel nichts dawider haben kann, daß Ocko nun plötzlich seinen Dienst bei ihr aufgibt. Es kamen Schiffer von dort zurück - Ihr wißt, vor Jahr und Tag. Und Ihr habt gewiß erfahren, was sie erzählten. Ocko hat schwere Fehden für diese Königin gewonnen, er hat mächtige Adelige unterworfen. Der friesische Heerführer ist ihr unentbehrlich geworden. Sie wird ihn dort zu halten versuchen. Aber Ihr müßt so schreiben, Herr Harco, daß die Königin sich nicht verraten fühlt. Sie muß begreifen, um was es geht. Dann kann sie Ockos Heimkehr nicht mehr im Wege stehen wollen. Oder ... sagt, Herr Harco, was haltet denn Ihr von dieser Angelegenheit?"

"Wie die Verhältnisse dort im Süden liegen, kann keiner von uns beurteilen, weil wir sie nicht übersehen", antwortete der Priester. "Noch ist Euer Vater da und der gefürchtetste Mann unseres Seelandes. Wir wissen aber, daß Keno tom Broek und ich die längste Zeit gelebt haben. Die Königin muß das Opfer bringen."

"Das Opfer ...", fiel Foelkeldis ein. Der Priester sah sie liebevoll an.

"Solches Opfer gefällt Euch ganz gewiß besser als das, wovon ich in der Kirche sprach", sagte Herr Harco, freundlich ihre

Hand zum Abschied nehmend. "Ja, Doda, ich werde morgen schreiben. Ich werde eine leserliche Schrift schreiben, wiewohl ich alt bin. Wenn ein Brief vermag, ihn zu überzeugen, so soll es der meinige sein. Es sei denn, daß eine Jungfrau es noch besser vermöchte", scherzte er, zu Foelkeldis hinsehend. "Seid nun nicht mehr böse auf mich, Foelke Kampana, und bedenkt, daß die Mehrzahl der Menschen, zu denen ich sprach, schon öfter als Ihr zum Opfer gezwungen wurde."

Gezwungen, ja, das konnte Foelkeldis gut verstehen. Gezwungen brachte auch sie das Opfer. Dies Wort versöhnte sie mit dem Priester.

Doda begleitete Herrn Harco an seinen Wagen.

"Und wenn Ocko nicht kommt, Herr Harco, wenn die Königin sich nicht zu dem Opfer, von dem Ihr sprecht, verstehen will, bei Gott, ich hole ihn selber, und sollte ich allein von Friesland nach Italien reisen. Meine Altvorderen haben an den Kreuzzügen teilgenommen. Dies würde mein Kreuzzug sein. Ich hole Ocko für das Broekmerland."

"Du würdest ihn für Friesland holen", sagte der alte Mann. "Dein Vater hat das Bruchland gewandelt. Dein Bruder wird andere Aufgaben vorfinden. Wollte Gott, er käme von selbst, damit du bei deinem Gemahl und bei deinen Söhnen bleiben kannst, meine Doda ... Und nun geht schlafen, ihr Frauen. Mit einem Sommerabend ist hierzulande nicht zu spaßen."

Herr Harco stieg mit seines Knechtes Hilfe in den Wagen und fuhr davon.

Doda nahm Foelkeldis in den Arm und sagte mütterlich:

"Komm nicht wieder mit zu den andern. Geh lieber schlafen. Höre, wie sie nun schreien. Sie sind betrunken. Sicherlich wird es noch zu Schlägereien kommen. Elborg und ich kommen bald zu dir."

Damit gab sie Foelkeldis einen Gutenachtkuß und ging zurück in den Lärm der Menschen, die Imel tom Broeks Tröstelbeer feierten.

6.

Es wurde eine unruhige Nacht. Immer wieder hörte Foelke Reiter über die schwere Zugbrücke davongaloppieren. Sie hatte die Türen der Butze nicht geschlossen, und sah, wie das Licht des Mondes über die braunen Bremer Kacheln glitt, die den Fußboden bedeckten.

Im Kamin stand statt der Torfsoden ein Tontopf mit Farnkraut auf dem Rost, der jedesmal erzitterte, wenn draußen die Pferde über die Zugbrücke davonjagten. Im ersten Morgengrauen wurde es stiller. Das Mondlicht verschwand, und Foelkeldis kroch fröstelnd unter den Federberg. Doda schien zu Elborg in die Butze gekrochen zu sein, wohl, um Foelke nicht zu stören. Die ruhigen Atemzüge der Schwestern, die nur durch eine dünne, schon etwas morsche und löcherige Wand von ihr getrennt waren, schläferten auch Foelke ein.

Zum Frühstück waren nur noch wenige Gäste da. Foelkeldis bemerkte, daß manche Frauen verweinte Gesichter hatten. Zu ihnen gehörte auch Wiska von Loquard. Brunger saß mit dumpfem Kopf neben ihr. Wiska drängte darauf, daß der Wagen angespannt würde und Brunger sie heimführe. Jarste aber, die neben ihrem Bruder Edo Wiemcken saß, war recht zufrieden und schien keine Eile mit der Heimfahrt zu haben.

"Jarste wird sich nicht danach sehnen, heimzukommen", sagte Doda draußen zu Foelke. "Ihr Gemahl hat ihr manchen Kummer bereitet. Daß Jarste eine Nase hat, die für zwei reicht, konnte Hayo Husseken sehen, bevor er sie zum Weibe nahm. Deswegen brauchte er nicht zu denken, daß auch er für mehrere Frauen reiche."

"Edo ist um so liebevoller zu seiner kleinen Schwester", sagte Elborg darauf. "Seht, wie gut er sie zudeckt. Sie werden eine schöne Fahrt ins Rüstringerland haben. Edo freut sich, daß er für Jarste sorgen kann. Auch er ist der Älteste von vielen Geschwistern. Er liegt beständig in Fehden, dieser wilde Häuptling. Aber immer hat er Zeit für Jarste, immer hat er ihr Mut gemacht." Elborg seufzte. Wie gerne hätte auch sie weiterhin für jüngere Geschwister gesorgt.

"Ja", sagte Doda, "wenn Hayo Husseken sich nicht ändert..."

Jarste wandte sich um, sah glücklich zu Foelkeldis hinüber und rief ihr zu, sie möge sie doch besuchen. Auch im Osten Frieslands sei es schön. Foelke nickte dankbar. Jarste gehörte zu den wenigen der vielen Tröstelbeergäste, die sie gern wiedersehen würde.

Im Laufe dieses Vormittags fuhren auch die westeremsischen Häuptlinge heimwärts. Herr Keno, umstanden von Kindern und Kindeskindern, verabschiedete sich auf dem Burghof von ihnen. Auch der Gesandte Herzog Albrechts von Bayern, des Grafen von Holland, trat hinzu und gab der Hoffnung Ausdruck, Herrn Keno bald am Hofe von Holland begrüßen zu können. Der Burgherr von Broke neigte leicht den weißen Kopf, ohne etwas zu erwidern.

"Herr Albrecht weiß, warum er Euch diese Ehre erwies", hörte Foelkeldis Haro von Valdern zu seinem Schwiegervater sagen. "Man hat ihn wohl über die Kämpfe der Holländer mit den Friesen unterrichtet und ihm erzählt, daß Keno tom Broek vor dreißig Jahren den Grafen Wilhelm von Holland an der Zuidersee empfing und den Grafen Johann von Hennegouw bereits geschlagen hatte, bevor Graf Wilhelm sich mit diesem vereinigen konnte."

"Das war ein bewundernswerter Streich von Euch, Vater", lobte Edzard Cirksena.

Auch Herr Ulrich war hinzugetreten.

"Herzog Albrecht tut gut daran", sagte er zu den Jüngeren, "daß er auf seinen Kanzler hört. Herr Tiadolf hat uns alle hier gesehen und wird derselben Meinung sein wie wir, daß Zwietracht zwischen Holland und Friesland zum Besten beider Länder vermieden werden muß."

Herr Keno sah dem Wagen nach, bis Herrn Albrechts buntes, prächtiges Wappen im aufgewirbelten Staub verschwand.

"Du traust den Holländern so wenig wie ich den Bremern. Aber mein Mißtrauen wird schneller gerechtfertigt werden als das deine, Keno", sagte Herr Eberhard Itzinga. "Nun weiß Holland wieder, wie es hier aussieht. Habt Ihr den Eindruck gewonnen, daß Herzog Albrecht anders an die ihm fehlenden Seelande denkt als der Fuchs, der weiß, daß außer dem gestohlenen noch viele gute Hühner im Stall sind?"

"Gestohlen?" erwiderte Ulrich Cirksena kopfschüttelnd. "Nach König Radbods Tode haben die Franken unter Karl Martell Friesland bis zum Flie erobert. Später ist dieses Land den Grafen von Holland verliehen worden, zunächst vom König von Frankreich, später vom deutschen Kaiser. Es ist begreiflich, daß sie das Land nicht wieder hergeben wollen. Gestohlen haben sie es nicht."

"Vater", wandte sich sein Sohn Edzard erregt an ihn, "Ihr nehmt die Holländer in Schutz..."

"Ich stelle nur Geschehenes fest", antwortete Herr Ulrich ruhig. "Der Vergleich mit den fehlenden Hühnern trifft im übrigen durchaus zu. Das ist meine Meinung."

"Die Hühner werden dem Fuchs zeit seines Lebens fehlen", sagte Herr Keno, "es wäre aber zu wünschen, daß wir das uns Fehlende wieder bekämen. Und auch das, ihr Freunde, bleibt zunächst ein Traum. Es gehört schon zu den Überlieferungen, daß es einmal sieben Seelande unter einem einzigen Herrn gab. Überlieferung ist es, daß Friesen die Festen, die Holländer auf ihrem Gebiet erbaut hatten, schleiften und sich jahrhundertelang ihrer immer aufs neue erwehren mußten. Nein, wir sind noch nicht am Ende dieser Zerwürfnisse. Aber daß die Holländer im Augenblick freundschaftliche Beziehungen zum sechsten Seeland pflegen wollen, ist für uns alle gut."

Nach dem Mittagessen fuhren auch Haro von Valdern und Edzard von Greetsiel mit den Ihren heimwärts.

Als letzter verabschiedete sich Kampo Habbena.

"Ich rechne es dir und Gyla hoch an, daß ihr mir euer Kind einige Tage hier laßt", sagte Herr Keno. "Es ist nötig, daß auch Frauen begreifen, um was es in Friesland geht. Deine Tochter hat einen ungewöhnlich hohen Verstand für Dinge, die dem Alltag fern liegen, oder soll ich sagen, ein ungewöhnliches Herz..."

"Sie erkennt rasch das Große", bestätigte Kampo, "und es bewegt sie stärker als andere. Du könntest mich bis Utengrahove begleiten, wenn du magst", wandte er sich freundlich an Foelke, und so ritten Vater und Tochter bald wieder gemeinsam den gewundenen Weg von Burg Broke bis zum Kirchdorf.

Die Bauern luden in großer Hast Heu auf ihre Wagen. Auch Frauen in breitrandigen Strohhüten waren in allen Kampen zu sehen. Ihre roten Kleider leuchteten weithin.

Auch er müsse sich beeilen, sagte Kampo, wenn er noch vor dem Regen Strackholt erreichen wolle. Vielleicht könne er, falls der Regen ihn doch überrasche, über Nacht in der Schnappe bleiben.

"Lieber nicht", bat Foelkeldis. Die Schnappe war ihr durch das Gehörte für alle Zeiten verleidet. Es wäre nicht auszudenken, wenn dem Vater dort etwas zustieße.

Sie hatten ihre Pferde in Trab gebracht, und das lange blaue Kirchendach von Utengrahove rückte rasch näher. Schon war der danebenstehende Glockenturm auf dem Warf zu erkennen. Foelkeldis hätte ihren Vater gern noch manches gefragt, und - ja, sie gestand sich, daß sie gern mit ihm südwärts geritten wäre. Sie empfand plötzlich eine große Sehnsucht nach allen daheim, nach der stillen Mutter, die heute voll Glück auf ihren Gemahl warten würde, nach Tettas klaren, grauen Augen und der Butze, in der sie miteinander schliefen.

"Du wirst deiner Mutter und mir sehr fehlen, meine Foelke", sagte Kampo beim Abschied. "Aber einmal müssen wir uns wohl daran gewöhnen, dich andern zu überlassen." Dann galoppierte er davon. Agatha wieherte überrascht, wollte nachsetzen und mußte doch nach Broke zurücktraben.

Der Himmel überzog sich mit immer dunkleren Wolken. In die Tiere auf der Weide war eine große Unruhe gefahren. Es mochte mehr als fraglich sein, ob der Vater trocken heimkäme, dachte Foelkeldis.

Es traf sich, daß sie an der Wegbiegung, dort, wo das Unglück mit Herrn Imel geschehen sein mußte, auf die Schafherde stieß, die der alte Menco in einen andern Kamp bringen wollte. Sie hielt ihr Pferd an und wartete geduldig, bis die Tiere sich wieder gesammelt hatten und vor ihr hergingen.

Menco, in der einen Hand das Horn, in der andern den Stab, das Gesicht von einem breitrandigen Hute halb verdeckt, grüßte zu der Reiterin hinüber. Aber es schien Foelkeldis, als wisse er gleichwohl nicht, wer sie sei. Neben ihm gingen mehrere Kinder, die vergebens versuchten, den alten Mann zum Sprechen zu bringen.

"Ist es wahr, Menco, daß Ihr wieder einen Leichenzug gesehen habt? Hattet Ihr auch Herrn Imels Leichenzug gesehen?"

"Wiards Vater ist Zimmermann", sagte ein kleines Mädchen, als Menco nicht antwortete. "Die Sargnägel und der Hammer, die immer auf dem Boden beim Sargholz lagen, sind ihm vom Brett gefallen, da wußte er bereits, daß er beides am Tage darauf gebrauchen müsse."

Nun wußte jedes der Kinder etwas hinzuzufügen. Das Licht hatte nicht ordentlich brennen wollen, die Abendglocke den Tod vorher verkündet, und eine Eule war gegen die Fenster des Saales geflogen. Sogar Herr Keno habe seinen Sohn gebeten, nicht fortzureiten.

Menco schien nichts von dem Geplapper der Kinder zu hören. Es war das erstemal, daß Foelkeldis den Schäfer sah. Wenn er verloren ins Weite blickte, dabei den Kopf zur Seite wendend, empfand sie Angst vor dem alten Mann. Sein Gesicht war abgezehrt, die Augen lagen in tiefen Höhlen. Es war schauerlich, daß er in die Zukunft sah. Sie hätte am liebsten ihrem Pferd die Sporen gegeben und wäre davongejagt, aber die Schafe nahmen die ganze Breite des Weges ein, der Schäferhund sprang kläffend um sie herum und holte jedes zurück, das vom Wege abwich, und der alte Mann wäre wohl sehr böse geworden, wenn eine Reiterin ihm seine Ordnung gestört hätte. So mußte Foelke, ob sie wollte oder nicht, an ihrem Platz ausharren.

Wiederum überkam es sie, daß sie lieber mit ihrem Vater hätte heimreiten sollen. Sie konnte sich noch gar nicht vorstellen, wie es sein würde, wenn sie ganz allein mit Herrn Keno auf Broke bliebe. Gewiß war es ihr heißester Wunsch gewesen, einmal recht lange bei ihm zu sein, aber nun dieser Wunsch so unerwartet schnell in Erfüllung gegangen war, bangte sie vor diesem Zusammenleben. Sie war ein kleines, unbedeutendes Mädchen, sagte sie zu sich selber, was konnte sie jenem Mann, der alle überragte, an Trost geben in solcher Zeit. Nun war auch

Doda fort, an die sich Foelke bislang wenden konnte, wenn sie sich einsam fühlte. Angst vor noch mehr Unglück erfüllte sie, wenn Mencos übersichtige Augen um die Burg schweiften.

In der Nähe des Südertores gewahrte Foelkeldis plötzlich Herrn Keno. Er ließ ruhig die Schafe an sich vorbeiziehen und gesellte sich zu ihr.

Wo war nun, was sie vor kurzem geängstigt hatte - .

"Du hast lange gebraucht, zu mir zurückzufinden", sagte Herr Keno, "aber freilich, wenn man eine Schafherde vor sich hat ..." Ihre Gedanken waren davongeglitten wie diese Schafe vom Wege, dachte Foelke nun. Sie schämte sich, furchtsam gewesen zu sein.

Menco blieb hinter seinen Schafen zurück, und es war wohl zu bemerken, daß er dem Burgherrn gern etwas gesagt hätte.

Er näherte sich scheu, schickte die Kinder fort und flüsterte:

"Der Tod läßt sich selten an einer Seele genügen, Herr. Ihr solltet nicht mehr ohne Schwert ausreiten."

"Ich will daran denken", sagte Keno tom Broek, "damit du Ruhe hast."

Als sie an einem der nächsten Tage aufsaßen, brachte Menco das Wehrgehänge mit dem Schwert. Herr Keno hatte es nun doch vergessen. Menco schüttelte den Kopf. Nahm der Burgherr nicht ernst genug, was er ihm sagte? Wie konnte er vergessen, daß im Norden des Seelandes der Tod schon wartete!

Mußte er ihm noch deutlicher sagen, daß er in der letzten Nacht auf jene fremde Totendrift gezogen worden war, auf der man das Meer rauschen hörte?

In tiefen Gedanken ritt Keno tom Broek über die Zugbrücke. Am gestrigen Nachmittag und während der Nacht hatte es heftig geregnet. Die Wege waren noch weich, die Pferde stapften hier und da durch Pfützen. Auf dem hohen Sande gab es nicht viele fließende Bäche, die das Wasser hätten aufnehmen können. Aber der lose Sand sog ohnehin die Feuchtigkeit rasch in sich hinein. Morgen würde es hier trocken sein.

Im Emsigerland war es schwerer, die Wege zu festigen. Keno hatte viele Besitzungen dort und überschlug in Gedanken, ob er wohl Stroh genug haben würde, die Deiche im Herbst damit zu sticken. Meistens war aber, überlegte er, auf der Geest Stroh genug, zumal das, welches zur Viehfütterung wenig tauglich war, sich für die Bestickung der Deiche besonders gut eignete. Als er vor vielen Jahren in dieses Bruchland kam, hatte Keno Hilmersna nach alter Weise Bohlenwege legen lassen. Wenn man außerdem für Abwässerung durch Siele, Tiefe und Schlöte sorgte, ließ sich das Land trotz seiner niedrigen Lage gut verwenden.

Imel hatte die Viehzucht mehr am Herzen gelegen, ihm selbst die Sorge für das Land. Er blickte umher. Hier im Broekmerland gab es alle Arten Boden. Altes Marschland wechselte mit fruchtbaren Sandfeldern oder mit solchen, auf denen der Wind noch heute sein Spiel trieb, und Hoch- und Leegmoore gab es übergenug. Keno tom Broek hatte sein Leben darangesetzt, durch seine und seiner Broekmer Arbeit Stück für Stück das Land zu erobern. Vom Sandrand bis zu den Feldern, dort, wo er und Kampos Tochter jetzt ritten, lag ein Strich sehr niedrigen Landes, das mehrere Bäche aufwies und gleichwohl in feuchten Sommern mit Wassertümpeln durchsetzt war. Im Winter stand es wie viele von Keno tom Broeks Ländereien im Emsigerland unter Wasser. Einen Teil hatte er zur Weide, das meiste aber zum Mähen gebraucht. Die ungeheuren Binsenbüschel, denen sich die Pferde nun näherten, verrieten noch schlechteres, niedrigeres Land, dessen Untergrund aus rotem Sand und Darg bestand. Einige Frauen waren damit beschäftigt, diesen auszugraben. Sie formten sich heute wie in alten Zeiten Schüsseln und Küchengerät aus der roten Erde.

Ein tiefer Seufzer entrang sich dem alten Mann; zugleich aber nahm sein Gesicht einen zufriedenen Ausdruck an. In allem was geschah, blieb das Land. Es lag so vor ihm, wie er selbst es gestaltet hatte. Er dachte an Imel und Ocko, während er hier schaffte. Ihnen hatte er die Erde, ihre eigene Erde verwandeln wollen. Imel hätte die Verwandlungsarbeit fortsetzen sollen. Nun war es anders gekommen. Nicht er hatte die Erde ergriffen, sondern sie ihn. Imel war in diese Erde gebettet worden. Sein irdischer Leib wurde nun vollends eins mit ihr.

Auf Umwegen waren sie heute nach Marienhove geritten. Hier war das Sandland recht niedrig. Im letzten Jahre hatte

Herr Keno es zur Weide genommen, in diesem Jahr aber pflügen und mit Hafer besäen lassen. Im Herbst gedachte er kräftig zu düngen und Gerste oder Roggen zu säen. Die Erfahrung hatte ihn gelehrt, daß es am einträglichsten war, in dieser Gegend mit Weide und Saat abzuwechseln, während er die hohen Geestäcker in jedem Frühjahr besäte und nur hin und wieder ein Jahr brach liegen ließ, damit sie wieder Kräfte sammelten und fruchtbar würden. Das Weideland war dort nicht so gut wie in den nahe gelegenen Dörfern Schott und Upgant, wo man Kühe hatte, die so schwer waren wie die in der Norder und Emder Marsch und im Sommer ebensoviel Butter gaben wie diese.

Das trübe Wetter schien nicht vorzuhalten. Die Sonne brach sich Bahn. Keno tom Broek blickte aus seinen Gedanken auf. Er hatte nicht vergessen, daß Foelke Kampana neben ihm ritt. In einem jungen Menschen lagen so viele Möglichkeiten wie in diesem vielgestaltigen, reichen, armen Broekmerland, dachte er. Das Schicksal selbst würde der Ackersmann sein, der den Boden bearbeitete und dann die Furchen zog, um Saat und Ernte vorzubereiten. Eine tiefe Furche war in diese Seele gezogen worden durch das Unglück, das ihn selbst betroffen. Er hatte bereits bei ihrem ersten Besuch erkannt, daß das Schicksal nach Kampos Tochter gegriffen hatte, als sie in Broke einzog. Seitdem fühlte er sich verantwortlich für das Mädchen.

In den Höhen über den Reitern jubelten Lerchen ihre Sommerlieder. Die Gabelschwänze der Schwalben schossen dicht an den Köpfen der Pferde vorbei. Aus den buntgestickten Wiesen stiegen Kiebitze auf. Sie hatten ihr Nest irgendwo im Gras, und wenn sie sich schüttelten, hingen die Bauchfedern lang herab. Das sah so drollig aus, daß Foelkeldis es Herrn Keno zeigte und laut lachte. Störche wateten durch feuchtes Land, nicht weit von ihnen grasten Kühe mit prallen Eutern, schöngewachsene, schwere Pferde und steifbeinige Kälber, und aus jedem Kamp erklang das Blöken der Lämmer.

Foelkeldis' Augen standen bald wieder voller Fragen, aber Keno tom Broek hielt es nicht für gut, daß diese junge, werdende Seele noch länger, bedrängt von Schicksalsrätseln, in Traurigkeit verweile. Die Erde selbst schützte den Menschen am besten davor, in Grübeleien zu versinken. Er hatte Foelke nicht gesagt, wohin er mit ihr reiten wollte, sie sollte nicht merken, daß er wegen der Bremer Schiffe in Unruhe war. Diese bunten Wiesen standen auch zwischen ihm selbst und dem Abgrund, der sich oft während der letzten Tage vor ihm aufgetan hatte.

Herr Keno hielt sein Pferd an und wandte sich wieder der Erde zu. "Diese Wiese wird viel Heu bringen", sagte er, "wenn es auch bedeutend leichter ist als das auf meinen Emsiger Besitzungen. Dort sagte mir einmal ein Marschbauer, sein Vieh achte dieses Sandheu nicht höher als gutes Haferstroh. Von euren Meeden wird er das gleiche denken. Aber wir Geestbauern sind stolz, daß unser Land wenig Moos aufweist; das kann man von dem Marschland wirklich nicht sagen. Warst du oft mit deinem Vater in den Meeden?"

Foelkeldis nickte. Sie dachte daran, daß Wiska von Loquard gesagte hatte, Herr Keno habe Gott zwar auch in den Kirchen, öfter aber draußen unter freiem Himmel angebetet. Wie in eine Kirche ging er mit ihr in seine Wiesen und Äcker hinein.

Gleichwohl band er sein Pferd jetzt an die Wykmauer in Marienhove und bedeutete auch Foelke abzusteigen. Wollte er mit ihr in den Dom gehen?

Die Kirchentür stand weit offen, aber Herr Keno trat nicht ein. Er führte Foelkeldis an der Südseite von außen eine enge Treppe empor, die in einen Erkerturm eingebaut war. Wäre nicht durch Luken etwas Licht in diesen gewundenen, engen Gang gefallen, Foelkeldis hätte wohl nicht die Hand vor den Augen sehen können.

Schließlich gelangten sie oben auf den Turm. Herr Keno ging dem Mädchen voran an die Turmbrüstung. Was mochte er hier wollen -. Der Wind blies scharf von der Seeseite, so daß Foelkeldis ihre Haarflechte um den Gürtel knotete. Von hier oben war die ganze Leybucht gut zu überblicken. Man konnte wohl verstehen, daß der Dom von Sankt Marien allen friesischen Schiffern als Seezeichen diente. Herr Keno hatte sich auf die Steinbank an der Turmbrüstung gesetzt und blickte nach Norden.

Foelkeldis band ihre Hatte fester und kniff in dem Wind die Augen zusammen. Sie konnte die ganze Halbinsel übersehen, die die Friesische See umspülte. Die Türme von Greetsiel waren gut zu erkennen, und dort, weit im Osten, mußte das Rüstringerland liegen, in dem Edo Wiemcken wohnte. Jarstes Burg stand, wenn Foelke es recht begriffen hatte, noch jenseits der Jade. Jetzt spähte sie nach Südwesten, um Valdern zu suchen, von wo aus Bruder Ägidius über Land zog und wo auch Frau Elborg wohnte. Und dort im Südwesten mußte man auch Hisko Abdenas und Folkmar Allenas Burgen finden können. Es war ein wahrer Trost, daß Valdern und Greetsiel so nahe bei Emden lagen. Herr Haro von Valdern würde sicherlich alles erfahren, was Propst Hisko im Schilde führte. Im Emsigerland lag auch Loquard. Foelke suchte es mit den Augen an der Westküste der Halbinsel. Dort würde Wiska bald ihr Kind zur Welt bringen, und Herr Brunger würde sich sicherlich ebensosehr auf dem Kindelbeer betrinken wie kürzlich auf Herrn Imels Tröstelbeer.

Wie klein nun die weißen Mäherzelte waren! Die arbeitenden Menschen erinnerten an Ameisen. Auf Marschwiesen sah man schon Leute beim Schwälen. Einige harkten das Heu mit großen Forken und Rechen zusammen. Sie hatten riesige Strohhüte auf dem Kopfe, die von oben wie auf und ab wippende Schmetterlinge aussahen.

Foelkeldis sah es so klar, daß sie den Duft des Heus einzuatmen meinte, und doch schmeckten die Lippen hier, unmittelbar an der Leybucht, salzig, und wenn sie auf das weite Meer sah, meinte Foelkeldis, Miesmuscheln und Seetang zu riechen. Das Broekmerland war eine seltsame Welt. Man meinte vom Land auf das Meer und vom Meer auf das Land zu kommen. Hier flutete das Leben in einem breiteren Strom als in Strackholt, dem stillen Geestdorf.

Foelke freute sich, daß sie das Leben in den Meeden kannte. Den ganzen Sommer hindurch, glaubte sie sich zu erinnern, sei Mähzeit gewesen. Wiesen, die im Mai manchmal noch kahl und gelb anzusehen waren, mußten länger warten als trockner gelegene, bis auch sie endlich in Blüte standen und das Mähen beginnen konnte.

Foelkeldis hätte jetzt gern Herrn Keno erzählt, wie sie in dem weißen Mäherzelt gelegen und zum erstenmal Bier gekostet

Als er die Tür des Wohnhauses wieder öffnen und sich auch zur Ruhe begeben wollte, hörte er ein ungewohntes Plätschern im Burggraben. Er schlich sich an der Wand des Steinhauses entlang bis an den Pfosten der inneren Zugbrücke, von dem aus er den größten Teil des Burggrabens überblicken konnte. Ein Mann ruderte sich in einem Floß zum Warf herüber. Herr Keno faßte mit der Rechten den Knauf seines Schwertes. Gegen seine Gewohnheit hatte er es nicht gleich beim Heimkommen an die Wand gehängt.

Jetzt mußte der Mann ihn gesehen haben. Er rief den Friedensgruß herüber.

Herr Keno ließ das Schwert los. Mencos Stimme war es gewesen. Aber welche Ruhe lag in ihr. Hatte der alte Schäfer auch den Frieden des Landes in sich hineingetrunken wie sein Herr und Foelke Kampana?

"Ihr kommt nicht mehr zur Zeit, Herr, aber eilt Euch immerhin", sagte Menco. "Schwert und Armbrust werdet Ihr gebrauchen. Auf der Itzingaburg ..."

"Ein Überfall?" rief Herr Keno. "Und du bist so ruhig?"

"Es ist eingetroffen, Herr", sagte der Mann. "Ja, nun bin ich ruhig."

Am anderen Morgen erwachte Foelkeldis spät. Sie nahm ein einfaches Kleid aus dem Fellsack, denn die Mutter hatte ihr ans Herz gelegt, sich im Haushalt nützlich zu machen, zumal nach dem Tröstelbeer gewiß sofort mit der Heuernte begonnen würde. Zum Wenden und Schwälen, das wußte Foelkeldis auch von der elterlichen Burg, mußten nach Möglichkeit alle Knechte und Mägde des Hofes mit auf das Feld. Außerdem waren noch Mäher gedungen, die von einer Burg zur andern wanderten und in der heißen Zeit die Nächte mit Mähen verbrachten, während sie sich in den Mittagsstunden, wenn die Sonne heiß und prall auf das Meedland herabglühte, in ihren weißen Zelten ein Lager von Gras bereiteten und schliefen. Foelkeldis hatte oft gesehen, wie die Mutter den Mähern Käse, Butter, Brot und Schinken gab, und wie der Vater ihnen außer Geldeslohn Met und Branntwein, auch Speck verabreicht hatte.

die die Friesische See umspülte. Die Türme von Greetsiel waren gut zu erkennen, und dort, weit im Osten, mußte das Rüstringerland liegen, in dem Edo Wiemcken wohnte. Jarstes Burg stand, wenn Foelke es recht begriffen hatte, noch jenseits der Jade. Jetzt spähte sie nach Südwesten, um Valdern zu suchen, von wo aus Bruder Ägidius über Land zog und wo auch Frau Elborg wohnte. Und dort im Südwesten mußte man auch Hisko Abdenas und Folkmar Allenas Burgen finden können. Es war ein wahrer Trost, daß Valdern und Greetsiel so nahe bei Emden lagen. Herr Haro von Valdern würde sicherlich alles erfahren, was Propst Hisko im Schilde führte. Im Emsigerland lag auch Loquard. Foelke suchte es mit den Augen an der Westküste der Halbinsel. Dort würde Wiska bald ihr Kind zur Welt bringen, und Herr Brunger würde sich sicherlich ebensosehr auf dem Kindelbeer betrinken wie kürzlich auf Herrn Imels Tröstelbeer.

Wie klein nun die weißen Mäherzelte waren! Die arbeitenden Menschen erinnerten an Ameisen. Auf Marschwiesen sah man schon Leute beim Schwälen. Einige harkten das Heu mit großen Forken und Rechen zusammen. Sie hatten riesige Strohhüte auf dem Kopfe, die von oben wie auf und ab wippende Schmetterlinge aussahen.

Foelkeldis sah es so klar, daß sie den Duft des Heus einzuatmen meinte, und doch schmeckten die Lippen hier, unmittelbar an der Leybucht, salzig, und wenn sie auf das weite Meer sah, meinte Foelkeldis, Miesmuscheln und Seetang zu riechen. Das Broekmerland war eine seltsame Welt. Man meinte vom Land auf das Meer und vom Meer auf das Land zu kommen. Hier flutete das Leben in einem breiteren Strom als in Strackholt, dem stillen Geestdorf.

Foelke freute sich, daß sie das Leben in den Meeden kannte. Den ganzen Sommer hindurch, glaubte sie sich zu erinnern, sei Mähzeit gewesen. Wiesen, die im Mai manchmal noch kahl und gelb anzusehen waren, mußten länger warten als trockner gelegene, bis auch sie endlich in Blüte standen und das Mähen beginnen konnte.

Foelkeldis hätte jetzt gern Herrn Keno erzählt, wie sie in dem weißen Mäherzelt gelegen und zum erstenmal Bier gekostet hatte, aber sie wagte nicht, ihn anzureden. Er schien in schwere Gedanken versunken und schaute unverwandt nach Norden.

Vor ihm lag das reiche Dorf Westeel, auf dessen Untergang in den Fluten viele Menschen angstvoll warteten, wie Foelkeldis auf ihrem ersten Ritt ins Broekmerland erfahren hatte. Aber Westeels Kirchturm ragte ebenso gerade und unversehrt in den Himmel hinein wie der Osteels.

Keno tom Broek erhob sich. Er hatte keine Bremer Kogge in der Leybucht entdecken können. In tiefen Gedanken ritt er mit Foelkeldis heim. Es freute ihn, daß das Land sie beide in seine weite, tröstende Ruhe aufgenommen hatte.

Als Foelke am Abend schlafen gegangen war, ging der alte Burgherr noch lange in der Sommerstube auf und ab. Imel war nicht da - der Verlust machte sich täglich schmerzlicher bemerkbar. Herr Keno hätte heute abend mit Imel besprechen mögen, was ihm durch den Kopf ging. Die ständig wachsenden Streitigkeiten mit den Bremern waren nicht leicht zu nehmen. Aber wenn das die einzige Sorge wäre, dachte er. Norden war eine unruhige Stadt. Er kam oft dorthin, die Burg seiner Väter stand noch immer dort. Er hatte einen Drosten über sie gesetzt wie über seine Burgen im Emsigerland. Nein, Keno tom Broek bedauerte nicht, von Norden fortgezogen zu sein. Er war der erste seines Geschlechts, der nicht die Konsulwürde in der Stadt bekleidete, sondern sich Häuptling vom Bruchland nannte. Die Itzingas aber wollten mit der Geschichte Nordens verbunden bleiben, wie ihre Väter es gewesen waren. Und Eberhard und dessen Sohn Louwert mußten doch beide wissen, daß sich im Norderland der erste Widerspruch gegen die Häuptlingsherrschaft erhoben hatte! Seltsam war dies, dachte der alte Mann. Einmal, das mußte er, sich in das Auf und Ab der Geschichte hineinstellend, zugeben, würde auch das Häuptlingsregiment enden. Aber er konnte sich nicht vorstellen, daß dies jetzt schon der Fall sein müsse. Und doch war dies schon vor längerer Zeit die Meinung aufrührerischer Norder Bürger gewesen. Sie hatten das Dominikanerkloster befestigt, dasselbe Kloster, das Eberhards Ältervater, ein Landesführer und Konsul, einst gründete. Eberhard hatte Keno tom Broek oft rühmend erzählt, daß sein Ältervater mit den beiden anderen Oberen der Stadt Norden dem Orden des heiligen Dominikus das Münzhaus zur Verfügung gestellt habe. Und eben diese Dominikaner hatten sich dann dazu hergegeben, gegen die Häuptlinge Partei zu ergreifen!

Manchen Tumult hatte es seitdem in Norden gegeben. Es ging dort wilder und härter zu als in den andern Gegenden des sechsten Seelandes. Eine Zeitlang war auch eine heftige Gegnerschaft gegen die Kirche zum Durchbruch gekommen, und zur Zeit der Gründung der Andreaskirche, deren drei Türme noch immer friedlich über allen Menschenstreit hinausragten, war das wenig Rühmenswerte geschehen, daß eine Norder Bürgerin dem Erzbischof von Bremen mit einem Prügel Friesland verleidete. Die Burgen der Aldenas in Lintel hatte das aufrührerische Volk zerstört, sich immer wieder öffentlich gegen die Häuptlinge empört und Friedensmänner eingesetzt, die vom Kloster aus der Häuptlingsherrschaft ein Ende bereiten sollten. Damals war es vor allem Hylo Attena gewesen, der sich mit seinen vielen Verwandten und einem Rottenführer zusammengetan und das Kloster entfestet hatte.

Es fiel Keno tom Broek erst jetzt auf, daß er Hylo nicht unter den Leidtragenden gesehen hatte. Vielleicht war er krank. Hylo war einer von Ockos nächsten Freunden gewesen und auch Imel zugetan. Wenn er in diesen Tagen nach Norden kommen und Eberhard Itzinga aufsuchen würde, mußte er nach Hylo Attena sehen, überlegte der alte Mann.

Er trat auf den Burghof. Der abnehmende Mond stieg eben schwer und langsam im Osten auf. Ging es schon auf den Morgen zu? Die Zeit war ihm entflohen.

Des Burgherrn Blicke glitten über die Ställe, in denen jetzt im Sommer nicht viel Vieh weilte, über die Häuser der Knechte und Mägde, die in Frieden der Arbeit des nächsten Tages entgegenschliefen und an den Fenstern des Gästehauses entlang, hinter denen Foelke Kampanas junge Seele ausruhte von allem, was sie belastet hatte. Herr Keno wußte, nach diesem friedvollen Tag, an dem die Erde ihm und ihr geholfen und sie beide von dem Abgrund der Schicksalsfragen fortgeführt hatte, war Foelke, eingetaucht in die Stille der Nacht, ruhig eingeschlafen.

Als er die Tür des Wohnhauses wieder öffnen und sich auch zur Ruhe begeben wollte, hörte er ein ungewohntes Plätschern im Burggraben. Er schlich sich an der Wand des Steinhauses entlang bis an den Pfosten der inneren Zugbrücke, von dem aus er den größten Teil des Burggrabens überblicken konnte. Ein Mann ruderte sich in einem Floß zum Warf herüber. Herr Keno faßte mit der Rechten den Knauf seines Schwertes. Gegen seine Gewohnheit hatte er es nicht gleich beim Heimkommen an die Wand gehängt.

Jetzt mußte der Mann ihn gesehen haben. Er rief den Friedensgruß herüber.

Herr Keno ließ das Schwert los. Mencos Stimme war es gewesen. Aber welche Ruhe lag in ihr. Hatte der alte Schäfer auch den Frieden des Landes in sich hineingetrunken wie sein Herr und Foelke Kampana?

"Ihr kommt nicht mehr zur Zeit, Herr, aber eilt Euch immerhin", sagte Menco. "Schwert und Armbrust werdet Ihr gebrauchen. Auf der Itzingaburg ..."

"Ein Überfall?" rief Herr Keno. "Und du bist so ruhig?"

"Es ist eingetroffen, Herr", sagte der Mann. "Ja, nun bin ich ruhig."

Am anderen Morgen erwachte Foelkeldis spät. Sie nahm ein einfaches Kleid aus dem Fellsack, denn die Mutter hatte ihr ans Herz gelegt, sich im Haushalt nützlich zu machen, zumal nach dem Tröstelbeer gewiß sofort mit der Heuernte begonnen würde. Zum Wenden und Schwälen, das wußte Foelkeldis auch von der elterlichen Burg, mußten nach Möglichkeit alle Knechte und Mägde des Hofes mit auf das Feld. Außerdem waren noch Mäher gedungen, die von einer Burg zur andern wanderten und in der heißen Zeit die Nächte mit Mähen verbrachten, während sie sich in den Mittagsstunden, wenn die Sonne heiß und prall auf das Meedland herabglühte, in ihren weißen Zelten ein Lager von Gras bereiteten und schliefen. Foelkeldis hatte oft gesehen, wie die Mutter den Mähern Käse, Butter, Brot und Schinken gab, und wie der Vater ihnen außer Geldeslohn Met und Branntwein, auch Speck verabreicht hatte.

Ja, in so schwerer Zeit wollte sie gern Meike zur Hand gehen.

Sie nahm das bescheidenste Stukelband, dessen ihre suchenden Finger habhaft werden konnten, und flocht es durch den dunklen Zopf. Es wies statt der schweren Eicheln kleine Blumen auf, die man wohl für Butterblumen halten konnte, so goldgelb und blank wie sie waren. Das Bild des sechsten Seelandes, wie sie es vom Turm von Sankt Marien hatte erblicken dürfen, trat wieder vor Foelkes Seele. Friesland war ein Land mit Wasserburgen und Kirchen, mit Wiesen und Kornfeldern, fruchtbarem Marschland, mit unendlich weiten Moorgebieten, umspült von der Friesischen See, durchsetzt von unzähligen Landseen, die in der Sonne geflimmert hatten wie flüssiges Silber. Hohes Rohr umgab ihre Ufer, meergrüne Binsen wiegten sich im Wind, und weiße und gelbe Rosen schwammen wie lichte Fleckchen auf den immer gekräuselten Wellen. Fast war ihr, als sähe sie jetzt in der Erinnerung alles noch deutlicher und strahlender als gestern.

Ihr Kleid war nach alter Weise aus vielen schmalen Streifen Stoffes aneinandergenäht. Die Nähte sollten wohl den Eindruck von Falten erwecken, die sich gewiß schlecht in den kräftigen Stoff legen ließen. Als Foelkeldis das rote Kleid über den Kopf ziehen wollte, bemerkte sie, daß eine der Nähte geplatzt war. Sie wollte Meike bitten, ihr etwas Flachsgarn zu leihen und sich bei dieser Gelegenheit Wasser zum Waschen aus dem runden Brunnen im Burghof mitbringen.

Als sie zu dem Brunnen kam, der hier, wie überall auf der Geest, auf Torf aufgesetzt war, sah sie Meike mit einem Bentbesen aus dem Küchenhaus kommen. Foelkeldis stellte ihre rote Tonschüssel auf den Brunnenrand und ging zu der Magd. Meike sah so ernst aus wie auf Herrn Imels Tröstelbeer.

"Was fehlt dir?" fragte Foelkeldis und wußte im gleichen Augenblick, daß etwas Schlimmes geschehen sein mußte.

"Wo ist Herr Keno ... Sag es schnell ... sag es sogleich ..."

Nun kam Menco, der Foelkeldis auf den Burghof hatte hinaustreten sehen, aus dem Schafstall und sagte ruhig:

"Es hat ihn selbst nicht getroffen. Aber das hatte ich auch nicht anders erwartet."

"Wer wurde getroffen ...", forschte Foelkeldis mit vor Angst bebender Stimme.

"Herr Eberhard lebt nicht mehr. Die Totendrift bei der Itzingaburg war es, von der ich sprach. Herr Keno kommt zurück. Bleibt solange bei uns", bat der alte Mann, sie mit seinen hellblauen, weit geöffneten Augen durchdringend anblickend.

"Ich ...", stotterte das Mädchen. "Ich wollte dich um Flachsgarn bitten, Meike, vielleicht hast du auch eine dünne Hornnadel für mich?"

Sie hatte plötzlich das Bedürfnis, in eine alltägliche Arbeit hineinzufliehen wie gestern in die schöne Weite des Landes.

Die Magd brachte, um was sie gebeten worden war, und ging dann wieder an ihre Arbeit zurück.

Als Foelkeldis den Faden vernäht hatte, stand ihr Entschluß fest. Sie wollte nach Norden reiten. Den Weg über Westeel hatte sie gestern von oben verfolgen können. Vielleicht konnte man sie zu Botendiensten gebrauchen. Und wenn nicht, dann würde sie wenigstens in der Nähe Keno tom Broeks sein. Eine heftige Sehnsucht nach ihm erfaßte sie plötzlich. Sie hätte nicht ertragen, hier heute untätig auf Burg Broke zu sitzen oder sich in Meikes Alltag einspannen zu lassen, während Herr Keno ... Nein, sie mußte zu ihm. So schön der gestrige Tag gewesen war, sie meinte jetzt, Herrn Keno ganz fern zu sein. Sie sah ihn wieder auf der Steinbank an der Turmbrüstung sitzen und nach Norden blicken. Was ihn bewegte, hatte er nicht gesagt. Und sie - sie hatte sich nur an dem herrlichen, weiten Land gefreut und Herrn Kenos Sorgen nicht geteilt. Nein, sie war nicht eins mit ihm gewesen.

In dem quälenden Gefühl, leichtsinnig und selbstsüchtig etwas Wichtiges versäumt zu haben, ging sie mit raschen Schritten in den Stall und schnalzte ihrem Pferd. Es spitzte die Ohren und begann zu wiehern.

"Agatha ..." Sie führte das Tier heraus und begann es zu satteln.

"Ihr solltet lieber hier bleiben, Foelke Kampana", sagte Menco abermals.

Foelke schüttelte den Kopf.

"Soviel Blut habt Ihr noch niemals gesehen. Hört auf mich. Bleibt bei uns", bat er dringlicher.

"Ich kann nicht", sagte Foelkeldis, zog den Riemen unter dem Bauch der Stute straffer, eilte mit dem Tier an den Findling, saß auf und sprengte davon.

Den Dom von Sankt Marien hatte sie bald erreicht. Nun hielt sie sich auf dem hohen Sandrücken zwischen den Kirchtürmen der beiden Dörfer West- und Osteel. Bald war sie noch dichter an der See als in Marienhove. Das Geschrei der Möwen begleitete sie auf ihrem Wege. Seeschwalben mit langen Schwingen und tief gegabeltem Schwanz schossen an ihr vorbei. Es war eine fremde Welt für das Mädchen aus Strackholt, aber sie fühlte sich hineingerissen in das gewaltige, gleichmäßige Rollen und Schlagen der Wogen und das sonderbare Geschrei der Seevögel.

In Westeel begegneten ihr einige reich gekleidete Frauen. Sie sprachen aufgeregt miteinander und vergaßen ganz, Foelkeldis' Gruß zu erwidern. Der Bäcker des Dorfes stand mit mehreren Nachbarn vor seiner Haustür. Er war ungeheuer dick, fand Foelke, und hatte ein weichliches, verschwommenes Gesicht. Er habe schon lange gesagt, daß es so kommen würde, hörte Foelkeldis ihn prahlen, aber Ago Tantekana und dessen Sohn Witbrandus hätten sich nicht warnen lassen wollen. Nun werde man ja sehen, ob sie lebendig aus dieser nächtlichen Schlacht zurückkehren würden. Man munkelte von dem Untergang des Dorfes. Nicht die Fluten, die Häuptlinge seien die Feinde der Westeeler. In dieser Nacht aber ...

Soviel verstand Foelkeldis im Vorbeireiten. Sie meinte die Blicke des Bäckers und der umherstehenden Frauen im Rücken zu fühlen.

Nahe der Kirche arbeitete ein Mann im Garten. Es schien der Küster zu sein, denn aus dem Fenster der Küsterwohnung lehnten Kinder heraus, die ihn als ihren Vater riefen. Er aber schien nichts zu hören. Als Foelkeldis vorbeiritt, sah er von seinem Bohnenland auf und sagte mit sonderbar glanzlosen Blicken:

"In diesem Jahr noch nicht."

Foelkeldis erschauerte unter dem merkwürdigen Blick und sehnte sich danach, dem Dorfe Westeel zu entrinnen. Sie gab Agatha die Sporen und jagte davon.

Die Türme der beiden großen Norder Kirchen rückten immer näher. Im Hafen konnte man jetzt Schiffe erkennen, aber es schienen nur friesische Koggen zu sein. Da waren die Bremer in der Nacht wohl wieder abgefahren. Foelke mochte noch nicht glauben, daß Herr Eberhard wirklich nicht mehr lebte. Sicherlich hatte man sich geirrt. Sicherlich war er nur verwundet und würde gesunden.

In der Nähe der Stadt empfing sie großer Lärm. Sie lenkte ihr Pferd in einen breiten Weg, der zum Marktplatz zu führen schien. Da standen aufgeregte Menschengruppen beieinander. Sie hatten eine härtere Aussprache als die Broekmer und die aus dem Auricherland.

Dominikanermönche in weißen Kutten liefen über den Marktplatz und mischten sich unter das Volk. Für einen Augenblick wurde es etwas ruhiger, aber dann sprach man erregt weiter über die Ereignisse der Nacht. Aus mehreren Häusern drang lautes Weinen und Klagen. Foelke wurde ängstlich zumute. Die Gesichter mancher Mönche erkannte sie wieder. Der in Broke das Essen gesegnet hatte, verschwand eilends in einem Bürgerhaus, Foelke hätte ihn gern gefragt, wie sie zur Itzingaburg käme.

Plötzlich hörte sie eine dünne, hohe Stimme nach ihrem Begehr fragen.

"Sah man Euch nicht am Tage der Richterwahl auf dem Warf in Utengrahove?" fragte ein hagerer Mönch.

"Ihr seid ... Ihr habt dort aus den Willküren vorgelesen", stammelte Foelkeldis, erleichtert, ein bekanntes Gesicht in dieser fremden Menschenmenge entdeckt zu haben.

"Hilarius", sagte der Mönch, sich bekannt machend. "Ich rate wohl richtig, wenn ich meine, daß Ihr Herrn Keno tom Broek sucht, Foelke Kampana."

Er wußte schon ihren Namen -. Foelkeldis stotterte, daß sie von Herzen gern zur Itzingaburg wolle, um Herrn Keno aufzusuchen. "Das habt Ihr recht gewußt, Bruder", nickte sie.

"Da mögt Ihr Leichenschau halten", sagte der Mönch. "Ihr braucht nicht zu erschrecken. Herr Keno lebt noch, wenn er auch um ein kleines ... Nun, das braucht Euch nicht mehr zu ängstigen. Es ist vorbei. Er hat wacker sein Schwert gebraucht, und ich sah zwei Bremer Landsknechte mit ihrem Roß in die Hafenbrandung springen, da sie lieber ertrinken, als Keno tom Broeks langem Schwert verfallen wollten."

"Wer von den Bremern nicht erschlagen wurde, ist ertrunken", setzte ein anderer hinzu. "Komm nun, Hilarius, du sollst es nachher in die Klosterannalen einschreiben, was wir gesehen und gehört haben."

Bruder Hilarius wies Foelkeldis den Weg zur Itzingaburg und ging davon.

Sie ritt nun der Sonne entgegen. In diese Richtung hatte der Mönch gewiesen.

Ja, nun tauchte im Grün vieler Bäume die Burg auf. Dort war Herr Eberhard zu Haus. Das war die alte Stammburg seines Geschlechtes. Diese Burg war es, die er nie verlassen wollte, wiewohl er viel Kummer in der Stadt Norden erlebt hatte.

Die Zugbrücke war noch scharf bewacht, und das Mädchen mußte allen Mut zusammenraffen, um auf die bewaffneten Männer, die sich an den Pfosten aufhielten, loszureiten. Plötzlich rief einer von ihnen:

"Gott steh mir bei. Da kommt Foelke Kampana, Kampo Habbenas Tochter. Was wollt Ihr unter bewaffnetem Mannsvolk, Jungfrau, und unter soviel Toten -."

Es war Hicko, der Großknecht auf Broke, derselbe, der in Strackholt und bei den Tieren in Broke den Tod Herrn Imels angesagt hatte. Er trug ein eisernes Maschenhemd, hatte den niedrigen Broekmerhelm auf dem Kopfe und den runden, braunen Schild in der Hand. Unter Hunderten hätte sie ihn wiedererkannt, dachte Foelkeldis, auch wenn seine Nase nicht so erschreckend breit und lang gewesen wäre.

"Da darf das Schwert wohl in der Scheide bleiben", lachte sein Gefährte, der mit dem Broekmer Großknecht die Zugbrükke zu bewachen hatte. "Diese Jungfrau sieht nicht so aus, als ob sie unsere Köpfe auf ein Leidener Laken legen und abschlagen lassen wollte."

Hicko wollte Foelkeldis in die Burg geleiten, aber sie bat ihn, auf seinem Posten zu verharren. Sie würde Agatha absatteln, an die Linde binden und sich allein den Weg zu Herrn Keno suchen. Aber wenn Hicko ihr sagen könne, wo sie etwas Futter für das Tier fände -. Er zeigte es ihr.

Die Burg lag wie ausgestorben da. Foelkeldis wollte allein hineingehen, weil sie fürchtete, Hicko möchte Aufhebens von ihrer Ankunft machen. Sie hatte das viele Sprechen und die Unruhe noch von Herrn Imels Tröstelbeer her in quälender Erinnerung. Auch sehnte sie sich nicht nach Djudelkes ausführlichen Erzählungen, wiewohl sie ja gewiß nicht vermeiden konnte, der Burgfrau von Norden zu begegnen. Hicko erachtete es aber für nötig, Foelke Kampana bis über die innere Holzklappbrücke zu geleiten, da sowohl diese wie der nach außen ziemlich steil ins Wasser abfallende Befestigungsgürtel noch mit bewaffneten Knechten besetzt war, von denen keiner sie durchlassen würde. Beim Weitergehen sah Foelkeldis auch durch die Luken der Kellerräume, die eben über dem Wasserspiegel zu sehen waren, hier und da Helme aufblitzen.

Mit Hickos Hilfe aber gelangte sie unangefochten bis an die Linde, in deren Nähe der tiefe Brunnen lag, ähnlich wie in Broke. Aber die Burggebäude waren hier hufeisenförmig auf den Warf gesetzt, und das Mädchen hatte Mühe, sich zurechtzufinden. Auch Hicko wußte nicht, welches das Wohnhaus war, und so ging Foelkeldis aufs Geratewohl in den Nebenflügel an der Ostseite der Burg. Sie würde wohl irgendeiner Magd begegnen, hoffte sie, die sie unauffällig zu Herrn Keno bringen könnte.

Als sie die Tür geöffnet und wieder hinter sich geschlossen hatte, sah sie, daß sie sich in einem hohen, halbdunklen Raum befand, in den durch hochgelegene, kleine Fenster nur wenig Tageslicht fiel, und als ihre Augen sich an das Dunkel gewöhnt hatten, gewahrte sie sieben verhüllte Bahren in der Mitte des Raumes. Gelähmt vor Entsetzen lehnte sie sich an die Wand. Unter einem der langen Leinentücher sah schneeweißes, blutverklebtes Haar hervor. Herr Eberhard -. Dasselbe Haar hatte Foelkeldis noch vor wenigen Tagen in der Sonne erglänzen sehen. Herr Eberhard hatte gen Himmel geblickt und von der großen Wende gesprochen. Dies war bei Gott eine entsetzliche Wende.

Sie hatte die Hände vor das Gesicht gepreßt und wagte sich nicht zu rühren.

Da wurde eine andere Tür dieses Raumes geöffnet. Ängstlich wandte Foelkeldis den Kopf. Ein Harnisch klirrte, ein Schwert rasselte, große, feste Schritte kamen auf sie zu. Sie fühlte ihre Lippen weiß werden und ihre Knie wanken. Herr Keno war eingetreten. Sicherlich wollte er die Totenwacht bei seinem Freund übernehmen.

Foelkeldis wollte zurückgehen. Sie wollte die Tür suchen, durch die sie gekommen. Aber sie war wie an den Platz gebannt und vermochte sich nicht zu rühren.

Als Herr Keno ihrer ansichtig wurde, huschte leises Befremden über sein Gesicht. Dann aber kam er zu ihr und faßte ihre Hand. Sie war eiskalt.

"Bis zum nächsten Glockenschlag muß ich hierbleiben", sagte er. "Setz dich solange auf die Bank."

Sie gehorchte. Langsam zog wieder Leben in sie ein. Wo sie auch war, Herr Keno war bei ihr. Hoch aufgerichtet stand er zu Häupten Herrn Eberhards. Die Ruhe derer, die ein Leben zu Ende geführt haben, erfüllte durch ihn den Raum.

Es war nicht leicht, hier eine Stunde zu verharren. Wenn sie die Augen schloß, sah Foelke die sieben verhüllten Bahren und das weiße Haar Herrn Eberhards. Ohne Herrn Keno wäre sie erstarrt wie die Toten, das wußte sie.

"Ich möchte lange, lange leben", betete sie in ihrer Not. "Ich möchte nicht aus dem Leben hinweggerissen werden. Ich möchte es zu Ende leben dürfen. Ich möchte einmal ruhig fortgehen dürfen ... Ich ..."

Sie fuhr zusammen. Sie hörte wieder den Harnisch rasseln, das Schwert klirren, schwere, feste Schritte durch den Raum hallen.

Mühsam erhob sie sich und tastete sich an der Wand entlang zu der Tür, die in den Nebenraum führte. Durch deren offenen Spalt flutete Licht in die dunkle Totenhalle.

Als sie in die große Stube eintrat, die neben der Totenkammer lag, sah Foelkeldis, daß man auch hier Bretterbahren aufgestellt hatte, auf denen Männer lagen. Mehrere Frauen machten sich bei ihnen zu schaffen. Es waren Verwundete aus den Nachbardörfern Westeel und Bargerbur, auch ein Mann aus Hage lag hier, wie sie hörte. Die Männer warteten, bis man sie nach Hause holen und dort gesundpflegen würde.

Foelkeldis trat an die Bahre, neben der Herr Keno stand.

"Statt meiner liegst du hier, Ago Tantekana", hörte sie ihn sagen. "Ohne dich hätte mich heute nacht eines Friesen Schwert erschlagen."

"Ihr dürft dies nicht zu schwer nehmen, Keno Hilmersna", tröstete der Verwundete mit leiser, gütiger Stimme. "Er hat nicht Euch, sondern den Häuptling in Euch treffen wollen. Ihr wißt, daß es hier seit langer Zeit Bürger gibt, die sich gegen die Häuptlingsherrschaft wehren. Sie träumen von den Zeiten", sagte Ago mit schmerzlich verzogenem Gesicht, indem er versuchte, den Arm zu verlegen, "in denen die Friesen am Dienstag nach Pfingsten auf dem Upstallsboom zusammenkamen und gemeinsam Streit schlichteten und Untaten straften."

Herr Keno setzte sich zu dem Mann an den Rand der Bahre und zog Foelkeldis auf einen niedrigen Rohrstuhl, der in der Nähe frei war. Trotz der vielen Menschen war es still in dem Raum. Die Frauen liefen hin und her, sprachen leise mit den Verwundeten und gaben ihnen etwas Stärkendes zu trinken. Die Männer aber suchten mit den Blicken Keno Hilmersna, der in der Nacht zu ihnen geeilt war, und dessen gewaltige Überlegenheit so gut zur Flucht der Bremer beigetragen hatte wie sein langes Schwert.

Herr Keno blickte von einem zum andern.

"Ago spricht recht", sagte er, "sie träumen. Sie träumen von einer Vergangenheit, deren Formen keine Kraft mehr haben. Sie träumen von einer Zukunft, für die es noch zu früh ist. Vor zweihundert Jahren war der Landfriedensbund die neue Form. Unser Land war Grafen unterstellt, die kein Wohlgefallen an dem Leben in dem nassen, stürmischen Seeland fanden, wohl aber ihre Einkünfte rechtzeitig einholten. Da jene Grafen nicht zur Rechtsprechung erschienen, mußten unsere Väter sich selbst helfen. Damals entstand der Landfriedensbund, und auf dem Upstallsboom wurde Recht gesprochen. Aber es ist lange her, Freunde. Schön wäre es, wenn auch wir heute vom Flie bis an die Weser Abgesandte entsenden könnten zu gemeinsamer Rechtsprechung. Aber Ihr wißt so gut wie ich, daß der Bund längst seine Kraft verloren hat. Groningen ist nicht die einzige Stadt geblieben, die denen, die von unsern Geschworenen verurteilt waren, doch zum Siege verholfen hat. Einzig und allein der Dekan Sicko von Farmsum hat den Streit beendet - gewiß nicht, weil er Dekan, sondern weil er ein starker Führer war ... Hast du Schmerzen, Ago?" unterbrach sich Herr Keno, den dick verbundenen Arm des vor ihm Liegenden leise streichelnd.

"Mir ist, als würde mein Arm greiflahm bleiben", sagte der Mann. "Aber es ist der linke, und Witbrandus ist alt genug, den Hof zu führen. Einmal verliert eben das Alte seine Kraft", lächelte er, "Ihr habt es soeben selbst gesagt, Burgherr."

"Die Volksherrschaft setzt reife Menschen und ruhige Zeiten voraus", fuhr Herr Keno fort. "An beidem besteht großer Mangel."

Nun mischte sich ein anderer Verwundeter in das Gespräch.

"Viele im Norderland berufen sich darauf, daß es den Friesen vom Westergo einmal gelungen sei, den Landfriedensbund wieder lebendig zu machen. Sie wollen nicht nachlassen, sagen sie, das gleiche zu erreichen." Herr Keno lächelte.

"Es ist wahr", sagte er, "daß der erneute Bund eine Weile wieder bestanden hat. Er war gegen den Grafen von Holland gerichtet; daher kam es."

"Das wissen wir alle, Herr", sagte ein älterer Mann, der mit Keno tom Broek gegen Holland gekämpft hatte.

"Der Bund hat auch einen Streit geschlichtet zwischen Rüstringern und Bremern", fiel Ago Tantekana leise ein. "Davon sprachen heute nacht Rembod und Aybo. Der Landfriedensbund würde rechtzeitig diesen Streit mit den Bremern beigelegt, und dann würden die Städter nicht diesen nächtlichen Überfall gewagt haben, wohingegen die Häuptlinge -"

"So also war es", sagte Keno tom Broek langsam. "Die Häuptlinge haben in der Tat nicht verstanden, diesen Streit rechtzeitig beizulegen." Er stand auf und ging von einem Bett zum andern.

"Da liegt ihr nun und habt euch für Häuptlinge geschlagen."

"So wissen wir doch, für w e n wir verwundet wurden", antwortete einer.

"Weder Herr Eberhard noch Herr Louwert waren je anders als gut zu uns", sagte sein Nachbar.

"Sie haben heute nacht erfahren, daß Häuptlinge sich zu wehren wissen." Bewundernd sah der Sprecher zu Herrn Keno auf. "Und daß wir mit eurer Treue rechnen können", ergänzte dieser.

Seine Brust weitete sich.

"Die Treue des Volkes - Enkeln und Urenkeln möchte ich dieses Erbe hinterlassen. Und wenn einmal der Tag kommt, an dem Häuptlinge und Länder sich zu einem gewaltigen Bund vereinen können, der wieder Kraft in sich birgt und die Friesen eint, so wird, wer ihn auch führen mag, auf diese Eine - Treue angewiesen sein ... Du", wandte er sich plötzlich an Foelkeldis, "du Foelke Kampana, bist jung genug, diesen Tag noch zu erleben. Vergiß die Treue nicht! Seid alle treu ..."

Auf dem Burghof hatten sich inzwischen viele Menschen versammelt. Die Angehörigen der Gefallenen waren gekommen.

Herr Keno öffnete die Tür und sah die Schar wartend unter der Burglinde stehen. Jetzt trat, tief verschleiert, Herrn Eberhards Gemahlin zu ihnen, und nun konnte die Klage beginnen.

Frau Ita Itzinga schritt allen voran in die Stube, in der die Verwundeten lagen. Der Burgfrau folgten ihre Kinder, zwei Edelleute, die einen Stab trugen, und viele bäurisch gekleidete Männer und Frauen.

Ita Itzinga ging von einer Bahre zur andern. Dann lehnte sie sich mit dem Rücken gegen die Tür der Totenhalle, so daß alle Verwundeten sie sehen konnten, und sprach:

"Ihr Männer aus dem Norder- und Broekmerland habt heute nacht für uns gekämpft. Du, Ago Tantekana, hast mit deinem Sohne das Geläut der Klosterglocke vernommen und bist zu uns geeilt. Ihr alle wißt, was sich in dieser Sommernacht zugetragen hat. Zwischen unsere Gäste, mit denen wir froh sein wollten, mischten sich verkleidete Fremde, die schwer bewaffnet waren. Und ehe mein Gemahl sie mit dem Schwerte züchtigen konnte -" Sie hielt inne. "Als ihr, Leute von der Burg und aus den Nachbardörfern, Eberhard Itzinga umsinken saht, habt ihr erschlagen, was euch vor die Faust kam. Dafür danke ich euch. Wie diese Fehde mit den Bremern und Hadelern, die auch dabei waren, geregelt werden soll, das werden die Freunde meines Gemahls bestimmen. Ihr aber zeiget jetzt eure Wunden den Richtern, damit nachdem zu Recht gebüßet werde, was euch angetan ist."

Die Frauen waren den Richtern behilflich, die Wunden zu entblößen. Ein Mönch, der während der Nacht auf seiten der Häuptlinge gesehen worden war, schrieb die zuständigen Bußen, die der Richter ihm nannte, auf eine Pergamentrolle.

"Aber du brauchst nur die anzumerken, die erst nach Ablauf der Heilung festgestellt werden können", wandte sich der Richter an den eifrig schreibenden Dominikaner. Zu diesen Bußen gehörte auch die hammerlahme Hand Ago Tantekanas.

Als alle Wunden begutachtet und mit frischem Leinen neu verbunden waren, ging Ita Itzinga den Verwandten der Ermordeten voran in die Totenhalle, damit, wie es das achte Landrecht verlangte, den Richtern die Wunden der Toten gezeigt würden.

Foelkeldis folgte wie im Traum. Ihr war übel geworden bei dem Geruch und dem Anblick des Blutes, und schauriger, dachte sie, konnte es selbst bei den Toten nicht sein. Sie hätte auch nicht die Kraft gefunden, sich jetzt allein aus dieser Gemeinschaft, in die sie wider ihren Willen hineinbezogen worden war, zu lösen.

Die Verwandten stellten sich hinter die Leichen, und der älteste der beiden Richter setzte wieder den Hut auf, nahm den Stab in die Hand und begann mit feierlicher Stimme die Worte des Landrechts zu verlesen:

"Das ist auch friesisches Recht: wenn ein Richter an einem Leichnam eine Wunde oder ein anderes Zeichen findet, wovon er zu Tode gekommen ist, so soll des Toten nächster Verwandter den Mörder angeben und anklagen über das offene Grab."

Als nun die Laken hochgehoben wurden, damit vor Gericht entschieden werden könne, schrien die Menschen laut auf. Der

Kindeskindern ein Leben lang in die Augen sehen solle. Jetzt wolle er kämpfen, wie es sich für einen Mann gebühre.

Der Rat, den der Burgherr ihm nun gab, erschien Luert etwas priesterlich. Aber er mußte sich wohl oder übel entschließen, barfuß und im härenen Gewande vor die Erben des Erschlagenen zu treten und sich das Schwert zum Zeichen bildlicher Hinrichtung auf den Hals legen zu lassen. Danach hatte er dann das Wergeld zu bezahlen. War es eine schimpfliche Art zu büßen, so war damit wenigstens diese Sache so weit aus der Welt, daß er als freier Friese mit den andern ins Hadelerland ziehen konnte. Besonnene Männer, die nicht von vornherein jedem Kriege zujubelten, verließen sich auf Keno tom Broek, der gewiß nach bestem Vermögen zu einem guten Ende führen würde, was so lange zwischen den Weserleuten und den Friesen gestanden hatte. Mochte daraus nun entstehen, was wollte, Herr Keno tat sein Bestes, zum Frieden beizutragen, das wußten alle.

Auf alle Fälle aber blieb jetzt als nächste Aufgabe, noch sorgfältiger als sonst die Ernte in die Scheuern zu holen. Davon mußten Mensch und Tier ein Jahr lang leben, und niemand wußte, wie im kommenden Frühjahr die Felder bestellt werden könnten.

Auch Kampo Habbena achtete mit besonderem Fleiß auf das Einholen des Getreides. Der Roggen sollte dicht, fest und sauber geordnet aufeinanderliegen. Das war der beste Schutz gegen die Mäuse, unter denen man in den letzten Jahren recht empfindlich zu leiden hatte. Sie fraßen Korn und Vorräte, verunreinigten Küche und Keller, jagten nachts durch das Stroh der Butzen, um ein letztes Körnlein zu erhaschen, und wühlten in den Deichen. Bruder Ägidius hatte von Giftpflanzen gesprochen, mit denen man ihnen zu Leibe rücken sollte. Dies aber erschien Gyla heimtückisch. Sie verließ sich lieber auf ihre Katzen.

Kampo war von morgens bis abends unterwegs. Das Korn, das zuerst gedroschen werden sollte, mußte beiseite gelegt werden. Er wollte Ihmo, falls es zum Kriege kommen würde, mitnehmen. Die jüngeren Knechte aber hatten sich bislang auf diesen verlassen, der gut eingearbeitet war, und mußten nun vieles in den Kopf nehmen, was ihnen nicht geläufig war. Flachs und Hanf sollte schnell eingebracht und der Flachs, nachdem er gen konnte -" Sie hielt inne. "Als ihr, Leute von der Burg und aus den Nachbardörfern, Eberhard Itzinga umsinken saht, habt ihr erschlagen, was euch vor die Faust kam. Dafür danke ich euch. Wie diese Fehde mit den Bremern und Hadelern, die auch dabei waren, geregelt werden soll, das werden die Freunde meines Gemahls bestimmen. Ihr aber zeiget jetzt eure Wunden den Richtern, damit nachdem zu Recht gebüßet werde, was euch angetan ist."

Die Frauen waren den Richtern behilflich, die Wunden zu entblößen. Ein Mönch, der während der Nacht auf seiten der Häuptlinge gesehen worden war, schrieb die zuständigen Bußen, die der Richter ihm nannte, auf eine Pergamentrolle.

"Aber du brauchst nur die anzumerken, die erst nach Ablauf der Heilung festgestellt werden können", wandte sich der Richter an den eifrig schreibenden Dominikaner. Zu diesen Bußen gehörte auch die hammerlahme Hand Ago Tantekanas.

Als alle Wunden begutachtet und mit frischem Leinen neu verbunden waren, ging Ita Itzinga den Verwandten der Ermordeten voran in die Totenhalle, damit, wie es das achte Landrecht verlangte, den Richtern die Wunden der Toten gezeigt würden.

Foelkeldis folgte wie im Traum. Ihr war übel geworden bei dem Geruch und dem Anblick des Blutes, und schauriger, dachte sie, konnte es selbst bei den Toten nicht sein. Sie hätte auch nicht die Kraft gefunden, sich jetzt allein aus dieser Gemeinschaft, in die sie wider ihren Willen hineinbezogen worden war, zu lösen.

Die Verwandten stellten sich hinter die Leichen, und der älteste der beiden Richter setzte wieder den Hut auf, nahm den Stab in die Hand und begann mit feierlicher Stimme die Worte des Landrechts zu verlesen:

"Das ist auch friesisches Recht: wenn ein Richter an einem Leichnam eine Wunde oder ein anderes Zeichen findet, wovon er zu Tode gekommen ist, so soll des Toten nächster Verwandter den Mörder angeben und anklagen über das offene Grab."

Als nun die Laken hochgehoben wurden, damit vor Gericht entschieden werden könne, schrien die Menschen laut auf. Der

Richter ging von Bahre zu Bahre, stellte richterlich fest, daß jeder dieser Toten durch Mord umgekommen war, und forderte die Verwandten auf, zu klagen, wie ihr gutes Recht sei.

"Und so wie hier an der Bahre, werdet ihr klagen an dem Sarge und am offenen Grabe."

Alle erhoben die rechte Hand, und schauerlich gellte ihr "Wrake" durch die Totenhalle.

Dann deckten sie die weißen Laken über die entseelten Körper und verließen den Raum. Sie hatten vor dem Stabe des Richters geklagt, und Gott hatte es gehört.

Bevor sie heimgingen, versammelte Keno tom Broek die Trauernden auf dem Burgplatz um sich und sprach zu ihnen:

"Ihr habt geklagt, wie friesisches Recht vorschreibt, um den Tod eurer Verwandten, und Gott und der Richter haben eure Klage gehört. Ihr wißt, daß friesisches Recht auf der Wiedervergeltung beruht. Gleichwohl will ich als Freund Eberhard Itzingas, als Zeuge eurer Klage und als Häuptling des Broekmerlandes versuchen, einen Vergleich mit den Bremern herbeizuführen. Aber euch, denen die Hand hammerlahm, der Fuß streichlahm, der Arm greiflahm gemacht wurde, euch soll Gerechtigkeit widerfahren, so wahr ich vor euch stehe. Ich will versuchen, volle Sühne für euch zu erlangen, und sonst, dies schwöre ich euch, werden die Feuerzeichen brennen in friesischen Landen, und ich selbst führe euch gen Osten und verlange Sühne für meinen besten Freund und euch. Und nun tragt diese Männer auf eure Wagen und bringt sie heimwärts, unterdrückt jegliche Uneinigkeit und gedenket der Toten im Gebet."

Als alle gegangen waren, nahm Keno tom Broek Foelkeldis an die Hand und ging mit ihr zur Burgfrau.

"Ihr wollt doch nicht gehen, Keno Hilmersna?" fragte diese traurig.

"Ich würde Euch nicht in diesem Augenblick verlassen, Ita Itzinga, wenn ich nicht Sorge um diese mir anvertraute Jungfrau hätte. Es ist Kampo Habbenas Tochter und mir lieb wie ein eigen Kind. Ihr müßt nun stark sein", fügte er leise hinzu, "auf Euch sehen die andern Frauen."

"Ich bin alt", sagte Ita Itzinga still. "Ich kann es erwarten, bis Gott mich heimruft. Der einsame Weg wird nur kurz sein."

Foelkeldis war, als kämen diese Worte aus einer andern Welt als jener, in der sie sich bislang aufgehalten hatte. Sie starrte der alten Edelfrau in das milde, gütige Gesicht. Dann verneigte sie sich tief. Sie war voller Bewunderung für Herrn Eberhards Gemahlin und konnte doch nicht verstehen, daß kein Groll in deren Worten war. Hatte sie ihren Gemahl nicht geliebt? Sie selbst -, oh, Foelke dachte wieder an Kriemhild. Wilder Haß würde sie erfüllen.

Als Herr Keno mit großen Schritten auf den Stall zuging, sprang ein Knecht herbei und fragte ihn nach seinem Begehr.

"Unsere Pferde", befahl Keno tom Broek und ritt gleich darauf mit Foelkeldis über die Brücken und durch die Stadt.

Am Hafen hielt er sein Pferd an. Dieser Hafen war Eberhard Itzingas Werk. Er hatte ihn ausgebaut und für ständige Aufsicht gesorgt, damit die Gebühren entrichtet würden, Verunreinigungen unterblieben und die Schiffer vorsichtig wären im Umgang mit Licht und Feuer. Und alle Aufsicht hatte nicht vermocht, eine Landung der Bremer Räuber zu verhindern. Mit kleinen Kähnen mußten diese sich hergerudert haben, aber es waren wahrhaftig nicht viele auf die draußen liegenden Schiffe zurückgekommen.

Als sie außerhalb Nordens waren und die Türme Ost- und Westeels näherrückten, sagte Keno tom Broek:

"Du hast viel gesehen und gehört, was ich dir gern erspart hätte. Auch du hast es dir wohl anders gedacht. Nun mußt du glauben, daß es zu deinem Schicksal gehört, dieses Ungewöhnliche in so früher Jugend zu erleben."

Er holte tief Atem und sah Foelkeldis an, die bleich neben ihm herritt.

"Von den Menschen, denen viel zugemutet wird, wird auch viel verlangt", fuhr Herr Keno dann fort. "Du mußt nun die Kraft finden heimzureiten und deinem Vater von dieser Sache zu berichten. Und du mußt ihm sagen, daß er sich bereit halten soll, mit mir gen Osten zu ziehen. Ich glaube nicht, daß sich dieser Streit gütlich beilegen läßt. Willst du ihm dies sagen?" fragte er weicher.

Foelkeldis biß die Zähne aufeinander. Sie fand kein Wort. Sie selbst mußte ihrem Vater diese Botschaft überbringen? Wer sagte ihr, dachte sie plötzlich, daß er im Kriege nicht auch so wie Herr Eberhard ...

"Der Rachezug wird noch mehr Blut kosten", preßte sie schließlich hervor.

"Durch ihn wird dann weiteres Blutvergießen vermieden werden", tröstete Herr Keno. "Ich weiß, daß du tapfer sein wirst. Du mußt nun ganz auf meine Seite treten, Foelke Kampana."

7.

Der Überfall auf die Itzingaburg erregte die Menschen im ganzen sechsten Seeland stark. Herr Eberhard war weit und breit wohl angesehen, und jedermann wußte, daß das Geschlecht der Itzingas seit Jahrhunderten mit der Geschichte Frieslands verbunden war. An eine leichte Beilegung dieser Fehde vermochte man nicht zu glauben, denn allzulange schon gab es Widerwärtigkeiten mit dem Volk an der Weser, die niemals richtig ausgetragen worden waren. Die Broekmerländer waren unruhig wie die Tiere vor dem Wetterwechsel. Manche wollten wissen, Herr Eberhard sei nicht eben zahm mit den Bremer Koggen verfahren, die er in den letzten Jahren in der Leybucht angetroffen habe. Ja, man sprach von übertriebenen Hafengebühren, die er verlangt, und sogar von Kapergeschäften, die er gemacht haben sollte. Die meisten lachten darüber und gönnten dies den reichen Bremer Kaufleuten, die auch schon manches Friesenschiff in ihren Hafen geschleppt hatten.

Die Jungen freuten sich, unter Herrn Kenos Führung in ein fremdes Land zu ziehen. Sie hofften, daß eine Beilegung der Streitigkeiten mißlingen würde. Einer der ersten, der zu Herrn Keno kam und seiner Freude auf den Krieg Ausdruck verlieh, war Luert Emmena. Er sprach wieder von Imel und erinnerte Herrn Keno an Imels Prophezeiung, daß sein, Luert, und Sibbelt Aggenas Kampfplatz größer als dreiundvierzig Fuß im Geviert sein würde.

"Wenn du teilnehmen willst", sagte Herr Keno, "so rate ich dir, das Volksgericht nicht abzuwarten, sondern Boros Witwe persönliche Buße zu gewähren."

Des sei er Sinnes, antwortete Luert. Er wolle seine Angelegenheiten in der Heimat ordnen, bevor er außer Landes gehe. Wenn er auch manchen Streit ausgefochten habe, so sei es doch das erstemal, daß ein Mensch von ihm erschlagen worden sei. Er könne sich aber nicht vorstellen, wie er Boros Kindern und

Kindeskindern ein Leben lang in die Augen sehen solle. Jetzt wolle er kämpfen, wie es sich für einen Mann gebühre.

Der Rat, den der Burgherr ihm nun gab, erschien Luert etwas priesterlich. Aber er mußte sich wohl oder übel entschließen, barfuß und im härenen Gewande vor die Erben des Erschlagenen zu treten und sich das Schwert zum Zeichen bildlicher Hinrichtung auf den Hals legen zu lassen. Danach hatte er dann das Wergeld zu bezahlen. War es eine schimpfliche Art zu büßen, so war damit wenigstens diese Sache so weit aus der Welt, daß er als freier Friese mit den andern ins Hadelerland ziehen konnte. Besonnene Männer, die nicht von vornherein jedem Kriege zujubelten, verließen sich auf Keno tom Broek, der gewiß nach bestem Vermögen zu einem guten Ende führen würde, was so lange zwischen den Weserleuten und den Friesen gestanden hatte. Mochte daraus nun entstehen, was wollte, Herr Keno tat sein Bestes, zum Frieden beizutragen, das wußten alle.

Auf alle Fälle aber blieb jetzt als nächste Aufgabe, noch sorgfältiger als sonst die Ernte in die Scheuern zu holen. Davon mußten Mensch und Tier ein Jahr lang leben, und niemand wußte, wie im kommenden Frühjahr die Felder bestellt werden könnten.

Auch Kampo Habbena achtete mit besonderem Fleiß auf das Einholen des Getreides. Der Roggen sollte dicht, fest und sauber geordnet aufeinanderliegen. Das war der beste Schutz gegen die Mäuse, unter denen man in den letzten Jahren recht empfindlich zu leiden hatte. Sie fraßen Korn und Vorräte, verunreinigten Küche und Keller, jagten nachts durch das Stroh der Butzen, um ein letztes Körnlein zu erhaschen, und wühlten in den Deichen. Bruder Ägidius hatte von Giftpflanzen gesprochen, mit denen man ihnen zu Leibe rücken sollte. Dies aber erschien Gyla heimtückisch. Sie verließ sich lieber auf ihre Katzen.

Kampo war von morgens bis abends unterwegs. Das Korn, das zuerst gedroschen werden sollte, mußte beiseite gelegt werden. Er wollte Ihmo, falls es zum Kriege kommen würde, mitnehmen. Die jüngeren Knechte aber hatten sich bislang auf diesen verlassen, der gut eingearbeitet war, und mußten nun vieles in den Kopf nehmen, was ihnen nicht geläufig war. Flachs und Hanf sollte schnell eingebracht und der Flachs, nachdem er gebrochen, auf Tau gelegt werden. Kampo mußte selber dabeistehen, damit geschah, was er wollte, und damit sie begriffen, was sie zu tun hatten, wenn er fort war.

Foelke war längst wieder daheim, aber sie hatte noch wenig erzählt außer der Tatsache, daß der Überfall geschehen und daß eine Fehde wahrscheinlich ausgetragen werden müsse. Kampo möge sich bereit halten, ließe Herr Keno ihm sagen.

An einem der ersten Tage nach ihrer Heimkehr hatte Foelke plötzlich ihn und Gyla gebeten, nach Ostersander reiten und den kleinen Witzeld holen zu dürfen. Es war ein seltsamer Zufall gewesen, dachte Kampo, daß sie auf ihrem letzten Ritt ins Broekmerland wieder dies stille Kind getroffen hatten. Auch er mochte den Burschen wohl leiden, und er wunderte sich immer wieder, wie schnell dieser begriff, was Foelkeldis ihn lehrte. Er sah ihr die Tischsitten ab, und er ritt wie ein Burgkind, denn Foelkeldis wollte ihn gern mit nach Thedingen nehmen, wenn man Tetta als Novize dorthin brächte. Am liebsten spielte sie mit dem Kinde im gelben Sand. Sie war selber wieder ein Kind geworden, dachte Kampo bisweilen, wenn er ihren dunklen Kopf neben dem hellblonden Witzelds auf dem Sandhaufen am Wege entdeckte. Als er einmal hinzutrat, bemerkte er, daß Foelke absichtlich des andern Fehler übersah. So übersah sie auch, was Witzeld an gutem Benehmen noch fehlte, und ohne daß er sich verbessert fühlte, machte sie ihm gelegentlich richtig vor, was er lernen mußte. Mit Tetta war sie nicht so nachsichtig verfahren. Aber freilich, die beiden Mädchen waren fast gleichaltrig, sagte sich Kampo, da war es weniger leicht, Frieden zu halten.

Wenn Foelkeldis nicht mit dem Kind spielte oder es Reitkunststücke lehrte, erschien sie Kampo müde und allzu nachdenklich, und er gönnte ihr das stille, kindliche Spiel mit Witzeld, damit ihre Seele sich wiederfände und gesunde. Vielleicht hatte seine Foelke Einblick getan in Zusammenhänge, die ihr als Ganzes noch unentwirrbar blieben.

Er wollte sie nicht durch Fragen bedrängen. Er sah, wie dankbar sie es empfand, in Ruhe gelassen und nicht ausgefragt zu werden. Er war sich ganz sicher, daß sie eines Tages wie sonst zu ihm finden und ihm einen Einblick in ihre Seele gewähren würde.

Abends wies er ihr, wie er oft getan, die Sterne. Witzeld liebte am meisten den Nordstern, "weil er immer bei uns ist und niemals wieder fortgeht", sagte er und preßte seinen blonden Kopf gegen Foelkeldis' Gesicht. Ja, bestätigte Kampo, der Nordstern sei schon da gewesen, als die Friesen mit Leif Erikson über den weiten Ozean gefahren seien in jenes Land, in dem es auch im Winter nicht gefroren habe, und in dem Palmen wüchsen. "Und wenn ihr alt seid, Foelke und du, wird immer noch der Nordstern über euch an der gleichen Stelle stehen."

Bald schickte er Foelke und Witzeld mit Tetta auf das Feld und ließ sie die Tiere in die Stoppeln treiben. Mager sollte das Vieh nicht in den Winter. "Was klein in den Winter kommt, bleibt klein", war Kampos Meinung.

Zu seiner großen Freude war Foelke jetzt auch lieber bei ihrer Mutter als früher. Sie und Witzeld packten mit Gyla Wintervorrat an Eiern in Häckerling, salzten Butter ein, sammelten Wacholderbeeren, die Gyla zum Ausräuchern der Butzen gebrauchte, wenn eine Halskrankheit im Dorf wütete oder jemand an der furchtbaren Brustkrankheit gestorben war, die alles Blut des Leibes aus dem Munde herausjagte. Foelkeldis brachte die Zukost, auf die man im Winter angewiesen war, in Beuteln herbei, und die Grütze von Hafer, Gerste und Buchweizen lag bald wohl geordnet in einer Bank mit vielen Fächern in der Winterstube. Gyla lehrte ihre Tochter Baldrian, Heide und Schierling sammeln und erzählte, wozu sie die Pflanzen verwenden wolle. An den Wegrändern blühten jetzt vor allem Kamillen, die die Kinder eifrig pflückten. Wunderkräfte ruhten in den Pflanzen, rühmte Gyla, und ihr Herz schwoll vor Glück, als Foelke einmal zärtlich sagte, es gelüste sie zu lernen, was die Mutter wisse und wie man die Menschen von aller Not heilen könne.

Aus solchen Worten entnahm Gyla, wie sehr ihre Tochter gelitten haben und was sie in Norden mit angesehen haben mußte. Ein starkes Empfinden und ein scharfer Verstand waren Foelke immer eigen gewesen; den stillen Willen zum Heilen hatte sie bislang noch nicht an diesem leidenschaftlichen Kinde bemerkt.

Als mit dem Ägidiustage der September einzog und die Hirsche in den Geestwäldern um Aurich zu schreien begannen, hatte das Geestland zum drittenmal unter dem Pflug geseufzt. Bald nach dem Bartholomäustage begann man im allgemeinen mit der Wintersaat.

Kampo gab den Knechten, was sie nun wieder in die Erde legen sollten.

"Man darf nicht alles behalten, was die Erde einem schenkt", sagte er zu Foelke und Witzeld, die ihm zusahen, und wußte nicht, warum ihm plötzlich wieder diese Bremer Fehde einfiel. Gott nahm einen Teil der Ernte und auch der Menschen wieder zu sich. Die besten Körner behielt der Landmann zur Wintersaat - nahm Gott auch die besten Menschen, wenn er im Kriege große Ernte hielt?

Kampo Habbena befiel oft die Ungeduld, wenn er an Ocko tom Broek dachte. Herrn Harcos Brief, das hatte er kürzlich von Elborg in Valdern erfahren, war endlich unterwegs. Man hatte ihn zunächst einem Mormerländer mitgeben wollen, aber als es sich erwies, daß dieser wie viele Friesen nach San Jago in Spanien statt nach Rom wallfahren wollte, im Harlingerland einen Pilger gefunden, der den Brief besorgen konnte. Er reiste zwar auch nicht nach Neapel, sondern nach Rom, wo sein Bruder bereits in der Friesenkolonie Borgo San Spirito wohnte und wo auch ein friesisches Pilgerhospital war. Wann der Brief endlich in Ockos Hand sein würde, war freilich nicht abzusehen. Er, Kampo, hatte einmal gehört, daß viele Friesen Rom verlassen hätten, weil die Päpste in Avignon residierten. Man erfuhr wenig Genaues. Im stillen war Kampo der Meinung, daß Ocko auch ohne Brief allmählich heimkehren müßte, denn er wußte, wie alt sein Vater war. Freilich stand dem, wie auch Imel gesagt hatte, gegenüber, daß Imel Erbe von Burg Broke war. So mochte Ocko sich der Heimat gegenüber weniger verpflichtet fühlen.

Sechs Jahre Leben in der Fremde aber wandelten den Menschen. Wie mochte Ocko tom Broek einmal heimkehren -. Seltsames hatte man mit Menschen erlebt, deren Sehnsucht jahraus, jahrein gewesen war, endlich wieder den Boden der Heimat zu betreten, ihre Wiesen und Deiche wiederzusehen. Und wenn die dann den heiteren, warmen Süden gegen das nasse, stürmische Land an der Friesischen See vertauscht hatten, dann froren sie, und nie verließ sie die Sehnsucht nach Licht und Wärme.

So rückte der Michaelstag heran, an dem in den Klöstern die Aufnahme der Novizen stattzufinden pflegte.

Daß Tetta nun endgültig die Burg verlassen sollte, lastete mehr auf Foelkeldis, als sie noch vor wenigen Wochen zugegeben hätte. Sie mochte sich nicht ausdenken, wie es sein würde, wenn sie Nacht für Nacht allein in der tiefen Butze schlafen mußte. Ja, sie glaubte mitunter, daß sogar Tettas neugierige Fragen ihr fehlen würden.

Und ungeduldig wie nie zuvor erzählte sie Tetta immer wieder, wie der Dom von Sankt Marien inwendig aussähe, und daß von außen Erkertürme mit steilen, schmalen Steintreppen in sein Inneres führten. Wenn sie die Tierbilder am Fries genügend geschildert hatte, wollte Tetta wissen, welche Heiligen außer der Jungfrau Maria in Stein gehauen dort zu sehen seien, und dann sollte Foelkeldis Legenden von diesen Heiligen erzählen.

"Die kenne ich nicht", sagte sie schließlich etwas ungeduldig. "Du warst immer dabei, wenn Herr Aylco uns Legenden erzählte, und im Kloster wirst du mehr davon hören, als dir lieb sein wird."

Gyla weinte, als sie am Tage vor Sankt Michael die gesattelten Pferde im Burghof sah. Sie hing sehr an ihrer jüngsten Tochter, aber sie sah ein, daß das geistliche Leben für Tetta das richtige war, zumal sie selber es wünschte. Gyla und Kampo wollten sich in die Gebetsgemeinschaft des Klosters aufnehmen lassen, wenn Abt Fulko dieses genehmigte, damit sie teilhätten an der Gemeinschaft der Messen und Gebetsübungen, der Andachten und Wallfahrten, die von dem Kloster ausgingen, an denen ihr liebes Kind nun tätigen Anteil haben würde.

Aber als die Pferde über die Zugbrücke trabten, war Gyla zumute, als träfe jeder der dröhnenden Hufschläge ihr eigenes Herz. Mit zwei Kindern zogen sie heute aus, mit einem würden sie heimkehren - es sei denn, daß sie den kleinen, blonden Witzeld, der strahlend vor Erwartung neben Foelkeldis herritt, nun zu ihren Kindern zählen wollte. Ein zärtliches Gefühl für den kleinen Burschen wallte in ihr auf. Er sprach wenig, hielt sich vom Gesinde fern, war freundlich, wenn er jemand zur Hand gehen konnte, und riß die Augen schreckhaft auf, wenn ihn einer unvorsichtig nach seinem Zuhause fragte.

Der Herbsttag war von wunderbarer Milde. Die Ebereschen, an denen das Geestland überreich war, standen noch im Schmuck ihrer leuchtendroten Beeren. Farbenprächtig und lichtdurchlässig glühten Eichen und Birken. Viele Eicheln lagen auf den Wegen, da würde es wohl noch reichlich Schnee vor Weihnachten geben, dachte Gyla.

Sie hielt sich dicht neben ihrem Gemahl. Er war für sie das Feste, das Beständige. Ohne ihn würde alle Arbeit in Haus und Hof sinnlos werden. Er hatte geschafft vom Morgen bis zum Abend, und nun war das meiste Land für den Winter bereitet, frisch gepflügt und besät, und am Tage Mariä Geburt hatten die Priester es wie üblich geweiht. Nun war überall auf den Feldern ringsum die Saat den dunklen Tiefen der Erde und den lebenweckenden Strahlen der Sonne anvertraut.

"Jetzt muß Gott das Seinige dazutun", sagte Kampo, auf all die sauberen Felder blickend.

Er sah wenig Vieh mehr auf der Weide. In den letzten Nächten war schon reifiger Tau gefallen, der den Tieren Schaden brachte. Da hatten die Bauern sie wohl schon aufgestallt, wiewohl es am Tage noch milde und sonnig war.

Nun tauchten Türme auf, und Witzeld fragte erschrocken, ob der Ritt schon beendet und man schon in Thedingen sei. Aber es war Barthe. Tetta lachte. Kloster Barthe lag im unfruchtbarsten Sand des Seelandes, es war mit Thedingen gar nicht zu vergleichen. Und sie erzählte Witzeld, daß Barthe dem heiligen Nikolaus geweiht sei, der die friesischen Schiffer auf dem Meere beschütze.

Aber schließlich konnte Tetta Foelke und Witzeld auch die Türme Thedingens zeigen, das wie eine kleine Stadt anzusehen war, die eine hohe Mauer umschloß. Der Wächter hatte ins Horn gestoßen, und das Tor wurde geöffnet. Mit den Strackholter Burgleuten ritten viele andere ein. Laienschwestern brachten die Besucher zum Abthaus. Dieses lag an der Nordseite, nicht weit von der Kirche und war mit dieser durch einen Gang verbunden. In dem dunklen, großen Vorraum hatten sich schon viele Eltern mit ihren Töchtern eingefunden. Sie saßen auf Holzbänken an der Wand. Aber als Kampo nach einiger Zeit vorgelassen wurde, war ihm, als sei er der allererste, den Abt Fulko heute begrüßte, und als habe sich der Ehrwürdige Herr vornehmlich auf Kampo Habbena und dessen Familie gefreut.

Gyla schob die Mädchen und Witzeld vor sich her. Alle verneigten sich tief und küßten den Ring Herrn Fulkos.

"Ich habe bereits vernommen", wandte sich der Abt an Foelkeldis, "daß du besonders lernbegierig bist. Da wirst du das Lateinische bald so gut sprechen wie das Friesische."

Als Foelkeldis ihn fassungslos anstarrte, begann Kampo zu lachen, und erlöst stimmten Gyla und Tetta ein.

"Nehmt diese statt unserer Foelke, Hochwürdiger Herr", sagte Kampo und schob Tetta vor. Abt Fulko lachte auch über seinen Irrtum und strich dabei Witzeld über das Haar. Dann wies er allen freundlich einen Platz an, sprach mit Kampo und Gyla über die Ernte des Jahres und regelte mit ihnen die Frage der Gebühren für die Aufnahme Tettas.

Kampo schenkte dem Kloster zwanzig rheinische Gulden, ein Meßgewand und einen goldenen Kelch für den Altardienst, zwei Schlachtochsen und eine geldliche Beihilfe, damit ein armes Kind der Klostererziehung teilhaftig werden könne, sofern es auf diesem Weg Gott suchen wolle.

Danach bat Kampo, mit seinem Weibe und seiner Tochter Foelkeldis in die Klostergemeinschaft aufgenommen zu werden, "damit wir uns beständig verbunden wissen in allem Guten mit unserem Kinde und Euch", sagte er.

Während der Schreiber dieses zu Papier brachte, sah der Burgherr von Strackholt forschend in das Gesicht des Abtes. Viel mehr als das vorgeschriebene Alter von dreißig Jahren mochte dieser kaum haben. Man sprach davon, daß er die Weihen besonders früh erhalten habe, weil er sich auszeichne durch große Frömmigkeit und politische Klugheit. Abt Fulko war noch nicht lange im Lande. Der Benediktinerorden hatte viele kluge Männer in seinen Reihen, einer der klügsten sollte Fulko von Thedingen sein, hatte Ägidius gehört.

"Du meinst, ich reiche nicht an deine Lebenserfahrung heran", sagte Herr Fulko freundlich, "und damit hast du sicherlich recht, Kampo von Strackholt. Aber sind wir nicht alle auf Gottes Gnade und die Gebete und guten Gedanken unserer Mitmenschen angewiesen - auch wir Priester?"

Kampo Habbena wich ein wenig zurück, als er sich so klar durchschaut sah. Aber das freimütige Wort gab ihm den Mut, auch seine letzte Bitte auszusprechen:

"Das sind wir, Hochwürdiger Herr", bestätigte er, "ob wir nun lebendig oder tot sind. Ihr habt gewiß von der bevorstehenden Fehde mit den Bremern gehört. Ich habe einiges zu ordnen, bevor ich wieder den Harnisch anlege. Denn man weiß wohl, wie man in ihn hineinsteigt, nicht aber, ob man selbst ihn sich ausziehen wird. Wollet - wenn mir dies letztere nicht vergönnt sein sollte - Seelenmessen für mich lesen lassen, und, da ich dann wieder mit ihnen vereint bin, auch für meine Eltern. Ich vermache dem Kloster zehn Grasen Landes dafür, die ich in der Nähe von Hinte besitze - sofern das überhaupt ein Dank sein kann für Hilfe, welche Verstorbenen zuteil wird."

"Es sei ein Zeichen deines Dankes", sagte der Abt freundlich. "Wenn ich recht unterrichtet worden bin, hängt diese Fehde eng mit dem Überfall auf der Itzingaburg zusammen. Du bist mit Keno tom Broek befreundet. Weißt du, daß er um ein weniges erschlagen worden wäre?"

Kampo fuhr zurück. Das war ihm neu. Er sah zu Foelke hinüber, die Witzeld auf den Schoß genommen und an sich gepreßt hatte. Ihre Augen waren voller Angst. Nun, die Zeit würde kommen, wo sie ihm von diesen Geschehnissen erzählte. Denn daß sie davon wußte, das sah Kampo jetzt.

"Die Dominikaner sind merkwürdige Menschen", sagte Herr Fulko mit feinem, fast spöttischem Lächeln. "Wie oft haben sie nun ihr Kloster zu befestigen erlaubt, um die zu bekämpfen, die sie ins Land holten."

"Diesmal nicht, Hochwürdiger Herr", fiel da Foelkeldis ein. "Niemand hat sich des Klosters bemächtigt. Nur die Itzingaburg ist belagert worden. Die Mönche haben sich nicht gegen Herrn Eberhard gestellt. Sie vermeiden Streitigkeiten mit der

Bevölkerung, so habe ich gehört. Sie haben eingesehen, daß ein Kloster keine Festung sein darf."

Dem Abt mochten diese Worte gefallen. Er ging zu Foelkeldis und legte ihr die Hand auf den dunklen Kopf. Mit der andern streichelte er Witzeld wieder.

"Recht hast du", sagte er, liebevoll von einem zum andern sehend, "ein Kloster darf keine Festung sein. Es sei denn, daß es zum Nutzen der Kirche wäre."

Herr Fulko machte der Laienschwester, die in der Nähe der Tür stehen geblieben war, ein Zeichen. Lautlos öffnete diese die Tür. Kampo und seine Familie waren entlassen.

Neue Gäste traten ein und führten ihr Kind vor den Abt.

Schwester Brigita, die immer noch unhörbar neben den Leuten aus Strackholt auf dem dunklen Flur einherging, erbot sich, den Gästen die Klosteranlage zu zeigen, insonderheit auch die Räume, die für die Novizen bestimmt waren. Diese lägen nach Westen zu, sagte Schwester Brigita. Vom Klosterhof aus schien jetzt die Sonne in die oberen Fenster, hinter denen die Schlaf- und Eßräume der Novizen lägen. Man habe wieder nach alter Weise begonnen, Einzelzellen in den Klöstern einzuführen, aber Abt Fulko erlaube dies nur in Ausnahmefällen und niemals bei Novizen, die in den Gemeinschaftsgedanken des Klosterlebens erst hineinwachsen sollten.

Die Außenbezirke des Klosters erinnerten an die der Burg, fand Gyla. Im Küchen-, Brau-, Back- und Waschhaus roch es ähnlich wie daheim in Strackholt. Aus dem guten Bratengeruch, der der Küche entwich, schlossen Kampo und Gyla, daß im Kloster wohl allerlei überzählige Ferkel gewesen sein mochten, die nicht klein in den Winter sollten.

Als die Glocke die zwölfte Stunde schlug, wurden alle Gäste in das Refektorium geführt. Heute durften die Novizen noch in ihren gewöhnlichen Kleidern mitten unter den Ihren Platz nehmen.

Zunächst aber segnete der Abt das Essen. Er hatte den mit dem Ordenswappen bestickten Mantel über die Schulter gelegt und trug die Pontifikalabzeichen Stab, Ring und Mütze. Die Mädchen kamen aus dem Staunen über die Pracht und über die

Verschiedenheit und Buntheit der Kleider und Trachten nicht heraus. Foelkeldis aber konnte nur Freude darüber empfinden, daß sie selbst sich immer dagegen gewehrt hatte, geistlich zu werden. Nie würde Tetta nun wieder rote Friesentracht anlegen dürfen. Es war nicht auszudenken.

Lautlos wurde die Suppe aufgetragen, und Foelkeldis faßte Witzelds Händchen, damit es nicht versehentlich vor der Zeit nach dem runden, zinnernen Löffel greife. Längst nicht alle Mädchen, stellte sie bald fest, aßen ihre Suppe so geräuschlos und hielten sich beim Essen so gerade wie ihr kleiner Schützling. Sie war wirklich stolz auf das Kind. Kein Burgkind hätte sich besser benehmen können.

Bevor Laienschwestern die gefüllten Spanferkel, deren Duft den Strackholtern schon auf dem Hof in die Nase gestiegen war, auftrugen, wurde eine lange Geschichte aus der Legenda Aurea verlesen. Das Geklapper mit Tellern und Löffeln kam zur Ruhe, und alle vernahmen aus dem Munde einer dicken, gemütlich aussehenden Nonne, daß sich einst eine Jungfrau nicht habe genugtun können in Härte und Grausamkeit ihren Mitmenschen gegenüber. Da sandte Gott ihr furchtbares Unglück, damit sie dadurch besser würde. Aber der Teufel verhärtete ihr Herz nur noch mehr, so daß sie nicht einmal Mitleid mit dem Kinde hatte, das sie zur Welt brachte, und als es in späteren Jahren mit einem andern in Streit geriet, diesem den Rat gab, es zu erschlagen. Das geschah. Durch diese Schuld aber öffnete Gott ihr Herz, so daß endlich Reue und Demut darin einzogen. Die Jungfrau verübte nun viele gute Werke und nahm eine Anzahl fremder Kinder bei sich auf, um zu sühnen, was sie an ihrem eigenen verbrochen hatte. Alles, was diese ihr an Kummer verursachten, ertrug sie in bewundernswerter Geduld und lebte nun als Heilige in der Ewigkeit.

Foelkeldis mochte vor Grauen keinen Bissen von dem schönen Rückenstück des Spanferkels essen, das ihr nun die Tischschwester auf den Teller legte. Sie preßte fest Witzelds kleine Hand. Er war weiß geworden beim Anhören dieser Geschichte und hatte oft hilflos zu Foelke hingestarrt. Erzählt hatte er immer noch wenig aus seinem früheren Leben, aber nun merkte Foelkeldis, daß er wußte, wie Kindern zumute war, die nicht mit Liebe aufgezogen wurden. Sie selbst fand es so grausam, was da verlesen wurde, daß sie nicht begriff, wie jene dicke Nonne derartiges aussprechen mochte. Gewiß war sie gewohnt, täglich solche Geschichten zu verlesen. Sie beugte sich mit fettigem Gesicht über ihren Teller, wie Foelkeldis mit Ekel bemerkte, um gleich darauf ein Rippchen mit den Fingern in den Mund zu stecken.

"Gott steh dir bei", flüsterte Foelkeldis Tetta zu, "wenn du täglich so Furchtbares anhören mußt."

Tetta aber aß, als ihre Spannung durch den Ausgang der Erzählung befriedigt war, ruhig weiter und sagte tröstend:"Du mußt dir nicht soviel dabei denken, Foelke. Es ist ja alles gut geworden. Sie wurde ja doch eine Heilige."

Zum Schluß der Mahlzeit sang der Nonnenchor das Agnus Dei, und nach dem Segen wurden die Neulinge endlich der Kleidermeisterin vorgeführt, die sie einkleidete. Gyla wurde traurig, als sie ihr kleines Mädchen wiedersah. In solchem Gewande würde Tettas Herz fortan jubeln oder klagen, zerrissen und friedvoll sein, und selten würde sie, die Mutter, überhaupt etwas davon erfahren.

In dieser Nacht wurden die Eltern und Angehörigen der Novizen im Gästehaus des Klosters untergebracht, damit sie am nächsten Morgen die feierliche Messe mit ihren Töchtern in der schönen, schlichten Klosterkirche erleben könnten.

Als sie dann später endgültigen Abschied von ihrem Kind nehmen mußte, wollte Gyla wieder das Herz schwer werden. Aber sie drängte ihre Tränen zurück. Tetta war nicht traurig, und als die reizende, kleine Pellica aus Aschendorf sie an die Hand nahm, sprang sie froh mit ihr davon. Da ritten die Strackholter heimwärts.

Die Tage begannen nun schon erheblich kürzer zu werden, und die Verhandlungen mit Bremen, so hörte Kampo, hatten noch immer zu keinem Ergebnis geführt. Nun, so war zu hoffen, daß die Sache sich beilegen ließ. Viel Friesenblut würde dadurch gespart werden.

Kampo hatte Witzeld, der sich nicht mehr nur an Foelkeldis hielt, sondern spürte, daß auch die andern ihm wohlwollten, die Kraniche und die wilden Gänse gezeigt, die nun auf und davon flogen. Ihnen waren die Störche gefolgt, die für heilige Tiere galten und deren Fortzug keiner in der Burg ohne Bedauern erlebte. Nun würde das große Wagenrad auf dem Dachfirst, das so lange der Storchenfamilie als Burg gedient hatte, für lange leer stehen, und einen Winter lang würde man nicht mehr das fröhliche Geklapper hören.

Schmerzlich war den Burgbewohnern auch, daß der Schwalben munteres Gezwitscher nicht mehr über den Scheunentüren und unterm Dachfirst zu hören war. Schwalben und Störche gehörten zum Haus, mit großer Sehnsucht wartete man in jedem Winter auf ihre Wiederkehr. Gyla suchte an Pflanzen, was sie noch finden konnte. Mit dem Fortzug der Schwalben war auch die Lebenskraft des Schwalbenkrautes erloschen, das Gyla vor kurzem noch gefunden und getrocknet in einem Beutelchen aufbewahrte. Auch das Gras hatte keine Kraft mehr. Die ersten Nachtfröste machten sich bemerkbar, und das Vieh war nun endgültig aufgestallt worden.

Der friesische Winter war in Sicht, und Witzeld immer noch auf Burg Strackholt. Er hielt sich neuerdings wieder in Foelkeldis' Nähe. Fürchtete er, daß man ihn vor dem Winter zurückbringen würde? Kampo dauerte das arme Kind, und er war nicht abgeneigt, Foelkes Wunsch zu willfahren und es auch den Winter über zu behalten. Bevor die Wiesen und Meeden ganz unter Wasser stehen würden, wollte er noch einmal nach Timmel, um nachzusehen, wie Hillert die Ernte eingebracht hätte.

"Bei dieser Gelegenheit könnte ich wohl in Ostersander vorsprechen und fragen, ob du noch einige Zeit hierbleiben darfst", sagte er zu Witzeld. Da sprang das Kind auf Foelke zu und preßte heftig sein Köpfchen gegen ihren Leib. Kampo brachte gute Nachrichten heim. Es waren arme Leute, die er vorgefunden hatte. Sie freuten sich, als der Burgherr ihnen Geld ließ und auch versprach, zum Frühjahr einen jungen Ochsen bringen zu lassen, den sie auf seiner Weide weitermästen könnten. Es schien Kampo Habbena, als ob sie unter solchen Bedingungen nichts dawider hätten, daß das fremde Kind ganz in Strackholt bliebe.

"Er hat es gut bei Euch", sagte die Frau weinerlich. "Ich habe mich nie viel um ihn kümmern können, meine eigenen fünf Kinder machen mir Arbeit genug."

Kampo ergriff die Gelegenheit, ihr zu erklären, Witzeld könne unter solchen Umständen für immer in Strackholt bleiben und würde, sooft sie ihn sehen wollten, zu seinen bisherigen Pflegeeltern auf Besuch kommen.

Von nun an lebte das Kind auf. Eine drückende Angst fiel von ihm ab. Er tat Kampo zuliebe, was er sich nur ersinnen konnte, brachte Fellschuhe, wenn der Burgherr ins Haus kam, und Holzschuhe, wenn dieser die Winterstube verlassen wollte. Und er wagte sogar auf den Schoß des guten Mannes zu klettern, der ihn nicht wieder fortschickte.

Witzeld selbst achtete sehr darauf, daß er häufig die Schuhe wechselte. Foelkeldis und er streuten im Sommer gern gelben Sand auf die Dielen, weil Gyla das sehr liebte. Jetzt im Winter rieben sie die Kacheln der Winterstube mit Fett ab, das bei der Herstellung von Talgkerzen abfiel und einen wunderbaren Glanz auf den Fliesen erzeugte, wenn man mit alten Webstücken nachrieb.

Witzeld war glücklich, wenn er am Abend auf Foelkes oder Kampos Schoß klettern und zuhören durfte, was am Torffeuer erzählt wurde. Foelkeldis nähte ihm ein Wams, das sie mit Schaffell abfütterte. Er konnte sich nicht satt daran sehen, wie die spitze Knochennadel auf und nieder tanzte und eine Naht nach der andern geschlossen blieb. Um die Burg fegten die Herbststürme, und Kampo sah oft mit Sorgen den jagenden Wolken nach, die der Sturm von Nordwesten her über das Land trieb. So würde er nun auch die Wassermassen in den Dollart, die Leybucht und den Jadebusen treiben, sagte Kampo zu den Kindern. Friesland hatte den nie aufhörenden Kampf mit dem Wasser wiederaufgenommen. Es war, als würden auch im Lande alle Quellen in den Tiefen plötzlich lebendig. Sie drängten das Grundwasser höher, als es je gewesen. Weite Strecken Landes standen bald unter Wasser, und die Burgen und Bauernhäuser, erzählte Kampo Witzeld, ständen nun in solchen Gegenden wie einsame Inseln im Meer, so daß die Menschen in Kähnen ihre nächsten Nachbarn besuchen müßten.

Aus Westfriesland, vor allem aus der Gegend der Zuidersee, drangen bald beunruhigende Gerüchte über die Ems. Das Meer sollte wieder große Verwüstungen angerichtet haben, und die

Menschen an der Leybucht erwarteten nichts Gutes für ihr Land. Große Strecken Landes waren hier noch nicht deichreif, und man begnügte sich mit Wällen, die die eigene Besitzung umgaben. Wie mochte es Westeel jetzt ergehen?

In der Vorweihnachtszeit setzte leichter Frost ein, und bald fiel Schnee. Kampo sah den Kindern zu, die sich mit Schneebällen warfen. Foelkeldis war durch Witzeld wieder ein fröhliches Kind geworden. Halb mütterlich, halb schwesterlich klopfte sie ihm den Schnee von den langen Fellhosen und rieb ihm das rote, strahlend glückliche Gesichtchen wieder trocken. Bald sauste sie mit ihm im Schlitten über die verschneiten Dorfwege, bald suchte sie alte Schlittschuhe für ihn. In der Rüstkammer hingen an verstecktem Orte gut eingefettete Paare von ihr und Tetta, die beiden nun zu klein geworden waren. Als es schärfer fror, übte sie mit ihm auf dem Eis des Burggrabens, das ein Knecht mit einem Strauchbesen vor ihnen blank fegte. Die Weihnachtszeit mit den Vorbereitungen nahm vollends die beiden in Anspruch. Witzelds Freude auf das Nikolausfest erhellte die immer dunkler werdenden Tage. Beide, Kampo und Gyla, verschmerzten durch das Kind eher, daß ihre zweite Tochter in dieser geheimnisvoll schönen Zeit nicht bei ihnen war. Witzelds Kinderlachen belebte die stillen Räume. Kampo war, als hätte er lange keinen so schönen Winter erlebt. Er genoß ihn doppelt, weil ihm ein sicheres Gefühl sagte, daß die Bremer sich nicht auf Sühneverhandlungen einlassen würden.

Bald nach Petri Stuhlfeier lief durch das ganze sechste Seeland die Kunde, daß eine gütliche Beilegung des Streites nicht möglich gewesen sei und die wehrfähigen Männer sich daher für einen Kriegszug bereitzuhalten hätten.

Sobald das Wetter es gestattete, begann man mit den Frühjahrsarbeiten, um wenigstens einen Teil des Landes besät zurückzulassen. Aber gleich nach der Fastenzeit, als das Land abzutrocknen begann, leuchteten im ganzen Seeland die Feuerzeichen auf.

Kampo selbst entzündete das Pech in der großen Tonne, bis es lodernd aufflammte und dem Nachbardorf die Fehdekunde brachte.

Dann schlug er den Burgherr von Broke, Herrn Keno Hilmersna tom Broek, zum Folkleder vor. Als sich kein Widerspruch erhob, stieg Herr Keno auf den Warf.

Es war nun seine Pflicht, nach altem Brauch einige Worte als ihr Folkleder an die Männer zu richten. Er erinnerte an die Kämpfe der Väter gegen Römer, Normannen, Sarazenen und Holländer, sprach dann von den vielen Totschlägen, die durch Bremer erfolgt und ungesühnt geblieben seien, und forderte die Krieger auf, wie es immer vor Beginn eines Feldzuges geschehen sei, das Knie zu beugen und ihre Seele Gott zu befehlen.

Der älteste der Priester, die mit ins Feld zogen, segnete das Heer, und Herr Keno gab danach seine Anweisungen über die Anordnung des Fußvolks und der Berittenen und bestimmte, wie sie im Kampf zusammenwirken sollten. Auch über den Marsch dieser Nacht, über die Sicherung und die Kundschafteraufgaben sprach er zu den Unterführern.

Kampo Habbena wies er einen Platz in seiner persönlichen Nähe an. Auricher und Broekmerländer glühten vor Begeisterung und Erwartung.

Die Pferde wieherten laut. Den mutigen, stolzen Tieren stieß der Dampf aus den Nasenlöchern. Sie mochten nicht mehr still stehen, stampften mit den Hufen, und als sie aufgezäumt waren und ins Horn geblasen wurde, waren sie kaum noch zu halten. Je mehr Geräusch und Waffenlärm sie hörten, um so unruhiger wurden sie. Sie brannten auf den Feind wie ihre Reiter.

Kampo bestieg dasselbe Tier, mit dem er dreimal ins Broekmerland geritten war. Er klopfte ihm den Hals.

"Nun haben wir eine weite Reise vor uns, Bruno", sagte er leise. Seine Hand glitt über die gestickte Decke, die er, wie alle Häuptlinge, seinem Pferd übergelegt hatte. Auf ihr hatten zuletzt Gylas und Foelkeldis' Hände gelegen. Gegen dieses Tier hatten sich beide noch einmal gelehnt, bevor Kampo ihm die Sporen gab und rasch, um den Abschiedsschmerz nicht zu verlängern, davongesprengt war. Als sich dann der Zug in Bewegung setzte, schwebte der Broeksche Adler allen voran.

Einen Speerwurf weit entfernt hatten sich Frauen aufgestellt. Manche bedauerten, nicht mehr, wie es früher geschehen, in der Wagenburg den Männern folgen zu dürfen, freuten sich

Menschen an der Leybucht erwarteten nichts Gutes für ihr Land. Große Strecken Landes waren hier noch nicht deichreif, und man begnügte sich mit Wällen, die die eigene Besitzung umgaben. Wie mochte es Westeel jetzt ergehen?

In der Vorweihnachtszeit setzte leichter Frost ein, und bald fiel Schnee. Kampo sah den Kindern zu, die sich mit Schneebällen warfen. Foelkeldis war durch Witzeld wieder ein fröhliches Kind geworden. Halb mütterlich, halb schwesterlich klopfte sie ihm den Schnee von den langen Fellhosen und rieb ihm das rote, strahlend glückliche Gesichtchen wieder trocken. Bald sauste sie mit ihm im Schlitten über die verschneiten Dorfwege, bald suchte sie alte Schlittschuhe für ihn. In der Rüstkammer hingen an verstecktem Orte gut eingefettete Paare von ihr und Tetta, die beiden nun zu klein geworden waren. Als es schärfer fror, übte sie mit ihm auf dem Eis des Burggrabens, das ein Knecht mit einem Strauchbesen vor ihnen blank fegte. Die Weihnachtszeit mit den Vorbereitungen nahm vollends die beiden in Anspruch. Witzelds Freude auf das Nikolausfest erhellte die immer dunkler werdenden Tage. Beide, Kampo und Gyla, verschmerzten durch das Kind eher, daß ihre zweite Tochter in dieser geheimnisvoll schönen Zeit nicht bei ihnen war. Witzelds Kinderlachen belebte die stillen Räume. Kampo war, als hätte er lange keinen so schönen Winter erlebt. Er genoß ihn doppelt, weil ihm ein sicheres Gefühl sagte, daß die Bremer sich nicht auf Sühneverhandlungen einlassen würden.

Bald nach Petri Stuhlfeier lief durch das ganze sechste Seeland die Kunde, daß eine gütliche Beilegung des Streites nicht möglich gewesen sei und die wehrfähigen Männer sich daher für einen Kriegszug bereitzuhalten hätten.

Sobald das Wetter es gestattete, begann man mit den Frühjahrsarbeiten, um wenigstens einen Teil des Landes besät zurückzulassen. Aber gleich nach der Fastenzeit, als das Land abzutrocknen begann, leuchteten im ganzen Seeland die Feuerzeichen auf.

Kampo selbst entzündete das Pech in der großen Tonne, bis es lodernd aufflammte und dem Nachbardorf die Fehdekunde brachte.

"Nun haben sich alle freien Friesen auf dem Upstallsboom einzufinden", sagte er ernst zu Foelkeldis und ritt durch das Dorf, um zu bestimmen, wer an dem Feldzug teilnehmen und wer daheimbleiben solle. Alle wehrfähigen Männer zwischen sechzehn und sechzig Jahren versammelten sich im Maschenhemd und niedrigen Helm, ausgerüstet mit Schild und Schwert, in der Wyk, um von Herrn Aylco eingesegnet zu werden.

Zwei junge Strackholter Burschen steckten im Übermut und in der großen Freude auf die kommenden Kriegserlebnisse bei dem Kreuz in der Wykmauer das Feldzeichen auf. Als Kampo den Hut auf der Stange sah, wurde er zornig, riß den Spieß aus der Erde und schleuderte den Hut fort.

"Soviel Gesetzeskenntnis solltet ihr haben, ihr Burschen! Keiner hat das Recht, ohne Vorwissen des Richters das Feldzeichen zu stecken oder die Heeresfahne an die Stange zu binden und dadurch das Volk aufzubieten. Mit Recht und Ordnung spielt man nicht." Sie schämten sich und zogen kleinlaut davon.

Foelkeldis wich nicht mehr aus Kampos Nähe. Der letzte Winter war so schön gewesen, daß sie ihren Vater in großer Ruhe ziehen lassen konnte. Sie hatten noch nicht über ihre Erlebnisse in der Itzingaburg gesprochen. Foelke brachte immer noch nicht über die Lippen, daß sie versehentlich in die Totenhalle gegangen war und dort eine volle Stunde hatte aushalten müssen. Es war eine so schauerliche Erinnerung für sie, daß sie meinte, in ihrem ganzen Leben nicht in Worte fassen zu können, was sie dort empfunden. Bisweilen hatte es ihr geschienen, als warte Kampo auf sie. Aber wenn sie dann wie früher, als sie noch klein war, auf seinem Schoß saß, wußten sie sich ganz eins, und jedes Wort erübrigte sich. Wiewohl er die äußeren Umstände nicht kannte, wußte ihr Vater vielleicht mehr von dem, was sie erlebt hatte, als sie selbst, dachte Foelkeldis manchmal.

Am Spätnachmittag setzte sich der Zug der geharnischten Männer in Bewegung. Kampo ritt allen voran. Er hatte nur kurz Abschied von Gyla und Foelkeldis genommen.

Soweit er alles überdachte, was er zurückließ, fand er es in Ordnung. Wer in den Krieg zog, mußte damit rechnen, daß er nicht wiederkam. Für den, der fortzog, war es leichter als für die Zurückbleibenden, dachte Kampo, als Gylas Arme ihn umklammerten.

Fast ein Jahr war seit Imels Tod vergangen. Wie oft hatten ihm seitdem des Freundes letzte Worte in den Ohren geklungen. Es sei nicht so schlimm, wie man gemeinhin dächte, hatte Imel gemeint, daß der Mensch tragen müsse, was für ihn in den Sternen geschrieben sei, wenn er nur diesem Verhängnis keine Macht über die Seele zu gewinnen erlaube. Mit dem Verstande war dies leicht einzusehen, aber im Leben war es wahrhaftig schwer durchzuführen.

Als Kampo Habbena mit seinen Strackholtern beim Upstallsboom eintraf, waren schon viele dort versammelt. Wie einer der alten Friesenkönige, an dessen stillem Grabhügel man hier stand, ritt Keno tom Broek von einem Häuptling zum andern. Als er Kampo begrüßte, fragte er nach Foelkeldis. Sie sei wieder gesund geworden, antwortete Kampo.

Herr Keno blickte von dem Hügel aus an sonnenbeschienenen Eichenstämmen vorbei nach Süden. Dort lag der Plytenberg. Dann wandte er sich um und sah nach Norden zum Stapelstein hin. All diese friesischen Königsgräber hatten eine besondere Lage zueinander. Jedesmal, wenn er hier stand, dachte Keno tom Broek daran, daß er sich an einer uralten Kultstätte befand und daß die andern Stätten der Anbetung von dieser aus genau nach Norden oder Süden oder in der Richtung der Sonnenwenden lagen. Und jedesmal wurde ihm der Upstallsboom zum Altar des heiligen Domes, der so groß war, daß er das ganze sechste Seeland umfaßte.

Die Schwerter rasselten, und die Schilde schlugen gegen sie, als nun ein Greis, der älteste der Auricher Richter, auf den Warf hinaufstieg und sich neben einen gewaltigen Findling stellte. Er sprach die alte Formel, daß das Recht vorschreibe, nach Vorwissen der Richter an dieser Stätte den Folkleder zu wählen. Jede öffentliche Fehde verlange dies. Eine Fehde sei nur erlaubt, wenn sie öffentlich beschlossen werde und wenn das Volk selbst einen Führer wähle. Wer aber unerlaubt wider den Willen der Richter oder ohne deren Wissen das Volk zusammenrotte, der habe mit Friedensgeld und Brüchen zu büßen.

Dann schlug er den Burgherr von Broke, Herrn Keno Hilmersna tom Broek, zum Folkleder vor. Als sich kein Widerspruch erhob, stieg Herr Keno auf den Warf.

Es war nun seine Pflicht, nach altem Brauch einige Worte als ihr Folkleder an die Männer zu richten. Er erinnerte an die Kämpfe der Väter gegen Römer, Normannen, Sarazenen und Holländer, sprach dann von den vielen Totschlägen, die durch Bremer erfolgt und ungesühnt geblieben seien, und forderte die Krieger auf, wie es immer vor Beginn eines Feldzuges geschehen sei, das Knie zu beugen und ihre Seele Gott zu befehlen.

Der älteste der Priester, die mit ins Feld zogen, segnete das Heer, und Herr Keno gab danach seine Anweisungen über die Anordnung des Fußvolks und der Berittenen und bestimmte, wie sie im Kampf zusammenwirken sollten. Auch über den Marsch dieser Nacht, über die Sicherung und die Kundschafteraufgaben sprach er zu den Unterführern.

Kampo Habbena wies er einen Platz in seiner persönlichen Nähe an. Auricher und Broekmerländer glühten vor Begeisterung und Erwartung.

Die Pferde wieherten laut. Den mutigen, stolzen Tieren stieß der Dampf aus den Nasenlöchern. Sie mochten nicht mehr still stehen, stampften mit den Hufen, und als sie aufgezäumt waren und ins Horn geblasen wurde, waren sie kaum noch zu halten. Je mehr Geräusch und Waffenlärm sie hörten, um so unruhiger wurden sie. Sie brannten auf den Feind wie ihre Reiter.

Kampo bestieg dasselbe Tier, mit dem er dreimal ins Broekmerland geritten war. Er klopfte ihm den Hals.

"Nun haben wir eine weite Reise vor uns, Bruno", sagte er leise. Seine Hand glitt über die gestickte Decke, die er, wie alle Häuptlinge, seinem Pferd übergelegt hatte. Auf ihr hatten zuletzt Gylas und Foelkeldis' Hände gelegen. Gegen dieses Tier hatten sich beide noch einmal gelehnt, bevor Kampo ihm die Sporen gab und rasch, um den Abschiedsschmerz nicht zu verlängern, davongesprengt war. Als sich dann der Zug in Bewegung setzte, schwebte der Broeksche Adler allen voran.

Einen Speerwurf weit entfernt hatten sich Frauen aufgestellt. Manche bedauerten, nicht mehr, wie es früher geschehen, in der Wagenburg den Männern folgen zu dürfen, freuten sich aber, daß wenigstens erlaubt war, in eines Speerwurfs Entfernung den Zug vorbeiziehen zu sehen.

Zu diesen Frauen hatten sich auch Gyla und Foelkeldis mit dem kleinen Witzeld gesellt. Die einzige Möglichkeit, solchen Abschied zu ertragen, war, unter Menschen zu sein, die Gleiches ertrugen, fand Foelkeldis, die im allgemeinen wenig Menschen brauchte. Sie fühlte sich hier eins mit all den heranwachsenden Mädchen und Buben, die auch ihren Vater hinausziehen ließen, und ihre Mutter wurde ihr eins mit denen, die den Mann hergaben. Sie alle, die zurückblieben, gehörten nun zu einer Gemeinschaft von Menschen, die Gleiches ertragen mußten. Dies war seltsam. Foelkeldis war früher nie auf solche Gedanken gekommen, aber sie stärkten sie jetzt. Nun ritten die Gewappneten vorbei. Herr Keno hatte sie gesehen - Foelke wußte, daß er etwas von ihr verlangte, als er sie im Vorbeireiten ansah. Sie brauchte kein Wort mehr außer dem, das er damals bereits gesprochen. Nach den Broekmerländern kamen die Auricher. Voran ritt Kampo Habbena.

Foelke hätte schreien mögen, schreien, daß er sie noch einmal in den Arm nehmen solle, daß er noch einmal, ein einziges Mal zu ihr kommen und ein liebes Wort sagen solle. Die Brust war ihr wie zugeschnürt. Sie mußte still sein um ihrer Mutter willen. Gyla hing kraftlos im Sattel und war unfähig, in ihrer Erstarrung einen Abschiedsgruß zu winken. Was war ihr Leben ohne Kampo! Kampo sollte wiederkommen. Kampo durfte sie nicht allein lassen. Sie war kein Mensch ohne ihn. Nun blinkte sein runder Helm unter hundert andern, und wenn sie sein Panzerhemd mit den ausgezackten Lederstücken am Arm nicht so genau gekannt hätte, so wäre er wohl schon jetzt ...

"Mutter, ich finde ihn nicht mehr. Er hat uns verlassen."

Gyla blickte in das fassungslose Gesicht ihrer Tochter. Nun war Kampo wirklich fort. Sie sahen dem Zuge nach, der sich immer weiter nach Osten bewegte, bis nichts mehr zu sehen war. Der abendliche Sonnenschein lag nicht mehr auf den Stämmen der Eichen, er war hinaufgewandert in die Spitzen der Kronen. Oben auf dem höchsten Zweig saß eine Amsel und schmetterte jubelnd ihr Frühlingslied in den märzlich kühlen Abend. Dann sank die Sonne hinter die Bäume, der goldene

Schein entfloh aus den Wipfeln, und die Amsel schwieg. Die Frauen sahen sich an.

"Wir müssen nun ihre Arbeit tun", sagte schließlich eine. "Das ist das einzige, was auch wir jetzt für das Land tun können." Da gingen sie frierend auseinander.

Es war nicht leicht, ohne die Hilfe der Männer zurechtzukommen. Alle Hände hatten immer gerade gereicht, das Feld zu bestellen, die Deiche zu festigen, den Torf zu stechen, das Vieh zu besorgen, die Wirtschaft in Ordnung zu halten. Je weiter der Sommer vorrückte, um so unmöglicher erschien es den Frauen, alles so zu beschicken, daß die Männer später damit zufrieden sein konnten. Das Mannsvolk, das jetzt noch im Lande war, taugte wenig zu schwerer Arbeit. Wer nicht altersschwach war, hatte sich, auch wenn er über sechzig Winter zählte, den Kriegern zugesellt. Doda, die eines Tages plötzlich in Strackholt erschien, um zu sehen, wie Gyla und Foelkeldis mit allem zurechtkämen, erzählte, daß ihr Gemahl und ihr Schwiegervater mit ihrem Vater gezogen seien, und daß sie nur mit Mühe ihre drei Buben habe zurückhalten können. Die besten Knechte hatte Edzard mitgenommen. In der Heimat müsse man sich nach Kräften helfen, hatte er gesagt; was nicht beschickt werde, müsse warten bis zur Heimkehr der Männer. Jetzt hieße es, durch die Zeit kommen, alles andere sei unwichtig. Ja, Foelkeldis konnte gut begreifen, das Dodas hellhaarige Buben gern mitgezogen wären. Sie und Gyla mußten täglich das Gebrumm der halbwüchsigen Knechte mit anhören, die einander des Abends in den Butzen schworen, sobald sich die Gelegenheit ergebe, zu entfliehen und wie alle Männer ins Hadelerland zu ziehen. Gyla wollte ihren Stolz wecken, indem sie sagte, es müsse auch Männer in der Heimat geben, die die Frauen beschützten. Da knurrten die Burschen: Sie müßten jetzt Frauen gehorchen, das seien sie nicht gewohnt.

Es wurde ein schwerer Sommer für die Frauen im sechsten Seeland, zumal so gut wie keine Nachricht aus dem Osten zu ihnen gelangte. Bedeutete das Gutes? Stand man schon kurz vor der Beendigung der Fehde und meinte, keinen Boten senden zu müssen, bevor einer die Siegesnachricht von Dorf zu Dorf tragen konnte?

Foelkeldis und Gyla standen oft auf dem Altan, der um die Rüstkammer herumführte, aus der Kampo vor kurzem seinen Harnisch geholt hatte.

Abend für Abend blickten sie nach Osten, bis endlich ein Reiter in der untergehenden Sonne sichtbar wurde, der aber im Näherkommen den Schritt seines Tieres mehr und mehr verlangsamte. Der Sommer war schwer gewesen, schwerer war dieser Abend. Kampos Knecht brachte die Nachricht, daß sein Herr mit vierhundert braven Broekmerländern gefallen sei.

Gyla war gefaßter, als Ihmo befürchtet hatte. Sie sah, daß der Knecht völlig erschöpft war, brachte ihn zu Kampos Armstuhl am Feuer und holte ihm warmes Bier. "Trinke langsam", sagte sie, "ich hole dir derweil zu essen."

Inzwischen hatte sich im Dorf herumgesprochen, daß Kampos Knecht Ihmo allein zurückgekommen war. Die Mägde steckten furchtsam die Köpfe durch die offene Tür der Sommerstube, Frauen aus dem Dorf folgten ihnen. Foelkeldis waren die Knie schwach geworden. Sie lag wie eine zerbrochene Schale auf der Bank. Als die Frauen dies sahen, sprachen sie leise. Es war genug Unglück über die Burg gekommen. Sie fürchteten sich vor Foelkeldis' großen, dunklen Augen und meinten, Kampos Tochter habe den Verstand verloren. Aus Ihmo war nicht viel herauszufragen. Aber soviel begriff er, daß er die armen Menschen um ihn herum von der Qual des Wartens erlösen mußte. Nein, die andern Strackholter lebten, außer ... Er sah sich um. Die er suchte, war nicht da. Auch Reinste Hickenas Sohn war gefallen. Einige schrien auf. Snelger war Reinstes einziges Kind. Aus Bagband seien zehn gefallen. Sie hätten zusammen einem dichten Haufen Sachsen gegenübergestanden und sich tapfer geschlagen, aber der Feinde seien wohl zu viele gewesen. Er, Ihmo, habe diese Bagbander erst später wiedergesehen, als er am Abend die Toten aufhäufte.

"Und wie ist mein Gemahl umgekommen?" fragte Gyla. "Du kannst es ruhig sagen. Mein Vater und meine Brüder sind auch in einer Fehde geblieben."

Ihmo stöhnte. Wann gaben sie ihn endlich frei?

"Unser Herr verkaufte sein Leben gut", begann er. "Bruno war das schnellste Pferd in unsern Reihen. Herr Kampo spornte es an und überholte uns alle. Er hieb auf den ersten roten Schild ein und zerspaltete ihn. Ohne Schutz war nun der Sachse. Herr Kampo schlug ihm den Panzer durch und stieß ihn tot vom Roß. Aber er war jetzt umgeben von Sachsen. Dem einen hieb er die Faust vom Arm, den andern ... Das ist nichts für Euch. Ich wollte mich durchschlagen zu ihm, da sah ich ..."

"Was sahst du? Sag es! Einmal, und dann nie wieder."

"Ich sah, daß eine Lanze ihn von hinten traf und vorne aus der Brust hervordrang."

Die Frauen schrien auf. Einige rannten davon. Foelkeldis kroch wie ein Tier in sich zusammen. Sie konnte nicht schreien. Sie hatte die Sprache verloren.

8.

In diesen Tagen wunderten sich die Leute im Dorf über Gyla. Wohl hatten sie die bescheidene, stille Frau immer leiden mögen. Sie hatte oft an Krankenbetten gestanden, den Leidenden Arznei gereicht und die ängstlichen Angehörigen getröstet, so daß sie wieder Mut fanden. An Krankenbetten war Gyla von Strackholt niemals unentschieden. In ihrer stillen Weise ordnete sie an, was zu geschehen hatte, und achtete darauf, daß es auch wirklich geschah. Aber jedermann wußte, wie sie sich im übrigen unter die Befehle ihres Mannes gestellt hatte. Der Burgherr war viel älter als sie gewesen, und Gyla mochte sich in ihrer Jugend daran gewöhnt haben, ihren Gemahl in allen Dingen entscheiden zu lassen. Daß Kampo herrschsüchtig gewesen sei, konnte man wirklich nicht sagen. Es hatte mehr an Gyla als an ihm gelegen, so meinten die Leute, daß sie so stark in den Hintergrund trat. Sie hatte es wohl selbst nicht anders gewollt. Nun war der Burgherr tot, und plötzlich sah sich Gyla von Strackholt vor die Aufgabe gestellt, ein Burgwesen zu leiten und selbst Anordnungen zu treffen.

Alle hatten sich gewundert, wie gefaßt die Burgfrau die Nachricht vom Tode ihres Gemahls aufgenommen hatte. Sie verhielt sich zu Ihmo so, als ob er krank und der Hilfe bedürftig sei. Es ging von Mund zu Mund, daß man den Knecht in des Hausherrn Hochsitz angetroffen hatte, als man die Sommerstube betrat, und daß Gyla selbst, ohne in ihr Leid zu versinken, für diesen andern, der auch gelitten, gesorgt hatte. Mit eigener Hand, so erzählten die Frauen überall, wohin sie kamen, hatte sie ihm Haferbrote mit Mettwurst belegt und ihm selbst das Bier gewärmt. Sie hatte schließlich alle freundlich aus der Stube geschoben und auf dem Burghof zu ihnen gesagt:

"Es ist schlimm, daß es so gekommen ist. Aber nun geht, ihr Leute. Danket Gott, daß nicht noch mehr Unglück Strackholt heimgesucht hat."

Scheu sahen einige der Frauen zurück, als sie über die Zugbrücke hinüber ihrem eigenen Anwesen wieder zuschritten. Am Abend dieses Tages sah Gyla sich in der Sommerstube um. Dort hatte Ihmo gesessen, hier waren viele Frauen um sie herum gewesen. In dem Augenblick, als alle die unsicheren, erwartungsvollen oder mitleidigen Blicke sie trafen, war Gyla von Strackholt zumute gewesen, als sei plötzlich Kampo bei ihr. Ja, er ging in sie ein. Sie war ganz von seinem Wesen erfüllt. Nicht sie, e r hatte ruhig mit den Menschen gesprochen, meinte sie jetzt. Seine Kraft war es gewesen, die sie durchströmte. Seine gütige Hand hatte all die Menschen, die jedem Unglück als etwas völlig Unsinnigem, gar nicht zu ihnen Gehörendem ins Gesicht starrten, auf den Hof geschoben. Er war es nun, der ruhig nach den Sternen blickte, die schönsten der hell leuchtenden fernen Welten zu benennen wußte und sich aus ihrem ruhigen Gang Kraft für das tägliche Leben holte. Wie diese Sterne am Himmel, so fühlte Gyla das Ewige seines Wesens jetzt in sich leuchten. Mit Kampo gemeinsam würde sie weiter durch das Leben gehen, so wie sie es immer getan. Wenn ihr doch diese tröstliche Zuversicht niemals genommen würde, dachte sie plötzlich in aufsteigender Angst. Mit Kampo war alles zu ertragen.

Kampo war anwesend, wiewohl man ihn nicht sah. Und Kampo wies seine Gyla hin auf ihre Pflichten, denn er hatte ihr viel hinterlassen. Sie sah nach Foelkeldis. Wie eine junge, schlanke Birke, in die der Blitz gefahren ist, liegt sie da, dachte sie, als sie an die Butze trat, in die sie Foelkeldis gebettet. Das war nun die nächste Sorge, daß dieses Kind wieder gesundete. Gyla hatte noch bei keinem andern Menschen gesehen, daß ihn ein Erlebnis auf der Stelle niederschlug. Sie war bisweilen zu Ohnmächtigen gerufen worden. Aber wenn sie nachforschte, waren es zumeist körperliche Schmerzen, die die Armen um das Bewußtsein gebracht hatten. Foelke sagte nicht, was sie empfand, aber sie fiel um. Hätte sie doch geklagt, gejammert, geweint, sich an die Brust der Mutter geworfen, es wäre leichter gewesen, ihrem Schmerz beizukommen. Wäre sie ohnmächtig geworden wie am Sonnenwendtage, als die Nachricht von Imel tom Broeks Tode sie um alle Kraft brachte, es wäre ein leichtes gewesen, sie ins Leben zurückzurufen. Foelke war nicht ohnmächtig geworden, mit weit geöffneten Augen lag sie da und starrte das Bettbord der Butze an. Bisweilen versuchte sie offensichtlich, die Lippen zu bewegen, aber kein Wort kam aus ihrem Munde.

Gylas Hände tasteten sich unter das rotweißgestreifte Wollbett. Ja, der Backstein war noch warm genug. Wärme und Ruhe würde das arme Kind brauchen, um wieder zu sich zu kommen.

Gottlob, daß sie so kräftig und kerngesund ist, dachte Gyla erleichtert. Einen zarteren Menschen würfe solches Erleben vollends um.

Plötzlich fiel ihr Witzeld ein. Sie hatte das Kind ganz vergessen. Wo mochte es sein! Sie mußte ihm selbst sagen, was geschehen war, wenn er es nicht schon von andern erfahren hatte. Außerdem war es schon ziemlich dunkel. Es wurde Zeit, daß er seine Abendgrütze aß. Sie wollte Ulske schicken, ihn zu suchen. Dieses frohe Menschenkind würde vielleicht am ehesten das rechte Wort finden, Witzeld in die Welt zurückzuholen, in die er nun hineingestellt war. Leise verließ Gyla die Stube.

In der Tür sah sie sich noch einmal um. Foelkeldis hatte die Augen geschlossen. Sie schien doch eingeschlafen zu sein. Da wollte sie auch nach Ihmo sehen, dachte Gyla und eilte leise davon. Sie fand den Knecht, wie sie erwartet hatte, bei den Pferden. Er fütterte den Hengst, auf dem er gestern heimgekommen war.

Der Mann sah nicht von seiner Arbeit auf.

"Du mußt nicht denken, daß ich dich ausfragen will", begann Gyla leise. "Ich freue mich, daß wenigstens du wieder zu uns gekommen bist, Ihmo Lübbena."

"Eines mußt du mir noch sagen", bat sie nach einer Weile, "Wie ist es dem Folkleder ergangen?"

"Er hat sich wie ein Löwe geschlagen. Wie durch ein Wunder blieb er lange bewahrt. Er war es, der alle immer wieder anfeuerte. Er gab die Schlachtordnung an, und er sorgte für jeden von uns. Am Abend ging er über das Schlachtfeld. Er war dabei, wenn die Priester Weihrauch und Myrrhen abbrannten und die Toten segneten. Sie sind alle zu Recht beräuchert worden, Burgfrau, auch unser Herr. Wir haben sie mit Ehren in die Erde gelegt. Zuletzt aber wurde Herr Keno verwundet. Er wollte selbst zu Euch reiten und Euch von Herrn Kampo berichten. Aber nun war es nicht möglich. Da mußte ich allein reiten. Es wird einige Wochen dauern, bis Herr Keno wiederhergestellt ist."

So war es also gewesen. Gyla hatte sich gedacht, daß irgend etwas mit Herrn Keno geschehen sein müßte, weil er nicht selbst gekommen war. Sie atmete auf. So war wenigstens nicht auch er gefallen.

Als sie wieder in die Sommerstube trat, sah sie Witzeld an Foelkes Bett sitzen. Ulske steckte den blonden Lockenkopf durch den Türspalt und berichtete, sie habe ihn still vor sich hinweinend am Burggraben gefunden. Das arme Kind war wohl völlig vereinsamt gewesen. Gyla hob ihn zu Foelke empor, damit er ihr einen Kuß gebe, und ging dann mit ihm fort, um ihm seine Abendgrütze zu holen.

Drei Tage blieb Foelkeldis im Bett. Dann zog Gyla sie an, und ein Fuß nach dem andern betrat wieder die Erde. Langsam ging Foelke an Gylas Arm durch die Stube. Sie sah ihre Füße an, als hätte sie sie nie zuvor gesehen. Es war ihr noch niemals aufgefallen, daß man während einer Krankheit mit den Füßen der Erde fern war. Krank sein bedeutete, nicht mehr ganz mit der Erde verbunden sein, gesund sein dagegen, ständig die Berührung mit ihr spüren. Es war schön gewesen, ruhig dazuliegen und zu träumen. Als die Füße wieder die Erde berührten, gelangten sie auch an den Hochsitz des Vaters, der nun leer blieb. Alles Elend war wieder da, wenn man über die Erde ging wie andere Menschen.

Wenige Tage später kam ein halbwüchsiger Junge auf die Burg. Gyla möchte, wenn sie Zeit hätte, zu Snelgers Mutter kommen. Reinste sei seit jenem Tage, an dem Ihmo heimkehrte, krank. Bis heute habe sie sich auf den Beinen gehalten. Nun sei es aus mit ihrer Kraft.

"Reinste würde sich freuen, wenn du mitkämest, mein Kind", sagte Gyla zu Foelkeldis. "Du könntest mir die Beutel dort tragen. Ich nehme Essen mit."

Reinstes Lehmhaus stand im Osten des Dorfes am Moorrand. Dort wohnten die ärmeren Leute, deren Kinder zumeist auf den großen Bauernplätzen und den Burgen dienten. Foelkeldis sah mit leeren Augen auf die schönen Höfe, an denen sie vorbeigingen. Sie hatten alle zwei große Scheunen, eine für das Vieh und eine für das Korn. Zu dem quer vor ihnen liegenden Wohnhaus mit den Zackengiebeln führte ein Mittelgang. Keiner all der reichen Bauern hatte einen Sohn verloren, aber Reinste, deren winziges Haus Raum für Mensch und Vieh, für Heu und Korn haben mußte, wartete umsonst auf ihr einziges Kind.

Mit großen, trostlosen Augen sah Reinste den beiden Ankommenden vom Bett aus entgegen. In diesem Augenblick empfand Gyla es als wohltuend, daß sie nicht aus dem vollen Glück früherer Jahre zu der Frau trat.

"Hast du Schmerzen?" fragte sie mit ihrer sanften, guten Stimme.

"Schmerzen?" wiederholte Reinste. "Ja, Gyla, Schmerzen, die nie weichen werden."

"Du liegst nicht gut, Liebe", sagte Gyla darauf und zog das verschobene Laken unter der Frau zurecht. "Kalt bist du auch, du Arme. Es ist zuviel, wenn das Herz leer wird und die Füße frieren."

Sie bat Foelkeldis, ihr den heißen Stein zu reichen, der bei der Feuerstelle lag. Dann erhitzte sie Brot auf einem andern Backstein und legte es Reinste auf den Leib.

Nun setzte sich Gyla an der Butze nieder.

"Was würdest du dir wünschen, wenn du selbst die Erde hättest verlassen müssen, und Snelger wäre hier geblieben?" fragte sie nach einer Weile.

"Wäre es doch so ..." stöhnte die Kranke.

"Gott hat es anders gefügt", sagte Gyla ruhig. "Du solltest leben. Nun mußt du gesund werden, Liebe, damit du leben kannst. Aber sag", wiederholte sie, "was würdest du dir dann wünschen ..."

Reinste sann nach.

"Nichts Schöneres wünschte ich mir", antwortete Gyla sich selber mit leuchtenden Augen, "als daß das, was meine Kinder und mein Mann an mir liebten, in ihnen bliebe. Ich wünschte mir, daß sie alles vergäßen, was an Schwachheit in mir gelebt, und daß das, was ich an Gutem gewollt habe, wie eine Blume in ihnen wüchse und Blüte und Frucht brächte. Vielleicht würde ich in diesem Erdreich besser aufblühen als in der Wirklichkeit", setzte sie wie träumend hinzu. "War Snelger ein froher Mensch, Reinste?"

"Das sonnigste Kind, das du dir denken kannst, Gyla."

"Hat er dir viel von seinem Lohn gebracht, Reinste?"

"Gyla, Gyla", weinte die Frau, "was fragst du ... Alles brachte er. Nie habe ich Verdruß von meinem Jungen gehabt. Er hatte nur mich, ich hatte nur ihn ... Wenn er heimkam, war Festtag. Er trank nicht, er war fleißig. Er stach auch mir den Torf ... Ach, Gyla, mein Kind ist tot ..."

"Er stach dir den Torf, er sorgte für dich. Laß ihn nicht tot sein! Sieh, Kampo ... Ist Kampo denn tot? Ich kann es niemals zugeben, daß er tot ist. Ich möchte in denen blühen, die ich zurücklasse und alle gesund machen, und Kampo, sieh, Reinste, Kampo ist in mir wie einer, der immer Kraft hatte und Abend für Abend nach den Sternen schaute. Nun habe ich doppelte Kraft, die seine und die meine, die nur schwach ist, und immer schaue ich mit Kampo nach den Sternen. O Reinste, gib doch dein frohes Kind nicht an die kalte Erde! Laß es doch in dir sein. Sei froh durch dein Kind ... Nein, noch kannst du es nicht. Du lernst es, Liebe. Meinst du denn, ich wäre schon immer stark? Ich vergesse es noch bisweilen, daß Kampo in mir weiterlebt, aber er selbst erinnert mich dann daran."

Gyla lächelte, während sie sich die Tränen fortwischte.

"Mach ihm sein Heim schön, Reinste", sagte sie dann, die Kranke liebevoll streichelnd, "damit er so gern bei dir ist wie immer. Du weißt am besten, in welchem Boden er gedeiht. Du bist doch sein Liebstes gewesen, Reinste."

So ging Gyla auch in Bagband von Haus zu Haus. Foelkeldis begleitete sie manchmal, aber sie meinte, sie selbst müsse ihren Vater wohl viel weniger geliebt haben als Gyla.

Denn unsagbare Traurigkeit überfiel sie oft, und Gyla sah man nur zufrieden. Foelke glaubte freilich, nachts verhaltenes Schluchzen gehört zu haben, aber am Morgen stand Gyla wie immer als erste auf und war freundlich.

Foelkeldis war am innigsten mit dem Vater verbunden, wenn sie seine Arbeit tat. Sie fuhr mit den Knechten auf die Meeden, harkte Heu und lud es am Abend auf den Wagen. Sie arbeitete fast mehr als die Mägde, um recht müde zu werden und nachts gleich einzuschlafen. Bisweilen dachte sie auch an die Meeden im Broekmerland, an die Wiesen, die im Frühjahr gelb von Butterblumen und im Hochsommer rosenrot von Sauerampfer und Lichtnelken geleuchtet hatten. Es war ihr, als sei das viele Jahre her.

Welch ein Glanz hatte auf den Jahren gelegen, die sie mit ihrem Vater zusammen verlebte, insonderheit auf dem letzten, in dem sie so oft mit ihm ins Broekmerland geritten war! War sie in jener Zeit nicht immer auf einem hohen Turm gewesen und hatte mit Herrn Keno und ihrem Vater Land überschaut? Die beiden Männer waren ihre liebsten Gefährten gewesen. Beide waren am Ende ihres Erdenlebens angekommen - von ihrem Vater hatte Foelke dies vorher freilich nie gedacht. Herr Keno war auch jetzt immer noch nur einen Schritt von Gott entfernt. Sie selbst aber stand am Anfang ihres Werdens wie jene beiden am Ende.

Wenige Tage vor der Michaelsmesse traf Herr Keno in Strackholt ein. Da wurde die alte, schöne Welt schmerzlich in Foelkeldis lebendig. In dieser Welt voll Glockenklang fehlte nun der Vater.

Gyla fragte sogleich nach der Verwundung.

"Es hat ziemlich lange gedauert", sagte der Folkleder, "das alte Fleisch hat so wenig Kraft wie das Gras im Herbst."

Aber nun sei alles verheilt, und er habe wenig Beschwerden von dieser Sache. Er habe gehofft, auch Ulrich Cirksena, seinen alten Freund, wieder mit heimbringen zu können. Man habe ihn längere Zeit so gut es ging gepflegt, aber Herr Ulrich sei doch an seinen Wunden gestorben.

"Wir Alten haben dem Tode nicht mehr soviel entgegenzusetzen wie die Jungen", sagte Herr Keno. "Er hat uns ohnehin bei einer Hand zu fassen, und wenn wir nicht aufachten, nimmt er gleich die andere dazu und springt mit uns davon." Edzard aber, Ulrich Cirksenas Sohn, und Haro von Valdern seien gesund zurückgekommen.

Von dem Feldzug sei nicht viel zu berichten. Das Glück sei bald auf der Seite der roten Schilde, bald auf der der braunen gewesen. Es habe aber keine Veranlassung vorgelegen, Boten heimzusenden, um vor Abschluß der Fehde einen vorläufigen Bericht zu überbringen. Auch Verstärkungen habe er seiner Ansicht nach nicht gebraucht, sagte Herr Keno. Mit dem Tage seiner Verwundung aber habe sich das Glück gewendet. Die Friesen sollten einen letzten Vorstoß machen und damit endgültig siegen. Da seien gewaltige Verstärkungen aus dem Hadelerlande zu den Sachsen gestoßen, die er selber, da er ja im Zelt liegen mußte, nicht habe übersehen können. Und da sei es geschehen.

"Nun, das braucht ja nicht das letzte Wort zu sein, das unsere Schwerter in dieser Sache miteinander gesprochen haben", endete Herr Keno seinen Bericht.

"Ihr solltet mir Eure Tochter für kurze Zeit mit nach Broke geben, Burgfrau", sagte er am nächsten Tage zu Gyla. "Sie ist bleich geworden. Ihre Augen gefallen mir nicht. Du kannst mit mir über Land reiten, kleine Foelke, und Deichschau halten. Am Bartholomäustage hätte ich die fünfte Schau des Jahres halten müssen, aber wie die Dinge lagen ... Ihr sollt nicht traurig sein, Gyla, nehmen will ich Euch das Kind nicht."

"Nur wenn ihr mich gern ziehen laßt, Mutter, reite ich mit Herrn Keno", sagte auch Foelkeldis. "Ich kehre bald heim zu Euch. Wollt Ihr mir Witzeld solange pflegen? Wenn es wieder Sommer wird, darfst du mit mir nach Broke reiten, Witzeld", sagte sie zärtlich zu dem Kind, "du verstehst, daß du bei der Mutter bleiben mußt, wenn ich fort bin. Was soll ich dir mitbringen ... Ich werde gewiß etwas besonders Schönes für dich finden."

Sie küßte das Kind, das sie so traurig ansah, aber nicht widersprach. Sie küßte auch ihre Mutter. Gyla war glücklich über die weiche Sprache ihrer Tochter. Foelke war liebevoller als früher. Dazu mochte vor allem Witzeld beitragen. Ja, sie konnte wohl nichts dagegen haben, daß Foelke mit Herrn Keno ging. Auch Kampo hatte einmal gesagt, man müsse sich langsam daran gewöhnen, daß Foelke einmal ganz fortzöge.

"Es wäre zu wünschen, daß die See in diesem Kriegsjahr ein Einsehen haben und mit den Herbstfluten aussetzen wollte, bis wir alle Deiche und Siele überholt haben", sagte Keno tom Broek, als er an einem der nächsten Tage mit Foelkeldis der Küste zuritt. "Aber da ist nicht viel zu hoffen. Man hört ihr Gepolter tief binnen im Lande, und die Vögel haben sich bereits landeinwärts gewandt."

Der Wind heulte so, daß Foelkeldis die Worte kaum verstand. Aber auch sie hatte die weiße Möwenschar auf der Wiese wahrgenommen. Viel Gutes war nicht zu erwarten, wenn die Tiere sich von der See fortbegaben. Es war auch schon recht kalt geworden, wiewohl die Sonne heute schien und die Härte der Herbstlandschaft freundlich milderte.

Es wurde Ebbe, aber das Wasser stand fast so hoch an den Deichen wie sonst zur Flutzeit. Und soweit man hinaussah, lag weißer Schaum auf dem Meer.

In diesem Sommer war wenig an den Deichen getan worden, stellte Herr Keno fest. Aber wie sollte das auch anders sein. Die Frauen hatten ohnehin Bewundernswertes geleistet, indem sie allein Saat und Ernte beschafften. In früheren Jahren hatte Keno tom Broek denjenigen, der am Gregorstage als bruchfällig befunden wurde, eine Tacke Bier entrichten lassen. Bevor die Heuerleute umzogen, hatte er abermals die Deiche überprüft und sogar um Sankt Viti, kurz vor der Sonnenwende, wenn er die vierte vorgeschriebene Besichtigung vollzog, noch säumige Deicher angetroffen. Alle wußten, daß sie die Sense nicht anschlagen durften, bevor sie ihr Stück Deich gerade und fest geschichtet hatten. Sie waren nicht faul. Sie sahen auch ein, daß Deichen der Friesen vornehmste Pflicht war. Aber den meisten waren Sensen und Harken bedeutend lieber als die Deichgeräte.

"Die See ist heute nicht zahm", schrie Herr Keno Foelkeldis zu, "und wir haben noch lange nicht Vollmond. Zwei Tage vorher ist Springflut. Das muß diesmal am Dionysiustage sein. Kein gutes Vorzeichen, Kind. Die Fluten halten sich gern an bestimmte Tage. Auch für den heiligen Marcellus haben sie eine große Vorliebe."

Sie waren in Westeel angekommen. Dort sahen sie Menschen deichen. Als sie näher herbeikamen, wurden sie gewahr, daß ein Kolk von eines Mannes Länge in den Deich gebrochen war. Daher hatte das ganze Kirchspiel zusammenkommen und das tiefe Loch so hoch auffüllen müssen, daß die kommende Flut nicht über den Deich hinüberging. Einige ältere Männer waren damit beschäftigt, ein neues Siel herzustellen. Sie hatten einen Baum der Länge nach durchgesägt, schnitzten das Kernholz heraus und setzten die beiden Hälften nun wieder zusammen. Dieses Siel würde gut ziehen, rief einer Herrn Keno zu, und das Wasser aus dem Binnenlande frei ablaufen lassen, was ja des Sieles Hauptaufgabe sei. Oft habe man gesehen, daß ohne gute Siele innerhalb der vielen runden Deiche Binnenseen entstanden. Ein paar jüngere Burschen waren dabei, die Außenmuhde zu reinigen. Sie hatten bei steigender Flut Seewasser eingeleitet und ließen es nun, bei fallendem Wasser herausstürzen.

"Ihr solltet das neue Siel heute schon mit Erde verstopfen oder Holzstücke davorlegen", rief Herr Keno in den Wind hinein. "Es liegt über gewöhnlicher Fluthöhe, und ihr braucht es gar nicht täglich zu versorgen. Vergeßt nicht, daß der heilige Dionysius kein Freund der Friesen ist."

Die Männer arbeiteten in Seestiefeln und hatten sich ihren Kapkavel eng um Kopf und Hals gebunden. Manche hatten sich auch den breitrandigen Hut der Koggenschiffer fest auf den Kopf gedrückt.

Die Burschen nickten zu Herrn Kenos Worten. Sie hatten es im stillen auch so gedacht. Man sollte nicht vorspuken, aber so, wie die See sich jetzt schon gebärdete, stand nichts Gutes in Aussicht.

Foelkeldis hatte plötzlich unter all den fremden Männern ein bekanntes Gesicht entdeckt. Es war der Mann, an dessen Bahre Herr Keno an jenem Schreckenstage gesessen, derselbe, der mit Herrn Keno über den alten Landfriedensbund gesprochen hatte. Seinen Namen wußte sie nicht mehr, aber sein freundliches Gesicht hatte sie sofort wiedererkannt. Die Hand - damit hatte er also recht behalten, sie hing lahm am Arm. Neben ihm stand der helläugige, große Bursche, der den Älteren Vater nannte. Das war also wohl der, der ihn nun auf dem Hof vertreten sollte, dachte Foelke. Diese beiden Männer gefielen ihr.

"Es ist gut, daß die Fehde mit den Bremern beendet ist, Herr Keno", sagte Ago Tantekana, "mich will bedünken, als ob die neue mit der salzigen See nicht minder scharf würde."

"In diesem Sommer ist viel Deicharbeit liegengeblieben, Herr", fiel Witbrandus, Agos Sohn, ein. "Aber die Westeeler haben nicht Obacht genug gegeben. Jedes Kind weiß, daß schon im Rudolfsbuche geschrieben steht, daß Fahren mit Wagen über die Siele verboten ist. An den Spuren seht Ihr, wie ernst man dies hier nimmt."

"Hier lieben sie prächtige Kleider und ein üppiges Leben", fiel ein anderer ein. "Sie trinken französischen Rotwein und reichen einander selbst das Abendmahl."

Es waren Osteeler, die diese Bemerkungen über ihre Nachbarn machten, aber es ließ sich wenig dawider sagen. Was sie vorbrachten, bestand zu Recht.

Jetzt nahten sich einige Laienbrüder vom Dominikanerkloster in Norden. Sie sagten, Herr Dodo, der Prior, habe sie geschickt, damit sie beim Deichen hülfen. Das sei verständig, lobte Herr Keno und beauftragte Rembertus Dylana, den Brüdern Arbeit zuzuteilen.

Rembertus aber blieb, lang und hager und etwas krumm vor einem der jüngeren Mönche, der durch dunkle, glühende Augen auffiel, stehen, und sagte:

"Du hast einmal auf meinem Hofe für dein Kloster gesammelt, Ulricus. Nachher fehlten mir zwei gute Leghühner. Haben sie sich an dir festgehalten, als du wieder deines Weges zogst?"

Hallo und Udo, zwei junge Westeeler, lachten schallend:

"Die friesischen Hühner haben es an sich, Rembertus, daß sie den Mönchen geradewegs in die Bettelsäcke fliegen, wenn man sie nicht vorher einschließt."

Alle lachten mit. Bruder Ulricus aber besann sich nicht darauf, jemals auf dem Hofe von Rembertus Dylana Gaben gesammelt zu haben.

Foelkeldis' Lederschuhe mit den schönen, goldenen Schnallen an der Innenseite des Fußes sogen Wasser. Der Untergrund war naß, und der Wind heulte schauerlich. Sie war froh, als

Herr Keno ihr bedeutete, wieder aufzusteigen. Rasch zog sie sich einen Schuh vom Fuß und stieg so in die bereitgehaltenen, gefalteten Hände Ago Tantekanas, der sie dann mit einem Schwung auf das Pferd beförderte.

Sie wollten jetzt quer durch das Dorf reiten, sagte Herr Keno, und den Deich an der Nordseite besichtigen.

Bei dieser Gelegenheit kamen sie an der Westeeler Kirche vorbei. Derselbe Mann mit den unheimlichen Augen, den Foelkeldis hier damals im Garten hatte arbeiten sehen und so seltsame Worte hatte sprechen hören, kam aus der Kirche und schloß sie mit einem gewaltigen Schlüssel zu. Er trug eine Holzfigur im Arm, in der Foelkeldis den Jünger Johannes zu erkennen meinte, denselben, den sie in Utengrahove lange betrachtet hatte.

Der Küster sah wie aus weiter Ferne auf Herrn Keno und dessen junge Gefährtin. Er sei noch wunderlicher geworden, sagten die Leute, seitdem seine beiden ältesten Söhne nicht von der Weser zurückgekehrt waren. Manche wollten wissen, daß er auch schon während der Fehde mit den Heiligenfiguren in der Kirche gesprochen, ja, erregte Gespräche über himmlische Dinge geführt habe.

"Er will fort", sagte der Küster, sich scheu umblickend, mit geheimnisvoller Stimme zu Herrn Keno und wies auf die Statue in seinem Arm. "Er sagte, ich solle ihn solange in die Ludgerikirche bringen." "Wie lange, Tjade Ubbena?"

"Bis es sich erfüllt hat, Herr", flüsterte der Küster und schlug den Weg nach Norden ein.

Der dicke Bäcker, den Foelkeldis an dem Tage des Itzingamordes auch vor seiner Haustür hatte stehen sehen, verneigte sich tief, als sie vorbeiritten, viel zu tief, fand Foelkeldis.

"Ich weiß, daß er einer der Aufrührer ist, die gegen Häuptlinge hetzen", sagte Herr Keno, "es steht ihm nicht gut an, sich so tief zu verneigen. Er hätte in die Normannenzeit gepaßt, kleine Foelke. Weißt du, daß die Normannen niedrige Türen in den Kirchen anbringen ließen? Die Friesen durften die Kirche nur in gebückter Haltung betreten und sie nur rückwärts, in der gleichen Haltung, verlassen, so daß sie sich beständig vor dem Norden verneigten. Kannst du begreifen, daß dies eine ebenso tiefe Demütigung für unsere Väter war wie der Kranz von Weidenruten, den sie auf Geheiß der nordischen Räuber um den Hals tragen mußten?"

Aber als sie auf dem Rückwege wieder an der Bäckerei vorbeikamen, gönnte Herr Keno dem Mann doch ein freundliches Wort, denn auch er hatte zwei Söhne mit an die Weser geschickt.

Der Bäcker prahlte, die Deiche würden auch in diesem Jahre halten. Er sei jedenfalls keiner von den Abergläubischen, die auf Propheten wie Menco Sillena in Broke und den sonderbaren Küster Tjade Ubbena hörten. Eine zweite Sündflut würde sich über das sechste Seeland wälzen, hatte der Küster gestern prophezeit. Das Wasser habe schon oft um Westeeler Häuser geleckt, aber habe es nicht auch einmal östlich des Norder Dominikanerklosters gestanden? Er, Heye Aggena, werde sein Haus nicht eher verlassen, als bis die Fische im Backofen schwämmen und das Brot sich in Steine verwandelte. Ob Herr Keno nicht auch der Ansicht sei, fragte er, daß man solchen Menschen, die durch ihre abergläubischen Reden das Volk beunruhigen, das Maul stopfen müsse.

"Du sprichst von Fischen und Brot", sagte Herr Keno, indem er den Mann lange ansah. "Es könnte leichtlich geschehen, daß sich abermals hungrige Menschen auf sprießendes Gras lagerten und der Speisung harrten. Da könntest du mit deinem steinernen Brot wohl nicht viel anfangen. Aber viele würden satt, wenn sie mit inneren Augen in sich aufnähmen, was Tjades hölzerne Statue ihnen an unvergänglicher Speise reicht."

Herr Keno ritt nun nordwärts. In der Nähe der Stadt Norden war, wie er feststellte, das Siel gesunken. Die Kayung lag sehr tief. Es waren überall Deichpflichtige bei der Arbeit der Erdaufschüttung und Bohlenbefestigung. Die Aufbringung der Deich- und Siellast obläge allen, die irgendwie durch die Fluten betroffen werden konnten, sagte er. Sie bestände ausschließlich in der Arbeitsleistung.

Die Dominikaner seien mit der Bitte an ihn herangetreten, ihre Ländereien von diesen Pflichten zu befreien. Sie beriefen sich dabei auf das Kloster Langen bei Larrelt, das erreicht hatte, von den Sielrichtern nicht gepfändet zu werden, wenn es seinen Deicherpflichten nicht nachkäme.

"Er zeigte ein Beglaubigungsschreiben vom Papste vor", begann Herr Keno, "und wollte die Geldblöcke eröffnen. Da sind die Friesen argwöhnisch geworden und haben ihm entgegengehalten, daß sie keinerlei Verpflichtungen dem Papste gegenüber hätten. Sie haben den Burschen aus dem Lande geworfen, aber noch viel Geld in die Blöcke getan und es allen gestiftet, die sich am Kriege gegen die Sarazenen beteiligen wollten."

Foelkeldis wunderte sich, daß Herr Keno plötzlich solche Geschichten erzählte. Er war ganz anders als sonst. In solcher Unruhe hatte sie ihn noch niemals gesehen. Er wartete auf Nachricht von seinem Sohn und füllte die Zeit, die nicht schnell genug vergehen wollte, mit Erzählen aus.

"War er denn ein Betrüger, Herr Keno?" fragte sie.

"Das war er. Als seine Klosterbrüder ihn für Lebenszeit einsperrten, waren die Friesen sehr stolz, daß sie den Burschen bereits entlarvt hatten, zumal sie kurz vorher auf einen andern Schwindler hereingefallen waren."

"Was hat der ihnen erzählt, Herr Keno?"

"Er hat sich für Kaiser Rotbart ausgegeben, und dann haben die Friesen erfahren, daß der Rotbart schon seit fünfzig Jahren tot war."

Damit wandte sich Herr Keno ab und verließ den Raum.

Als er zurückkam, sagte er, die Romfahrer seien noch nicht zu sehen gewesen. Es sei aber ein wahrer Segen, daß durch sie und die Palmenträger eine lebendige Beziehung zu den Ausgewanderten bestände, die ja nicht aus Übermut ihre Heimat verlassen hätten. Die Fluten hatten sie um Haus und Hof gebracht, und da habe sich mancher gesagt, irgendwo in der weiten Ferne müsse es doch ein Land geben, das nicht ständig vom Wasser durchsetzt und vom Meer bedroht sei. Viele hatten sich den Kreuzfahrern angeschlossen und im Süden eine neue Heimat gefunden.

Plötzlich blieb Herr Keno vor dem Mädchen stehen.

"Du möchtest wohl nirgends sein außer in Friesland?" "Nein."

"Auch nicht in Italien oder im Heiligen Lande?" "Nein."

"So habe ich auch gesprochen, als ich jung war. Ich konnte wohl verstehen, daß andere die Ferne suchten, vor allem, wenn sie die Heimat verloren hatten. Ich selbst hätte niemals fortziehen mögen. Es gibt aber Menschen, das mußt du begreifen, die werden gleichsam fortgezogen. Zu ihnen gehörte Ocko. Der Trieb in die Ferne, Foelke Kampana, ist so mächtig in vielen Friesen, daß es ihnen keine Ruhe läßt. Es muß eine Qual sein, fortgezogen zu werden. Es muß etwas Ähnliches sein, wie wenn Menco auf die Totendriften gezogen wird." Foelkeldis erschauerte.

"Nein, es ist doch nicht dasselbe", sagte der alte Mann plötzlich. "Menco lebt noch in der alten Verbundenheit mit der göttlichen Welt, in der wir alle einmal geborgen waren. Damals, als wir noch Gottes Willen taten, ohne uns ihm entgegenzusetzen... Aber ich möchte wohl wissen, ob der Zug in die Heimat ebensostark ist wie der in die Fremde. Mir deucht, dann wäre Ocko schon heimgekommen."

"Gewiß hat er es wollen und nicht können", tröstete Foelkeldis leise.

Der Mann, der kurz vor Mittag durch Hornruf angekündigt wurde, war jener Harlinger, der vor gut einem Jahr Herrn Harcos Brief an Ocko mitgenommen hatte. Er nannte sich Tilo Alderes und trug noch das graue Pilgergewand, das ihn als heiligen Boten kennzeichnete, der sich gegen Krieg und Waffen verschworen und aus Andacht zu fernen Wallfahrtsorten gepilgert war um des Heiles seiner Seele willen.

Herr Keno begrüßte den Gast im Burghof, wie es üblich war, mit den feierlichen Worten:

"Friede allen wehrlosen Leuten, Pilgern, Palmträgern, allen rechten Karfastenden und allen heiligen Boten, die Krieg und Waffen verschworen haben -, Friede und Gottes Gnade.

"Friede und Gottes Gnade", sagte auch der Romfahrer.

Dann betraten sie das Haus. Der Pilger stellte seinen Stab, an dessen Seite eine Kugel baumelte, an die Wand und hängte seinen Muschelhut darüber. Jetzt erst bemerkte er Foelkeldis, die aus dem Hintergrund des Zimmers auf ihn zukam.

"Friede und Gottes Gnade", sagte er auch zu ihr, und, sich zu Herrn Keno wendend: "Eure Tochter, Burgherr?"

"Nehmt das ruhig an, wiewohl Foelke Kampana die Tochter meines Freundes ist."

Die Familien- und Freundschaftsbeziehungen wurden beiderseits erörtert, und es erwies sich, daß Tilo Alderes in Rom mehr über Herrn Keno und seine Broekmerländer erfahren hatte, als er vorher wußte.

"Ihr glaubt nicht", sagte er, "wie treu die Menschen dort alles im Gedächtnis bewahren, was sie in der Heimat erlebt haben. Dort könntet Ihr Geschichten über Friesen hören, die Ihr hier im Land niemals erfahren würdet. Euer Sohn ist einer der angesehensten Männer am Hofe der Königin von Neapel, und es versteht sich, daß über ihn und seine elterliche Familie in jedem römischen Friesenhaus gesprochen wird."

Herr Keno sah den Mann forschend an. Er hatte ein scharf geschnittenes Gesicht und schmale Lippen, die sich, wenn er schwieg, eng schlossen.

"Mit Stolz gesprochen wird", ergänzte der Pilger höflich.

Herr Keno sagte auch jetzt nichts.

"In Italien sieht es übel aus", begann der Harlinger vorsichtig. "Die schöne Königin Giovanna steht vor unerhört schweren Aufgaben."

Da wußte Herr Keno alles. Er sah plötzlich alt und verfallen aus. So kam Ocko also nicht. Und Imel war tot. Und die Broekmer hatten unter seiner eigenen Führung eine schwere Niederlage erlitten. Und er selbst war über siebzig Jahre alt. Und es war Herbst. Wassersnot bedrohte das Land, griff nach Deichen und Sielen. Der gestrige Tag hatte Keno tom Broek keineswegs über das Schicksal der Küste beruhigt. Die Menschen taten ihr Bestes. Aber wenn es eine Dionysiusflut wurde wie in früheren Jahren, würde die See brüllend die Deiche in den Arm nehmen und zu Staub zermalmen. Alles hing davon ab, wie der Wind zur Zeit der Springflut stehen würde.

So alt und müde hatte Foelkeldis Herrn Kenos Gesicht noch nie gesehen. So hatte er sich nach seinem Sohne gesehnt? Außer an der Unruhe des heutigen Morgens hatte sie es ihm niemals angemerkt.

Auch der Romfahrer bemerkte, wie niederschmetternd seine Worte wirkten. Klug fuhr er fort:

"Wenn nicht die Not es forderte, daß er dort bleibt, würde Herr Ocko längst heimgekommen sein. Fehde über Fehde hat er für seine Königin geführt und großen Ruhm davongetragen. Er ist einer der angesehensten Männer in ganz Neapel, und die Königin bringt keinem soviel Vertrauen entgegen wie ihm. Glaubet mir", sagte der Mann lebhafter und sah Herrn Keno offen und ehrlich an, "glaubet mir, es wäre Verrat, wenn Herr Ocko jetzt Neapel verließe. Wenn ich Euch alles erzählt habe, werdet Ihr es begreifen. Nur seine Treue und die Ohnmacht der Königin, ohne ihn ihrer Feinde Herr zu werden, zwingt Ocko tom Broek, dort zu bleiben. Und von Euch, Herr Keno, ist ihm immer wieder berichtet worden, daß Ihr gesund seid und daß Friesland auf Euch als den mächtigsten Häuptling sieht."

In diesem Augenblick wurde lauter Hornruf vernehmbar. Dreimal stieß der Wächter kurz nacheinander in das Horn. Herrn Kenos Gesicht erhellte sich. Da kam eine seiner Töchter. Einen besseren Augenblick hätte sie sich nicht aussuchen können.

Er beurlaubte sich kurz und ging auf den Burghof. Soeben sprengten vier Reiter über die innere Brücke, seine beiden Töchter mit ihren Männern.

"Wir erfuhren, daß ein Romfahrer bei Euch ist, Vater", sagte Doda aufgeregt und umarmte Herrn Keno. "Ein Emder erzählte es, der gestern abend auch heimkam. Es ist der Harlinger, hörten wir? Derselbe, dem wir den Brief mitgaben? Was hat er berichtet, Vater?"

"Welche deiner Fragen soll ich zuerst beantworten ...", lächelte Herr Keno. "Silberne Fäden schlängeln sich durch dein Haar, aber du fragst wie ein Kind."

Als sich dann alle zu Tisch setzten, war es Foelkeldis, als verginge die Sorge Herrn Kenos.

Der Pilger zeigte zwei aus weichem Metall gearbeitete, gekreuzte Schlüssel und ein kleines Veronikabild, Andenken, die viele Romfahrer heimbrächten, sagte er, zum Zeichen, daß sie wirklich in der Ewigen Stadt gewesen waren.

Mit großer Ehrfurcht zog er danach ein elfenbeinernes Kästchen, in das schimmernde Perlen eingelegt waren, aus der Tasche seines Pilgergewandes und öffnete es. Foelkeldis beugte sich über den Tisch, aber sie fuhr erschrocken zurück, als sie ein winzig kleines Knöchelchen entdeckte. Es sei in einem

Apostelgrab gefunden worden, erzählte Tilo Alderes. Ein hoher römischer Geistlicher, der den Friesenpriester in Borgo San Spirito besuchte, habe es ihm geschenkt.

"Der römische Klerus scheint sich den Friesen verbunden zu fühlen, daß er Euch ein solches Geschenk überreichte", sagte Edzard Cirksena höflich.

"Sie haben dort nicht vergessen, was frühere Päpste den Friesen verdanken", sagte der Pilger stolz. "Magnus Forteram war einer der Hauptführer im Kampf um Rom. Er war es, der die Fahne auf den höchsten Turm pflanzte. Manche sagen, daß die alte Friesenkirche San Michele ihren zweiten Namen von eben diesem Magnus erhalten habe statt von dem fremdländischen Bischof. Aber eines habe ich gesehen, Herr Keno, - in der Fremde wächst der Stolz auf die Heimat ins Maßlose. Unter der warmen Sonne sind viele ins Schwärmen geraten. Man kommt sich recht nüchtern neben diesen Menschen vor, die Wahrheit und Sage durcheinandermengen wie Spreu und Korn. Die dort geboren sind, meinten, ich ginge in das Land zurück, in dem man noch heute Magnus Forteram oder dem Stürmer des Damietteturmes begegnet oder gar dem Helden, den man zum Stadtheiligen von Lissabon gemacht hat. Euch, Herr Keno, haben die Friso-Italiener zum kommenden Fürsten von Friesland erhoben."

Herrn Kenos Gesicht überzog ein freundliches Lächeln, dann sagte er zum Erstaunen seiner Töchter, welche fürchteten, er würde sich solche Schwärmereien verbitten:

"Sofern man aus solcher Verherrlichung entnehmen kann, daß auch unsere römischen Brüder eine Einigung aller Friesen herbeisehnen und mit Kummer die Zersplitterung gewahren, soll mir dies recht sein. Es muß immer Männer geben, die es sich gefallen lassen, als Sinnbild zu gelten."

"Nicht nur Sinnbild seid Ihr, Schwiegervater", entgegnete Edzard von Greetsiel lebhaft. "Ihr allein seid es, der Hisko Abdena in Schach hält. Wäret Ihr nicht, so würde er längst einen Vorwand gefunden haben, eine Fehde mit Groß- und Kleinvaldern anzuzetteln. Aber was Fehden angeht, so sollten solche in Italien auch nicht unbekannt sein", wandte er sich an den Pilger.

"Die Adelsgeschlechter fast aller Städte streiten miteinander", antwortete dieser, "und es kann leichthin geschehen, daß Ihr nicht aus einem Walde herauskommt, in den Ihr hineingegangen seid. Pilger und heilige Boten gehören in allen Ländern Europas zu den Befriedeten, aber in Italien ist es uns mehr als einmal geschehen, daß wir bedroht wurden. Euer Sohn, Herr Keno, hat uns mit zweihundert Mann Bedeckung von Campranica nach Rom bringen lassen. Alle Friso-Italiener verehren Herrn Ocko; er ist außer Euch derjenige, von dem sie Großes erwarten. Er tut viel für sie. Er gibt ihnen Geld für ihre Kirche, für ihr Hospital, er besucht sie, er schützt ihre Pilger. Ihr dürft nicht denken, daß Euer Sohn die Heimat vergessen hätte, wenn er nicht heimkommt. Er ist ein großer Heerführer. Sie nennen ihn dort Condottiere". Herrn Kenos Züge wurden undurchsichtig. Er erwiderte nichts.

"So kommt er also nicht -", sagte Elborg erschrocken. "Habt Ihr ihn gesehen?" Sie neigte sich weit vor. "Wie sieht mein Bruder jetzt aus?"

"Ich habe ihn gesehen", antwortete der Mann langsam, "aber nur kurze Zeit. Herr Ocko hat wenig mit mir gesprochen, doch hatte ich ihn schon von den römischen Friesen den Schweiger nennen hören. Seinen durchdringenden Blick aber vergißt man nicht. Was soll ich sonst von seinem Aussehen sagen ... Daß er groß und breit ist und dichtes, hellblondes Haar hat, wißt ihr. Daß ihn die Sonne dunkelbraun gebrannt hat, könnt ihr euch denken."

"Das ist nicht genug", sagte Elborg innig, "viel, viel mehr muß ich von meinem Bruder erfahren. Ja, mit diesem Blick hat er auch Doda und mich oft angesehen, und er ... Ob er recht oder unrecht hatte, Ocko stand wie ein König vor uns. Ich wurde weich, wenn ich mit diesem harten, schweigsamen Kind zu tun hatte. Ich habe nie daran gezweifelt, daß er Heerscharen in den Kampf führen würde. Freilich sahen wir Friesen in seinem Gefolge, Doda und ich, keine Italiener. Sagt", fuhr sie leise fort, "ist unser Bruder sehr grau geworden? Sah er zufrieden aus? Blieb er gern dort oder wollte er lieber wieder heimkehren?"

"Graues Haar habe ich nicht entdeckt", sagte der Pilger lächelnd. "Unerhört kühn aber sah Euer Bruder aus, Ihr habt alle Ursache, stolz auf diesen Sohn zu sein, Herr Keno. Die Königin von Neapel ..."

"Ist die Königin schön?" fiel Doda rasch ein. "Wie alt schätzt Ihr sie? Ist sie verheiratet? Hat sie viele Heerführer wie unseren Bruder?"

"Die Königin Giovanna ist sehr schön", sagte Tilo Alderes langsam. "Nie sah ich ein schöneres Paar als Euren Bruder, den hoch gewachsenen, hellhaarigen Friesen, und die dunkle, schöne Königin."

Herr Keno wandte sein Gesicht rasch dem Gast zu. Was hatte dieser sagen wollen -.

Der Pilger sah den alten Mann ruhig an.

"Die Königin hat viel Leid erfahren, sie hat ihren Gemahl und drei Kinder verloren, so hörte ich. Keines ist ihr geblieben. Sie ist umgeben von Höflingen und Schmeichlern. Sie soll gesagt haben, Friedrich II. von Hohenstaufen habe gewußt, was er tat, als er seine Leibwache aus Friesen zusammensetzte. Auf keinen kann sie sich so verlassen wie auf Ocko tom Broek, es sei denn auf den Herzog von Braunschweig, von dem man auch viel Gutes hört. Euer Sohn hat in all den Jahren den Mond nicht zweimal nacheinander rund werden sehen, ohne wieder in den Krieg ziehen zu müssen. Die Friso-Italiener, das glaubt mir, sind stolz darauf, daß es ein Friese ist, der die Gunst und das volle Vertrauen der Königin von Neapel besitzt. Alle lieben diese Königin, das habe ich wohl bemerkt. Weil sie selbst kinderlos ist, hat sie Karl, den Neffen des Herzogs von Durazzo, an Kindes Statt angenommen. Sie möchte gern, daß er einmal die kleine Margaretha heiratet, die bei ihr aufgewachsen ist. Es ist das Kind ihrer Schwester."

"Liebt sie jenen kleinen Burschen sehr?" fragte plötzlich Foelkeldis, die der Erzählung mit klopfendem Herzen gefolgt war.

"Das glaube ich wohl. Einige Weiber wollten jedoch wissen, daß Karl sich in Ungarn wohler fühle als in Neapel. Es fließt Ungarnblut in seinen Adern. Es gibt aber keinen echten Neapolitaner, der die Ungarn liebte. Nach allem, was sie noch ständig von König Ludwig zu ertragen haben, ist dies verständlich. Schlimmeres könnte die Königin gewiß nicht treffen, als daß der kleine Karl von Durazzo einmal zu den Ungarn hielte. In den letzten Jahren war es vor allem der Herzog von Andria, ein Verwandter, der der Königin zu schaffen machte. In dem gebirgigen Süditalien ist es nicht schwer, einen Krieg lange hinauszuziehen. Überall sind Räuberhorden genug, und für Geld sind in Italien ganze Heere zu kaufen, einheimische und fremde. Engländer, Bretonen, Deutsche, Franzosen hausen, wenn irgendwo ein Friede geschlossen wurde, auf eigene Faust in den Bergen. - Ihr spracht von einer Reise, Burgfrau", wandte er sich plötzlich ernst an Doda. "Ich nehme an, daß Ihr scherztet. In den Bergen Italiens ist es nicht geheuer. Frauen sollten nicht ohne sicheres Geleit und ohne wirkliche Not eine solche Reise unternehmen. Venedig und Genua haben schon seit zwanzig Jahren Krieg, und keiner weiß, wann er jemals zu Ende geht. Wenige Städte gibt es in Italien, die nicht in Fehden miteinander verwickelt sind. Viele Kirchen sind dabei zertrümmert worden, und alte Tempelreste werden nach Neapel verschachert. Dort beginnt man solche Trümmer neuerdings zu schätzen, seitdem ein gewisser Petrarca die Menschen an die Herrlichkeit des alten Rom erinnert. Ich für meine Person weiß nicht, was die Königin von Neapel mit den heidnischen Trümmern will. Neapel hat viele christliche Kirchen, die Königin selbst hat die schönste erbaut. Eifrig obliegt sie ihren kirchlichen Pflichten - nun, ihr Herren, ihr seid beweibt, ich nicht", schloß der Romfahrer lachend, "gewiß versteht ihr euch besser auf die Widersprüche in Frauenherzen."

Die Burgherren von Valdern und Greetsiel sahen ihre Frauen an.

"Wenn die Königin gar keine Launen hätte, wäre sie wohl keine richtige Frau", scherzte Edzard. "Das darf euch aber nicht kränken, Elborg und Doda." Doda legte ihrem Gemahl lächelnd die Hand auf den Arm.

"Wie erträgt die Königin ihr Leben nur", sagte Foelkeldis, "nachdem ihr alle Kinder genommen wurden ..."

"Schuldlose Seelen", erwiderte der Pilger ruhig, "die den Leib verließen, sind der Erde nahe, sagt man, und spenden den Menschen Trost. Ich weiß nicht, ob es so ist. Möchtet Ihr es selbst erfahren, wenn Euch einmal ein solches Unglück treffen sollte."

Foelkeldis hängte sich, benommen von allem, was sie gehört hatte, in Dodas Arm und verließ mit den anderen die Winterstube.

Draußen empfing sie ein steifer Wind.

"Der Dionysiustag ist nicht mehr fern", sagte der Pilger, nach den zerfetzten Wolken blickend, die von Nordwesten her über die Burg dahinstürmten. "Wie steht es um die Deiche im Broekmerland, Burgherr?"

Herr Keno berichtete ihm und den Schwiegersöhnen, wie er gestern Deiche und Siele angetroffen habe, daß besonders bei Westeel in diesem Sommer nicht so gedeicht worden sei, wie das Gesetz verlange, daß aber die Fehde vieles entschuldige. Gestern sei ein Kolk von eines Mannes Länge aufgefüllt und ein neues Siel eingesetzt worden, das er gleich habe verstopfen lassen.

Edzard und Haro erzählten ähnliches. Sie waren aber in einer günstigeren Lage. Die See hatte sich in den letzten Jahren weniger auf die Süd- und Westküste der Leybucht als auf die Norder und die Marienhover Seite geworfen. Auch sie folgte, das hatte man gesehen, bestimmten, unsichtbaren Plänen.

Ja, seit die See in der Marcellusflut Gefallen an der Westermarsch gefunden habe, bestätigte auch Herr Keno, käme sie Jahr für Jahr wieder auf diesem Wege.

"Gut ist es, daß ihr wieder im Lande seid, Herren, und eure Fehde beendet habt", sagte Tilo Alderes zu den drei Häuptlingen. "Dieser Wind hört sich nicht gut an. Er jagt zuviel Wasser in die Friesische See. Unsere kleine Harle wird auch wild geworden sein. Jetzt faßt mich die Sorge um die Deiche im Harlingerland. Als ich in Italien war, habe ich manches Mal gedacht, daß in Friesland das Meer Weiden und Dörfer überflutet, daß aber in Italien die Menschen selbst die Sündflut über die Erde bringen. Dort überschwemmen Kriegs- und Räuberhorden das Land, und wenn die gewichen sind, glaubt mir, dann sieht es nicht besser aus als hier bei uns nach einer Meeresflut. Tote und Kranke sah ich umherliegen, Mensch und Vieh vernichtet. Ganze Dörfer waren vom Erdboden verschwunden. Als ich damals in jenen heißen Augusttagen in Neapel ankam", wandte er sich an Herrn Keno, "da war der Friede vermittelt worden zwischen den Häusern Aragon und Anjou, zu dem die Königin Giovanna gehört. Herr Ocko war soeben aus diesem Kriege heimgekommen. Damals geschah es, daß ich ihn sah. Nun aber war in diesen selben Tagen der Krieg zwischen Mailand und der Kirche ausgebrochen. Die ganze Romagna hatte sich gegen Papst Gregor verbündet, und diese Gelegenheit benutzte ein Visconti, ein grausamer Tyrann, Krieg mit der Kirche anzufangen. Der Papst sandte seine Bannbulle, der deutsche Kaiser ächtete den Visconti. Glaubt aber nicht, daß auf diesen die Bannbulle des Papstes oder die Acht des Kaisers Eindruck machte. Er wird eine Sündflut über Italien bringen, und dieser muß sich Herr Ocko entgegenwerfen wie wir uns hier der Friesischen See. Würdet ihr wünschen, daß er in diesem schweren Ringen nicht die Deiche der Königin festigte und neue Siele baute? Nimmermehr könnt ihr dies wollen! Wenn eine Springflut naht, sind Männerarme vonnöten und besonnene Köpfe."

Als der Pilger am andern Tag von dannen ritt, hatte er erreicht, daß niemand mehr dem Condottiere Ocko tom Broek zürnte.

9.

Die Unruhe dieses Herbstes war zu stark, als daß sie die Menschen in Friesland nicht mit ergriffen hätte. Fast unausgesetzt wehten heftige Winde aus Nordwesten, die das Wasser in der Nordsee schwellten und es auf die Küste zujagten. Unerschöpflich schien das Meer zwischen Schottland und Norwegen, wo die Friesische Bucht Hochzeit hielt mit dem großen Ozean. Der starke Wind trieb die Wolken, die schwer und schwarz über dem Lande hingen, vor sich her, so daß kein Regen fiel. Nur für Augenblicke verklärte mildes Sonnenlicht die unruhige Welt und durchleuchtete die bunten Blätter der Bäume.

An jedem Abend ging der Mond später und größer auf, und es war, als ob er die Erde im tiefsten Innern anspräche. Gott mochte wissen, was außer dem Wind und dem Mond die Erde so erregte, daß sie, in ihren Gründen aufgewühlt, außer den langen, schäumenden Wogen schlickdurchsetzte Wasserwirbel ausstieß, die durch ihre Sprühkraft und ihre graubraune Färbung die Menschen erschreckten. Sie erzitterte im Innersten, und manches Haus spürte dies und erbebte mit. Ja, es kam vor, daß ein Haus in der Westermarsch, das wie die ganze Marschgegend auf lockerem Torfgrund aufgebaut war, einstürzte.

Am Tage nach Sankt Franziskus meldeten sich schon früh einige Frauen auf Burg Broke. Sie baten um Wasser.

Was denn mit ihrem eigenen Brunnen sei, fragte Meike. Er sähe aus, als habe man Kalk durch sein Wasser gerührt, antwortete eine der Frauen, das Vieh habe sich geweigert, es zu trinken, und als sie es daraufhin gekostet habe -, "da schmeckte es doch nicht nach Salz?" fiel Meike entsetzt ein und richtete sich gerade auf. Ja, da habe es nach Salz geschmeckt. "Gott steh uns bei, nun läßt uns die Erde im Stich. Sie hat wohl allen Verstand verloren", schrie die Magd und kostete rasch das Broeksche Wasser. Es schmeckte gut, aber -

"Seht den Brunnen - seht ihr, wie das Wasser steigt?"

Jetzt kam Lübbo Heyen aus Marienhove, um nach dem Wasser zu fragen. Sein Brunnen sei plötzlich versiegt.

"Es kann sein, daß hier heute nachmittag ein Landsee steht", sagte er, "genau so gut aber kann es denen da unten einfallen, sich wieder zurückzuziehen. Freut euch, daß ihr vorerst gut versorgt seid, da könnt ihr vielen helfen."

Kaum waren die Frauen gegangen, so zogen andere über die Brücke in den Burghof.

Luert Emmenas Mutter, eine alte, durch Kummer gebeugte Frau, trat an den Brunnen, den zu beobachten Herr Keno Foelke geheißen. Genau so sähe es auch bei ihr aus, sagte die Frau, aber freilich habe sie keinen so mächtigen Brunnen wie der Burgherr; der ihre stände vorm Überlaufen. Ihr Sohn, Foelke wisse vielleicht, daß er einen Fuß verloren habe, schicke sie. Als das Mädchen sie entsetzt ansah ob all dem Unglück, das der Krieg über die Menschen gebracht hatte, fügte sie hinzu:

"Er wird anders, Jungfrau. In einem Menschenherzen steigt und fällt Gutes und Schlechtes wie das Wasser. Er war so unruhig wie heute die See. Nun zwingt ihn sein verstümmeltes Bein zur Ruhe. Er fragt nach vielem in der Wirtschaft, das ihn früher nicht kümmerte, und wir haben große Hoffnung, sein Vater und ich, daß er jetzt, nachdem Gott mit ihm gesprochen und ihm ein Glied genommen hat, mehr auf dem Lande und im Stall sein wird als vordem mit seinen gesunden Beinen. Aber hart ist es für eine Mutter, dies ansehen zu müssen - ich habe nur Kinder mit gesunden und kreglen Gliedern zur Welt gebracht."

Inzwischen hatten sich mehrere Männer zu Herrn Keno gesellt, die von merkwürdigen Begebenheiten zu berichten wußten. Einer kam aus Upende, dem östlichen Zipfel des Kirchspiels Utengrahove. Dort begannen die Sümpfe und Moorflächen, die noch der Bearbeitung harrten. Der Upender erzählte, seit einigen Tagen sei der Sumpf in der Nähe seines Weidelandes in Bewegung. Er höbe und senke sich, als ob die Erde atme. Aber es sei kein ruhiger Atem, stoßweise erfolge die Aufwärtsbewegung, und ganz plötzlich sänke das Land in sich selbst zusammen. Auch sei ein Teich in Upende, aus dem im Sommer das Vieh gern getrunken hatte, versalzen und vorerst nicht zum Tränken zu gebrauchen.

So hatte der eine dies, der andere das zu berichten. Der Mangel an Süßwasser schien allgemein zu sein, doch fanden sich seltsamerweise auch wieder Brunnen, denen gar nichts geschehen war. Erwartungsvoll sahen die Broekmerländer ihren Burgherrn an.

"Aus allem, was ihr berichtet", sagte dieser beruhigend, "ist zu entnehmen, daß wir im Broekmerland noch mehrere ergiebige Brunnen haben. Sollten irgendwelche Veränderungen eintreten, so gebt mir Nachricht. Es ist aber so, wie Lübbo Heyen sagte: rasch kann das trübe Wasser wieder klar werden. Es ist oft vorgekommen, daß dies schon am folgenden Tage geschah. Die Erde lebt so gut wie ihr und ich. Und nun geht an eure Arbeit. Wer zu deichen hat, der deiche und helfe noch dem Nachbarn. Mit dir, Wilko, gehe ich jetzt nach Upende, damit ich den Atem der Erde sehe, der einen Sumpf hebt und senkt."

Mit dem Heben und Senken des Sumpfes hatte es seine Richtigkeit, nur geschah es nicht regelmäßig. Herrn Keno fiel aber noch etwas anderes auf, von dem bislang keiner berichtet hatte. Zwei Roggenäcker waren zusammengeschoben und weiter nach Südosten gerückt worden. Die Gräben, die zwischen ihnen gelegen hatten, waren verschwunden, und Moorgruben, in denen zuvor Wasser gestanden, plötzlich ausgetrocknet wie die Brunnen der Broekmerländer, nicht weit davon aber Teiche entstanden, die zuvor nicht da waren. Mit den Teichen war dasselbe vor sich gegangen wie mit den Brunnen, so schien es; das Wasser der beiden neuentstandenen schmeckte salzig und war trübe.

Herr Keno und Foelke nahmen den Heimweg über das Moor, das sich auch verändert hatte. Es waren tiefe Risse entstanden, die mit milchig aussehendem Wasser gefüllt waren. Durch einen besonders breiten schob sich ein Moorstück weiter und blieb später auf dem schon abgetragenen Leegmoor liegen.

"Unsere Erde", sagte Herr Keno, "ist wie im Fieber. Der fiebernde Mensch weiß auch oft nicht, was er sagt und tut. Krank scheint sie mir zu sein - diesmal wird es nicht nur um eine Sturmflut gehen, Kind, die das Land überschwemmt."

Am Vorabend des Dionysiustages traf unerwartet Besuch in Burg Broke ein. Durch Hornruf wurde ein Franziskanermönch gemeldet, und als er die Tür öffnete, stürzte Foelke erfreut auf ihn zu: "Bruder Ägidius -."

"Gelobt sei Jesus Christus", schnaufte der Mönch. "So hat mich selten zur Herbsteszeit gefroren, Foelke Kampana. Das war ein ander Leben, als ich um die Sonnenwende des vergangenen Jahres bei euch in Strackholt weilte. Viel hat sich gewendet seitdem - weine nicht, du armes Kind. Deinem Vater ist wohl. Kampo von Strackholt hat als ein Christenmensch gelebt, Gott hat gewußt, daß er ihn heimrufen durfte. So, nun sieh her, was ich dir mitgebracht habe. Woher ich weiß, daß du hier bist? Als ich von deines Vaters Tod hörte, da trieb es mich zu Gyla. Ich habe deine Mutter immer gern gehabt. Sie ist ein verständiges Weib und weiß genau, was sie von mir zu halten hat. Und wenn ich so naß und verfroren vor ihr stände wie jetzt vor dir - nun, zu Bett bringen würde sie mich vielleicht nicht, aber Fellhosen von Kampo würde sie mir bringen und ein Schafwams." Foelke lachte unter Tränen: "Daß Ihr gekommen seid, Bruder Ägidius - schön ist es von Euch! Herr Keno wird Euch alles geben, was Ihr braucht, ich -"

"Sieh du dir an, was ich dir mitgebracht habe, ich werde eine Magd aufsuchen, die mir würdig genug erscheint, einen alten Mönch zu versorgen."

Damit ging Bruder Ägidius ins Küchenhaus, und Foelke hörte gleich darauf eine Magd aufschreien. Er hatte sie gewiß in den Arm gekniffen oder durch seine Reden erschreckt.

Als er wieder in die Winterstube trat, lachte Foelke hellauf. Sie hätte ihn kaum erkannt. Nur der Kopf mit der Tonsur und dem Barte war sich gleich geblieben, und die kleinen Augen schauten gleich gutmütig aus den Tiefen ihrer Falten heraus. Ägidius hatte sich ein Wams aus Imels besten Jahren verschafft, das aber zu eng war und daher in den Seitenschlitzen weit auseinanderklaffte. Die Schuhe dagegen waren dem kleinen, dicken Mann viel zu groß. Er schlurfte zur Feuerstelle und klappte aus den Holzschuhen aus und ein.

"Daß du noch so herzlich lachen kannst, freut mich, und daß ich der Anlaß dazu bin, noch viel mehr. Deine Mutter erzählte, du seist viel zu ernst für dein Alter. Ich werde Gyla sagen, daß sie sich darin irrte. Prachtvolle große Zähne hast du, und deine Augen, die einem sonst die Seele aus dem Leibe fragen und an einen dunklen, schaurig tiefen Moorsee erinnern, gleichen zwei strahlenden Sonnen. Man könnte fast denken, du würdest noch einmal so schön, wie deine Mutter in deinen Jahren war. Aber so lange hätte sie mein Geschenk wohl nicht beiseite gelegt, Gyla, sie hätte -"

"Ihr sollt es mir doch selber zeigen, Bruder Ägidius", sagte Foelke froh und brachte ihm den Beutel wieder. Er zog behutsam und mit größter Sorgfalt heraus, was darinnen war. "Pflanzen sind es, was sonst", sagte er. "Du hast zwar nicht soviel Verstand wie deine Mutter, aber um so mehr mußt du das wenige gebrauchen. Flor Passionis Christi - sieh her, Calendula, Campanula, viel mehr Blütenpflanzen hat der rauhe Weinmond nicht. Aber Samen habe ich gefunden, hier Eisenkraut, dort der Eschenbaum -." Und er führte aus, bei welchen Krankheiten Foelke dies und jenes anwenden solle. "Halb Erfrorene bringst du wieder ins Leben mit solchem Aufguß, merke dir dies", sagte er. Und dann nahm er den Halm einer wilden Haferähre und legte ihn auf die warme Eisenplatte der Feuerstelle, worauf der Halm bestimmte Bewegungen ausführte, die den Mönch in helles Entzücken versetzten. "Was ein Haferhalm aus sich alleine weiß, Mädchen, das steht in keinem der Bücher, aus denen deine arme, brave Schwester sich jetzt Weisheit holt. Bei feuchter Luft" - er wollte sogleich in den feuchten Oktobertag hinaus, aber Foelke drückte ihn in den Armstuhl zurück - "dreht er sich vom Orient durch den Mittag gegen Abend, bei der Dürre aber nimmt er den umgekehrten Weg. Da sieh her", er hatte einen anderen Strohhalm in kleine Stückchen zerrissen und auf die Eisenplatte gelegt, "wie sie zusammenlaufen und sich wieder voneinander fortbewegen, als wenn es kleine Würmer wären." Er lachte laut und dröhnend und hatte eine kindliche Freude an dem Spiel.

Dann nahm er wieder einige seiner geliebten Pflanzen, und es schien Foelke, als bedauere er schon, sie ihr als einer Unwürdigen geschenkt zu haben.

"Die unvernünftige Kreatur, Mädchen, schau dir oft an. Du hast im übrigen doch wohl nicht gedacht, daß ich um deinetwillen den weiten Weg gemacht habe? Bei uns in Emden schwemmten tote Fische an, schwarzes, schlammiges Wasser brachte die Ems, und Dargstücke warf sie ans Land. Da habe ich mir gedacht, die See weiß so gut, wann es Zeit ist, wie die Pflanzen, und sie antwortet auf das Himmelsungeheuer, das gerade jetzt die Nacht wieder zum Tage macht und verständige Menschen verwirrt, so gut wie der Mensch und die Pflanze. Und da sie außerdem nach vorgeschriebener Bahn das Land angreift und es seit Jahren auf diesen Broekmerischen Landeszipfel abgesehen hat, so habe ich mir gedacht, es wäre wohl nicht zum Schaden, wenn ein wind- und wassergewohnter Mönch - kurz, ich habe mir ein Schriftstück an Abt Dodo geben lassen und ziehe morgen früh in die windigste Ecke des sechsten Seelandes, ins Dominikanerkloster nach Norden. Von den dortigen Konversen - doch das brauchst du nicht mit weiblicher Geschwätzigkeit weiterzutragen - habe ich wenig Gutes gehört. Die Franziskaner - Gott verzeih ihnen die Sünde - haben sich zuweilen geirrt, wenn sie meinten, sie brächten abends ein Mannsbild ins Kloster, und es entpuppte sich bald als - nun, aber Hühner und Schweine haben wir Franziskaner noch niemals verwechselt, wenn wir auf Bauernhöfen Gaben sammelten. Und nun laß uns Ausschau halten, ob der Burgherr heimkommt."

Verständig und gescheit, wie Foelke nicht von ihm erwartet hätte, unterhielt sich der Mönch den ganzen Abend mit Herrn Keno über den Zustand des Landes, und es erwies sich, daß der alte Landwanderer von den gleichen Sorgen bedrängt und auf gleiche Art Mut und Tatkraft zu beweisen willens war wie der Burgherr tom Broek.

Am nächsten Morgen setzte Bruder Ägidius seinen Wanderstab gen Norden. Sein Besuch war wie einer jener freundlichen, milden, herbstlich-warmen Sonnenstrahlen, die ab und zu das schwere Gewölk des hängenden Unwetters durchbrachen.

Am frühen Nachmittag dieses Tages war Hochflut. Aber das Wasser stieg nur mäßig hoch, und wenig Deichschaden war zu verzeichnen. Die sturmgewohnten Küstenbewohner sahen jedoch mit Sorgen, daß das Wasser nur um ein geringes fiel, als Ebbe eintrat, und daß sich der Wind, wie man schon seit Tagen gefürchtet hatte, noch steifer nach Nordwesten wandte. Da wußte man, was zu erwarten war. Die Leybucht lag dem Anprall der Wasser, die der Sturm aus dem englischen Kanal herpeitschen würde, offen. Die aufgeregte See wartete nicht ab, bis die Ebbezeit zu Ende war. Außerhalb der Tide begann sie zu steigen und vorzudringen. Schon flogen die ersten großen Spritzer über die Deiche, und es währte nicht lange, da stand die See in gleicher Höhe mit den Deichkappen. Die überschlagenden Wellen rissen den Rasen an der Innenseite auf, und es erwies sich, daß in dieser Gegend die Mäuse gewühlt hatten. Der Rasen war unterhöhlt, und es war der Flut ein leichtes, die Decke wie Staub wegzuwischen, obwohl man darauf geachtet hatte, daß gute Deicherde genommen wurde.

Die Broekmerländer Männer verstopften die hohlen Stellen, so gut es ging, mit Sandsäcken und preßten das zum Glück reichlich vorhandene Stroh in neu entstandene Risse. Jeder hatte sein eigenes Stück zu versorgen, aber an Tagen wie dem heutigen bildeten alle eine große, feste Gemeinschaft, wie es das Landrecht vorschrieb, "daß sie ihr Land beschützen sollen wider die salzige See und die nordischen Heere. Wie uns Gott helfen will und Sankt Peter."

Die Westeeler hatten die Hilfe der andern am nötigsten. Als aber die erste Abendflut zwar über den Deich jagte und Land überschwemmte, aber doch nicht bis an die Häuser vordrang, beschlossen die Einwohner, schlafen zu gehen. Einige Wachtposten blieben in der mondhellen Nacht zurück.

Mitten in der Nacht aber wurde die Sturmglocke geläutet, und die Notzeichen brannten gleich darauf hell in den sternklaren Oktoberhimmel hinein. In den umliegenden Dörfern wurde es lebendig. Männer und Frauen erkannten am Klang den Ton der Westeeler Glocke, wenn auch das Läuten nur kläglich, vom Winde verweht, herüberklang.

Der einzige auf Burg Broke, der mit einem friedvollen, ja, fast frohen Gesicht in warmes Winterzeug hineinkroch, war der alte Menco. Er war wieder wie erlöst. Wenn er, zermürbt vom vielen Wachen und Schauen und ermattet vom nächtlichen Umherlaufen auf den Totendriften, am Tage seiner Arbeit nachging, haderte er wohl mit Gott, der ihm so Schweres auferlegt hatte.

Er wußte mehr, meinte er, als für Menschen gut war und konnte gleichwohl des Geschickes Gang nicht aufhalten. Aber wenn dann endlich eingetroffen war, was er geschaut, dann war er einer der Ruhigsten und Überlegensten, und das versöhnte ihn wieder mit seinem schweren Schicksal.

Herr Keno bedeutete Foelke, es wäre ihm lieb, wenn sie zu Hause bliebe. Menco war in der Nähe, als der Burgherr dies sagte. "Nehmet es nicht für ungut, Herr", bat er, "diese Jungfrau ist heil aus dem Beinhaus der Itzingas zu uns zurückgekommen, wenn sie auch fast wie eine Leiche aussah. Es wird ihr nichts geschehen."

Er sah sie freundlich und ruhig an, und Foelke fühlte zum erstenmal kein Grauen vor dem alten Schäfer. Bewunderung stieg in ihr auf. Wenn solche verschlossenen, hellsichtigen Einsiedlermenschen einer Sturmnacht wie dieser so gelassen entgegengingen, dann müßte man eigentlich gut und liebevoll zu ihnen sein und Vertrauen haben, statt sie zu fürchten, dachte sie.

Draußen tobte der Sturm nun so, daß die Reiter weder den Trab ihrer Pferde noch ihre eigenen Stimmen hören konnten, und es war nur gut, daß der Mond groß und rund am Himmel stand, sonst hätte keiner gewußt, wo der andere ritt.

Bald hinter Marienhove, wo man auf den Kirchweg der Westeeler kam, wollte Herrn Kenos Pferd nicht weiter. Es wieherte erschreckt und bäumte sich hoch auf. Foelke, die auf ihrer Agatha folgte, erlebte dasselbe mit ihrem Tier. Sie stieg ab und versuchte, ihre Mähre über den Weg zu ziehen, umsonst. Menco schrie irgend etwas, das sie nicht verstand, aber sie saß wieder auf und folgte nun mit den andern dem Alten, der zunächst auf Osteel zuritt, um dann auf einem Feldweg weiter gen Westen einzulenken.

Die Seevögel waren in Osteel zurückgeblieben. Da saßen sie zu Hunderten und warteten, ob sie noch weiter östlich Schutz suchen müßten.

Jetzt flog der erste Gischt den Reitern um die Zügel. Trotz der mondhellen Nacht hatten sie bislang wenig erkannt, denn immer wieder schoben sich Wolken vor die gespenstische Helle, und dann dröhnte das Gepolter des Meeres um so furchtbarer.

Je nachdem, wie man stand, hörte man klar oder verweht das wimmernde Stimmchen der Sturmglocke, und dann war es plötzlich verstummt.

"Der Glockenturm ist eingestürzt", schrie Hicko, der Großknecht auf Broke, band sein Pferd an einen Baum und lief fort. Herr Keno wollte ihm nacheilen, aber Menco wies auf einen Reiter, der sich durch den Sturm herankämpfte. Es war Lütet Manninga. Er war in höchster Erregung, kaum verstand man seine Worte, aber soviel entnahm ihnen Foelke, daß an der gegenüberliegenden Seite des Dorfes kaum mehr ein Haus heil sei. Mühselig kämpften sich die schnaubenden Tiere weiter.

Hier an der Nordseite sah es schon furchtbar aus. Vom Deich war nichts mehr zu erkennen, er war längst unter den Fluten begraben. Die am weitesten außen stehenden Häuser standen tief im Wasser, von der Manningaburg schauten Turm und Dach heraus, und Boote fuhren hierhin und dorthin, ständig in Gefahr, zu kentern und selbst unter den Wellen begraben zu werden. Die aus den Nachbardörfern herbeigeeilten Männer zimmerten Flöße, um Hilfe leisten zu können. Man hörte ihr Klopfen nicht, aber man sah, was sie taten. Einer von ihnen, klein, dick und bärtigen Angesichts - "Ägidius", rief Foelke und eilte auf ihn zu.

"Es wird schaurig", schrie der Mönch, "mach, daß du irgendwo unterkommst, aber weit weg von hier, und vergiß nicht, was ich dir von den Kräutern gesagt habe. Ich halte mich an die Brüder aus Norden, ich fürchte, sie könnten zuviel Gold aus der Kirche aufbewahren wollen." Er lachte spöttisch.

Herr Keno und Menco hatten ihre Pferde an einen Baum gebunden, den der Sturm noch hatte stehen lassen, und halfen eifrig, Flöße zu richten. Gemeinsam trugen sie ein Floß ans Wasser. Herr Keno rief Foelke zu, sie müsse in eins der südlichen Häuser gehen. Sie möchte mit auf das Floß, bat Foelke, und die Menschen hierherholen, wo es noch sicher sei. Sie habe als Geestkind zu wenig Übung im Fahren, bedeutete ihr Herr Keno und würde schon Arbeit finden. Menco solle bei ihr bleiben und für die Tiere sorgen.

Menco schrie ihr zu, das Haus neben dem Ago Tantekanas sei das sicherste, das, neben dem sie gestanden hätten, als Herr

Lütet herbeistürmte. Foelke fand sich zu ihm zurück und trat ein.

In dem Wandbett lag eine kranke Frau; am Bett saß ihre Tochter, die vor Angst und Aufregung am ganzen Leibe zitterte.

"Gott schickt uns einen Engel", sagte die Frau leise. "Diese Jungfrau wird für uns wachen und uns helfen."

Foelke gab beiden die Hand und sagte, daß sie zu Besuch auf Burg Broke und mit Herrn Keno hierhergeritten sei, um zu helfen, so gut sie eben könne.

"Da seid Ihr am rechten Ort", sagte die alte Frau, "meine Tochter wurde soeben von Osteeler Schiffern gebracht, sie haben sie aus dem Wasser aufgefischt." Foelke hatte sich wohl eine heldenhaftere Hilfe gewünscht, aber nun dachte sie an ihre Mutter - auf stille Art zu helfen war Gylas Stärke. Und sie fragte, wie Gyla, ob Ecca denn wieder warm geworden sei. Nein, sie fröre entsetzlich. Wie im Traum zog das Mädchen den kleinen Beutel mit Kräutern aus der tiefen Rocktasche. Ohne sich etwas dabei zu denken, hatte sie ihn gestern abend hineingleiten lassen. Und dann legte sie ein paar Torfstücke auf das Feuer, so daß das Wasser rasch kochte.

Auf dem Wandbrett stand ein irdener Topf, in den legte sie das Kraut der Pflanzen und goß Wasser darauf. Sie rückte ihn näher an die Feuerstelle, die hier rund war und aus roten Steinen bestand. Zwei waren lose und schön warm. Foelke wickelte beide in ein Wolltuch und brachte sie zu Ecca, die sich inzwischen in das andere Wandbett gelegt hatte.

"Nun werdet Ihr warm werden", sagte sie, "ich lege Euch noch einen Stein an jede Seite, den faßt mit der Hand an." Sie tat es. Dann brachte sie ihren Kräutertrank, durch den Ecca bald ins Schwitzen geriet. Wie seltsam dies alles war! Wurde man denn durch das Leben geschoben? Es war einer der Augenblicke, in denen Foelke Kampana deutlich wurde, wie alles im Leben ineinandergreift. Weder ohne die Mutter noch ohne Ägidius hätte sie diesen Menschen helfen können, und sie hatte beiden in dem Hochmut ihres Herzens, so sagte sie sich jetzt beschämt, eine herzlich geringe Bedeutung in ihrem Schicksal zuerkannt.

Plötzlich stieß etwas gegen die Haustür. Foelke öffnete vorsichtig, da steckte Agatha ihren schönen Kopf durch den Spalt. Unruhig blähten sich die Nüstern.

Durch das Donnern und Brausen des Windes und der Wogen drang nun ein anderes Geräusch, leises Plätschern der Wellen, aber es war ganz in der Nähe. Um die Hauswand an der Nordseite leckte jetzt das Wasser. Wie eine breite Zunge schob sich eine große, platte Welle nach der anderen vor, und jede kam näher heran als die vorige. Foelke konnte schon nicht mehr um das Haus herumgehen, ohne nasse Füße zu bekommen. Der Wind trug das Jammergeschrei von Menschen und das ängstliche Brüllen und Wiehern der Tiere herüber, und, was da vor ihre Füße geschwemmt wurde - heilige Jungfrau, war es ein totes Kind? Nun faßte sie das Entsetzen. Sie ergriff das Kind, vielleicht, daß es doch noch zum Leben zu erwecken war, und brachte es ins Haus. Dann band sie rasch Agatha los. Das Tier folgte seinem gesunden Instinkt und lief landeinwärts. Foelkes Herz krampfte sich zusammen. Würde sie ihre treue Agatha nachher wiederfinden? Aber nun galt es zunächst, Menschen zu helfen. Das Wasser schlängelte sich bereits um die Giebelwand.

Foelke war schon wieder im Haus. Sie setzte sich mit dem Kind an das heruntergebrannte Torffeuer und rieb und rieb es. Es lag bäuchlings auf ihrem Schoß, und Schleim quoll aus seinem Munde. Die Frauen in den Betten waren eingeschlafen. Die eine war krank und die andere erschöpft. Hilfe war von ihnen nicht zu erwarten. Aber jetzt bewegte sich das kleine Menschlein. Es erbrach sich. Ein unendliches Glücksgefühl durchströmte das Mädchen. Dies Kind war gerettet! Sie schlug es in warme Tücher und ein Schaffell ein, das sie in der Nebenkammer fand, trug es auf den Boden und legte es dort auf Heu. Als sie die Leiter wieder hinabstieg, sah sie, daß das Wasser unter der Tür hindurch in das Haus lief.

Sie mußte die Frauen wecken und hinauftragen, das wurde ihr rasch klar. Ecca - nein, sie wollte die Mutter zuerst nehmen, die jüngere Frau würde es beruhigen, ihre Mutter schon oben zu wissen. Foelke stellte sich an das Wandbett und sah die Frau lange an. Da schlug diese die Augen auf. "Kommt es?" fragte sie. "Ich trage Euch auf den Boden", antwortete Foelke, "schlingt die Arme um meinen Nacken."

Foelke versucht nun, die Kranke aus dem Bett zu heben, aber das war schwerer, als sie gedacht hatte. Nur das Bewußtsein, hier die einzige ganz Gesunde zu sein, gab Foelke die Kraft, die beiden Frauen auf den Boden zu schleppen. Sie richtete ihnen dicht bei dem Kind im Heu ein Lager und versuchte, durch die Dachluke Menschen herbeizurufen oder herbeizuwinken.

Weit und breit war kein Boot zu sehen, aber was da herumtrieb an Balken, Heuballen, Stroh- und Getreidebüscheln, an Hausrat, Bettzeug und auf- und wieder niedertauchenden Menschen, das war wohl geeignet, einem das Herz in heißer Angst zusammenzuziehen. Jetzt trieb ein halbes Strohdach auf Foelkeldis zu. Zugleich aber sah sie, daß jemand sie in einem nicht weit entfernten Hause vom Dach aus bemerkt haben mußte. Man winkte, und ein Boot kam herübergerudert. Vor Freude und Aufregung fing sie jetzt, nachdem die Furcht überstanden war, an, in sich hineinzuweinen. Sie ergriff das Kind, band ein Tau, das sich zum Glück auf dem Boden fand, um das kleine Bündel, und ließ es aus der Dachluke nach unten gleiten, den Mann verständigend, daß noch mehr Menschen hier seien. Aber das Kind -! Es würden sich wohl Hände finden, dachte sie, die dieses Wurm nun in ein Bett brächten.

Sie ging zu den beiden Frauen. Die ältere lag mit großen, wachen Augen da und betete laut. Die andere kroch vor Angst immer tiefer in das Heu. Sie schien fast um den Verstand gekommen in dieser Nacht; zum zweitenmal sah sie sich dem Wassertode ausgesetzt. Foelke brach ein größeres Loch in das Dach, und nun riß das Wasser auch einen Teil der Hauswand weg, so daß es nicht mehr zu schwer war, mit Hilfe der beiden Männer zuerst die alte Frau und danach deren Tochter in das Boot zu befördern.

Als sie nun ganz allein dastand und das Wasser um die Leitersprossen plätschern hörte, empfand Foelkeldis stark die Gegenwart ihres Vaters. So war gewiß ihrer Mutter zu Sinn, dachte sie. Ja, da konnte man wohl froh sein. Blitzartig durchlebte sie ihre ganze Vergangenheit, in der der Vater als der Stern der Güte gestrahlt hatte, alles erhellend und verklärend.

Liebevoll sah er sie an, sagte "meine Foelke" zu ihr und sprach von dem gottdurchdrungenen Jahr und von der Ewigkeit, die nur unterbrochen werde von der Zeitlichkeit.

Auch der Romfahrer mit dem meermuschelbekränzten Hut und der kurzen, grauen Kutte erschien vor ihrem inneren Auge. Vom Sonnenland und dem unerträglich heißen Neapel und jener schönen Königin hatte er erzählt - seltsam aufgeweitet dünkte Foelke Kampana das Schicksal damals. Aber weiter als Italien war die Ewigkeit, in der sie jetzt mit ihrem Vater weilte. Sie schwebte wieder, wie früher nachts in den Träumen, aber nun wachte sie und wußte, daß sie hier auf den Mann im Boot wartete, der sie aus der Ewigkeit zurückholen sollte.

Am nächsten Morgen wachte sie in der Butze eines Bauernhauses auf, in das man sie gebracht hatte. Die Ereignisse der letzten Nacht waren gleich wieder lebendig in ihr, aber es mischte sich ein glückliches, warmes Gefühl in all die Schreckensvorstellungen. Sie hatte einem Kinde das Leben wiedergegeben.

Man hatte sie in ihren Kleidern auf das Bett gelegt. Schnell stand sie auf und suchte nach Menschen. In der Küche fand sie eine junge Bäuerin. Ein Kind sei nicht zu ihr gebracht worden, sagte diese, aber sie glaube zu den Nachbarn. Foelke dankte für das Nachtlager und eilte in das Nachbarhaus. Ja, da lag das Kind, und die Frau, die am Bett saß, war wohl seine Mutter. Sie weinte vor Aufregung. Und dann erzählte sie in allen Einzelheiten, wie sich die Schreckensnacht für sie und die Ihren abgespielt hatte.

Auf einem geliehenen Pferd eilte Foelkeldis Burg Broke zu, nicht ohne schnell nach Westeel hinunterzureiten. Nur wenige Häuser standen noch außer der Kirche, in die aber in der Nacht auch das Wasser eingedrungen war. Im Backofen Heye Agggenas hatten wirklich Fische geschwommen, und eine Frau zeigte das Brot, das von Salzwasser durchtränkt war. "Hart wie Stein wird es werden, so wie Heye Aggena wahrsagte. Aber daß die Fische nach dieser Flut lebendiger sein würden als er selber, das hat Heye nicht gedacht." Der Bäcker war mit vielen andern Menschen, mit Vieh und Wintersaat ertrunken.

Auf Broke kam Menco dem Mädchen als erster entgegen. Er klärte sie rasch auf, warum er sie in der Nacht nicht, wie er beabsichtigt und Herrn Keno versprochen hatte, abgeholt habe. "Es ging um ein Haus voll Menschen, Foelke Kampana. Und ich wußte, daß Ihr Verstand gebrauchen und daß Euch nichts geschehen würde."

Als Foelke nun in die Winterstube trat, erhob sich Herr Keno, schloß sie zum erstenmal heftig in die Arme, sagte nichts und preßte sie abermals an sich. Ihr Pferd hatte allein zur Burg gefunden. Foelke ging zu ihm. Sie umarmte es und legte ihren Kopf zärtlich an seinen Hals. Sie beide waren gerettet. Sie gehörten weiterhin zusammen.

Als die Flut an diesem Morgen wiederkam, spülte sie die Überbleibsel Westeels an den Strand. Ringsum an der Leybucht trieben Menschen und Tiere, Schiffstrümmer und Hausreste mit allem, was einmal darin gewesen war, an. Manche Menschen waren vom Meerwasser so verschlammt, daß man sie in einem Graben abspülen mußte und auch dann noch oft nicht erkennen konnte. All diese Armen legte man nebeneinander und zimmerte aus angetriebenen Brettern notdürftig Särge.

Als Foelke Kampana mit dem Burgherrn von Broke gegen Mittag wieder der Trümmerstätte zuritt, sah sie, daß die Toten gerade an der Stelle auf dem Kirchpfad gebettet waren, an der gestern die Pferde gescheut hatten. Sie wunderte sich nicht darüber, denn daß Pferde und Hunde hellsichtig wären, daran zweifelte hierzulande niemand. Aber furchtbar war der Anblick der verschlammten Menschen. Mancher hatte, während er selbst bei dem Rettungswerk half, seine eigenen Angehörigen verloren und jammerte nun verzweifelt über die Ungerechtigkeit des Schicksals.

Die wenigen Überlebenden wurden auf die begütertsten Bauern und auf die Burgen verteilt, und Foelke achtete darauf, daß Ermina, die Mutter des kleinen Kindes, das sich gut erholte, nach Burg Broke kam.

Da lag das schöne, fruchtbare Land, verschlickt, verschlammt, versalzen. Durch Rapssamen würde man versuchen müssen, das Salzwasser zu bezwingen, ehe man zu Hafer, Gerste und Roggen überging. Viele verloren den Mut angesichts dieser Verwüstung, glaubten auch, die Deichlasten fürderhin nicht mehr tragen zu können, und beschlossen, auszuwandern. Die Armen glaubten, auf dem Hochmoor am ehesten wieder zu einer Heimat zu kommen, und die einmal reich gewesen waren, konnten sich am wenigsten vorstellen, wo sie im nächsten Frühjahr Korn säen würden. Sie standen so trostlos da, dachte Foelke, wie die, von denen jener Romfahrer erzählt hatte, welche andern nachschauen, die wieder in die Heimat fahren können, während für sie nur die Fremde Raum hat. Wie sehr sie an diesem Land hingen, in dem das Wasser regierte und sie von außen und von innen bezwang, wenn es ihm in den Sinn kam, das spürten diese Menschen wohl erst jetzt. Alle hatten Angehörige verloren, aber daß auch die Heimat verloren war, in der sie mit ihnen gelebt hatten, das machte die meisten haltlos. Sie standen beieinander wie das Schilf in den Gräben, lang, dicht einer am andern und gebeugt.

Auch Lütet Manninga hatte sich zu ihnen gesellt. Von seiner Burg stand nur noch eine Hauswand. Kein linnen Tuch hatte sein Weib mit an Land gebracht, aber sie waren wenigstens beide gerettet. Die Manningas besaßen noch eine Burg in Pewsum und auch eine in der Nähe von Norden. Dahin wollten sie jetzt ziehen und sich eine neue Heimat gründen. Und auf diese Lütetsburg wolle er nun soviel Westeeler mitnehmen, wie mit ihm ziehen wollten, sagte Lütet und sah reihum.

"Wie ist es, Rembertus Dylana, Ago, Uffo, Godbernus - wollt ihr mit uns?"

Aber niemand wollte. Sie waren alle reich gewesen und konnten sich nicht vorstellen, daß sie in einem reichen Hause leben würden, das ihnen nicht gehörte. Lieber wollten sie Männer aus Utengrahove, Marienhove und anderen Broekmerdörfern bitten, ihnen beim Hausbau behilflich zu sein. Aber Brotgetreide und Lebensmittel brauchten sie - entsetzlich, darum fragen zu müssen!

Manche schlossen sich Herrn Keno und Foelke an, als diese gen Norden ritten, um zu sehen, wie es im Norderlande aussähe.

Dort gab es mehr Warfen als im Broekmerland, auch noch große aus alter Zeit, die auf gutem, festgerammtem Pfahlwerk errichtet waren. Hierher hatten sich in der Nacht die bedrohten Menschen gerettet, soweit sie noch vor dem rasch herbeiströmenden Wasser fliehen konnten. Diese alten großen Warfen hatten gewöhnlich auch mehrere Süßwasserteiche, so daß jedenfalls an Trinkwasser für Mensch und Vieh kein Mangel entstanden war.

Den Reitern begegneten arme Menschen, die sich von den glücklicheren Nachbarn Viehstreu geholt hatten. Einer hatte den Arm voll Reit, der andere trug Binsen und Stroh. Mancher mochte eher an die Not der Tiere als an seine eigene denken.

Herr Keno entsann sich nicht, außer bei der Marcellusflut, der großen Mannstränke des Jahres 1361, jemals gesehen zu haben, daß, wie heute, mehrere Fuß tief unter der Erde Bretterwerk sichtbar geworden wäre. Foelke sprang vom Pferd und zeigte gleich darauf Herrn Keno einen Knochen, der neben bloßgelegtem Strauchwerk gelegen hatte. Er sei von einem Schaf, wurde festgestellt, und einer fragte, wie es denn zugehen könne, daß hier, mehrere Fuß tief unter der gewöhnlichen Oberfläche der Erde, Knochen, Torfasche und gute, fruchtbare Erde im Sand läge. Darauf wußte niemand eine Antwort. Herr Keno sagte:

"Habt ihr nicht gesehen, daß sich die Sümpfe in diesen Tagen hoben und senkten und daß manches Moorstück zu wandern begann? Hat nicht die Erde ihren eigenen Atem, und darf sie sich nicht bewegen, durchdrungen von Wasser und Feuer, wie Gott sie erschuf? Der Feuerstein, den du dort in der Hand hast, Hallo, schmutziggrün und voller Schlamm, wird von den Kreideküsten Englands kommen, denn solche brachten uns Schiffer mit. Und was du aus deinem Dargstück herausschälst, Foelke, ist leuchtender Bernstein. Gott weiß, welche Reise er hinter sich hat. Gönnt der Erde ihren Atem und verlangt nicht, daß sie fest und unvergänglich sei."

In den nun folgenden Tagen geschah es noch manches Mal, daß die nahende Tide Land überschwemmte. Nur langsam beruhigte sich das Meer, und langsam nur ebbten auch die Wogen in den Herzen der Menschen ab. Von den wunderbarsten Errettungen wurde erzählt, und mochte es nun sein, daß sich alles wirklich so zugetragen, oder daß das gläubige, wunderwillige und zerrissene Herz in diesen Schreckenstagen bald Gottes Strafgericht zerknirscht erkennen, bald seine große Güte preisen wollte - das sonst schweigsame, ruhige Volk wurde nicht müde im Erzählen der Wundermären. Gott hatte gesprochen, und er mußte zu allen verschieden sprechen, wenn die Menschen ihn verstehen sollten. Manche hatte er auf einem Bündel Heu über Deiche und Dörfer hinweggeführt auf sicheres Land, einer war mitsamt seinem Haus in die Höhe gehoben worden, hatte sich an den Dachsparren festgehalten und war glücklich auf dem festen Lande angekommen. Einer hatte in der Krone seines Eichbaumes gesessen und war mit dem Baum während der ganzen Nacht auf See getrieben, am Morgen aber glücklich und ohne sich zu verletzen herausgesprungen. Der Wunder waren unzählige. Und so geschah es, daß ein junger Mönch sich plötzlich von ihnen ergriffen fühlte, Buß- und Dankpredigten hielt und das Volk aufforderte, ihm nach durch Friesland zu ziehen, singend und betend.

Sie kamen auch nach Burg Broke. Bruder Ulricus, dessen Augen in wildbegeistertem Feuer glühten, forderte auf dem Burghof, umgeben von seinen Männern und Frauen, die Burggemeinschaft zur Buße auf. Als Herr Keno erschien und sich ruhig zu seinen Leuten stellte, gebrauchte Ulricus gelehrte Worte und bezog sich auf die Schriften des Abtes Joachim von Fiore, der, vom göttlichen Geiste durchdrungen, dargelegt habe, daß auf das Zeitalter des Vaters und des Sohnes das des Geistes folge. Dieses dritte Weltalter habe aber bereits im Jahre 1200 mit der Wirksamheit des Abtes Joachim und der Gründung der beiden Bettelorden seinen Anfang genommen. Der Antichrist sei nahe, und - die Gläubigen sahen andächtig nach oben - das Kommen des Gottessohnes in den Wolken sei zu erwarten. Nur die Bettelorden der Dominikaner und der Franziskaner könnten den Menschen noch das Heil bringen und ihnen eine verläßliche Stütze sein im dritten Weltalter. Unermüdlich war Bruder Ulricus jetzt in der Schilderung der Verworfenheit der Weltgeistlichen, deren Hoffart und Sündhaftigkeit das Friesenvolk ja dank der Lehre und den Predigten der Bettelorden früh genug erkannt habe.

Es ging ein unheimliches Feuer von dem Mönch aus, und Foelke, die nicht weit von ihm entfernt stand, empfand große Lust, sich diesen glühenden Augen zu entziehen. Da sah sie plötzlich Bruder Ägidius auf den Burghof kommen. Er trug nun wieder seine zerschlissene Franziskanerkutte und war also wohl auf dem Heimweg in sein Kloster begriffen.

In großer Erregung umarmte ihn Ulricus, denn Ägidius sei als Franziskaner ja auch ein Führer im dritten Zeitalter, so sagte er.

"Das bin ich", sagte Ägidius, zog einen Strick aus der Tasche und band Ulricus die Hände zusammen. Und ehe er sich's versah, lag der Dominikaner mit zusammengebundenen Füßen auf dem Burghof.

"Dich habe ich gerade gesucht", sagte Ägidius ruhig, "und nun sage mir vor all diesen Menschen des dritten Zeitalters, wo du die Paramente aus der Westeeler Kirche gelassen hast. Ich habe gewußt, daß ihr Dominikaner stehlt, und ich bin nicht umsonst in der letzten Nacht in meinem Boot hinter dir hergefahren. Bevor du in die Westeeler Kirche kamst, sah ich mir die liturgischen Gewänder des von dir verdammten Priesters an. Es war eines aus Wolle, mit Gold- und Silberfäden durchzogen, eines aus kostbarem Brokat und eines mit wunderbarer Paramentik verziert. Wo sind ferner die Kelche, die signa sacrata und -"

Furchtbare Flüche donnerte der gefesselte Ulricus über den Burgplatz. Aber all die Büßer, die mit ihm gekommen waren, hatten noch soviel Verstand, daß sie keine Prügelei anfingen. Diese Sache nahm, so meinten sie, ein etwas klägliches Ende, denn einem Dieb wollten sie nicht folgen. Rembertus Dylanas und andere gestohlene Hühner fielen plötzlich den verstörten Landleuten ein, und alle waren sehr froh, daß Herr Keno nicht viel Aufhebens von dieser Bußwanderung machte, sondern ruhig sagte:

"Wer ein gutes Gewissen hat, braucht nicht gotteslästerlich zu fluchen. Gib nun zu, Ulricus, daß du die Paramente in dein Kloster geschafft hast und nimm es auf deinen Eid, wenn solches nicht der Fall ist. Du weißt, unser friesisches Recht beginnt fast jeden Satz mit 'Thet wellath brocmen'." Er kniete nieder neben dem Mönch, umfaßte dessen Schultern, sah ihm unverwandt ins Gesicht und sagte laut und drohend diese Worte noch einmal.

"Thet wellath brocmen - sprich die Wahrheit, Mann."

War es die Berührung, der Blick oder die Wahrheit selbst -

Ulricus fiel in sich zusammen. Es löste sich der Krampf, er flüsterte, ja, er habe die signa sacrata entwendet. Für das Kloster zu stehlen -

"Darüber kannst du dich mit deinem Beichtvater unterhalten", unterbrach ihn Herr Keno. "Geht in das Küchenhaus, ihr Leute, ihr seht hungrig aus. Eßt euch satt, und dann geht eurer Wege. Ihr, Ägidius, gebt diesem jungen Ulricus die Hand, wie es sich für Christenmenschen geziemt, und nun seht alle zu, daß im dritten Weltalter die Erde geackert und das Land bebaut wird."

Im kommenden Jahr starben viele im Broekmerland.

Der alte Priester Harco in Utengrahove ging trotz seines hohen Alters von Haus zu Haus und half den Menschen in seiner verständigen Art. Aber auch er überlebte diesen Winter nicht. Auf einem seiner weiten Landritte holte er sich bei scharfem Ostwind eine Brustkrankheit, der er am neunten Tage erlag.

Das ganze Kirchspiel trauerte aufrichtig um den guten, alten Priester. Sonntag für Sonntag hatten sie vor ihm in der Kirche gesessen, und wenn sie sich in den letzten Jahren auch anstrengen mußten, seine gebrochene Stimme zu verstehen, sie liebten ihn, krumm und weißhaarig, wie er da am Altar oder auf der Kanzel stand. Er war binnen Landes und nicht außer Landes geboren, wie das Gesetz vorschrieb, und er hatte so gut verstanden, von dem Glauben der Väter zu erzählen. Er bestand darauf, daß sie, soweit dies anging, den Sitten der Väter treu blieben und die Feuer entzündeten, wenn die großen Wenden des Jahres eingetreten waren.

Mit Sorgen sahen die Menschen seinem Nachfolger entgegen. So wie mit dem guten, alten, verstorbenen Herrn Harco würde es wohl nie wieder werden, meinten sie.

Keno tom Broek ging still und nachdenklich durch diese Zeit. Ihm war, als würde er bald mit Herrn Harco vereinigt sein. Er sprach zu keinem davon, aber er ordnete dies und jenes in kluger Voraussicht. Testamente machte hier niemand. Das Erbrecht lag fest.

Die Priesternachfolge hoffte Herr Keno so zu regeln, daß er den jungen Almer, den er an ausländischen Universitäten hatte studieren lassen, nun heimrief. Es war ein entfernter Verwandter von seiner Mutterseite und an der Almere, die man jetzt Zuidersee nannte, aufgewachsen.

Durch ungewöhnliche Umstände gelangte das Schreiben Herrn Kenos erst spät in Almers Hand, so daß dieser, nachdem er seine Studien zum Abschluß gebracht hatte, erst im Sommer des Jahres 1375 in Utengrahove ankam. Es war ihm aber gelungen, rechtzeitig einen Boten an den Bischof von Münster und auch an Herrn Keno zu senden, so daß seine Wahl durch die Broekmerländer und die feierliche Einsetzung durch den Propst geregelt werden konnte.

So begab sich denn das ganze Kirchspiel am Tage der Sonnenwende außerhalb des Dorfes, um dort den neuen Priester zu empfangen.

Man sah einen hochgewachsenen, jungen Menschen, der etwa vierundzwanzig Jahre zählen mochte. In seinem selbstbewußten, sicheren Auftreten erinnerte er eher an einen Krieger als an einen Priester. Klar und ruhig blickte er um sich, wie ein Feldherr, der vor seinen Truppen stand. Die Frauen fanden ihn schön, lobten die schmale, kühne Nase und die geschwungenen Lippen, die Männer freuten sich, daß nichts Weichliches an diesem Priester war.

Alle ordneten sich, nachdem Herr Almer ein paar freundliche Begrüßungsworte zu ihnen gesprochen hatte, in einen großen Zug, denn nun wurde der neue Priester unter Führung Propst Hiskos und Herrn Kenos an den Hochaltar geleitet.

Herr Hisko sprach dort das vorgeschriebene Gebet: daß dieser von der Gemeinde Utengrahove erwählte Priester den ihm anvertrauten Seelen in der Liebe zu Gott und der Hilfe zu Bedürftigen sowie in einem gottwohlgefälligen Leben vorangehen möge, auf daß ihn alle als Vorbild anerkennen und mit ihm zusammen der göttlichen Lehre nachfolgen möchten.

Danach wurde von Nonnen aus dem Kloster Marienthal bei Norden das Veni creator spiritus gesungen. Als der Gesang verklungen war, verließ Keno tom Broek, der Häuptling des Broekmerlandes, seinen Hochsitz, trat mit dem Diakon, der seit Herrn Harcos Tod die Parochie versorgt hatte, und den Kirchgeschworenen vor den Altar und überreichte seinem Verwandten die Kirchenschlüssel, den goldenen Meßkelch, das heilige

Buch und die liturgischen Gewänder, die zur Johanniskirche gehörten.

Nun erhob Herr Almer seine Stimme. Er sprach das Gelöbnis aus, der Gemeinde zu dienen. Seine schöne, klangvolle Stimme füllte die Kirche.

Er gelobe, sagte Herr Almer, ein guter Hirte zu sein, getreulich darauf zu achten, daß sich keine Wölfe der Gemeinde näherten, diese zu warnen und zu behüten mit aller Kraft, die Gott ihm dazu vergönnen möge, damit er arbeite im Geiste des Johannes, dem diese Kirche geweiht sei. Der Schluß des liturgischen Gebetes, das der neue Priester zu sprechen hatte, enthielt die Aufforderung an die Gemeinde, die Abgaben, wie ihnen gebühre, rechtzeitig zu entrichten und dem Bischof und seinem Priester Gehorsam zu geloben. Auch diese Sätze sprach Herr Almer mit großer Klarheit und Wärme, wissend, daß wirtschaftliche Angelegenheiten leicht zu Streitigkeiten und Mißhelligkeiten zwischen Priester und Gemeinde Anlaß geben konnten, und daß die Beachtung der inneren wie der äußeren Angelegenheiten zu einem guten Zusammenleben gehörte.

Als nun Herr Hisko mit gewandten Bewegungen vortrat, um die Weihe vorzunehmen, stahl sich ein Sonnenstrahl durch eines der hohen, würfelig gegliederten Fenster und spielte in des Propstes rotem, dünnem Haar. Er beleuchtete das bleiche, schmale Gesicht, die schräg nach oben laufende Stirn, die listigen, graugrünen Augen. Der Unterschied zwischen ihm und Herrn Almer trat hervor, und die Weihe, die er nun an seinem Amtsbruder vollzog, vermochte die Menschen nicht zu überzeugen, daß Herr Hisko der menschlich Größere von beiden war.

Herrn Keno stimmte dieser Sonnenstrahl nachdenklich. Er hatte ein Licht auf Hiskos Antlitz geworfen, ähnlich wie die Worte seiner Schwiegersöhne kürzlich auf dessen Gesinnung.

Während der Propst dem jungen Priester nun das Amt übertrug, ihm ans Herz legte, "byecta and lere" zu verwalten, wie friesisches Recht vorschreibe, und den Blinden, Lahmen und Verwundeten zu allen Festeszeiten die heilige Hostie zu bringen, huschte der Sonnenstrahl weiter und blieb auf der Hand Herrn Almers liegen, die auf dem Evangelienbuch ruhte und das Wort vom guten Hirten bedeckte.

Es war eine gute, schlanke, kräftige Hand. Herr Keno holte tief Atem. Hier war nichts zu befürchten. Diese Hand würde das heilige Brot austeilen, und sie würde, wenn es nottäte, auch zum Schwert greifen.

Hoch aufgereckt verließ er nachher die Kirche, den Propst und Herrn Almer einladend, mit ihm auf seine Burg zu kommen.

In den folgenden Wochen und Monaten kam Herr Almer oft nach Burg Broke, um sich von seinem Verwandten Rat zu holen. Er besprach, soweit dies das Amtsgeheimnis nicht verletzte, viele seelsorgerische Angelegenheiten mit dem alten Mann, der seine Broekmerländer vom jüngsten bis zum ältesten gut kannte. Dies freute Herrn Keno, und er gewann immer mehr die Überzeugung, daß das Kirchspiel in guten Händen sei, wenn es Gott gefiele, ihn selber abzurufen, und daß das Haus tom Broek einen klugen, tatkräftigen Freund an dem jungen Priester haben würde.

An Winterabenden erzählte Herr Almer gern aus der großen Welt. Sie waren miteinander in Paris, besuchten die gewaltige Liebfrauenkirche auf der Seine-Insel, gingen in das große Chatelet an der Nordseite des Flusses, in dem der Prévôt Royal im Namen des Königs Recht sprach, und in die Hörsäle der Universität, die sich aus der früheren bischöflichen Schule entwikkelt hatte.

"Du hast also nicht nur in den Schriften der Kirchenväter gelesen, sondern auch auf das Staatswesen geachtet", bemerkte Herr Keno.

Ja, das habe er, bestätigte Almer, denn er halte dafür, daß besonders ein Priester mit allen staatsrechtlichen und -geschichtlichen Angelegenheiten vertraut sein müsse, wenn er nicht weltfremd werden wolle, zumal in Zeiten, in denen weder der Kaiser noch der Papst wirkliche Vollmacht hätten. Während seines Studiums in Montpellier habe er oft Gelegenheit gehabt, nach Avignon zu kommen, wohin ja bereits vor sechzig Jahren Papst Johannes XXII. gezogen sei, und das sein großer Lehrer und Freund Petrarca das Babel des Abendlandes genannt habe.

Petrarca - Herr Keno besann sich. Hatte nicht der Romfahrer diesen Namen genannt?

Er bat den Priester, etwas von diesem Mann zu erzählen.

Petrarca sei ein großer Dichter, sagte Almer, auch Ocko hielte ihn für größer als Dante und Boccaccio, nicht wegen seiner Dichtungen, aber weil er die neue Zeit besser erkannt habe. Die neue Zeit - was Almer damit meine, ob der Kaiser seine Macht endlich zusammenfassen und Deutschland und Italien wieder zu einer straffen Einigung führen würde, fragte Herr Keno.

Das sei die Sehnsucht Petrarcas gewesen, antwortete der Priester. Er habe ihm, Almer, erzählt, daß der Kaiser vor zwanzig Jahren in Rom gewesen sei, um die lombardische und die deutsche Kaiserkrone zu empfangen. "Ich habe den Brief gelesen, den Petrarca dem Kaiser geschrieben hat. Er ließ mich seine Briefe abschreiben und sprach mit mir über die Menschen, an die sie gerichtet waren, und über die Zeitumstände. Er schrieb, daß das Heilige Römische Reich wieder einen Kaiser brauche wie Cäsar oder Augustus, der sich den kleinen Fürsten und ihren entfesselten Leidenschaften entgegenwürfe und der Welt vom Euphrat bis zum Rhein den Frieden gäbe. Karl, der Kaiser, möge doch dem schwer heimgesuchten Erdkreis eine neue Ära des Friedens und des Wohlstandes eröffnen. Aber der Kaiser antwortete Petrarca, daß niemals für die heillos verwirrte Gegenwart gelten könne, was für das Altertum richtig war."

"Damit hatte er recht", sagte Keno tom Broek. "Es ist genau dasselbe, als wenn man hierzulande den Upstallsboom wieder aufrichten oder König Radbod zurückholen wollte. Ich verstehe nicht ganz, Almer, warum du deinen Dichter, der so Unverständliches verlangt, als den Führer einer neuen Zeit ansiehst."

Herr Almer überlegte, wie er klar machen könne, was man in Italien unter Humanismus verstand.

Petrarca - nie im Leben würde er vergessen, was er diesem Manne verdankte! Wie lebendig er ihn jetzt vor sich sah mit seinen großen, guten und so durchdringenden Augen, mit der fein geschwungenen, etwas gebogenen Römernase und dem grauen Haar. Ja, grau sei er schon in der Jugend geworden, hatte Petrarca ihm erzählt, das Leben habe ihm übel zugesetzt und ihm allen Glanz und alle Farbe aus dem Haar genommen.

"Er war in Eurem Alter, Ohm", sagte der Priester, "Ihr seid wohl auch um die Jahrhundertwende geboren? Ihr waret immer hier im Lande; Petrarca hat mir einmal erzählt, er sei schon vor seiner Geburt von seiner Heimat losgelöst worden. Unglückszeichen seien ihr vorangegangen. Über dem westlichen Himmel von Florenz habe ein Komet geleuchtet, und im zeitigen Frühjahr wären die Planeten Mars und Saturn im Zeichen des Löwen zusammengetroffen, der das Sternbild Italiens sei, wie man dort glaube. Im Januar habe sich noch dazu der Mond im Zeichen des Löwen verfinstert. Das Unglück habe denn auch nicht lange auf sich warten lassen. Der Bruder des französischen Königs sei an der Spitze von fünfhundert Rittern in Florenz eingezogen und habe sich von der Stadtverwaltung die Herrschaft übertragen lassen. Nun seien Bürgerkriege ausgebrochen, wie sie seitdem nicht mehr fortzudenken waren aus Italien. Wer irgendwelche Bedeutung besaß, sei es durch adlige Geburt oder durch seine Stellung, sei unter den nichtigsten Vorwänden verbannt worden. Das Recht habe nicht mehr gegolten. "Ihr wißt, Ohm, das Römische Recht ist in aller Welt bekannt, aber was hilft das Recht, wenn es nur noch auf dem Papier steht! Die Menschen traten es mit Füßen und legten es nach ihrem Gutdünken aus. Ich habe oft an unsere Broekmer Willküren gedacht. Ocko und ich haben manches Mal über sie gesprochen. Und wenn Ocko etwas durchsetzen wollte, was er durchaus für recht hielt, dann", er lachte vergnügt, "dann sagte er zu den Italienern 'Thet wellath brocmen'. Dann wußten sie, daß sein letztes Wort gesprochen war."

"So - das Recht wird dort gebrochen -, geschriebenes Recht. Und um nichtiger Vorwände willen -. Gehörte dein Dichter auch zu den Verbannten?"

"Sein Vater, Ohm, und der große Dante. Die haben damals ihre Heimat verlassen mit unzähligen anderen, von denen viele niemals wieder nach Florenz kommen durften. An einem Montagmorgen des Jahres 1304, so erzählte Petrarca, hätten sein Vater und andere Vertriebene einen Vorstoß gegen die Tore von Florenz gewagt, aber er sei mißlungen. Und in dieser Montagsmorgenstunde habe er, der kleine Francesco, das Licht der Welt erblickt.

Herr Keno fand es merkwürdig, daß ein Mann soviel Aufhebens von seiner eigenen Geburt machte. Wie drei Jahre vor

Herr Keno sagte: "Der Friesen Dichtung ist das Gudrunlied. 'Hettel war der Friesen Herre, ihm dienten Wasser und Land'-sag, Almer, wer hat das Gudrunlied eigentlich gedichtet?"

Der Priester stutzte.

"Das weiß wohl niemand, Ohm. Darum eben ist es wichtig, daß Petrarca seine Briefe und Abhandlungen so oft abschreiben läßt. Er hat auch einen Brief an die Nachwelt geschrieben, in dem er sein Leben und sein Denken darlegt und rechtfertigt." Herr Keno stand auf:

"Das wäre dem Dichter des Gudrunliedes niemals in den Sinn gekommen, Sohn", sagte er erregt. "Er schrieb zur Ehre Gottes und zur Ehre seines Volkes. Mich will bedünken, als schriebe dieser Italiener zu seiner eigenen Ehre."

In einem üblen Sinne sei dies gewiß nicht der Fall, verteidigte Almer seinen großen Lehrer.

"In ihm war alles eins. In ihm war keine Zersplitterung, Ohm. Er sah genau, was der neuen Zeit fehlen würde."

"Mir scheint", sagte der alte Mann nachdenklich, "die neue Zeit, von der du sprichst, erhebt den Menschen zu unverdienter Größe. Der Dominikaner Ulricus aus Norden wollte uns im Broekmerland das dritte Zeitalter veranschaulichen, aber er stiehlt Hühner und vergreift sich an den Paramenten einer Kirche. Irreführend ist jeder Weg in eine neue Zeit, der nicht aus Gott kommt und in Gott münden will. Seht zu, Ocko und du, daß ihr nicht zu groß werdet."

Bald nach Weihnachten verspürte Herr Keno den Wunsch, seine Kinder und Kindeskinder zu besuchen, auch einmal wieder nach Kampo Habbenas Familie in Strackholt zu sehen. Er hatte zuweilen Sehnsucht nach Foelkes ernstem Wesen, das nicht ruhte, ehe es auf den Grund der Dinge geschaut hatte. Besonders bei ihrem letzten Besuch hatte er sich an Foelke Kampana gefreut. Auch die Broekmer hatten ihren Mut und ihre Tapferkeit nicht vergessen. Die alte Frau war bald gestorben, aber sie hatte des öfteren gesagt, Gott habe ihr einen Engel gesandt. Ruhig und besonnen habe sich dieses Mädchen gezeigt, auch als das Wasser bereits um die Leiterpfosten plätscherte. Ecca, ihre Tochter, war genesen, hatte aber lange Zeit gebraucht, bis sie nicht mehr nachts aufschrie, weil sie das Wasser wieder kommen hörte. Die kleine Algeth blühte zu aller Freude auf Burg Broke, und Ermina, ihre Mutter, ließ keinen Abend verstreichen, ohne in Fürbitte der tapferen Jungfrau zu gedenken, die ihr Kind gerettet hatte.

Bald nach Mariä Lichtmeß ließ der Burgherr sich den Schlitten richten. An Unserer Lieben Frauen Reinigungstag hatte die Sonne schön klar geschienen, daher war anzunehmen, daß noch mehr Schnee fallen würde und die Kälte noch länger anhielte.

Meike und Ermina waren bemüht, Schaffelldecken und große warme Webstücke herbeizutragen. Es erfüllte sie mit Sorgen, daß Herr Keno um diese ungewohnte Jahreszeit eine Fahrt zu seinen Kindern unternehmen wollte. Daß Menco zu der Fahrt riet und Herrn Keno darin bestärkte, gerade jetzt sei gute Gelegenheit, über die zugefrorenen Landseen und die Wiesen zu gleiten, die hart waren wie eine Dreschdiele, beunruhigte die Frauen noch mehr.

Als der Schlitten abfahrtbereit war, blickte Herr Keno noch einmal zur Burg zurück. Es war so kalt, daß der Atem in der Luft stand.

"Über die Arbeit brauche ich wohl nichts mehr zu sagen", sagte er, einen nach dem andern ansehend, "ihr werdet alles getreu versorgen."

Ja, sie wollten auf die kalbenden Kühe achten, sie gut warten und warm tränken, das Getreide zur Saat dreschen und fein säubern, Wild schießen, Vögel fangen und so sich Zeit fände, Moos und Raupen von den Bäumen absuchen. Sie wußten, daß noch Leinsamen ausgedroschen und gepreßt werden mußte und daß man mit Heu und Stroh sparsam umzugehen hatte, denn am Sebastianstage war der halbe Winter vorbei gewesen.

"Aber kommt gleichwohl bald heim", bat Meike und rieb sich mit dem roten Schürzenzipfel die Augen.

So fuhr denn Herr Keno durch den klaren Wintertag gen Westen. Tief hatte die Erde eingeatmet in diesem Winter und alles Leben in sich hineingezogen. Und doch regte es sich schon in den Tiefen. Die Säfte stiegen wieder in den Bäumen auf und nieder, in den Zwiebeln und dem Wurzelwerk der kleinen Blumen wurde es lebendig, und wenn nur erst dieser harte

Frostgürtel gesprengt war, würde all das Unsichtbare sichtbar werden.

Gegen Mittag traf Herr Keno in Greetsiel ein. Auf dem kleinen See nicht weit von der Burg tummelte sich das Jungvolk. Seine beiden Enkel lösten sich aus der Schar der Schlittschuhläufer heraus und stürmten auf den Ältervater zu. Es waren helläugige, starke Burschen. Der Frost hatte ihre Wangen gerötet. Lachend erzählten sie von Wettkämpfen und Schlachten auf dem Eise, bewahrten aber bei allem den edlen Anstand, der den Cirksenas eigen war. Enno sei zu Hause. Er habe sich gegrämt, daß die Fehde gegen das Hadelerland so unglücklich ausgelaufen und sein Ältervater gefallen sei. Noch immer sei Enno von Rachegedanken erfüllt, und wenn er das nötige Alter habe, würde er gewiß selbst ein Heer gen Osten führen. Ob sie den Ältervater heimbegleiten sollten. Es sei des Dankes wert, antwortete Keno in ihrer Sprache, er wolle ihnen das Vergnügen nicht kürzen und freue sich, sie als gesunde, tüchtige Friesenjungen gesehen zu haben. Sie küßten ihn auf die Wange, verneigten sich und mischten sich wieder unter die Dorfjugend.

Dodas Freude, den Vater so unerwartet vor sich zu sehen, war unbeschreiblich. Sie schälte ihn aus seinen Pelzen heraus und führte ihn in des alten Ulrichs Hochsitz.

Nach dem Grund des Besuches fragte Doda nicht. Der Vater wollte seine Kinder sehen. Das genügte ihr. Und sie erzählte von Edzard, ihrem Gemahl, von den Buben und von der Wirtschaft, und Keno ersah aus allem, daß diese Tochter zufrieden war und ihren Platz gut ausfüllte.

Sie war etwas füllig geworden, aber rasch und leicht in ihren Bewegungen geblieben und immer noch jung und unternehmungslustig. Wenn der Vater es wünsche, würde sie zum Frühjahr nach Neapel reiten und Ocko holen, versprach Doda lachend. Der alte Mann sah sie still an, sagte aber nichts darauf.

Zum Mittagessen kamen Edzard und Enno von der Arbeit. Auf ihre Frage, warum die Mutter sie nicht gerufen habe, antwortete Doda lachend, schließlich sei es ihr Vater, und auf ihn würde sie sich immer Sonderrechte herausnehmen.

Von den Cirksenas schied Keno tom Broek noch am selben Nachmittag. Doda aber wollte den Vater noch nicht missen, sondern packte sich in Wolldecken und Schaffelle, setzte ihr schönes Edelmarderbarett auf das gelbkrause Haar und fuhr mit ihm gen Valdern.

Da sie über Osterhusen und Emden fuhren, stiegen sie kurz bei den Allenas und Abdenas ab. Herr Keno wollte Imels Töchter gern noch einmal sehen. Sie waren nun schon so lange elternlos. Adda hatte drei kleine Kinder, von denen der kleine Imel seinem Ältervater recht ähnlich sah. Sie waren alle drei ziemlich scheu. Folkmar und Adda pflegten wenig Umgang, aber schienen in ihrer Häuslichkeit miteinander glücklich zu sein. Sie machten sich nicht sonderlich viel aus seinem Besuch, deuchte Herrn Keno. Folkmar war bäurisch angezogen, und auch Adda sah man wenig die reiche Burgfrau von Osterhusen an. Hier ging es sogar dem schlichten Burgherrn von Broke zu einfach zu. Weder er noch die Osterhusener waren beim Abschied traurig. Nur der kleine Imel streckte die Ärmchen nach dem alten Mann aus.

Fossa, Propst Hiskos Frau, empfing dagegen den Ältervater sehr herzlich. Sie hatte sich nur mühsam in die fremde Art der Abdenafamilie eingelebt und eigentlich immer ein wenig Heimweh nach der elterlichen Burg Broke gehabt. Man spürte es deutlich, als sie den Ältervater an dieses und jenes aus der Kinderzeit erinnerte. Es dauerte nicht lange, da weinte sie.

"Kommst du immer noch nicht mit ihnen zurecht, Kind?"

"Ältervater, wenn Ihr wüßtet, wie sie reden, wenn sie trunken sind, Folkmar und mein Gemahl! Ich sehe nichts Gutes für uns kommen. Unsere Fletiewa soll nicht ordnungsgemäß überschrieben worden sein. Folkmar behauptet, er bekäme noch zehn Grasen Landes, die Adda zuständen, es ist schrecklich. Aber Adda empfindet es gar nicht, sie sagt, wenn Folkmar recht habe, wolle sie mit Ohm Ocko sprechen, sobald er heimkomme."

In der Wiege quarrte ein kleines Kind, der jüngst geborene Imel Abdena. Reinste, das ältere Schwesterchen, begann die Wiege zu schütteln. "Die Kinder sind meine Freude", sagte Fossa, "ich wollte, Ältervater, sie arteten alle nach Euch und meinem Vater." Die kleine Reinste aber hatte ganz das Gesicht des Propstes, und rotes Haar ringelte sich um ihre sommersprossige Stirn.

"Sie ist ein liebes, kluges Kind, unsere Reinste", tröstete sich Fossa. Reinstes graugrüne Augen blickten das Brüderchen zärtlich an, aber als es immer noch nicht zu gnören aufhörte, wurde sie böse und schlug es. Fossa griff ein, und des Geschreis ward mehr. Als Keno sich schließlich erhob und auch Doda zum Aufbruch mahnte, weinte Fossa wieder und bat den Ältervater, er möge doch ein paar Tage bei ihr bleiben. Weil sie ihn gar so traurig ansah, blieb er, und Fossa ließ auf seine Bitte einen Schlitten anspannen und Doda nach Greetsiel zurückbringen. Lachend winkte Doda dem Vater zu, solange sie ihn sehen konnte, die Nase voller lustiger Fältchen und das frohe Gesicht umringelt von gelbkrausem Haar.

Propst Hisko war auf einer Kirchenvisitationsreise begriffen, auf der er den Offizialen des Bischofs zu begleiten hatte. So war es möglich, daß Fossa so mit ihrem Ältervater zusammenlebte wie früher, als sie noch bei ihm in Broke war. Sie ließ sich von allen Broekmern, die sie gern gehabt hatte, erzählen und freute sich, daß die kleine Algeth soviel Frohsinn in die einsame Burg gebracht hatte.

Eines Tages kam der Häuptling Kampo Abdena zu Besuch, ein unverheirateter Onkel Hiskos. Keno erinnerte sich gut an dessen Vater, der auch Propst in Emden gewesen war. Klug waren alle Abdenas, aber man mußte sich vor ihnen in acht nehmen, sie drehten einem gern das Wort im Munde um, sagten die Leute. Nein, die kleine Fossa hatte kein leichtes Leben. Nicht ohne Sorgen schied Herr Keno von dieser Enkelin und ihren Kindern.

Elborg von Valdern hatte Besuch, als ihr Vater eintrat. Die Häuptlingsfrau von Kleinvaldern war bei ihr. Sie stammte aus dem Harlingerland, war klein und für ihre Jahre verhältnismäßig zierlich. Die beiden Frauen schienen über angenehme Dinge gesprochen zu haben, ihre Gesichter waren gerötet vor Freude und Anteilnahme an ihrem Gespräch.

"Die Ihr vor Euch seht, wird unseres Haiko Schwiegermutter, Vater", sagte Elborg. "Erinnert Ihr Euch noch an Adda? Ich bin sehr glücklich, sie bald als meine Tochter in die Arme zu schließen. Klein- und Großvaldern sind immer gut miteinander ausgekommen, nicht wahr, Djultke?"

"Haro und Wiard einigen sich über den Brautschatz und das Land", sagte Djultke glücklich. "Addas Fletiewa wird so sein, daß Ihr damit zufrieden sein könnt, Herr Keno. Elborg und ich aber - alles, was wir von unsern beiden Kindern wissen, von ihrer ersten Jugend an, das erzählen wir uns. Und wir finden, sie passen so zueinander, als ob Gott sie eigens füreinander geschaffen hätte."

Und dann öffnete sich die Tür, und der kaum zwanzigjährige Enkel trat errötend vor den Ältervater und zog die schüchterne Adda mit sich. Das Verspruchsbier solle bald gefeiert werden, und wenn der Ältervater ihnen die Ehre erweisen und die Liebe antun wolle, auch zu kommen, so -

Herr Keno stand auf, legte seine guten, großen Hände auf die Häupter der beiden Enkelkinder und sagte:

"Die Zukunft. Die neue Zeit. Ihr bringt sie mit. Aber betet! Werdet nicht zu groß."

Elborg fing nun an, von der Kindheit ihrer Brüder zu erzählen, und Herr Keno hörte wie immer still zu und wärmte sich an der Liebe, die diese Tochter für ihre Geschwister hatte. Wahrlich, an Elborg und ihrem Hause würde Ocko eine feste Stütze haben, was Hisko und Folkmar auch im Schilde führten.

Als er am nächsten Morgen wieder pelzverbrämt in seinem Schlitten saß und gen Osten fuhr, auf Strackholt zu, sah der alte Mann, daß die Sonne auf eine besonders geschützt liegende Stelle eines Grabens so lange geschienen hatte, bis der Schnee weggetaut und etwas grüne Brunnenkresse sichtbar geworden war.

Da war es schon so weit, daß das, was sich in den Tiefen lange geregt hatte, dem Menschenauge sichtbar wurde. Manches hatte Keno tom Broek auf dieser Fahrt zu den Kindern und Kindeskindern beobachtet, was bereits lebendig war, aber sich erst später wirklich zeigen würde.

Foelke Kampana war damit beschäftigt, die Zuchtgänse zu unterrupfen, damit sie zeitig Eier legten, als sie Herrn Keno über die Zugbrücke auf den Burghof fahren sah. Sie drückte die Gans der krausköpfigen Ulske in die Hand und breitete beide Arme aus, Herrn Keno entgegengehend. Es erschütterte sie immer, wenn sie den alten Mann sah, so zugehörig fühlte sie sich ihm. Nur Witzeld, der immer noch bei ihr war, brachte sie eine gleiche Liebe entgegen. Sie kamen wohl aus gleichen Geisteswelten, der alte Mann und das Kind. Sie hatten beide die gleichen reinen blauen Augen und den langen, stillen Blick.

Foelke schluchzte an seinem Halse. "Daß Ihr gekommen seid...! Friert Euch auch nicht? Ich habe Heimweh nach Euch gehabt."

Sie führte ihn in die warme Winterstube und wechselte rasch die Kleider:

"Wenn Ihr kommt, ist Festtag für mich. Ulske rupft die Gans zu Ende, die andern warten bis morgen."

Sie erzählten sich von dem, was sich in letzter Zeit ereignet hatte, und was sie sich dazu dachten. Es war nichts Bedeutendes, aber daß sie wieder an der Seite des alten Mannes sitzen und seinen ruhigen Worten lauschen durfte, das war das Bedeutende für Foelke Kampana. Bald färbte sich der westliche Himmel rötlich, und Dämmerung legte sich leise auf das schneebedeckte, stille Land.

"Der Abend kommt - auch für mich, Kind", sagte Herr Keno.

Sie erschrak bis ins innerste Herz. Gewiß, er war alt geworden, so straff wie früher hielt er sich nicht mehr, und sie hatte auch bereits bemerkt, daß sein Gehör die alte Schärfe verloren hatte. Aber es war nicht auszudenken, daß sie diese innere Heimat verlieren sollte.

Leise sprach sie dies aus. "Noch nicht, Herr Keno - ohne Euch bin ich heimatlos."

"Heimatlos", wiederholte der Mann. "Du entsinnst dich der Westeeler, meine Foelke, die ihr Land den Fluten lassen mußten. Es sind nicht die Schlechtesten, die Gott einmal heimatlos werden läßt. Du mußt bald wieder ins Broekmerland kommen und sehen, wie die wenigen, die damals übrigblieben, arbeiten und den Keim legen für die Zukunft ihres Geschlechtes. Gott ließ vorzeiten die Urflut über die Menschen kommen und nahm allen ihre Heimat. Nur die wenigen, die Keim und Saat für die Zukunft werden sollten, blieben übrig." In unendlicher Liebe sah das Mädchen ihn an: "Es ist viel schwerer übrigzubleiben als mitzugehen", sagte sie leise.

"Da hast du recht, aber das Schwere verlangt auch starke Menschen. Du weißt doch, daß du Gott helfen mußt. Wenn die Menschen so groß werden, daß sie ohne Gott auskommen wollen, werden sie lange brauchen, ihn wiederzufinden. Ich wünsche nur, daß mein Sohn die Verbindung mit Gott nicht aufgegeben hat. Wir wollen für ihn beten, auch du solltest das tun."

Als Gyla bald darauf nach Hause kam, fand sie die beiden noch ohne Licht, nur vom roten, warmen Schein des Torffeuers bestrahlt.

In den nächsten Tagen sprach Herr Keno nicht wieder von diesen Dingen, aber er wagte auch nicht, schon abzufahren. Er wollte nicht den Eindruck der Todesnähe verwischen, das würde dieses Mädchen als unwahr empfunden haben. Aber er wollte warten, bis sie die Kraft gefunden hatte, ihn ziehen zu lassen.

Am Morgen des Valentinstages trat er zu ihr: "Meinst du, daß ich nun gehen kann?"

Sie nickte und warf sich ihm an die Brust. Das Schluchzen schüttelte sie. Er streichelte ihren dunklen Kopf.

Als sie sich beruhigt hatte, hob er ihr Gesicht zu sich empor und sagte: "Und nun habe ich noch etwas für dich, was du als Heiligtum durch die Zeit tragen sollst." Er zog einen Beutel aus der tiefen Tasche seines Wamses und entnahm ihm ein großes, kunstvoll gearbeitetes Esschart. "Dies war Hebrichs Brautschmuck. Ich konnte mich nicht entschließen, ihn unseren Töchtern zu geben - und welche von beiden hätte ihn bekommen sollen? Es ist etwas Besonderes. Ein Goldschmied in Torum hat es gearbeitet."

Er hängte Foelke das Esschart um den Hals. Der schwere, große Span reichte von einer Brust zur andern. Er wies zweiunddreißig Zacken auf, an deren Spitze je eine Goldkugel thronte. Die übrige Wölbung war nach germanischer Art in acht Flächen aufgeteilt, deren jede heilige Runen aufwies. In der Mitte aber funkelte das Sonnenkreuz, von dem man sagte, daß die Mönche in Irland und Schottland es auf ihre Fahnen geschrieben hatten, als sie in Nordgallien und Friesland das Kreuz predigten. Unten an dem Span waren geflochtene, goldene Schnüre befestigt, die in großen Bögen über die Schultern und den Rücken liefen.

"Zweiunddreißig Winde kennen unsere Schiffer", sagte Herr Keno nun, "über allen Meeren wehen sie. Überall schwebt der Geist Gottes über den Wassern, Gottes Wärme, aus der alles Neue, sofern es gut und göttlich ist, geboren werden muß."

Als Gyla bald darauf den alten Mann in seine Pelze wickelte und ihm die Fellhandschuhe reichte, stand Foelke bewegungslos am Schlitten und hielt die Zügel des Pferdes.

Nun war es soweit. Der Kapkavel war fest über die Ohren gezogen, der Fausthandschuh griff nach dem Zügel. Ein Ruck, der Hengst zog an, die Glöckchen läuteten, der Schlitten sauste davon. Gleich weißen Bergen und Schneehaufen liefen Wolken am frostklaren Himmel. Die Sonne zertrennte sie und beleuchtete die weiße Welt, in welcher der Schlitten verschwand. Foelkes Hand krampfte sich um das Esschart:

"Mutter, Mutter", stöhnte sie, "er kommt nicht wieder."

"Er hat dir ein Vermächtnis gegeben", sagte Gyla. "Sei stolz darauf und weine nicht mehr."

Witzeld wich den ganzen Tag nicht von Foelkes Seite. Er war nun zehn Jahre alt und ein verständiger Junge. Es gab niemand in Strackholt, der ihn nicht gern gehabt hätte.

Als Gyla ihrer Arbeit nachging und Foelke noch immer nicht die Kraft dazu fand, kam Witzeld zu ihr und setzte sich auf ihren Schoß.

"Du hast viel verloren", sagte er, "aber was soll ich denn sagen -." Heftig umarmte er sie. "Du, Foelke - ich will Mutter zu dir sagen, ich will eine Mutter haben, Foelke!"

Sie preßte den Jungen an sich. "Mein Witzeld - ja, ich will deine Mutter sein. Und nie sollst du von mir gehen. Du sollst Mutter zu mir sagen, du Kind, aber nur, wenn wir allein sind."

"Mutter, Mutter", stammelte der Junge, "ich habe eine Mutter."

Keno tom Broek sprach nur noch wenig, zeigte aber eines Tages Herrn Almer, der ihn häufig besuchte, den Plenariaablaß, den er und Imel im Jahre 1371 als besondere Vergünstigung vom Papste erhalten hatten. Der päpstliche Brief, eine starke Pergamentrolle mit dem daranhängenden Siegel des Heiligen

Stuhles, war gerichtet an "den Edelmann Keno tom Broek in Utengrahove in Friesland."

So war auch diese Sache geregelt.

Am Tage Mariä Verkündigung verspürte Herr Keno morgens den Wunsch, im Bett zu bleiben. Seine Kräfte waren in letzter Zeit rasch verfallen. Das feuchte, unbeständige Wetter ließ ihn oft frieren, und er war dem heftigen Atem, den die Erde in diesen Märztagen ausströmte, nicht mehr gewachsen. Er sah nun die Folgen des Menschseins auf sich zukommen, einmal diese Erde wieder verlassen zu müssen und fing an, es als Beengung zu empfinden, daß er im Menschenleibe war. Es war nicht so sehr das Nachlassen der Körperkräfte als das Flügelschlagen des Geistes, das ihn dies fühlen ließ.

Er ließ Herrn Almer benachrichtigen, daß er ihm das Sterbesakrament gäbe, und alle Türen öffnen, damit jeder der Broekmerländer, der den Wunsch habe, zu ihm kommen könne. Und dann kam einer nach dem andern. Knechte und Mägde knieten an dem Lager, die Stube war mit Menschen überfüllt.

Niemand weinte. Niemand bewegte sich. Sie waren erstarrt im Schmerz. Sie verloren ihren Vater.

Inmitten seiner Broekmerländer, für die er gelebt hatte, starb Keno tom Broek. Sein friedvolles Angesicht verkündete allen, daß er gern des Menschen Los, leben zu müssen, getragen und ebensogern, als es Zeit wurde, den Leib aufgegeben habe. Er hatte sich nun wieder in seinem Ursprung erfaßt. Gott selbst hatte die befreite Menschenseele zu sich genommen.

ZWEITES BUCH

RITTER OCKO

1.

Elborg und Doda blieben noch einige Tage, nachdem man Keno tom Broek in Utengrahove zu Grabe getragen, auf der väterlichen Burg, um den Nachlaß zu ordnen. Es war in Friesland nirgends üblich, Testamente zu machen, aber die beiden Frauen wünschten doch, ihr Vater hätte die Ansprüche von Imels Schwiegersöhnen noch geprüft. Sie verstanden nicht ganz, warum er dies unterlassen hatte. Fossa hatte ihm doch in Dodas Gegenwart den Ernst der Lage vor Augen gestellt. Er mußte wohl eingesehen haben, meinten die Schwestern, daß auch Verfügungen seinerseits nicht mehr helfen konnten, sofern Folkmar und Hisko sich weiterhin auf Versprechungen ihres Schwiegervaters beriefen, und das taten sie. Doda hatte mit Mühe eine Regelung dieser Fragen bis zu Ockos Rückkehr verschieben können. Folkmars habgierige Augen fanden nicht einmal bei der Beerdigung Ruhe, während Hisko seine wahren Gedanken hinter glatten, mitleidigen Reden verbarg, aber bei dem Tröstelbeer auch wieder von "seinem" Valdern und anderen Burgen sprach, die ihm bald zufallen würden.

Die beiden Schwestern waren glücklich, als Hiskos Wagen mit dem rechtssteigenden Löwen im Wappenschild der Abdenas und Folkmars mit den beiden heraldischen Lilien über die Zugbrücke rasselten und bald nicht mehr zu sehen waren.

Jetzt erst war wirklich Friede um sie.

Am Abend dieses Tages verließen sie die Burg und gingen Arm in Arm durch Utengrahove. Es war so einsam daheim, sie waren allein, ohne Eltern und Brüder. Wie leer war das große Steinhaus nun!

Es war die Zeit der Tagundnachtgleiche. Die Sonne schien eine Weile still zu stehen, bevor sie sich entschloß, das wunderbare Gleichgewichtsverhältnis zwischen Licht und Dunkelheit zugunsten des Lichts aufzugeben. Es war wie ein Atemholen, ein Sichbesinnen auf das, was nun mit der Erde geschehen solle.

Utengrahove war ein langes Reihendorf, aber heute abend hatten sich auch viele Dorfbewohner, die am äußersten Ende wohnten, bei der Kirche zusammengefunden, und als sie die Burgfrauen von Valdern und Greetsiel daherkommen sahen, gingen sie ihnen entgegen. Auch sie waren durch Keno Hilmersnas Tod vaterlos geworden. Die meisten von ihnen blieben scheu auf dem Wege stehen, als die reich gekleideten Edelfrauen näherkamen. Aber Doda streckte beide Arme nach ihnen aus und rief:

"Daß ihr uns holt, ihr Broekmer! Leer ist die Burg! Zuviel Tod, zu weite Ferne. Aber ihr seid noch da, ihr alle. Komm, Binlip, faß mich an."

"Doda", sagte das Weib erschüttert, "daß du niemals anders wirst -. Reich und vornehm seid ihr, du und deine Sippe, und die Mächtigsten in Friesland, aber -"

"Nichts sind wir ohne euch", sagte die Burgfrau von Greetsiel, "Gott ist mein Zeuge, wenn ich nicht um meiner Schwester willen wieder in die Burg zurückginge, ich würde dich um eine Schlafstelle in deiner Butze bitten, Binlip, dann wüßte ich mich in dieser Nacht deinem warmen Herzen noch näher."

Und sie faßte Binlip an der einen und deren Sohn Javo an der andern Hand und zog sie mit sich zum Kirchhof. Da lagen sie alle, an die diese Menschen dachten! Osterglocken läuteten auf ihren Gräbern. Die Sonne hatte heute lange und warm geschienen und die gelben Knospen weich geöffnet, und der Abendwind strich durch die blaugrünen Blattröckchen.

Daß Imel an jenem Sonnenwendtag mit dem Pferd gestürzt und gleich tot gewesen war, erschien den Broekmern immer noch unfaßlich. Luert Emmena, dem ein heilkundiger Mönch einen hölzernen Fuß verfertigt und kunstvoll an das Bein geschnallt hatte, wandte keinen Blick von dem Grab dieses guten, stillen Menschen. Elborg erfaßte der ganze Jammer um den geliebten Bruder aufs neue, aber es tat ihr doch wohl, daß die Broekmer Männer und Frauen, unter denen sie aufgewachsen war, hier bei ihr und Doda waren. Es war die beste Hilfe, die ihr zuteil werden konnte.

Herr Keno dagegen war alt geworden, und man hatte sein Ende kommen sehen. Er war wie die Sonne gewesen, ohne die es kein Leben gibt. Und wie jetzt in diesem Augenblick, nach Sonnenuntergang, der Himmel rötlich leuchtete und mildes Licht die Welt verklärte, so empfand man auch hier an seinem Grabe das Weiterwirken seiner klaren, milden Kraft.

Sie würde noch lange ausreichen, dachte Doda, die Menschen zu stärken. Immerhin aber mußte auch diese Kraft einmal verblassen, und dann würde es einer festen Hand bedürfen, Neid und Zwietracht von diesen Menschen fernzuhalten, die jetzt das Unglück und der gemeinsame Schmerz einten. Doda hatte sich daher entschlossen, nach Neapel zu reisen und ihren Bruder Ocko heimzuholen. Ob Elborg sich anschließen würde, stand noch nicht fest, da Haro, ihr Gemahl, vor kurzem erkrankt war. Die Schwestern hofften aber, in allernächster Zeit ihre Reise antreten zu können.

Als Doda den Broekmer Männern und Frauen ihren Plan darlegte, sagte der alte Boynck Ickena:

"So ist es recht, Doda. Es gibt Lebensverhältnisse, in denen keine Briefe mehr helfen, und wenn sie alles enthielten, was gesagt werden muß. Ich meine ebensogut die Eures Bruders wie die unsrigen. Nach dem, was der Romfahrer erzählte, geht es auch dort in Neapel um große Dinge. Wenn es aber so ist, dann muß Euer Bruder Euch sehen, und dann wird er wissen, was er zu tun hat."

"Daß Ihr Ocko so versteht", sagte Doda dankbar. "Ich weiß, er kommt heim. Aber er soll gern heimkommen, und wenn er uns sieht, soll er wissen, daß es nur diese eine Möglichkeit für ihn gibt. Er wird es auch wissen. Sonst - soll er dort bleiben", schloß sie ernst.

"Als sie auf die Kreuzfahrt zogen, da haben die Friesen auch gewußt, daß es nur diesen einen Weg für sie gab", fuhr der alte Mann fort. "Wir älteren wissen es von unseren Altervätern, die mitgezogen sind. Ich meine nicht jenen Kreuzzug gegen unsere Stammesgenossen, die Stedinger, die bei den Teufeln Antwort gesucht, liederliche Zauberweiber um Rat gefragt und Hostien entehrt haben sollen, wie lügnerisches Pfaffengesindel behauptete - daran hat sich kein freier Friese beteiligt, ihr Leute. Es ist nötig, daß es unbeirrbare Menschen gibt, die geradeaus gehen und ihren Weg wissen. Zu denen gehört Ihr, Doda Kenesna."

"Macht nicht zuviel aus mir, Boynck", wehrte die Frau errötend, "Ihr habt recht, ich weiß meinen Weg, es geht mir um Heiliges, und nun Ihr diesen großen Vergleich mit dem Kreuzzug gebraucht habt - ja, leicht kann es geschehen, daß sich Unheilige auch an ihm vergreifen. Mein Bruder wird sich zu verteidigen wissen, er hat die Jahre nicht nutzlos verstreichen lassen."

Nein, das habe er gewiß nicht, bestätigte Boynck. Und was die weite Reise anbelange, so wolle er daran erinnern, daß alljährlich friesische Koggen diesen Schiffahrtsweg zögen, und daß es, wie sein Ältervater erzählt habe, im letzten Kreuzzug nicht nur Schiffer- und Handelsvolk gewesen sei, das sich an diesen weiten Fahrten beteiligt habe. Viele Schiffe seien durch Sturm und Unwetter beschädigt oder zerstört worden. Aber so liefe eine Reise ja nicht immer aus, schloß er.

Nun trat ein älterer Schiffer vor und sagte, es sei nun einmal so, daß die See selten mit weichen Frauenhänden, recht oft aber mit Männerfäusten zufasse. Aber seit jenen Zeiten, von denen Boynck erzähle, habe sich das friesische Segelschiff doch wesentlich verbessert. Natürlich müsse man nach wie vor gute Windverhältnisse abwarten, und wenn er, Tzabbe Ewena, den Edelfrauen einen Rat geben dürfe, so sollten sie sich dem Kauffahrergeschwader anschließen, das bereits abfahrtbereit auf der Reede vor Emden läge und - er steckte die Nase in den stillen Abendwind - voraussichtlich in den allernächsten Tagen die Anker lichten würde. Es seien zum Teil Baienfahrer, die von Livland und den neuen Kolonien im Osten gekommen seien und über Flandern nach der Bai von Burgneuf fahren wollten, südlich des französischen Stromes Loire, wo man grobes Seesalz und französischen Wein laden wolle. Er habe große Schiffe dort liegen sehen, die ganz gewiß über hundert Danziger Roggenlasten und eine Menge flandrischer Tuche außerdem führen könnten. Es seien bereits viele friesische Koggen, gut bemannt und bewehrt, zu ihnen gestoßen.

Elborg faßte ihre Schwester an die Hand. Daß es schon so bald Wirklichkeit werden sollte, bestürzte sie. Aber Doda bat den Mann:

"Nehmt Euch unser etwas an, Tzabbe Ewena, Euer Vorschlag dünkt mich recht brauchbar. Wie steht es um die Koggen unseres Vaters? Sind sie überholt, wie man im Frühjahr zu tun pflegt, und liegen sie abfahrtbereit da?"

Soviel er wisse, sei dies bei allen der Fall, erwiderte Tzabbe Ewena. Er selbst habe auf der Kogge, deren Steuer er führe, die Wanten erneuern lassen, die zum Versteifen der Masten dienten und auch das zum laufenden Gut gehörige Tauwerk, mit dem die Rah gebraßt und das Segel gesetzt werde, durch allerbeste Hanfbrassen ersetzen, sowie die Nähte der Beplankung, soweit nötig, mit Werg und Pech abdichten lassen. Sein Schiffer habe Weisung von Herrn Keno erhalten, in diesem Frühjahr nach Spanien zu fahren, aber wenn die beiden Burgfrauen sich entschließen könnten, mit seinem Schiff die Reise nach dem Süden anzutreten, so würde leichtlich eine weitere Handelsbeziehung mit Italien angeknüpft werden können, falls sie nicht vorzögen, statt eines großen Lastschiffs sich einer Hulk zu bedienen, wie man sie im Rheinmündungsgebiet neuerdings gern gebrauche. Die Hulk habe nur halb soviel Tragkraft wie die Kogge, sei in manchem aber für reisende Frauen vielleicht vorzuziehen. Und der alte Seefahrer schilderte eingehend diese erst seit einiger Zeit aufkommende Schiffsart und zeigte einen Goldnobel, wie ihn Eduard III. nach dem Seesieg über die Franzosen hatte prägen lassen mit dem Bilde solcher Hulk, die nicht die gerüstartigen Aufbauten hatte wie die alte, gute Kogge, die jeder hier kannte. Nun mischte sich der greise Rembod Mentesna ein:

"Es wird Zeit, daß wir die beiden Edelfrauen auf ihre Burg zurückbringen, der Himmel hat alle Farbe verloren, und das Nordlicht glimmt auf."

Da zog Binlip eine Geldmünze aus der Rocktasche und reichte sie verlegen der Kindheitsfreundin.

"Doda, du wirst geweihte Stätten betreten", sagte sie zögernd, "und Geld hast du genug. Ich möchte, daß du Kerzen kaufst für deinen Vater, ich -"

"Zu jedem Kreuzzug ist Geld gesammelt worden, ihr Leute", half ihr der alte Boynck, "in früheren Zeiten hat man hierzulande das Gold in den Tempel gebracht, und Priester und Druiden haben es gehütet. Wollet es so auffassen, Elborg und Doda, wenn wir euch unser Scherflein mit auf die Reise geben. Verfüget darüber nach eigenem Gutdünken. Ob ihr Seelenmessen lesen lassen wollt an heiliger Stätte oder ob ihr unsern Landsleuten in Rom damit helfen wollt, die ein großes Hospital unterhalten, uns wird alles recht sein.'' Er nahm seinen Kapkavel vom Kopf und ging reihum. Und die Menschen legten hinein, was sie gerade bei sich trugen und was sie dieser Sache zu opfern bereit waren.

Am Nachmittage des folgenden Tages kamen viele aus Upende, Upgant, Marienhove, Siegelsum und anderen in der Nähe liegenden Dörfern nach Broke. Es hatte sich rasch herumgesprochen, daß die Abfahrt der beiden Töchter Herrn Kenos dicht bevorstand, und jeder wollte gern Abschied nehmen von Elborg und Doda, die hier unter ihnen aufgewachsen waren und immer noch das gleiche warme Freundschaftsverhältnis pflegten.

Auch Louwert Itzinga und Hylo Attena, Jugendfreunde Ockos, brachten Aufträge an Ocko. Als sie gegangen waren, ließen sich die Westeeler melden, die nach der furchtbaren Flut eine Heimat am Moorrand und auf dem Geestrücken gefunden hatten, und erzählten von Herrn Kenos Fürsorge für sie. In unverbrüchlicher Treue wollten sie zu seinem Sohne stehen - dies zu sagen war die Ursache ihres Besuches. Zuletzt kam ein kleiner, dürrer Mönch, der die Kutte und den Bettelsack der Dominikaner trug.

Er sprach den Segensgruß zu allen, die auf Bänken an den Wänden saßen oder in der großen Stube in Gruppen standen, und eilte auf die beiden Burgfrauen zu.

Sie kannten ihn nicht, und Doda verbarg ein Lachen, weil sie angesichts dieses Mönchleins an eine Maus erinnert wurde, die sich in einen Sack verirrt hatte. Mit kleinen, klugen, grauen Augen sah der Mönch zu ihr auf. Sein Prior, Herr Dodo, sende ihn. Er habe den Burgfrauen von Valdern und Greetsiel einen Brief zu überbringen. Und geschwind griff seine Rechte in die Kuttentasche und holte aus deren Tiefen ein großes Schreiben, an dem das Siegel Herrn Dodos hing, die Jungfrau mit dem Kinde und den beiden knienden Bischöfen.

"Ihr werdet die Güte haben, uns das Schreiben des Hochwürdigen Herrn vorzulesen, denn des Schreibens und Lesens sind wir nicht kundig", bat Doda freundlich. Und der Mönch begann mit hoher, dünner Stimme zu verlesen, daß sein Prior ihn den beiden Burgfrauen als Begleiter zur Verfügung stelle, worauf ein lautes Gelächter in der großen Burgstube ausbrach. Bruder Hilarius aber ließ sich nicht beirren. Er verlas seine eigenen Vorzüge vor all diesen barbarischen Menschen, die er im Grunde seiner Seele, soweit dies mit dem Christenglauben zu vereinigen war, verachtete. Er sei hochgelehrt, schrieb der Prior, und vieler Sprachen kundig. Ob die Burgfrauen sich mit Flamen, Engländern, Spaniern oder Italienern in deren Sprache oder ob sie sich auf lateinisch unterhalten wollten -, wieder lachte das barbarische Friesenvolk, das an den Wänden entlang auf breiten Bänken saß -, Bruder Hilarius würde ihnen jegliches Wort ins Friesische übertragen. Auch könne er Auskunft geben über alle Reisen, die jemals Friesen nach Italien unternommen hätten.

Bei dem letzten Satze legte sich die Heiterkeit etwas. Es gab hier niemand, der sich nicht unlöslich mit seinen Altvorderen verbunden wußte, und jetzt kam sogar unter diesen Barbaren, wie der Mönch die Broekmer in seiner lateinisch gebildeten Seele nannte, das Bedauern auf, daß nicht Bernlef, der große Barde der Friesen, alles besungen hatte, was je friesische Helden in fremden Landen getan und gesehen hatten.

In diesem Augenblick trat Herr Almer, der Priester des Kirchspiels, in die Stube, begrüßte die plötzlich still gewordenen Menschen, überflog mit des Mönches Erlaubnis rasch den Brief, den dieser ihm reichte, und redete den Verwandten begeistert zu, des Priors Angebot anzunehmen. Er selbst sei viel in fremden Landen herumgekommen, wie man wisse, und es sei von unschätzbarem Wert, außer bewaffneten Männern, an denen es ja gewiß nicht fehlen würde, einen schrift- und sprachkundigen Mann in der Nähe zu wissen. Und so wurde denn der Brief des Priors plötzlich von allen ernst genommen und Hilarius zum Begleiter der beiden reisenden Edelfrauen erkoren.

Am frühen Morgen des nächsten Tages verließen Elborg und Doda Burg Broke und ritten über Utengrahove zurück zu ihren Männern und Kindern.

In der Nähe von Emden begegnete den beiden Elborgs Sohn Haiko. Er habe Tzabbe Ewena gesprochen, die Abfahrt sei auf den 9. April festgesetzt. Haro, seinem Vater, ginge es besser, er und Ohm Edzard seien auch der Meinung, daß die Mutter und die Muhme Doda diese Gelegenheit ergreifen müßten, gen Süden zu fahren, wenn die Muhme, hier lachte er, nicht doch noch von diesem seltsamen Vorhaben abzusehen gedenke. So habe sich Haro, sein Vater, ausgedrückt.

"Damit hat er kein Glück", sagte Doda lachend. "Und nun helft eurer Mutter, daß sie keines ihrer Scherssons vergißt, keinen Span, kein Esschart, keine Spange. Edles Gold trägt die freie Friesin. Vom Golde der Sonne umflossen wollen wir vor die Königin von Neapel treten. Der alte Boynck hat gesagt, früher habe man alles Gold in den Tempel getragen, und Priester und Druiden hätten es gehütet ..."

"Unsere Liebe selbst ist Gold", sagte Elborg still. "Aber auch ich trage gern Gold", setzte sie leise hinzu, "es gehört zur Sonne, und es stärkt die Sonnenkräfte im Menschen."

Haro Ayldsna von Valdern und Edzard Cirksena von Greetsiel waren, obwohl durch Doda schon lange darauf vorbereitet, nicht sehr angetan von dem Vorhaben ihrer Gemahlinnen. Wenn sie jedoch an das nun führerlose Broekmerland und ihre Nachbarn Hisko und Folkmar dachten, mußten sie zugeben, daß ebenso richtig wie kühn war, was Doda sich vorgenommen. Die Söhne aber waren stolz auf ihre unternehmungslustigen Mütter, und es verging kein Tag, an dem nicht einer der Edzardssöhne seine Mutter auf den Arm nahm und durch die Kammern der Burg trug. Ihren Vater lachten sie aus - war es nicht zum Lachen, daß er und Ohm Haro mit einem kleinen Leichter an die Kogge heranfuhren und sie von oben bis unten durchkrochen, um die Festigkeit jeder Planke und jedes Taues zu überprüfen? Daß Männer, die Krieg und Fehde gewohnt waren, in solcher Unruhe einer Seereise oder der langen Einsamkeit, was es nun auch sein mochte, entgegensahen, das erheiterte die Edzardssöhne immer wieder, und auch Haro von Valdern mußte sich manche Neckerei von seinen Kindern gefallen lassen.

Am Vortage der Reise fanden sich alle in dem Leichter zusammen, der die beiden Edelfrauen an die große Kogge heranfahren sollte. Ein Begleitboot führte die schweren, mit gelbem Leder überzogenen und mit Eisen beschlagenen Koffer, außerdem Fellsäcke, wie man sie gern auf Reisen mitnahm.

Und da lag nun die schwimmende Friesenburg inmitten vieler hansischer Fredekoggen auf schaukelnden Wellen, halb so hoch wie lang, schwer, bauchig, gedrungen, aber fest und stark. Immer näher schob sich der Leichter heran. Schon sah man die gewaltigen Planken, die klinkerförmig übereinandergriffen und auf einem festen Spantengerippe angebracht waren. Der starke Mast, der in der Mitte des Schiffes stand, führte ein einziges, großes, viereckiges Rahsegel.

Die ersten, die von Bord sprangen, waren die Edzardssöhne. Die Väter folgten und hoben mit großer Behutsamkeit die Frauen auf das Fallreep.

Es wollte ihnen nicht in den Sinn, daß Elborg und Doda nun wochen- und monatelang alles allein bewerkstelligen mußten ohne ihre, der Männer, Hilfe. Es war gewiß kein schönes Gefühl, daß dies überhaupt möglich war. Bislang waren sie sich unentbehrlich vorgekommen. Die Falte über Haro Ayldsnas Nasenwurzel vertiefte und verlängerte sich, während Edzard nach seiner Gewohnheit die Stirn hochzog, so daß wahre Faltenströme entstanden. Als Doda dies sah, lachte sie hellauf. Was half in diesem sorgenvollen Augenblick die Cirksenasche Gewandtheit! In großer Liebe warf sie sich ihrem Mann an die Brust.

Hier in der kleinen Schiffskammer, auf schwankendem Boden, würde sein Weib nun lange Zeit zubringen. Edzard sah sich alles genau an, die beiden schmalen Kojen, um die man sogar feine Vorhänge von hellgemustertem Tuch aus Ypern gespannt hatte, den kleinen festgenagelten Tisch mit den beiden Faltstühlen, die keine Rücken-, aber hohe Armlehnen hatten und mit schönen Teppichwebstücken belegt waren. Die Scherssons hatten in tiefen Wandschränken Platz gefunden, während die schweren Koffer von Matrosen ins Innere des Schiffsbauches befördert wurden. Ein kleines, mit rotem Leder bespanntes und mit Eisennetzen geschütztes Eichenholzköfferchen behielt Doda bei sich. Sie stellte es auf ihr Bettbord, es enthielt die Schmucksachen. Der Deckel war aus Schmiedeeisen, und außerdem war er mit Eisenstäben beschlagen. Durch die vier Ringe, die an den Seitenwänden befestigt waren, zog Edzard einen Strick und befestigte ihn an der Schiffswand. Das war nun das letzte, was er für sein Weib tun konnte.

Die Edzardssöhne hatten unterdessen alles begutachtet, was an laufendem und stehendem Gut vorhanden war. Bald standen sie am Bugspriet auf der Back, wo sich das Ankergeschirr befand, bald waren sie im Laderaum und sprachen verächtlich über Wattfahrer, die nur achtzehn Lasten bergen konnten, während diese Riesenkogge, mit der ihre Mütter fahren sollten, ganz gewiß so groß war wie jene, welche die Stadt Lübeck vor nicht langer Zeit von Friesland gekauft hatte, ein Schiff, das weit über hundert Lasten bewältigte. Als die Eltern sie endlich fanden, entdeckten die Burschen gerade eine Klosterbarke, die sich schaukelnd näherte und aus der bald ein hageres, kleines Dominikanermönchlein heraushüpfte und das Fallreep hinaufsprang. Und da war er, Bruder Hilarius, der gelehrte Begleiter der beiden Edelfrauen. Er kam von der Hamburger Fredekogge, wo er ihm bekannte Handelsherren besucht hatte, begrüßte die Leute von Valdern und Greetsiel, huschte wie eine Maus über das ganze Schiff und berichtete gleich darauf, es sei eine ganz neumodische Kogge, mit der sie führen, das große Vorderkastell stütze sich nur leicht auf den Vordersteven, schwebe aber sonst frei im Weltenraum. Bei schlechtem Wetter sei es ein leichtes, dieses Schiff zu steuern, denn die Ruderpinne läge gar nicht mehr frei, sondern habe einen wirksamen Schutz durch den Boden des Kastells, es würde gewiß eine wunderbare Seefahrt. Und schon war Hilarius, der gelehrte Begleiter, wieder anderswo.

Die beiden Burgherren sahen ihm kopfschüttelnd nach.

"Findig ist der Bursche", sagte Haro von Valdern. "Hundert Friesen sind hier an Bord, Schwager, wehrfähige Männer, die sich tapfer und streitbar für unsere Frauen schlagen werden, aber unter Umständen entdeckt dieser Mausbock ein Loch, das keines Menschen Auge je gesehen hat."

Gegen Abend tranken die beiden mit dem Schiffer Ayld Tammenga und Tzabbe Ewena, dem Steuermann, hamburgisches Bier, das neuerdings in Friesland den größten Absatz fand, und ließen sich zum soundsovielten Male versichern, daß man in letzter Zeit in sechs Tagen von Reval bis Lübeck gefahren sei, und daß, günstiges Wetter vorausgesetzt, diese Italienfahrt aller Wahrscheinlichkeit noch am Sophientage beendet sein würde. Freilich eine lange Zeit, aber zur Sonnenwende könnten die Herren schon mit der Heimkehr ihrer Gemahlinnen rechnen. Ohne Frage sei jetzt günstige Reisezeit, man hätte des öfteren im April den Hofden friedlich und die französische Bucht sogar zahm angetroffen.

Die schmale Sichel des zunehmenden Mondes war schon fast im Untergehen, als der letzte der Besucher vorsichtig das Fallreep herabkletterte und in dem kleinen Ruderboote Platz nahm, das alle an Land brachte, die zurückbleiben mußten. Lange noch hörten die Frauen die Ruderschläge und das abschiednehmende Rufen, dann war alles still. Elborg und Doda standen an der Reling und sahen bald nur noch die Kupferdächer der Kirchtürme sich von dem Nachthimmel abheben. Es tröstete sie, daß diese Dächer und Turmspitzen weiterleuchten würden, wie lange sie beide auch in der Fremde bleiben müßten. Hier war Beständigkeit. Die Heimat leuchtete weiter.

Als die Schwestern am nächsten Morgen erwachten und den Holzverschlag vor dem Bullauge öffneten, waren sie bereits auf hoher See, dem sechsten Seeland fern. Aber eine große Freude erfüllte sie. Die See war ihnen nicht fremd, sie waren Kinder eines Wasserlandes, die unendliche Weite von Meer und Himmel gehörte zu ihrem Zuhause. Den Wind kannten sie. Selten war das sechste Seeland ohne Wind. Weiße Schaumkronen auf lebendigen Wogen, über die bisweilen Wolkenschatten jagten, und über dem allem der helle Frühjahrshimmel mit ziehenden, silbrigen Wölkchen - nein, sie waren nicht in der Fremde, sie waren daheim. Und ihre schwimmende Burg brachte sie zu ihrem Bruder.

Beim Frühstück in der Kajüte der schönen Laube gesellte sich Bruder Hilarius zu den beiden, erkundigte sich, wie sie geruht hätten, und fing dann unvermittelt an, von ihren Brüdern zu sprechen. Er habe Imel wohl gekannt, bemerkte er und schilderte seine Beobachtungen bei der Richterwahl.

"Ihr müßt nicht so lange trauern, Burgfrau", sagte er nun tröstend zu Elborg, "es stirbt keiner, der nicht sterben soll. Wäre es nicht denkbar, daß Euer neapolitanischer Bruder bald wie ein Feuersturm durch Friesland braust und ganz neue Wege anbahnt? Wir wollen immer Gottes Wege verbessern. Aber darin sind wir Menschen alle gleich.''

Dann sprang der Mönch flink hoch, rief: ''Die Fredekogge überholt uns'', und war schon draußen. Die Frauen folgten ihm kopfschüttelnd.

Die Fredekogge führte die hamburgische Flagge und ein Zeichen, das besagte, sie gehöre zum wendischen Kreis der Hanse oder fühle sich ihm jedenfalls zugehörig, denn eigentlich umfaßte er nur die Seestädte der westlichen Ostsee bis Stralsund.

''Ich halte es nicht für ausgeschlossen'', sagte Bruder Hilarius, ''daß es einmal zu Streitigkeiten zwischen Friesland und der Hanse kommt. Die Hansen bringen es fertig, die ihren Willen nicht tun, von allem Handel und Verkehr auszuschließen. Aber ist es ein Wunder, daß ihnen ihre Macht zu Kopfe steigt? England und Rußland liegen am Boden, das Heilige Römische Reich Deutscher Nation löst sich auf, und weder Kaiser noch Papst haben die Macht, das letzte Wort zu sprechen. Nun, ihr Frauen, wartet es ab, wie lange sich Friesen hansische Vorherrschaft gefallen lassen.''

Die hamburgische Fredekogge fuhr jetzt längsseits der friesischen, so daß man die Matrosen arbeiten und die Kaufherren auf und ab gehen sehen konnte. Das waren also Hamburger. Bruder Hilarius sagte, dort habe der heilige Ansgar das Wort gepredigt, und das sei sehr nötig gewesen; immer wieder hätten heidnische Slawenvölker, von Osten einfallend, Hamburg überwältigt. Jetzt würde die Stadt reich, die Burgfrauen sollten sich nur einmal die kostbaren Trachten der Herren besehen. Elborg und Doda hatten längst die schweren, pelzgefütterten Samtumhänge bewundert. Gut kleideten sie diese Männer, die ebenso groß und blond waren wie Friesen. Ein älterer, sehr vornehm aussehender Kaufherr redete ernsthaft auf einen jüngeren ein, der im weiten, dunkelblauen Sammetmantel neben ihm ging. Es schienen Vater und Sohn zu sein. Zu schade, dachten die neugierigen Frauen, daß man bei dem Rauschen der See nicht verstehen konnte, was die Herren in ihrer niederdeutschen Mundart miteinander redeten.

Die Fredekogge überholte die friesischen Schiffe.

"Da habt ihr es, Frauen", sagte Bruder Hilarius mit erhobenem Zeigefinger, "wagt es, etwas gegen die Hanse zu unternehmen, und ihr werdet ihre Macht spüren."

Die Frauen sahen lachend der Fredekogge nach und sagten, solches beabsichtigten sie nicht, und im übrigen habe ihnen die Art der beiden hamburgischen Kaufleute ausgezeichnet gefallen.

Später sagte Elborg zu Doda:

"Was meinst du, Schwester, wird unser Bruder auch so klug und erdentüchtig in den fremden Ländern geworden sein wie diese Kaufleute auf den Weltmärkten?"

"Wenn es zu Frieslands Heil ist, möchte ich es wohl wünschen", antwortete Doda sinnend. "Was außerdem zum Leben nötig ist, wird er wieder in der Heimat lernen, die man in der einen Hälfte des Jahres pflügt und in der andern mit Schiffen oder Schlitten befährt."

Es war ein seltsames Gefühl für die Schwestern, mit jedem Tage dem Bruder näher zu kommen, den sie zehn Jahre lang nicht gesehen hatten, und doch immer noch in friesischen Gewässern zu sein. Man hatte allenthalben begonnen, außer den bloßen Landmarken Türme und Feuerbaken aufzustellen, Seezeichen, die den Schiffer schon von weitem grüßten. Es gab keinen friesischen Hafen, aus dem nicht Abend für Abend heller Feuerschein gewinkt hätte. Wohl war das an dieser Flachküste, die durch ihre wandernden Seegaten und weiten Watte gefürchtet war, nötig, aber es dünkte die Schwestern außerdem noch ein letztes Abschiednehmen der Heimat zu sein. Wie groß doch Friesland war, wieviele Inseln und Städte gehörten zur engeren Heimat! Nun hatten sie erst eine wahre Vorstellung von den sieben Seelanden, und es schmerzte sie, daß eines den Namen seiner Grafen angenommen hatte und nicht mehr frei war wie die übrigen. Ihr Vater hatte oft davon gesprochen, daß dies einmal wieder anders werden müsse.

Es war schön, für kurze Zeit gleichsam fortgehoben zu sein von allem, was sonst das Herz bewegte, und ruhig einem Ziel zuzugleiten. Bislang war der Wind besonders günstig gewesen. Er hatte sich von rückwärts in das große Rahsegel gelegt und das Geschwader erstaunlich rasch vorwärtsgetrieben. In dem Hofden faßte er es seitlich, aber auch das liebte der Koggenführer. So war man bald an der flandrischen Küste vorbei, und das felsige Gestade Nordfrankreichs mit seinen reich gegliederten, weiten Buchten und geschützten Häfen wurde sichtbar.

Oft waren Elborg und Doda bei Tzabbe Ewena, dem Steuermann, der mit seinen harten Schifferhänden die Ruderpinne handhabte. Wie er so dastand und nach der großen Wasserkugel sah, in der das Stückchen Holz mit dem darauf befestigten Magnetstahl schwamm, war er ein Stück Heimat für die beiden Frauen. Aber immer mehr trat das Broekmerland aus ihren gemeinsamen Gesprächen zurück. Tzabbe Ewena fuhr sie jetzt durch französische Gewässer und erklärte ihnen, daß die Meereslandschaften ebenso verschieden seien wie die auf der festen Erde. Sie hätten wohl bemerkt, daß die Wellen in dem Hofden anders waren als die der Friesischen See, aber die der Bucht vor Bayonne seien wahre Bergesketten, lang, hoch und gewaltig und so salzig, daß sich an den Koggen eine weiße Kruste bilde, wenn die südliche Sonne die Planken trockne.

Es wurde warm, und die Frauen konnten ohne Umhang über das Schiff gehen. Ihre goldenen Spangen und Gürtel schimmerten in der Sonne. Die Matrosen wurden gesprächiger, und manches Mal geschah das Wunder, daß sie laut und schallend sangen. Wie Gold schimmerte ihr schönes, helles Haar in der Sonne, wie lebendig gewordene Sehnsucht reckten sie sich und sahen in den ewig blauen Himmel hinauf. Und sie fingen an zu erzählen! Sie sprachen zu den Frauen, die sie nie gesehen und von denen sie nur wußten, daß es vornehme Burgfrauen und Töchter des überall bekannten Edelmannes Keno tom Broek seien, des Besitzers dieses Schiffes, auf dem sie dienten, von dem, was ihnen das Herz froh oder schwer machte. Sie wurden frei von allem, was sie wie die schweren, grauen Wolken ihrer Heimat sonst bedrückte. Und Elborg und Doda hörten zu und sprachen zu den Burschen nicht anders, wie sie mit ihren eigenen Buben gesprochen hätten.

Als wiederum hansische und auch friesische Koggen sich aus dem Geschwader lösten, um nach La Rochelle, Bordeaux und später nach Bayonne und anderen Weinhäfen zu segeln, da freuten sich die Matrosen des tom Broekschen Schiffes, daß ihre Reise noch lange dauerte. Sie hatten Frauen an Bord, Mütter, die für sie sorgten. Und sie erzählten, was sie selbst in diesen Häfen erlebt hatten. Je wärmer es wurde, um so wärmer wurden auch ihre Erinnerungen. Seltsame Kleider trügen die Weiber dort, sagte einer, und sonderbar wäre ihre weiche Sprache anzuhören. Aber wenn sie all das fremde Zeug abgelegt hätten, fiel ein anderer ein, dann sähe man doch, daß Gott die Mädchen in allen Ländern der Welt gleich geschaffen habe, ob sie nun hell- oder dunkelhäutig wären. Und sie lachten aus vollem Halse.

Den Frauen erschienen solche Reden nicht eben schicklich. Ihren Buben hätten sie sie gewiß verwiesen, aber hier auf See, unter dem hohen, blauen Himmel und der immer wärmer scheinenden Sonne, fanden sie es nur halb so schlimm.

Tzabbe Ewena aber lachte still vor sich hin. Wie oft hatte er nun diese Fahrt durch südliche Gewässer gemacht! Und immer wieder war es das gleiche: Die Wärme des Südens taute die Friesen auf. Nicht immer verlief dies harmlos, mancher löste sich ganz und gar auf, und es blieb nicht einmal ein Kern übrig. Aber den meisten war es eine Hilfe, auf diese Art etwas zurechtgeschmolzen zu werden.

Und wenn er, Tzabbe Ewena, einmal von dem zweiten Steuermann abgelöst wurde und an Deck entlang ging und seine alles sehenden Augen über Takelage und Tauwerk, Kastelle und Beplankung und auch durch Menschenherzen wandern ließ, dann schien er den Jungen noch in einem andern Sinne der Steuermann des Schiffes zu sein. An ihm fanden sie ihre Ausrichtung wieder.

Bruder Hilarius war als Dominikanermönch gewohnt, unter das Volk zu gehen und hatte sich bereits im Lauf der ersten Woche mit fast allen Matrosen bekannt gemacht. Seine Neugier belustigte diese anfangs, aber als sie bemerkten, daß der kleine Mönch nichts vergaß, was sie ihm erzählten, sondern oft ein unterbrochenes Gespräch nach Tagen wie selbstverständlich fortsetzte, als ob der Strom noch in der gleichen Richtung weiterliefe, nahmen sie ihn ernst und erklärten ihm vieles, was nur Seeleute wissen konnten. Elborg und Doda standen oft dabei, wenn sie ihm seine immer genauen Fragen beantworteten. Es tauchten hier in den französischen Gewässern mitunter Schiffe auf, sogar in Geschwadern, die große Ähnlichkeit mit den Koggen hatten und von den Matrosen Nef genannt wurden. Sie sprachen verächtlich von diesen Lastschiffen und meinten, die westlichen Völker, zu denen sie auch England rechneten, würden wohl noch lange nicht begreifen, daß diese Lastschiffe rückständig und altmodisch seien mit ihrer Seitensteuerung. Daß die Engländer dieses jetzt, am Ende des vierzehnten Jahrhunderts, immer noch nicht begriffen hätten, könne Friesen nur verwundern.

Des Mönches scharfe Augen aber waren mehr auf das Verbindende als auf das Trennende ausgerichtet, und er stellte fest, daß, die Kleinschiffahrt ausgenommen, das Bild des europäischen Schiffsverkehrs doch ein einheitliches sei.

Als man sich nun der spanischen Küste näherte, um durch das Enge Meer in das Mittelmeer zu gelangen, tauchten allerdings völlig andere Schiffe auf, die Galeeren. Der Mönch erzählte, daß von solchen Galeeren aus vor vielen, vielen Jahren eine Friesenflotte durch Römer zerstört worden sei. Man habe Bug- und Heckbalken hochgezogen, so daß die Friesenschiffe an Höhe die römischen Türme noch überragt hätten, aber da hätten die Römer Sicheln an langen Holzstangen festgemacht und mit ihnen die Rahen vom Mast geschnitten. Danach seien die Friesen natürlich trotz ihrer eichenen, unzerstörbaren Schiffsrümpfe und ihrer zum Teil ledernen Segel verloren gewesen.

"Ja, ihr Frauen", wandte sich Hilarius nun an Elborg und Doda, "ihr und euer Bruder seid nicht die ersten Friesen, die mit Italienern zu tun haben. Seit über tausend Jahren ziehen sich Friesland und Italien an, bekämpfen sich oder lieben sich. Es soll mich wundern, ob ihr es mit dem Kampf oder mit der Liebe halten werdet. Euer Bruder, scheint es, hält es mit beidem."

Diese zweideutige Bemerkung dünkte ihm wohl witzig zu sein, denn er lachte dünn und hoch, während die Matrosen etwas verlegen dreinschauten. Als aber die Schwestern ihn fragten, wie er das gemeint habe, sagte Hilarius gleichmütig, nun, Herr Ocko kämpfe für das fremde Land, wie man wisse, und liebe es auch, denn sonst wäre er wohl schon längst heimgekommen.

Der Schiffer Ayld Tammena war von dem Ehrgeiz beseelt, mit einem blitzsauberen, spiegelblanken Schiff in Neapel einzulaufen, und sah selber jede Luke und jede Schraube nach. Er hatte die für Spanien bestimmte Ladung durch Leichter an andere noch nicht vollbeladene Koggen abgegeben und zum Teil durch die Leichter selbst an die Küstenhäfen bringen lassen. Auf der Heimfahrt wollte er, wie Herr Keno noch angeordnet, Wein für England, Flandern und Friesland laden und das nötige grobe Salz mitnehmen.

Aber nun konnte er ja weitere Befehle von Herrn Ocko, seinem neuen Herrn, abwarten. Neapel bot genug, was diese weite Fahrt bezahlt machen würde. An levantinischen Gewürzen fehlte es allen Ländern der Westküste. Von England wollte Ayld, wenn Herr Ocko dies auch meinte, wieder Zimt und Rohwolle heimbringen, da er auch in Westfriesland Mangel an diesen Waren festgestellt hatte.

Nun er wieder hier an der andern Meeresseite Europas segelte und seine scharfen Augen argwöhnisch über die Galeeren und Karacken, die uralten, kastenartigen Lastschiffe und die neueren, die den wohlgebildeten Rumpf der Kogge hatten, schweifen ließ, freute sich der Schiffer ganz besonders, daß sein Broekmerland bald einen Herrn haben würde, der die Welt kannte. Was wußten die Menschen daheim von dieser Welt -! Immer, wenn er nach Friesland zurückkam, erlebte Ayld das gleiche: Es wurde überhaupt nicht hell in diesem Wasserlande! Herr Ocko würde es nicht leicht haben, sich in der stürmischen, lichtlosen Welt wieder zurechtzufinden. Wenn er sich nur recht oft auf sein, Ayld Tammenas, Schiff setzen wollte, um mit ihm in den fernen, schönen, hellen Süden zu fahren!

Ayld kam sich ein wenig treulos vor, als er so dachte. Andererseits aber mochte er um die Welt nicht hier draußen bleiben. Friesen gehörten nach Friesland. Sie beteiligten sich nicht an Völkerwanderungen, und sie gründeten keine Staaten in fremden Ländern, wie die Normannen, die er längst, entgegen seinen Landsleuten, als ein tüchtiges, kluges Seefahrervolk hatte schätzen lernen. Friesen fuhren immer, immer wieder heimwärts und vergingen vor Sehnsucht, wenn sie in der Fremde leben mußten.

Er segelte jetzt südlich an Mallorca entlang. Da war der König von Neapel vor einiger Zeit gestorben, der Mann jener schönen Königin Giovanna, von der man in allen Mittelmeerländern sprach, gut oder schlecht, je nachdem wie weit König Ludwig von Ungarns ungünstiger Einfluß gelangt war. Ayld Tammena hatte Giovanna von Anjou einmal an der Seite Ocko tom Broeks gesehen. Sie war still, vornehm, königlich und hatte unsagbar schöne, gute Augen. Seit jenem Tag gelüstete es den Schiffer, jeden aufzuhängen, der ein böses Wort über diese Königin äußerte.

Jetzt gesellten sich Elborg und Doda Kenesna zu ihm.

"Es ist gut, ihr Frauen", sagte Ayld Tammena aus seinen Gedanken heraus, "daß ihr zu eurem Bruder fahrt, bevor er zu euch kommt."

"Wir werden manches besser verstehen als andere", sagte Elborg. "Aber ich habe Sorge, Kapitän. Er wird nicht mehr daheim sein mögen, und - die andern alle", sie lachte leise, "wenn ich nur an Folkmar und Adda denke, die am liebsten selber jede Kuh melken und trotz ihrer heraldischen Lilien im Wappen leben wie kleine Leute. Ich könnte mir denken, daß Folkmar so wild wird wie unseres Vaters Stier im letzten Jahr, als ein Fremdling im roten Mantel auf die Burg kam."

Ein Fremdling im roten Mantel, dachte der Schiffer, ja, so ähnlich würde man sich Ocko tom Broek wohl vorzustellen haben. Aber der Mantel würde von schwerstem, teuerstem Sammet und mit seltenstem Pelzwerk gefüttert sein. Ob die Schwestern selbst wohl eine Ahnung hatten von der Pracht am Hofe Giovannas von Neapel?

Auch Hilarius war herbeigekommen. Er wußte die Burgfrauen immer rasch zu finden. Hatte er die Gedanken Ayld Tammenas gelesen? Er begann zu erzählen, wie sich einstmals, vor vielen hundert Jahren, die Friesen gegen die Römer gewandt und ihre Legaten zu Kaiser Nero gesandt hatten. Ähnlich, fügte er hinzu, wie nun diese beiden Edelfrauen als Legaten des Broekmerlandes an die Königin Giovanna herantreten würden.

"Die Friesen haben mit heller Stimme von ihrer Heimat und von ihrem Volke erzählt und gesagt, kein Volk unter der Sonne sei ihnen zu vergleichen in Streitbarkeit, in Treu und Glauben. Und dann haben sie sich mitten unter die Ratsherren gesetzt. Dies war nicht Brauch in Rom, aber die Ratsherren haben es den Friesen nicht verübelt, sondern dem Kaiser berichten lassen, es seien eifrige und tugendhafte Männer zu ihm gekommen. Der Kaiser hat sie empfangen, ihnen das Römische Bürgerrecht geschenkt und sie als Römer angenommen."

"Erzähle auch den Schluß, Mönch", sagte Ayld Tammena finster, "du brauchst ihn nicht zu verschweigen."

"Viel, viel Ehre", kicherte der Mönch, "große Feste, Frauen, große Geschenke, aber erreicht haben die Gesandten soviel", er schnippte mit dem Finger. "Sie lächeln und verbeugen sich in diesen Landen, und ihr merkt gar nicht, daß es dasselbe ist, als wenn sie euch mit dem Fuß in den Hintern -"

"Nach Friesland befördern, wolltet Ihr sagen", vollendete Doda den groben Satz. "Ich verstehe Euch, Hilarius. Aber fürchtet nichts. Meine Schwester und ich werden rechtzeitig zur Seite springen."

Jetzt lachte der Schiffer.

"Man hätte damals Frauen zu Legaten wählen sollen, Mönch", sagte er, "dann wäre deine Geschichte vielleicht anders ausgelaufen. Daß ihr gleichwohl auf der Hut sein müßt, Elborg und Doda, ist gewiß. Immerhin hat sich die Königin Giovanna nicht umsonst mit Friesen und andern Germanen umgeben, die alle eine ehrliche, gerade Sprache sprechen. Dies möge euch ein Trost sein."

Als die Schwestern abends in ihren Kojen lagen und das leise Glucksen des Wassers heimatlich vertraut zu ihnen heraufklang, sagte Elborg:

"Sie wissen hier etwas, was wir nicht wissen, Doda. Auch der Mönch, auch die Matrosen. Hast du es bemerkt?"

"Ja", antwortete Doda. "Die Königin von Neapel liebt unsern Bruder."

"Unsere Aufgabe wird dadurch nicht leichter", fuhr Elborg leise fort. "Wenn es nun so ist, Doda, daß sie sich so lieben wie...".

"Wie wir unsere Männer, meinst du -. Ja, dann wird es sehr schwer für uns und auch für sie beide, Schwester. Wie können wir ihm die Liebe einer solchen Frau ersetzen?"

"Das können wir nicht", sagte Elborg.

"Aber Gott hat ihn nicht ohne Sinn in den Süden geführt. Nun ich selbst die Wärme und das Licht hier empfunden habe - ich glaube an das Licht, Schwester!"

In den folgenden Tagen fuhren sie zwischen Korsika und Sardinien hindurch und legten kurz in Bonifacio an, um frisches Trinkwasser einzunehmen und Geld zu wechseln. An den felsigen Küsten war es leichter, im Hafen selbst anzulegen als an der Flach- und Wattküste Frieslands. Und hier sah man nun die dunkelhäutigen Menschen ganz in der Nähe, die sonst wohl in ihren kleinen Ruderbooten sich längsseits der schönen Friesenkogge gelegt hatten, lebhaft in ihren Bewegungen und immerfort laut schreiend, so daß es manchmal schwer zu unterscheiden war, ob es eines Menschen oder eines Vogels Stimme war, die nach oben drang. Immer hatten diese Ausrufe etwas Klagendes, wie auch die blitzenden, dunklen Augen sehr rasch einen schwermütigen Ausdruck annehmen konnten.

In der Kleidung bemerkte man die allergrößten Unterschiede. Da gingen reiche Kaufherren in übertrieben üppigen Prachtgewändern neben zerlumpten Gestalten, die in zerschlissenen Hemden und zerrissenen Hosen gierig jede Münze aufgriffen, welche die Edelfrauen ihnen zuwarfen. Was mochten sie wollen mit diesen Münsterschen Schillingen und hamburgischen Witten und Scherfen und den kleinen Lübecker Hohlpfennigen! Ob es Geldwechsler gab, die auch die kleinen Münzen annahmen? Ayld Tammena kannte hier einen, sagte er, und riet den Edelfrauen, mit des Mönches Hilfe ihre rheinischen Gulden gegen florentinische einzuwechseln, die hoch im Kurs ständen und ihnen viel nützen würden.

Friesen und Deutsche wehrten sich gegen Goldmünzen, bemerkte er.

"Wenn Gold Geld wird, ist es nicht mehr, was es sein soll, Kapitän", sagte Doda kurz.

"Das Gold ist von Gott", fuhr sie fort, "aber über ihm liegen tausend Teufel. Es soll mich wundern, wie unser Bruder darüber denkt.''

In seinem Herzen gab Ayld Tammena Doda recht, aber der alte, auf den Weltmärkten und Meeren der Welt bekannte Handelsschiffer dachte nicht mehr viel über solche Fragen nach, sondern sah zu, daß er möglichst gutes Geld und, wenn es anging, Goldgeld beim Wechseln bekam. Er nahm das auch von Ocko an.

Hilarius' Sprachkenntnisse waren zu bewundern. Der kleine Mönch war genauso pfiffig wie der Geldwechsler und erzählte nachher, die beiden Frauen hätten ein gutes Geschäft gemacht, im Umrechnen sei er dem Italiener überlegen gewesen. Und er lachte vergnügt und pfiff ein italienisches Liedchen.

Wie nahe den Schwestern nun so manches rückte, was man sich an Winterabenden wie Mären und Sagen am Torffeuer im Broekmerland erzählte! Dort lag Afrika. Dort hatten einst Friesen auf König Karl von Neapel gewartet und waren jämmerlich im Stich gelassen worden. Und drüben lag Ägypten, zwar nicht mit bloßem Auge erkennbar, aber wenn Tzabbe Ewena mit seinen starken Fäusten die Ruderpinne in den Fingerlingen drehte und acht gäbe auf die Wasserkugel mit dem Holzstückchen und der Stahlnadel darauf, so würde man dort sein können, ehe die Sonne zweimal untergegangen war, sagten die Matrosen. Dort in Ägypten hatten Friesen den Kettenturm von Damiette erobert.

In diesen Gewässern waren die Vorfahren gewesen und in jenen, aus denen sie kamen, hatte Poptet Ulvinga aus Uttum bei Lissabon sein Leben teuer verkauft. Nun war es nicht mehr Sage, was Elborg und Doda gehört, jetzt war es lauter Wahrheit. Helden waren ihre Vorfahren! Aber auch heute konnten mutige Männer solche Helden in fremden Ländern sein. Ihr Bruder -. Immer wieder endeten der beiden Frauen Gedanken bei dem, um dessentwillen sie diese Reise unternommen hatten.

Und eines Morgens lag im Sonnenglanz die Bucht von Neapel vor den Reisenden. Elborg und Doda gingen zu Ayld Tammena.

Er kannte diesen strahlenden Golf und die silbern schimmernde Küste, die sich wie ein Halbkreis um ihn legte. Bei ihm wußten sie sich geborgen. Nun galt es, glücklich durch das Schiffsgewimmel hindurchzukommen, das wie immer den Golf von Neapel belebte. In der Hauptsache waren es Galeeren und große Lastschiffe, deren Wappen erzählten, zu welcher Stadt sie gehörten.

Die friesische Kogge glitt auf dem flimmernden Wasser durch die Menge der Ruderboote und der Zwei- und Dreimaster, von denen manche drei Decks übereinander aufwiesen. Das lateinische Segel war nicht viereckig wie das der Kogge, und durch die große Zahl der dreieckigen, blendendweißen, schimmernden Segel hatten diese Lastschiffe ein ganz anderes, fremdländisches Aussehen.

Ayld Tammena freute sich jedesmal wieder, wenn er diese lateinischen Dreieckssegel sah, daß er selbst eine Kogge führte. Das eine Rahsegel war bedeutend leichter zu bedienen.

Zwischendurch ließ er seine Blicke über die beiden Frauen hingehen, die neben ihm standen. Ob sie nun doch etwas Bangigkeit verspürten?

Mit Einzelheiten wollte er sie nicht belasten, wiewohl er oft in Neapel gewesen war und es gut kannte. Er fing an, von dem rauchenden Berg und seinen beiden Spitzen zu erzählen, die weich, zartfarbig, bläulich milde in den Himmel hinaufragten. Wie Opferrauch ringelte sich eine feine Wolke über ihnen empor. Aber zerstörende Kräfte wohnten diesem schönen Gebilde inne, und oft sei es vorgekommen, daß es zu beben begonnen, ungeheure Feuermassen ausgespien und Land und Volk verschlungen habe, erklärte Ayld.

Dies erschütterte die Frauen weniger, als er gedacht hatte. In großer innerer Bewegung ob all dem Neuen, Ungewohnten sagte Doda:

"Hier wütet also das Feuer, wie in Friesland das Wasser. Und so lieblich und still sind beide, wenn Gott den Menschen Ruhe zur Arbeit vergönnt."

Ayld Tammena antwortete nicht. Diese Frauen waren immer noch daheim auf ihres Vaters Schiff. So stark lebte die Heimat auch jetzt in ihnen, daß sie Gleiches fanden zwischen Neapel und Friesland. Nie hatte er sich so klar gemacht, daß Gottes Winde dort wie hier wehen und daß der Mensch überall den Naturkräften ausgesetzt ist, sei es nun dem Wasser, wie in Friesland, oder dem Feuer, wie in Neapel.

Hilarius verabschiedete sich von jedem Matrosen. Manchem hatte er als Beichtvater gedient in diesen Wochen. Er hielt nun alle an, nicht nur die neapolitanischen Mädchen, sondern auch die Kirchen zu besuchen, was sie ihm lachend versprachen.

Als er zu den beiden Edelfrauen kam, drang schon der Hafenlärm bis an die Kogge. Hilarius, beweglich und klug wie der Bettelorden selbst, lenkte den Blick von dem Wirrwarr des Hafens, den er das Herz Neapels nannte, auf die drei gewaltigen Schlösser, welche die Burgfrauen, wie er meinte, gewiß bald besuchen würden.

Die Castelle dell'Ovo und Nuovo waren vom Wasser umgeben, zwar nicht von künstlich gezogenen, breiten Wassergräben, wie die Wasserburgen Frieslands, sondern vom Golf selbst. Hilarius wußte Schauergeschichten von beiden Schlössern zu erzählen. Im Castell dell'Ovo hätten der Enkel jenes den Friesen gut bekannten Staufenkaisers und ebenso die Söhne König Manfreds ihr junges Leben beschlossen. Das Castell Nuovo sei noch bedeutender; ein Vorfahr der jetzigen Königin Giovanna habe es gebaut, wie überhaupt die Anjous große Förderer der Baukunst seien. Mit ihnen könnten sich weder die Normannen noch die Hohenstaufen messen, sagte Hilarius.

Die Normannen - wie er das meine, fragte Elborg befremdet. Hilarius kicherte. In Friesland dürfe man ja nichts Gutes von diesen nordischen Helden sagen, man liefe Gefahr, niedergeschlagen zu werden. Die Normannen hätten sich allerdings wie die böse Flut in die Elbe, die Seine, die Garonne ergossen und in Paris so arg gehaust wie in Friesland. Gleichwohl bleibe wahr, daß sie sich in der Normandie und an der bretonischen Küste festgesetzt hätten und siegreich nach England übergesetzt seien. Sie hätten Irland und Island besiedelt, seien in offenen Booten nach Grönland gefahren, als Söldner nach Italien gekommen und nach harten Kämpfen Herren von Sizilien geworden.

"Für Friesen ist es schwer, Gutes von ihnen zu glauben", schloß Hilarius, "man muß in die Ferne fahren, ihr Frauen, um zu lernen, daß die Heimat klein ist und die Welt groß."

Wo Ocko tom Broek wohnte, wußte Hilarius nicht. Aber Tzabbe Ewena zeigte auf Gruppen von Pinien, Palmen und Zypressen, in deren Schatten ein herrlicher Palazzo liegen sollte, dicht am Meer. Er sei auf einen Tuffsteinfelsen gebaut, den man die Friesenklippe nenne. Dieses Schloß habe die Königin ihrem Feldherrn geschenkt.

Die Schwestern wollten nicht, daß ein Bote zu Ocko gesandt würde. Hilarius möge sie begleiten, baten sie, unangemeldet wollten sie vor ihren Bruder treten.

Jetzt nahm der Hafenlärm sie vollends auf. Und nun war es so weit, daß Tzabbe Ewenas Fäuste die Ruderpinne loslassen und die Matrosen die Taue festmachen konnten.

Ayld Tammena stand wie angewurzelt an seinem Platz, überwachte die Landungsmanöver und wartete auf die beiden Edelfrauen, die sich nun mit dem Mönch Hilarius von Bord begeben wollten.

Da kamen sie, ruhig und sicher und erfüllt von ihrer Aufgabe. Letzte friesische Worte drangen zu ihnen. Gott wolle sie beschützen, sagte Ayld Tammena, und sie möchten Herrn Ocko erzählen, daß seines Vaters Schiff auf ihn warte. Tzabbe Ewena trat herzu, und beide Männer wiesen noch einmal in die Richtung, in der unter Pinien und Zedern versteckt der Palazzo auf der Friesenklippe läge. Dann standen sie allein da.

Hoch erhobenen Hauptes schritten die beiden Friesinnen über den Steg, und gleich darauf hatten sie Italiens warme, sonndurchglühte Erde unter den Füßen.

Mit dem Schiff ihres Vaters aber verließen sie auch die große Ruhe des Meeres und ihrer Heimat, und mit der zauberhaften Schönheit des Südens nahmen sie nun auch der Staub und das Gewühl auf. Unfaßbarer Lärm umgab sie. Der Kai war voller Lazzaroni, die zerlumpt und schmutzig, braunhäutig und heiter um eine kleine Münze bettelten, aus deren immer wiederkehrenden lauten, halb klagenden Rufen das Wort "Signora" herausklang. Fischer und Hausierer boten schreiend alle Früchte

Kampaniens, wunderlichste Muscheln, Seesterne, Krebse, Fische aller Art, an und schrien: "Frutti di mare." Heiter, voll Lachen, voll Schelmerei sprachen die Menschen miteinander. Ohne Übergang aber wurde ein wüstes Schelten daraus, so daß Elborg entsetzt zur Seite wich.

Unfaßbar lärmten auch die Farben der bunten, grellen Gewänder, von denen keines war wie das andere, der Trachten der unzähligen Barkenführer, von denen Hafen, Kai und anliegende Straßen wimmelten, der grellweißen Häuser, noch weißer durch die heiße Sonne, deren Kraft auf dem Meere immer durch den Wind gemildert wurde. Die Frauen mußten geblendet die Augen schließen.

Es roch nach Seegetier, nach Früchten, nach schwitzenden Menschen, nach Armut und nach Blumen, und was Elborg und Doda mit der Nase aufnahmen, meinten sie mit dem Munde zu schmecken. Sinnbetäubend, sinnerdrückend drang der Lärm auf sie ein.

Jetzt waren sie wirklich in der Fremde.

2.

Bruder Hilarius hielt Ausschau nach den buntbebänderten, vor kleine, schwankende Karriolen gespannten Maultieren, die er in italienischen Hafenstädten rasch zu finden gewohnt war. Bei seiner letzten Ankunft in Neapel hatten die Besitzer dieser Karriolen sich auf ihn gestürzt und sich gegenseitig im Fahrpreis unterboten. Heute war Neapel unruhiger denn je, und mit der zunehmenden Entfernung vom Hafen wuchsen Lärm und Gedränge. Hilarius wollte sich westlich halten, dorthin hatte der Steuermann gewiesen, aber als er mit seinen beiden Edelfrauen um die nächste Straßenecke bog, gerieten sie in einen Menschenauflauf hinein, in dem kein Weiterkommen möglich war. Das Volk wälzte sich in die gerade entgegengesetzte Richtung, war aufgeregt, schrie "Es lebe die Königin, es lebe Neapel" und war außer sich vor Freude. Es liebte Fahnen und Flitter und hatte sich mit beidem gründlich versehen. Kinder trugen Efeukränze im Haar, Männer und Frauen hatten sich mit Lorbeer geschmückt, und das ganze Daseinsglück des Südens erglänzte in ihren schwarzen Augen und erklang aus ihrem hellen Lachen. Die Buben hielten selbstgeschnitzte Flöten in den schmutzigen Händen, auf denen sie wundersame Melodien spielten, nach denen die Mädchen sich im Weitergehen wiegten.

Gegen diesen Menschenstrom zu schwimmen, war unmöglich. Hilarius merkte sich, wie immer in fremden Städten, die Himmelsrichtung und schlug den Burgfrauen vor, auf einem Umwege zum Ziel zu gelangen, da ihnen kein anderer Ausweg bliebe. Er begann sofort in unverfälschtem Volksneapolitanisch mit den Leuten zu sprechen und erfuhr, daß heute das große Friedensfest stattfinden solle. Welche der vielen Fehden denn beendet sei, fragte Hilarius, man möge seine Frage entschuldigen, er sei mehrere Jahre nicht in Neapel gewesen. Ein schwarzäugiges Mädchen rief, Mailand sei besiegt, der verruchte Tyrann Bernabó Visconti habe dem Condottiere der Königin weichen müssen, Papst Gregor habe ihr ewigen Dank für die Hilfe versprochen, die sie dem Kirchenstaat erwiesen. Andere mischten sich ein, Bernabó sei ein Säufer, Wettkämpfe im Saufen habe er veranstaltet und die Sieger zum Ritter geschlagen. Sei das der Sinn des Rittertums? Nur die Edelsten der Adeligen verdienten, goldene Sporen und den goldenen Gürtel zu tragen. Ihre Königin wisse besser, wer zu solcher Auszeichnung tauge. So sei heute die Welt außerhalb Neapels, ergänzte ein Greis, man achte weder Gott noch Kaiser oder Papst und würde dabei dem Teufel ähnlicher als sterblichen Menschen.

Elborg und Doda verstanden kein Wort von alledem, aber es tröstete sie, daß Bruder Hilarius bei ihnen war, und Doda seufzte einmal:

"Gott ist mein Zeuge, Elborg, niemals hätte ich gedacht, daß ich diesen mageren Mönch um etwas beneiden könnte. Er spricht mit dem schwarzäugigen Volk, als ob er zu ihm gehöre. Ich wollte, ich verstände es so gut wie er."

Jetzt wurde Hörnerruf und Trompetenschall laut, und wie außer sich schrie die Menge abermals: "Es lebe die Königin, es lebe Neapel." Die Menschen umarmten sich, lachten und weinten, als jetzt die ersten der heimkehrenden Truppen am Ende der Straße sichtbar wurden. Beim Näherkommen erkannte man in ihnen Schützen, die gewöhnlich den Reitern voran in die Schlacht zogen. Unbändiger Jubel empfing sie, die Menschen riefen und schrien ihre begeisterten Heilrufe durcheinander, warfen Blumen von den Loggien der Häuser, ergriffen die Girlanden, mit denen die Säulen des Portikus umkränzt waren, rissen sie herunter und warfen sie den Schützen zu. Sie waren die ersten, ihnen galt der erste Jubel. Aus allen Stockwerken der umliegenden Häuser regnete es Rosen, Myrten- und Lorbeerkränze.

Die Schützen waren nun ganz dicht herangekommen. Die Heiligen mochten dem beistehen, der diesen Burschen in die Finger geriet. Das waren Söldner, kriegsgewohnte Männer. Einer galt soviel wie der andere.

Den Schützen folgten die Spießknechte. Lachend steckten sie die zugeworfenen Blumen auf die Spitzen ihrer langen Lanzen und trieben ihren Scherz damit, Wurfstellung einzunehmen und die zurückweichende Menge zu erschrecken. Es war ein seltsames Menschengemisch, fanden die Friesinnen: alt und jung, blond und dunkel, gutmütig oder furchterregend. Nicht leicht mochte es sein, mit diesen geworbenen und bezahlten Truppen einen Krieg zu führen. In Friesland wurde jeder wehrfähige Mann durch die Feuerzeichen aufgerufen, zum Upstallsboom zu kommen. Hier standen die Neapolitaner, ob jung oder alt, umher und jubelten fremden Söldnern zu, die für ihre Heimat gekämpft hatten!

Und nun folgte das ganze reisige Aufgebot, Ritter und Knechte, wobei unter einem Ritter ganz gewiß nicht der Edelmann mit goldenen Sporen zu verstehen war, den die Friesinnen freilich nur aus Sagen kannten. Das Reitervolk war nach Lanzen geordnet. Zwar kamen auch einzelne Reiter vor, im allgemeinen aber war der Berittene begleitet von Knechten, die wohl als Nebenkämpfer für ihn gedacht sein mochten. Zwei solcher Reiter füllten mit ihren Fuß- und Spießknechten die Breite der Straße aus. Sie hielten sich straff im Sattel und ließen sich wohl anmerken, daß es auf sie im Kampf ankomme, ja, daß man zuweilen das Fußvolk gar nicht mitnahm, wenn es ernst wurde.

Der Zug wollte gar kein Ende nehmen, aber es war schön anzusehen, wie stolz die Männer waren, diese Fehde gegen Mailand und den berühmten Visconti siegreich beendet zu haben.

Manches verwüstete Gesicht blickte die friesischen Frauen an, und sie begriffen, was der Romfahrer erzählt hatte, daß die Grenze zwischen Söldnerheer und Räuberbande leicht zu verwischen war. Es bedurfte gewiß großer Erfahrung, diesen wilden Gesellen das rechte Maß an Freiheit und auch an Arbeit zuzuteilen.

Und nun folgte der ganze Troß. Die Spielleute fiedelten lustige Lieder, die klagenden Weisen alter Tarantellen erklangen dazwischen, das Volk sang "Quanto è bella giovinezza, che se fugge tutta via..."

Alle sangen dieses Lied mit der weichen, wundersamen Melodie, und immer wieder erklangen dieselben erinnerungsschweren, sehnsuchtsvollen Worte als Abschluß einer Strophe: "Quanto è bella giovinezza ..." Buben flöteten es, Mädchen sangen es in vielen Tonlagen, und keiner wußte, woher dieser eine Geige, jener eine Trompete und noch ein anderer plötzlich eine Mandoline bekommen hatte, die alle dasselbe süße, weiche Lied spielten.

Männer und Frauen umarmten sich, ein Bursche setzte sich sein Mädchen auf die Schulter und jauchzte laut, Troßbuben suchten Blumen und warfen sie hoch in die Luft der schönen, gefeierten Giovinezza zu, die in Neapels blauen Himmel hineinlachte und in ihre Zukunft.

So fremd den Friesinnen dieses Gehaben war, so sehr griff es ihnen ans Herz. Was manche daheim im ganzen Leben nicht lernten, diese Menschen wurden damit geboren. Sie konnten zeigen, was sie empfanden.

Musik und Gesang - hatte man jemals in Friesland dergleichen vernommen? Das Herz wurde einem weich und weit dabei.

Und als nun ein Troßbub herbeisprang und den beiden Edelfrauen einen Myrtenkranz in das blonde Haar drückte, lachte auch Elborg hell und laut und nahm den Kranz nicht ab.

Ein bunteres Bild als der Troß dieses Söldnerheeres war kaum zu denken. Männer, die außer Spießen, Hellebarden und Lanzen schwere, fest geschnürte Pakete auf den Rücken geschnallt hatten, Weiber, die Körbe oder Kinder trugen, ein Ziegenbock, den man mit Kochgeschirren und Töpfen bepackt hatte, Hunde und Ferkel liefen neben dem langen Marketenderwagen einher, von dessen Sitz aus ein langer, wild aussehender Mann auf das bunt bebänderte, wegen der Feierlichkeit des Tages stark einbalsamierte Maultier einhieb, während einige andere hinten auf dem Wagen saßen und laut trompeteten. Alle aber trugen Lorbeerkränze im Haar und fühlten sich unentbehrlich in dem großen Triumphzug, dessen ersten Teil das heimkehrende Heer bildete. Das klagende Trompeten eines wassertragenden Esels durchdrang dann und wann den Lärm.

Den Schluß des Zuges bildete das Gros der Dirnen in ihren bunten, schreienden Gewändern, die die halbe Brust entblößt ließen. Es wurde geführt von seinem Weibel, der ab und zu die Peitsche schwang, wenn sich ein Zuschauer eines der geschminkten Mädchen greifen wollte. Hunde bellten, Ferkel quiekten, und Kindergeschrei erklang aus den Tiefen der Wiegen, die die Weiber auf den Rücken trugen.

Und das Volk jubelte auch diesem Teil des Heeres zu wie den Schützen, Spießern und Berittenen, und von neuem erklang das sehnsuchtsvolle "Quanto è bella giovinezza ..." vielstimmig und unter Begleitung von Mandolinen und Geigen.

Bruder Hilarius, dem die dicke Dominikanerkutte im Verein mit der Sonne des Südens den Schweiß aus den Poren trieb, stimmte nicht in das Jubelgeschrei der Menge ein und mußte sich daher Sticheleien von seinem Nachbarn gefallen lassen. Dirnen seien zwar keine Nonnen, sagte dieser, aber Nonnen zuweilen Dirnen, und wenn sie auch nicht frei und offen mit ihren Liebsten in den Krieg zögen und von einem Arm in den anderen wanderten, so habe hier in Neapel doch manches Mönchlein das Licht der Welt erblickt, oder, was noch schlimmer sei, ungeboren und ungetauft seinen Weg in die Ewigkeit zurückgenommen. Da sei es schon besser, diese Dirnen brächten Kinder zur Welt und trügen sie unter Gottes Sonne als künftige Bürger Neapels durch spalierstehende Menschenreihen. Heutzutage seien Bastarde von Päpsten und Geistlichen auf Fürstenthronen zu finden.

Hilarius, dem alle moralischen Bedenken ferngelegen hatten, war froh, daß die Friesinnen kein Wort von alledem verstanden. Ihm war längst bekannt, daß die Bettelorden hier in noch viel schlechterem Ruf standen als in andern Ländern Europas, zumal ein großer Teil des Volkes lesen und schreiben und sich außer im Leben selbst aus Büchern Klarheit verschaffen konnte.

Hilarius bog das Gespräch geschickt ab und fragte nach dem großen Boccaccio, dessen Vorlesungen über Dantes Leben er in Florenz gehört habe. Der Mann erzählte, vor einem Jahr sei dieser größte Freund Neapels verstorben, und -

"Hilarius", unterbrach Elborg das Gespräch, "seht Ihr denn nicht, was diese Menschen tun? Sie machen sichtbar, was der heilige Johannes schaute!"

Elborg, den Myrtenkranz des Troßbuben noch im blonden Haar, sah etwas, was ihr im ersten Augenblick als Gotteslästerung erschien. Auf einem großen, viereckigen, flachen Wagen, der von vier weißen, bekränzten Pferden gezogen wurde, stand ein Weib, mit der Sonne bekleidet, mit den Füßen auf dem Monde. Auf dem Haupte trug sie die Krone der zwölf Sterne.

Und ein Drache erhob sich drohend vor dem Weibe. Er wollte das Kind verschlingen, das sie zur Welt bringen sollte.

Mitten auf dem Wagen aber war eine bekränzte Erhöhung angebracht, die den Himmel darstellte. Dort thronte als Hüter der Gotteswelt der Erzengel Michael. Seine Rechte schwang das Schwert, drohend war sein Blick. Er war umgeben von den heiligen Heerscharen. Jetzt entbrannte ein Kampf zwischen Himmel und Hölle. Michael und seine Scharen eröffneten den Krieg gegen das furchtbare Gewürm, von welchem das Weib bedroht wurde. Aber auch der Drache hatte Engel, die zu ihm gehörten. Die obere und die untere Welt kämpften um den Menschen. Das Volk schob sich weiter an den Hauswänden entlang, um den Ausgang dieses Kampfes mitzuerleben, denn der mit kostbaren Teppichen belegte und mit schweren Brokatstoffen behangene Wagen bewegte sich langsam weiter, dem Dome zu. Und nun erhob sich erneutes Jubelgeschrei. Es ward gestürzt der große Drache. Auf die Erde wurde er gestürzt und seine Engel mit ihm.

Der gestürzte Luzifer und seine schwarzen Scharen sprangen rasch wieder hoch und schwangen sich auf den Wagen, und erneut begann der Kampf um das, was geboren werden sollte.

Dazwischen schrie das Volk : "Viva la regina, vivo il condottiere."

Viele prächtig geschmückte Wagen folgten dem Erzengelgefährt. Aus allen Stockwerken der bekränzten Häuser riefen und winkten begeisterte Menschen. Sie hatten es gut, sie brauchten nicht auf den heißen Steinen zu stehen und den Geruch von Schweiß, Puder, Schminke, von Menschen und Tieren einzuatmen. Auch manche Frau, deren Gesicht man von weitem die ehrbare, züchtige Hausfrau ansah, hatte sich heute auffällig geschminkt, aber zwischen ihren auf neumodische Art blond gefärbten und zu hohen Türmen aufgerichteten Haaren schimmerten immer noch graue oder dunkle. Es war wohl nicht zu verwundern, wenn hier des öfteren Bußprediger auftraten und auf irgendeinem freien Platz einen Scheiterhaufen errichteten, wo sie falsche Haartouren, unehrbare modische Kleider, Putzgegenstände, Schminkdosen und Zauberzettel verbrannten.

Als das Geschiebe schließlich aufhörte und die Menge wieder zum Stehen kam, fanden sich die Schwestern zu ihrer Freude in der vorderen Reihe der Zuschauer, von wo aus sie einen besseren Überblick über den Trionfo hatten. Von hier aus sahen sie Schaubühnen, an beiden Seiten der Straße errichtet, in denen Stücke in lateinischer Sprache aufgeführt wurden. In den Mauernischen und an den Pfeilern der Häuser wurden plötzlich prachtvoll bekleidete Statuen lebendig und trugen Gesänge oder Verse vor, wobei sie in schöner, anmutiger Art die Arme und den Kopf bewegten. Trotz dieser Aufführungen zu beiden Seiten der Straße setzte sich der Zug selbst dauernd fort. Lange Zeit noch war der Inhalt der Bilder den heiligen Schriften entnommen. Engel trugen goldene Schalen und Füllhörner, bliesen in die sieben Posaunen, die die Welt erzittern machen sollten, und umstanden ein siebenfach versiegeltes Buch, das nur Gott selbst entsiegeln konnte.

Ein vergoldeter Wagen folgte dem andern. Seltsame Gestalten thronten auf hohen Aufbauten. Hilarius wußte sie zu benennen: dies sei die Keuschheit, das die Liebe, jenes dort die Gerechtigkeit. In einer silbernen Mondsichel schwebte der Engel Gabriel hernieder, eine Lilie in der Hand tragend. Gottes Gnade hatte den Sieg gegeben, nun sollte Friede auf Erden sein.

Doch nun folgten Bilder politischen Inhaltes. Elegante Reiter begleiteten diese Wagen, sorgten für Sonnensegel oder trugen Baldachine, unter denen sich Kämpfe abspielten. Da wurden Scharen der verhaßten Ungarn vorbeigeführt, Gefangene, denen man die Hände zusammengebunden hatte. Blonde Krieger führten ein Scheingefecht mit schwarzhaarigen Slawen auf und besiegten sie.

Hilarius wartete noch auf die letzte Bestätigung seiner Annahme, daß man hier tatsächlich den größten Friesen feierte, den Neapel in seinen Mauern barg. Aber als er nun die Trachten der Sizilianer, wie sie unter Friedrich von Aragon getragen wurden, entdeckte und blonde, breite Germanen, die mit ihnen kämpften und sie besiegten, als er die Rüstungen der Truppen des Herzogs von Andria sah, die wiederum durch große blonde Männer zurückgeworfen wurden, da hielt ihn nichts mehr:

"Frauen", sagte er, "man hat uns die Zukunft gezeigt, wie sie der Seher geschaut, die Vergangenheit, wie alte römische Dichter sie besungen - dies ist Gegenwart. Dies ist lebendigste Gegenwart. Blonde Menschen besiegen dunkle! Und euer Bruder war es, der die Ungarn, die Leute von Andria und Friedrich von Aragon besiegt hat, wie ganz Italien erfuhr. Gott war uns gnädig, daß er uns an diesem Tage hierher führte."

"Hilarius", rief Doda jetzt, "seht Ihr ihn? Seht Ihr Magnus Forteram? Dort jener Wagen -! Magnus Forteram pflanzt die Fahne auf den höchsten Turm, seht Ihr es? Und jene Brücke, das ist die Milvi-Brücke, dort nehmen die Friesen Papst Leo in Empfang und geleiten ihn nach Sankt Peter. Elborg", fügte sie aufgeregt hinzu, "Schwester, es geht doch um Friesen."

"Gott steh mir bei", rief Doda dann plötzlich in größter Erregung, "da fährt eine friesische Kogge auf Rädern durch die Straßen Neapels."

Langsam näherte sich der Schiffswagen. Wahrhaftig, es war eine Kogge, die von vielen verdeckten Pferden gezogen wurde. Ja, das war sie, die Broekmer Kogge, halb so hoch wie lang, dickbauchig, gedrungen, schwer und fest. Dort die Planken, die wie Klinker übereinandergriffen und an dem Spantengerippe befestigt waren. Dort der dicke, hohe Mast mit dem viereckigen Rahsegel, das zwar mit dem Tau an ihm befestigt war, aber schlaff und vom Winde unbewegt herunterhing. Die Kogge, die heimatliche Kogge, heute vormittag verlassen, hier wiedergefunden. Eine Galeere folgte ihr. Ein großer, goldener Bogen verband beide, und Hilarius las: "Napoli - Frisia." Und als sich nun das Bugspriet mit dem herunterhängenden Anker näherte und die hellhaarigen Menschen gut zu erkennen waren, da hielt sich Doda Kenesna nicht länger. Sie trat aus den Reihen der dichtgedrängten Menschen hervor, ließ sich nicht von dem Berittenen, der für Ordnung sorgen mußte, zurückhalten, sondern rief, so laut sie konnte, den Burschen auf der Kogge zu: "Eala frya Fresena."

Sofort sprang einer herunter und ging auf sie zu. Auf Friesisch sprach er sie an, und sie lachte und weinte und sagte, ja, sie kämen aus der Heimat. Nein, nicht aus Rom, nicht wegen des Triumphzuges, aus der Heimat seien sie gekommen, den Bruder zu holen. Ocko tom Broek, welcher der Königin von Neapel während vieler Jahre gedient habe und nun heimkommen solle, sei ihr Bruder.

"In Gottes Namen, nehmt uns mit, bringt uns zu unserm Bruder", rief Elborg, die sich auch durchgekämpft hatte.

Der Mann winkte den andern zu, die langsam mit der Kogge weitergefahren waren, so daß keine allzugroße Stockung entstand. Wieder sprangen einige vom Wagen und liefen herbei.

"So seid Ihr Frau Elborg von Valdern und Ihr Frau Doda von Greetsiel, des Cirksena Gemahlin", sagte ein langer, breiter, ganz braungebrannter Mann auf Friesisch. "Ja", lachte er, "wir römischen Friesen kennen euch alle, die Schwestern unseres Condottiere. Rasch, Ihr Frauen, wenn es auch nicht erlaubt ist - steigt ein in die heimatliche Kogge, fahrt mit uns. Wir bringen euch zu Herrn Ocko."

Und er zog sie mit sich fort und verständigte den berittenen Wachmann, der daraufhin die Frauen sogleich passieren ließ. Hilarius sauste mit wehender Kutte hinterher, und auf Fürsprache der Schwestern erhielt auch er seinen Platz auf dem friesischen Schiff, das durch die Stadt Neapel fuhr.

Da standen sie am Bugspriet des Carrus navalis, Elborg und Doda Kenesna, große, schöne, blonde Friesinnen. Nicht einen Augenblick dünkten sie sich am falschen Platz. Sie waren nun wieder da, wo sie viele Wochen gewesen, auf dem Schiff ihres Vaters. Und das Ziel ihrer Reise war das gleiche wie in all diesen Wochen: Sie fuhren zu Ocko, ihrem Bruder.

Die Männer auf dem Schiff mußten so verharren, wie es ihnen von den Malern und Bildhauern, die diesen Festzug entworfen hatten, vorgeschrieben worden war. Aber der lange, braungebrannte Friese wechselte rasch mit einem Gefährten und machte sich nun am Bugspriet mit dem Anker zu schaffen, so daß er einige Worte mit den Edelfrauen wechseln konnte. Er sei aus dem Harlingerland und heiße Elko. Vor einigen Jahren habe er in Rom bei den Colonnas gedient und sei bei der Compagnia gewesen, die friesische Romfahrer auf Herrn Ockos Befehl zu geleiten hatte. Es sei ein Harlinger unter ihnen gewesen, dem er deutlich zu machen versucht hat, daß Herr Ocko unter keinen Umständen Neapel verlassen dürfe.

"Er hat es ausgerichtet, Elko", sagte Doda Kenesna, "und wir alle haben es begriffen, auch unser Vater, der damals noch lebte."

Der Mann erschrak. Herr Keno sei heimgegangen? Das wisse Herr Ocko noch nicht. Sie seien lange fortgewesen von Neapel und hätten auf diesem Feldzuge kaum Nachricht aus Friesland erhalten. Dann sei die Sachlage freilich jetzt anders.

"Nun sagt uns, Mann", fiel Elborg ein, "nimmt unser Bruder teil an diesem seltsamen Festzuge, oder wo werden wir ihn finden?"

Elko lachte geheimnisvoll. "Ihr habt so lange gewartet, Burgfrau, geduldet Euch noch um ein weniges. Ehe die Sonne ihren Bogen vollendet, steht Ihr vor ihm."

Er sorgte dafür, daß über die schmale Bank am Bug, auf der die Edelfrauen Platz gefunden hatten, Sonnensegel gespannt wurden. So ließ sich diese Fortsetzung der weiten Seereise durch die Stadt Neapel wohl ertragen, zumal das Ende absehbar war.

Die Frauen baten Elko um ein Tuch, um sich die bestaubten Schuhe abzuwischen.

"Sonst dürfen wir Ocko nicht gegenübertreten. Unser Reisekleid weist wenig Gold auf, aber den Adler der elterlichen Burg sieht er auf unsern Goldplatten. Wir kommen heute als seine Schwestern, nicht als Burgfrauen von Valdern und Greetsiel. Aber sagt, Elko, wie sieht Ocko aus? Ihr habt ihn heute gesehen. Trägt er eine Rüstung? Wo reitet er? Wir sahen ihn nicht an der Spitze seiner Truppen. Folgt er uns noch? Ihr lacht, Ihr wollt es nicht sagen - ach, so stellt sein Bild vor uns hin! Wir bitten Euch -"

"Denkt euch den schönsten Friesen, den ihr je gesehen", sagte Elko stolz. "Nie gab es in Neapel einen, der würdiger wäre, neben der Königin zu reiten. Aber wie er aussieht, wollt ihr wissen. Viele bunte, fremdländische Trachten habt ihr hier gesehen. Schaut zur Seite! Sie haben eine Leidenschaft für Buntheit und Flitter und jeglichen Aufputz." Er wies in die Runde, in die jubelnde Menge, die nicht müde wurde im Schauen und Singen. Ihre Freude leuchtete wie der blaue Himmel, und die ganze Unschuld des Südens lag in ihr.

"Es ist ein Modevolk, und viele sagen, die Italiener bekämen ihre eigenen Moden nur aus Frankreich zurück. Seht die ausgezackten Wämser und Ärmel. Aber einen neapolitanischen Condottiere seht ihr eben nicht unter diesen tausend verschiedenen Trachten. Als er in den Krieg zog, trug Herr Ocko eine Eisenrüstung, heute trägt er sein Festgewand..."

Auf sonderbaren Wegen zog sich der Trionfo durch Neapel, bald auf Lavapflaster, in schmalen Straßen, wo die Menschen gewohnt waren, jegliche Art häuslicher Tätigkeit im Freien zu vollbringen, wo sich der Duft von Wäsche und Backwerk mischte mit dem von Hühnern, die hier draußen am Spieß brieten, durch Gassen am Rande der Stadt, die den Blick freiließen auf Callafelder, die in Schutt wild und üppig blühten, dann wieder durch reichere Gegenden, in denen Grün aus den Hauswänden und ihren Gitterbalkonen hervorquoll, in dessen Blattwerk eiligst blaubunte Eidechsen verschwanden. Und immer wieder wurde mahnend und weiß die Rauchwolke des Vesuvs sichtbar.

Als die vorgeschriebenen Straßen passiert waren und man auf den Domplatz einbog, damit sich der Dankgottesdienst dem Jubel dieses Tages anschließe, da neigte sich die Sonne über die westlichen Häuser, um sich in den blauen Golf zu senken.

Elborg und Doda baten Elko, nun das Sonnensegel zu bergen. Sie stellten sich, wie sooft auf dieser Reise, vorn am Bugspriet auf und sahen in die Ferne. Besänftigung und Friede legten sich nach dem heißen Tag auf Stadt und Menschen.

Der Schiffswagen fuhr auf den ihm zugewiesenen Platz an der Westseite des Doms, doch achteten Berittene darauf, daß der übrige Teil dieser Westseite unbesetzt blieb. Alle Teilnehmer des Zuges, bekränzte Wagen, maskierte Menschen, Darsteller, Sänger, Musiker ordneten sich nach den Anweisungen der Wachleute auf dem Domplatz. Und dann nahten sich sechs festlich gekleidete neapolitanische Edelleute, die einen hohen Baldachin von rotem, golddurchwirktem Sammet trugen, der den beiden Reitern Schatten spendete, deren weiße Pferde nun dem Schiffswagen gegenüber stillstanden. Der Mann trug ein Sammetwams, das halb aus Gold- und halb aus Silberbrokat kunstvoll gefertigt war. Durch dessen und der Ärmel Schlitze quoll reiche, schwere, weiße Seide; ein langer Degen hing an einem rotseidenen Riemen. Die Hand hielt einen Stab, an dem goldene Sterne blitzten.

Noch einmal erscholl der wilde Jubel des Volkes: "Viva la regina Giovanna, vivo il condottiere." Das Volk war außer sich, als es diese beiden schönen Menschen sah.

Die Königin schlug ihren blauen Mantel, in den Hunderte goldener Lilien, den Anjous zugehörig, gestickt waren, ein wenig zur Seite, und ihre schmale Hand erhob sich, dem Volk zu danken. Sie war bleich, die Krone Neapels mochte nicht leicht zu tragen sein, aber ihr Gesicht trug einen glücklichen Ausdruck.

Plötzlich erschrak sie und hielt sich am Sattel fest. Ihre Augen blickten unverwandt zu dem Schiffswagen hinüber. Dort standen - aber das war doch nicht möglich? Sie schloß die Augen.

Der Condottiere Ocko tom Broek wandte seinen ruhigen Blick in die gleiche Richtung. Und nun sah auch er sie - seine Schwestern.

Elborg und Doda standen auf einer friesischen Kogge, über ihnen spannte sich der goldene Bogen "Napoli - Frisia."

Wie eine Statue verharrte der Feldherr im Sitz.

Den größten Teil der darauffolgenden Nacht verbrachte Ocko tom Broek auf der Loggia seines Palazzos. Eine ungeheure innere Erregung hatte ihn erfaßt. Er war nicht gewohnt, den Fragen, die der Tag aufwarf, auszuweichen oder sie bis morgen zu verschieben. Unerbittlich ließ er sie auf sich einstürmen und hielt stand.

Aber er konnte nicht verhindern, daß er immer wieder auf den mondüberglänzten Golf sah, auf die Phlegräischen Felder, deren einzelne Lavakrater er von zahlreichen Heereszügen her kannte, auf die Silberlinien der gegenüberliegenden Felsenküste, den königlichen Monte d'Oro, Vico und Sorrento, die Inseln Capri und Ischia. Dann wieder blieb sein Blick am Vesuv hängen. Stand der Berg noch da? Rauchte er noch? Ocko faßte die Palme an, die man zur Feier seiner Heimkehr neben die Marmorbank auf diese Loggia gestellt hatte - weil er immer wieder meinte zu träumen.

So war es in Kinderzeiten gewesen. Ob etwas Schönes oder Schlimmes geschehen war - man hatte gemeint zu träumen. Wie würde das Erwachen sein? Auch in einem Traum konnte man träumen.

Er ging von der Palme fort ins Haus. Dort standen sie, die Scherssons seiner Schwestern. Dies war kein Traum. Aber ein anderer Traum war zu Ende.

Vor vier Jahren hatte das Erwachen bereits begonnen, damals, als ein Romfahrer den Brief brachte, den der gute, alte Priester in Utengrahove aufgesetzt hatte. Imel, sein Bruder, war verunglückt. Die Tatsache allein genügte, Ocko klarzumachen, daß seines Bleibens in der Fremde nicht länger war. Damals wurde ihm deutlich, daß er in einem Traume befangen war. So rauh sein Leben war, soviele treue Gefährten um ihn herum im Kampf geblieben waren - irgendwie träumte er das alles. In kühlen, einsamen Nächten versuchte er sich nach Friesenart Rechenschaft über sein Leben abzulegen. Es quälte ihn selbst, daß er nicht mehr unter Heimweh litt. Der Süden hatte mit ganzer Kraft seine Sinne ergriffen. Und es war ihm, als habe er sich zeit seines Lebens nach dieser Welt der Wärme, der Farben, der Düfte, des Gesanges gesehnt, als sei er vorher gar nicht zum Blühen gekommen.

Hier waren die Menschen der Erde hingegeben, und wenn man es von dieser Seite aus ansah, herrschte hier die Erdenschwere mehr als in Friesland, obgleich doch die Friesen schwerfällig und erdverbunden schienen. Er, Ocko, hatte dies erfahren: das Wasser und die Lichtarmut seiner Heimat hielten die Sehnsucht wach nach der Bewegtheit in Gott. Die Sonne und das Feuer Neapels verbanden mit der Erde.

Wieder trat er auf seine Loggia und blickte in den Garten. Kakteen und riesige Agaven streckten ihre langen Arme nach ihm aus. War noch Sehnsucht in diesen wasserarmen Pflanzen? Waren sie nicht ganz in die Verhärtung hineingeraten trotz ihres üppigen Wuchses?

Noch stärker dufteten in der Nacht die Pflanzen dort unten, die Nadelbäume, die sich flächenhaft, ohne Tiefe, ausbreiteten wie große Doldenblüten, die Zitronen und Orangen mit den kleinen, harten, dunklen Blättern, die Oliven mit ihren leise wehenden, hellgrünen Zweigen, Steineichen und Kastanien, vertraut aus früher Kindheit - und alles war von Myrtenduft erfüllt.

Sein Blick fiel auf eine Orchidee. Er hatte sie in der letzten Zeit oft betrachtet. Sie war auf eine Pappel hinaufgeklettert, sie hatte die Verbindung mit der Erde aufgegeben, sie blühte zwischen Himmel und Erde auf einem fremden Stamm! In dieser Nacht erschien es ihm ungeheuerlich - die Orchidee hatte den Boden unter den Füßen verloren. Und doch blühte sie üppig und glühte und duftete sinnbetörend.

Erregt ging er auf der Loggia hin und her. Versteinerte Pflanzen dünkten ihn jetzt die stacheligen Opuntien zu sein. War die Blüte überhaupt aus ihnen herausgewachsen, war sie nicht einfach von außen her aufgesetzt? Es fehlten hier die Zwischenglieder, die Blätter. Das war es: überall im Süden fehlten die Zwischenglieder. Aus Tag wurde ohne Übergang Nacht, aus Friede Krieg, aus verhärteten, stacheligen Stengelspitzen bildeten sich süße rosa oder weiße Blüten. Welche Kräfte mußte die Erde hier haben, daß sie solches nicht nur zuließ, sondern auch bewirkte!

Man brauchte sich nur an das Sinnfällige zu halten, das sich dem Menschen hier überreich darbot, um Einblick in die Grundgesetze von Norden und Süden zu gewinnen. Aber es hatte der Erschütterung bedurft, die der Condottiere Ocko tom Broek beim Anblick seiner beiden Schwestern erfuhr, um dies ins Bewußtsein zu heben.

War er wie jene Orchidee? Blühte er, reich, verwöhnt, ohne innere Sehnsucht auf einem fremden Stamm? Er fragte sich selbst ehrlich und schonungslos. Nein, nein, schrie es nun in ihm, das Wurzelwerk ist weit verflochten in dem Boden der Heimat. Ich habe es zuweilen vergessen, wie man innere Teile seines Körpers vergißt, wenn sie sich nicht selbst in Erinnerung bringen. Er fühlte, mit allen Fasern seines weitverzweigten Wurzelwerks sog er Nahrung aus der Heimat, ohne es noch gewußt zu haben.

Wenn sie schmerzen, melden sich die inneren Teile unseres Körpers, dachte er weiter. Ein Teil seiner selbst hatte in all diesen Jahren immer wieder geschmerzt. Er hatte es nach ihm weinen und rufen hören, sein eigen Fleisch und Blut, sein Kind.

Zehn Jahre alt mußte sein Sohn jetzt sein. Zehn Jahre war er ohne Vater und Mutter aufgewachsen. Jevste, Jevste, warum mußte sie bei der Geburt dieses Kindes sterben? Gesund sollte sie werden, und dann wollte er sie heiraten. Aber sie starb, und eine Nachbarin nahm das Kind zu sich, denn Jevste war elternlos. Warum hatte er es Doda nicht gebracht oder Elborg? Es war immer das gleiche, vor niemandem schämte man sich so, wie vor den eigenen Verwandten. Er brauchte sich nur seine beiden Schwäger vorzustellen, um sofort zuzugreifen, als die fremde Frau ihm anbot, das Kind zunächst mit ihren aufzuziehen.

Es war ein schönes, kräftiges Kind. Man legte es ihm in den Arm, und da hatte er gespürt, daß ein Blutstrom sie beide durchzog. Und er wußte, daß er nie Ruhe finden würde, als bis er dies Kind zu sich holte. Es kam einem heiligen Schwure gleich, als er, neben Jevstes Leiche, das kleine Menschlein mit dem unverkennbaren tom-Broek-Gesichtchen an sich drückte.

Ja, es war ein Stück von ihm, der kleine blauäugige, blonde Junge, Jevstes Vermächtnis. Unter Tausenden, so meinte er, würde er diesen Jungen wiedererkennen. Die tom Broeks hatten alle ein schmales Gesicht, eine hohe Stirn und einen langen Hinterkopf. Vor allem aber hatte Ocko bei dem Neugeborenen den langen, ruhigen Blick bemerkt, den man ihm selbst und seinem Vater nachsagte.

Eine gewaltige Sehnsucht weitete ihm die Brust. Er atmete tief die schweren Düfte der italienischen Nacht ein. Aber sie konnten ihm nichts mehr anhaben, sie konnten mit ihrem Überschwang das Heimweh nicht ersticken.

Eine seiner ersten Aufgaben daheim sollte sein, das Kind zu suchen. Und er würde nicht eher heiraten, als bis er eine Frau gefunden hätte, die dieses Kind lieben konnte. Bis dahin wollte er es einer seiner Schwestern geben. Ein grenzenloses Vertrauen in ihre Güte, ihr Verstehen und ihre Zuverlässigkeit erfüllte ihn seit dem vergangenen Tage. Sie hatten Mann und Kinder verlassen, um - . Nein, nicht, um ihn zu holen, sondern um ihm gegenüberzutreten und ihm durch ihre Person die Heimat zu zeigen. Kein Wort hatten sie gestern abend, als er endlich Zeit für sie fand, über seine Heimkehr gesagt. Sie hatten ihm erzählt, wie es daheim aussah, daß der Vater gestorben sei, und daß weder Elborg noch Doda ihm die Augen habe zudrücken dürfen. Herr Keno habe sich von allen verabschiedet, sich überzeugt, daß jede am rechten Platz war, aber von seinem Tode, den er doch kommen fühlte, nur zu Kampo Habbenas Tochter gesprochen. Ocko erinnerte sich nur flüchtig an das damals noch kleine Mädchen. Er wußte nur noch, daß Foelke Kampana auffallend ernste, schöne Augen gehabt hatte und schon damals sonderbar nachdenkliche Fragen stellte, die Erwachsene oft belustigten. Sie sei groß und schön geworden, hatte Doda gesagt. Nun - was ging das ihn an. Leid war es ihm um ihren Vater. Diese unselige Fehde mit den Bremern ergrimmte Ocko. Es war ihm selbstverständlich, daß er diese Schande nicht auf den Broekmern sitzen lassen, sondern recht bald einen Zug ins Hadelerland unternehmen würde. Dodas Söhne setzten in dieser Beziehung große Hoffnungen auf den Ohm, hatte Doda lachend gesagt. So warteten sie also auf ihn, auch die Jungen. Das Broekmerland war führerlos.

Mehr beunruhigte Ocko tom Broek, daß sich auch in Friesland eine Unzahl von kleinen und kleinsten Häuptlingen aufgetan hatte und sich machthungrig gebärdete. Er hatte in Italien die Entstehung und Entwicklung der kleinen und großen Kommunen miterlebt. Beim Überdenken seiner Beobachtungen und Erfahrungen wollte ihm scheinen, als ob es auch Naturvorgänge im Völkerleben gäbe. Der allgemeine Zug der Zeit schien dahin zu gehen, die Bildung kleiner und kleinster Staatengebilde, Räume und Gemeinschaften zu begünstigen, bis herunter zur allerkleinsten Gemeinschaft, dem Einzelmenschen. Nie hatte der einzelne soviel gegolten oder soviel zu sein sich eingebildet wie in den letzten Jahren. Oft hatte Ocko dies überdacht. Denn es war ebenso sinnlos, gegen Naturvorgänge blind zu sein, wie sich ihnen in Selbstüberschätzung entgegenzustellen. So gut man konnte, sollte man ihnen nach reiflicher Überlegung begegnen. Deiche und Siele zu bauen war nicht sinnlos, und doch war Westeel, so hatten die Schwestern erzählt, untergegangen.

Ockos Blick fiel auf den leicht rauchenden Vesuv. In Friesland regierte das Wasser, hier das Feuer. Aber in der klaren, heiteren Luft Neapels war man sich der Gefahr in guten Zeiten kaum bewußt. In der Wärme wurde das Herz frei und leicht und heiter. Auch der Traurigste richtete sich bald wieder auf, wie all die Blumen, die sich oft so weit hoben und der Sonne entgegenglühten, daß sie, wie jene Orchidee im Park unten, die

Verbindung mit der Erde aufgaben. Der Norden zog die Menschen in sich selbst hinein, es gehörte eine große Kraftanstrengung dazu, sich dort aufzurichten. Dort gab es weniger Blüten. Dort glühten sie nicht in überschwenglicher Pracht und in übertriebenem Empordrang solange, bis sie ihre Wurzeln vergessen hatten. Dort gab es mehr Blattwerk als Blüten.

Ocko tom Broek war sich bewußt, daß auch ihn die südliche Erde aufgerichtet hatte und daß er mehr Willen zum Blühen und zur Höhe in sich fühlte als die meisten Friesen.

Auf den Bergen lag noch Schnee, die Gipfel schimmerten weiß durch die helle, stille Mondnacht. Aber es wurde, als die Mitternacht vorüber war, kalt um den einsamen Mann auf der Friesenklippe. Vom Gebirge wehte kühler Frühmorgenwind. Bald war sogar eine leichte Wolkenbildung zu beobachten. Wolken riefen immer eine große Sehnsucht in Ocko tom Broek wach. Es gab hier, vor allem im Binnenland, kaum Wolken. Man mußte schon weiter nach Norden ziehen, um sich von ihnen auf die Fahrt in die Weite mitnehmen zu lassen. Wolken waren wie die Sehnsucht, sie spannten die Flügel um Himmel und Erde. Und wieder durchflutete es ihn heiß, bald konnte er die Wolken über seiner Heimat wiedersehen. Wie er mit den Menschen nach so vielen Jahren in der Fremde auskäme, das mußte die Zukunft lehren, aber die Wolken und das wasserdurchsetzte Land, sie würden ihn aufnehmen wie einen, der endlich, endlich heimgefunden hat.

Nun galt es, hier alles so zu ordnen, daß er ohne Bedenken die Heimreise antreten konnte.

Er wanderte wieder hin und her. Wie friedlich die Schwestern schliefen! Todmüde waren sie gewesen. Es war ein ungeheuerliches Erlebnis für sie. Aber für ihn nicht minder. Sie hatten keineswegs den Kampf in ihm entfacht, aber sie hatten ihn zu einem plötzlichen Abschluß geführt. Es war durch sie ein doppeltes Friedensfest geworden. Sie verdienten den Lorbeer, den sie gestern getragen.

Mit den Schwestern hatte die ganze Heimat vor Ocko gestanden, die Eltern, Imel, die Burg, das Broekmerland, der Dom von Sankt Marien. Utengrahove war lebendig geworden, der gewundene Weg dorthin, das Emsigerland, die spitznasigen, rothaarigen Abdenas, Folkmar, der immer schon etwas bäurisch eng und polternd gewesen war, was aber ihn, Ocko, als den älteren weniger abgestoßen als belustigt hatte. Er sah jedes Tier in seines Vaters Stall vor sich, er sah die Kühe am Walburgstag auf die Weide ziehen und die immer bewegten Wolken über ihnen Botschaft von fernen Welten irgendwohin tragen. Er sah das Meer. Nicht blau und lieblich, grau und stürmisch lag es da, Schaumspritzer krönten es, soweit der Blick reichte. Nun galt kein längeres Hinausschieben, kein Zögern, keine noch so lockende Aufgabe, kein italienisches Fürstentum, das die Königin ihm geben wollte.

Ocko tom Broek gab vor sich selbst zu, daß es keine leichte Versuchung gewesen war, als Giovanna nach des unglückseligen Jaimes Tod erwog, ihn zu heiraten. Wenige Jahre früher wäre er vielleicht nicht abgeneigt gewesen, in Neapel zu bleiben. Inzwischen aber war die Nachricht von Imels Tod gekommen, und Giovanna hatte verstanden, daß Friesland ihn nun brauchte. Sie hatten sich sehr geliebt. Sie wußten auch beide, daß Verzicht nicht nur eine Tat, sondern ein weiterlaufender Lebensprozeß ist, und es war vom Schicksal weise eingerichtet, daß er in den letzten Jahren oft von ihr fern sein mußte. Sie hatte seine Schwestern bitten lassen, sie morgen zu besuchen. Sie waren alle drei etwa gleichaltrig, das erleichterte die Aussprache, so meinte Ocko.

Giovanna - wie das Feuer des Vesuvs, so hatte die Leidenschaft für sie in ihm gehaust, aufbauend, zerstörend, verzehrend. Als diese Leidenschaft ihn beherrschte, trat die Heimat zurück. Wer würde dies begreifen -. In Friesland niemand. Man mußte den Vesuv erlebt haben, die Erdbeben hierzulande, die Sonne, die Blüten, die ihre Wurzeln im Stich ließen, um der Sonne entgegenzueilen, so weit sie nur konnten, um zu verstehen, daß alle inneren Kräfte versanken, ja verstarben, wenn solche Leidenschaft im Süden über den Nordländer kam. Seine eigene Sehnsucht nach Leichtigkeit, nach Beschwingtheit, nach Blüten - diese Königin hatte sie gestillt. Er hatte alles andere in jener Zeit vergessen, sie nicht. Sie war hier aufgewachsen und auch die geistige Erbin ihres Ältervaters Robert des Weisen. Sie hatte den Geliebten mit ihren Freunden Petrarca und Boccaccio zusammengeführt, sie lehrte ihn neuzeitliche und antike Kunst und Literatur verstehen, sie hatte, so sagte sich Ocko, einen gebildeten Menschen aus ihm, dem Bauern, gemacht. Unvorstellbar, mit irgendeinem andern Dank aus dem Leben dieser Frau zu scheiden als dem, bis an den Tod innerlich ihr Schicksal mit zu tragen und, soweit dies noch möglich war, zu formen. Daß er äußerlich sein Leben von dem ihren trennen mußte, war weder seine noch ihre Schuld, dafür trugen sie beide nicht die Verantwortung. Aber ihre innere Verbindung jemals zu lösen, würde Verrat sein.

Erleichtert ging Ocko tom Broek endlich ins Haus. Nun war er mit sich selbst im klaren. Es war so, wie er beim Anblick seiner Schwestern empfunden hatte. Der langjährige Kampf wurde durch deren Kommen zu einem raschen Ende geführt, am gleichen Tage, an dem er siegreich aus dem Kampf mit Mailand heimgekehrt war. Es wurde Friede - Friede auch in ihm.

Er wollte nun schlafen gehen und ließ sich von seinem Hausoffizianten entkleiden. Die Festkleidung eines Condottiere war so eng, daß er sich unmöglich allein aus- und anziehen konnte.

Ocko tom Broek war müde geworden. Sein Blick hing schwer an der Decke und den Vorhängen des Bettes, die aus grün gefüttertem Purpurstoff gearbeitet und mit goldgeflochtener Kordel umrandet waren. Kleine gestickte, runde Kopfkissen lehnten sich gegen die durchbrochene Holzarbeit des Gestells.

Valeriano zog die Vorhänge zur Seite, leise klirrten die Ringe oben an dem Stab. Sein Herr blieb einen Augenblick vor dem Bildchen stehen, das über dem Kopfende hing und das am Fußende in vergrößerter Form wiederholt war. Es stellte den Schutzheiligen des Condottiere dar, den heiligen Michael. Das flüchtig geschaute Bild rief noch einmal die große Mysterienaufführung des heutigen Tages wach. Und mit dem Vorsatz, den Kampf um das zu Gebärende mit michaelischer Kraft aufzunehmen, schlief Ocko tom Broek gleich darauf ein.

Elborg und Doda Kenesna erschienen in bester Stimmung am Frühstückstisch. Nun war alles überstanden, die wochenlange Reise, das Suchen in Neapel. Sie saßen mit Ocko bei Tisch, als ob sie noch wie früher alle daheim wären. Unfaßbar komisch dünkte es sie jetzt, daß sie mit einer friesischen Kogge durch Neapel gefahren waren. Dodas schmale, feine Nase wurde die Heiterkeitsfältchen gar nicht wieder los. Elborg lachte Tränen, als sie den Mönch schilderte, der ihnen zum Schutz mitgegeben und mit wehender, weißer Kutte hinter ihnen hergesaust war, um auf dasselbe Schiff zu kommen. Aber gutmütig fügte sie hinzu, daß ihre Reise ohne diesen pfiffigen und sprachkundigen Mann sehr viel schwieriger gewesen wäre. Schwerlich hätten sie sich allein in das Gedränge hineingetraut, wahrscheinlich würden sie wieder zum Schiff zurückgegangen sein und säßen vielleicht jetzt noch dort, statt mit Ocko am Frühstückstisch bei guten Eier- und Fischspeisen. Hilarius hatte in seinem Bruderkloster Unterkunft gefunden, so daß man sich um ihn nicht zu sorgen brauchte.

Die Einladung der Königin überraschte die Schwestern nicht. Als Giovanna gestern bei ihrem Anblick erbleichte und mit einer Hand den Sattelknauf, mit der andern den blauen Lilienmantel festhielt, da wußten die beiden Friesinnen, daß das, was man ihnen bisher nur angedeutet hatte, Wahrheit war. Es spielte sich ein Mysterium vor ihren Augen ab und blieb doch unsichtbar in den Herzen verborgen. Solches Drama mochte niemals ein italienischer Trionfo gesehen haben. Die Königin führte einen Kampf, dessen Ausgang von Anbeginn an feststand. Verzicht mußte das Ergebnis sein.

Schwer mochte dies schon in jungen Jahren sein, aber wenn man alt wurde, war es gewiß bitter, allein zurückzubleiben. Elborg und Doda hatten dergleichen nie erlebt. Ocko äußerte sich nicht darüber, und seine Schwestern waren davon überzeugt, daß er nie ein Wort über dieses Erlebnis verlieren würde.

In Neapel herrschte für zwölf Tage Maskenfreiheit. Das schaulustige Volk konnte sich nicht sattsehen an den hohen, vergoldeten Wagen. Nach wie vor fuhren diese durch die Stadt, und wer wollte, durfte heute an der Darstellung teilnehmen, wovon die darstellerisch begabten Neapolitaner reichlichen Gebrauch machten. So wurde sowohl die Anzahl der Engel wie der Teufel um ein Erkleckliches vermehrt, und Gutes wie Böses machte sich heute doppelt breit in der Stadt Neapel.

Als der königliche Wagen, der die beiden friesischen Edelfrauen von der Friesenklippe ins Castell Nuovo bringen sollte, den Toledo überqueren wollte, geriet er vor der anstürmenden Menschenflut ins Stocken. Es war weder einer der Prachtwagen noch eine Schaubühne in der Nähe, auch schien das laut und lebhaft schreiende und wild sich gebärdende Volk keineswegs darstellerisch tätig, sondern in großer Sorge um etwas zu sein.

Der Condottiere Ocko tom Broek, der dem Wagen voranritt, wurde von Menschen umlagert und von reckenden Armen umringt. Als kluger Volksführer hörte er sich in Ruhe an, was die Leute bewegte:

Der Zorn der Heiligen würde sich gegen Neapel wenden, durch viele Anzeichen hätten sie am gestrigen Abend, in der letzten Nacht und erst recht heute morgen gesprochen. Und nun begann ein wüstes Durcheinander, jeder wollte seine eigenen Beobachtungen und Erfahrungen vortragen. Wundersüchtige Weiber überboten einander in der Schilderung von Hühnern und Gänsen, die sich unter gräßlichem Gequietsche fortwährend im Kreise gedreht hatten und schließlich tot umgefallen waren; ein Marienbild in der von der Königin erbauten Kirche Santa Maria dell'Incoronata habe die Augen verdreht, und man warte darauf, daß es blutige Tränen weine; beim Grabe Virgils, des Hohepriesters von Neapel, seien drei blutige Tropfen vom Himmel gefallen; der Vesuv habe für kurze Zeit aufgehört zu rauchen, und danach sei eine schwarze Rauchwolke aufgestiegen, unheilverkündend, wenn der Condottiere, wie Böswillige behaupteten, die Stadt im Stich ließe und in seine kalte Heimat reise.

Die Menschen gerieten in wahre Ekstase, als Bruder Hilarius nichtsahnend des Weges kam. Diesen Dominikaner habe Gott geschickt, er solle Buße predigen, schrien einige. Andere drangen wieder auf Ocko ein, ob er nicht am frühen Morgen die Wolken beobachtet habe. Seien sie nicht wie kämpfende Heere aufeinandergeprallt? Was hatten überhaupt Wolken um diese Zeit in Neapel zu suchen?

Nun schrien wieder wild gewordene Weiber, wer jene blonden Frauen seien. Man habe behauptet, es seien die Schwestern des

Condottiere. Aber dies könne nicht wahr sein. Man wolle jetzt wissen, ob sie mit dem Teufel oder mit guten Mächten im Bunde seien. Nötigenfalls würde man die Priesterschaft bestürmen, dafür zu sorgen, daß das Blut des heiligen Gennaro, des Schutzheiligen der Stadt, durch die Straßen getragen würde, damit es wieder flüssig werde.

Diesen Gedanken griff der Condottiere auf, erhob seinen Feldherrnstab und begann, als alles still und glutvoll-ergeben zu ihm aufblickte, zu erzählen, eben dieser Heilige sei ihm in der letzten Nacht erschienen. Er habe sich zunächst recht geheimnisvoll gebärdet und erzählt, er wolle den Neapolitanern durch allerlei seltsame Vorzeichen die klugen Köpfe verdrehen, aber das möge Ocko dem Volk zu gegebener Zeit sagen: Wer die meisten schwarzen Haare auf dem Kopfe hätte, in dem wohne der Teufel. Und nun möchten sie zählen.

Einen Augenblick sahen sich die Menschen verdutzt an, dann begann ein lautes Gelächter. Einer wühlte dem andern im Haar herum, und es herrschte binnen kurzem die ausgelassenste Fröhlichkeit.

Die Pferde zogen an, mit erhobenem Feldherrnstab ritt Ocko voran, Elborg und Doda stimmten in die allgemeine Heiterkeit ein, lachten und winkten, und hinter ihnen her wälzte sich die Menge der Neapolitaner, begeistert von ihrem Condottiere, der Mailand besiegen und mit ihnen scherzen konnte. Solche Menschen liebten sie.

Sie sprangen in die Barken, um zum Castell Nuovo zu rudern, und ununterbrochene Heilrufe umjubelten das königliche Schloß.

Giovanna I. erschien auf dem Altan ihres Schlosses, sie trug eine silberne Schale in der Hand. Und dann warf sie goldene Münzen unter das Volk. Manche fielen ins Wasser; nackte, braune, blitzäugige Jungen sprangen hinterher. Unter der klaren, blauen Oberfläche des Golfs sah man sie nach der Münze greifen, und unter Jubelgeschrei schwangen sie mit den andern Glücklichen in den Booten ihr Goldstück und schrien: "Il condottiere", "Viva la regina". Alle Heiligen wurden angerufen, diese beiden zu beschützen.

Wenige Goldstücke lagen noch in der Schale, als Giovanna nun zu den Friesen trat. Lächelnd begrüßte sie die Edelfrauen und deren Bruder und gab jedem, wie im Scherz, auch eines dieser Goldstücke.

"Eine Erinnerung", sagte sie. "Wenn man älter wird, mehren sich die Erinnerungen."

Überrascht wich Doda Kenesna zurück:

"Ocko - dein Bild. Dein Kopf auf einem Geldstück. Hier ist Gold Geld."

Die Königin wartete einen Augenblick, bevor sie fragte:

"Gefällt es Euch nicht?"

"Wir denken anders über das Gold", antwortete Doda. "Aber ich glaube, hier muß alles sichtbar werden, auch die Erinnerung. Ja, hier darf vielleicht Gold Geld sein."

Die Königin führte ihre Gäste in einen Raum, der nach Westen zu keine Außenwand hatte, so daß die Aussicht auf den Golf frei blieb. Dort erzählten die Friesinnen in ihrer besinnlichen Art von dem Hinscheiden ihres Vaters, den vielen Fehden im Lande, der dauernden Bedrohung durch Meeresfluten, dem Untergang eines Landstrichs im Broekmerland.

Dabei sahen sie unverwandt die Königin von Neapel an. Gott im Himmel, welche Tiefen ruhten in diesen dunklen Augen. Das war die Frau, von der jener Romfahrer wie entrückt gesprochen hatte. Drei Männer hatte sie begraben und drei Kinder, Eltern nie gekannt. Man hatte sie des Mordes bezichtigt und aus ihrem Lande verjagt. Sie hielt vor dem Papst in Avignon eine lateinische Rede, und sogar die gegnerischen Advokaten hatten darauf nichts mehr zu erwidern gewußt. Sie nahm den Neffen irgendeines Herzogs an Kindes Statt an und brachte den Mut auf, ihn zu ihrem Nachfolger zu erziehen. Das Volk war hier wie der Wind daheim, es drehte und wendete sich überraschend schnell, das hatten Elborg und Doda auf der Herfahrt wieder als etwas für sie Unbegreifliches empfunden. Welch eine Stütze mußte für eine solche Frau ein verläßlicher Friese wie Ocko bedeuten! Wahrhaftig, immer mehr dünkte er sie wie das Gold zu sein, das sein Antlitz trug, unveränderlich und unangreifbar. Es bedeutete etwas für das ganze Land, ob solch ein Mann hier blieb oder fortging. In der Heimat würden sie dies nie vollständig begriffen haben. Hier aber war es ihnen unmöglich, eine Bitte an ihre Erzählung zu knüpfen. Klein erschienen ihnen im Augenblick ihre eigenen Sorgen um das Broekmerland im Vergleich zu denen, welche diese Frau nun allein auf ihre Schultern nehmen mußte. Sie fingen von etwas anderem zu sprechen an.

Die Königin, gewohnt, mehr zuzuhören als selbst zu sprechen, strich dann und wann, wenn sie etwas besonders bewegte, mit der langen, schmalen Hand über die rote Seide ihrer Robe. Sie schien in sich hineinzublicken, aber doch jedes Wort zu verstehen.

Einen sonderbar schönen, stillen Ausdruck trug ihr Gesicht, als sie nun aufstand und sich an ihren bisherigen Feldherrn wandte:

"Ihr begreift, Signor Condottiere, daß Ihr unter solchen Umständen nicht länger in unseren Diensten bleiben könnt. Dort unten am Molo liegt die Kogge Eures Vaters. Sagt dem Schiffer, daß er sich zur Abfahrt bereit halte, wenn die zwölf Festtage vergangen sind."

Ocko tom Broek blieb noch eine einzige Aufgabe in Neapel: der Königin die politischen Verhältnisse darzulegen, wie sie nach seiner Meinung jetzt vorlagen. Und als die berühmten Ballspiele, die Laufwettübungen, das Wettrudern und was sonst das Volk erfreute, schließlich ihren Ausklang gefunden hatten, ließ er sich zu einem abschließenden, letzten Vortrag bei der Königin melden.

Er schritt durch die Räume, zwischen den Menschen und Möbeln hindurch, als ob er schon gar nicht mehr hier sei. Er sah nur seine letzte Aufgabe an dem Land und an der Frau.

Als der Page ihm schließlich die Tür öffnete zu dem kleinen Gemach, in dem die Königin ihn oft empfangen hatte und er nun endlich allein vor ihr stand, stutzte er.

Sie saß neben dem silbernen Flügelaltar, der die Form einer kleinen Kapelle hatte. Das Ewige Licht brannte wie immer, und eine Schale mit Weihrauch stand vor der kleinen Madonna, die in Heiterkeit und Ruhe ihr Kind in das Leben hineinzutragen schien.

Giovanna trug die weiße Seidenrobe, die Ocko oft an ihr bewundert hatte. Der schwere Stoff umfloß sie weich. Oft hatte er sie so sitzen sehen, wenn er eintrat, und oft war es dann geschehen, daß keiner von ihnen eines Wortes mächtig war.

Als er nähertrat, erhob sie sich langsam, streichelte leicht sein Haar und sagte:

"Nach beendetem Kampf kommst du zu mir, Ocko. Wir wollen das Friedensfest feiern. Soviele Jahre, soviele Wünsche, soviele Tränen - soviel Verzweiflung und soviel Glück. Und immer haben wir gewußt, daß dies das Ende sein müßte."

Er fand kein Wort. Ihre Ruhe und Herzenswärme erschütterten ihn.

"Wir sind nicht jünger dabei geworden", fuhr sie fort, "aber sag, ist dies nicht ein großes Glück, zu wissen, daß unendliche Liebe wirklich nicht endet? Ob man als junger Mensch das begreifen kann? Wir haben viele Jahre dazu gebraucht, aber nun wissen wir doch, daß wir niemals nur das Ende, sondern immer den neuen Anfang gesucht haben. Das ist der schwerste aller Kämpfe, Ocko, daß das Opfer sich wandelt. Daß eine viel heiligere Liebe aus ihm wird, als man vorher füreinander hatte. In den ersten Jahren kommen Nacht für Nacht die teuflischen Gedanken, aber sie haben schließlich keine Macht mehr über den Menschen. Der neue Anfang wird einmal doch geboren."

Sie reichte ihm mit bittenden Augen ihre Hand. Und er hielt sie in seiner großen, starken Faust, wie so oft, und streichelte sie sanft.

"Noch kann ich mir mein Leben ohne dich nicht denken", sagte er. "Ich war ein Bauer, als ich zu dir kam, und du -"

Die Bewegung wollte sie übermannen, aber sie faßte sich bald und sagte:

"Erinnerst du dich, Ocko, daß unser Boccaccio uns aus dem Decamerone vorlas und nachher von der Freudigkeit sprach, die -"

Ihr Augen erhielten plötzlich einen lebhaften Glanz, und sie ergriff ein kleines Pergamentbüchlein, das in einem Fach ihres Betpultes lag.

"Die unendliche Liebe hat nichts als die Freudigkeit in meiner Seele zurückgelassen", las sie, "die einer zu empfinden pflegt, der sich auf seiner Fahrt nicht allzuweit in die finsteren Meere wagt. So sehe ich denn, daß sie, die mir eine Marter zu sein pflegte, nun, wo aller Kummer hinweggenommen ist, mir nur als ein Wohlbehagen geblieben ist."

Und mit Begeisterung begann sie, Erinnerungen an diesen großen Freund und auch an Petrarca aufzufrischen, die ihr beide in den letzten Jahren durch den Tod genommen worden waren.

Ocko streichelte, während sie sprach, ihre Hand. So war es immer gewesen - er hatte draußen für sie gekämpft, sie für ihn im Lande. Jeder mit seinen eigenen Waffen. Und beide gleich tapfer und ehrlich.

Es war schlimm für Giovanna, daß ihre klügsten und verläßlichsten Freunde nun tot waren. Denn sie würde bald Hilfe brauchen.

Er sagte ihr dies und fügte hinzu:

"Halte dich an den Herzog von Braunschweig. Er ist ein verläßlicher Mann. Du weißt, wie man heute über einen Eidbruch denkt. Wenn dadurch die Gründung eines Reiches möglich wird, ist er erlaubt. Man beruft sich auf das Beispiel Cäsars und nennt sich neuzeitlich."

Und er schilderte ihr seine Beobachtungen an Adeligen, die fast alle im Lehensverhältnis zu der Königin standen, deren Treue aber oft recht wandelbar sei. Der Bildung von Verschwörungen müsse man zuvorkommen. Giovanna sei zwar sehr vorsichtig, doch fürchte er, daß sie noch böse Überraschungen erleben werde. Da sei Papst Gregor XI., der immer noch seinen Verwandten bedaure, den Herzog von Andria. Gott wisse, was die beiden zu gegebener Zeit unternehmen würden. Giovanna habe zwar des Herzogs Güter aufteilen lassen, aber niemals habe einer in der Verbannung auf etwas anderes als auf Rache gesonnen. Verdächtig sei vor allem die Haltung des jungen Karl von Durazzo.

Giovanna stutzte. Das konnte Ocko doch nicht im Ernst meinen? Sie hatte Karl erzogen und wohl schmerzlich empfunden, daß er sich zu ihren Feinden, den Ungarn, hingezogen fühlte, aber an einen Verrat konnte sie nicht glauben. Das möge sie halten, wie es sie richtig dünke, sagte Ocko, er riete ihr aber, für ausreichende Verproviantierung des Castell Nuovo zu sorgen, damit man sich im Fall einer Belagerung zu halten vermöge.

Sie sah ihn lange an. Es war ein anderes Feuer als sonst, das aus ihm sprach. Es war das Feuer der Verantwortung.

Befreit und doch voller Sorgen stand Ocko auf. Nun mußte er die geliebte Frau ihrem Schicksal überlassen. Mehr konnte er nicht für sie tun. Er gab ihr noch Aufschlüsse und Berichte über Zucht und Soldverhältnisse seines Heeres und riet ihr, die Truppe nicht aufzulösen oder über die Grenze zu schicken - beides komme der Bildung einer Räuberbande gleich -, sondern einen Unterführer, den er ihr vorstellen werde, zum Condottiere zu ernennen und ihn täglich straffe Übungen mit den Landsknechten ausführen zu lassen. Das aufwendige Geld würde sich bald lohnen.

"Du sorgst dich um meine Zukunft", sagte die Königin, "und was kann ich für die deine tun? Ein geringes im Vergleich mit dir, aber ich glaube, für dich wird es große Bedeutung haben. Ich möchte dich zum Ritter schlagen, Ocko tom Broek."

In der Kirche Santa Maria dell'Incoronata, die nach den Angaben der Königin erbaut und die, wie sie sagte, ihr liebstes Kind war, empfing der Friese Ocko tom Broek mit dem Schwerte Roberts des Weisen den Ritterschlag. Die Königin selbst legte ihm den goldenen Gürtel um die Hüften und gab ihm die goldenen Sporen. Eine vergoldete Rüstung war ihre Abschiedsgabe an ihn.

Sonnenglanz umfloß Ritter Ocko und seine beiden Schwestern, als sie nach dem feierlichen Gottesdienst die Kirche verließen und den Prachtwagen des Erzengels Michael bestiegen, der heute zum letztenmal durch die Straßen Neapels fahren sollte. Die Edelfrauen in reichster Friesentracht, mit leise klingenden Goldglöckchen auf den Ärmeln, mit den prächtigsten Esscharts, die je ein friesischer Goldschmied ersonnen, mit dem von kostbarsten Edelsteinen glänzenden Pael im blonden, lang herabhängenden Haar, und neben ihnen der Ritter in vergoldeter Rüstung, kühn, stark und schlank - das war ein Anblick, wie er Neapel erfreute.

Und in den Herzen der phantasiebegabten, wundergläubigen Neapolitaner entstand an diesem Tage die Mär, die noch lange nach der Abreise der Friesen von Mund zu Mund ging: Gott hatte diesen Nordländern Sonnenkräfte verliehen. Die Königin habe darum gewußt und die helfenden Kräfte in die Goldmünzen mit dem Bilde des Ritters gebannt. Inbrünstig drückten manche das Goldstück an die Brust, und im gleichen Augenblick war es ihnen klar, daß sie mit diesem Schatz ein Amulett bei sich trugen, durch das ihnen der Goldgrund der göttlichen Welt leuchtete.

Zu dem Turnier auf dem Mercato wurden viele Zelte und Pavillons aufgeschlagen, und mancher Deutsche erinnerte sich daran, daß hier der letzte Staufe von dem ersten Anjou hingerichtet worden war, daß auch König Manfred hier sein Leben verlor.

Durch Briefe und Boten hatte man waffenfähige, erprobte Ritter zu diesem Fest geladen, die, gefolgt von ihren Knappen und Knechten, nun auf den Mercato einritten. Und mancher mochte stattlicher und prunkvoller einziehen, als sein Geldbeutel erlaubte, und als er später diesen fröhlichen Kampfplatz verließ. Nach dem Speerstechen und den leichteren Ritterspielen, in denen es vor allem auf die Reitkunst und den raschen Zusammenstoß der Schilde ankam, ritten die Turnierkämpfer in die Schranken, und nun erhob sich derselbe Jubel wie am ersten Tage des großen Friedensfestes, und die Zuschauer sangen und tanzten mit dem fahrenden Volk der Spielleute und Budenbesitzer um die Wette.

Der Kampf dauerte mehrere Stunden, und Ritter Ocko ritt einmal auf den Platz außerhalb der Schranken, der ihm zugewiesen war, um das Pferd zu wechseln, und versuchte dann aufs neue, den Helmschmuck des Gegners zu treffen. Und als es ihm nun gelang, den prächtigen Zaum des gegnerischen Tieres mit seinem scharfen Schwerte zu zerschneiden, da jubelte ihm noch einmal das Volk zu, und ein wildes Drängen begann. Man wollte dem Condottiere noch einmal ganz nahe sein.

Und nun war auch dies vorüber. Und die Kogge am Molo setzte das Rahsegel. Heute würde der neue Herr des

Broekmerlandes mit seinen beiden Schwestern an Bord gehen und für immer die Stadt des Feuers verlassen.

Schon früh am Tage drängten sich die laubgeschmückten Barken, und als dann die Galeere der Königin mit dem wehenden Wimpel der Anjous sich näherte, da erklangen wieder die Jubelrufe der Menschen. Sie weinten und lachten, schwenkten Tücher und Fahnen und sangen ihre Tarantellen. Musik erklang in allen Booten und auf der königlichen Galeere.

Die Königin und ihr Condottiere zeigten sich zum letztenmal gemeinsam dem Volk.

"Quanto è bella giovinezza", begann irgendeiner, und bald erklang es über den Golf aus vielhundert Stimmen, in vielen Tonlagen: "Quanto è bella giovinezza, che se fugge tutta via ..."

Eine Brücke wurde geschlagen von der Galeere zur Kogge. Napoli - Frisia, jetzt noch verbunden. Elborg und Doda Kenesna verließen neapolitanischen Boden, Ritter Ocko folgte. Die Verbindung war unterbrochen, die Brücke wurde eingezogen.

Ein Schiff voller Friesen -. Sie sagten wenig, aber ihre Gesichter leuchteten. Sie würden den Herrn des Broekmerlandes nun heimfahren. Unendliches Vertrauen zu ihm, der die Welt kannte und Ruhm erworben wie der Kämpfer von Damiette oder Magnus Forteram, erfüllte sie.

Ritter Ocko stand mit den Schwestern am Heck der Kogge, umrauscht vom blauen Golf, gegrüßt vom ewigen Feuerberg, umjubelt vom Volk, umschaukelt von Nachen, Barken und laubgeschmückten Galeeren, als die Schiffer die Taue lösten und der Wind die Segel schwellte. Lange noch folgten Ruderer, sangen, spielten, lachten, weinten, bis der Seewind jeden Laut verschluckte und sie in den heimatlichen Hafen zurücktrieb.

Als die Umrisse der Schlösser, der Stadt und des Feuerberges verschwammen, verließ Ocko tom Broek das Heck der Kogge und stellte sich an das Bugspriet. Er sprach an diesem Abend kein einziges Wort mehr. Er sah über das weite Meer hinüber in die Heimat.

Für kurze Zeit war der Willensstrom der Broekmänner unterbrochen gewesen. Imel war tot, sein Vater war tot, er, Ocko, in der Fremde. Wer hatte die Heimat gehalten -. Sie, die

Broekmänner, waren dazu ausersehen. Nie wieder durfte eine solche Unterbrechung eintreten. Er hatte den Kampf um das zu Gebärende in Italien geführt, er hatte das Wesentliche erkennen gelernt. Er würde bald sehen, wie er die Zügel anfassen müßte. Der Wille der Broekmänner war in Ocko tom Broek lebendig.

3.

Die Heimreise erfuhr eine kurze Unterbrechung. Auf der Kogge waren sich alle darin einig, daß man nicht nach Hause fahren dürfe, ohne der friesischen Kolonie in Rom einen kurzen Besuch abgestattet zu haben. Daß es sich dabei nur um wenige Stunden handeln konnte, war allen klar.

Von dem Friedensfest in Neapel erzählte man sich Wunderdinge, und es hatte sich auch bereits in Rom herumgesprochen, daß Elborg und Doda Kenesna gekommen waren, um ihren Bruder heimzuholen. Nun wartete die friesische Kolonie auf den Besuch der vornehmen Landsleute.

Frauen hatten in dem schönen Garten des Pfarrhauses, in dem Palmen und Pinien Schatten spendeten, inmitten blühender Sträucher Tische gedeckt. Elborg und Doda waren überrascht, so viele braunhaarige und schwarzäugige Menschen in römischer Tracht und Aufmachung unter den Landsleuten zu sehen. Nur alte Frauen und einige, die sich in der Unterhaltung als in sich selbst ruhende Menschen erwiesen, hatten sich weder in der Haartracht noch in der Kleidung den Römern genähert. Wie seltsam dies war -. Bislang hatten die Edelfrauen Italien und Friesland als zwei sich völlig fremde Länder kennengelernt, hier waren beide voneinander durchsetzt.

Es wurde viel Wein getrunken. Ocko zu Ehren hatte man den guten Vesuvwein und Lacrimae Christi aufgetischt, aber auch Rheinwein, der hier als etwas ganz Besonderes galt. Elborg und Doda, die von Tisch zu Tisch gingen, um Grüße und Aufträge von allen gleichmäßig in Empfang nehmen zu können, erfuhren in diesen wenigen Stunden viel über Wesen und Schicksal der Friso-Italiener. In allen glühte die Sehnsucht nach der Heimat. Und auch, was der Romfahrer von der märchenhaften Vorstellungswelt dieser fernen Landsleute erzählt hatte, bestätigte sich. Ocko tom Broek war der große, mächtige Friese, der sich Ruhm erworben. Aber wo in Gottes Namen, dachten die Schwestern, fand sich im übrigen Friesland einer, der Ocko gleich war?

Die meisten hatten es hier in Rom zu Geld und Ansehen gebracht. Sie waren Kaufleute oder Weinbauern. Mehrere hatten auch gute Schulen, ja sogar die Universitäten in Padua oder Bologna besucht, so daß sie nun als Advokaten und Ärzte wirkten. Es war wohl kein Wunder, wenn sie auch an diesem Abend oft ins Italienische fielen. Eine alte Frau klagte:

"Die studierten Herren kommen in alle römischen Kreise und heiraten gewöhnlich eine Römerin. Es ist für ihr Fortkommen besser, aber was die Römer selbst sagen, ist wahr: wir Germanen düngen ihren Boden. Unser Blut ist es, das hier fließt."

Der Kampf um die Erhaltung des eigenen Volkstums sei recht verschieden lebendig in der jüngeren Generation, fügte sie nach einer langen Schilderung der Verhältnisse hinzu.

Auch errege es ihr Bedenken, sagte sie dann, daß viele nicht mehr zur Kirche gehen wollten. Man spreche von einer Zeit der Wende und berufe sich auf die Übelstände in der Geistlichkeit, die hier in Rom allerdings auch so offen zutage träten, daß es für die Jüngeren schwer sei, die Vertreter der Kirche als Gottesdiener zu achten. Zudem könnten die meisten Friesen lesen und schreiben und glaubten, in den Büchern Ersatz für Messe und Andachtsübungen zu finden.

Von den Lebens- und Schicksalsaufgaben, die solches Dasein in der Fremde mit sich brachte, wußte die Heimat nichts. Gefährlich dünkte es die Edelfrauen, nicht mehr zu wissen, wohin man gehöre, in den Norden oder in den Süden. Gab man mit solcher Gewißheit nicht die Zugehörigkeit zu Gott selbst auf? Wahrlich, ein leichtes war es, als Römerin in Rom oder als Friesin in Friesland zu leben, verglichen mit dem, was diese armen Menschen durch ihr Doppelsein auf sich nahmen.

Alles, was sie an Geld und Gold von den Broekmern geschenkt bekommen hatten, übergaben Elborg und Doda Herrn Yne, dem Pfarrer, der dem Spital an der Seite eines friesischen Arztes vorstand. Sie wollten daheim von diesen Versprengten erzählen. Was man für sie tun konnte, war, daß man betete und nicht nur den Blutstrom, sondern auch die Gedanken durch die Heimat erneuerte.

Tzabbe Ewena vertrat heute abend an Bord seinen Schiffer, denn Ayld mochte sich nicht von Ritter Ocko trennen. Mit schaukelnden Schritten folgte der alte Seemann seinem neuen Herrn. Sie waren beide Auslandfahrer und verstanden sich.

Ihnen folgte auf Schritt und Tritt ein großer, blonder Mann. Er nannte sich Folpert Ubbena und sagte, er gehöre mütterlicherseits zu der Sippe der Allenas in Osterhusen. Durch Folkmars Heirat mit Adda Imelsna fühlte er sich den tom Broeks verwandt und wurde nicht müde, Friesland zu preisen und das hiesige Land herabzusetzen. Er könne sich nicht eingewöhnen, ihm sei die Sprache ebenso verhaßt wie die leichten Sitten. Sei es etwa schicklich, daß verheiratete Frauen -. Und er schilderte die Übelstände, wie sie sich in den engen Verhältnissen der Friso-Italiener in dieser Niederlassung entwickelt hatten. Seine Kinder würden nur soviel Italienisch lernen, wie sie brauchten, um sich ihren Lebensunterhalt zu verdienen, trotzte er.

"Eines habt Ihr vergessen", sagte der Ritter. "Als Ihr um die Südküste Spaniens in das Enge Meer einfuhret, hättet Ihr Euren alten Maßstab ins Wasser versenken müssen, da, wo es am tiefsten ist."

Alles lachte; Ritter Ocko aber war etwas verstimmt über den kleinlichen, engherzigen Nordländer. Er konnte nicht verhindern, daß ihn in diesem Augenblick vor der Begegnung mit vielen ähnlichen Gerechten schauderte.

Um die Mitternachtsstunde läuteten die Glocken von San Michele, und alle gingen in die Kirche, um hier die Abschiedsstunde zu feiern.

Die Kirche erinnerte in vielem an den Dom von Sankt Marien im Broekmerland. Mancher mochte in Sehnsucht beim Bauen zugeschaut und von daheim erzählt haben. Da waren steinerne Madonnen, die streng und herb die Lider senkten und den Mantel um ihr Kind schlugen. Wer wurde nicht an die stillen, geraden Madonnengestalten des Marienhover Domes erinnert oder an das Landeswappen der Heimat -. Man ging wohl nicht fehl, wenn man annahm, daß hier ein Meister vom Niederrhein gewirkt hatte. Andere Marienbilder dagegen zeigten ein weicheres, lieblicheres Gepräge, sie waren unverkennbar südlichen Ursprungs.

Was Elborg und Doda Kenesna aber besonders an die Heimatkirche erinnerte, waren die vielen Tiergestalten, die in den Sandstein des Frieses gemeißelt waren. Dazwischen erhob sich, wie in Marienhove, des öfteren ein Pelikan.

Auffallend an dieser Kirche war vor allem die häufige Darstellung des Erzengels Michael. Hier zertrat er das Gewürm, dort hielt er die Waage hoch in der Linken, gebieterisch wägend, was Bestand hatte vor seinem Geistesauge. Michael, der Kämpfer um die Gottgeborenheit des Menschen, zertrat den Widersacher. Er bedeutete den Menschen hier, so schien es den Frauen, mehr als in Friesland. Doda wollte Ocko, der neben ihr saß, danach fragen, aber er sah so entrückt in das große, blaubunte Glasfenster, daß sie vor seinem strengen Gesicht erschrak.

Nach beendetem Gottesdienst ging das kleine Häuflein der Friesen zum Molo hinunter.

Ocko sagte weder ja noch nein, wenn man ihn etwas fragte, und selbst der für das Leben in der Fremde ungeeignete Verwandte der Allenas aus Osterhusen wagte nicht mehr, das Wort an ihn zu richten. So mochte der Condottiere vor seinen Truppen hergegangen sein, wenn es eine letzte Entscheidung galt, dachten die Leute.

Unbeweglich, wortlos stand er bald an Bord der Kogge. Eine große Dankbarkeit gegen seine Schwestern wallte in ihm auf, die sich jetzt noch überwanden, in Geduld weitere Aufträge anzunehmen. Er fühlte, seinetwegen rafften sie sich zusammen. Sie wollten ihn entlasten.

Als das Schiff vom Molo abstieß und die sehnsüchtigen Blicke der römischen Friesen in der Dunkelheit ertranken, sagte Doda Kenesna zu ihren Geschwistern:

"Nun geht es mir wie Foelke Kampana nach Imels Tod, ich bin am Ende meiner Kraft. Eigentlich weiß ich jetzt erst, was das Mädchen damals erlebt hat."

Bleich und erschöpft suchte sie ihre Kabine auf.

Ihre letzten Worte klangen in Ocko nach, als er sich noch einen Augenblick achtern gegen die Wand des Kastells lehnte, die Augen schloß und das Rauschen des Meeres in sich aufnahm. Foelke Kampana -. Des öfteren hatten die Schwestern sie erwähnt. Es mußte etwas Besonderes aus dem ernsten Mädchen geworden sein. Ihr liebster Freund war ein siebzigjähriger Mann gewesen und sie, so schien es, seine liebste Freundin. Ein immerhin ungewöhnliches Verhältnis.

Unfähig, noch irgend etwas zu empfinden oder zu denken, nahm Ocko tom Broek diese letzte Vorstellung mit in einen tiefen, bleiernen Schlaf hinüber.

Am nächsten Morgen war die Küste bereits außer Sicht. Der Wind frischte auf, und die Matrosen sangen Heimatlieder. In allen war nun die Sehnsucht lebendig, bald nach Hause zu kommen. Sie hatten keinen Blick mehr für die vielen fremden Schiffe mit den hohen Aufbauten. Wann würde es soweit sein, daß man einer Kogge begegnete? Nur auf dem Ozean dünkte sie letzte Weite zu sein. War es nicht ein bedrückendes Gefühl, daß hier binnen weniger Stunden Land erreicht werden konnte? Die Weite des Ozeans mußte sich zwischen diese Länder und sie, die Friesen, legen. Und dann, ja dann würden sie nur noch blonde Menschen sehen.

Elborg und Doda Kenesna ließen in Bildern an sich vorüberziehen, was sie erlebt hatten. Daß der Süden sie in seinen Zauber eingefangen und sie mit Farben und Düften und Tönen aus sich selbst herausgelockt hatte, dünkte sie wie ein Wunder. Unvergeßlich würde ihnen bleiben, wie sie zum erstenmal den Fuß auf Italiens warme, sonnige Erde gesetzt hatten. Damit hatte es begonnen.

Sie fuhren nun durch die Gewässer, in denen vor wenigen Wochen Sage Wirklichkeit geworden war. Was war inzwischen alles Wirklichkeit geworden! Zu den aus Sage und Geschichte bekannten friesischen Helden, die die Volksgunst verklärt hatte, trat der eigene Bruder. Was mochten spätere Geschlechter von ihm erzählen, der jetzt Tag für Tag am Bugspriet dieser Kogge stand.

In diesen Breiten hatte Hilarius die Geschichte von den Legaten erzählt. Wie anders war diesmal der friesische Legatenbesuch verlaufen.

Als sie das Enge Meer südlich Gibraltar passiert hatten und in den Ozean hinaussegelten, beobachteten die Schwestern eine

Veränderung an Ocko. Er verlor mehr und mehr das Starre in Blick und Haltung. Er war wie ein Kranker gewesen. Wurde er nun gesund?

In der Biskaya sah Ritter Ocko zum ersten Male seit vielen Jahren heimatliche und hansische Baienfahrer, die die Bai von Burgneuf anlaufen wollten. Hier begannen Elborg und Doda zu erzählen, was sie auf der Hinreise von Hilarius erfahren hatten, daß die Hanse die gewaltigste Macht an der Nordseeküste geworden sei. Hilarius halte es nicht für ausgeschlossen, daß einmal Streitigkeiten zwischen Friesen und Hansen ausbrechen könnten.

"Die Macht der Hanse haben wir auch in den Mittelmeerländern erfahren", sagte Ocko. "Es wäre ein Jammer, wenn Friesland ungeschickt genug wäre, mit den Hansen eine Fehde anzulegen."

Und er fragte, wie sich denn Graf Albrecht von Holland und der Graf von Oldenburg zu den Hansen verhielten. Ob man in den Jahren seines Fernseins die Verbindung mit diesen beiden großen Nachbarn gepflegt habe.

Darüber konnten die Schwestern nur geringe Auskunft geben, erzählten aber, daß der Holländer auch zu des Vaters Beerdigung einen Gesandten geschickt habe, dessen Verhalten eine große Achtung vor den Broekmer Herren zu entnehmen gewesen sei.

Ritter Ocko ging lebhaft auf dem Schiff hin und her und setzte sich schließlich auf eine schmale Bank am Heck, von wo aus er gern in die Straße sah, die das Schiff im Meer gezogen hatte. Nahebei sprudelte und brodelte das Wasser, ein wenig ferner schlug es in leichten Wellen wieder übereinander, und weiterhin sah man gar nicht mehr, daß ein Schiff dort gewesen war. Die Spuren verwischten sich rasch. In kurzer Zeit wurde aus Gegenwart Vergangenheit, und in jedem Augenblick nahm die Gegenwart von der Zukunft Besitz. Nie war es Ocko so deutlich geworden wie an dieser Schiffsspur.

In diesen Breiten gab es auch Wolken. Er wurde nicht müde, ihr Spiel zu betrachten.

Daß wieder Wolken über ihm dahinzogen und daß er einmal Zeit hatte, sie in Ruhe zu betrachten! Sie, die nie ohne Bewegung waren, die sich in jedem einzigen Augenblick veränderten und neu gestalteten. Man sah sie über sich, und doch hatte man das Empfinden, daß sie nicht vorhanden seien. Sie gehörten nicht dem Raum, sondern der Zeit an. Die feste Form fehlte ihnen. Sie waren ständig in Bewegung und ein Bild der Zeit, die auch nicht einen einzigen Augenblick ruhte und sich gleichblieb. Wie Bilder, die in der eigenen Seele auf und ab wogten. Über dem Ozean der Gedanken zogen sie ihre Bahn und warfen ihre Schatten und ihr Licht auf ihn.

Es war schön, eine Weile allem Räumlichen fern, nicht mehr in Italien und noch nicht in Friesland zu sein, nichts Festes unter sich zu fühlen als Schiffsplanken, die über diesen Ozean hinwegtragen mußten. Ocko sah der Vergangenheit nach wie der Schiffsspur, und fühlte, wie es schon in ihm aufbrodelte, wenn von der nordischen Politik und den westlichen und östlichen Nachbarn gesprochen wurde. Und Neues stand auf und teilte nahe Zukunft. Wie sah es im Norderland aus? Würde sich mit Louwert Itzinga ein Übereinkommen finden lassen? Ocko war nicht willens, seine Macht auf das Broekmerland zu beschränken. Ihm gehörten Kirchturm und Kirche in Norden. Er wußte, sein Vater hatte dies niemals betont, aber -. Wie hatte sich Edo Wiemcken entwickelt? War er noch der mächtigste Mann im Osten Frieslands?

Und wieder glitten die Bilder in andere hinein. Noch blieben sie formlos. Ocko hatte noch keinen festen Boden unter den Füßen. Er fühlte, daß es ein großer Schritt sein würde, von dem Meer auf das Land zu gehen. Er hatte die Festigkeit der Vergangenheit verlassen und keinen Boden als den schwankenden des Schiffes unter den Füßen. Die Außenwelt und ihre Ereignisse erreichten ihn hier nicht. Er war jedem Raum fern. Er lebte in der Zeit. Niemals war ihm, dem immer Tätigen, dies vergönnt gewesen.

Aber es war nicht leicht, auf alle äußeren Nachrichten zu verzichten. Es kamen immer noch Tage, in denen der Ritter darauf brannte zu erfahren, wie es seinen Truppen erging, ob Karl von Durazzo nicht plötzlich in Neapel aufgetaucht sei, wie weit des Herzogs von Andria Bemühungen, die Königin doch noch zu besiegen, gediehen waren und - ja, und wie es nun Giovanna gelang, sich allein zurechtzufinden. Er hoffte im stillen, daß sie dem Herzog von Braunschweig ihr Jawort geben würde, und doch schmerzte dieser Gedanke noch. Eine ledige Königin war in diesen Zeiten wie Freiwild. Ocko wußte, daß auch der König von Frankreich für seinen Sohn um Giovannas Hand bat. Wann mochte er etwas darüber erfahren -.

"Hier haben Seevögel das Wort, Schwester", sagte Doda eines Tages lachend. "Unsere Matrosen schreien schrill wie sie. Weißt du noch, daß uns die italienische Musik fast um den Verstand brachte? Elborg, Schwester, wenn ich in wenigen Tagen meine Buben rufen höre!"

Und sie ging zu Ocko, und nichts hielt sie mehr zurück, ihn zu umarmen und zu küssen.

"Ocko, Bruder", schluchzte sie. "Wir fahren heimwärts. Du bist nun bald zu Hause, Ocko. Und nie, nie darfst du uns wieder verlassen! Herr, mein Gott, es war wirklich ein Kreuzzug."

Als die Kupferdächer der heimatlichen Kirchen auftauchten, die den Schiffern als Seezeichen dienten, wichen die Schwestern nicht mehr von seiner Seite.

Ocko war wieder schweigsam geworden. Seine Gedanken kreisten zumeist um sein Kind und um die Burg. Er überlegte, ob er, bevor sie an Land gingen, den Schwestern von seinem Sohn erzählen sollte. Beide waren ihm gleich lieb, er hatte Vertrauen in ihre verstehende Liebe gewonnen. Aber irgend etwas in seinem Innern hielt ihn davon zurück, über diese Dinge zu sprechen. So entschloß er sich, deren Entwicklung in Ruhe abzuwarten.

Am Morgen des letzten Reisetages betrachtete Ocko zum letztenmal die Schiffsspur und wandte dann keinen Blick mehr von der näherkommenden Küste.

Zehn Jahre war er fort gewesen. Zehn Jahre hatte er die Türme der Kirchen und Burgen nicht mehr gesehen. Von tiefer Bedeutung für sein eigenes Leben erschien es ihm, als nun der Anker fallen gelassen wurde. Von nun an gehörte er nicht mehr zum fahrenden Volk, das in fremder Herren Dienst und Sinn tätig war. Vorbei war auch die lange Ozeanfahrt, das Leben ohne Außenwelt.

Sein Leben lag nun fest vor Anker. Ruhig und sicher ging Ocko tom Broek an Land.

Es fügte sich, daß gerade an diesem Tage Folkmar Allena aus Osterhusen auf der Valdernburg war. Er hatte Dringendes mit Haro zu besprechen und sich die Zeit, wie er sagte, an diesem schönen Erntetage gestohlen. Die beiden Burgherren waren in einer lebhaften Unterhaltung begriffen, als sich die Tür öffnete und die drei tom Broeks vor ihnen standen.

Folkmar wandte das Sprichwort an von dem Teufel, den man nicht an die Wand malen solle, und ließ seinen Blick über Ritterrüstung und -sporen Ockos gleiten.

Der glückliche Haro fand erst die Sprache wieder, als Elborg an seinem Hals lag und in übergroßer Wiedersehensfreude weinte.

An jedem Tage sei er am Hafen gewesen und habe nach der Kogge Ausschau gehalten. Heute vormittag sei aber Folkmar gekommen und da -

"Nun, Schwager", sagte Doda froh, "wir haben auch ohne dich die Valdernburg gefunden. So feierlich wie die Südländer durch Neapel haben die Emder uns nicht durch ihre Stadt geführt. Aber du kannst glauben, daß schon einer von ihnen auf dem Gaul sitzt und nach Greetsiel jagt."

Folkmar hielt es nicht für wahrscheinlich, daß es einen solchen Nichtstuer gäbe, denn man sei in Friesland mitten in der ersten Heuernte, fügte er bissig hinzu. Da würde jede Hand gebraucht. Alle Rübensorten pflege man im Emsigerland vor dem Jakobitag zu säen, und so sei denn Adda bereits in der Frühe mit zwei Mägden auf ein entfernt liegendes Feld gezogen, um selbst die Arbeiten zu beaufsichtigen.

"Du siehst, Ocko", vermittelte Doda, "die Heimat ist sich gleich geblieben. Wir haben bei unserer Einfahrt heute die Kirchtürme im Sonnenschein blitzen sehen, wie bei der Ausfahrt im Mondenglanz. Und auch du, Folkmar, hast dich nicht verändert. Aber es wundert mich, daß du deine Adda allein mit den Mägden -"

Das habe gewiß seinen guten Grund, fiel Folkmar ein. Niemand hätte ihn heute nach Valdern reiten sehen, wenn nicht gerade heute morgen die befremdende Nachricht über die junge Foelke Kampana ihn erreicht hätte.

Elborg hörte nur halb zu, sie ließ die Hand ihres Mannes nicht los, aber Doda horchte auf. Was mit Foelke sei, wollte sie wissen. Sie habe das Esschart gestohlen, sagte Folkmar ohne Umschweife. Im ersten Augenblick begriffen die Frauen nicht, von welchem Esschart die Rede sei. Das der Mutter, erläuterte Folkmar, das man bei der Beerdigung Herrn Kenos vergebens gesucht habe.

"Bist du denn ganz und gar um den Verstand gekommen, Mann?" rief Doda.

Er habe durchaus nichts gegen das Mädchen, lenkte Folkmar ein, aber es sei Tatsache, daß sie gestern mit dem großen Esschart in Burg Broke gesehen worden sei. Er wisse freilich nicht, was sie dort zu suchen habe. Man habe ihm berichtet, sie sei des öfteren seit Herrn Kenos Tode auf der Burg gewesen. Auch den fremden Jungen, den sie bei sich aufziehe, habe sie wieder mitgebracht. Dieser hergelaufene Bursche fühle sich nachgerade in Broke ebenso beheimatet wie in Strackholt, wie ja auch das Mädchen selbst von Herrn Keno in so lächerlicher Weise vor allen andern bevorzugt worden sei, daß es ihn nicht wundere, wenn sie über den Aufbewahrungsort des versteckten Escharts Bescheid gewußt habe.

Doda war weiß vor Empörung, aber Ocko stellte sich zwischen sie und Folkmar. Er hatte mit einem Blick erkannt, daß an Folkmar lange Zeit ein Wurm genagt haben mußte. Ein trauriger Zufall hatte ihm nun gerade an diesem Morgen jene aufregende Nachricht zugetragen, sonst hätte wohl der habsüchtigste Mann hier im Lande sich in solcher Stunde besser beherrscht.

"Laß das nun, Verwandter", sagte er daher zu Folkmar, den er fast um eines Hauptes Länge überragte. "Wir wollen gewiß diese Sache in Ruhe überprüfen, und, glaube mir, Freund, ich bin der letzte, der irgendwelche Ansprüche an tom Broeksches Eigentum aufgibt. Dies sollst du wissen, Folkmar Allena. Ich bin wieder da. Ich bin voll und ganz wieder da."

Haro hatte inzwischen Bier hereintragen lassen. Er haßte nichts so sehr wie Streitigkeiten unter nahen Verwandten. Welcher Teufel mußte Folkmar gerade heute hierher führen!

Ocko richtete sich wieder zu seiner vollen Größe auf und sagte: "Soviel ich unterrichtet bin, machst du auch noch anderweitige Ansprüche an das Erbe meines Vaters."

Folkmar behauptete, es gäbe eine Willkür, die sich mit der Fletiewa abgefundener Töchter befasse und besage, daß nach des Vaters unvorhergesehenem Tode ein Teil des Erbes unter die Töchter verteilt werden müsse. Aber die Hauptsache sei, daß Imel selbst ihm dieses für den Fall seines Todes mündlich versprochen habe. Zeugin sei Adda.

"Ich begreife, Verwandter, daß dich der tom Broeksche Streubesitz im Emsigerland ärgert", sagte Ocko. "Meine Burgen würden auch gut zu Osterhusen passen, meinst du. Gut Ding will Weile haben. Wir sprechen bald über diese Angelegenheiten."

Und er stand auf, verneigte sich leicht und gab Folkmar die Hand.

Dieser fühlte sich verabschiedet, riß sein Wams zurecht und griff nach seinem Kapkavel.

"Bleib sitzen, Verwandter", sagte der Ritter, "meine Schwestern möchten sicher gern Näheres über die harte Verdächtigung erfahren, die du gegen Kampos Tochter ausgesprochen hast. Ich selbst will nun nach Broke reiten."

Haro bat den Schwager, er möge bleiben, bis Haiko vom Felde käme. Auch würden Dodas Buben sicherlich bald erscheinen und die Mutter heimholen. Djultke und ihre Tochter Adda seien gewiß auch schon unterwegs und -.

Die Einzelheiten ermüdeten den Heimgekommenen. Er hatte in seine nächste Zukunft geblickt. Das genügte ihm. Er wollte allein sein und bat Haro um ein Pferd, dem er die mitgebrachte Gewanddecke mit seinem Wappen auflegte. Dann rückte er seinen goldenen Gürtel gerade, legte die Sporen an und ritt gen Nordosten.

Zu seinem eigenen Erstaunen hatte Ocko das unerwartete Zusammentreffen mit Folkmar keineswegs verärgert. Es war lange her, daß er sich einem Gegner von Angesicht zu Angesicht gegenübergesehen hatte. Sein Leben in der Zeit, fern der Außenwelt, hatte mit einem Schlage ein Ende gefunden. Er hatte Boden unter den Füßen. Er wußte, was er von Folkmar Allena zu erwarten hatte. Ein Lachen flog über sein Gesicht. Kampf war die Losung seines bisherigen Lebens gewesen, Kampf erwartete ihn hier. Sie sollten ihn, weiß Gott, gerüstet finden. Das unerquickliche Klagelied des Allenaschen Verwandten in Rom fiel ihm ein. Er hatte damals gespürt, daß das Schicksal ihn auf Kommendes hinwies. Folkmar, der Gerechte! Zunächst wollte er jedenfalls annehmen, daß Folkmar sich ehrlich im Recht glaubte. Und er wollte ihm die Ehre antun, die Broekmer Willküren genau zu studieren. Er brauchte weder Mönch noch Priester dazu. Vielleicht verwahrte Almer einen der beiden Kodizes, die es gab. Keno hatte den bis dahin ersten und einzigen Kodex, der bald nach 1276 die lange bestehenden Rechte schriftlich zusammengefaßt hatte, von einem Mönch abschreiben lassen, und er, Ocko, war dabeigewesen. Seine Mutter lebte noch, es mußte also vor der Pestzeit gewesen sein. Er hatte mit seinem Vater ins Dominikanerkloster nach Norden reiten und zusehen dürfen, wie ein Mönch ein großes, dickes Buch aus einem Futteral nahm, von dem der Prior sagte, es seien die Broekmer Willküren oder der Mönchsbrief, wie das Volk sie schlechthin nannte. Die Blätter waren aus dickem, braunem Pergament und mit daumenlangen Buchstaben beschrieben. Die erste und die letzte Seite waren recht beschmutzt, so daß man sah, dies Buch war fleißig benutzt worden. Es war der erste Anreiz für Ocko gewesen, lesen zu lernen. Er war oft allein wieder ins Kloster gekommen und hatte Bruder Osbrand beim Abschreiben zugeschaut. Für das neue Buch hatten sie etwas dünneres Pergament von bedeutend kleinerem Format genommen. Osbrand malte auch kleinere und zierlichere Buchstaben hinein und verstand, die Anfangsbuchstaben mit roter oder blauer Farbe schön auszumalen. Er war ein freundlicher Mann und erlaubte dem Jungen, bei ihm zu sitzen und sich im Schreiben zu üben. Denn Ocko ruhte nicht, bis er den wunderbaren Satz, mit dem fast alle Willküren begannen, selbst lesen und schreiben konnte: "Thet wellath brocmen ..." Die drei Worte machten ungeheuren Eindruck auf ihn. Das wollen die Broekmänner! Ihr Wille war weit und breit ausschlaggebend.

Als Osbrandus die sechsundsechzig Seiten des Buches abgeschrieben hatte, sagte er zu dem Jungen, er wolle nun den Prior fragen, ob er nicht das Konkordat, das die Broekmer nach jenem Priesterstreit im Jahre 1276 mit dem Bischof von Münster geschlossen hätten, anfügen dürfe, dann solle Ocko bei ihm Lateinisch lernen, denn die Willküren selbst waren in echtem, unverfälschtem Friesisch geschrieben worden. Und dann hatten die beiden noch lange weiter gemalt, bis alle Bußtaxen für Geistliche und für Laien, die von Geistlichen verletzt worden waren, aufgeschrieben waren. "Nun ist die Bischofssühne aufgezeichnet", hatte Osbrandus gesagt, "nun haltet Frieden mit den Geistlichen, ihr Broekmer Herren." Diese Worte hatten sich Ocko tief eingeprägt, und beim Durchdenken dieser Kindertage stand das Gesicht Bruder Osbrands lebhaft vor ihm. Wenn er Louwert Itzinga aufsuchte, wollte er sich erkundigen, ob der Mönch noch im Kloster zu Norden lebe. Im übrigen hatte Bruder Osbrand des öfteren von der Streitsucht der Friesen gesprochen. Es gäbe keinen deutschen Stamm, hatte er gesagt, der mehr im Einzelmenschen gipfele wie den friesischen. Traurig sei es, daß auch die einzelnen Dörfer sich wie aus Erz gegossene fertige Glocken gegenüberständen. Es sei fast unmöglich, daß einer aus dem Nachbardorf Aufnahme fände in einer Dorfgemeinschaft. Er kenne Frauen, die durch ihre Heirat ins Nachbardorf ziehen mußten, aber niemals eine Heimat wiedergefunden hätten. Es gäbe mehr Dorfeigentümlichkeiten, Dorfstolz, Dorffeindschaft als irgendwo sonst. Darum wolle er, Osbrand, nun noch ein Letztes in dieses Buch hineinschreiben, die gemeinsamen Willküren des Broekmer- und des Emsigerlandes.

Ocko war überzeugt, für seinen Streitfall mit Folkmar die Lösung in dem Buch zu finden, das ihm aus der Kinderzeit vertraut war und ihn heute, obwohl er es nicht sah, freundlich und helfend in der Heimat empfing.

Der Ritter erreichte nun Uphusen, die tiefste Stelle des ganzen Seelandes. Da er mit Absicht heute die Hauptwege mied, hatte er noch kein bekanntes Gesicht gesehen. Wer ihm begegnete, sah erstaunt auf und sagte freundlich Guten Tag. Nur auf Friesisch gegrüßt zu werden, überraschte Ocko immer wieder. Ihm war, als müsse gleich jemand kommen, der ihn auf Italienisch anspräche. Wie sauber die Menschen angezogen waren, und niemand trug einen zerrissenen, wohl aber mancher einen geflickten Rock. Daran, daß ihm dieses auffiel, merkte er, wie sehr er sich an Schmutz und Lumpen gewöhnt hatte. Die Friesen pflegten ihr Äußeres. Aber der Ausdruck der Gesichter war derselbe wie vor zehn Jahren. Treuherzig, nüchtern und phantasielos blickten sie ihn an. Ocko hatte früher oft die nüchterne Tüchtigkeit und das ganz unkünstlerisch sture Wesen seiner Landsleute herzlich satt gehabt, heute rührte es ihn. Die Gabe des Gesanges, der Dichtkunst, der schöpferischen Phantasie war ihnen nicht gegeben. Vielleicht aber gab es hier viele, die, wie er, nicht zum Blühen gekommen waren und die Sehnsucht nach Wärme und Blüten und innerer Bewegtheit in dem nassen, kalten Lande nicht stillen konnten. Groß und helfend stand das Erleben des Südens in seinem eigenen Schicksal. Er sehnte sich nicht zurück. Wenn es ihm vergönnt sein würde, in einem höheren Maße als andere schöpferisch an der Heimat zu arbeiten, so sollte es eine Abtragung der Dankesschuld sein an die Vorsehung, die ihn durch Nord und Süd geführt hatte.

Friesland war es wert, daß man ein ganzes Leben an seine Gestaltung hingab.

Ockos Blicke schweiften in die Weite. Kein Berg, kein Hindernis für das Auge! Weiden, Wiesen, Landseen, weiße Sandwege und Gräben, Gräben um jedes Land. Das hatte er vergessen, daß jeder Besitz von einem Graben umzogen war. Und Tiere weideten hier, so fett und groß, wie er sie in all den Jahren nirgends gesehen hatte. Schlehdornzweige, Erlen- und Pappelgebüsch neigte sich über die dunklen Tränken, aus denen das rotbunte Vieh seinen Durst löschte.

Die Liebe zur Heimat mußte ihm nun helfen, wieder ein Landwirt zu werden. Er hatte zehn Jahre lang den Pflug gegen das Schwert vertauscht. Er hatte zerstört, Land verwüstet, Kornfelder durch der Rosse Hufe zertrampeln lassen, Dörfer und Städte verbrannt. Es tat seiner Seele wohl, daß er nun wieder aufbauen durfte, statt zu zerstören.

In einer plötzlichen Aufwallung heißer Liebe zu dieser Erde stieg er vom Pferd und nahm eine Handvoll von dem braunen Land. Gut und kühl fühlte sie sich an, die Heimaterde, wie die Hand der Mutter. Ocko sah seine Mutter vor sich. Sie hatte eine gute Hand gehabt.

Über ihm zwitscherten fern und hoch Lerchen. Schwalben strichen über Gräben und Tiefe und haschten Mücken. Aus den bunten Wiesenblumen stieg ein Kiebitz auf und rief in lang gezogenen Tönen. In der Ferne schärfte ein Mäher seine Schwa. Süßer Heuduft lag über dem warmen Land. Ritter Ocko lehnte sich an sein Pferd, schloß die Augen, fühlte Heimaterde in der Hand und unter den Füßen und wußte sich eins mit ihr.

Wie im Traum ritt er über das Moor, sah die Kirchtürme von Forlitzblaukirchen, Barstede, Bedekaspel und andern Dörfern gen Himmel ragen wie einen Dank für den sonnigen, stillen Erntetag. Vor Wiegboldsbur erreichte er das Geestland und damit Südbroekmerland. Etwas weiter nördlich zogen sich die beiden Reihen der Hauptdörfer hin. Utengrahove lag am weitesten westlich. Bald würde er den Glockenturm erkennen, das blaue Dach der Kirche sah er schon im Sonnenglanz flimmern.

Das Pferd trabte hier durch scharfen, ziemlich mageren Sand. An diesen Sand erinnerte der Heimkommende sich gut, er gehörte zu Südbroekmerland. Weiter nach Osten zu wurde der Boden besser. Dieser hier mußte güstfalgt werden, sonst blieb man nicht Herr über das Unkraut und brauchte auch zuviel Dünger. Sein Vater hatte dafür gehalten, daß alle sechs bis sieben Jahre güstfalgt und dann zunächst nur Roggen, bald aber abwechselnd Hafer und Roggen gesät wurde.

Ein Lächeln glitt über Ockos Gesicht. Er würde wohl wieder lernen, wie man den Boden hier bearbeitete. Die Kindheit rief es ihm zu. Tief unten in seiner Seele schlummerte auch das Wissen um die Pflege der Heimaterde.

Ocko sah Weiber und Kinder beim Schwälen von Heu.

Ein Junge rief irgend etwas, und alle wandten sich und sahen dem Reiter entgegen. Und dann ließen sie die Arbeit liegen, wie sie war, und kamen zu ihm. Er sah ihre Ergriffenheit. Das Herz wurde ihm weit. Wahrhaftig, sie freuten sich. Er stieg vom Pferd, gab allen die Hand, fragte nach den Familienangehörigen und ließ sich gern nach Utengrahove zu Almer bringen.

Almer hatte seinen Garten kunstvoll nach italienischem Vorbild anlegen lassen. In Deutschland war es nicht üblich, in der Mitte des Gartens Rasen frei zu lassen, der einen schön eingefaßten Teich umschloß, in dem Fische munter schwammen. Bunte Blumen schossen aus dem Grase hervor, wohl geordnet und doch wie von selbst dort gewachsen. Es war erstaunlich, was aus diesem Sandboden herausgeholt worden war. An der Seite lag ein Beet mit stark duftenden Heilkräutern, ähnlich angelegt wie bei den Medizinschulen in Salerno und Venedig, die sich ihre Samen aus Griechenland besorgten. In einer Ecke wuchsen ein Granatapfel- und ein Jasminstrauch. Auch diese waren sicherlich neu in diesen Landen. Ob Almer sich wohl nach dem Süden sehnte, daß er so viele fremdländische Blumen und Sträucher in seinen Garten setzte?

Ocko blieb einen Augenblick auf dem Wege stehen und sah sich noch einmal nach den Bauern um. Am Hause, unter dem Fenster, wuchs Basilikum. Das kannte Almer aus Paris. Sie hatten oft über die Gepflogenheit der Pariser Professoren gelacht, sich Basilienkraut unter die Fenster ihrer Schlafkammern zu pflanzen. Vielleicht wußte Almer nun besser als damals, warum die gelehrten Herren dies liebten.

Und nun erklangen aus dem Pfarrhaus zu Utengrahove italienische Worte. Almer hatte stets gerne Petrarcas Verse gesprochen.

"Una donna più bella assai che 'l sole ..."

Ein Weib, das schöner als die Sonne war ...

Jetzt erklang helles Mädchenlachen. Almer war also nicht allein.

"Wie soll ich diese weichen Worte verstehen?" fragte die Frauenstimme. "Sagt mir auf Friesisch, was sie bedeuten."

Almer aber begann ein anderes Sonett zu sprechen, indem er versuchte, so gut es eben ging, den Rhythmus der Verse auch im Friesischen klingen zu lassen:

"Es gibt Geschöpfe, die der Sonne Pracht

Mit ihrem stolzen Blick ertragen können.

In andern ist der tolle Wunsch erwacht

Nach Feuer, das sie nur vom Scheine kennen

Und seine Macht erst spüren im Verbrennen ..."

Man hörte seiner Stimme eine große Bewegung an, und die letzten Worte "Begehr ich doch, was mich verbrennt" veranlaßten Ocko, die Haustür zu öffnen und einzutreten.

Das Pfarrhaus war etwas anders als zu Herrn Harcos Zeiten. Gleich beim Öffnen der Tür strömte Ocko die Fülle des Lichtes entgegen. Almer hatte mehr Fenster ausbrechen und die bestehenden vergrößern lassen. Die Tür zu dem Zimmer, aus dem die Stimmen drangen, war nur angelehnt, so daß Ocko nach kurzem Klopfen eintrat.

Almer stand am geöffneten Fenster, den Canzonenband Petrarcas in der Hand. Am Tisch saß ein dunkelhaariges Mädchen mit auffallend schönen, großen Augen. Ihre Rechte umfaßte einen Weinbecher, in dem die Sonnenstrahlen mit dunkelrotem Burgunder spielten.

Beide sahen wie aus tiefen Gedanken den Ritter an.

Almer legte das Buch in die Fensternische und ging wortlos auf Ocko zu.

Er umarmte ihn und murmelte einige italienische Worte. Ihm war eine große Ergriffenheit wohl anzumerken.

"Ich lebte das Leben meines Meisters", sagte er, "ich war ganz in Italien, Ocko, und nun kommst du -. Mir ist, als käme meine zweite Heimat zu mir, Verwandter."

Das Mädchen war langsam aufgestanden und schritt nun auch auf den Heimgekommenen zu. An den Augen erkannte er sie wieder. Es war Foelke Kampana. Bei Gott, sie war schön geworden. Doda hatte nicht übertrieben.

Noch immer hielt sie den Weinbecher in der Hand. Nun erhob sie ihn, sah den Ritter an und grüßte ihn mit dem alten Trinkspruch der Friesen:

"Het ghildt, ele frye Fryse.
Faer wael, ele frye Fryse ..."

Sie trank und reichte ihm den Becher. Er leerte ihn mit einem Zug.

"Daß die schönste Jungfrau Frieslands mich willkommen heißen und mich mit deinem Wein grüßen würde, Almer, das habe ich mir nicht träumen lassen, als ich soeben mein Pferd an die Wykmauer band", sagte er lachend, indem er den Becher auf den Tisch setzte.

Foelke errötete. "Was sind das für welsche Reden -", sagte sie und runzelte die Stirn. "Zeit wurde es, daß Ihr endlich heimkamt. Heut ist Margaretentag."

"Habt Ihr denn auf mich gewartet?" fragte Ocko noch immer lachend.

"Ich? Nun ja - wir alle."

Almer war einen Schritt zurückgetreten. Er sah, wie Ocko sich freute. Aber auch das Mädchen war wie ausgewechselt. Er hatte von Anfang an gesehen: Nur die tom Broeks galten ihr etwas. Alle andern Menschen waren ihr im Verhältnis zu ihnen gleichgültig. Es sei denn das blonde Kind, Witzeld, mit dem sie auf seltsamste Art innerlich verbunden war.

Als Ocko Almer auf dessen Wunsch von den letzten politischen Ereignissen in Italien berichtete, hörte Foelke Kampana aufmerksam zu.

"Der schöne, warme Süden, Ocko -", rief Almer. "Es gibt Stunden, wo ich nicht begreife, daß es Länder gibt, in denen im Winter Orangen zwischen harten, schwarzgrünen Blättern leuchten und alte Tempelreste weiß gegen einen fernen, hohen, blauen Himmel stehen. Möchtet Ihr dieses Land nicht kennenlernen, Foelke Kampana?"

"Ich habe niemals Sehnsucht nach ihm verspürt", bekannte sie frei. "Wenn ich Euch zuhöre, meine ich es zu sehen. Aber zugleich will mich bedünken, daß ich mit Herrn Keno in noch weiteren Fernen war. Ich brauche daher Friesland nicht zu verlassen."

Ocko sah, daß sie bei diesen Worten ihre Hand auf den großen, goldenen Span legte, der ihr von einer Brust zur andern reichte. Wo hatte er diesen Schmuck gesehen? Es mußte lange her sein, er konnte sich nicht darauf besinnen. Die große Wölbung wies die germanische Achtteilung auf. Jede der Flächen war wieder umkränzt von vier Zacken, die in Goldkugeln endeten. Das Auffallendste aber war das Sonnenkreuz der iroschottischen Mönche, von deren Missionsarbeit das Volk hier immer noch zehrte, trotz aller Mühe der römischen Kirche, sie bis auf die letzte Spur auszulöschen.

Als Foelke des Ritters Blicke auf dem Esschart ruhen fühlte, sagte sie leise:

"An mir seht Ihr ihn wieder, den Schmuck Eurer Mutter. Als Herr Keno in diesem Frühjahr in Strackholt war und mir sagte, daß er nicht mehr lange leben werde, da gab er mir dies Esschart. Er selbst legte es mir um den Hals. Die Schlittenglocken läuteten schon, und das Pferd wartete ... Es war am Morgen des Valentinstages, und Herr Keno sagte, ich solle dies Esschart -"

Sie stand auf. Bittend sah sie zu Ocko auf:

"Ich erzähle Euch ein andermal, was Euer Vater dazu sagte."

Als Ocko nach geraumer Zeit das Pfarrhaus verließ, hatten sich viele Menschen aus den umliegenden Broekmerdörfern an der Wykmauer eingefunden, um ihn zu begrüßen und heimzugeleiten.

Er bat sie, mit ihm an das Grab seiner Eltern zu gehen und schritt selbst zwischen Foelke Kampana und Herrn Almer die Erhöhung hinan, an der die Kirche lag. Von da aus gingen sie gemeinsam an die Südseite, an der die Gräber lagen.

Er nahm Foelke an die Hand und stellte sich mit ihr zu Häupten seines Vaters. Almer stand ihnen gegenüber. Ringsum reihte sich das Volk.

Auf den tom Broekschen Gräbern lagen schwere Steindeckel mit den Namen, Geburts- und Sterbedaten und den Textstellen aus dem Evangelium, die man den Verstorbenen als Geleitwort mitgegeben hatte. Ringsum blühten hohe, schwankende Gräser, und aus dem Pfarrgarten trug leichter Abendwind den Duft der Rosen herüber. Eine Amsel schluchzte und jubelte ein verspätetes, seliges Lied.

"Aus weiter Ferne bin ich heimgekommen zu euch, Broekmer," sagte Ocko ruhig. "Und ihr nehmt mich wieder als einen der Euren in eure Mitte auf. Lasset uns an diesen Gräbern bedenken, daß wir die, die hier ruhen, auch aufnehmen können in unsere Mitte. Sie sollen unter uns lebendig bleiben. Und so kann aus Ferne wieder Nähe werden."

Herr Almer sprach nun mit klarer, heller Stimme über den Gräbern ein Vaterunser.

Als die letzten Worte verklungen waren, sah Foelke auf. Sie fühlte Ritter Ockos Blick auf sich ruhen. Sie war weiß bis an die Lippen.

Wieder faßte er sie an die Hand und geleitete sie den Hügel hinunter. Daß er nichts sagte, beglückte sie. In unendlichem Vertrauen sah sie zu ihm auf.

Foelke wollte nicht mehr mit nach Broke reiten, und auch Ocko fand es angebracht, daß sie mit Dodas Freundin Binlip ging, der sie in der letzten Zeit nähergetreten war. Dort war auch Witzeld geblieben, um mit Binlips jüngstem Sohn Javo zu spielen.

So ritt Ocko allein mit Almer inmitten seiner Getreuen den gewundenen Weg nach Broke hinunter, sah zur Linken den Pfad nach Marienhove abzweigen, der an den Wilden Äckern entlang führte, und den Dom von Sankt Marien im Abendsonnenschein leuchten.

Der Tag war reich gewesen. Nun kam das Letzte, das Wiedersehen mit der Burg. Jetzt verbarg sie kein Baum, kein Haus mehr seinen Blicken. Der Ritter hielt sein Pferd an und atmete tief.

Herrliche Burg seiner Väter! Kein italienisches Kastell hielt einen Vergleich mit ihr aus. Deutsche Kaiser waren es gewesen, die den Burgenbau in Italien eingeführt hatten. Wie heimatlich bergend diese friesische Wasserburg mit ihren breiten Ringgräben und dem palisadenstrotzenden Wall!

In jenem Turm, von dem aus jetzt des Wächters Hornruf über das Land dröhnte, war zuerst die ungeheure Sehnsucht nach der Ferne in ihm erwacht. Von dort oben sah man weit über Land und Meer. Überall grüßten die Türme friesischer Kirchen und Burgen und die Masten der Segelschiffe. Zu dem stolzen Sicherheitsgefühl, hier beheimatet zu sein, hatte sich das Verantwortungsgefühl für alle gesellt, die sich auf diese Burg verließen, zugleich aber der immer stärker werdende Drang, in die Weiten einzudringen, die der Burgturm dem Blick eröffnete.

Aber je tiefer er in sie eingedrungen war, um so tiefer war auch der Glanz geworden, der die Burg umgab. Die große Welt hatte er durchstreift, aber ein Abenteurer wäre aus ihm geworden ohne diesen Rückhalt. Er brauchte ein Zuhause, er mußte eine Stätte wissen, wo er Zuflucht fand, wo Haß und Verleumdung und Ränkespiel aufhörten, wo er von der ständigen Bedrohung durch Feinde und dem Kampf mit ihnen ausruhen konnte. Er mußte sich eine Zeitlang bergen können, auch verbergen, um dann wieder voller Kraft über die Zugbrücke hinaus in die Welt des ewigen Krieges zu stürmen.

Die Burg war wie ein Gotteshaus.

Im Burghof traten ihm alle entgegen, die zur Burggemeinschaft gehörten. Die Älteren waren die gleichen, die Ocko vor zehn Jahren hier verabschiedet hatten.

Und wie damals trat der alte Menco vor und sprach alte, heilige, ewig gültige Worte aus dem Gesetz, so daß alle von dem Frieden angerührt wurden, den sie verkündeten:

"Thit is thiu andlofte liodkest: fretho alle widuon and weson and alle werlase liodon, wiuon and waluberon, palmeron and riuchta karfesteron and alle sante bodon, and alle tham ther urswerен hebbath wich and wepin - fretho and godis natha ..."
"Thit is thiu twilifte liodkest: stherekfretho and husfretho and thingfretho and hirifretho and plochfretho and dikfretho ..."

Ocko selbst wiederholte laut und klar diese Worte: Friede allen Witwen und Waisen und allen wehrlosen Leuten, Weibern, Pilgern, Palmträgern, allen rechten Karfastenden und allen heiligen Boten - Friede und Gottes Gnade ...

So gebot es das elfte Landrecht. Sie alle standen unter des Ritters Schutz in dieser Burg.

Und also wollte es das zwölfte Landrecht, daß Kirchfriede und Hausfriede und Heerfriede, Pflugfriede und Deichfriede mit den Friesen sei.

Und dann führte Menco den Ritter in den Frieden dieses Hauses, und alle folgten ihm.

Nachdem die Gäste reichlich mit Bier und Brot bewirtet worden, war es die erste Sorge der drei Getreuen Hicko, Meike und Menco, dem Herrn den Viehbestand, das bisher eingebrachte Heu und die Vorräte zu zeigen, die teils noch aus dem letzten Winter übernommen, teils schon neu dazugekommen waren.

Ocko ließ sich geduldig umherführen. Der Stolz der Leute, die gesät hatten, was er erntete, rührte ihn.

Manche Tiere meinte er noch wiederzuerkennen, aber es mochte auch sein, daß das Bild im ganzen das gleiche geblieben war, da man das Vieh in der eigenen Wirtschaft aufzog, weil es auf diese Art am leichtesten an das Futter, das Wasser und andere Eigentümlichkeiten des Landes gewöhnt und wenig Krankheiten ausgesetzt war. Auch sein Vater und Imel hatten eine große Liebe zu Pferden gehabt und die Stallungen, wie Ocko sofort sah, vor allem in Hinsicht auf die Helligkeit, die Durchlüftung und die Abdichtung gegen die Feuchtigkeit des Bodens verbessert. Ihre Arbeit war es, die er nun fortsetzen mußte.

Ocko hatte Meike gebeten, ihm die Kammer zu richten, in der er vor zehn Jahren zuletzt geschlafen hatte. Die kleinen Fenster an der Süd- und der Westseite ließen den Blick frei über den Burghof, die Einfahrt, den gewundenen Weg nach Utengrahove und die Johanneskirche. Das war nun die Schiffsspur, der er heute abend nachsah. Nirgends schlugen die Wellen übereinander. Die Hufe der Rosse und die Fußstapfen der Menschen waren jetzt noch so deutlich zu sehen wie vor ein paar Stunden.

Meike stellte einen silbernen Becher mit Rosen auf den Tisch. Ocko fragte verwundert, ob auch hier in Broke welsche Weisen eingeführt seien. Das Fräulein von Strackholt habe ihnen des öfteren Rosen in die Burgkammern gebracht, sagte Meike. Sie habe diese Sitte im Kloster Thedingen kennengelernt, wo ihre Schwester als Nonne lebe. Man habe dort oft Besuch aus fremden Ländern und gelernt, Blumen in Pokalen oder Bechern auf den Tisch zu stellen. Foelke Kampana habe gemeint, Rosenduft in den stillen Kammern verscheuche Kummer und Gespenster. Seit Herrn Kenos Tod sei das Burgfräulein des öfteren hier gewesen, um nach dem Kind zu sehen, der kleinen Algeth, die Herr Ocko wohl unter den Leuten gesehen habe. Algeth sei von Foelke Kampana bei der furchtbaren Sturmflut aus dem Wasser gerettet worden.

Während sie dies erzählte, richtete Meike die Butze. Das handgewebte, rotgestreifte wollene Fries, das den Federberg umhüllte, kannte Ocko noch. Zur Hälfte wurde es nun von einem Linnenlaken bedeckt. Daß man hier viereckige Kopfkissen gebrauchte und nicht feste, runde Rollen wie in den südlichen Ländern, hatte er im Laufe der Jahre vergessen. Aber als er sich dann in das tiefe Stroh sinken ließ und den Federberg zu sich heraufzog, war alles gerade recht. Ihm war, als habe er nie anderswo geschlafen. Nun hätte die Mutter an sein Bett treten können.

Kurz vor dem Einschlafen verwischten sich die Bilder. Er sah deutlich am Fußende des Bettes das Elfenbeinbild mit seinem Schutzheiligen hängen, das gleiche, das ihm zu Häupten hing. Michael im Kampf um das zu Gebärende. Immer hatte er das Schwert gesehen, das den Erzengel als den furchtlosen, unerschrockenen Kämpen kennzeichnete. Heute abend sahen seine inneren Augen plötzlich die linke Hand, in welcher der Erzengel die Waage hielt. Ihre Schalen schwangen auf und ab. Das Gleichgewicht war nicht herzustellen. Eine Hand versuchte es herbeizuführen. Nun klemmte die Waage sich fest. Das Bild verschwand.

Da nahte sich wieder die Hand. Es war eine gute, feste Mädchenhand. Ocko bewunderte den kräftigen, breiten Handrücken und die seltsam feinen, schlanken, spitz zulaufenden Finger. Als ob diese Hand auf der Erde fest gegründet sei und doch in den Himmel strebe. Sie nahm etwas aus der einen Waagschale fort und legte es in die andere. Und dann kam der Augenblick, in dem erreicht war, was sie erstrebte. Die Waage klemmte sich nicht mehr fest. Sie schwang ruhig aus.

Und nun wurde aus der Hand ein Auge, so braun und tief wie ein Moorbrunnen. Ocko sah hinein und erkannte sich selbst. Aber er war nicht allein. Er hielt ein Mädchen an der Hand. Sie standen an dem Grabe seiner Eltern, und Almer sprach ein Vaterunser. Rosenduft wehte aus dem Pfarrgarten herüber. Nun blickte sie zu ihm auf. Wie bleich sie war und - wie süß.

Und so herrlich jung.

4.

Die ersten Tage in der Heimat erlebte Ocko tom Broek wie im Traum. Ihm war, als ob immerfort Glocken läuteten. Das erste Geläut der Broekmerländer Kirchen am Morgen nach dem Margaretentag erschütterte ihn bis ins innerste Herz. Wie nach den Wolken, so hatte er sich in der Fremde nach den Glocken gesehnt, ohne deren Geläut kein Tag in der Heimat zu denken war. Er erinnerte sich wieder an Glockensagen, die seine Mutter ihm erzählte. Gestohlene Glocken hatten mitten in der Nacht angefangen zu läuten, und wer ein Ohr dafür besaß, konnte verstehen, wen sie des Diebstahls beschuldigten. Um gestohlener Glocken willen hatten die Broekmerländer Kriege geführt. Seltsames wußte die Überlieferung zu berichten von der Hilfe, die die Glocken selbst den durch ihr Fehlen ganz Verarmten zuteil werden ließen.

Ein Klanggeheimnis durchwehte die Heimat. Rosen und Lilien, Violen und Ringelblumen raunten ihm Erinnerungen zu. Die Getreidefelder, über die der Wind strich, die Wiesen, die kurz vorm Blühen standen und zitternd der Schwa der Mäher entgegenharrten, und der blühende, süß duftende Klee begannen aus ferner Kinderzeit zu erzählen. Es erwachte ein starkes Empfinden in dem Heimgekommenen für den Zusammenhang all dieser Pflanzen mit dem Erdreich, zu dem sie gehörten. Die beweglichen, falterähnlichen Blüten der Erbsen, Bohnen und Löwenmäulchen erinnerten ihn an die Mimosen Italiens, deren Blätter sich bei der leisesten Berührung durch Menschenhände erschrocken bewegten. Die Taubnessel, die er sich jetzt vom Grabenrand pflückte, schien ihm in ihrer gesättigten, wasserschweren Stille so nach Friesland zu gehören wie der harte, stachelige Kaktus in die kahlen Bergeshöhen Italiens.

Er vergaß weiterzugehen. Er horchte. Es war ein heimliches, glückliches, stilles Heimatläuten, das die bescheidenen, kleinen Blüten der Nessel erklingen ließen.

Besonders gern war Ocko auf dem Hochmoor. Hier war es der Wind, der unaufhörlich leise und kaum merklich über die

Weiten strich, der Glockenklang herüberzutragen schien. Er, der die verschwenderische Blütenpracht des Südens zu sehen gewohnt war, setzte sich des öfteren in das harte Heidekraut und vergaß die Zeit. Denn hier gab es keine Zeit. Er pflückte ein Stückchen Torf auseinander. Wer wollte ergründen, wann diese vermoderten Pflanzen einmal gegrünt und geblüht hatten? In Urfernen friesischer Vergangenheit. Jahrtausende mochten seitdem vergangen sein. Die Gegenwart erschien ihm mit all ihren Aufgaben und Schwierigkeiten wie der winzigste Bruchteil einer Sekunde, gemessen an dem, was schon geschehen war.

Seine Finger strichen über die weißen, weichen Flöckchen des Wollgrases, fein und zart wie Seidenwölkchen am Himmel oder wie das weiche Fell eines eben geborenen Lammes war es. Und wenn der Wind darüberstrich, neigte jedes sein Köpfchen und duckte sich, und nun war es wirklich eine Schar himmlischer Lämmer.

Die Leute von der Marsch nannten das Moor trostlos. Und Gott hatte doch soviel Helligkeit in das dunkle Moor gezaubert, ihm soviel Farbe gegeben! Die Heide blühte noch nicht. Aber war sie nicht jetzt schon wunderbar anzusehen, wenn sie, braun und fest, den Untergrund bot für das weiße Wollgras, das sich so lieblich an sie schmiegte? Ruhig und feierlich wie in einer Kirche war es hier. Hunderte kleiner Birken trugen ihr weißes Meßgewand, und ihre Blätter zitterten unaufhörlich.

Als er noch sehr klein war, hatten seine Mutter und Elborg ihn, Ocko, mit zu den Birken genommen, wenn sie diesen den Saft entzogen, der Kranke wieder gesund machte. Die Kinder durften dabei nicht sprechen. Die Mutter hatte einmal gesagt, man müsse nun ein Vaterunser beten, ebenso wie beim Säen, damit Gott sich in seiner Gnade zu den Menschen wende.

Ja, im Moor war immer Glockengeläut und Gottesdienst. Aus dem Leegmoor schimmerte eine Reihe silberner Pappeln und kleiner Weiden herüber, die anscheinend auf einem Wall standen, der ein Stück Land umgrenzte. Ein paar uralte Eichen bildeten den Eckpfosten. Sie waren oben abgestorben und unten wieder nachgewachsen. Das erstaunte Ocko in diesem Augenblick. Denn hier im Moor wußte er sich im Seienden, nicht im Werdenden. Hier ruhte er in dem Schweigen des Seins. Hier war er mit

Pflanzen und Tieren dem Daseinsgrund des Himmels und der Erde nahe.

Nach einigen Tagen begann das Glockenläuten zu verklingen, und eine leichte Unruhe erfaßte den Heimgekommenen. Er kehrte jetzt mitunter in die Bauernhäuser ein, erkundigte sich nach dem Ergehen seiner Broekmer und der Ernte und beschloß, bald die Häuptlinge des Norderlandes aufzusuchen, um wieder Fühlung mit den Führern der Friesen zu gewinnen.

Mit Louwert Itzinga hatte er sich immer gut vertragen, ihn wollte er zuerst aufsuchen.

Von dem Ende des guten, alten Eberhard, dem Freund seines Vaters, hatte Ocko durch Elborg und Doda gehört, und Menco berichtete nebenbei, was Foelke Kampana bei dieser Gelegenheit geschehen war.

"Es ist ein starkes Mädchen, Herr Ocko", sagte Menco, "nur ungewöhnlich ernst für ihre Jahre. Es hat der ganzen Kraft Eures Vaters bedurft, damit sie wieder zu sich kam. Seitdem hat sie nun das Kind bei sich, es ist gut für sie. Gott weiß, warum er es ihr über den Weg führte."

Nun, wenn er nächstens nach Strackholt kam, würde auch er ja dies Kind sehen, dachte Ocko. Mehr freute er sich auf das Mädchen selbst.

Auf dem Ritte nach Norden sah er mit Erstaunen, daß hier jedes Stück Land sorgfältig bearbeitet war. In vielem mochte Italien voran sein, in der Landwirtschaft nicht. Da waren die Friesen erfahrener. Sie hatten keineswegs wie Barbaren hier gehaust, als sie mit den Römern in Berührung kamen, wie im Süden gern verbreitet wurde. Der Pflug war ihnen längst vorher bekannt, und Hafer und Roggen waren durch sie nach Italien gebracht worden. Der Friese liebte das Land, das ihm gehörte, und es gab kaum einen, der nicht irgendwelches Eigentum besaß. Hier war jeder seßhaft. Der ständige Kampf mit dem Meer um das, was man besaß, vertiefte die Liebe zur Erde noch.

In den letzten zehn Jahren, das sah Ocko jetzt, hatte das Meer arg gehaust. Von Westeel standen außer dem Kirchturm nur ein paar Häuserreste. Es mußte schaurig gewesen sein in jener Dionysiusnacht vor drei Jahren. Die See hatte vor Wirdum aufgeschlickt, der Norderseite aber Jahr für Jahr mehr Land genommen. Deich- und Sielarbeiten würden hier niemals ein Ende finden.

Hier an der Leybucht konnte man den Glauben an die Ruhe des Seins verlieren. Hier galt nur das Werden. Hier mußte man ständig wach sein und auf die Zeichen achten, die das Meer in den Sand grub. Sein und Werden lagen so dicht beisammen wie das Moor und die Leybucht. Beide waren, so schien es Ocko in seinem durch das Wiedersehen mit der Heimat aufgeschlossenen Gemüt, zwei verschiedene Offenbarungen Gottes.

Louwert Itzinga empfing den Freund so, als ob dieser gar nicht fortgewesen wäre.

"Tritt näher, Ocko", sagte er, "und setz dich auf deinen alten Platz."

"Es ist gut, daß du nun wieder da bist. Mir ist oft die Zeit lang geworden. Du gehörst eben zu uns. Es fehlte einer, als du fort warst."

Hier sei alles beim alten geblieben, fuhr er fort, nur Herr Eberhard fehle. Das sei für die Burgbewohner schwer und werde von ihnen nicht vergessen.

"So viele brave Broekmer haben nachher noch ihr Leben um dieser Sache willen gelassen", sagte Louwert, "Mönche und Geistliche nennen unser Jahrhundert das weltliche, Ocko, sie sollten es lieber das kriegerische nennen. Eine Fehde zieht die andere nach sich."

Ocko fragte, ob Bremen die beiden Gefangenen inzwischen herausgegeben habe. Nein, das sei nicht geschehen, antwortete Louwert. Ocko überlegte.

"Nicht allein wegen der zwei Menschen, aber wegen des Ansehens der Friesen müssen wir darauf dringen", sagte er dann. "Behalt es vorläufig für dich, Louwert, aber ich meine, zum Frühjahr ziehen wir gen Osten. Wie denken die andern Häuptlinge über diese Frage?"

"Sie haben auf dich gewartet. Im sechsten Seeland denken aber nicht alle wie wir hier an der Küste. Das weißt du ja selbst."

"Du meinst Folkmar?"

"Ja, Folkmar hat es inzwischen auf etwa zehn Burgen gebracht. Seine und eure Drosten vertragen sich schlecht, obwohl sie als Nachbarn im Emsigerland zusammenwohnen. Aber daran ist Folkmar schuld. Es ist schade um ihn, Ocko. Er ist tüchtig, und zu deiner Bruderstochter soll er besonders gut sein. - Ich begreife immer noch nicht, daß Folkmar einen Knecht bestechen konnte und daß er dann in der Osternacht Boinck von Süderhusen -"

Daß es in der Osternacht geschehen war, hatte Ocko vergessen, aber jetzt fiel es ihm ein.

"Ihm ist jede Zeit recht", fügte Louwert hinzu, "daran sieht man, was man von ihm zu halten hat."

Schlimm sei, daß Folkmar sich mit den Beningamannen angefreundet habe. Er, Louwert, durchschaue nicht, ob Gerold Beninga in Grimersum und seine Sippe aus Freundschaft oder aus Klugheit zu Folkmar hielten. Es sei gewiß gut, wenn Ocko bald einmal durch das Emsigerland reite und allen zeige, daß er wieder da sei.

"Denn Gerold ist ein verständiger Mann. Er ist klug und ruhig und denkt weiter als sein Ringgraben reicht. - Schön ist es, daß du als Ritter heimkommst, Ocko, dir gebühren Gürtel und Sporen. Ich weiß aber nicht, ob Folkmar und Gerold auch so denken wie ich."

Als Ocko später Louwert verließ, hatte er vergessen, daß zehn Jahre zwischen seinem letzten Besuch und dem heutigen lagen. Louwert war sich gleich geblieben.

Daß sein Rittertum Folkmar ein Dorn im Auge sein würde, hatte Ocko bei der Begrüßung in Valdern schon gesehen. Es machte ihn lachen. Das kleinliche Volk -! Erbärmlich und mißgünstig war der Osterhusener! Mit Bedacht war Ocko nicht ohne die Zeichen seiner neuen Würde in Emden an Land gegangen, mit Bedacht trug er sie hier tagaus, tagein, wiewohl er sich wieder auf friesische Art kleidete. Er hatte sich die goldenen Sporen verdient. War einer von diesen plumpen Bauern außer Landes gezogen und Condottiere gewesen? Mit diesem Schwerte hatte ihn die Königin von Neapel umgürtet. Er würde es nie von sich lassen. Sie gab ihm diese Waffe in die Hand. Nur diese? Tausend andere auch. Wer zehn Jahre lang fremder

Länder Brauch und Sitte, Kunst und Wissenschaft in sich aufgenommen hatte, war den bäurischen Burgherren Frieslands überlegen. War es Hochmut, dies selber festzustellen? Es war so selbstverständlich, daß Ritter Ocko es als lächerlich empfand, wenn man schon über die äußeren Zeichen seiner Überlegenheit strauchelte. Dies Schwert - ein stellvertretendes Sinnbild war es für alles, was er im Süden empfing. Er nannte viele Waffen sein eigen. Man sollte ihn gerüstet finden.

Wie stolz aber waren seine Broekmer gewesen, daß er als Ritter heimkam! Sie hatten es fast als persönliche Ehrung für sich und das Broekmerland empfunden, daß die Königin von Neapel Herrn Ocko zum Ritter schlug. War er, der goldene Sporen tragen durfte, nun nicht den Edelsten in der ganzen Christenheit gleich? Ein edles, freies Friesengeschlecht waren die tom Broeks immer gewesen, jetzt aber galten sie als hochgeboren und standen den Grafen und Fürsten des Auslandes in nichts mehr nach. Hicko, der Großknecht, hatte gefragt, ob nun ritterliche Spiele auf dem Hof von Burg Broke stattfinden würden, und Ocko hatte dazu gelacht und gesagt, das sei gar nicht ausgeschlossen. Meike hatte etwas von Hofzucht und besonderen Vorrechten der Ritter beim Essen gehört und sich ausbedungen, die silbernen Fingerschalen, die aus der großen Geschenkkiste der Königin von Neapel ans Tageslicht geholt wurden, mit dem Handtuch nach der Mahlzeit reichen zu dürfen.

Dies erstaunte Ocko über die Maßen. Die Broekmerländer waren ein anderer Menschenschlag als die übrigen Friesen. Sie waren durch das schwere Schicksal gegangen und hatten den Broekmer Herren mehr als Haus und Hof zu verdanken.

Der alte Menco sagte nichts zu diesen Dingen. Er hielt sich wieder viel bei den Tieren auf. Zuweilen ging er in den Waffensaal und besah sich die neuen Rüstungen, die auch mit der großen Kiste angekommen waren. Er betrachtete mißtrauisch den Schienenharnisch, den man über das Kettenhemd schnallen sollte, und die Panzerstrümpfe, die den Beinen eng anliegen würden. Ein schöner, alter Bronzehelm war dabei, wie ihn die alten Römer in Neapel getragen hatten, auch ein langer Speer aus Eschenholz und ein dreieckiger Schild fanden sich.

"Broekmerschilde sind immer rund und braun gewesen", murmelte der Alte vor sich hin. Ocko war, von ihm unbemerkt, hinzugetreten und hatte es gehört.

"Du denkst doch wohl nicht, daß ich mit einem andern als dem Broekmerschild wider den Feind ziehe?" hatte er gefragt.

"Solche Kränkung werdet Ihr uns gewiß nicht zufügen", hatte der Alte geantwortet. Und Ocko wußte, daß er vorsichtig sein mußte im Gebrauch dessen, was er aus Neapel heimgebracht.

Unter solchen Gedanken war Ritter Ocko zu Hylo Attena gekommen. Er wollte vorsichtig sein und gewiß niemand kränken. Aber was ihm im Lauf der Jahre selbstverständlich geworden war, das würde den andern fremd und neu bleiben. Heute freute er sich, daß er von Natur schweigsam war.

Es traf sich, daß die Attenas gerade beim Mittagessen waren, als Ocko eintraf.

"Ob wir dir nun etwas Besonderes bieten mit unsern gebratenen Gänsen, Neapelfahrer", sagte Hylo lachend, "das weiß ich nicht. Aber schick an, Freund, und iß mit uns. Am Margaretentag haben die jungen Gänse ihre Federn, und dann hat es keinen Sinn, sie weiter die Weide kahl fressen zu lassen und alle fett zu mästen. Was rede ich - von Weiden und Gänsen wirst du noch genug bei Hero von Dornum hören. Er ist so rund und pausbäckig wie seine drei Buben. Aber du kannst einen Betrieb suchen, der dem seinen gleichkommt! Nach Neapel freilich wird er dich wohl schwerlich fragen, es ist ihm gleichgültig, wie die Menschen dort leben. - Doch erzähle jetzt von deinen Kriegen, Freund."

Nun erzählte Ocko, wie in Italien eine Truppe aufgebaut war, und mit welchen Waffen man in den Kampf zog. Ein Söldnerheer sei freilich nicht zu vergleichen mit Männern, die ihr Eigentum verteidigen und wußten, daß sie, wenn es sein müsse, für die Heimat sterben würden. Aber Tapferkeit sei in jedem braven Kerl zu finden, man müsse nur später die Beute richtig verteilen.

"Ihren Herrn muß die Bande über sich fühlen", sagte Hylo laut, "Aber zum Herrn bist du ja geboren, Ocko tom Broek.

Und ich bin es auch. Noch heute lacht mir das Herz im Leibe, wenn ich daran denke, wie ich vor Jahren mit meinen Leuten das Kloster besetzte. Auch ich hatte nur Söldner bei mir. Erinnerst du dich noch an Martin Speiza, den Rottenführer? Wer ihm nicht gehorchte, wurde am nächsten Baum aufgeknüpft. Zum Galgen war es zu weit. Es waren wüste Zeiten, und es bleibt ewig eine Schande, daß ich gedungene Söldner zu Hilfe rufen mußte, um die gottverfluchten Friedensmänner aus dem Lande zu jagen. Lange sind sie nicht im Amt gewesen. Und seitdem weiß auch das Volk im Norderland, daß es keinen Sinn hat, sich gegen seine Häuptlinge zu empören. Das Kloster zu befestigen -! Aber Gott hat die Weißröcke gestraft. Zwei Jahre später hatten sie die Pest in ihren Mauern, und nur wenige haben dies überlebt."

Ocko erinnerte sich an das Jahr 1360 sehr wohl. Nirgends im sechsten Seeland hatte die Pest soviel Opfer gefordert wie im Dominikanerkloster zu Norden. Und viele dachten wie Hylo, daß dies eine Strafe Gottes sei für die Hilfe, die das Kloster den aufständischen Volksaufwieglern gegen die Häuptlinge geliehen hatte.

Es lag nahe, daß der kriegerische Hylo eingehend über den Zug ins Hadelerland und auch von Kampo Habbenas Tod berichtete.

"Er war nur wenig älter als du und ich, Ocko, es ist ein Jammer um ihn. Mich dünkte er manchmal reichlich weise zu sein. In meinem ganzen Leben werde ich nicht lernen, so weise von Sternen und Blumen und Tieren zu sprechen."

Hylo lachte froh und unbekümmert und erzählte dann von den andern Gefährten ihrer Jugend.

Lütet sei immer noch der vornehme Mann. Er wohne nun in der Lütetsburg, die er von dem älteren Lütet geerbt habe. Ocko erinnere sich doch, daß diesem auch Pewsum und die Herrlichkeit Westeel gehört habe. Sie seien reich, die Manningas, dazu gesellige und umgängliche Menschen. In Berum wohne nun der junge Hayo Sydsena. Dieser sei ein großer Verehrer Herrn Kenos gewesen und habe bedauert, daß Herr Keno in den letzten Jahren so wenig Menschen aufsuchte.

"Dein Vater ertrug nur Kampos Tochter in seiner unmittelbaren Nähe, Ich habe die beiden oft auf den Deich reiten sehen. Schön ist sie, Foelke Kampana, kräftig und gesund. Ihre Augen vergißt man nicht wieder. Warum willst du denn plötzlich gehen? Lütet - ach, du besuchst ihn ein andermal. Bleib, Ocko, ich zeige dir noch meine Rüstkammer ..."

Nur mit geteilter Aufmerksamkeit betrachtete Ocko die schweren Rüstungen mit den schönen Lederscharnieren.

Er hatte weder Lust zum Zuhören noch zum Erzählen und verabschiedete sich, sobald es die Schicklichkeit erlaubte.

Als er wieder auf seinem Pferde durch den stillen Sommertag ritt, gelüstete ihn nicht nach einer Fortsetzung der Freundesbesuche.

Er hatte das Bedürfnis, wieder die Weite in sich aufzunehmen. Ihm war, als könne er das Rauschen des Meeres hier hören. Aber es war wohl nur eine Einbildung seines Herzens.

Er schloß von Zeit zu Zeit die Augen, und dann stieg mitten aus den Weizen- und Roggenfeldern die Gestalt Foelke Kampanas vor ihm auf. Der Wind strich weich und lind über ihr dunkles Haar wie über das Getreide. Sie neigte ihren Kopf wie die Halme. Sie stand vor der Reife wie diese.

Am nächsten Morgen beschloß er, noch die Rechtslage zwischen dem Hause tom Broek und Folkmar Allena zu untersuchen und dann nach Strackholt zu reiten.

Nach der Messe ging er zu Almer ins Pfarrhaus, um ihn nach dem Kodex zu fragen.

Als er in das Arbeitszimmer seines Verwandten trat, überfiel den Ritter die Vorstellung, daß Foelke anwesend sei. Deutlich war sie ihm gegenwärtig. Hatte Almer sie hier festgehalten? Während ihres Gespräches, bei dem Almer stiller und in sich gekehrter war als gewöhnlich, irrten Ockos Gedanken oft ab. Er sah Foelkes feste, kleine Hand den Weinbecher umfassen, er sah sie aufstehen und ihm zutrinken. Nun lagen ihre Finger auf dem Esschart. Ihre Gedanken waren bei seinem Vater. Es erschütterte sie noch in der Erinnerung, was dieser gesagt hatte, als er ihr den Brautschmuck Hebrichs um den Hals legte.

Fast körperlich spürte er die Anwesenheit des Mädchens. Beschwor Almer sie hierher? Er sah ihn durchdringend an. Almer verstand den Blick.

Er war viel jünger als Ocko. Es schrie in ihm: Ich habe das Leben vor mir! Es wird ein furchtbares Leben. Es wird das Leben Petrarcas. Auch Petrarca hatte geschwiegen. Seine nächsten Freunde stritten sich darüber, wer jene Laura sei, die ungewollt sein Leben regierte und ihn ruhelos von Land zu Land jagte. Petrarca schrieb Canzonen für sie. Er entfloh ihr bis nach Friesland. Er ritt einsam durch den Ardennerwald und - besang sie.

In Sekunden überdachte Almer dies. Aber zugleich wurde ihm klar, warum er auf eine fast magische Art von dem großen Italiener angezogen wurde. Er sah jetzt in dieser Begegnung eine Schicksalsführung. Ihm war die gleiche Aufgabe gestellt wie dem Größten des Jahrhunderts, der sie - nicht gelöst hatte. Denn Petrarca war nicht frei geworden von Laura. Er blieb ihr verfallen.

Almer sah in diesem Augenblick alt und müde aus. Wenn es irgendeinen Sinn hätte, den andern kämpflich zu grüßen, er würde nicht zaudern. Aber er hatte sie beieinander gesehen, Ocko und Foelkeldis, und wußte alles. Da erst? Blitzartig fiel auch Helligkeit in das Leben von ihr, die er liebte. Auch sie gehorchte einem Schicksalsgesetz, als sie ihr Wesen dem alten Mann schenkte. Nach dem gleichen Gesetz würde ihre Jugend dessen Sohn zufallen. Und er, Almer, durfte sich dies ansehen. Ein Gefühl der Ohnmacht durchrann ihn, er fühlte sich zwingenden Mächten wehrlos preisgegeben.

"Du hast den Kodex also nicht hier?" fragte Ocko noch einmal.

Almer hörte sich selbst sprechen:

"Eine der Willküren verbietet, daß sich Geistliche in Rechtssachen mischen. Dies muß in früheren Zeiten geschehen sein, und die Broekmänner haben deshalb Klage geführt. Da die Richter selbst weder lesen noch die Bußtaxen aufschreiben können, was ja zu den Zeiten der Tagundnachtgleiche geschehen soll, pflegt regelmäßig ein Mönch aus Norden zu kommen und die Willküren zu verlesen. Nach einem andern Gesetz muß der Volksbrief nach dem Gebrauch wieder in den Koker der Richter gebracht und wohl verwahret werden, denn er gehört den vier Richtern gemeinschaftlich. Bislang hat der Mönch Hilarius bei Gericht gelesen und geschrieben, aber er ist zum

Studium generale nach Bologna geschickt worden, so hörte ich, nachdem er hier in Norden drei Jahre lang die Freien Künste gelehrt hat ..."

"Von nun an brauchen wir keinen Mönch mehr, Almer", sagte Ocko. "An Broke klebte die Herrlichkeit des Richteramtes bereits, bevor das Steinhaus stand. Ich werde dafür sorgen, daß das Gesetzbuch nach Utengrahove geschafft wird, damit du und ich es jederzeit einsehen können. Aber scheint dir die rechtliche Lage zwischen Folkmar und mir nicht auch klar zu sein, Verwandter?"

"Mir ist alles sonnenklar", sagte Almer langsam und stand auf.

Im Hofe des Dominikanerklosters empfing Ocko lautes Schelten.

Bruder Tammo von Westerhusen, der Gärtnerobermeister, warf alle Schimpfworte, deren er in seiner christlichen Mönchsseele habhaft werden konnte, auf einen dicken, kleinen Laienbruder. Soviel Ocko den aufgeregten Worten entnehmen konnte, handelte es sich um Bäume, die anscheinend nicht vorschriftsmäßig gepflegt worden waren.

Als Bruder Tammo die Hufe des Pferdes hörte, wandte er sich und kam zur Begrüßung zu Ocko.

"Gott verzeih mir die Sünde", stöhnte er, "daß ich ohne Befugnis dem nichtsnutzigen Burschen das Fegefeuer verlängerte. Selbst die Heiligen würden ihre Sanftmut bei soviel Unverstand vergessen, Herr. Begreift Ihr es, daß man in den Hundstagen einen Baum beschneidet? Wenn die Sonne im Löwen steht, verträgt kein Baum das Messer. Er wird brandig. Man soll sie gegen den Vollmond äugeln und ihnen bis dahin Erde auf die Wurzeln schütten oder fette Kräuter auf sie häufeln, damit sie nicht verdorren. Und wenn man die jungen Bäumchen in den Hundstagen nicht mit lauem Dungwasser tränkt, Herr, dann braucht man sich nicht zu wundern, daß sie eingehen. Wenn du denn durchaus schneiden mußt, du Nichtsnutz", wandte er sich noch einmal zurück, "so setze dein verfluchtes Messer an die Wasserschösse und die unnötigen neuen Sprossen. Ritter Ocko", sagte der alte Mann nun ruhiger, "wie ist es Euch ergangen in der Fremde? Hat man Euch mißhandelt wie diesen Baum, daß Ihr den Brand bekamt? Wer kann umgehen mit Bäumen und mit Menschenherzen."

Der Alte sah ihm prüfend ins Gesicht. Dann ging er, von Gicht gebeugt, dem Ritter voran ins Kloster.

"Auch in den Hundstagen beschnitten", murmelte er. "Aber ein Mensch kann Heilkraft für den Brand finden, wenn er will. Eure Augen sind um zwanzig Jahre älter geworden, Ritter, aber sonst seid Ihr jünger als damals. Leicht ist es nicht gewesen, Euer Leben in der Fremde."

Bruder Tammo war etwas gesprächiger geworden, als Ocko ihn vor zehn Jahren gekannt hatte. Es wurde ihm warm ums Herz, als der Alte ihn so prüfend ansah wie ein Vater, der dem heimgekommenen Sohn in die Augen blickt.

"Habt Ihr mich nicht vergessen, Bruder Tammo?"

"Was sagt Ihr, Euch vergessen? Osbrand und ich sprachen oft von Euch. Und ich - Ocko, Ihr müßt auf die Emsiger achten, hört Ihr? Vergeßt nicht, Louwert von Westerhusen zu besuchen, bei dem ist der alte Tammo oft gewesen, damit er das rechte Urteil über Euch behält. Und nun tretet ein, Ritter."

Das Priorat hatte in den letzten zehn Jahren des öfteren gewechselt. Von Menardus von Alandze war es vor kurzem auf Herrn Dodo übergegangen, der sich großer Beliebtheit erfreute. Ocko kannte ihn nicht, wie ihm auch die meisten der übrigen Brüder fremd waren. Die Ordensverfassung brachte es mit sich, daß die Brüder in jüngeren Jahren oft das Kloster wechselten, da sie nicht an einen bestimmten Ort gebunden waren. So sah man auch viele nichtfriesische Gesichter hier, die den übrigen Teilen der Ordensprovinz Saxonia, die sich zu Beginn des Jahrhunderts gebildet und von der früheren Teutonia getrennt hatte, angehörten.

Zu seiner Freude entdeckte Ocko Bruder Osbrand.

"Wenn man älter wird, hält man es in der großen Welt nicht mehr aus", sagte der Mönch, "das wißt Ihr ja auch, Ritter. Wir Friesen gehören dahin, wo der Wind pfeift und die salzige See Land verschlingt."

Man rühmte den Norder Brüdern nach, daß sie nicht wie andere ganz im Dienst des Ordens aufgingen. Ihr Arbeitsfeld war auch die Erde geblieben, das geliebte, immer gefährdete Land. Es waren zumeist Bauernsöhne aus der Gegend zwischen Ems und Weser, und nicht jeder von ihnen hatte aus lauter Frömmigkeitssehnen das Mönchsleben erwählt. Unter den Studierten sah Ocko viele recht kluge Gesichter. Geistliche Ausbildung und Predigt wurden wohl immer noch in erster Linie gepflegt, erst dann die Landwirtschaft.

Bruder Heinrich von Harlingen, der in diesen Jahren magister studentium war und die Oberaufsicht über die Bibliothek führte, wurde beauftragt, Ritter Ocko den Schweinslederband auszuhändigen, in dem die Broekmer Willküren aufgezeichnet waren. Es hieß von Bruder Heinrich, daß er wohl auf einem der nächsten Provinzialkapitel als Sentenziar nach Magdeburg überwiesen würde. Er war sehr gewandt und sprach mit Achtung von Herrn Almer, dem er gute Kenntnisse in der Theologie und Staatsbürgerkunde nachrühmte.

Almer -. Sein stilles Gesicht stand vor Ocko. Almer hatte jetzt ein besonderes Studium vor sich. Das härteste Studium generale verlangte immer noch das Leben selbst.

Heinrich von Harlingen beurlaubte sich bald, da er an diesem Tage in dem Nonnenkloster zu Reide sein mußte, wo die Norder Dominikaner die letzte Aufsicht ausübten. Nun war Ocko mit seinem alten Freund Osbrand allein.

"Ich kann mir denken, was du auf dem Herzen hast, Sohn", sagte der alte Mann. "Unsere Brüder haben bei der Beerdigung deines Vaters das Salve regina gesungen und manches andere - und viel gehört ... Gott steh dir bei, Ocko, wenn wahr wird, was Folkmar ankündigte. Gewiß ist niemand ganz gut oder ganz schlecht, aber werden kann man beides. Der Teufel wartet nur darauf, uns den Thron aufbauen zu dürfen, damit wir uns Könige zu sein dünken. Folkmars zehn Burgen sind sein Thron. Du weißt, wie er zu Süderhusen gekommen ist. Adda ist sein Geschöpf geworden. Sie war ja ein Kind, als er sie nahm. Ein junges Reislein ist biegsam, Freund."

"Aber es hat auch seine Wachstumsgesetze", entgegnete Ocko. "Wenn du einen waagerecht geleiteten Baum losläßt, wächst er doch wieder nach oben. Ich möchte gern im Frieden mit meiner Brudertochter auskommen, Osbrand. Und nun zeige mir das

Buch, und laß deine Finger über die Zeilen laufen, damit wir gleiches lesen und denken.''

Und nun lagen sie aufgeschlagen vor den beiden, die Broekmer Willküren. Dreißig Jahre waren wie ausgelöscht. Osbrand und Ocko schrieben in der Erinnerung Buchstaben für Buchstaben klein und zierlich auf das dünne Pergament. Absätze zu machen, hielten sie für überflüssig, aber jede neue Willkür begann mit einem großen, schönen, roten oder blauen Buchstaben. Manchen hatte Osbrand mit Gold ausgemalt und mit kleinen Heiligenfiguren oder Rosen verziert.

Wieder empfand Ocko die wenigen Seiten wie eine heilige Schrift. Ordneten sie nicht das Rechtsleben eines ganzen Volkes? Hier gab es ein Recht. Er wußte, was in der großen Welt das Recht heute galt. Gewiß hatten die Römer in ihren erdenfest und geradlinig denkenden Köpfen das, was gelten sollte, klar und scharfsinnig zu Papier gebracht. Aber galt denn dieses Recht? Hatte man nicht in Deutschland zum Sachsenspiegel greifen müssen, um überhaupt auf einem Rechtszustand fußen zu können? Man hätte ebensogut die Broekmer Willküren nehmen können, sie standen weder den Sätzen Eipke von Repgows noch dem Römerrecht an farbigem Reichtum, klarer Gliederung und knapper Sprache nach.

Ocko wurde das Herz warm, als er die alten Sätze wieder las. War Rechtsdienst nicht Gottesdienst? Diese Sprache hatte den gleichen Klang wie die Glocken des Broekmerlandes. An das Ritual der Messe erinnerte sie. Feierlich und unabänderlich und ewig gültig war dieses Recht. Und daß es nicht auf lateinisch niedergeschrieben worden war, sondern so friesisch, wie die Volksseele empfand und wie das Volk sprach, das war schön. Den Wert einer gepflegten Sprache hatte Ocko erst in Italien schätzen gelernt. Der große Dante sah es als seine Aufgabe an, das italienische Volk durch eine schöne, klangvolle Sprache zu einigen, in der alle Gebildeten zu Hause waren. Das Toskanisch, das Dante schrieb, hatte sich durchgesetzt, und Giovanna hielt streng darauf, daß an ihrem Hofe die vielen unschönen Dialekte verschwanden.

In der Schönheit der Sprache waren die zweihundert Rechtssätze dem bel parlare Dantes gleichzustellen. Mußte man erst nach Italien fahren und zehn Jahre dort bleiben, um die friesische Sprache als die schönste der Welt zu empfinden?

Der Ritter ging erregt in der Klosterbibliothek hin und her. Die Sonne glitzerte durch die kleinen Scheibenfenster, die sich bis fast an die Decke hinaufzogen.

"Osbrand, es ist schöner als bei Dante ..."

Auch Osbrand stand auf. Er legte Ocko die Hand auf die Schulter.

"Sohn", sagte er, "sie sagen, wir seien keine Künstler, es sei denn im Deichbau. Unsere Poesie ist das Recht! Hast du irgendwo in der großen Welt, in Italien, wo Dante, Petrarca und Boccaccio die hellsten Sterne sind an einem strahlenden Firmament von Dichtern, Malern und Bildhauern, hast du jemals, so frage ich dich, einen Schöpfungssatz gehört wie den aus unserer germanischen Rechtshandschrift:

Gott schuf Adam, den ersten Menschen, aus acht Stoffen,
das Gebein aus dem Steine,
das Fleisch aus der Erde,
das Blut aus dem Wasser,
das Herz aus dem Winde,
die Gedanken aus den Wolken,
den Schweiß aus dem Tau,
die Locken aus dem Grase,
die Augen aus der Sonne,
und da blies er ihm den lebendigen Odem ein.
Und da schuf er Eva aus der Rippe, Adams Geliebte ...

Das unterscheidet unsere Rechtssätze von denen aller andern Völker: das heiße Herz schlägt in ihnen! Ob du nun liest von den Wassertauchen oder den Todschwindeln, daß man einen für tot hineinträgt und ihn mit Händen beschlägt, die Hände über ihm ringt, oder ob du liest von den drei Nöten des vaterlosen Kindes, wo das Kind ist stocknackt und hauslos, und wenn dann die nebeldüstere Nacht und der notkalte Winter über die Zäune steigt - so fährt jedermann in seinen Hof und in sein Haus, und das wilde Tier sucht den hohlen Baum, wo es sein Leben retten könnte. Dann weint das minderjährige Kind und beschreit seine nackenden Glieder und seine Hauslosigkeit und seinen Vater, der ihm helfen sollte wider den kalten Winter und wider den heißen Hunger. Daß er so tief und so dunkel daliegt mit den vier Notnägeln unter Eiche und Erde beschlagen und bedeckt ... Das steht wörtlich in friesischen Rechtssätzen, Ritter Ocko, sagt und denkt niemals wieder, daß Friesen keine Dichter seien! Sie sind zu scheu, um sich selbst zu besingen. Ihr heißes Herz hat sich in das Recht gerettet. Und nun komm, Ocko, jetzt gilt der Verstand. Wir suchen nun, du und ich, was das Friesenherz als Recht empfindet, wenn einem Vater und Bruder starben."

Ocko tom Broek aber hatte sich auf einen Stuhl fallen lassen und die Arme über den schrägen Deckel des Schreines, der noch andere friesische Handschriften barg, geworfen. Ihn schüttelte das Schluchzen.

"Gott steh mir bei, Ocko, mein Kind, mein Sohn, was habe ich angerichtet -. Was ist dir, du einsamer Mann -. Ja, weine, weine, du Heimgekommener. Das ist die Poesie der Heimat, Sohn! Da kann einem wohl das Herz überlaufen. Dies Recht und diese Sprache - wie das Rauschen des Meeres sind sie, wie der Wind, der über das Hochmoor geht und das Wollgras streichelt -, wie das ganze gute, weite Land. Diese Sätze sind wie unsere Glocken, Ocko. Sie lachen und weinen mit uns."

Und er zog einen Schlüssel, der so lang war wie sein Unterarm, aus der weißwollenen Soutane, ging gebeugten Hauptes zur Tür und schloß sie ab.

Ocko tom Broek aber durchbohrten die Worte von der nebeldüsteren Nacht und dem notkalten Winter. "Dann weint das minderjährige Kind und beschreit seine nackenden Glieder und seine Hauslosigkeit und seinen Vater, der ihm helfen sollte..."

Wo war sein Kind! Sein Herz schrie nach seinem Kinde. Wie war es dem vaterlosen Kind ergangen in all diesen Jahren?

Er wäre jetzt am liebsten fortgegangen. Aber das mochte er dem guten, warmherzigen Osbrand nicht antun. Der hatte ja recht: man konnte sein heißes Herz in Rechtsformeln bergen. Sie waren wie eine Burg. Alles verbarg sich in ihnen, was Schutz brauchte.

Ocko las: "Dies ist die erste Kür, welche die Broekmannen geküret haben, daß ihre Richter sollen Gericht halten ihr Jahr aus und zu Ende."

Es war wie eine Zugbrücke. Und nun trat man in die Burg ein. Über dem Eingang stand "Thet wellath brocmen". Das war das gleiche Zeichen, das in der Form eines Y über der Schule der Ptolemäer in Neapel gestanden hatte.

Das mußte man begreifen, daß dies die Broekmänner wollten, dann durfte man eintreten. Und es folgten genaue Bestimmungen über die Richterwahl, wie es mit den Helfern der Richter, den Talemannen und den Kedden zu halten sei, daß es das Volk sei und niemand anders, das sich Richter und Führer selbst wähle. Unter den freien Friesen war einer des andern wert.

Der vierte Teil der gesamten Rechtssätze befaßte sich mit den Obliegenheiten, den Pflichten und Rechten der Richter. Das freigesinnte Volk schützte sich auf diese Art noch gegen seine eigenen, von ihm selbst gewählten Richter aus Sorge, seine Freiheit möchte angetastet werden. Ein Führer möge mit dieser Stammeseigentümlichkeit rechnen, flocht Osbrand ein und schlug ein Blatt weiter um.

Und nun wurde alles dargestellt und ins rechte Licht gerückt, was auf dem Kirchhof und in der Wyk geschehen konnte. Freiheit und Religion galten den Friesen gleich viel.

Ungefähr in der Mitte des Broekmerbriefes wurde geordnet, wie Landstreitigkeiten zu regeln, das Gut der Elternlosen behütet, Frauen geschützt, Jungfrauen ausgestattet, Totschlag gesühnt, Brand und Diebstahl gerochen, die Pacht gehalten, Grenzstreitigkeiten aus der Welt geschafft, Verletzungen, Faustschlag und Lähmungen gesühnt werden sollten.

Eine der allerletzten Küren aber beschäftigte sich abermals mit einer Angelegenheit, die der Sorge um die Verletzung des friesischen Freiheitsgefühls entsprang. Wiewohl in einem vorhergehenden Rechtssatz bereits verboten war, im Broekmerland Steinhäuser zu bauen, die dem einen ein Vorrecht gegenüber dem andern geben würden, so wurde hier noch einmal ausdrücklich Wiegboldsbur genannt. Niemand sollte sich dort ein Steinhaus bauen.

"Diesen Satz hat es früher nicht gegeben", schmunzelte Osbrand. "Er wurde nachgefügt. Mit dem Willen des Volkes können Küren nachgefügt werden. Es ist Hait von Wiegboldsbur schlecht bekommen, daß er versuchte, sich eine Burg zu bauen. Und deinem Vater hat keiner ein schiefes Gesicht gezogen, Ocko. Sie hatten ein blindes Vertrauen zu ihm. Sie wußten, daß es um ihret- und nicht um seinetwillen geschah, wenn er sich hier trotz des Verbotes in den Willküren ein Steinhaus setzte, nachdem er dies in öffentlicher Volksversammlung begründet hatte. Herr Keno blieb, was er immer war, ein einfacher Mann. Auch daß er seine Gräber nicht, wie Herren gewohnt sind, in der Kirche, sondern unter Gottes freiem Himmel, mitten unter dem Volk, haben wollte, hat ihm keiner vergessen. Als aber Hait sich gleiche Rechte anmaßte, wurden sie aufständisch. Zustände, wie sie im Emsigerland herrschen, daß mehr als dreißig Burgen sozusagen nebeneinander stehen, sind bei uns undenkbar. Wenn du es mit den Broekmern hältst wie dein Vater, Sohn, hast du einen Wall mit Palisaden hinter dir, den auf die Dauer niemand umrennt.

Die Willküren, von denen Folkmar spricht, hat ihm der Teufel eingeflüstert. Wir wollen noch im Asegabuch der Rüstringer nachsehen, nach dem Edo Wiemcken und sein Volk leben - nein, siehst du, es ist auch hier das gleiche. Nach friesischem Recht ist der Jüngste der Erbe. Soll eine Änderung eintreten, so muß es bei Lebzeiten schriftlich niedergelegt werden. Das ist nicht geschehen. 'And thet wellath brocmen, daß der die Nachlassenschaft nehme, der von beiden Seiten die nächste Verwandtschaft nachweisen kann!' Es war deines Vaters Gut, Ocko. Folkmar soll sich fragen, wer Keno tom Broek näher verwandt ist, er oder du."

So hatte diese Sache ihre Klärung gefunden, und auf dieser Grundlage mußte sich nun abrollen, was das Schicksal in den letzten zehn Jahren aufgewickelt hatte.

Am Morgen des Sankt-Jakobs-Tages ging Ocko wie jeden Morgen in den Pferdestall, um beim Füttern der Tiere zugegen zu sein. Es geschah weniger, um Hicko, der nur wenig jünger war als er, zu beaufsichtigen, als um der Geselligkeit willen. Er fühlte sich in der großen Burg allein.

Beim Eintreten in den Stall sah er die junge Ermina mit ihrer kleinen Algeth über den Hof gehen. Sie war groß und kräftig, aber schlank und jung in ihren Bewegungen. Als sie bemerkte, daß der Ritter ihr nachsah, errötete sie bis unter das flachsblonde Haar.

"Warum heiratest du sie nicht, Hicko?" fragte Ocko den Knecht. "Du bist ein ansehnliches Mannsbild und wirst ihr wohl gefallen."

Hicko hatte plötzlich an den Beinen des Pferdes zu tun.

"Gut Ding will Weile haben, Herr", sagte er. "Ich kenne sie erst drei Jahre."

"Wie lange brauchst du denn, bis du dich entschließt?" fragte Ocko lachend.

Ein solcher Entschluß bedürfe einer strengen Prüfung, sagte Hicko. Er möchte die Frau wohl leiden, aber zeitweilig habe er den Eindruck, als ob sie ihrem ertrunkenen Mann immer noch nachtraure. Es gelüste ihn wenig, Lückenbüßer zu sein.

"Sie hängt so lange an dem Toten, als sie keinen Lebenden hat", sagte Ocko. "Faß sie an, Mann, so daß sie weiß, was du von ihr willst, und dann macht Hochzeit."

Hicko sah erstaunt auf und lachte in sich hinein. Aber er sagte nichts dazu.

Zur Freude der Burgbewohner fand sich Herr Ocko Tag für Tag mehr in die Arbeit hinein, die im Heumonat in der Wirtschaft zu verrichten war. Aus den Tiefen der Erinnerung stiegen Bilder auf. Ocko sah seinen Vater sich um die Tiere sorgen. Sie mußten nun, wenn sie es schwer hatten, doppelt gut gefüttert und gepflegt werden. Herr Keno hatte darauf gehalten, daß der Knecht sie oft schwemmte. Der Imker wurde mit den Bienen auf das Moor geschickt und angewiesen, in dieser Zeit auf die Schwärme acht zu geben. Die Brachfelder sollten, wenn Zeit blieb, zum zweiten- und drittenmal flach gepflügt werden. Die reife Gerste mußte gehauen, die überzeitige aber geschnitten werden, damit keine Körner herausfielen. Mit Geschnatter waren die Gänse auf die Gerstestoppeln hinausgewatschelt, nachdem die Mägde sie zum zweitenmal unterrupft hatten. Bei Regenwetter wurden die Knechte damit beschäftigt, Strohseile zu machen. Ocko selbst hatte als Junge oft bei ihnen in der Gesindestube gesessen und die langen, goldenen Halme durch die Finger gleiten lassen. Seine Mutter war dann wohl gekommen, eine große, breite, sehr freundliche Frau, und hatte die Mär erzählt von der Jungfrau, die Stroh zu Gold verspinnen sollte und es nicht fertigbrachte ohne die Hilfe kleiner Geisterchen. Ähren wuchsen an dem langen Halm, und er war Goldes wert.

Ocko ging damals oft mit seiner Mutter durch den Garten, sammelte das wurmige Obst auf und trug es in die Burg. Es wurde gedörrt oder zu Branntwein verarbeitet. Kleine Gurken suchten sie jeden Morgen und legten sie mit Würzkräutern und Essig in Tonnen, damit sie sich hielten. Ockos Schwestern hatten die Süßmilchkäse mit Salz bestreichen müssen, weil sie in diesem Monat leicht wurmig wurden. Das Brot schimmelte eher als sonst. Wenn er dies jetzt sah, fiel Ocko ein, daß die Mutter im Sommer mehr Salz hineingeknetet hatte. Wie der Vater durch die Stallungen, so war sie jeden Tag durch die Vorratskammern gegangen, hatte alles geprüft und auch noch auf den Garten ein Auge gehabt, in dem nach jedem Regen das Unkraut wieder prall und grün stand.

Auch das Jungvieh hatte ihrer besonderen Pflege unterstanden. Er erinnerte sich nicht, daß jemals vorgekommen war, was sich gestern hier ereignete: daß die Ferkel in den jungen Flachs gerieten. In nassen Jahren waren wohl Ferkel um diese Zeit gestorben, aber es hatte nicht an der Unachtsamkeit der Pfleger gelegen. Die Tiere fraßen sich krank in dem jungen Flachs, und gestern abend waren schon drei tot gewesen. Ocko beschuldigte niemand. Nun war es geschehen und nicht mehr zu ändern. Erfahrung und Klugheit brauchte eine Landfrau. Seine Mutter war mit den Tieren umgegangen, als ob sie deren Sprache verstände. Er wollte einmal, es mußte bald nach Sankt-Jakobs-Tag gewesen sein, frischen Roggen für ihre Hühner holen. Aber dann hatte die Mutter ihn zurückgerufen. Einmal sei ihr ein Huhn krank davon geworden, Hühner vertrügen besser frischen Hafer und neue Gerste und legten danach wie um die Osterzeit. Und so war es auch eingetroffen.

Er stand am Ringgraben. Hier sollte geschlotet werden. Auch waren die Fische nun wohl so weit, daß man beginnen konnte für die Fastenzeit vorzusorgen.

Der Alltag nahm Ritter Ocko auf, und er hatte ein Recht dazu.

Bald nach Mittag kam Almer, der in Upende einen Krankenbesuch machen wollte. Es war ein Mann vom Heugulf gefallen. Er hatte sich das Bein gebrochen. Irgendein Unfall geschah fast in jeder Erntezeit. Lästig war es den Bauern, lange liegenbleiben zu müssen, während Gott das Korn der Reife entgegenführte und schon die ersten Ähren fielen.

"Das sind die guten Zeiten für den Pfarrer", scherzte Almer. "Solange die Bauern noch kriechen können, brauchen sie uns nicht. Aber wenn der Mensch seine aufrechte Haltung hingeben muß, wird es anders. Wir müssen so still wie die Pflanzen werden und den Standort nicht ohne Hilfe wechseln können, Ocko. Dann haben wir plötzlich Zeit zum Nachdenken."

Als er weiterritt, sah Ocko ihm nach. Almer saß ausgezeichnet im Sattel, und schwerlich würde man ihn, hätte er eine Rüstung getragen, für einen Geistlichen halten. Wahrhaftig, auch ihm hätte die Ritterwürde angestanden. Er war ein Edelmann, dieser Verwandte.

"Sattle mir den Schimmel", rief Ocko, als Almer außer Sicht war, einem Pferdeknecht zu. Und er rief Hicko herbei und sagte, er würde in wenigen Tagen wieder hier sein.

Saß auf und ritt nach Strackholt.

Es war ein warmer Tag, und Ocko ritt langsam. Er schloß oft die Augen und hatte die merkwürdige Vorstellung, von einem Lichtkranz umflossen zu sein. Den ganzen Tag empfand er die Wärme nur als Licht.

Es traf sich, daß Foelke außerhalb des Burghofes Kräuter sammelte, als Ocko den breiten, weißen Sandweg zum Warf hinanritt. Wie angewurzelt blieb sie oben am Wege stehen, am Arm das Körbchen mit Tausendgüldenkraut, Kamillen und Wermutblättern. Ihr kleiner, langhaariger, schottischer Schäferhund sprang auf das Pferd zu, hörte aber sofort auf zu bellen, als Ocko ein paar ruhige Worte mit ihm sprach. Schweifwedelnd lief er zu dem Mädchen zurück.

Wenige Schritte vor ihr sprang der Ritter vom Pferd. Langsam ging sie ihm entgegen. Ihr war, als zöge ein Magnet sie vorwärts. Sie gaben sich die Hand und sahen sich an. Er leitete sein

Pferd um eine Wegpfütze herum. In diesem Augenblick sprang das Mädchen zur Seite und ergriff ihren Hund.

"Tilo, Tilo", stammelte sie, "Tilo, begreifst du es?" Sie drückte das Tier fest an sich, gab es wieder frei und schritt nun dem Ritter voran ins Haus.

Dieser wandte sich um, sah, daß der Knecht, der ihm das Pferd abgenommen hatte, den Schimmel durch das Wasser traben ließ, und folgte dem Mädchen.

Gyla war damit beschäftigt, Rosenessig herzustellen, den sie für die Kranken brauchte, wenn sie ihnen ihre Magenschmerzen lindern wollte. Und so fand Ocko Foelkes Mutter umgeben von Rosenblüten.

Gyla war nur wenig älter als Ocko, aber seit dem Tode Kampos war ihr Haar fast weiß geworden.

"Seid uns willkommen, Ritter", sagte sie. "Viel ist geschehen, während Ihr fort wart. Doch erzählt uns lieber, wie es Euch ergangen ist in den südlichen Ländern."

Sie geleitete ihn zu Kampos Hochsitz am Feuer, das jetzt nur niedrig brannte, und setzte sich ihm gegenüber. Foelke nahm zwischen ihnen Platz. Während er die italienischen Kastelle beschrieb und auch seinen Palazzo auf der Friesenklippe schilderte, erfüllte Ocko tom Broek eine große Ruhe. Und er wußte plötzlich, daß er sich seit dem Margaretentag nach diesem Augenblick gesehnt hatte, bei Foelke Kampana zu sein, ihre Augen, ihr Haar und ihre Hände wiederzusehen. Wenn er diese Hand in seiner halten könnte, dann hätte das Leben, soweit es ihn persönlich betraf, seine Erfüllung gefunden.

Ulske trug das Essen auf. Sie war zur Großmagd heraufgerückt und versah mit großer Gewandtheit ihren Dienst.

Gyla bat den Gast, das Essen zu segnen, wie Kampo früher getan. Wieder war der gleiche Friede im Raum, und Ritter Ocko empfand die Aufnahme in die Familiengemeinschaft als die letzte Bestätigung der Tatsache, daß er nun wirklich wieder zu Hause war.

Er bat Gyla, einige Tage in Strackholt bleiben und von dort aus Besuche auf Nachbarburgen machen zu dürfen. Foelkes große, bittende Augen ließen gar keine Absage zu, aber auch

Gyla selbst freute sich auf die Abwechslung in dem ewigen Einerlei der Alltagsarbeiten. Und sie sah ja, was der Ritter hier wollte.

Zu manchen Freunden begleitete Foelke ihn, und er meinte, das blühende Leben selbst neben sich zu haben. Der dunkle, schwere Zopf, sorgfältig mit einem eichelbesetzten Stukelband durchflochten, hing lang über den Rücken und wippte auf neckische Art, wenn das Mädchen plötzlich ihr Pferd in Galopp setzte.

Aber fast ebenso schön fand Ocko es, wenn sie ihn zu Hause erwartete. Er meinte bisweilen, in all den Jahren nur ein halber Mensch gewesen zu sein.

Am Abend des siebenten Tages kam er später heim als sonst. Er war weit ins Moormerland hineingeritten, in eine Gegend, zu der die Broekmer Herren bislang wenig Verbindung hatten. Aber Ocko meinte, es könne nichts schaden, wenn auch die Häuptlinge von Holtland und Hesel ihn kennenlernten. Gelegentlich wollte er auch zu den Reider- und Overledingerländern Beziehungen anknüpfen. Das sechste Seeland war nur klein, in wenigen Stunden konnte man es der Länge und der Breite nach durchreiten, aber in wieviel Landschaften zerfiel es! Und wie grundverschieden waren diese Landschaften nach dem Boden und nach den Menschen. Moor, Geest und Marsch und all die Übergänge zwischen ihnen schufen immer neue Bilder.

Daß so wenig Verbindung zwischen den einzelnen Landschaften Broekmer-, Norder-, Aurickhovener-, Emsiger-, Moormer-, Lengener-, Overledinger- und Reiderland bestand, hatte Ocko in der Fremde vergessen. Zu Besuchen blieb den Menschen hier freilich wenig Zeit. Diese waren fast nur möglich, wenn wie jetzt die Wege abgetrocknet oder wenn sie hart gefroren waren. Den Hauptteil des Jahres aber regierte das Wasser. Es weichte Land und Wege auf. Dazu kam, daß Friesen am liebsten zu Hause in ihrer Familie blieben.

So war denn Ocko gleichsam wieder in der Fremde gewesen, als er an diesem Abend den Weg von Bagband nach Strackholt zurückritt.

Die Felder lagen längst verlassen da, die Roggengarben standen in Hocken zusammengebunden, mit den Köpfen gegeneinander. An einer Stelle blieb eine kleine Öffnung. Als Kinder waren sie gern hineingekrochen, erinnerte sich Ocko. Es war ihr Haus gewesen, sie hatten ein Dach über dem Kopf.

Es war so still, daß er hin und wieder die Hufe des Pferdes an einen der kleinen Flintsteine stoßen hörte, die hier auf dem alten Geestboden umherlagen. Am Wegrand blühten Kamillen, Tausendgüldenkraut, Sternchenblumen und süßduftende Kleearten. Die Zeit der großen Wärme stand bevor.

Unverrückbar erglänzte vor dem Reiter der Nordstern. Ocko ritt auf das Nordlicht zu.

Plötzlich wieherte sein Pferd. Es wurde unruhig. Es mußte etwas Besonderes beobachtet haben. Ocko kehrte von den Sternen zurück und sah am Wege eine Gestalt stehen. Als er neben ihr war, blieb das Pferd von selbst stehen. Ocko sprang ab.

"Foelkeldis -"

"Da seid Ihr endlich. Ich hatte Sorge um Euch."

Er hob sie vor sich auf das Pferd und legte den Arm um sie.

"Du hast auf mich gewartet? Nun bleibst du mir. Und nun - Foelke, Foelke, ich bin zu Hause. Du bist mein Zuhause. Laß mich nicht allein ..."

"Ich dich?" schluchzte und lachte sie an seinem Halse. "Du bist ja fortgegangen! Von nun an reite ich immer mit dir."

Als er sie auf dem Burghof, unter der Linde, vom Pferd hob, klammerte sie sich in heißer Angst an ihn:

"Ocko, du Geliebter - niemals, niemals darfst du von mir gehen. Ich ertrüge es nicht. Ich kann nicht auf dich verzichten. Ich kann auch nicht ohne dich leben. Ich müßte sterben, Ocko, wenn du mich verließest."

Am nächsten Tage bat Ocko Gyla, ihm ihre Tochter bald anzuvertrauen, er sei schon zu lange allein gewesen, und die Burg daheim bedürfe einer achtsamen Herrin. Wenn es ihr recht wäre, möchte er bald das Verspruchsbier, wie es sich gebühre, feiern. Wie sie über den dritten Tag nach Sankt Laurentius dächte? Er wolle sich bis dahin noch im Emsigerland umsehen. Aber am Michaelstag käme er, sein junges Weib zu holen.

Gyla sagte still:

"Daß es nicht Brauch ist in friesischen Landen, so schnell zu heiraten, das weißt auch du. Aber ich sehe, daß es für euch beide nicht richtig ist, lange mit der Hochzeit zu warten. Es freut mich, daß du, wie es sich gebühret, das Verspruchsbier feiern willst, obwohl vornehme Herren, wenn es ihnen in den Sinn kommt, diesen Brauch nicht mehr beachten. Wir selbst haben wenig Verwandtschaft, aber mir deucht, für dich ist nicht unwichtig, nach altem Brauch mit deinen Verwandten hier zusammenzusein, wenn Foelke dir anverlobt wird. Auch würde ich gern deine Brudertöchter kennenlernen, mit denen mein Kind Freundschaft pflegen soll."

Gyla sprach auch von Tetta, ihrem geliebten jüngsten Kind. Es sei so gern im Kloster Thedingen, daß es niemals Sehnsucht nach zu Hause verspüre. Fast stimme sie dies traurig. Doch wisse sie, daß es mit Foelke genauso werden würde.

"An meinen beiden Kindern sehe ich, daß der Mensch ein Bild von dem mit auf die Erde bringt, was er einmal werden soll. Fast ohne ihr oder unser Zutun sind sie ohne Umschweife auf dies Bild zugeschritten. Seltsam - ich selber habe nie so gut gewußt, was ich wollte. Aber ich fand ja Kampo, der oft für mich entschieden hat. Kampo - wenn er diesen Tag erlebt hätte!"

Ocko fragte noch mancherlei und erfuhr von Gyla die Einzelheiten über Kampos Tod und auch manches über Herrn Kenos letzte Schlittenfahrt nach Strackholt. Wie dann das Kind gekommen sei, weil es sah, daß Foelke am Ende ihrer Kraft war.

"Sie ist eine leidenschaftliche Natur, Ocko, das hast du wohl bemerkt. Aber du weißt noch nicht, daß sie krank werden und plötzlich die Sprache verlieren kann, weil sie allzu heftig und leidenschaftlich empfindet. Sie erlebt so stark, daß ihr Körper kaum standhält. Oft habe ich gedacht: wenn sie nicht diesen kräftigen, urgesunden Körper hätte, so würde meine Foelke vielleicht nicht mehr leben. Du mußt sehr gut zu ihr sein, Mann, und niemals hart ..."

"Wie kommt Ihr darauf, Schwiegermutter, daß ich hart sein könnte zu Eurem Kind? Ich liebe Foelkeldis so, daß ich nicht einen Tag mehr ohne sie sein möchte. Würde ich sonst schon am Michaelstag Hochzeit halten wollen mit ihr?"

Gylas Mund umspielte ein feines Lächeln.

"Lieber, sei nicht böse, daß ich dir dieses sage. Du warst zuviel fort in diesen Tagen. Und zu Hause warst du recht schweigsam. Sie sehnte sich nach einem Wort von dir. Du solltest etwas erzählen. Aber deine Gedanken waren oft weit weg. Du besuchtest Häuptlinge, die dich nichts angingen, und bedachtest die Zukunft."

Wieder lächelte sie fein und still:

"Sie ist jung und heißblütig, Ocko. Und sehr, sehr liebebedürftig ..."

Ocko tom Broek bedachte sich, was diese Frau gesagt hatte. Dann stand er auf und sagte:

"Ich danke Euch, Gyla, daß Ihr offen seid gegen mich. Ich habe lange keine Mutter gehabt. Ich sehe immer mehr, daß ich zu lange allein gewesen bin. Ihr habt in allem recht. Aber von selbst wäre ich nie darauf gekommen. Nun sagt mir noch eines: meint Ihr, daß ich zu alt bin für Eure Tochter? Der Jahre sind freilich viele ..."

"Nein", sagte Gyla mit aller Entschiedenheit. "Es ist sonderbar, Ihr beide habt gar kein Alter. In euch geht irgend etwas über die Erde, das unabhängig von den gezählten Jahren ist. Ihr werdet unendlich glücklich werden, Ocko, wenn du beachtest, was ich dir sagte."

Am folgenden Tag bat der Ritter Foelkeldis, ihm die Rüstungen ihres Vaters und ihrer Vorfahren zu zeigen, und sie gingen miteinander die alte, breite, gewundene Steintreppe hinauf, die in die Rüstkammer führte. Die Sonne schien durch die vielen kleinen Butzenscheiben in den großen, kühlen Raum und erwärmte und erhellte ihn. Im Vorbeigehen an den Rüstungen blitzten bald ein Arm, bald die Metallplatten eines Lederkollers, bald aufgenähte Eisenschuppen, bald gerundete Schienen auf, so daß man den Eindruck bekam, als würden die alten Helden lebendig, die diese Harnische getragen.

"Hier ist es so feierlich wie am Grabe deiner Eltern", sagte Foelkeldis und schmiegte sich an ihren Geliebten.

Er sah sie lange an. Dann erfaßte ihn eine heftige Bewegung. Er ergriff das Mädchen, schloß die Augen und umfaßte mit einer Hand ihre runde Brust.

"Ich muß fort", sagte er. "Ich kann nicht länger mit dir zusammen sein wie mit irgendeiner anderen Frau. Dies hat sie nicht gewußt, Gyla, deine Mutter, daß ich dich an mich gerissen hätte, wäre ich hier geblieben in diesen Tagen. Und das wollte ich nicht. Gleichwohl hat sie in manchem recht."

Foelkeldis erschauerte unter seinen Küssen. Halb ohnmächtig hing sie ihm im Arm.

In dieser Nacht fand er keinen Schlaf, und als es eben tagte, stand er auf, ging zu Gyla, die den Erntearbeitern Brote strich, verabschiedete sich von ihr, bat sie, Foelkeldis schlafen zu lassen und sie zu grüßen. Drei Tage nach Sankt Lorenz würde er wieder hier sein. Zu ihrem Jahrestage möge Gyla seiner Braut dieses Angebinde von ihm überreichen. Und er gab ihr eine Goldmünze mit seinem Bild, die er bei einem Norder Goldschmied als Spange hatte verarbeiten lassen.

5.

In der Nacht hatte Ocko tom Broek sich entschlossen, über Aurickhove heimzureiten. Sein Vater hatte dort eine Burg bauen lassen. Sie war nicht groß, aber doch ein festes, brauchbares Steinhaus, das den Aurickhovern in Fehdezeiten Schutz gewähren konnte. Yne Haitsna, ein früherer Knecht, verwaltete diese Burg und die zu ihr gehörenden Ländereien.

Auf seinem Ritt nach Holtland war dem Ritter klar geworden, daß er von Burg Broke aus schlechter Beziehungen zu den südlichen Landschaften pflegen könne als von Aurickhove, das fast genau im Zentrum des sechsten Seelandes lag und von Nord und Süd gleich schnell zu erreichen war. Er zog in Erwägung, sein junges Weib gleich nach dort zu bringen, wollte aber zunächst die Burg wiedersehen. In der Erinnerung erschien sie ihm kleiner und unwohnlicher als Broke, wie mochte sie dann erst in Wirklichkeit sein. Ocko wußte, daß er sich für immer auch in einer Burg wie Broke nicht wohl fühlen konnte. Er entbehrte zu vieles, was er im Laufe der letzten zehn Jahre als etwas Selbstverständliches hinzunehmen gewohnt war. Daß keine friesische Burg Bäder hatte, war ihm eigentlich unfaßlich. Welcher Luxus wurde in jedem italienischen Kastell, auch in jedem bürgerlichen Palazzo, auf Bäder verwandt! Sie waren mit Marmor ausgelegt und durch eine Wasserleitung kunstvoll mit der Zisterne verbunden. Wasser gab es in Friesland genug, aber kein Mensch war jemals auf den Gedanken gekommen, eine Wasserleitung anlegen zu lassen. Das Heizen des Bades wäre hier, wo man so viel Torf hatte, eine Kleinigkeit. Für wohlriechende Essenzen, die für ihn zu einem kräftigen Bade gehörten, mochte sein getreuer Schiffer Ayld Tammena sorgen. Der freute sich ohnehin, daß Ocko stets als Ritter auftrat.

Im Geiste sah er den braven alten Seemann schmunzeln. Bäder in Friesland - so etwas hatte es noch nicht gegeben. Kein rechtschaffener Christenmensch würde sich hier freiwillig ausziehen und in warmes Wasser legen. Wahrscheinlich hatten weitaus die meisten Einwohner sämtlicher Landschaften noch nie von solchen seltsamen Gewohnheiten fremder Völker gehört. Auch im Sommer badete niemand im Freien. War es nicht genug, wenn der Regen einen immer wieder bis auf die Haut durchnäßte und man tagelang überhaupt keine trockenen Füße hatte? Nein, das Wasser suchte ganz gewiß kein Friese ungezwungen auf.

Als der Ritter in die Nähe des alten, schönen Geestdorfes Schirum kam, stiegen die Morgennebel von der dampfenden Erde auf. Die Sonne brach sich Bahn, und mit ihr strömte das Leben wieder in die Erde hinein. Menschen- und Tierseelen hatte die Nacht fortgehoben, aber mit der aufsteigenden Sonne fanden sie zur Erde zurück.

Den feinsten Spürsinn für das Wiederkommen der Sonne hatten die Vögel. Sie lebten in dem Kräftespiel zwischen Himmel und Erde und sangen die Wiederkunft des Lichtes ein, bevor es über dem Horizont auftauchte. Ocko wurde jetzt bewußt, daß ihr süßes Gezwitscher den ganzen Morgen seine Gedanken begleitet hatte, nicht mehr so jubelnd wie vor Johanni, aber doch glückselig. Der graubraune Regenpfeifer flötete überall, wo Binnenwasser nahe war, Kiebitze stiegen, sich schüttelnd, von ihren Nestern in den Wiesen auf, und einmal schimmerte sogar der rötliche Hals der scheuen Uferschnepfe aus dem Grase.

Yne Haitsna war nicht wenig erstaunt, seinen neuen Herrn zu so früher Tagesstunde bei sich zu sehen. Aber es wurde kein langer Besuch. Ritter Ocko ging einmal durch alle Räume und erkundigte sich dabei nach dem Ergehen Ynes und seiner Familie. Die Kinder waren inzwischen verheiratet.

"Und nun sind wir wieder allein, Seyde und ich, wie wir am Anfang waren. Meiner Seyde wird die Burg zu groß, Herr, nun alle Kinder fort sind."

"Dann werdet Ihr gewiß nicht böse sein, Yne, wenn ich Handwerker sende, die diese Burg für mich ausbauen und einrichten sollen."

Das erstaunte den alten Mann.

"Ihr wollt die Burg Eures Vaters in Broke verlassen? Den Stammsitz der Familie?"

Auch Ynes Frau kam nun herbei und wunderte sich, daß Herr Ocko dies übers Herz brachte.

“Für uns alte Leute findet sich ein Rat”, sagte sie, “wenn es auch nicht leicht ist, dort fortzuziehen, wo man neun Kinder zur Welt gebracht hat. Aber die Arbeit wird mir jetzt zuviel. Der alte Kopf will nicht mehr, Herr Ocko. Ich vergesse zuviel. Hierher gehört eine junge Frau.”

“Daran wird es nicht fehlen”, lachte der Ritter und erzählte, damit die alten Leute den sonderbaren Plan des Umbaus besser verständen, daß binnen weniger Tage das Verspruchsbier zwischen ihm und Kampo von Strackholts ältester Tochter gefeiert würde.

Dann ritt er westwärts, stieg in der “Schnappe” ab, ließ sich einen Trunk Bier geben und sah beim Trinken eine Burg entstehen, die in ihrem Äußeren der schönsten Wasserburg glich, die es jemals in Friesland gegeben hatte, und in ihrem Innern Bäder römischer Art und wohnliche Räume aufwies, deren Kamine durch alle drei Stockwerke gingen, und deren Wände mit den Teppichen behangen waren, die Giovanna aus Neapel ihm zum Abschied geschenkt hatte. Er sah Foelkeldis am offenen Feuer sitzen. Sie trug ein Gewand von schimmerndem, goldgrundigem Brokat, das den Hals weit frei ließ. Er wollte sie schmücken, seine schöne Geliebte. Unbekümmert darum, was ein Mann wie Folkmar Allena darüber dachte.

Bevor Ocko zum Verspruchsbier ritt, suchte er noch einmal Louwert und Hylo auf und erzählte, daß er sich der jungen Foelke Kampana anverlobt habe und mit ihr nach Aurickhove zu ziehen gedenke. Und er lud beide in Gylas Namen ein, das Verspruchsbier und auch die Hochzeit am Michaelstag mit ihm zu feiern. Die feierliche Ladung durch den Ansager würde natürlich außerdem erfolgen.

Im übrigen habe er sich die Angelegenheit mit der Bremer Fehde noch einmal durch den Kopf gehen lassen. Er wolle mit seinen Broekmern dem Norderland selbstverständlich treu zur Seite stehen. Andererseits sei ihm wichtig, daß Louwert und Hylo ihm die Häuptlingsschaft für den dritten Teil des Norderlandes übertrügen, zumal er die alte Kenesburg, außerdem große Ländereien, auch Turm und Kirche in Norden besitze.

“Nicht, als ob ich mich in irgendwelche Angelegenheiten mischen wollte, die euch allein angehen. Die alte Landesverfassung, die hier bei euch immer gegolten hat, soll weiter zu Recht bestehen.”

“Wenn irgendein anderer uns mit solchem Vorschlag beglücken wollte”, sagte Hylo, “würden wir uns schwerlich darauf einlassen. Aber dich kennen wir, Ocko”, fügte er treuherzig hinzu. “Wir wissen, daß du unsere Rechte und Freiheiten niemals antasten wirst und - daß du mehr kannst als wir. So wollen wir denn künftighin zu dritt statt zu zweit für das Norderland sorgen, wenn du dies auch meinst, Louwert.”

“Ich freue mich darüber”, sagte Louwert Itzinga. “Ich meine, daß sechs Augen mehr sehen als zwei, und Ockos vielleicht noch das Doppelte von unseren.”

Sie bekräftigten durch Handschlag das neue Bündnis und wollten später eine Urkunde darüber aufsetzen.

Ocko freute sich, daß diese Sache geregelt war, bevor er wieder mit Folkmar zusammenkam.

Nachdem er noch Edzard Cirksena in Greetsiel besucht und in ihm den gleichen treuen Gefährten gefunden hatte, den er vor zehn Jahren verlassen, ritt Ocko tom Broek abermals nach Strackholt. Der Vorabend des Verspruchsfestes war gekommen.

Es lag ihm daran, bevor Foelkeldis ihm vor Zeugen ihr Jawort gab, ihr zu sagen, daß er ein Kind hatte und willens war, es jetzt zu suchen und zu sich zu holen.

Er sah sie wieder auf dem Wege stehen, wo sie ihm das letztemal begegnet war.

Weich und lieblich und unendlich anmutig schritt sie auf ihn zu. Sie war geschmeidig und gelenkig wie ein schönes, junges Tier. Aber es war auffallend, wie verschieden sie aussehen und gehen konnte. Er verstand, daß größere und weitere Möglichkeiten in ihr lagen als in andern Menschen. In hingegebener Liebe und doch scheu wie ein junger Vogel sah sie zu ihm auf, als er nun neben ihr hielt. Sie trug das Esschart von seiner Mutter.

“Nun ist es auch mein Brautschmuck”, sagte sie leise und legte wieder ihre Finger auf das Sonnenkreuz.

Gyla war stark von den Vorbereitungen für den kommenden Tag in Anspruch genommen, so daß Ocko nach dem Nachtessen mit seiner Geliebten allein sein konnte.

Sie setzte sich ihm auf den Schoß.

"Du bist vor kurzem ohne Abschied von mir gegangen ... Es war recht so, wenn ich auch grenzenlos enttäuscht war, dich nicht mehr zu sehen. Ich hatte dich noch etwas fragen wollen, Ocko. Wie wird es mit dem Kinde? Ich habe es nun schon drei Jahre bei mir. Wenn du nicht hier gewesen wärest seit dem Jakobstag, ich hätte es längst wiedergeholt. Glaubst du", sagte sie langsam, "daß du dies Kind lieben und in deinem Hause haben kannst, wenn ich zu dir komme?"

"Ich weiß nicht, was es für ein Kind ist. Aber du hast es lieb, und darum will auch ich dieses elternlose Kind lieben und will es in meinem Hause haben, wenn du zu mir kommst."

"Ocko, Ocko - du unendlich geliebter Mann! Tausendmal so lieb will ich dich haben um dieser Worte willen."

Und sie preßte leidenschaftlich ihren dunklen Kopf an seinen Hals.

Ocko hob ihr Gesicht zu sich empor:

"Ich wollte dich etwas Ähnliches fragen, Foelkeldis, aber du kamst mir zuvor. Auch ich habe ein Kind."

Und er erzählte von Jevste, die er lieb gehabt habe und geheiratet hätte, wenn sie nicht gestorben wäre. Durch Zufall sei er in der Gegend am Zuidersee gewesen, wo sie zu Hause war, als ihrer beider Kind zur Welt kam.

"Ich habe es gar nicht gewußt. Ein halbes Jahr vorher war ich bei ihr, da hat sie es mir nicht gesagt. Sie fürchtete wohl, mich in Ungelegenheiten zu stürzen, da sie arm und nicht von vornehmer Geburt war. Aber ich halte es nicht mehr aus, Foelkeldis, daß irgendwo in der Welt ein Kind umherläuft, in dessen Adern mein Blut fließt. Gott wolle dir und mir viele Kinder schenken, aber meinst du nicht auch, daß dieses mutterlose Kind zu uns gehört?"

"Ich konnte nicht erwarten", antwortete Foelkeldis mit leiser, tiefer Stimme, "daß ich die erste bin, die du liebst, wenn mich dies auch schmerzt. Denn ich selbst ... Ich könnte gar nicht zweimal lieben. So wie dich nicht. Ich meine, wenn man die Eine-Liebe gefunden hat, hat man sein Schicksal gefunden."

Leidenschaftlich schlang sie die Arme um seinen Hals und preßte sich an ihn.

"Aber wenn ich nicht die erste bin, so werde ich die letzte sein", sagte sie dann. "Nicht wahr, Ocko?"

"Dir ist nichts genommen worden", sagte er und lächelte. "Du bist der Heimatgrund, in dem ich wurzele. Aus dir ziehe ich nun meine Lebenskraft, Foelkeldis, ohne dich wäre ich wieder wurzellos."

"Wenn ich deine Heimat bin, auch die deiner Seele, Ocko, dann bin ich, was du nun brauchst. Und ich will dein Kind lieben und will es zu mir nehmen und in unserm Hause haben, wenn ich zu dir komme."

Am frühen Morgen des folgenden Tages sah Ocko Foelkeldis Rosen ins Haus tragen. Sie ordnete sie im Gästeraum in runde Gefäße und stellte sie auf die hohen Fensterbänke, die sehr breit in die dicken Mauern eingehauen waren.

Dieser Staatsraum war mit Goldleder ausgeschlagen und sehr hoch. Die Sonnenfarbe des Leders aber gab ihm mehr Licht als die meisten Burgräume in Strackholt hatten, die alle mit Kalk angestrichen waren. Nur rötlicher Feuerschein oder die wenigen Sonnenstrahlen, die durch die kleinen Fenster eingelassen wurde, vermochten ihnen wohnliche Wärme zu geben.

Als Ocko seine Geliebte inmitten der Rosen sah, erschien sie ihm selbst wie eine Blume. Und wie der Duft der Rose sich über diese selbst hinaushebt und eine Welt von Süßigkeit um sie verbreitet, so sah er das Mädchen umgeben von ihrer reinen, großen ersten Liebe. Sie war von Glanz umstrahlt und mochte das gleiche empfinden wie er auf seinem ersten Ritt nach Strackholt, als der Lichtkranz um ihn war.

Sie ging wie schwebend auf ihn zu und sagte:

"Nun will ich dir auch sagen, mit welchen Worten dein Vater mir dies Esschart gab. Er sagte, ich solle es als Heiligtum durch die Zeit tragen. Und er zeigte auf das Sonnenkreuz und sagte, der Geist Gottes sei Wärme, die über den Wassern schwebt ... Ich kann es nicht so wiedergeben, Ocko", sagte sie errötend, "dein Vater meinte, daß zuerst die Wärme Gottes da war. Vor allem andern, Ocko, vor der Schöpfung selbst."

Sie hatte die Arme um seinen Hals gelegt und schmiegte sich warm an ihn.

Er streichelte ihr dunkles Haar.

Ja, sein Vater war ein warmherziger Mensch gewesen. Ihn, Ocko, hatte die Schöpfung des Lichtes mehr ergriffen. Aber stammte nicht beides, Licht und Wärme, aus der gleichen Quelle?

Er betrachtete den großen Span an Foelkes Brust, als ob er ihn noch nie gesehen hätte. Columban hatte recht getan, das Sonnenzeichen um das Kreuz zu runden. Ein Kreuz ohne Sonne war wie ein schweres Leben ohne Licht und Farbe und ohne Wärme.

Bald nach Beendigung der Messe, an der heute Gyla mit dem Brautpaar in Anwesenheit der ganzen Gemeinde teilnahm, dröhnte die Zugbrücke unter den Hufen der Pferde. Zuerst kam Hayno, der Burgherr von Bagband. Er war Gylas Vormund. Jede Frau, auch jede Witwe, war irgendeines Mannes Mündel. Hayno hatte Kampos Hausfrau mit Rat und Tat zur Seite gestanden, war ihr aber niemals damit lästig gefallen. Es war nicht unbedingt erforderlich, daß er bei der Schließung des Ehevertrags zugegen war, denn Gyla selbst hatte das Recht, nach des Vaters Tode ihres Kindes Vormund zu sein. Doch gebot ihr der Dank an den getreuen Nachbarn, ihn zu dieser Feierlichkeit heranzuziehen.

Hayno war ein alter Mann. Der Bart hing ihm lang auf die Brust herunter, den Schnurrbart hatte er hochgezwirbelt. Sein warmes, freundliches Auge blieb an Gyla hängen, die zart und klein und ein wenig in sich gekehrt neben ihrer schönen Tochter stand.

"Gott hat dir viel gegeben, Gyla", sagte er, "du hast die Gabe des Heilens empfangen. Nie werde ich dir vergessen, daß du mit grünen eingemachten Nüssen gekommen bist, um mir die Geschwüre aus Hals und Kehle zu vertreiben und ..."

Foelkeldis und Ocko gingen, neue Gäste draußen zu empfangen, und Gyla sagte, was Hayno verschweigen wollte:

"Seltsam ist es, Freund, daß die eigenen Kinder der Mutter nicht mehr bedürfen. Ich bleibe nun auch allein und weiß, daß meine Kinder sich nicht nach mir sehnen. Hat es das früher auch gegeben, Hayno? Ich meine, ich hätte mich immer nach meiner Mutter gesehnt ..."

"Es liegt in der Zeit, Liebe", sagte der alte Mann, "deine Töchter sind von Gott mit Wert und Schönheit und viel Verstand begabt worden. Du mußt nicht denken, daß sie sich nicht nach dir sehnen. Wenn es ihnen schlecht geht und sie leiden müssen, werden sie an dich denken. Vielleicht müssen wir Eltern uns daran genügen lassen."

"Aber", beharrte sie und sah mit ihren stillen, schönen Augen zu ihm auf, "sag, Hayno, meinst du nicht doch, daß es früher anders war?"

"Gelehrte Leute reden, vor allem, wenn sie die Welt gesehen haben, von einer Zeit der Wende, Gyla, in der der Mensch sich grundlegend ändern soll. Du und ich, wir können nicht lesen und wir waren nicht in Italien und Paris - aber soviel sehen auch wir, die jungen Menschen lösen sich heute leichter von der Blutsverwandtschaft als früher, und es entsteht mehr Streit und Mißgunst unter Verwandten als ehemals. Vielleicht kommt einmal die Zeit, wo einer den andern kaum noch kennt und jeder sich seine Sippe sucht, wo es ihm beliebt."

Nun trat Doda Kenesna ein:

"Gottes Segen mit Euch, Gyla, daß Ihr Eure Tochter in unsere Sippe geben wollt. Sie ist mir lieb wie eine leibhaftige Schwester ..." Sie umarmte Gyla und reichte Hayno die Hand.

Auch Dodas zweiter Sohn Enno war erschienen, ein groß gewachsener, schöner Mensch von sicherem, selbstbewußtem Auftreten.

Gyla hieß einen nach dem andern willkommen: die stille, freundliche Elborg und ihren großen, ruhigen Mann mit der tiefen Falte mitten über der Nase, Edzard Cirksena, der sich höfisch verneigte, den untersetzten, etwas bäurischen Folkmar und seine schüchterne Frau, die am liebsten an ihres Mannes Seite war, den redegewandten Propst Hisko aus Emden und dessen Hausfrau Fossa mit den ruhigen, traurigen Augen. Das war sie also, die neue Verwandtschaft ihres Kindes, die Sippe, in die ihre Foelke nun aufgenommen wurde. Gyla wollte scheinen, als ob ihr Kind sich gut und gern einfüge.

Bald kamen auch die Häuptlinge des Norderlandes, und der fröhliche Hylo begrüßte Ocko als den Herrn des Norderlandes, was Folkmar Allena aufhorchen ließ. Lütet war in der Festtracht der Häuptlinge erschienen, obschon diese im allgemeinen wenig beliebt war. Die eng anliegenden, zweifarbigen Hosen mit der Schamkapsel, welche die Körperformen mehr enthüllte als verdeckte, und das geschlitzte Wams mit den zwei verschiedenfarbigen Ärmeln dünkte die meisten wenig geschaffen für Friesland. Doch gab es auch hier Edelleute, die sich gern an andern Höfen umsahen und die Moden des Jahrhunderts kannten. Zu ihnen gehörte Lütet Manninga. Gyla gefiel dessen Auftreten recht wohl, sie dachte aber, Louwert Itzinga würde in seiner treuherzigen Art ihrem Kampo wohl am meisten zugesagt haben. Sie, die sich immer nach ihrer Mutter gesehnt hatte, stand nun hier ohne alle Verwandte.

Als man sich um den langen Tisch herumsetzen wollte, öffnete sich die Tür, und ein Franziskanermönch erschien. Die meisten beachteten ihn nicht; einige lachten über die findigen Bettelmönche, die den Weg von Valdern her nicht scheuten, wenn sie Essen und gute Gaben witterten. Gyla aber ging auf ihn zu und hatte gar nichts dagegen, daß er ihre Hand etwas länger festhielt als nötig war.

"Ägidius", sagte sie, "welcher gute Geist führt Euch her zu mir ... Nun bin ich nicht mehr allein."

"Ich dachte, du könntest mich heute wohl brauchen", sagte er und zog einen fein gespitzten Gänsekiel aus der Tasche. "Er stammt aus dem Wonnemond, Gyla", schmunzelte er, "und soll nun den Ehevertrag deiner Tochter zu Papier bringen."

Bruder Ägidius nahm an dem untersten Ende des Tisches Platz, Gyla gegenüber. Hayno saß neben ihr, und die übrigen reihten sich nach Alter und Verwandtschaftsgrad.

Hayno von Bagband hatte die Aufgabe, die Vermögenslage der Braut klarzulegen.

"Es ist nicht viel darüber zu sagen", begann er. "Nach dem Landrecht wird einer Jungfrau, die sich einem Manne anverlobt hat, eine Mitgift versprochen. Ihr habt den Brautschatz eingesehen und für gut befunden. Er begreift in sich einen Pael, eineinhalb Finger breit, aus Gold, mit vielem Geschmeide und mit Pergament ausgesteift, zwei Leibgürtel mit güldenen Glöcklein, drei Brustschilde, ein großes Esschart, Stukelbänder mit Eicheln, Rosen und Laubwerk aus Gold, mehrere Wylster, gestrengede Ringe, fünf Lot Goldes schwer, Ohrringe, goldgewirkte Kniestrümpfe mit eingelegten Edelsteinen, güldene Schuhschnallen, und was ihr sonst an Geschmeide gesehen habt.

Sodann wird Foelke die Westerburg in Hinte, auf der sie geboren wurde, mit allen zugehörigen Ländereien als Fletiewa zuteil und die Güter und Burgen Strackholt und Timmel mit allen Pertinenzen nach dem Hinscheiden ihrer Mutter, was Gott noch viele Jahre hinauszögern wolle. Tetta ließ ab von der Welt, und somit ist Foelkeldis alleinige Erbin der drei Herrlichkeiten."

Während Ägidius' kratzende Feder noch über das dicke Pergament eilte, erhob sich Ocko tom Broek und übernahm für sich selbst die Klarlegung seiner Vermögensverhältnisse.

Er hatte zum Erstaunen aller Gesetzesbücher mitgebracht und verlas diejenigen Broekmer Willküren, die feststellen, daß der jüngste Sohn Erbe des Gesamtbesitzes sei. Wenn dieser aber stürbe, so träte der nächste Anverwandte seines Vaters, des Besitzers, für ihn ein. Es sei wohl kein Zweifel, sagte Ritter Ocko, daß er infolgedessen nach geltendem Recht alleiniger Erbe Keno tom Broeks sei. Da in friesischen Landen ein festes Band die Blutsverwandten zusammenhalte, so sei Brauch, alle Streitigkeiten, die innerhalb der Verwandtschaft entstehen könnten, im engsten Kreise beizulegen. Es sei allen bekannt, daß wegen Streitigkeiten zwischen nahen Verwandten keine gerichtliche Klage angestrengt werden dürfe und Pflicht der gesamten Verwandtschaft, die Streitsache miteinander zu untersuchen und nach Möglichkeit beizulegen. Der gewöhnliche Rechtsgang aber dürfe eingeschlagen werden, wenn im Kreise der engeren Verwandtschaft keine Einigung erzielt werden könne.

Und er verlas aus dem Landrecht den Satz:

"Das ist auch friesisches Recht ... daß nicht mag Zank oder Streit aufkommen und kein Asegaurteil noch eines Ältermannes Ausspruch. Dagegen sollen alle gemeinen Freunde sie auseinandersetzen, und man soll dieses durch Eide richten."

Foelke war bleich geworden. Das waren Worte, wie sie der Priester sprach. Sie waren wie das Ritual der Messe.

"Ihr wißt", sprach Ocko weiter, "daß das Landrecht eine Sammlung von Rechtssprüchen ist, die für alle friesischen Lande West- und Ostfrieslands verbindlich sind. Und so frage ich denn euch, meine Verwandten, ob einer unter euch sei, der mir mein Erbgut streitig mache."

Da stand Folkmar Allena auf. Breit und untersetzt trat er Ocko gegenüber. Wenn der Ritter in solchem Maße gesetzeskundig sei, sagte er, so wisse er wohl auch, daß es eine Willkür gäbe, welche besage, daß den Töchtern nicht alles Gut vor der Hochzeit ausgeliefert werde, sondern daß sie einen Teil nach des Vaters Tode zu bekommen pflegten. Und er sprach wieder davon, daß Imel ihm versprochen habe, nach seinem, Imels, Tode sollten die Ländereien südlich von Wirdum, die sich bis nach Uttum und Canhusen, Folkmars eigenen Besitztümern, erstreckten, an seine Hausfrau Adda, und die Güter östlich von Wolthusen, die den Broekmer Herren zugehörten, an Fossa, Propst Hiskos Frau, fallen.

Da lachte Haro von Valdern so laut, daß alle mit einstimmten.

Ob Folkmar nicht soviel begreife, sagte er, daß seinem Schwiegervater der Broeksche Besitz ja noch gar nicht gehört habe! In anderen Gegenden sei Brauch, Testamente zu machen. In Friesland verlasse sich ein Vater darauf, daß seine Erben sich nach seinem Tode gerecht in die Güter teilten.

Eben das meine auch er, murrte Folkmar.

Über Edzard von Greetsiels Gesicht huschte ein feines Lächeln. Er stand auf, ohne wie die beiden andern mit dem Stuhl zu poltern, und sagte ruhig, es bleibe nach seinem Gutdünken nur festzustellen, daß Herrn Imels Töchter - er verneigte sich leicht zu ihnen hin - auf gebührliche Art von Herrn Keno ausgestattet worden seien, in gleich großzügiger Weise wie seine eigene Hausfrau und Elborg von Valdern.

Da brach ein Sturm von Heiterkeit aus.

Nun kam es noch darauf hinaus, daß Adda und Fossa unwissentlich von Ockos Erbe gezehrt hatten! Hylo Attena schüttelte sich vor Lachen und schrie nach Bier.

Lütet Manninga warf sich in seinen Sitz zurück und verlangte, Folkmar solle wenigstens das Geschmeide zurückgeben, da er ja reich genug sei.

Der Burgherr von Berum, noch jung an Jahren, warf vorsichtig ein, warum Folkmar es nicht habe zu Papier bringen lassen, dann wäre alles geregelt. Herr Keno habe bei Lebzeiten das Recht gehabt zu verschenken, soviel ihn gelüste.

Nun entbrannte Folkmars Zorn. Die Adern an seinen Schläfen schwollen an, und er schrie, ob das friesischer Brauch sei, daß man zu Papier brächte, was ehrliche Männer unter sich vereinbarten. Es sei nicht immer gleich ein Federkielheld - er blickte auf den schreibenden Ägidius - zur Stelle wie heute. Auch gälte hierzulande Manneswort mehr als Mönchsgekritzel, aus dem später kein Mensch klug werden könne. Er habe es eben nicht für nötig erachtet, außer dem Handschlag die Handschrift zu verlangen. Auch sei mit Herrn Imels vorzeitigem Ableben ja nicht zu rechnen gewesen.

Louwert Itzinga lachte vor sich hin und sagte leise zu Hylo, seinem Nachbarn:

"Wenn er so schreit, könnte man fast meinen, er glaube, was er sagt." Inzwischen hatten alle ihre Becher geleert, und Ulske und Amke brachten neues Bier.

Die Frauen machten größtenteils ängstliche Gesichter.

Nun stand Doda Kenesna auf:

"Wenn du ein armer Mann wärest, Folkmar Allena, so würde ich meinem Bruder raten, dir einen Teil seines ihm zustehenden Erbgutes abzugeben. Aber du bist reich, und deine Hausfrau wurde von ihrem Vater ausgesteuert nach bestem Vermögen. Ocko war zehn Jahre in der Fremde ..."

"Und wir haben unterdessen gearbeitet", schrie Folkmar.

"Gewiß, Verwandter, aber Ihr habt ja auch nicht Mailand erobert, Adda und du!"

Über Ockos Gesicht glitt ein heller Schein. Doda fand immer das rechte Wort.

"Erobere zuvor Mailand, Folkmar", schrie Hylo, warf sich über den Tisch und lachte wieder dröhnend.

Der alte Hayno sah, daß hier wohl schwerlich eine Einigung erzielt werden würde, stand auf und sagte ruhig:

"Wollet bedenken, ihr Herren, daß auf unrechtem Gut noch niemals Gottes Segen geruht hat. Ihr, Herr Folkmar, müßt einsehen, daß auch das Volksgericht Euch nach unsern bestehenden Gesetzen nicht recht geben kann. Soviel an Euch liegt, so haltet Frieden miteinander."

"Und wer keinen Frieden will", sagte Hylo Attena laut, "der kann auch den Krieg haben mit den Häuptlingen des Norder-, Aurickhovener- und Broekmerlandes. Doch schade wäre es um jeden Tropfen Friesenblut, der um solcher Sache willen vergossen würde."

"Soweit ich unterrichtet bin, Ohm Ocko", sprach nun der junge helläugige Enno von Greetsiel, "besagt eine Willküre, daß Euch verstattet ist, Mitschwörende aus der Verwandtschaft zu nehmen, da Euch ein Teil Eures Erbes streitig gemacht wird. Wollet die Güte haben, diesen Rechtssatz zu verlesen."

Und Ocko verlas mit ruhiger Stimme, daß, wenn eine verlobte Braut neu in die Verwandtschaft eingeführt und einem frei geborenen Mann sein Erbgut streitig gemacht würde, so könne er schwören mit zwölf Konsakramentalen aus der Verwandtschaft, daß das strittige Gut ein Eigentum des Erblassers gewesen sei. Alsdann sei er in seinem Besitze gesichert und dürfe sich auf keinerlei gerichtliche Weitläufigkeiten mehr einlassen. Indessen genieße der Erbe nur dieses Vorrecht, wenn er innerhalb des dritten Knies mit dem Erblasser verwandt sei. Und dieses sei ja der Fall, sagte Ocko und legte das Buch auf den Tisch.

Diese Eide würden im allgemeinen von Verwandten geleistet, wenn aber nicht genügend vorhanden, so könnten Freunde an ihre Stelle treten, sagte er. Da nun Brauch sei, bei feierlichen Schwüren die Hand auf das Evangelium oder ein geweihtes Marienbild, auf den Altar, auf Reliquien oder irgendeine andere heilige Sache zu legen, so bestimme er, daß geschworen werden solle auf das Esschart, das seine ihm anverlobte Braut um den Hals trage.

Dann sah er Folkmar und Adda an und sprach: "Heilig soll uns sein das Andenken Keno tom Broeks, meines Vaters, der dieser Eurer neuen Verwandten selbst den Brautschatz seiner Ehefrau um den Hals gelegt hat."

Foelkeldis war aufgestanden. Einer nach dem andern trat zu ihr, legte die Schwurfinger auf den großen Span und sprach die Eidesformel. Nur Folkmar und Adda kamen nicht. Foelke aber war, als habe jeder der andern seine Kraft in sie hineingegossen. Klar und fest stand sie da. So fest, gestützt durch treue Verwandte und Freunde, wollte sie fortan an der Seite ihres Gatten stehen, mochte kommen, was wolle.

Aber als Hisko Abdena zu ihr trat, erbleichte Foelkeldis. Sie fühlte sich kraftlos werden.

Nun war noch das Mondschet zu entrichten, das Geld, welches der Neuverlobte dem Vormund der Braut bezahlen mußte.

Ocko hatte diese Sitte auch bei andern germanischen Stämmen kennengelernt, sie war allerdings bei Langobarden und Franken schon zu einer bloßen Äußerlichkeit geworden. Doch es stand im Gesetz, und er wollte jeder Form Genüge tun. Gerade ihm wäre sonst zur Last gelegt worden, fremder Völker Sitten über die eigenen zu stellen, und das wollte er vermeiden. Aber er selbst war auch so friesisch gesonnen, daß ihm etwas gefehlt hätte, wäre nicht des Gesetzes Vorschrift bis ins letzte erfüllt worden.

So erhob er sich denn wieder, schlug das große Buch auf und las:

"Der Jungfrau Recht ist: derjenige, der sie heiratet, gibt zwei Schillinge wegen der Vormundschaft ... Das ist Rechtens. Wenn er das Mondschet nicht leisten will und das Weib zur Ehe empfängt, so ..."

Und er verlas die Strafen, die ihm drohten, mit lächelndem Gesicht und gab Gyla die zwei Schillinge.

Nun war jeglicher Form genügt. Die Bierbecher wurden von neuem gefüllt, und Ägidius trocknete sein Pergament am Torffeuer, steckte den Federkiel ein und sagte im Hinausgehen zu Foelke:

"Viel seid Ihr nicht wert - nur zwei Schillinge. Ein sächsisches Mädchen kostet dreihundert, habe ich sagen hören. Vielleicht lieben sie dort ihre Mütter mehr, daß sie ihr soviel wert sind."

Als die Mitternachtsglocken der friesischen Klöster Mönche und Nonnen zu nächtlichem Gebet in die Kirchen riefen, sprengten die letzten Gäste über die Brücke der Burg zu Strackholt und verloren sich auf den weißen Sandwegen in alle Richtungen.

Ocko nahm Foelke an die Hand und stieg mit ihr die steinerne Wendeltreppe hinauf bis in einen kleinen Raum unter dem Dach.

Einen Turm hatte die Burg nicht, aber auch von hier konnte man weit in das Land hinaussehen.

"Ich muß auf der Höhe leben", sagte er, "und du gehörst an meine Seite."

Sie war bleich vor Müdigkeit von all dem Lärm, den trinkende Männer um sich zu verbreiten pflegten. Aber hier war es still. Die laue Sommernacht sog alle Unruhe in sich hinein. Und ihr Geliebter war bei ihr.

"Hast du Hisko beobachtet?" fragte Ocko.

"Ihn mag ich noch weniger als Folkmar", antwortete Foelke. "Denn er hat gelogen, Ocko, als er schwur. Ich habe es gefühlt. Die andern brachten mir Kraft, er nahm sie mir."

"Ich habe es gesehen. Ich habe mit Bedacht die Norder Angelegenheit vor dem Verspruchsbier geregelt. Hisko fürchtete sich, als er sah, wie alle zu mir standen. Sonst hätte auch er nicht geschworen. Er ist klüger als Folkmar und weniger trotzig."

"Er ist verlogen", sagte Foelke. "Ich glaube, er kann sehr grausam sein."

"Er wartet nur auf eine Gelegenheit, Folkmar zur Seite zu springen. Im Augenblick erschien ihm dies aber zu gefährlich. Sieh dies kleine Land, Foelkeldis ... Sieh all die Burgen. In jeder thront ein kleiner König. Es ist in allen Ländern das gleiche. Es wird dahin kommen, daß nur noch Könige da sind, Foelkeldis, die eifersüchtig über ihre Macht wachen und jeden umbringen, der sie antastet. Und ich - ich kann mich mit Erbschaftsangelegenheiten befassen, die Habsucht und Mißgunst einem dieser kleinen Könige eingeben. Mich gelüstet, ihm mit dem Schwerte zu sagen, wie ich darüber denke. Zum Frühjahr wollen wir nach Oldenburg fahren, du und ich. Graf Christian kennt die Welt. Er hat in Köln und Paris studiert und ist ein kluger Kopf. Zudem liegt er in ständiger Fehde mit den Rüstringern und den Harlingern und wird nicht böse sein, wenn ich ihm zur Seite stehe."

"Aber achte auf Folkmar, Ocko", bat Foelkeldis leise. "Mein Vater pflegte zu sagen, nicht der Knüppel in der Ferne ist es, über den man zuerst strauchelt."

Sie war so müde, daß sie nur mit Mühe zu Ende sprechen konnte. Und doch waren ihre Gedanken überwach. Sie hatte den Kopf wieder an seine Brust geschmiegt und hörte seine Stimme. Aber bald war es nur noch die Stimme, nicht mehr die Worte, die sie vernahm. Ihre Seele hatte sich frei gemacht und sah in Bildern, was sie an Zukunftssorgen bewegte, als sie noch unter der Herrschaft der Gedanken stand:

Propst Hisko brachte auf grausame Art jemanden zu Tode. Wer es war, erkannte Foelke nicht. Er selbst stand dabei, aber er war viel älter als jetzt und sehr mager. Der Graf von Oldenburg sprach mit Ocko über Italien und Paris. Er sah so gütig und klug aus wie Almer, aber auch er war älter. Nun stand sie an dem gleichen Weg wie in der Nacht nach dem Wundertag, als sie zum erstenmal in Burg Broke geschlafen hatte. Es war der gewundene, breite Weg, der durch ganz Friesland führte. Foelkeldis sah wieder die Blutlachen. Aber Ocko ritt neben ihr und nahm alles wahr, was sie bewegte. Auch, daß Hisko ihr Kraft nahm durch einen falschen Schwur. Nun kam Folkmar dahergeritten. Er war überlebensgroß. Und Ocko war fort. Wo war er geblieben? Sie suchte und stöhnte, weil sie ihren Geliebten nicht fand.

Ocko hatte sie auf den Arm genommen wie ein Kind. Sie schlief so fest, daß sie es gar nicht bemerkte. Nun beugte er sich über sie und sprach ihr gut zu. Er fühlte, daß es sie beruhigte, trug sie nach unten und legte sie behutsam in ihr Bett.

Dann ging er in seine Schlafkammer und öffnete weit das Fenster. Es war viel kälter, als er vermutet hatte. Seltsam, die größte Kälte kam erst in den frühen Morgenstunden über die

Erde, nachdem die Mitternacht längst vorbei war. Die Wiederkunft des Lichtes war schon nahe. Leichte, kalte Morgennebel stiegen von den Wiesen ringsumher auf.

Die Klarstellung seines Verhältnisses zu Folkmar Allena bestärkte Ocko tom Broek in der Absicht, die alte Burg in Aurich vergrößern und stark befestigen zu lassen. Bislang waren nur zwei Flügel da, die in Winkelform zueinander standen. Der Warf, auf dem sie lagen, war aber ziemlich hoch und groß, so daß ohne viele Schwierigkeiten aus der Winkel- eine Geviertburg werden konnte. Es erwies sich aber doch, daß bis zum Herbst an eine Fertigstellung nicht zu denken war.

"Wir sind hier gewohnt, über den Daumen zu arbeiten, Herr", sagte ein älterer Handwerker, der sich gern mit dem Ehrentitel Baumeister anreden ließ, als Ocko ihm einen Plan vorlegen wollte. Man hatte hierzulande keinen Bauplan. Man wußte, welcher Platz zur Verfügung stand und verteilte danach nach Gutdünken die Räume. Dieses "Wir sind hier gewohnt ..." mußte der Ritter noch oft hören. Mit kurzen Befehlen und Anordnungen war nichts getan. Die Leute waren gewohnt, selbst mitzudenken, und der Ritter mußte ihnen jegliches Abweichen vom Üblichen begründen. Sie ließen sich ungern belehren und hatten eine wahre Scheu vor jeder Neuerung. Als Ocko erklärte, er wolle an jeder der vier Gebäudeecken einen runden Turm einbauen, erklärte der Baumeister, friesische Wasserburgen pflegten keinen Turm zu haben. In früheren Zeiten sei freilich der Turm allein das Steinhaus gewesen und habe die gefährdete Dorfgemeinschaft aufgenommen. Keineswegs aber habe solch ein Turm eine Tür gehabt. Man sei mit einer Leiter bis an die Maueröffnung hinaufgestiegen.

"Und dieses Loch war schön mit Sandstein ausgekleidet, aber das übrige war aus Ziegelsteinen."

Ocko wollte gern im guten mit den Leuten auskommen und erzählte ihnen, daß die Friesen zu allen Zeiten ungern neue Gedanken aufgenommen hätten. Karl der Große habe sie aufgefordert, zwölf der Tapfersten und Geschicktesten zu erwählen, die von den übrigen Vollmacht erhalten könnten, mit dem Kaiser zu verhandeln. Die zwölf auszusuchen, war nicht sehr schwer gefallen.

"Dann aber hat der Kaiser diesen zwölf Auserwählten ans Herz gelegt, sie möchten mit Fleiß bedenken, daß kein Land ohne das Recht bestehen könne. Er selbst vermöge nicht immer in den Frieslanden hauszuhalten und fordere daher die zwölf Männer auf, die Rechte schriftlich niederzulegen. Da haben sie den Kaiser beschworen, er möge ihnen solches nicht zumuten. Er möge die Friesen bei ihrer Gewohnheit verharren lassen. Solches hatte er ihnen zuvor gelobt: alle ihre Rechte sollten sie behalten."

"Dann dünkt es mich unsinnig, Herr, daß sie es zu Papier bringen sollten", sagte der alte Baumeister unwillig. "Das ist ganz gewiß nicht unsere Gewohnheit."

"Haben sie sich zwingen lassen, Herr?" forschte ein Maurer, in dessen Nähe sie gerade standen.

"Der Kaiser hat ihnen freie Wahl gelassen", sagte Ocko, "aber nicht so, wie Ihr meint. Zum ersten: ob sie sich wollten das Haupt abschlagen, zum andern, ob sie sich wollten lebendig begraben lassen, zum dritten, ob sie sich auf ein Schiff begeben wollten, daß weder Segel noch Ruder noch Anker hatte."

"Ich wäre auf das Schiff gegangen", erklärte der Baumeister mit großer Bestimmtheit.

"Ich auch, Herr, "sagte der Maurer. "Gott hat mehr Erbarmen als die Menschen."

"Lieber auf offenem Meer umkommen, als etwas tun, was man nicht gewohnt ist. Ja, das ist Friesenart", stellte der Ritter fest.

"Mit Verlaub", fiel ein anderer Maurer ein, "mein Ältervater wußte einen andern Ausgang von dieser Geschichte, Herr. Es sei einer im Boot gewesen, einer von den zwölfen, den hätten sie Asega geheißen. Dieser Asega habe die andern elf angehalten, recht fleißig ihre Seele im Gebet zu Gott zu wenden, wie es die Friesen der Bischof Willebrord gelehrt hatte. Danach habe sich Gott ihnen offenbart, und sie haben ihn als den Dreizehnten im Schiff gesehen. Er habe ein Holz in der Hand gehabt und sie an Land gerudert. Danach habe er ihnen alles eingegeben, was sie schreiben sollten, und dann sahen sie ihn nicht mehr."

"Also macht die Augen auf", beschied sie der Ritter kurz,

"daß Ihr den Dreizehnten findet, damit geschieht, was ich anordne."

Sie hatten verstanden.

Die Arbeiten aber, die sie gewohnt waren, pflegten sie mit großer Genauigkeit auszuführen. Jeder der tausend Ellernpfähle, die das Fundament der Burgmauer und der Türme tragen sollten, war tief und fest in die Erde gerammt. Und es waren alles gleichmäßig schöne, gerade Pfähle aus bestem Kernholz.

"Nach fünfhundert Jahren können die Friesen sich noch Bänke daraus schnitzen", sagte der Baumeister stolz, "dieses Holz wird nie verfaulen, wenngleich es im Wasser steht." Es waren Stämme von fünfzehn Fuß Länge dabei. Man legte einen Rost von schweren Eichenpfählen darüber, auf denen das Fundament ruhen sollte.

Dieses lag unterhalb der Grabensohle, und der Mauersockel stieg aus dem Wasser auf. Bei manchen älteren Burgen, zu denen auch Strackholt gehörte, hatte man die Anordnung so getroffen, daß zwischen dem Wasserspiegel und der Burgmauer ein Landstreifen gelassen war. Gyla hatte dort Rosen angepflanzt, und es sah sehr schön aus, wenn eine Burg, die von Befestigungswerken strotzte, dennoch von blühenden Rosen umgeben war. Ocko hatte auch in Erwägung gezogen, einen größeren äußeren Burghof anzulegen, um dort in sonnigster Lage einen schönen Garten einrichten zu können. Denn seine Burg sollte zwar stark und uneinnehmbar, aber dennoch ein Wohnhaus sein. Gerade durch sein beständiges Kriegerleben war die Sehnsucht nach dem Frieden eines gepflegten Hauses in Ocko tom Broek gewachsen. Aber er mußte sich nach den Verhältnissen richten, wie er sie vorfand, auch in Hinsicht auf den Umbau der altväterlich angelegten Burg. So entschloß er sich, den äußeren Burghof an die Vorburg zu verlegen. Danach wollte er einen zweiten und einen dritten Graben um die Veste ausheben lassen. Zur Bewachung der Burg sollte eine Anzahl von Fußknechten, die er selbst ausbilden wollte, ständig hier wohnen. Er war in Italien sehr vorsichtig geworden.

All diese Arbeiten machten es notwendig, daß Bauern und Knechte aus dem gesamten Umkreis herangezogen wurden. Dies war der Burgherren gutes Recht, aber man empfand es dankbar, daß Ritter Ocko gleichwohl genügend Erntehilfe auf dem Lande beließ, damit dort die Arbeiten ihren Fortgang nehmen konnten.

Im allgemeinen war das Broekmervolk stolz auf diese neue Burg, obwohl es aus Besorgnis um seine Freiheit den Bau von Steinhäusern verboten hatte. Freilich fiel Aurickhove nicht unter dieses Gebot, wenn es auch zum Broekmerland rechnete. Es belustigte Ocko, daß viel mehr Menschen zum Burgbau erschienen, als er angefordert hatte. Frauen und Kinder hatten plötzlich in Aurickhove zu tun, gingen wie zufällig an der Burg vorbei und faßten die Arbeit an, um beim Bau der drei Ringgräben und der Burgkapelle mitzuhelfen. Denn solches hatte man in Friesland noch nicht gesehen. Von der Edenburg Edo Wiemckens im Rüstringerlande erzählte man sich Wunderdinge, aber jedermann war überzeugt, daß sie einem Vergleich mit Ritter Ockos landesherrlicher Veste nicht standhalten könne. Hatte die Edenburg etwa eine Burgkapelle, in der ein Kaplan jeden Morgen die heilige Messe las? Gott hatte den Friesen wahrhaftig nicht viel Phantasie vergönnt, aber sie sahen die Grundmauern und legten täglich Stein auf Stein - manche wollten wissen, daß die Mauern noch mehr als drei Stockwerke in den Himmel hinaufragen sollten. In allen Kammern sollten Kamine eingebaut werden. Man zerbrach sich den Kopf darüber, warum in des Ritters Schlafkammer keine Butzen in die Wände gelassen wurden. Einer wollte von Schiffern gehört haben, daß es in den Ländern jenseits des Niederrheins freistehende Betten gäbe. "Gott steh mir bei", sagte ein älterer Mann, "darin kann es ja nicht warm sein." Vollends verstörte die Leute aber die Badeeinrichtung. Sie war noch nicht eingetroffen, aber man wußte, daß Bremer Fliesen unterwegs waren, mit denen sowohl der Fußboden wie die Badewanne ausgelegt werden sollten. Selbst die Handwerker konnten sich schlechterdings nichts darunter vorstellen.

Auch daß rheinische Künstler kommen sollten, um eine Holzdecke zu schnitzen, verursachte allen Unbehagen.

Die Männer verrichteten zumeist schweigend ihre Arbeit, aber die Weiber, die ihnen die Steine reichten, machten aus ihren Gedanken kein Hehl, und es kam dahin, daß sie sich schieden in solche, die Badestube wie Holzdecke als Teufelswerk bezeichneten, und in andere, in denen der Stolz auf Ritter Ocko und seine herrliche Veste die Oberhand gewann. Zu den letzteren gehörten alle Broekmer, während Schirum und Ostersander, Dörfer des Auricherlandes, die sich sonst zumeist kräftig befehdeten, ihre Treue am Althergebrachten dadurch bekundeten, daß sie einträchtig die revolutionären Broekmer, die noch dazu arme Kolonisten im Vergleich zu ihnen waren, beschimpften. Es konnte nicht ausbleiben, daß sich der Streit auch auf die Jugend übertrug, und so kam es, daß Ritter Ocko am Bartholomäustag, von der fünften Deichschau heimkehrend, schon von weitem wüstes Geschrei empfing.

Als der Burgherr über die Brücke sprengte und plötzlich mitten im Gewühl hielt, stoben alle entsetzt zur Seite. Als er aber nun, ohne etwas zu sagen, um sich blickte, ergriffen die meisten Werkzeuge und Steine und setzten die Arbeiten fort.

Ritter Ocko verharrte eine Weile schweigend im Sattel und sah, wie die Leute, die anfangs unter dem Zwange seines Blickes gearbeitet hatten, allmählich wieder frei und natürlich in ihren Bewegungen wurden. Da die Sonne anzeigte, daß der Arbeitstag zu Ende ging, entließ er sie. Jeder mußte zu ihm treten und ihm ins Auge sehen. Das Vorgekommene wurde mit keinem Wort erwähnt.

Als die letzten Tritte auf der Zugbrücke verhallten und Ocko sah, daß ein Teil der Arbeiter sich nach links, der Lambertikirche zu, wandte, der andere sich rechts hielt und in die Broekmerdörfer heimging, stieg er vom Pferd. Er band das Tier an die Eiche im Burghof, die sein Vorfahr vor vielen Jahren hier gepflanzt haben mochte, und klopfte ihm den Hals. Es kam weich mit seinem Kopf näher. Ocko hatte zeit seines Lebens mit Pferden zusammengelebt, in Italien noch mehr als hier und ihre Klugheit und Tapferkeit, in einsamen Stunden aber ebensosehr ihre Anhänglichkeit erfahren. Die Pferde in Neapel waren zierlicher als die friesischen und besonders ausdrucksvoll in ihren Gebärden gewesen. Aber so treu, meinte er, hatte ihn dort niemals eines angesehen wie diese Stute. Wie sie jetzt mit ihrem Kopf an ihm auf und nieder strich! Sie sah ihn an wie ein Mensch, der ihn nie mehr verlassen wollte.

Wie still es nun geworden war! An den bewachsenen Mauern des alten Burgflügels flatterten Fliegenschnäpper und

Rotschwänzchen hin und her. Im Holundergebüsch gurrten Holztauben, und in dem Weißdorn auf dem alten Burgwall leuchtete ab und zu der rote Rücken des kleinen Würgers auf. Bis auch sie zur Ruhe kamen.

Ocko stand noch immer an sein Pferd gelehnt. Der ruhige Abend rückte ihn aus den Tagesgedanken heraus. Er hatte heute eigentlich das Kind besuchen wollen, von dem Foelke gesagt hatte, es sei noch bei Binlip. Warum tat er es nicht schon längst! Er war ehrlich genug, sich einzugestehen, daß es Furcht war, die ihn zurückgehalten hatte. War er eigentlich freier als diese Arbeiter, die sich vor einer Badewanne, vor einem stehenden Bett und vor einer geschnitzten Decke fürchteten, die sie nicht kannten? Er fürchtete sich ja - vor einem Kinde.

Welcher Art mochte dieses Kind sein -. Wie es auch war, er mußte es hinnehmen. Er mußte von nun an für es sorgen, wie Foelke dies getan. Leise Bedenken tauchten bisweilen in ihm auf, ob das Kind nicht zwischen ihnen stehen würde. Die meisten Ehen begannen ohne Kinder. Das war gewiß leichter.

Er war aufgesessen und ritt langsam durch den stillen Abend den Weg nach Utengrahove hinunter. Mückenschwärme tanzten durch die Luft. Es schien Regen über dem Land zu liegen. Aus den Ebereschen an dem Wege und auf den Erdwällen der Kampe erklang hin und wieder ersterbendes Vogelgezwitscher. Mensch und Tier waren nun daheim, denn die Nacht zog herauf. Die nebeldüstere Nacht - wer flüsterte ihm dieses Wort ins Ohr? Die nebeldüstere Nacht stieg jetzt über die Zäune.

"Dann fährt jedermann in seinen Hof und in sein Haus, und das wilde Tier sucht den hohlen Baum, wo es sein Leben retten könne." Diese Worte des Gesetzbuches waren bei Ocko tom Broek, wenn er morgens erwachte, wenn er über Tag seinen Pflichten nachging, wenn er an seine Geliebte dachte und am meisten, wenn er abends Mensch und Tier die Heimstätte suchen sah. Seine Unruhe wuchs mit jedem Tag. Er war auf dem Wege zu Binlip, um Foelkeldis' Kind zu besuchen. Sobald er den Bau der Burg einem Vertrauensmann überlassen konnte, mußte er selbst sich außer Landes begeben, um zu erforschen, wo sein eigener Sohn war.

Nun er zu diesem fremden Kinde ritt, wuchs die Sehnsucht nach dem eigenen ins Unerträgliche. "Dann weint das minderjährige Kind und beschreit seine nackenden Glieder und seine Hauslosigkeit und seinen Vater, der ihm helfen sollte." Daß ihm diese Worte des Gesetzes nicht mehr aus dem Sinn gingen! Mit der Stimme des kleinen Vogels, der aus den Tiefen seines Nestes in den Zweigen der Eberesche geklagt hatte, waren sie wieder da. Dieselbe Unruhe, die ihn in Italien umgetrieben, griff nach Ritter Ocko. Dort war es die ferne Heimat gewesen, hier das ferne Kind, das ihn nicht mehr zur Ruhe kommen ließ. Wenn erst seine Geliebte um ihn wäre - mit ihr mußte das Leben leichter zu ertragen sein. Er war zu allein.

Er ritt durch einen feinen Sprühregen weiter. Tausend dunkle Punkte bildeten sich auf dem weißen Sand, und Ocko fühlte die Blätter naß und kühl sein Gesicht streifen, wenn er, wie jetzt, unter den tiefhängenden Zweigen eines Baumes hindurchritt.

Wo würde sein eigener Sohn um diese Zeit sein -. Ocko malte sich aus, wie er am weißgescheuerten Tisch einer Bauernstube saß. Er war nun ein großer Junge und brauchte gewiß an Sommerabenden nicht früh zu Bett zu gehen. Vielleicht hatte er im Stall geholfen und saß nun bei der alten Frau, die auch seine Mutter aufgezogen hatte, am Tisch. Sie mochten sich eine Kerze geholt haben, denn es wurde dunkel. Ob das Kind wohl an solchen Abenden an seinen Vater dachte? Regnete es dort auch um diese Zeit?

Deutlich sah der Mann seinen Sohn vor sich. Er meinte, die blauen Augen auf sich gerichtet zu sehen, jetzt, da er so an ihn dachte, daß es wie ein Ruf für das Kind sein mußte. Sein Vater hatte es gerufen. Es horchte. Mit langem, stillem Blick sah es seinen Vater an. Ja, das war dasselbe Gesichtchen, in das er an Jevstes Sterbebett geschaut. Die tom Broeks hatten alle schmale Gesichter, einen schönen, langen Hinterkopf und hellblondes Haar. Ocko sah, sein Sohn war in einem warmen Raum, unter dem schützenden Strohdach eines Bauernhauses.

Ohne es zu bemerken, war er dem Dorf nahegekommen. Es war eben noch Zeit, in den Weg einzubiegen, der zu Binlips Haus führte.

Ein Hund kläffte, ließ sich aber gleich wieder beruhigen. Ocko band sein Pferd an eine der Linden, die vorm Hausgiebel standen, nahm ein Tuch aus der Satteltasche und rieb das Tier ab.

Die nebeldüstere Nacht war nun über alle Zäune gestiegen. Dicht und grau umstand sie den Mann. Die Umrisse der Nachbarhäuser verschwammen. Ocko tom Broek lehnte sich gegen die Lehmmauer und bohrte die Blicke der regennassen Nacht ins Antlitz.

Da hörte er eine Kinderstimme im Haus sprechen und gewahrte erst jetzt, daß das Fenster, in dessen Nähe er stand, halb geöffnet war. Er verstand die Worte nicht, aber die Stimme schnitt ihm durchs Herz. Nie hatte er eine so stille Stimme bei einem Kinde gehört. Je länger er ihr lauschte, um so mehr überwältigte ihn wieder die Erinnerung. Er stand an Jevstes Bett. Er hielt seinen Sohn im Arm. Jevstes sanfte, leidgetragene Stimme durchschwang das Glück, als sie ihm sagte, sie würde nun gesunden, er sei ja bei ihr. Im gleichen Augenblick schlug sein neugeborener Sohn die Augen voll und groß zu ihm auf.

Ocko stöhnte, wandte sich um und sah verloren durch das geöffnete Fenster in das Haus hinein. Plötzlich festigte sich sein Blick. Er sah ein Kind am weißgescheuerten Tisch dieser Bauernstube sitzen und beim Schein einer Talgkerze Steine betrachten, die es gesucht haben mochte. Nun hob es das schmale Gesicht, und nun schlug es die Augen voll und groß auf. Ocko prallte zurück.

Das Kind, nach dem sein Herz schrie, saß vor ihm. Er rieb sich die Augen, vermeinend, die Sehnsucht seiner Seele beschwöre ein Bild herauf, das zerfließen würde, wenn ihre Kraft müde und ohnmächtig in die dunkle Nacht zurücksänke.

Das Kind blieb. Ocko tom Broeks Hände umklammerten die Fensterbank. Aufsteigende Zweifel erdrückte er im Entstehen.

"Die Tiere in meines Vaters Stall habe ich wiedererkannt", jauchzte sein Herz, "und ich sollte meinen Sohn nicht erkennen? Ein tom Broek ist unverwechselbar."

Wie fest gebannt blieb er stehen. Fester umklammerten seine Hände das Holz des Fensterbrettes.

"Mutter", sagte das Kind nun, "wird Ritter Ocko damit zufrieden sein, wenn ich mit nach Broke ziehe?"

"Er freut sich auf dich", hörte Ocko die Stimme seiner Geliebten sagen.

Sie war hier! Sie hatte es nicht mehr ausgehalten ohne - sein Kind. Sie liebte sein Kind.

Er warf alles von sich, was auf ihm gelastet hatte, ging mit großen Schritten auf die Haustür zu, drückte mit eisernem Griff die Klinke herunter und warf die Tür gegen die Wand.

Dann stand er vor seiner Geliebten. Er riß sie an sich.

"Du hast mein Kind aufgezogen", stieß er mit gepreßter Stimme hervor, und seine Hände strichen über ihr Haar, ihr Gesicht, ihren Leib, wie um sich zu vergewissern, daß sich nicht alles vor seinen Augen in ein Nichts auflöste, was er erlebte.

"Sonderbar", sagte Foelkeldis, eng an ihn geschmiegt, nach einer Weile, "es überrascht mich gar nicht, daß du plötzlich hier bist. Ich bin so eng mit dir verbunden, daß du oft vor mir stehst, auch wenn du anderswo bist."

Das Kind saß mit weit geöffneten Augen am Tische.

"Witzeld", sagte Foelkeldis nun und ging auf den Jungen zu. "Dein Vater ist zu uns gekommen. Dein Vater will, daß wir bald zu ihm kommen, Witzeld."

Als Ocko tom Broek wenige Stunden später nach Burg Broke ritt, war die nebeldüstere Nacht durchdrungen von den leuchtenden Augen seines Kindes und seiner Geliebten. Sie sahen beide auf ihn. Sie vertrauten auf ihn. Sein Kind hatte eine Mutter gehabt. Und heute abend hatte es zum erstenmal seinen Vater gesehen.

Wie ein Stein fiel Ocko tom Broek in sein Bett. Nun hatte seine Seele Ruh. Er hatte einen Abend lang neben seinem Sohn gesessen. Er hatte sich satt getrunken an dem Anblick seines Sohnes. Und sein Sohn hatte Vater zu ihm gesagt.

6.

An einem der folgenden Tage, als Foelkeldis wieder nach Strackholt geritten war, hieß Ocko alles Gesinde und auch die Erntearbeiter sich in der großen Sommerstube versammeln, trat, Witzeld an der Hand, vor sie und sagte:

"Ich habe in diesem Kinde meinen Sohn erkannt. Bis zum Michaelstage wird er bei mir in der Westerkammer schlafen. Du wirst dafür sorgen, Meike, daß des Junkers Bett gerichtet wird. Ich reite jetzt mit ihm über Land. Wir sind um Mittag wieder hier. Und dann", er wandte sich an die kleine Algeth, die mit offenem Munde hinter der Schürze ihrer Mutter weg zu ihm hersah, "spielt Witzeld mit dir, Algeth. Jetzt wollen wir an unsere Arbeit gehen."

Mit einem unvergeßlichen Blick sah Witzeld nach diesen Worten zu seinem Vater auf. Dann streckte er beide Arme nach ihm aus.

Ocko streichelte ihm übers Haar und nahm das Gesichtchen in seine beiden großen Hände.

"Du mußt jetzt ein Mann werden, mein Sohn. Kannst du dir schon selbst ein Pferd satteln?"

Die Leute sagten in ihrer Überraschung kein Wort. Sie gingen auch nicht fort. Ocko sah bei diesem und jenem ein feuchtes Auge. Es war schön, dieses zu sehen. Die Meinungen über seine Haltung würden ohnehin bald auseinandergehen.

Jetzt strahlte sein großes, inneres Glück auf sie über. Hoch aufgerichtet schritt er mit seinem Sohn an ihnen vorbei. Da kam Bewegung in sie, und sie gingen an ihre Arbeit.

Menco half Witzeld, die Pferde herauszuführen.

"So hat Euer Vater es immer gehalten, Junker", sagte er zu dem Kind. "Fragt Eure Muhmen Elborg und Doda - wie gern hätten sie manchmal gewußt, was er dachte oder was er unternahm. Er erzählte es, wenn es geschehen war." Und schmunzelnd half der alte Mann dem Kind in den Sattel.

Witzeld war noch nie mit einem Mann zusammen ausgeritten. Bevor er zu Foelke kam, hatte er noch nicht auf einem Pferderücken gesessen. Aber Kampo und Foelke hatten beide darauf geachtet, daß er sich gut im Sattel hielt. Er gab sich jetzt Mühe, sich an alles zu erinnern, was sie ihm über die Haltung der Arme und Beine gesagt hatten. Als Ocko dies bemerkte, sagte er ihm ein anerkennendes Wort.

Er konnte sich nicht satt sehen an seinem Sohn. Das Gesicht zeigte schon einen eigenen, kräftig-schönen Ausdruck, der Witzelds persönlichen Willen neben all dem, was er mit auf die Erde gebracht hatte, erkennen ließ.

Ocko freute sich an dem schmalen, mageren Kopf. Im gleichen Augenblick wurde ihm bewußt, daß er von Pferden bedeutend mehr verstand als von Kindern. Edle Tiere hatten auch so feine, magere Köpfe. Überflüssige Fettmassen waren das Kennzeichen gemeiner Rassen. Wieder glitt sein Blick über seinen Sohn. Nur magere Gesichtchen hatten so lebendige Augen, einen so schön ausgebildeten Hinterkopf, diesen edel gerundeten, feinen Nacken.

Die Hände waren zierlicher als die der tom Broeks. Es waren ohne Frage Jevstes lange, schmale Hände. Es freute Ocko, daß er ihre Hände wiedersah und daß ihr Kind auch mit einem Erbe von ihr durch dies Leben ging - denn sonst war es in allem ein tom Broek. Sein Herz schwoll vor Stolz.

Nun wartete der Mann darauf, ob das Kind wohl von selbst wieder Vater zu ihm sagen würde. Dies war ihm viel wichtiger als alles, was sie miteinander sahen: daß man begann, den Hopfen zu pflücken, woran der Bartholomäustag in jedem Jahr erinnerte, daß zeitiger Hanf und Flachs ausgezogen und die Flachshaufen, wie es sich gehörte, gleich davon gerauft und zum Dörren ausgebreitet wurden, daß hier und dort schon jemand dabei war, die Wintergerste zu säen, daß andere die Felder noch beackerten und eggten für die Aufnahme der jungen Saat und daß die Schafe von nun an nur noch des Morgens und des Abends gemolken werden durften. Zu alledem war der Bartholomäustag der Wegweiser. Er stand mahnend im Jahr des Landmannes, und Ocko erinnerte sich, daß mit ihm leise der Herbst begann.

Ocko fragte Witzeld, ob er dies schon gehört habe. Ja, Kampo habe das auch gesagt und ihm die Vögel gezeigt, die nun nicht mehr singen, sondern flügge Federn bekommen und stark werden wollten für die bevorstehende Winterreise. Kampo habe ihm Störche und Kraniche gezeigt, die den Anfang machten mit ihren Übungen. Die Kraniche seien die Vorläufer der Störche.

"Sie streichen vor ihnen her und weisen ihnen den Weg, sagte Kampo, und sie sind die stärksten von allen ..."

Ein leiser Stich ging mitten durch des Mannes Herz:

"Hat Kampo dir viel erzählt?"

"Ja", sagte das Kind und lachte. "Kampo sagte, die Kraniche sind die Ritter, die gegen die Sarazenen kämpfen. Sie sind tapfere Krieger. Kampo war auch ein tapferer Krieger - Foelke hat sehr geweint, als er nicht heimkam. Aber", nun warf der Junge den Kopf zur Seite, "er war nur kurze Zeit im Kriege, und nicht im fernen Süden. Er hat auch nicht gegen die Ungläubigen gekämpft und ... und er war auch kein Ritter. Das seid nur Ihr - Vater."

"Witzeld -", rief Ocko, "komm ...", setzte sein Pferd in Galopp und sprengte mit seinem Sohn von dannen.

Es war kein Zweifel: das Zusammenleben mit seinem Kinde verjüngte Ritter Ocko. Man sah ihm ohnehin seine fünfundvierzig Jahre nicht an, da er wie sein Vater keine Anlage zum Fettwerden hatte und durch die fast ununterbrochenen körperlichen Übungen, die der Krieg mit sich brachte, geschmeidig und gelenkig geblieben war. Aber er ging froher und rascher durch das Haus, und es bewegte die Burgbewohner noch lange, daß er bei der Vorstellung seines Sohnes so freundliche Worte an die kleine flachsköpfige Algeth gerichtet hatte.

Am Morgen konnte er kaum erwarten, sein Kind wiederzusehen, und am Abend kam er nach wie vor zum Abendgebet zu ihm. Er hatte Witzeld nun umgebettet, damit das Kind sich nicht allein fühlen sollte, wenn Foelke bald kam. Ockos Sehnsucht nach ihr wurde in dieser Zeit fast unerträglich.

Es verging kein Tag, an dem er nicht ihre feinen Gelenke spielen und ihre dunklen Augen heiß aufleuchten sah, wenn er sich über sie beugte. Sie war schön in ihrer Leidenschaft wie eine Südländerin und stark und tief wie ein Kind des Nordens. Er wußte jetzt, daß er nur mit einer Friesin für immer zusammenleben konnte. Nirgends hätte er eine solche Geliebte gefunden wie Foelkeldis.

Und er schaffte seinen Gedanken und seinen Händen Arbeit, damit sie loskämen von seinem Weibe.

Witzeld und er ritten des öfteren nach Aurickhove, um dem Burgbau zuzusehen. Es hatte sich bereits herumgesprochen, daß der Ritter einen Sohn habe, und es gab Kinder, die scheu zu Witzeld hersahen wie zu einem Königssohn, der lange verzaubert gewesen war, und andere, die sich plötzlich mit ihm anfreunden wollten. Binlips jüngster Sohn Javo aber änderte sein Verhalten dem Junker gegenüber nicht. Als er seine anfängliche Schüchternheit vor dem Ritter überwunden hatte, brachte Javo Witzeld die schönsten Steine, die er je gesammelt hatte.

Es freute und erstaunte Ritter Ocko, mit welcher Selbstverständlichkeit Witzeld sich in seine neue Lage fügte. So, als ob sein bisheriges Leben nur eine kurze Unterbrechung des Daseins gewesen wäre, das ihm durch seine Geburt zugefallen war. Er war immer wählerisch im Umgang gewesen und unterschied jetzt mit großer Sicherheit die sich anschmeichelnden Kinder von wahren Freunden.

Ocko war sich noch nicht klar, ob er seinen Sohn mit zur Hochzeit nehmen solle. Oft wünschte er, ihn Foelke dort wieder in den Arm zu legen als ihr gemeinsames Kind, das sie beide heiß liebten. Da ihr Kind nun das seine war, und daß sie es ihm schon seit Jahren erzogen hatte, vertiefte nur das große Wunder ihrer Liebe. In allen tom Broeks war irgendeine Macht, die ihr Herz anzog und es unwiderstehlich festhielt. Ocko konnte nicht mit Namen nennen, was dies sein möchte. Aber sie mußten wohl alle miteinander durchsichtig sein für etwas, was nur Foelkeldis spürte. Sie allein fing den unhörbaren Ton auf, der durch seinen Vater, Witzeld und ihn hindurchklang, und ihr Herz spielte wundersame Melodien, die alle auf diesen Ton gestimmt waren. Verehrung, mütterliche und abgrundtiefe Leidenschaft - Gott mochte wissen, welcher Kraft dieses Herz fähig war. Was mochte noch aus Foelkeldis werden, wenn sie erst Kinder bekam -. Seine Kinder -.

Nie wollte er ihr vergessen, daß sie sich bereit gezeigt hatte, sein Kind zu sich zu nehmen und zu lieben, ohne es zu kennen.

Eines Abends stand Ocko wieder an der Butze seines Kindes und hörte dem Abendgebet zu, das Witzeld in Strackholt gelernt hatte. Die Jungfrau Maria spielte eine große Rolle darin, aber auch Baum und Stein, Pflanze und Tier waren genannt, Wesen, mit denen die Kinder hierzulande so eng verbunden waren, daß sie wenigstens in den ganz alten Gebeten, die noch aus iroschottischer Zeit überliefert waren, nicht fehlten. Diese Mönche hatten weder die päpstliche Suprematie anerkannt noch die Heiligen angerufen, dagegen eifriges Schriftstudium verlangt und ihre Bildung nicht in den Klöstern aufbewahrt, sondern unter das Volk getragen -, was man von den Norder Dominikanern wahrhaftig nicht sagen konnte. Denn die hatten nicht einmal eine Klosterschule. Columban erlaubte den Priestern die Ehe, und Ocko war, wie alle Friesen, stolz, daß die fränkisch-römische Kirche noch immer nicht die Macht in Friesland hatte, das Zölibat durchzusetzen. Die Bischöfe hielten sich dem Lande fern, zu ihrem und seinem Besten, und die Pröpste übten sogar das Sendrecht aus. Nicht in einem einzigen der Länder, die er kannte, hatte Ocko solchen Widerstand gegen die römische Kirche gefunden. An allen Orten Europas regte sich, was Rom Ketzerei nannte, aber nirgends hatte er so deutlich gesehen, daß das Urchristentum, dem Dogmen völlig fremd waren, immer noch lebendig werden wollte und gegen Rom stand, wie hier in Friesland. Freilich war es auch der Starrsinn der Friesen, der das Alte nicht verändert haben wollte.

Witzeld hatte aufgehört zu beten und sah seinen Vater nachdenklich an. "Woran denkt Ihr, Vater?"

"Ich dachte an dein Gebet, mein Sohn, und von da aus ging ich etwas weiter ... Es ist schön, daß Baum und Stein in deinem Gebet genannt werden. Möchtest du nun denn, daß ich dir bald deine Mutter hole - ? Soll Foelke kommen?"

Witzelds Augen glänzten.

"Vater, wenn sie zu uns kommt ... das wird ein Leben. Werdet Ihr noch mehr Kinder bekommen, Vater?"

"Wir wollen Gott bitten, Witzeld, daß er uns dieses vergönnt."

Das Gesicht des Kindes war nun so undurchdringlich, daß Ocko es nicht entziffern konnte. Es hatte die Augen gesenkt und den Mund fest geschlossen. Ein leises Lachen stieg in dem Mann auf. Genauso hatte auch er dagelegen, wenn er etwas nicht sagen wollte. Die meisten rieten falsch, wenn sie nachforschten. Aber seine Mutter hatte eine besondere Art zu fragen. Sie fragte nicht mit Worten, sondern streichelte seine Hand. Und so nahm auch er seines kleinen Sohnes Hand in seine und streichelte sie liebevoll. Dabei fiel ihm wieder die Ähnlichkeit mit Jevstes Hand auf. Auch Jevste hatte dieses unübersehbare Gewirr von Linien in der Handfläche gehabt.

Nun sahen die Augen unter den schweren Lidern kurz und scheu zu ihm her. Der Vater meinte in Abgründe zu blicken! Was hatte dieses Kind ertragen, und was verschwiegen!

"Soll ich dir etwas von deiner Mutter erzählen, Witzeld?"

Das Kind preßte seine Hand und zog ihn mit dem freien Arm zu sich ins Bett herunter. Also das war es -.

Und Ocko erzählte alles, was für das Kind Wert haben konnte, und beim Erzählen fielen ihm immer mehr Einzelheiten ein. Witzeld sog jedes Wort in sich hinein. Es war das erstemal, daß ihm jemand von seiner Mutter erzählte, und der es tat, war sein eigener Vater.

"Wie sah meine Mutter aus? Wie Foelke?"

"Nein. Ganz anders. Sie war hellhaarig, auch größer und breiter. Und ihre Augen waren so grau wie die Zuidersee. Sie war sehr, sehr lieb, deine Mutter ..."

Da weinte das Kind vor Freude und schluchzte: "Ja, Vater, nun holt Foelke bald ..."

"Glaubst du denn, mein kleiner Sohn, wir beide würden jemals deine Mutter vergessen?" fragte Ocko eindringlich. "Hast du das wirklich geglaubt, Witzeld? So oft du willst, sprechen wir von ihr. Und deine Hand, mein Sohn, das ist die ihre. Sieh sie an und du weißt, wie die Hand deiner Mutter ausgesehen hat. Und -, ja, nun wird es Zeit, daß ich Foelke hole."

Aber nachdem ihm dieser Blick in das Innere seines Kindes vergönnt worden, hielt Ritter Ocko es doch nicht für richtig, es zu seiner Hochzeit mitzunehmen, und brachte es für einige Tage zu Binlip. Witzeld strahlte vor Glück. Er wußte nun, wie seine Mutter ausgesehen, wie sie gesprochen hatte, und daß sie einmal alle drei beisammen gewesen waren, er, sie und sein Vater. Das war durch nichts mehr umzustoßen.

Ocko hätte doch gern den Jungen mitgenommen, als er am Tage vor Michaelis zum letztenmal zu Foelke ritt, um sie nun endlich zu sich zu holen. Aber ihm war nur zu gut bekannt, wie man in Friesland über Bastarde dachte. Denn wenn er sich auch noch so klar an die Seite seines Kindes stellte und jeden mit dem Schwert erschlüge, der es zu kränken wagte - die Tatsache war nicht mehr abzuändern, daß er Witzeld mit einer Frau gezeugt hatte, die ihm nicht in einer feierlichen Brautmesse angetraut worden war. Gewiß gab es auch in Friesland viele solche Kinder. Aber es kam doch im Verhältnis zu Italien selten vor, daß angesehene Leute vor- oder außereheliche Kinder bei sich im Hause hatten. Sein Kind verleugnen - dies war Ocko tom Broek unmöglich. Er wollte Witzeld endlich eine Heimat schaffen. Es würde ohnehin ein schweres Leben werden, das dieses Kind durch seines Vaters Unverstand nun zu tragen hatte. Warum hatte er nicht rechtzeitig auf einer Heirat bestanden -. In Italien hätte Witzeld nicht unter seiner Geburt zu leiden gehabt. Dort war man gleichgültig gegen die legitime Geburt geworden. Ein Ehebruch wog im Süden nicht schwer, ein Treubruch gegen eine Geliebte noch viel weniger. Es war eine andere Welt.

Für ihn, Ocko, aber galten die Sittengesetze des Nordens. Für ihn war Liebe ohne Treue undenkbar. Ihn hatte das Blut zu seinem Sohn gezogen. Und nun liebte er auch dessen Wesen.

Nein, es war ganz gewiß besser, das Kind nicht dem Spott Folkmars und den moralischen Erwägungen Propst Hiskos auszusetzen. Witzeld mußte sich langsam, nicht plötzlich, in seine neue Welt hineinleben.

Ritter Ocko war schon in der Nähe von Ulbargen, als ein Vogelschwarm ihn aus seinen Gedanken aufschreckte. Nachzügler der Schwalben warfen ihre breiten Schatten über die Sandwege. Die meisten Vögel waren längst fort. Mauersegler und Rauchschwalben hatten schon im August Friesland verlassen. Aber seit dem Bartholomäustag war der Zugtrieb mit Macht erwacht ... Tag für Tag konnte man sie über Friesland dahinziehen sehen, Seeschwalben, Austernfischer und Störche, die eine schmale Flugbahn, weit mehr Arten aber, die eine breite Front liebten. Die meisten hatten sich südwestlich gehalten, doch hatte Ocko auch Schwärme genau gen Süden ziehen sehen. Wie heimatlich war ihm dies in Italien gewesen, wenn die Vögel aus dem Norden dorthin kamen!

Als er den Schwalben nachsah, schien es ihm, als ob sie weniger rasch flögen als im Frühjahr. Jetzt verließen sie ihre Brutplätze, ihre Heimat. Sie flogen in die Ferne. Aber verjüngen wollten und mußten sie sich im Norden.

Ocko holte tief Atem. War er nicht ein Bild seines bisherigen Lebens, dieser rätselhafte Vogelflug? Verjüngen wollte auch er sich nur im Norden.

Wie Feuer strahlten die bunten Blätter der Eichen und Buchen, wenn er von unten in sie, die sonndurchleuchtet zitterten, hinaufsah. Auch das Feuer war anders wie das des Frühlings. Reife, lodernde Farben und eine klare Sicht schenkte der Herbst. Und die Zeit der reifen Früchte nahte. Die Erde hatte ein anderes Aussehen als vor wenigen Wochen. Gleich den Tieren wechselte auch sie alljährlich ihr Kleid. Sie hatte begonnen, wieder einzuatmen und sich in sich selbst zurückzuziehen.

In der Nähe von Strackholt wurde Gerste gesät. Und es schien Ocko, als ob sich Herbst und Frühling heute begegneten. Auch der Herbst war eine Zeit der Empfängnis. Er nahm die Samen noch tiefer in sich hinein und behielt sie lange bei sich, ließ alles verborgen keimen und kräftige Wurzeln sich entwickeln, ehe er die jungen Triebe der Frühlingssonne entgegensandte. Frohe Farben brachten beide, der Frühling die hellen, leuchtenden, der Herbst die satten, reifen, gemilderten.

Auf dem breiten Sandweg, der zur Zugbrücke führte, stand Foelkeldis. Sie hatte ihn schon von weitem gesehen. Sein Frühling kam ihm entgegen. Und morgen war Hochzeit. Ja, Herbstzeit war auch Saatzeit.

Am Abend dieses Tages kamen schon viele Verwandte auf die Burg, um die Vigilien hier gemeinsam mit dem Brautpaar zu feiern und dann am kommenden Morgen in der Frühe an der feierlichen Michaelsmesse teilzunehmen.

Doda Cirksena erzählte von dem Michaelswagen in Neapel, von dem Kampf des Erzengels mit den Gehilfen Luzifers, die er schließlich stürzte, von dem Weib, das mit der Sonne bekleidet war und mit den Füßen auf der Mondsichel stand, wie man es wohl in alten Kirchen von der Heiligen Jungfrau gesehen hatte. Auch von dem schönen Elfenbeinmedaillon am Kopf- und Fußende von Ockos Bett erzählte sie Foelke leise, um sich dann wieder der versammelten Verwandtschaft zuzuwenden und das Leben der Friso-Italiener zu schildern. Als Doda die vielen Tiergestalten beschrieb, die in den Sandstein des Frieses in der Kirche gemeißelt waren, und sagte, daß vieles sie an den Dom von Sankt Marien im Broekmerland erinnert habe, vergaßen auch die trinklustigen Männer ihr Bier. Ja, die Kirche von San Michele sei die innere Heimat der Ausgewanderten, sagte Doda, und es würde nicht verkehrt sein, in jedem Dorf den Priester zu bitten, daß er regelmäßig am Michaelstag in der Messe der fernen Friesen gedächte.

Dann erzählte sie Folkmar und Adda von dem Verwandten ihres Hauses, der so heimattreu war, daß er sich wohl niemals in Italien zurechtfinden würde. Dodas Nase war voll feiner, langer Fältchen, als sie dessen berechtigte Entrüstung über das freie Benehmen einiger Frauen schilderte. Folkmar wußte nicht recht, was er in diesem Augenblick von der Muhme Doda zu halten hatte, aber er hielt es für geraten, nicht allzuviel nachzufragen.

Am folgenden Tage strömten Gäste aus dem ganzen sechsten Seeland herbei. Gyla hatte eine Unzahl Einladungen ergehen lassen, um in würdiger Form die Hochzeit ihrer Tochter mit dem angesehenen Ritter Ocko zu begehen. Häuptlinge erschienen von weit und breit in ihrer Edelmannstracht, und es sah drollig aus, wie sich die dicken Herren aus der Marsch in ihren prallen Hosen bewegten. Mancher mochte bedauern, daß die alte rote Festtracht der Männer, wie sie noch zu König Radbods Zeiten üblich war, aus der Mode kam.

"Marschbauern sind Speckbauern", sagte Doda leise zu Foelke, "du siehst es heute an den Hosen. Sie fassen die Fülle kaum.

Du wirst sehen, Kind, daß manche platzt, bevor der Becher zum letztenmal die Runde gemacht hat. Elborg, es ist ein wahrer Segen, daß unsere Männer von Natur mager sind. Den Cirksenas ist mit Gewalt kein Fett aufzulegen, und dein Haro -"

Bauern waren sie alle, fand Foelkeldis, neben ihm, dem einen, an dessen Hand sie heute schreiten würde.

Er trug ritterliches Gewand, das nicht schon durch irgendeinen Vorfahren ausgebeult war.

Sie erschauerte bis in den Leib hinein, als Ocko am frühen Morgen auf sie zutrat, um sie in die Michaelsmesse zu führen. Sein Sammetwams war so blau wie seine Augen. Die Ärmel waren oben künstlich aufgebauscht durch ein von innen angebrachtes Polster, so daß er noch breiter in den Schultern und dadurch schmaler in den Hüften wirkte. Das Wams hatte sehr lange, ausgezackte Ärmel, wie man sie erst seit wenigen Jahren in Frankreich und Italien kannte. Diese waren unten geschlossen, in der inneren Seite aber offen. Ritter Ocko trug dieses Wams über einem gelbseidenen Untergewand.

Foelke war heute nicht imstande, den Worten der Messe zu folgen. Sie zwang sich, nicht zu ihrem Geliebten hinzusehen, aber auch wenn sie die Augen schloß, sah sie sein stolzes, ruhiges Gesicht und sein blondes Haar, das, wie es sich für einen Ritter gebührte, bis über die Ohren geschnitten war. Es wies einige wenige Silberfäden auf, aber die machten ihn Foelkeldis nur lieber. Sie hatte sich niemals einen Gemahl, der so jung war wie sie selbst, an ihrer Seite denken mögen.

Als das Klingeln des Glöckchens anzeigte, daß sie nun knien mußte, bemerkte sie, daß es goldene Haselnußblätter waren, die in drei Reihen auf dem blauen Sammetwams um Ockos Hals lagen. Nie hatte sie Ketten an Männern gesehen. Aber Haselnüsse, das wußte sie, waren das Sinnbild der Fruchtbarkeit. Mit solchen Gedanken kniete sie neben ihm und fand einen Trost darin, daß dies noch nicht die Brautmesse war, daß sie noch bis zur Mitternachtsstunde Zeit hatte, ihre Gedanken von sinnlichen Dingen abzuwenden. Die Sterne würden am Himmel stehen, wenn sie mit der Brautkrone auf dem offen hängenden Haar wieder hier im Gotteshaus das Opfer darbrächten. Foelke fand es sehr schön, daß sie in dem Augenblick, wo der vergangene und der zukünftige Tag sich die Hand reichten, ihren Ring empfangen sollten und sah beim Verlassen des Gotteshauses sehnsüchtig in ihres Liebsten Gesicht. Es war undurchdringlich. Was dachte Ocko? War er auch so zur Schwertleite in den Dom Neapels gegangen? Er wußte, daß alle hier, ob Häuptlinge, Bauern oder Knechte, auf ihn sahen.

Im stillen wünschte sie, daß alles erst überstanden wäre. Aber es war ihr ein Trost, daß sie den ganzen Tag bei ihrem Geliebten sein durfte. Nun würde es keine Trennung mehr geben. Sie drängte ihren Arm an seinen und sah wieder zu ihm auf.

"Von heute an bist du eine Landesherrin, Foelkeldis", sagte Ocko leise. Sie verstand. Sie waren beide nicht nur für sich auf der Welt. Hoch und stolz richtete sie sich auf und ging mit ihm, wie die Sitte gebot, in die Kammer, in welcher der Brautschatz vor aller Augen ausgebreitet lag. Jetzt konnten alle kommen und ihn würdigen.

Die Bauern aus Strackholt und den umliegenden Dörfern nahmen jedes Stück in die Hand. Mit ihren hartgearbeiteten Fingern befühlten die Frauen den Mantel aus Ypern und die Röcke aus Roermunder Tuch. Da hatten Weber und Schneider in Flandern ihr Meisterstück geliefert. Ein katzengrauer Pelz sollte die Häuptlingstochter vor der eisigen Kälte schützen. Scherssons mit großen Goldrosen oder Schwänen, deren einer sich dem andern um den Hals wand, und goldbeschlagene Ärmel sollten zu besonderen Festlichkeiten getragen werden. Ein Beutel mit Ringen aus rotem Golde, weißen Perlen und edlen Granatsteinen wanderte von Hand zu Hand. Ja, Foelke Kampana war gebührend ausgestattet worden.

Die Strackholter gönnten es Kampo und Gyla, daß ihre Tochter sich gut verheiratete und sagten Gyla dies froh und freimütig.

Die Häuptlingsfrauen steckten zur Probe die Ringe mit den Amethyst- oder Saphirsteinen an die Finger, fanden sie zu groß oder zu klein, legten sie in den Beutel zurück, fragten, ob das Leinen aus Ypern, Amsterdam oder Leiden sei, wollten vieles wissen und verglichen im stillen diese Fletiewa mit ihrer eigenen. Als Adda und Fossa nach den älteren Burgfrauen die Ringe betrachteten, zog Ocko sie ins Gespräch und erzählte, wie er ihnen, als sie noch klein waren, Ringe aus Binsen geflochten und ein Marienblümchen als schönsten Stein in die Mitte gesetzt habe.

"Ich weiß es noch", sagte Fossa, "es war damals, als unsere Mutter so krank war. Sie war oft krank, und dann wart Ihr immer besonders lieb zu uns, Ohm."

Foelke durchschauerte es wieder - er war gut zu Kindern. Wie sie sich sehnte, Kinder, Kinder von ihm zu haben -!

Sie gingen nun in das Gewühl der Menschen zurück. Der große Staatsraum nahm die meisten auf, aber viele mußten zum Essen doch in anderen Kammern untergebracht werden. Die Armen aus der Gegend standen im Küchenhaus und wurden dort gespeist.

Gyla ging von einem zum andern und sah auch nach den Armen, ob ihnen ihr Recht würde. Da erblickte sie im Küchenhaus eine Nonne im weißen Mantel der Zisterzienserinnen. Das Nönnchen wandte ihr den Rücken zu, aber an der Haltung des Kopfes erkannte Gyla gleich ihr Kind. Zitternd ging sie an den Speisenden vorbei und schlang die Arme um das Mädchen.

Nun war ihr geheimster Wunsch doch noch in Erfüllung gegangen. Tetta durfte an der Hochzeit ihrer Schwester teilnehmen, und sie, Gyla, hatte nun wieder ein Kind bei sich. Von Tetta hatte sich ihre Seele immer noch nicht entwöhnt.

"Mein kleines, kleines Mädchen", sagte sie immer wieder, und ihre Blicke lagen auf dem feinen, schmalen Gesicht, das so ganz anders war als Foelkes. Tetta war immer noch schmal und zart, und das viele Bücherlesen hatte ihre Backen nicht rot gefärbt. Aber groß war sie in den letzten Jahren geworden, und sie sei recht gesund, sagte sie. Gyla streichelte immer wieder ihr Kind. Was kümmerten sie die vielen fremden Leute. Sie nickte ihnen freundlich zu. Die meisten kannte sie von Angesicht, und manchem hatte sie in irgendwelcher Krankheit beigestanden.

Tetta war eine gottgeweihte Jungfrau und hatte ihr Leben andächtigen Übungen geweiht, aber sie war noch ebenso neugierig wie früher und nun recht begierig, ihren neuen Schwager kennenzulernen.

"Und Ihr, Mutter", sagte sie liebevoll und schlang den Arm um die kleine Frau. "Ihr dürft nun nicht hier allein bleiben. Ihr müßt zu mir kommen. Es ist schön in Thedingen, Mutter, und Ihr gehört ja bereits seit Vaters Lebzeiten zu uns, da Ihr in die Gebetsgemeinschaft des Klosters aufgenommen worden seid, und da bei uns regelmäßig Seelenmessen gelesen werden für Vater. Ich bin immer mit Euch verbunden gewesen, Mutter ... Und ... ich habe mich oft nach Euch gesehnt. Werdet Ihr zu mir kommen?"

Von nun an wußte Gyla sich nicht mehr einsam. Sie hatte eine Heimat bei diesem Kinde. Und sie fand, daß doch ein Fehler in ihrem bisherigen Denken gewesen war: ihre Kinder hingen an ihr, aber vielleicht auf andere Art als sie selbst an ihrer Mutter gehangen hatte. Sie waren beide merkwürdig selbständig in ihrem Denken und hatten früh Ziele gesehen, ihre Töchter. Vielleicht hatte das etwas mit dem zu tun, was Hayno die neue Zeit nannte, Gyla wußte es nicht. Aber war es nicht schön, daß ein so junges Menschenkind sich täglich im Gebet mit ihr, der Mutter, vereinte?

Es wurde eine laute und fröhliche Hochzeit, und man aß und trank mehr, als dem Leibe und der Seele gut war. So konnte es nicht ausbleiben, daß auch verhaltener Ärger in später Stunde über die gesprächig gewordenen Lippen floß.

Da noch mehr Leute hinzugekommen waren und Gyla in der Freude ihres weit gewordenen Herzens alle zum Bleiben einlud, die des Weges kamen - Mönche in großer Anzahl und Bauern aus Holtland und Hesel, die in der Nacht an der Trauung des Ritters mit der schönen Tochter Kampos teilnehmen, singen und mit Hörnern blasen wollten -, so füllte sich auch der große Saal im ersten Stock, zu dem von außen die Treppe hinaufführte. Da hatte sich Elborg mit ihren beiden Nichten ein Plätzchen gesucht. Sie sah in Imels Kindern immer noch den Bruder selbst und versäumte keine Gelegenheit, mit Adda und Fossa über ihrer aller Heimatburg zu sprechen, wo im Frühjahr der Kuckuck rief und das Vogelgezwitscher gar kein Ende nehmen wollte, wo alles anders war als im marschigen Emsigerland, in dem sie nun leben mußten. Das Broekmerland, das unter Keno Hilmersna den Sümpfen abgerungen worden war und nun stolze, trotzige, wenn auch nicht so reiche Menschen ernährte - wie liebten sie es alle drei!

Doda gesellte sich zu ihnen, und Fossa erwähnte die Binsenringe mit dem Marienblümchen, von denen der Ohm vorhin gesprochen hatte.

''Unser Ocko war immer gut zu Kindern'', sagte Elborg, und nun zeigte sie stolz die kleine Goldmünze aus Neapel, die sie immer bei sich trug. In diesem Augenblick kamen Folkmar und Hisko dazu. Sie waren beide schon stark angetrunken und verlangten zu sehen, was ihre Frauen so eifrig betrachteten. Doda wollte die Münze wegnehmen, aber Folkmar hatte sie mit seinen viereckigen Händen schon ergriffen.

''Der Ritter'', wieherte Folkmar, ''der Ritter ...'' und warf sich so laut über den Tisch, daß mehrere Häuptlinge von den Nachbartischen und auch einige Franziskaner in ihren braunen Kutten herbeiliefen.

Auch Hisko lachte hämisch, sein offener Mund stand wie eine große Schlucht in dem mageren Gesicht.

''Der Ritter, der sich wie ein Habicht auf ein eben flügge gewordenes Vögelchen stürzt. Und die Königin von Neapel wird bitterlich weinen ... oder hat sie sich bereits getröstet, Hisko, was meinst du?''

''Sei ruhig'', kicherte Hisko, ''er hat heute seinen Ehrentag. Weißt du, daß die Königin von Neapel älter war als er selbst?''

''Nun, da wundert es mich nicht, daß es ihn nach einer Jungfrau gelüstet. Ich möchte auch lieber die pralle Brust eines Mädchens ...''

''Folkmar, um Gottes willen'', rief Adda, ''schweig still. Du bist ja betrunken.''

Folkmar wurde vor Wut krebsrot. Er sei nicht betrunken, und ob es nicht zum Himmel schreie, daß ein alter Mann, der die Weiber der Welt durchgekostet habe, nun nach einer friesischen Jungfrau greife. Aber er sei der Ritter, er dürfe sich solchen Griff erlauben.

Elborg war fortgegangen, um ihren Mann zu holen, aber Doda blieb mit Absicht bei den jungen Frauen. Sie wollte wissen, was alles an diesen beiden Männern nagte. Daß sie ihrem Bruder nicht wohl gesinnt waren, hatte sie ja längst gesehen.

Ritter könne heutzutage jeder Handwerker werden und jeder Knecht, der einmal das Vieh gehütet habe, schrie Folkmar weiter. Ob es etwa eine Ehre sei, in Italien, dem sittenlosesten Land der Welt, zum Ritter geschlagen zu werden! Man solle sich gefälligst daran erinnern, daß auch Kaiser Rotbart einmal Friesen zu Rittern schlagen wollte. Und was hatten sie ihm geantwortet? Sie seien freie Friesen, hatten sie gesagt, und brauchten nicht solchen Firlefanz. Sie seien adelig und ritterlich ohne eines anderen Hilfe. Und Kaiser Rotbart habe sie um so mehr geachtet ob dieser Antwort und ihnen erlaubt, den Adler im Wappen zu führen.

"Dann wird es wohl ein tom Broek gewesen sein, Verwandter, der diese Antwort dem Kaiser gab", sagte Doda Kenesna freundlich, "denn wir sind die einzigen in Friesland, die den Adler im Wappen führen."

"Vielleicht war es einer von Euren Bastarden", kicherte Hisko weinselig.

"Das ist möglich", antwortete Doda Kenesna gleichmütig, "alle, die zu uns gehören, haben Mark in den Knochen und geben Kaisern und Pröpsten die rechte Antwort."

Einer der Franziskaner, ein dicker Mann mit kleinen Schlitzaugen, die klug und wissend umherschauten, sah Doda bedeutungsvoll an und entfernte sich dann stillschweigend. Es war Ägidius.

Die Goldmünze war nun bei Hisko.

"Seht den Cäsar", sagte er. "Gebt dem Kaiser, was des Kaisers ist! Hier habt ihr euren Kaiser, Häuptlinge Frieslands. Götter- und Cäsarenantlitze findet man auf römischen Münzen. Die Münzen der Pröpste von Emden weisen ein Kreuz auf."

"Die Pröpste von Emden taten recht daran, ein Kreuz darauf prägen zu lassen", erklang da plötzlich eine scharfe Stimme, und Ocko tom Broek trat auf die Gruppe zu. Wer im Weg war, wich zur Seite.

"Ich höre, ihr sprecht über Münzen", sagte der Ritter und setzte sich zwischen Folkmar und Hisko. "Wie denkt ihr euch die neuen Münzen des Broekmerlandes, Herren?"

Hisko legte das Goldstück auf den Tisch - Doda steckte es ein - und sah den Ritter mit offenem Munde an.

"Des Broekmerlandes?" Hisko schien vor Schreck nüchtern geworden zu sein. "Nie hat man von Broekmer Münzen gehört. Oder ... oder wolltet Ihr es etwa so machen wie Edo Wiemcken, Ohm, der mit seinen Rüstringern Jever bezwang und sich ihre Münzstätte aneignete?"

Doda sah einen leisen Schimmer des Lachens über des Bruders Gesicht huschen. Nein, Hisko war noch nicht nüchtern, so töricht hätte er sich sonst wohl seine Angst um die einzige Münzstätte des sechsten Seelands, die seine, nicht anmerken lassen.

Im Augenblick sei dies nicht seine Absicht, sagte Ocko, denn er sehe ja, mit Propst Hisko ließe sich verhandeln. Auch er sei gewiß der Meinung, daß Hamburger Witten, Münstersche und Kölner Schillinge allmählich aus den friesischen Landen verschwinden müßten.

Münstersche Schillinge - wiederholte Hisko. Lange vor den Münsterschen Schillingen habe es Münzen von Emden gegeben, die der Graf von Ravensberg hatte schlagen lassen. Bischof Otto von Münster habe die ravensbergischen Besitzungen und somit auch die Münzstätte erworben. Pröpste der Münsterschen Bischöfe aber seien seit jeher die Abdenas, und ihnen sei von den ehrwürdigen Bischöfen das Münzrecht übertragen worden.

"So ist es im Emsigerland, Hisko, mein Neffe", sagte der Ritter jetzt ruhig, "bei uns Broekmern hat das Volk stets mehr zu sagen gehabt als Bischof und Propst - wiewohl es ein Jammer ist", fügte er lächelnd hinzu, "daß wir, die wir die herrlichsten Kirchen Frieslands bauten, nicht einen eigenen Propst haben und Ihr fünf zuviel seid ... Nun, bei uns hat das Münzrecht immer in den Händen des Volkes gelegen. Dem Volk hat auch das Münzhaus gehört, aus dem das Dominikanerkloster in Norden geworden ist. Was meinst du, Hisko, und wie denkst du darüber, Folkmar, wird mein Broekmervolk mir das Münzrecht erteilen?"

Mit großer Spannung sahen die übrigen Häuptlinge, mit Angst die Frauen auf Folkmar.

Der kniff die Augen zusammen: "Was würdet Ihr in die Umrandung einprägen lassen, Herr?"

"Nichts anderes, als was ich bin", antwortete Ocko. "Miles et dominus terrae Broecmanniae et Avericae."

"Miles et dominus ...", wiederholte Hisko. "Nun ja, Propst seid Ihr ja nicht."

"Nein", sagte der Ritter, "aber ein Kreuz würde auch ich gern auf meinen Münzen sehen. Und, damit Segen ruhe auf der Arbeit an Friesland, die wir alle nun gemeinsam auf uns nehmen wollen, wäre es schön, wenn du, Folkmar, und du, Louwert von Westerhusen, euch bereitfinden könntet, mit mir ein neues Kloster zu stiften. Ich habe an die Gegend von Dykhusen gedacht..."

Die Gesichter der Frauen strahlten. Die Männer waren ebenso überrascht wie verwundert. Diesen Ausgang der Unterredung hatte sich wohl keiner gedacht.

Folkmar Allena fühlte sich ausersehen, mit dem mächtigsten Mann des sechsten Seelandes ein frommes Werk zu verrichten und sagte seine Mitwirkung zu.

Als Ocko bald darauf auf den Altan hinaustrat, stand Foelkeldis vor ihm. Sie legte die Hände auf seine Schultern und sah ihn an, aber sie fragte nicht. Dann faßte sie ihn fest an die Hand und ging mit ihm die Treppe hinunter. Er fühlte eine große Ruhe und Zuversicht in sich einströmen. Ihm stand ein starker Mensch zur Seite. Bevor sie wieder in das Haus eintraten, sagte er sinnend:

"Wie alt bist du eigentlich ... Deine Mutter hat recht. Wir beide haben kein Alter."

Sie gingen zu Gyla und Tetta, die mit Ägidius sprachen.

"Es war gerade an der Zeit", sagte Ocko zu dem Mönch, "daß ich nach oben kam. Es hat sich regeln lassen. Ich danke Euch, Bruder."

"Mit Menschen ist es nicht anders wie mit Pflanzen, Ritter, man muß sie sammeln, wenn es an der Zeit ist, und aufachten, daß sich die giftigen nicht mit den Heilkräutern mischen."

"Bruder Ägidius weiß alles", bewunderte Tetta. "Er weiß, was mit steigender und was bei sinkender Sonne gepflückt werden und in welchem Zeichen der Mond dabei stehen muß. Er hat Mutter einen Backofen gebaut, der niemals reißt und keine Grille hat, und mit Foelke und mir hat er am Mitsommermorgen vor Sonnenaufgang Johanniskraut gepflückt. Weißt du das noch, Foelke? Ich habe immer noch nicht soviel gelernt wie Ihr, Ägidius ..."

"Und er kommt, wenn in Emden tote Fische anschwemmen und die Ems schwarzes und schlammiges Wasser hat und Dargstücke ans Land wirft. Dann kommt er ins Broekmerland und hilft Menschen retten", sagte Foelke dankbar.

"Er hat auch gewußt, wann er ins Kloster gehen mußte", sagte Gyla so leise, daß nur Ägidius es verstand. "Immer hat er für euch gesorgt, Kinder, und immer war er zur Stelle, wenn wir ihn brauchten. Ja, sie sollen es wissen, Ägidius, daß du ..."

"Das geht sie gar nichts an", sagte der Mönch barsch. Und er wandte sich wieder Ocko zu:

"Habt ein Auge auf Folkmar Allena, Herr", mahnte er ernst. "Ich glaube, Ihr müßt ihn wie einen Krankheitskeim werten, der eine Weile Ruhe gibt und Euch überfällt, wenn Ihr Euch ganz gesund wähnt."

"Wie hast du es geregelt, Ocko?" fragte Tetta neugierig.

"Wir werden gemeinsam ein Kloster gründen", sagte Ocko.

Und nun fragte Tetta so lange, bis sie sich zusammenreimen konnte, was oben besprochen worden war.

"Du solltest auch andere Klöster unter deinen Schutz nehmen", riet sie. "Das haben viele hohe Herren getan. Erinnerst du dich, Foelke, daß du mir dies einmal erzähltest? Ich wollte Heiligenlegenden von dir hören, aber du sagtest, du wolltest mir lieber aus Frieslands Geschichte erzählen. Sie wußte es alles von deinem Vater, Ocko. Er hatte ihr erzählt, daß Klöster Macht haben. Das habe ich inzwischen selbst gesehen. Und darum, Schwager - gewißlich bist du ein frommer Mann und tust es um Gottes willen, aber falsch ist es niemals, wenn ein Landesherr Klöster im Rücken hat. Ihlo und Meerhusen werden dir dankbar sein ... Wo willst du das neue Kloster stiften? Das Emsigerland könnte eines gebrauchen."

Dies Nönnchen war ein verständiges Mädchen, fand Ocko, und wenn sie ihn mit ihren klaren, grauen Augen ansah, sprach ein heller, praktischer Verstand aus Tetta Kampana. Ihre

Wißbegier schien sich ebensosehr auf das irdische Leben wie auf fromme Bücher zu erstrecken. Ocko mochte sie gern ansehen.

"Du könntest eigentlich die Priorin des neuen Klosters werden, kleine Schwester", sagte er aus einer raschen Erkenntnis ihres Wesens heraus. "Du bringst Verstand dazu mit, und deinen Augen entgeht kein Fischlein im Graben ..."

Tetta hatte die Gelübde bereits abgelegt. Ihr war nicht klar, ob Herr Fulko die Genehmigung zu diesem Schritt geben würde.

"Wenn es weiter nichts ist", sagte Ritter Ocko lachend, "-reich seid ihr Klosterleute, aber ich habe noch keinen Abt kennengelernt, der nicht noch reicher werden wollte. Und was deine Jugend anbelangt, so steht ja das Kloster noch nicht, das du dann später einmal leiten wirst."

Die Söhne der Häuptlinge und freien Bauern übten sich draußen im Speerwerfen. Auch ihnen mußten Ocko und Foelke ihre Aufmerksamkeit widmen.

Es war nicht schwer zu sehen, daß Enno von Greetsiel die Führung hatte, wiewohl er nicht älter war als Louwert Itzingas ältester Sohn Eberhard und sein Vetter Haiko. Ocko hatte schon am Vormittag beobachtet, wie Enno dafür sorgte, daß die Burschen nüchtern blieben. Als nun bald der Abend kam und es dunkelte, hörte man Enno Cirksena mit heller Stimme Anordnungen treffen über die Freudenfeuer, die entzündet werden sollten. Enno bestimmte auch, in welcher Reihenfolge die Fackelträger hinter der Braut zu gehen hatten.

"Und nun geht ins Haus, Ohm, und du auch, Foelke", befahl er lachend. "Erst um Mitternacht öffnen sich für euch die Tore zur Welt."

Ob er weiß, was er sagt? dachte Foelke erschauernd. Das Tor zur Welt würde sich ihr öffnen -. Wenige Stunden später ließ sie sich schmücken, um hindurchschreiten zu können.

Großer Gott, nun öffneten sie ihr das Haar -. Drei Häuptlingstöchter umstanden sie. Das Stukelband legten sie beiseite.

"Heute nacht bleibt dein Haar offen, Foelke Kampana", sagte Hyma Haynesna. "Aber du weißt ja, morgen bist du keine Jungfrau mehr. Da darfst du nicht einen Teil des Zopfes ungeflochten lassen. Du bindest an der untersten Spitze die Schnüre des Stukelbandes zusammen und läßt die goldenen Blätter einfach über den Gürtel hängen."

Und sie zeigte es. Hyma war eine ältliche Jungfrau, die schon manche Braut geschmückt hatte und gern Anweisungen gab. Zu ihrem Leidwesen war immer noch nicht der Augenblick gekommen, an dem ihr selbst das Haar so lang und offen über die Schultern hing.

Foelke sollte heute die beschlagenen Ärmel anziehen und das Schersson, auf dem ein Schwan sich um den andern wand. Der Schwan galt als heiliger Vogel, aber dies Verschlingen der Leiber ineinander rügte Hyma. Gleichwohl sah sie sich immer wieder die einzelnen Platten an und gab zu verstehen, daß das Schersson als Hochzeitskleid wohl geeignet war.

Hemd und Unterkleid hatte Foelke bereits am Morgen gewechselt, Hyma befand beides für gut, wollte aber durchaus die Spange sehen, mit der das Hemd gehalten war, und die Foelke mit der Hand bedeckte. Es gelang Foelke jedoch, sie zu verbergen. Seit dem Laurentiustage trug sie das goldene Bildnis ihres Geliebten auf dem Herzen. Sie wußte, bis an ihren Tod würde sie es nicht von sich lassen.

Und nun begannen die Glocken aller Kirchen des Broekmer- und Auricherlandes zu läuten. Die Mitternacht nahte. Die Mädchen faßten Foelkeldis an die Hand und führten sie durch die Reihen der älteren Gäste ins Freie. Die Nachtluft strich kühl um ihr heißes Gesicht. Es war stockfinster, kein Sternenlicht durchdrang die dunklen Wolken.

Auf der einen Seite des Burghofes hatten sich die Jünglinge mit ihren Fackeln, auf der andern die Jungfrauen aufgestellt. Als Foelke aus dem Haus geführt wurde, schritten alle auf sie zu und umgaben sie in geordneten Gruppen. Die Hornbläser setzten ein, und die Brautführer stimmten das Hochzeitslied der freien Friesen an. Denn mit der Freunde Sang, so verlangte es das Recht, sollte die Braut zur Kirche und in des Bräutigams Haus gebracht werden.

Niemals hatte man wohl ein solches Gefolge bei einer friesischen Hochzeit im sechsten Seeland gesehen. Aber es gab auch keinen Häuptling, für den in allen Dörfern des Broekmer-

und des Auricher- und des Norderlandes Freudenfeuer aufgeleuchtet wären wie jetzt für Ritter Ocko und die schöne Foelke Kampana. Die Erde stand in Flammen und jauchzte zum Himmel.

Vor der Kirchtür verstummten Bläser und Sänger, und nun hörte man nur noch das Läuten all der Dorf- und Klosterglocken.

Die beiden Jungfrauen, die Foelke hierher geleitet, wichen an der Kirchtür in das Dunkel der Nacht zurück und überließen die Braut dem Priester, der sie hier empfing und zum Altar geleitete, wo ihr Geliebter bereits auf sie wartete. Auch ihn hatte Herr Aylco im Ornat an der Kirchtür empfangen und an den Tisch des Herrn geführt. Ockos Verwandte Haro und Edzard und seine besten Freunde, die Häuptlinge des Norderlandes, standen hinter ihm.

Mit gesenktem Haupt schritt Foelkeldis an Herrn Aylcos Hand durch die Kirche. Der Weg dünkte sie kein Ende zu nehmen, aber sie meinte, geradewegs in das Licht hineinzugehen. Die Mitternachtsstunde war offen für alle guten und alle bösen Geister. Foelkeldis fühlte, daß viele, viele Freunde mit warmen, helfenden Gedanken bei ihr waren und die guten Mächte herbeschworen. Es erfüllte sie mit großer Zuversicht, daß ein priesterlicher Mensch sie zum Ewigen Licht führte, und mit Dankbarkeit, daß so viele Freunde ihr folgten.

Und nun standen sie im Licht der Altarkerzen, und die Worte der Brautmesse erklangen. Herr Aylco wechselte die Ringe und legte Foelkes Hand in die ihres Geliebten. Sie kniete mit Ocko nieder und wußte sich vom Licht umflossen. Von den Worten, die noch gesprochen wurden, verstand sie keines mehr. Aber sie empfand mit ganzer Seele, daß Segen auf dieser Stunde ruhte und daß sie nun geweiht war für ein Leben mit Ocko. Bis in alle Ewigkeit.

Draußen stürmten die Glückwünsche der Verwandten und Freunde auf die Neuvermählten ein. Doda Kenesna schloß Foelke in die Arme und küßte sie immer wieder. Dann ergriff sie Ockos Hand, und nun sah auch Foelke zu ihm hin. Ocko, ihr Gemahl - wie ein Herzog war er anzusehen. Aber wie ein Herzog von Friesland. Denn er trug sein Wappen auf dem Gewande. So gingen Grafen und Fürsten zu Hofe, hatte sie gehört. Was war ein Modekleid, wie es die andern Häuptlinge trugen, neben einer Hoftracht, die den Mann als Herrn seines Landes kennzeichnete! Von unzähligen kleinen rechtsblickenden Adlern mit gespreizten Fängen war das tiefblaue Wams übersät, und das goldene Wehrgehänge, an dem jetzt nur ein Dolch mit edelsteinbesetztem Griff hing, hielt alle zusammen.

Jetzt begannen wieder die Bläser in ihre großen, schön bebänderten Stierhörner zu stoßen, und der Chor der Freunde stimmte abermals den Hochzeitssang an. Von nah und fern erklang Glockengeläut, und mit großem Pomp wurde das Paar zur Burg zurückgeleitet. Der Wagen stand bereit, und nun war es endlich so weit, daß Foelke, nachdem sie Abschied genommen von ihrer Mutter und ihrer Schwester, neben Ocko sitzen und die Augen schließen durfte.

Die Brautmesse war der Höhepunkt des Festes und lag inmitten der Feierlichkeiten. Alle, die jetzt auf ausgeruhten Pferden mit dem Hochzeitspaar durch die kalte Herbstnacht jagten, würden am andern Tage wieder bei Gyla sein und den Abschiedsschmerz vergessen helfen.

Zuvor aber galt es, der Sitte Genüge zu tun und das Brautpaar nach Broke zu geleiten.

Als alle in Broke angekommen waren, stellten sich wieder die Fackelträger so, wie Enno von Greetsiel anordnete, an den Wänden des Burghofs auf, die Hornbläser taten ihr Bestes, und nun mußte Foelkeldis über eine Anzahl verstreuter Besen schreiten, bis aller böser Zauber gebannt und schlimmen Geistern der Zutritt zu dieser Stätte verwehrt war.

Dies war gelungen. Jetzt stand sie an der Schwelle des Hauses. Dort hatten sich Hero von Dornum und Hylo Attena aufgestellt und hielten das Eheschwert hoch.

Und Hero von Dornum drohte ihr halb scherzhaft, halb ernst, mit diesem Schwerte würde sie erschlagen, wenn sie ihrem Gatten nicht die Treue hielte. Foelke lächelte. Sie wußte, daß niemals dem Eheschwerte eine solche Bedeutung in ihrem Leben zukommen würde. Sie preßte sich eng an ihren Gemahl. Dann versuchte sie, wie es schicklich war, mit recht viel List sich unter dem Schwerte hindurchzuwinden, aber sie mußte sich am Ende mit Gold loskaufen, das später an die Armen verteilt wurde.

Da verschwand das furchtbare Schwert, das in jedem Augenblick hätte niederfallen können. Foelke wußte, daß es Spiel war, aber sie hatte doch die scharfe, blanke Schwertschneide wie eine Drohung über sich empfunden. Sie sah plötzlich das Schwert fallen, nicht auf ihren eigenen Nacken und doch wurde auch sie von ihm erschlagen. Und auch an Hero von Dornum rieselte das Blut in Strömen herunter. Sie mußte wohl sehr müde sein, weil sie so schauerliche Bilder sah, dachte sie, als sie nun an Ockos Arm die Schwelle überschritt und mit ihm ging, wohin er sie brachte.

7.

Es war sehr feierlich und schön, als Ocko sein junges Weib am folgenden Morgen dem Gesinde als die neue Burgfrau vorstellte, und die Übergabe der Schlüssel durch Meike erfolgte.

Foelke war glücklich, daß die Burg in Aurickhove noch nicht fertig war. Sie liebte Broke. Hier war ihr alles vertraut. Sie sah überall Herrn Keno, und auch Imel begegnete ihr bald auf dem Burghof, bald bei den Pferden. Hier war der Platz am Feuer, an dem sie bei ihrem ersten Besuch gesessen hatte, als auch ihr Vater da war und Herr Keno von seinen Sorgen um Frieslands Zukunft sprach. Und wie oft war sie seitdem hier gewesen! In Strackholt hatte sie bisweilen das Heimweh erfaßt nach dieser Burg, besonders seit dem Tode ihres Vaters. Sie wußte sich bei Herrn Keno zu Hause.

Der Wundertag ruhte in ihrer Seele wie ein schöner, ruhiger, in der Sonne flimmernder Landsee, dessen Ufer durch rauschendes, wogendes, bergendes Schilf geschützt waren.

In der Hauptsache aber waren es wohl mehr die schweren Stunden, die sie mit den Broekmern verbanden. Meike hatte ihr an jenem Morgen erzählt, daß ein Überfall auf die Itzingaburg erfolgt und daß Herr Eberhard erschlagen worden sei. Foelke entsann sich genau daran, wie sie die Naht ihres roten Rockes ausgebessert, sich Waschwasser vom Brunnen geholt und dann ihr Pferd gesattelt hatte, um Herrn Keno nachzureiten. Frau Ita Itzinga und ihre Töchter, mit denen sie nun nachbarliche Freundschaftsverbindung pflegen mußte, waren ihr an jenem Tage vertraut geworden. Sie bewunderte, wie die alte Edelfrau zu den Verwundeten sprach. Ach, es waren schauerliche Erinnerungen. Foelke hatte lange Zeit nicht wieder zu sich selber finden können. Wie sehr half ihr in jenen ersten Wochen Witzeld! Sie war sich bewußt, ebensoviel, wenn nicht mehr, von ihm empfangen als ihm gegeben zu haben. Sie hatte einen Engel um sich gehabt mit diesem Kinde.

Wenn sie in diesen Herbsttagen, in denen wieder der Wind heulte und das Meer sich polternd auf die Küste stürzte, über den Burghof an dem Brunnen vorbeiging, erlebte sie in ihrer Seele den Dionysiustag des Jahres 1373 wieder, an dem dieser Brunnen wie durch unsichtbare Hand emporgeschoben worden war. Der Mann, dem Imel das Unglückspferd hatte bringen wollen, mit dem er dann stürzte, hatte ruhig gesagt, mit fallender Tide könne auch das Brunnenwasser wieder sinken und man solle zufrieden sein, daß es nicht salzig schmecke oder milchig aussehe. Welch ein Trost war ihr das damals gewesen, unerfahren wie sie doch war in diesen Dingen. Hebrich aus Utengrahove kam, um sich gutes, brauchbares Wasser von der Burg zu holen. Alle die Gesichter hatten sich an jenem schaurigen Tage unvergeßlich in Foelkes Gedächtnis eingeprägt, und wenn sie nun den Frauen oder Lübbo Heyen oder auch Wilko aus Upende begegnete, bei dessen Haus die Sümpfe auf und ab wogten und der stoßweise, heftige Atem der aufgeregten Erde den Menschen sichtbar wurde, so fühlte sie sich mit ihnen allen schon tief verbunden. Der Untergang von Westeel war mit hartem, spitzem Griffel in das Gedächtnis aller Broekmerländer eingeschrieben, und wenn jetzt, wo wieder der Dionysiustag bevorstand, die Winde pfeifend um die Burg strichen, dann stieg die Erinnerung in allen auf, und alle wußten sich eins in der Sorge um das Land.

So war es auch gekommen, daß die Broekmerländer Foelkeldis als eine liebgewordene Schicksalsgefährtin aufgenommen hatten. Sie war ihnen keine Fremde mehr. Daß die kleine Algeth lebte, war allein der jungen Burgfrau zu verdanken. Ermina, die Mutter, erzählte dies noch heute jedem, der es hören wollte, und verehrte Foelke fast wie eine Heilige.

Ja, Ritter Ockos Gemahlin stand durch die Rettung des Kindes in großem Ansehen, und was ihrer Jugend an Erfahrung mangelte, das wog der einmal bewiesene Mut reichlich auf.

Ago Tantekana und die wenigen anderen Überlebenden von Westeel, von denen einige bei der Rettungstat Foelkes beteiligt waren, behaupteten, diese Nacht und der Mord auf der Itzingaburg hätten sich ihrem Gesicht unauslöschlich eingeprägt. Unergründlich seien Foelke Kampanas Augen gewesen, als sie mit Herrn Keno an Agos Bahre saß und still zuhörte, was sich die Männer über den Landfriedensbund berichteten, der vielleicht diese Fehde mit den Bremern rechtzeitig aus der Welt geschafft hätte, so daß der Mord nicht geschehen wäre. Schicksalsrätsel hatten vor ihr gelegen.

Foelke selbst grübelte jetzt nicht mehr darüber nach. In ihrer Hochzeitsnacht hatte sich ihr das Tor zur Welt geöffnet. Sie hatte an Ockos Hand eine Schwelle überschritten, und nun war sie in einer anderen, schöneren Welt. Es dünkte sie unvorstellbar lange her zu sein, daß sie sich zergrübelte mit furchtbar quälenden Fragen. Ja, was alles hatte sie Herrn Keno und ihren Vater gefragt! Sie lächelte in sich hinein. Das war lange, lange her. Welch ein seltsames Zusammenleben war es gewesen mit diesen beiden Männern!

Heute war ihr ganz klar, daß sie mit Herrn Keno und auch mit ihrem Vater jenseits des wirklichen Lebens gelebt hatte. Das gesunde Leben im Leibe hatte gefehlt. Sie war erst richtig auf der Erde angekommen, seit sie mit ihrem Mann auch im Leibe lebte.

Ocko war in diesen Oktobertagen viel unterwegs. Foelke sah ihn fast nur zu den Mahlzeiten. Er aß mehr als er gewohnt war, vor allem an Fleisch. Und wenn sie nach der Mahlzeit bei ihm blieb, wartend, daß er ihr von dem erzählte, was er draußen verrichtete, konnte es geschehen, daß er sie plötzlich an sich riß und seine Lippen zwischen ihre grub. Und dann stürzte er davon und sprengte wieder den Deichen zu. Die Herbststürme hatten ihn erfaßt und schüttelten ihn wie die stärksten Bäume draußen, die sich jetzt ächzend bogen wie schlanke Zweige. Foelke lag selig an seiner Brust, unfähig, etwas anderes zu denken, als daß er wiederkäme und sie nehmen würde. Und wenn sie abends den Hufschlag seines Pferdes auf den Pflastersteinen des Hofes hörte und das jauchzende Gebell seines Hundes erklang, dann stand für sie die Zeit still. Sie konnte sich nicht vorstellen, daß es jemals anders werden könne. Immer würde sie bis in den Leib hinein erschauern unter seinen Blicken und seinen Händen, die sich in sie hineingruben. Immer würde sie die bergende Tiefe für ihn sein, in der er ertrank und die ihn von sich selbst erlöste.

In den Nächten lag sie oft mit weit geöffneten Augen da und wartete auf sein Erwachen. Noch halb im Schlaf sagte er ihren Namen, und wenn er die Augen aufschlug, war sie da. Es war kein Traum gewesen, sie lag da. Sie lächelte, sie wartete auf ihn. Sie stand wieder am Wege und er kam nach Hause, zu ihr. Und er ertrank in ihr und schlief weiter, ihre Hand auf seinem Herzen haltend.

Es gab für sie kein größeres Glück, als so, an ihn geschmiegt, weiter auf ihn zu warten und durch ihre Hand das Klopfen seines Herzens aufzunehmen. Wenn sie spürte, daß der frühe Morgen über die Erde strich, öffnete sie wohl leise die Türen der Schlafbutze, so daß ein Schimmer des fahlen Lichtes auf das geliebte Antlitz fallen konnte. Ocko - jede Falte seines Gesichtes kannte sie, und jede liebte sie. Wie fest er schlief -. Die hohe, schöne Stirn mit den tiefen Ecken über den Schläfen, das weiche, helle Haar, das nun ein wenig über die Wangen geglitten war, die tiefen, runden Falten um den Mund, die sich erschreckend tief eingruben, wenn die Leidenschaft über ihn kam - sie kannte das Spiel dieser Falten, und ihr wurden die Knie weich, wenn es begann.

Nun war er bei ihr. Die Nächte gehörten ihr allein. Sie würde sich wieder daran gewöhnen müssen, daß der Tag den Menschen verlangte. Jetzt waren für sie allein die Nächte hell.

Am Tage Lukas' des Evangelisten erwachte sie spät. Es war schon ziemlich hell geworden und Ocko bereits aufgestanden, zum erstenmal, ohne daß sie es gewahrte. Sie hatte das Gefühl, tief und fest geschlafen zu haben, und brachte keine Erinnerung aus dieser Nacht mit, als daß sie in weiten, weiten Fernen gewesen sein mußte. Seit sie bei Ocko schlief, hatte sie nicht geträumt. Auch unsere Seelen trennen sich nicht, dachte sie, ich brauche nun keine Träume. Gott zeigt mir Tag und Nacht, was ich tun soll: nichts, als sein Zuhause sein und ihn aufnehmen. Sie wußte, sie war für ihn so unergründlich in ihrer Hingabe, wie die Heimat selbst. Nie wird ein Mann sich fortsehnen, der die Länder und Meere der Welt kennt und wieder das Geheimnis spürt, das um die tiefsten Gründe der Heimat weht.

Aber was war in dieser Nacht gewesen -. Ein wunderbarer Traum, an den sie sich nicht erinnerte? Es war seltsam licht in ihr, und ihre Seele spannte sich weit.

Langsam und in tiefem Sinnen ob dieses nicht verlöschenden inneren Lichtes begann sie sich anzukleiden.

Sie zog, weil es sie ein Festtag zu sein dünkte, das weiche Seidenhemd über den Kopf, das so fein war, daß ein Mann es in seiner Faust bergen konnte. Foelke mochte besonders gern, daß es elfenbeinfarbig und nicht weiß war, wie man hierzulande die Frauenhemden webte. Ihr Haar hing dunkel und lang über den Rücken. Für die Nacht flocht sie es in zwei Zöpfe, aber sie hatten sich gelöst. Verträumt spielte sie mit den geringelten Strängen, die am Tage wieder fest von dem Stukelband durchzogen sein würden. Als sie nun die Spange mit dem Goldbild ihres Liebsten aus dem andern Hemd nestelte und die Nadel ein paarmal durch die weiche Brüsseler Seide steckte, um diese nicht zu überlasten, hörte sie den Hufschlag von Ockos Pferd unter ihrem Fenster. Sie beugte sich vor, sah in sein Gesicht und erschrak. Als sie bald darauf seine harten, festen Schritte auf sich zukommen hörte, wußte sie, was er von ihr wollte und ging willig mit ihm.

Sie war bleich und zitterte und fühlte doch das Licht dieses Morgens noch strahlender und heller werden.

"Ein Kind - Ocko, mein Gemahl, ein Kind ..."

Ihr Leib und ihre Seele waren ein inbrünstiges Gebet. Wenn Gott ihr die Gnade erweisen und ihr eine Menschenseele anvertrauen wollte, deren Erdenleben in ihr beginnen würde - in alle Ewigkeit wollte sie ihm danken und das Kind als ein von ihm verliehenes Gut hüten. Gnade, nur Gnade war es, wenn er ihr dies vergönnte.

Ihre betende Seele war erfüllt von hellem Licht. Sie sah weiße, schimmernde Wolken am sonnverklärten Herbsthimmel. Engelköpfe blickten aus ihnen auf sie herab und senkten sich nieder zu ihr. Jetzt hörte sie deutlich einen tiefen, tiefen Glockenklang, und nun wußte sie, daß Erde und Himmel sich begegnet waren.

Das Licht verließ sie fortan nicht mehr. Nie hatte sie von andern Frauen gehört, daß sie ein Licht über sich spürten, wenn sie mit einem Kinde gingen. Sie selbst aber fühlte, daß sich die herabkommende Menschenseele zu ihr neigte und sie noch so groß und hell umgab, wie Gott sie aus seiner Lichteswelt entlassen hatte. Diese Seele mußte sich nun einen Leib bauen, um ihr Erdenleben führen zu können. Daß das in ihr geschah, erfüllte Foelke mit Schauern des Glückes und der Ehrfurcht. Ihr eigener Leib erschien ihr fremd. Welches Wunder barg sich in ihm! Das werdende Menschlein zog seine Lebenskräfte aus ihr, aber sie war fest davon überzeugt, daß sie selbst nicht ausreichte, seinen Leib aufzubauen. Alle Himmelskräfte würde sie benötigen, um dieses fertigzubringen. Die Sonne, die sie am Tage beschien, den Mond, der am Abend sein mildes Licht über sie ausgoß, und die Sterne in ihrer strahlenden Klarheit - sie breitete die Arme nach ihnen aus, damit sie ihr Wärme und Kraft gäben für dieses Kind.

Wenn Ocko tom Broek in den kommenden Wochen an die Leybucht ritt, um immer wieder die Deiche zu überprüfen und die Siele zu beobachten, so ergoß sich in das Brausen des aufgeregten Meeres für ihn der alte germanische Schöpfungssang, und er hörte die Wellen rauschen: Gott schuf den Menschen aus acht Stoffen: das Gebein aus dem Steine, das Fleisch aus der Erde, das Blut aus dem Wasser, das Herz aus dem Winde ...

Ja, dies war glaubhaft, daß Gott das Herz aus dem Winde schuf.

Nun wurde das Herz seines Kindes gebildet. Er hätte es nicht über sich gebracht, irgendeinem Menschen zu erzählen, daß dies Wunder geschah. Daß ein Kind in aller Verborgenheit wuchs, niemals hatte er es so dankbar empfunden. Es mußte lange, lange unsichtbar bleiben.

Die Gedanken aus den Wolken ...

Auch dieses war begreiflich. Was hatten ihm, Ocko, zeitlebens die Wolken bedeutet! Unstillbar war im Süden die Sehnsucht nach den Wolken Frieslands gewesen, die nun über ihm dahinjagten und kurze Schauer über die Erde warfen. Als er auf der Heimreise Wolken wiedersah, wahrhaftig, da fühlte Ocko tom Broek, aus ihnen bildeten sich noch heute die Gedanken der Menschen. Wie sehr hatte er sich auf seiner Heimreise in Wolkengebilde hineingedacht. Wie hatte er sie auf dem Schiff, am Heck oder am Bug lehnend, je nachdem, ob ihn die jüngste Vergangenheit oder das Zukünftige in den Bann zog, liebend betrachtet. Ihnen fehlte scheinbar alle Festigkeit, und doch schufen sie Formen. Sie waren lebendig und allem Starren fern! Man konnte wohl begreifen, daß Gott aus ihnen Gedanken schaffen wollte. Sie gebaren und gestalteten sich immer neu und fanden die wunderbarsten Formen. Aber in das Wolkengewoge der Seele mußte die göttliche Schöpferhand eingreifen, damit eigene Gedanken würden. Und stand nicht geschrieben, daß sich die Wiederkunft des Christus "in den Wolken" ereignen würde?

Die Gedanken seines Kindes ...

Auch die Zeit würde kommen, wo dieses Kind selber Gedanken bildete. Es war das erstemal in Ockos Leben, daß er sein eigen Fleisch und Blut neben sich wachsen sehen würde. Seine süße Geliebte, sie trug sein Kind. Wie eine Heilige erschien sie ihm jetzt oft, so daß er gar nicht wagte, sie anzufassen. Alle guten Gedanken wurden in ihm lebendig, und plötzlich fiel ihm auch ein, daß Gyla ihm ans Herz gelegt hatte -. Ach, was war es doch gewesen? Er hatte nur den Eindruck behalten. Sollte er nicht ein wenig mehr sprechen, mehr erzählen, mehr zu Hause sein? Ja, das würde alles schwer werden. Nicht um die Welt hätte er in Worte kleiden können, was ihm durch Herz und Hirn jagte, wenn er hier Deiche überprüfte. Aber Foelkeldis kannte ihn. Sie wußte, daß er über andere Sprachen verfügte. Sie war ja eine Friesin. Sie hörte an seinem Schritt, wie ihm ums Herz war, sie sah es an seiner Haltung - sie brauchte ihm nicht einmal in die Augen zu sehen. Denn seine innere Scheu ließ ihn gerade dann die Lider senken, wenn er fürchtete, die Augen würden allzu lebhaft erzählen, was durch sein Herz stürmte. Nein, bei Foelkeldis brauchte er keine anderen als die ihm von Natur eigenen Ausdrucksmöglichkeiten herzubeschwören.

Und er jagte heim zu ihr. Sie war ja wie er. Sie war ein Teil seiner selbst, ihm entnommen.

"Und da schuf er Eva aus Adams Rippe - Adams Geliebte."

Die Sonne war nun in das Zeichen des Skorpions eingetreten. Aber der Todesmonat vermochte vorerst nicht durch seine Schatten das Licht zu verdrängen, das um Ocko und seine schöne Geliebte Glück webte. Die Stürme tobten weiterhin um die Burg, und des Windes Heulen klang schauerlich und doch vertraut durch die dunklen Nächte. Die See hatte dem Broekmerland in diesem Jahr nicht viel Leid zugefügt, nicht ein Menschenleben war zu beklagen. Mit besonderem Eifer erfüllten die Broekmer und Auricher ihr herbstlichen Pflichten gegen die Deiche und Siele und auch gegen das Land. Des Burgherrn Schritte düngen das Land, sagte man wohl. Ritter Ocko war überall und sah mit seinen scharfen Augen mehr, als manchem, der etwas bequem war, lieb sein konnte. Er tauchte auch immer anderswo auf, als man ihn vermutete, und manche sagten, es seien wahre Schlachtenpläne, die der Burgherr ersinne, wie weiteres Meedland brauchbar gemacht und Sümpfe trockengelegt werden sollten. Er sprühte vor Schöpferwillen.

Die Kornpreise waren im letzten Jahre gestiegen, und Ocko wollte dem Beispiel seines Vaters folgen und sich an das verachtete Meedland heranwagen, es umbrechen und mit Hafer besäen. Er war voller Bewunderung für die Wandlung, die das Land durch die Arbeit seines Vaters erfahren hatte. Herr Keno war ein Künstler in der Bearbeitung des Bodens gewesen und hatte dessen schlummernde Kräfte zu wecken und den verborgenen Keim der Fruchtbarkeit anzuregen gewußt. Ocko sah, daß sich diese Aufgaben noch über Jahrhunderte erstrecken würden, aber einmal mußte der Anfang gemacht und jedes Jahr, das frei von Fehden war, genutzt werden. Ritter Ocko sah zwar seine besondere Aufgabe auf anderem Gebiet, aber der Boden war und blieb die Grundlage für das Wohlergehen der Friesen, das hatte sein Vater richtig erkannt. Die Arbeit am Boden mußte unentwegt fortgeführt werden, durch Geschlechterreihen und Jahrhunderte.

In dieser Zeit, in der er erlebte, wie das Geschlecht der tom Broeks in eine neue Generation hineinwuchs, war Ritter Ocko voll heißen Willens, den Kommenden guten Heimatboden zu hinterlassen. Und so hatte er schon in diesem Herbst die torfigen Wiesen mit Sand überfahren und manche durch Überdüngen mit Torfasche verjüngen lassen.

Die Zeit mußte genutzt werden, denn früh trat das Binnenwasser wieder die Herrschaft an. Der leichte Marschboden seiner Norder Ländereien stand jetzt schon zum Teil unter Wasser. Diese niedrigen Hammriche wiesen sandige Erde, unfruchtbaren, blauen Klei und rötlichen Sand, auch Darg auf; aber zur Viehweide waren sie gut zu gebrauchen. Der Ackerbau würde hierzulande wohl immer unbedeutender bleiben als die Viehzucht, durch welche die Friesen von alters her auf den rheinischen, westfälischen und englischen Märkten bekannt und berühmt waren, dachte Ocko.

Am schlechtesten, weil am niedrigsten, war das Land zwischen Aurickhove und Emden. Das hohe Geestland um Aurickhove fiel an manchen Stellen plötzlich ab, an anderen ging es langsam in sandige, moorige Felder über. Diese Gegenden blieben zum Teil auch im Sommer naß, und es würde der Arbeit von Jahrhunderten bedürfen, das sah Ocko tom Broek wohl, sie von dem Wasser zu befreien. Jetzt, im November, war die ganze Gegend ein einziger großer See, und die Häuser ragten wie Inseln daraus hervor, Bäume, sonst auf ihren niedrigen Wällen als Landgrenze dienend, stiegen jetzt aus den Fluten auf, und ein Verkehr war nur in Booten möglich.

Ocko konnte sich nicht verhehlen, daß er die Gegend auch in Hinsicht auf ihre strategischen Möglichkeiten wertete. Er war zu lange nur Krieger gewesen, um jetzt nur als Landmann beobachten zu können. Noch in diesem Winter wollte er mit Folkmar zusammen Land kaufen. Je eher diese Verbindung gefestigt war, um so länger hoffte der Ritter freie Hand gen Osten zu behalten. Auch wurde ihm immer klarer, daß er die Grafen von Oldenburg bald als kräftige Rückenstütze gewinnen mußte.

So oft es möglich war, nahm er Witzeld auf seine Ritte mit. Dieser sollte früh einen Überblick gewinnen über die Bodenarten des sechsten Seelands und deren Möglichkeiten und sich selber in die Pläne seines Vaters und Ältervaters hineinstellen.

"Man muß hier geboren sein", sagte Ocko zu seinem Sohn, "um das Land zu lieben. Dulde auch du weder fremde Priester noch fremde Herren. Es ist unmöglich, daß sie ein Land lieben, welches jeden Winter ertrinkt. Seit ich im Ausland war, verstehe ich dies gut. Der große Karl hat uns gevierteilt, Witzeld. Er hat uns zerstückelt. Das Kennemerland westlich der Zuidersee gab er den Grafen von Holland zur Betreuung. Dann folgten Niederlothringer, Westfalen und Sachsen, und statt der Sachsen wurden es bald die Oldenburger. Lauter auswärtige Herren, die des Nachbarn Land gern dazu haben wollten. Aber keinem gelang es. Keiner wurde Herzog über uns, aber auch niemals hatten wir seitdem ein geeintes Friesland. Das verdanken wir dem großen Kaiser Karl, mein Sohn!

Laß dir von Herrn Almer erzählen, wie er uns kirchlich auseinanderriß, damit wir niemals wieder eine Einheit und als solche gegen ihn stehen würden. Im Norder- und Harlingerland befiehlt der Bischof von Bremen, über uns Broekmer und Aurickhovener und Emsiger der von Münster -. Nun, was die kirchliche Seite anbelangt", schloß Ocko lachend seinen Bericht, "so wird Almer dir am besten darüber Bescheid geben."

Witzeld ging, seitdem er endgültig auf Broke wohnte, täglich zu Herrn Almer, um von ihm in der Geschichte des Landes, in Latein und Italienisch sowie in der Religion unterrichtet zu werden. Er übte sich auch zu Hause im Lesen und Schreiben und fand viel Freude daran.

Foelke begleitete ihren Gemahl selten auf diesen Herbstritten. Es ging ihr nicht gut. Sie erbrach sich an jedem Morgen auf eine erschreckende Art, und wenn schließlich nur noch Galle aus ihrem Munde floß, sank sie erschöpft um. Gegen Mittag wurde es besser, aber sie konnte den Geruch des Essens nicht vertragen und aß selbst nur das Nötigste. Es war ein geringes, dies alles auszuhalten, meinte sie, wenn man zum Lohn dafür später ein Kind an die Brust legen konnte. Am meisten lastete auf ihr, daß es täglich dunkler wurde. Sie sah auch Ocko, für den nach vielen Jahren der erste friesische Winter heranzog, oft morgens am Fenster stehen und hinausstarren, und einmal fragte er hilflos wie ein Kind: "Wird es hier wirklich den ganzen Tag nicht hell?"

Bislang war ihm alles vertraut gewesen, was die Heimat ihm erneut darbot. Er war im Hochsommer heimgekommen und hatte sie auf eine rührende Art alle Blüten hervorzaubern sehen, die zu geben sie fähig war. Und die Sonne hatte hoch am Himmel gestanden und fast südliche Wärme zu geben vermocht. Ocko hatte nichts entbehrt und dankbar Tag für Tag Wiedersehen gefeiert mit Friesland. Auch daß jetzt die Leegden wieder unter Wasser standen, befremdete ihn nicht. So standen sie in seiner

Erinnerung. So lagen sie da, von eisiger, ruhiger Kälte umgeben, unter aufsteigenden Novembernebeln, oder sturmgepeitscht, so daß auch sie zuzeiten Schaumkronen aufwiesen, wie die lebendigen Wogen des Friesischen Meeres.

Aber daß zu dem allen Dunkelheit gehörte, hatte der Ritter vergessen. Fassungslos konnte er in den Novembertag hinausstarren, der mit aller Deutlichkeit sagte, daß es täglich noch trüber und dunkler würde. Es war auch wenig Grün da, das an das immer rege Leben erinnert hätte. In der Nähe der Burg waren so gut wie keine Nadelbäume. Eichen und Birken, vom Sturm verbogen, erschienen krüppelhaft in ihrer Nacktheit, Ocko mußte sich zusammenraffen, um Foelkeldis, die durch ihn noch mehr unter dem November litt, klarzumachen, daß jedes fallende Blatt eine Knospe zurücklasse, die zu gegebener Zeit schwellen und sich öffnen würde.

Foelkeldis war doppelt empfindlich in diesen Wochen und klagte, es könne kein gutes Vorzeichen sein, daß der Todesmonat der erste sei, den ihr Kind auf dieser Erde erlebe, Novemberschatten würden über seinem Leben hängen. Da sah Ocko, daß er Herr werden mußte über die Dunkelheit, und er begann mit Witzeld, eine Burg zu schnitzen. Denn das Nikolausfest stand vor der Tür, an dem alljährlich die Weihnachtsbescherung stattfand.

"Damit die Mutter sich auf die neue Broekmerburg freut", sagte er.

"Wann werden wir einziehen, Vater? Soll Broke dann Oldeborg heißen?"

"Ja, Burg Broke soll dann Oldeborg heißen, das klingt warm und gut. Oldeborg wollen wir alle lieb behalten, es ist ja unsere Heimat!"

Trotz dieser ihn und das Kind täglich erfreuenden Arbeit an der kleinen Holzburg stellte Ocko tom Broek mit Erstaunen fest, wie stark das Erleben der Jahreszeiten ihn wieder in seinen Bann zog. Als ob er nicht zehn Jahre im heißen Süden zugebracht hätte, der kaum Übergänge kannte! In Friesland waren die Menschen so in das Erdleben einbezogen, daß dieses ihnen Monat für Monat sein eigenes Kennzeichen aufprägte. War er,

Ocko, denn noch derselbe wie in dem Herbstleuchten? Wo war die Zeit, da Vögel sehnsuchtsvoll über ihm dahinzogen, dem fernen Süden der Wärme zu? Wo der Herbst ihn mit seinen tausend warmen, innerlich leuchtenden Farben umglühte? Ihn selbst hatte das farbenprächtige Leuchten des Septembers durchdrungen, ihn selbst hatten die Stürme gepeitscht. Und nun zog der Tod in die Erde ein und brachte es fertig, auch die Menschenseelen zu überschatten. Die Gedanken galten allen Toten. Die Erde war erstorben, und man empfand es als gottgewollt, daß auch in die Seele der Todesernst einzog und daß sie sich mit den Verstorbenen verband.

Der Boden wollte jetzt seine Ruhe haben. Es gab draußen wenig Arbeit. Aber die Menschen vermieden sie auch, denn sie empfanden es als natürlich, daß die Erde einen winzigen Bruchteil des Jahres ruhen mußte. Die Wintersaat lag schon lange in ihr. Mit den Arbeiten des Düngens und Umpflügens hörte man auf. Auch die letzten Schiffe waren nun in die friesischen Heimathäfen eingelaufen. Die Erde hatte sich in sich selbst zurückgezogen, und der Mensch folgte ihr.

Foelke bezog alles, was sie in diesen düsteren Wochen erlebte, auf sich und ihr Kind. Der November hätte nicht der erste Monat sein dürfen, beharrte sie, den das arme Kind in ihrem Leibe erlebte. Es sei von nun an den Todeskräften ausgesetzt. Ocko versuchte vergebens, seine Geliebte von so unsinnigen Gedanken abzulenken. Ihr durch das viele Erbrechen geschwächter Körper war nicht mehr der rechte Halt für die arme gequälte Seele. In ruhigen Augenblicken sagte Foelke selbst zu sich, daß es nicht von Segen für ihr Kind sein könne, wenn sie es dem Tode ausgesetzt glaube. Aber sie hatte den furchtbaren Vorstellungen jetzt zu wenig Widerstandskraft entgegenzusetzen, und ihr Ernst lastete auch auf Ocko und Witzeld.

Dann wieder konnte sie beide heftig umarmen und vor Freude weinen, weil sie so liebevoll zu ihr waren und ihr zum Trost eine Burg schnitzten.

"Du baust mein ganzes Leben, Ocko", sagte sie unter Tränen, "ich selbst tue nichts dazu. Ich weiß, daß ich dein Geschöpf bin."

"Du tust nichts?" fragte er. "Du trägst mein Kind. Das Durchtragen, Foelkeldis, das ist deine Aufgabe. Du trägst mich und meine Kinder durch die Zeit, alle, die meinen Namen führen."

Sie spürte, daß er eine starke Verbindung mit seinem Kinde hatte und wurde in seiner Nähe weniger von den gespenstischen Vorstellungen geplagt. Aber als eines Tages Hero von Dornum kam, wollte sie ihn trotz Ockos Bitten nicht sehen. Er habe das Eheschwert über ihr geschwungen, sagte sie schaudernd, und wieder sah sie ihn - wie damals in dem schaurigen Bild - bluttriefend neben sich.

Der Zufall wollte, daß gerade an diesem Tage, an dem der Mond abzunehmen begann, auf Burg Broke ein Schwein geschlachtet wurde und daß Foelke auf dem Burghof das Geschrei des Tieres hörte. Entsetzt hielt sie beide Hände vor die Ohren, rannte ins Haus und warf sich schluchzend auf ihr Bett.

Von nun an vermied sie es, in das Küchenhaus zu gehen, wo in dieser Zeit, in der Hasen und Wildschweine gejagt und heimgebracht und Rebhühner gefangen wurden, viel Blut zu sehen und zu riechen war.

Wann würde sie Herr werden über die wahnwitzige Erfindung ihres Gehirns, daß dieses Kindes Blut -. Sie wagte nicht weiterzudenken und redete sich ein, es wäre gewiß so, wie Ocko glaubte, daß die Schrecken der Geburt ihre Schatten vorauswürfen. Aber niemals malte Foelkeldis sich die kommende schwere Stunde aus. Sie sehnte sie oft herbei, weil sie hoffte, dann wieder denken und fühlen zu können wie früher. Denn ganz gewiß war es die körperliche Schwäche, die ihre starke Seele so hilflos werden ließ.

Gegen Ende des Monats hörten die furchtbaren Brechanfälle auf, und Foelke begann wieder aufzuleben. Es wollte ja Weihnachten werden. Die erste Weihenacht, die sie an der Seite ihres Gemahls mit Witzeld in Broke verbringen würde, kam näher. Die große Ruhe, die das Weltall jetzt durchdrang, erfüllte auch sie. Sie stand oft mit Witzeld am Fenster und sah in die blaue Dämmerung, in der alle Farben verklangen. Unzählige Schneesterne rieselten vom Himmel auf die Erde, und Foelke wußte sich wieder dem verbunden, was ohn' Unterlaß von Gott zu den Menschen strömt. In dem verdämmernden Tageslicht wurde ihre Seele wach und sah von neuem das andere, das der Todesmonat ausgelöscht hatte. Sie trug ein Kind, nun wurde sie wieder dieses Glückes teilhaftig. Jetzt, in der Zeit der Weltenruhe, horchte ihre sinnende Seele auf die Verheißung, die ihr geworden. Hatte sie jemals das Prophetische, das Ahnen und Hoffen der Weihnachtszeit so erlebt wie in diesem Jahr? Wie leicht war es, das Fest der Geburt des Kindes als das schönste zu feiern, wenn man selbst Trägerin eines Zukünftigen war! Aber vielleicht mußte man auch das novemberdunkle Tor des Todes und der Schrecken durchschritten haben, um so sehnsüchtig und voll seliger Hoffnung das milde Strahlen des Weihnachtssternes zu erwarten.

In ihren Träumen geschah es auch fernerhin, daß dunkle Mächte sie und ihr Kind bedrohten. Oft durchdrangen sich im Traum die beiden Erlebnisse der Christgeburt und des Menschwerdens in ihr selbst, und sie sah sich dämonischen Mächten gegenüber, die weder ihr Kind noch das Göttliche in der Welt zur Geburt kommen lassen wollten.

Zum Glück brachte die Arme wenig Erinnerungen aus diesen Schreckensträumen in den Tag hinein. Sie freute sich mit Witzeld, daß nun der Abend kam, an dem der heilige Nikolaus, der Schutzherr der Schiffer, auf seinem weißen Pferd durch alle friesischen Lande ritt, von den Großen und Kleinen, die das Alte verlassen und in das Neue, Zukünftige hineinschreiten wollten, zu dem der helle Weihnachtsstern den Weg wies, eine Überprüfung ihrer Seelen verlangte und seine Knechte in alle Bauernhäuser und Burgen schickte, um zu fragen, ob die Kinder auch artig seien. Nur dann konnten sie des Weihnachtslichtes teilhaftig werden.

Wie alljährlich legte Witzeld Grünkohlblätter für den Schimmel vor die Tür und ein Stück Brot dazu.

Als die Schar der Knechte, angeschwärzt und mit langen Mannshemden angetan, unter Lärmen und groben Späßen in die Winterstube drangen und die junge Burgfrau wie den Junker fragten, ob sie vor diesen Abgesandten des Sankt Nikolaus bezeugen könnten, daß sie brav gewesen seien, da lachte auch Foelke und gab schlagfertige Antworten, als die Fragen anzüglicher wurden und sich auf ihre Gefügigkeit gegen den ihr angetrauten Gemahl bezogen. Die Burschen durften heute abend sagen, was sie wollten, und mit reichen Gaben zogen sie später weiter.

Das Nikolausfest führte alle in der Burg zur Bescherung zusammen. Es verband auch sonst die Menschen. Niemals war es so leicht, zueinander zu finden, wie in diesen Tagen, in denen alle Arbeit außerhalb der Häuser ruhte und die Wärme des Kerzenlichtes und der rote Schein der Torffeuer die Hausgemeinschaft anzog. Die Frauen kamen zum Spinnen zusammen, und dabei wurden Sagen erzählt, die sich vor allem um den alten Friesenkönig Radbod oder um Glocken rankten. Längst versunkene Glocken kündigten neue Sturmfluten an, und Gott hatte die gestraft, die nicht auf Glockenstimmen hörten, durch die er selbst zu ihnen sprach. Ja, der Weihnachtsstern führte die Menschen zueinander. Jetzt war es leicht, den Weg zu den Herzen zu finden.

Es erstaunte Foelke daher nicht, daß Ocko ihr eines Tages sagte, er wolle jetzt zu Folkmar Allena und mit ihm und Louwert von Westerhusen versuchen, das in Aussicht genommene Grundstück jenes Lüppo in Dykhusen zu kaufen. Als Foelke bat, mitreiten zu dürfen, ließ er dies gern zu. Der Frost hatte noch nicht eingesetzt, und der Weg über Wirdum war noch passierbar. Ocko freute sich, daß Foelkeldis wieder Mut fand. Er hatte schon manchmal gedacht, es wäre besser, wenn sie mehr in die Ferne sähe. Sie war zu sehr mit sich selbst beschäftigt und blieb nicht Herr über ihre Wahnvorstellungen. Er war aber der Meinung, daß sie dadurch womöglich gerade das herbeiziehen könnte, was sie fürchtete. Die Arme - er hatte Mitleid mit ihr. Man brauchte nur in ihre schönen, tiefen Augen zu sehen, um zu wissen, in welcher Gottverbundenheit sie sein konnte. Aber waren nicht gerade solche Menschen Irrlichtern und Teufelsspuk am meisten ausgesetzt?

Wie süß sie war, als sie sich nun bleich und vorsichtig in dem Sattel zurechtsetzte. Ihre Füße steckten in hohen Fellschuhen, und eine warm gefütterte Decke aus roten Fuchsfellen band Ocko ihr auf dem Rücken zusammen. Aus einer ebensolchen Kapuze ringelte sich vorn über der Stirn eine dunkle Haarlocke heraus. Foelkeldis blies sie zur Seite und lachte, als dies nicht gelang und Ocko helfen mußte. Nun war sie ganz froh - ja, nun richtete sich ihr Blick wieder in die Weite.

Die Wintersaat überzog die Felder wie ein feiner, grüner Schimmer, wo sie nicht bereits von leichtem Schnee bedeckt war. Weihnachtliches Ahnen und Hoffen erfüllte Foelke. Sie wußte sich in ihrer Freude auf das Kind eins mit der Erde in dunkler Weltennacht. Alles Laute war nun verklungen. Schweigend und voll glücklicher Hoffnung ritt sie neben ihrem Gemahl.

Der Weihnachtsfriede fing an, sich über die Erde zu breiten. Eine Geburt war immer eine Tat - sollte auch die Geburt des Gottes eine Tat sein? Man mußte irgend etwas dazu tun, wenn Weihnacht werden sollte! Das wurde Foelke plötzlich klar, und nun war sie doppelt glücklich, daß sie in solcher Zeit ins Emsigerland ritten, um dort Land für das Kloster zu kaufen. Sie selbst wollte auch einige von ihren Ländereien um Hinte dem Kloster vermachen; sie konnte es sich nicht anders denken, als daß Segen auf dieser Klostergründung liegen würde.

Der Landkauf war bald vollzogen. Noch am gleichen Tage unterzeichneten die drei Häuptlinge die Urkunde. Ocko wollte jedem Anlaß zu Streitigkeiten aus dem Wege gehen und unterschrieb weder miles noch dominus, sondern schlicht capitalis in Brocmannia, was Folkmar, der den gleichen Titel führte, versöhnlich stimmte. Als er aber sah, daß Ocko einen Teil des Betrages nicht mit Land, sondern mit seinen eigenen Münzen beglich, sah er mißtrauisch in die Runde. Was sollten diese schönen, großen Schillinge mit dem Kreuz an der einen und dem Broekschen Adler an der andern Seite?

Vollends beunruhigte Folkmar das große Siegel in rotem Wachs. Drei Kronen über Kopf und Flügeln des Adlers - selbst der Reichsadler schaute nicht königlicher zur Seite. Die Osterhusenschen Lilien nahmen sich recht zahm aus neben diesem gekrönten, königlichen Tier.

Immerhin war es erfreulich, daß Ocko heute nicht den Ritter hervorkehrte und nicht einmal in einer Urkunde, die für alle Zeiten gültig blieb, auf der Hinzufügung seines Titels bestand.

Foelke sprach den Wunsch aus, Adda und die Kinder zu besuchen, worüber Folkmar sich freute. Ocko und sie blieben eine Nacht in Osterhusen und schieden am andern Morgen im Frieden von ihren Verwandten.

Auf dem Heimweg sagte Ocko zu Foelke, er habe große Lust, Almer als erstem von dem vollzogenen Landkauf zu erzählen.

"Er sieht nicht gut aus, wir wollen uns mehr um ihn kümmern. Er sehnt sich nach Wärme, Foelkeldis."

Und so stiegen sie denn beim Pfarrhaus in Utengrahove ab und übergaben ihre Pferde Almers Diener, der die Tiere in den Stall führte.

Almer zuckte zusammen, als er die beiden tom Broeks eintreten sah. Er hatte sich immer noch nicht an diesen Anblick gewöhnt, obwohl er als harte Selbstkasteiung auf sich nahm, während der Predigt beide oft anzusehen. Er wußte, daß es eine jahrelange Schule der Entsagung für ihn sein würde. Zugleich hatte er aber auch in diesen Monaten gesehen, daß es keinen besseren Helfer für ihn gab als geistige Zucht. Der klar und sinnvoll aufgebaute Gottesdienst half ihm noch am besten. Nichts Heilkräftigeres konnte er sich denken als den inneren Aufbau der Heiligen Messe, der schließlich zu einer Wandlung alles von der Natur Gegebenen ins Geistige führte.

Ocko erzählte von seinen Erlebnissen mit Folkmar und Louwert.

"Wir werden ein Dominikanerinnenkloster gründen", sagte er, "und es der heiligen Margareta weihen, Almer. Am Margaretentag hast du mir hier den Trunk kredenzt, Foelkeldis. Er soll dem Kloster Glück bringen. Ich kenne mehrere von den Brüdern in Norden. Sie haben doch auch in Frauenklöstern die letzte Aufsicht, Almer? Herr Heinrich von Harlingen hat wohlmeinend von dir gesprochen. Er hält viel von deinen Kenntnissen in der Theologie und glaubt, es könne viel aus dir werden."

Almer lächelte vor sich hin, aber Ocko vermochte nicht zu erkennen, ob der Freund sich über das Lob freute.

In der folgenden Woche setzte harter Frost ein, so daß in der Heiligen Nacht ein funkelnder Sternenhimmel über Friesland thronte. Der Schnee knirschte unter den Füßen der Kirchgänger, und wer das rechte Ohr dafür mitbrachte, hörte ihn nach altem Volksglauben "Christ, Christ" sagen. Ein solcher legte in dieser Nacht, in der niemand schlafen ging, auch wohl das Ohr an den Bienenkorb und hörte den Lobgesang der Engel über den schauenden Hirten. Zwölf Heilige Nächte schenkte das Jahr. In ihnen fingen die Tiere zu sprechen an. Die Erde verhielt ihren Atem, alle Arbeit in Feld und Haus mußte ruhen wie die ihre. Um die Sommersonnenwende verhielt sich die Sonne für einige Tage reglos, um dann in den finsteren Teil des Jahres hineinzuführen; um Weihnachten stand die Erde still. Aber in dem Augenblick der größten Erdenfinsternis wurde das neue Licht geboren, das ihr wieder Leben verlieh, und sie begann leise wieder einzuatmen. Sie war nicht tot. Die ewige Liebe hatte sie am Herzen gehalten. Leben und Licht kamen wieder und kehrten auch in die Menschen ein.

Als der Stephanstag mit seinem Jagdtrubel und seinen Trinkgelagen vorbei war und auch Ocko auf seinen Ländereien nach alter Sitte jeden Friesen nach Herzenslust hatte jagen lassen, soviel ihn gelüstete, beschloß er, die Reise nach Oldenburg nicht mehr bis zum Frühjahr hinauszuschieben. Er wollte gern, daß Foelke ihn begleitete. Sie sollte um seine Pläne wissen, und er wollte sie in seine Arbeit hineinwachsen lassen. Sie war um ein bedeutendes jünger als er, und wer konnte wissen, ob es sich nicht einmal so fügte, daß sie allein zu entscheiden hätte? Noch stand er in der Vollkraft seiner Jahre, aber würde er die Söhne, die noch geboren werden sollten, zu Männern heranwachsen sehen, die seine Aufgabe weiterführen konnten?

Das Wetter war gut für eine Schlittenfahrt, und es hatte nicht den Anschein, als ob der Frost nachlassen würde. Den Dreikönigstag gedachte Ocko noch abzuwarten, denn der war das Fest, dem gerade die Broekmer die größte Bedeutung beimaßen. Es war bekannt, daß die Gebeine der Heiligen Drei Könige in einem Sarkophag des Kölner Domes lagen. Mancher Friese war auf seinen Handelsfahrten in Köln gewesen, wo es, wie in allen größeren Städten des Niederrheins, auch eine Friesengasse gab. Jahr für Jahr schritten die Broekmer in feierlicher Prozession nach althergebrachter Weise durch den langen Gang der Kirche zu Utengrahove, um zuerst hier vor dem Altar ihr Sterndreherlied zu singen, mit dem sie dann bis in die entferntesten Dörfer des sechsten Seelandes zogen. Ocko mochte es ihnen nicht antun, im ersten Jahr seines Hierseins ihr Sternenlied nicht anzuhören. Zudem gestand er sich, daß er sich innerlich ein wenig mit diesen Priesterkönigen verbunden fühlte. Sie waren einem festen Ziele nachgegangen. Sie wußten den Weg. Sie ließen sich von Sternenkräften führen. Zukünftiges war keimhaft in einem Kinde in die Erscheinung getreten und Wirklichkeit geworden.

Als er mit Foelkeldis im Häuptlingssitz dem Lied zuhörte, zu dem das Klappern des sich drehenden Sternes eine eintönige Begleitmusik bildete, und aus dem Kästchen auf dem Sternenstock bald die Krippe mit dem Kinde und dessen Eltern, bald Herodes im roten Gewande heraustreten sah, da schien es Ritter Ocko, als ob seine Broekmer ihm seinen eigenen Weg vor Augen führten. Keimhaft sah er Neues entstehen. Was wollte er in Oldenburg anders, als es herbeiführen helfen? Herodes-Naturen würden ihm zur Genüge begegnen. Es war immer so: von Anfang an bedrohten sie "das Kind". Aber das Neue mußte dennoch entstehen! Seine Pläne mit Oldenburg mußten gelingen! Er wußte es gewiß in diesem Augenblick, diese Pläne führten Friesland einen Schritt weiter der Einigung entgegen. Einmal mußte auch diese Wirklichkeit werden.

Am folgenden Tage jagte Ocko tom Broek mit seinem jungen Weibe über Wege, Felder und Landseen, die hart waren wie eine Dreschdiele. Gegen Abend erreichten sie Oldenburg, und der Ritter ließ sich zunächst bei Graf Christian melden, von dem er wußte, daß er viel in der Welt umhergekommen und bis vor wenigen Jahren Domherr in Köln gewesen war.

Foelke war noch niemals an einem ausländischen Hof gewesen. Als sie sich jetzt im Empfangssaal des Schlosses das Haar überkämmte und das Schersson glattstrich, fiel ihr ein, daß ihr Vater einmal lachend gesagt hatte, Kinder, die am Laurentiustage geboren seien, würden mit großen Herren umgehen. Sie sagte dies Ocko und lachte dazu: "Der erste der großen Herren warst du, mein Gemahl."

Und übermütig setzte sie hinzu:

"Ob die Grafen von Oldenburg wohl solche Bauern neben dir sind wie die Häuptlinge Frieslands? Denk dir, Doda sagte, Heros Hose wäre wirklich geplatzt."

Jung und froh sah sie ihn an. Sie küßte ihn strahlend glücklich und legte heimlich die Hand auf den Leib, um auch ihr Kind zu liebkosen.

Graf Christian war offensichtlich erfreut, Ritter Ocko und seine Gemahlin bei sich zu sehen, und lud beide ein, einige Tage zu bleiben. Die Fuchsjagd locke und das Eis sei spiegelglatt. Der oldenburgische Winter wäre dem friesischen wohl nicht unähnlich, und jetzt sei die beste Zeit, Geselligkeit zu pflegen.

Ocko, der sich freuen mochte, wieder einmal im Kreise von Nichtfriesen zu sein, nahm die freundliche Einladung an, wenn es auch der Gräfin angenehm sei.

Alle würden sich freuen, sagte der Graf. Im Augenblick vergnüge sich hier der ganze Hof auf dem Eise. Auch seine Schwester sei hier, die Gräfin von Diepholz. Ocko habe gewiß von der Fehde zwischen den Grafen von Oldenburg und denen von Diepholz gehört. Es habe sich um Erbschaftsangelegenheiten gehandelt.

"Also das gibt es auch hier", sagte Foelke erleichtert.

Graf Christian lachte. Das sei wohl die Krankheit, welche die ganze Welt ergriffen habe, sagte er. Sie entspringe dem Grundübel der Zeit, der Habsucht. Auch die Kirche und die Orden, vor allem die Dominikaner, predigten neuerdings weniger gegen den Hochmut, der nach ihrer Ansicht früher die Seele des Menschen verdorben habe, als gegen die Habsucht.

"Margaretas Gemahl ist der Neffe meiner Mutter, die auch eine Gräfin Diepholz war", sagte Graf Christian. "Er macht noch Ansprüche an ihren Brautschatz und beruft sich auf mündliche Versprechungen unseres Vaters. Ich mag Euch nicht mit den Familienzusammenhängen behelligen, Ritter - auch meines Vaters Schwester Jutta hat einen Diepholz geheiratet."

Ockos Gesicht war undurchsichtig. Er verspürte keine Neigung, die unerquickliche Erbschaftsstreitfrage des Hauses tom Broek auf gleiche Weise zu erläutern. Brautschatz, Fletiewa, der fordernde Neffe - in wieviel Familien mochten noch die gleichen Verhältnisse zu finden sein! Hier hatte es zu einer

Züchtigungen doch den Schein väterlich-erzieherischer Absicht trügen, und wenn er sich vor denen hüte, die einen Zorn gegen ihn hegten, so sei seine Herrschaft schön und beneidenswert, denn sie umfasse die bessere und nicht die herabgewürdigte Menschheit."

"Das will aber gekonnt sein", sagte Graf Christian nachdenklich.

Foelke Kampana hatte aufmerksam zugehört. Ihre Augen glänzten, als sie, sich leicht vorbeugend, die Hand auf Ockos Arm legte und fragte:

"Verzeih, mein Gemahl, und auch Ihr, Graf, wollet verzeihen, daß ich so töricht frage -, wie denket ihr euch eine Tyrannis in Friesland? Könntet ihr euch vorstellen, daß sich jemals eine solche Gewaltherrschaft bei uns bildet?"

"Das ist keineswegs eine törichte Frage", sagte der Graf. "Und es könnte sein, daß sie Euer Leben beherrschte, Burgfrau, wiewohl Ihr so jung an Jahren seid, daß einen verabschiedeten Domherrn der Neid fassen könnte. Es ist die Frage unserer Zeit! Und Euer Gemahl und ich sprechen nicht über Aristoteles, weil er einmal in fernen Zeiten Kluges gesagt hat. Wir ringen um die Staatsform in unserem eigenen Land."

"Graf Christian", sagte Foelkeldis lebhaft und ergriff in einem plötzlichen Aufwallen ihres warmen Herzens seine Hand, "es ist schön, daß Ihr und mein Gemahl ... Ich freue mich, daß wir hier sind. Aber nun sagt mir, ihr beide, was ihr auf meine Frage zu antworten habt."

Ocko sah sie in großer Liebe an.

"Foelkeldis, ohne Gewalt kommt Macht nicht aus und ohne Macht kein Herrscher. Vorläufig jedenfalls nicht."

In den folgenden Tagen herrschte frohes Leben am Oldenburger Hof. Foelkeldis war eine ausgezeichnete Schlittschuhläuferin; die beiden jungen Gräfinnen beneideten sie um ihre Sicherheit. Sie gab wohl acht, nicht zu fallen, verriet aber doch Gräfin Anna, als diese ihren kleinen Sohn Johann auf das Eis holte, daß auch sie ein Kind erwarte. Von da an blieben die jungen Gräfinnen mehr mit ihr zu Hause. Man dürfe kein Unglück herbeirufen, sagten sie. Und Anna erzählte Foelkeldis

von ihrer Heimat. Sie sei aus Hamburg und gehöre dem Geschlecht der Grafen von Schauenburg an. In alten Zeiten habe es dort drei Burgen gegeben, die Hammaburg zwischen der Alster und der Bille, die Alsterburg und die Wiedenburg. Seit vierhundert Jahren seien die Schauenburger Herren der Stadt. Gräfin Anna sprach von mehreren Märkten, dem Hopfenmarkt und dem Fischmarkt, von vielen Straßen, einem großen Rathaus und von Kirchen wie Sankt Petri, Sankt Nikolai und dem Mariendom. In der Neustadt hätten sich vorwiegend Kaufleute und Schiffer, in der Altstadt die gewerbetreibenden Leute angesiedelt. Die Trostbrücke verbinde beide Stadtteile, dort sei auch der Hafen, den ihr, Annas, Ahn angelegt habe.

"Und wo wohnen die Bauern?" fragte Foelkeldis verwundert. Sie konnte sich wohl unter Burgen und Domen etwas denken, nichts aber unter einem Hafen mitten in der Stadt. Wie anders mußte dort die Welt sein! Eine Stadt, in der keine Bauern wohnten, kannte Foelke nicht. In Emden hatte jeder Einwohner Land und Tiere. Der einzige Unterschied von Marienhove und Norden war, daß es dort mehr Handwerker gab, von denen sich Goldschmiede und Schneider schon zu Gilden zusammengeschlossen hatten. Aber etwas Land hatten auch sie alle.

Von Städten war in diesen Tagen oft die Rede. Sie begännen, große Macht zu entfalten, sagte Graf Konrad, Christians Halbbruder, wenn auch auf eine ganz andere Art wie in Italien. Der Friese Edo Wiemcken trotze Bremen, indem er Seeräuber aufnehme und auch selbst die hansischen Kaufleute auf der Weser schwer schädige.

"Das Seeräuberunwesen nimmt zu, Ritter," fügte Graf Konrad bei, "nicht unmöglich ist es, daß auch Ihr zu dieser Frage einmal Stellung nehmen müßt. Wie würdet Ihr Euch Seeräubern gegenüber verhalten?"

Ritter Ocko wartete einen Augenblick, bevor er sagte:

"Ich habe zuviel gesehen und zuviel Kriege geführt, um mich in einem Augenblick, in dem mich weder der eine noch der andere bedroht, für den einen oder den andern zu entscheiden."

Da lachte Graf Konrad und schlug seinem Bruder klatschend auf den Arm:

"Hast du jemals einen klügeren Mann in diesen Mauern gesehen, Christian? Was hat der große Kaiser von euch Friesen gesagt? Die fremden Völker kennen eure Klugheit und fürchten sie."

"Zu fürchten ist hier nichts, scheint mir", sagte Graf Christian in seiner gewinnenden Art. "Ritter Ocko ist nicht gekommen, uns eine Fehde anzusagen, oder hattet Ihr solches im Sinn, Ritter?"

Jetzt war der Augenblick gekommen, auf den Ocko tom Broek gewartet und auf den er die Gedanken Graf Christians bereits hingelenkt hatte.

"Ich bin gekommen, den Grafen von Oldenburg zu sagen, daß wir den alten Vertrag zwischen ihnen und den Broekmer Friesen erneuern können, sofern sie nichts dagegen haben", sagte er ruhig. "Es stehen euch, seit der große Karl Friesland vierteilte und ihr die Erbschaft der Billunger antratet, einige Gerechtsame zu, die sich auf die von eurem Vorfahren Graf Johann erbaute Kirche zu Aurickhove erstrecken. Außer diesen Patronatsrechten ist euch ein Bierzoll zu zahlen, und -"

Graf Christian war nicht überrascht, aber Graf Konrad sagte offen:

"Und freiwillig bietet Ihr uns dies an, Ritter? Niemals habt ihr Friesen einen fremden Herrn in eurem Land geduldet. Ich selbst -, nein, ehe ich mir den Bierzoll von Aurich holte-! Ihr wäret imstande, einen Grafen von Oldenburg, der euch zwingen wollte, an einem von euren nach Norden gerichteten Galgen aufzuhängen."

"Uns ist es immer angenehmer, freiwillig unsern nachbarlichen Pflichten nachzukommen", bestätigte Ritter Ocko. "Ihr werdet Euch nicht über uns zu beklagen haben."

"Mit Euch läßt sich reden", sagte Graf Konrad. "Ich wollte, Edo Wiemcken wäre ein ebenso verständiger Mann. Wir haben ihn im vergangenen Jahre geschlagen und den Tod unseres Vaters gerächt, aber der Rüstringer gibt keine Ruhe. Die Friesen brauchen nur von fern zu spüren, daß einer als Herr auftritt, und man sieht sie aufflammen in wildem, unbändigem Freiheitswillen. Daß Ihr keinen Herrn über Euch ertragt-!"

"Damit müßt Ihr wohl für alle Zeiten rechnen", sagte der Ritter. "Es jammert mich um Euren Vater, Graf, ich habe sagen hören, daß er alle seine Vorfahren an Weisheit, Stärke und Verstand übertroffen und daß es in ganz Sachsen und Westfalen außer dem Kaiser keiner mit ihm aufgenommen habe an Kriegserfahrung. Er soll Stiften und Klöstern Renten und Zins zugewendet haben, so hörte ich und -"

"Er hätte dem Erzbischof von Bremen einen Fußtritt geben sollen, statt ihm gegen Edo Wiemcken zu helfen", unterbrach Graf Konrad wütend. "Was ging es uns an! Wir Oldenburger brauchen uns nur sehen zu lassen, schon reckt sich der Rüstringer Friese, weil er fürchtet, wir wollen ihn bevormunden. Er erträgt es nicht."

Graf Christian fiel mildernd ein:

"Für uns sind die Rüstringer jetzt Seeräuber. Edo Wiemcken wird reich dabei. Er hat sich in Jever ein Schloß und nicht weit von Euch, Ritter, eine Burg erbaut. Sein Land blüht auf, seine Macht auch."

"Wie verhielten sich die Harlinger in eurem Streit mit den Rüstringern?" fragte Ocko die Grafen.

"Sie hielten zu Edo Wiemcken", antwortete Graf Christian. "Und es erinnerte uns an die Zeit vor mehr als zweihundert Jahren, Ritter, von der unsere Vorfahren einer dem anderen berichteten. Da habt ihr Broekmer mit den Nordern und Östringern gegen die Harlinger gekämpft. Diese holten sich Rüstringer zur Hilfe. Es hat ein wütendes Kämpfen gegeben, dem Herr Heinrich der Löwe von Bremen aus lächelnd zugeschaut hat in der Hoffnung, gelegentlich des Verblutens der Friesen etwas für sich zu erben. Als die Friesen dieses merkten, haben sie Frieden geschlossen."

"Den Friesen gereichte es nicht selten zum Segen", sagte Ocko, "wenn auswärtige Herren sie angriffen. Es war das beste Mittel, sie selber zur Einigung zu führen. Und Ihr habt ebenso recht, Graf Konrad: niemals werden Friesen Herren über sich dulden, die nicht ihres Stammes sind. Darum dünkt mich, Herren, wir sollten ein nachbarliches Bündnis miteinander schließen. Euch bleiben alle Gerechtigkeiten in Friesland, und ich werde dafür

Sorge tragen und euer Bürge sein, daß ihr zu eurem Recht kommt. Ihr dagegen helft mir, die Harlinger in Schach zu halten und von den Rüstringern zu entfernen. Das ist zu eurem und meinem Besten. Ich stehe euch zur Seite gegen Edo Wiemcken und achte darauf, daß er nicht zu große Macht gewinnt, und ihr helft mir im kommenden Frühjahr gegen die Hadeler, die immer noch nicht unsere Gefangenen herausgegeben haben. Was dünkt euch um solchen Vorschlag?"

Graf Konrad sagte, man müsse eine Nacht darüber schlafen. Aber Graf Christian gab Ocko die Hand:

"Klug ist, Ritter, was Ihr uns vorschlagt, und zu Eurem wie zu unserm Nutzen. Ich meine, daß wir Hand in Hand arbeiten sollten, Oldenburger und Friesen. Wir können gute Nachbarn sein, da unsere Ziele sich nicht kreuzen. Und was Euch und mich angeht: kommt oft wieder. Um Euch weht Weltluft."

Unbemerkt von den Männern war Foelke schon vor längerer Zeit eingetreten. Sie hatte sich auf eine Bank gesetzt, die in der Nähe der Tür an der Wand stand. Zwei Stufen führten zu diesem Sitzplatz hinauf.

Die Dämmerung hatte sich niedergesenkt, und Foelke sah die Gesichter der drei Männer vom Schein des Holzfeuers beleuchtet. Im Oldenburgischen gab es große Wälder, so daß man nicht nur auf Torfbrand angewiesen war. Das Holz knisterte, und die dicken Kloben gaben helle, schöne Flammen. Der große Raum wurde gut erwärmt, und obwohl man die Wachskerzen an den Wandleuchtern noch nicht entzündet hatte, war es ziemlich hell. Das Licht spielte auf dem eisenbeschlagenen Schrank, in welchem Geld und Kostbarkeiten aufbewahrt wurden. Das Gesims war in Form eines Zinnenkranzes aufgesetzt worden, vielleicht um anzudeuten, daß auch dieser Schrank eine kleine, uneinnehmbare Burg sei. Man hatte dem Holze seine natürliche Farbe gelassen und es nur durch schöne Eisenbeschläge und vier große, kunstvoll gearbeitete Schlösser verziert.

Graf Christian legte neue Holzkloben auf, und bald prasselte die helle Glut von neuem in dem Feuerbecken des Kamins.

Foelke war zumute, als ob sie träume. Sie nahm soviel auf einmal wahr! Das helle Holzfeuer war aufregender als das stille daheim, das der Torf entfachte. Es herrschte eine große

Lebendigkeit in diesem Raum. In diese fügte sich die Unterhaltung der Männer ein. Das Wappen der Oldenburger Herren über dem Kamin zeigte die beiden sich gegenüberliegenden Kreuze und die fünf Balken, die Foelke in diesen Tagen immer wieder gesehen hatte, über dem Tor, auf den Fahnen, an den Herren selbst, auf dem Silber, mit dem sie aß - sonst hätte man meinen können, man sei irgendwo in der weiten Welt, in Italien, wo man am Königshof über die Grundfragen der Staatenbildung sprach, oder sonst einem fernen Land. Foelkeldis fühlte sich herausgehoben aus der Enge ihres kleinen Heimatlandes, sowohl durch alles Neue, was sie hier sah, wie durch die Gespräche, denen sie zuhörte. Ihr Herz schlug heftig, als sie Ocko den Bündnisvorschlag aussprechen hörte, und sie hatte Mühe, nicht aufzuspringen und zu ihm zu eilen.

Aber als Graf Christian nun sagte, um Ocko wehe Weltluft, da stand sie auf und stellte sich hinter ihn. Nun fiel der Schein des Feuers auch auf ihr Gesicht. Es war durchglüht von dem Glück über alles, was kommen wollte, was schon keimhaft in ihrem Geliebten und in ihr sich regte.

Am folgenden Tage wurden die tom Broekschen Pferde, die sich inzwischen in den gräflichen Stallungen an Heu und Hafer gütlich getan hatten, abermals vor den Schlitten gespannt. Der Diener legte ihnen die Decken um, denen der rechtsblickende Adler mit Goldfäden eingestickt war, und säuberte zum letztenmal die Adlerköpfe der Rückenlehne.

Als die beiden dann in den frostklaren Januartag hineinfuhren und die Gestalten der freundlichen Gastgeber immer kleiner wurden, schmiegte Foelkeldis sich eng an ihren Geliebten. Sie wurde plötzlich daran erinnert, wie Herr Keno aus Strackholt abgefahren war und sie so dagestanden hatte und den Schlitten in dem Schneegestöber unter ziehenden weißen Wolken verschwinden sah. Und nun saß sie selbst in diesem Schlitten, und Ocko war bei ihr. Ocko, Ocko - war das Leben noch zu denken ohne ihn? Wie kann man nur so zusammengehören-! Das fragte sie sich immer wieder. Wenn er so davonführe, wie Herr Keno damals, und sie zurückließe mit dem Wissen, daß es nun aus sei! Oh, nicht weiterdenken! Bei dem bloßen Gedanken daran wurden ihr die Knie schwach. Ihre Finger gruben sich in seinen Arm.

Ocko sah zur Seite. Er war so glücklich über die gelungene Reise, daß Foelkes Herz wieder jubelte. Er war ja da, was ängstigte sie sich! Er saß neben ihr. Wenn er auswärtige Herren besuchte, um wichtige Dinge mit ihnen zu besprechen, nahm er sie mit. Konnte es ein größeres Glück für ein Weib geben?

Wahrhaftig, sie hatte mit Herrn Keno und auch mit ihrem Vater mehr in der Vergangenheit und im Jenseits gelebt als auf der Erde. In diesem Augenblick übertrieb die Erinnerung noch. Aber war es nicht wirklich so gewesen, daß die Gegenwart damals zu kurz kam? Was gingen sie heute die Normannenkämpfe an! Für ferne Zeiten hatten sie Bedeutung gehabt. Sie, Foelke Kampana, aber erlebte, was in der Gegenwart mit Friesland geschah.

8.

Mit zunehmendem Mond überflutete eine neue Kältewelle die Länder an der Küste des Friesischen Meeres. Es war eine schwere Zeit für alte und kranke Leute. Der Ostwind heulte um die Lehmhäuser, und warm wurden die Menschen nur am Torffeuer und in ihren Butzen, durch die sie vorm Schlafengehen die heiße Bettpfanne gleiten ließen. Kinder und Erwachsene erwärmten Backsteine auf der heißen Herdplatte, schlugen sie in alte Tücher ein und nahmen sie mit ins Bett.

Aber die Verbindung zu den andern Landesteilen war durch das Eis aufrechterhalten. Nie im ganzen Jahr war man vom Auricher- und vom Broekmerlande so oft und leicht ins Emsigerland gekommen. Die Entfernungen waren aufgehoben. Die Schlitten glitten geradewegs auf Emden zu.

In Oldeborg - dieser warme Name war seit der Nikolauszeit auf Burg Broke und die umliegenden Häuser übergegangen - sah man jetzt häufig Gäste. Elborg und Doda kamen mit ihren Männern und Söhnen, und eines Tages erschien auch Enno Edzardsna mit einer schönen, jungen Häuptlingstochter aus Manslagt und stellte sie den Verwandten in Oldeborg glücklich als seine Braut vor. Gela von Manslagt war nicht viel jünger als Foelke. Ihr sanftes, stilles Wesen gefiel Ocko und Foelke gut, zumal ihre aufmerksamen Augen einen guten Verstand verrieten. Dieses Mädchen war wohl geeignet, mit Dodas frohem, zielsicherem Sohn durch das Leben zu gehen. Auch Haiko von Valdern kam einmal mit seiner Adda. Sie wollten gleich nach der Fastenzeit heiraten. Es fiel Ocko und auch Foelke auf, daß beide viel von Folkmar sprachen und eine große Zuneigung zu ihm bekundeten. Man sagte, daß Addas Schwester Ocka mit Folkmar Allenas Bruder Ayld verheiratet werden sollte, um den Frieden in der Verwandtschaft zu sichern.

Auch die Norder Häuptlinge kamen mit ihren Frauen, und Ocko beratschlagte mit ihnen, wann die Fehde mit den Hadelern jenseits der Weser ausgetragen werden solle.

"Wir wollen sie jagen wie die Füchse", sagte Hylo Attena, "und in unsere Fallen locken wie Marder und Iltis."

"Sie sollen zahm werden wie dein Falke, Ocko", schwur Lütet Manninga, der gerade vor dem Käfig stand, in dem ein mittelgroßer Wanderfalk in sich geduckt auf seiner Stange saß und auf die Zeiten wartete, in denen er sich wieder auf Reiher und Kraniche stürzen durfte.

Ocko trat zu dem Tier, zog sich den Lederhandschuh an, der an einem Haken neben dem Käfig seinen Platz hatte, und öffnete die Tür. Der Vogel hüpfte auf seine Hand und ließ sich von dieser Warte aus ruhig durch die Stube tragen.

"Du bekommst bald wieder Arbeit", sagte Ocko zu ihm und lachte. "Er wartet wie Ihr", wandte er sich an Lütet und ließ den Terzel wieder in den Käfig. "So hat auch mein Neffe Enno hier gesessen. Sobald das Wasser es erlaubt, ziehen wir gen Osten."

Ja, das Wasser -. Friesland stand unter Wasser, aber dieses war für eine kurze Zeit in die Verhärtung eingegangen. In dem ewig Flutenden, ewig sich neu Gebärenden waren Formgeister geheimnisvoll am Werk. Eiszapfen, wunderliche Gebilde, hingen von den Dächern herunter, und die Fenster zeigten den ganzen Tag Blätter und Blüten, wie der Süden sie nicht phantastischer hätte hervorbringen können. Wenn sich ein Sonnenstrahl auf die Welt wagte, glitzerte der Schnee wie Edelgestein.

In Foelkes Herzen klangen immer noch die Weihnachtsglocken nach, Weihnachtswärme durchdrang die Winterkälte und Weihnachtslicht die Finsternis. Sie spürte, daß Gnade über dieser Zeit lag. Es kam wohl besonders daher, daß sie ihr Kind in sich wachsen fühlte.

Sie hatte es Witzeld noch nicht erzählt. Die Zeit des Wartens würde ihm zu lang werden, meinte sie, und sie wollte auch einen besonderen Augenblick dafür wählen. Vielleicht fragte er selbst einmal danach.

Witzeld ging täglich mit seinem Vater auf die Jagd und übte sich fleißig im Armbrustschießen. Ein tom Broek, hatte sein Vater gesagt, müsse in allen ritterlichen Künsten wohl bewandert sein. Wenn Witzeld auch darauf achte, daß er Tischzucht erlerne, wie es ihm die Mutter zeige, so solle er als des Vaters Knappe und im Speerstich und Schwertkampf ausgebildet werden. Freilich gehöre zu einem Edelmann auch, daß er lesen und schreiben könne.

Und nun gab das Kind sich alle Mühe, seinen Vater nicht zu enttäuschen. Ritter Ocko war als ein neuer Stern an seinem Himmel aufgegangen. Ein neues Leben hatte begonnen. Witzeld malte Buchstaben und ganze Wörter und zeigte sie Foelke. Sie bestaunte sein Gekritzel und besonders, daß er immer wieder dieselbe Bedeutung für diese merkwürdigen Zeichen fand. Und es regte sich in ihrem Herzen ein Gefühl, das sie bisher nicht gekannt hatte: Witzeld beschäftigte sich mit Dingen, die ihr zeit ihres Lebens fremd bleiben würden. Es war etwas zwischen sie und ihn getreten.

Eines Tages, als er ihr wieder zeigte und vorlas, was er geschrieben hatte, hörte sie sehr aufmerksam zu und merkte sich die Zeichen für die Laute. Von nun an übten sie sich gemeinsam im Lesen und Schreiben, und es war jetzt wie früher. Foelke konnte wieder ganz mit diesem geliebten Kind denken.

Freilich waren beide lieber in der Wirtschaft tätig. Sie suchten sich die großköpfigen, schwarzen Hühner aus und setzten sie, sobald sie brütig wurden, auf die Eier. So hatte Gyla es gehalten. Es fiel ihnen beiden, die zum erstenmal den Winter hier erlebten, so manches ein, was in Strackholt um diese Zeit zu geschehen pflegte. Die Tage, in denen man draußen noch nicht arbeiten konnte, mußten fleißig genutzt werden. Die Mägde wurden zum Spinnen angehalten. Bald sollte der Ertrag ihrer Arbeit unter die Leineweber in Leer verteilt werden. Foelke selbst webte ein weiches Wolltuch, in das sie später ihr Kind einzuschlagen gedachte.

Foelke hatte nie besondere Freude an Handarbeiten gehabt, daher ging ihr die Arbeit nicht schnell vonstatten. Aber es tat ihr wohl, darüber nachzudenken, welche Form das Tuch haben sollte und welche Farbe. Ihr Mutter hatte ihr allerlei Pflanzen zum Färben mitgegeben: Ginster, Eichenrinde, Kreuzdorn, von dem die Beeren verwandt wurden, und eine schöne, hellrote Wurzel, die aus den Mittelmeerländern stammte. Gylas stiller, sorgsamer Pflege war es gelungen, diese Pflanze auch hier im

Die Entfernung zwischen dem Broekmer- und Emsigerland war nun wieder so groß, daß sie fast unüberbrückbar erschien. Um die Bäume und Büsche bildeten sich bald kleine Seen, in die unaufhörlich von den Blättern und Ästen weg der schmelzende Schnee tropfte und kreisende Ringe zog. Täglich wurden diese Teiche größer. Aber auch der Schnee auf den Feldern und den Rasenflächen in der Nähe der Burg wurde täglich löcheriger und schmutziger, und es dauerte nur noch wenige Tage, da wurden die Umrisse der Beete in den Gärten und der Äcker auf dem Felde wieder sichtbar, und dann kam ein Sonntagmorgen, an dem man die Nebel aufsteigen und die Erde dampfen sah. Jetzt hatte die Sonne gesiegt. Die Erde ergab sich ihr. Der Frost entwich, und nun konnte das Wasser einsickern in ihre Tiefen.

Foelke hatte mit Ocko und Witzeld die Messe gehört und zeigte den beiden auf dem Heimweg mit inniger Freude die bereits abgetrockneten Stellen der Äcker. Gottes Hände lagen segnend über dem Land. Unter ihrer Wärme schmolz nun der Schnee, und alles Harte verließ die Erde. Andächtig und voller Hingabe blickte die Erde zur Sonne empor, die Gott ihr zugesellt hatte, damit Leben werden konnte.

Über den Weiden am Burggraben lag jetzt in der Mittagssonne ein hellgelber Schimmer. Kalt blies noch der Märzwind, aber das drängende Leben verlangte Wärme. Heute schien die Sonne, heute war der rechte Tag, Witzeld von ihrem großen Reichtum zu erzählen, meinte Foelke.

Sie hatte wohl bemerkt, daß er sie in den letzten Tagen zuweilen prüfend ansah. Die Veränderung ihrer Gestalt mochte ihm aufgefallen sein. Auch hatte sie ihn des öfteren zurückgewiesen, wenn er sie bat, mit ihm auszureiten. Es wurde nun Zeit, daß er es erfuhr. Er mußte sich doch mit ihr freuen können!

Witzeld war nun elf Jahre alt und erlebte in jedem Frühjahr, wie die jungen Tiere zur Welt kamen. Aber er hatte sich noch wenig Gedanken darüber gemacht, woher wohl der Mensch käme. Foelke erinnerte sich, daß er sie vor einigen Jahren einmal danach gefragt hatte. Sie hatte ihm damals gesagt, jeder Mensch käme von Gott, aber alle lebendigen Wesen wüchsen zunächst da, wo sie am liebsten sein möchten, bei ihrer Mutter. Da war

Witzeld traurig geworden und hatte sie heftig umarmt. Seitdem war nie wieder die Rede auf diese Dinge gekommen, und Foelke glaubte, Witzeld habe es wohl vergessen oder vielleicht auch nicht recht verstanden. Und so schien es wirklich zu sein. Seltsam dünkte es sie, daß ein Landkind nicht vom Tier auf den Menschen schloß. Oder war dies nicht seltsam? Spürte ein Kind den abgrundtiefen Unterschied zwischen Mensch und Tier so stark, daß es dem Menschen auch im Körperlichen andere Werdemöglichkeiten zuerkannte? Wie dem auch sein mochte, Foelke sah, daß bislang ein Vorhang gezogen war vor diese Lebensgeheimnisse. Witzeld hatte nicht hinter ihn geschaut. Seine Augen waren gehalten worden. Ihre, Foelkes, Aufgabe war es, sie ihm zu öffnen.

Als es dämmerte, nahm sie ihn wie gewöhnlich auf den Schoß und liebkoste ihn.

"Du darfst niemals nach Italien gehen, mein Witzeld", sagte sie innig, "ich würde vor Heimweh nach dir krank werden."

"Wie kommt Ihr auf solche Gedanken, Mutter?"

"Vor lauter Glück, daß du bei mir bist, Kind."

Das Kind umarmte sie heftig. Jetzt erinnerte es Foelke an Ocko. Beide sprachen wenig und waren im Umgang mit andern auffallend ruhig. Eigentlich kenne nur ich sie, dachte Foelkeldis. Ocko hatte ihr einmal von dem Feuerberg in Neapel erzählt, der immer mit Schnee bedeckt sei. So waren auch sie, er und sein Sohn. Eiskalt anzusehen oft, daß viele erschraken, aber erfüllt mit verhaltenem Feuer.

Witzeld faßte ihr Gesicht mit seinen kleinen, festen Knabenfäusten. Seine blauen Augen füllten sich mit Tränen. Dann umarmte er sie wieder und preßte sich gegen sie.

"Ehe ich Euch verließe, Mutter - in Euch hineinkriechen würde ich lieber, statt fortzugehen."

"Was würdest du denn dazu sagen, wenn bereits jemand in mir wäre?" sagte sie nun lachend. "Es könnte doch sein, Witzeld, daß noch mehr Kinder zu uns kommen wollten? Für die müßtest du dann sorgen. Du bist der große Bruder."

"Ich bin der große Bruder", sagte der Junge, aber er sah die Mutter verständnislos an, bis er begriff, daß dieses Wunder wirklich möglich war. Er konnte so gut verstehen, was sie ihm nun erzählte, daß ein kleiner Mensch zuerst nicht Kraft genug habe, um allein in der Welt zu leben. Er wolle zunächst nur bei der Mutter sein.

"Aber Ihr dürft nicht sterben, Mutter", bat Witzeld jetzt mit flehender Stimme. "Ihr sterbt doch nicht, Mutter? Und Ihr gebt das Kind auch niemals fort? Ihr sorgt, daß es niemals zu fremden Leuten gehen muß, die es schlagen?"

Und dann sagte er, sich besinnend:

"Nein. Niemals geht es fort. Niemals. Ich bin ja da. Ich bin der große Bruder. Ich lasse meine kleine Schwester niemals fort."

"Du und sie, ihr gehört zusammen. Lege deine Hand auf sie, mein Sohn. Deine Schwester ist ja bei uns. Fühlst du es - sie bewegt sich. Sie hat gehört, was du sagtest. Sie freut sich, daß du da bist."

Von nun an legte Witzeld oft seine Hand auf Foelkes Leib, wenn sie allein waren. Seine kleine Schwester und er sprachen bereits miteinander. Sie gehörten zusammen. Er erzählte ihr von den jungen Kälbern und Lämmern, die in diesen Tagen geboren wurden. Aber abends fragte er noch oft in großer Sorge:

"Ihr werdet ganz gewiß nicht sterben, Mutter?"

Wenn er sie dabei mit seinen schönen blauen Augen angstvoll ansah, meinte Foelke, Gott würde ihr schon um dieses Kindes willen ein langes Leben vergönnen. Mehr Schweres konnte dies arme Herz nicht verwinden. Es hatte bereits soviel Leid erfahren, wie anderen in einem langen Leben kaum aufgebürdet wurde. Es war ein Bruch in Witzelds Schicksal, der nun allmählich zu heilen begann. Zuweilen dachte Foelke, die Wunde sei bereits vernarbt, nun Witzeld auch seinen Vater gefunden hatte, den er abgöttisch liebte. Aber jetzt sah sie wieder, daß der Riß zu tief war.

Wie sie dies Kind liebte! War es möglich, das eigene Fleisch und Blut noch mehr zu lieben? Wieder legte sie die Hand unter die linke Brust. Ja, das eigene Fleisch und Blut lebte. Die kleinen Füße bereiteten sich vor, einen Weg zu gehen.

Mit Witzeld war eine andere Frau so gegangen. Sie, Foelkeldis, hatte ihn nicht an ihr Herz klopfen hören. Aber es schmerzte sie nicht. Mit Witzeld war sie länger als elf Jahre verbunden. Waren nicht er, Herr Keno, Ocko und auch Imel wie ein einziges Wesen für sie? Jeder offenbarte ihr eine besondere Seite dieses Wesens. Und sie war auf der Welt, alle zu lieben.

Ob das kommende Menschlein auch zu diesem Wesen gehörte? Oder liebte man sein eigenes Blut auf eine andere Art? Das süße Schwesterchen -. Witzeld und auch Ocko sprachen nur von einem Schwesterchen. Foelke selbst wollte eigentlich einen Sohn zur Welt bringen. Aber wenn nur Ocko sich freute! Sie konnte es kaum erwarten, ihn mit seiner Tochter im Arm zu sehen. Vorerst aber stand die Fehde mit den Hadelern noch bevor, die Foelkeldis oft mit großer Sorge erfüllte. Vier Jahre waren es nun her, daß Herr Keno am Upstallsboom zum Folkleder gekürt wurde - wie lebendig Foelke alles wieder vor sich sah!

Sie spürte an Ocko, daß ihn die Unruhe erfaßt hatte. Der Winter war vorüber. Ritter Ocko ertrug nicht länger, untätig im Broekmerland zu leben. Zuviel stand ihm noch bevor.

Er mußte seine Aufgabe anpacken. Jeder Tag, der ungenützt verstrich, vermehrte seine Unruhe.

Er sprach nicht viel über das Bevorstehende, aber er war fast immer unterwegs. Im Herbst hatte er eine kleine Werft in Norden beauftragt, mehr Koggen für ihn zu bauen. Sobald der Morgen graute, sah er in der Wirtschaft nach dem Rechten, bat Foelkeldis, sorgfältig auf das Jungvieh und die Güstkühe zu achten, und dann sprengte er davon. Bald war er in Norden bei den im Bau befindlichen Koggen, besah mit Kennerblicken das feste Spantengerippe, auf das jetzt die klinkerförmig übereinandergreifenden Planken angebracht wurden, legte selbst mit Hand an zur Freude des Schiffsbauers, der den kühnen Ritter, den welterfahrenen Broekmerhäuptling, gern bei sich sah, prüfte das Tauwerk, besah sich die kastellartigen Aufbauten und bestimmte, daß jedes Schiff vorn am Bug einen rechtsblickenden Adlerkopf aufweisen solle.

"Das erinnert an den Drachen der Normannen, Herr", schmunzelte der Schiffbauer.

"Mag es", erwiderte der Ritter. "Räuber waren die Normannen, und daß sie freien Friesen hölzerne Halsbänder um die Hälse gebunden haben, bleibe ihnen ewig unvergessen. Gleichwohl waren sie mutige Seefahrer, Mann. Und bedenke, daß Adler und Drache recht verschiedene Tiere sind." Wahrlich, ihn gelüstete nicht, fremde Völker mit Giftzähnen zu bedrohen, aber in die Lüfte zu steigen, sich über allen kleinlichen Hader und alles nachbarliche Blutvergießen zu erheben, von oben eine Zusammenschau aller Friesen zu erleben, das dünkte Ritter Ocko erstrebenswert.

Und er sprengte davon, um die zweite Deichschau abzuhalten, die er, wie das Gesetz vorschrieb, vor vierzehn Tagen angekündigt hatte.

Es war ja nicht allein wegen der Hadeler, daß er fortzog, auch nicht wegen der Norder. Ocko glaubte, die Befestigung seiner Macht würde die beste Gewähr für einen Frieden mit den Emsigern bilden. Er wollte Schutzherr des Harlingerlandes werden und danach den südlichen Teil des Broekmerlandes unter seine Botmäßigkeit bringen. Mochten enge Geister wie Folkmar und dessen Freunde glauben, es ginge ihm um die Erweiterung seiner Hausmacht. Sie würden niemals begreifen, daß ein Broekscher Adler, in den Lüften kreisend, mehr sah als ein Haushuhn im Garten zu Osterhusen.

Es mußte einer anfangen, dem weiteren Zerfall der großen Ursprungsgebilde entgegenzuwirken. Die Zeit dazu war da. Wann sollte denn in Gottes Namen die Zersplitterung aufhören, wenn nicht irgendeiner das Wagnis auf sich nahm und sich selbst in die Schranken warf!

Für Friesen wie Folkmar, die niemals außer Landes gewesen, mochte dies schwer zu begreifen sein. Weil er selbst Friese war, konnte Ocko Folkmar gut verstehen, wiewohl ihn dessen Kurzsichtigkeit immer wieder in ingrimmige Wut versetzte. Sie waren hier ja alle Einzelgänger, und das Wasser, ja, das Wasser tat das Seine dazu, sie noch eigenbrötlerischer zu machen. Aber konnte nicht gerade dasselbe Wasser die Menschen auch wieder einigen?

Ocko ritt nun an der Leybucht entlang. Bei Norden mußte noch viel mehr für den Deichbau geschehen. Er las die Zeichen, welche die Fluten an der Nordseite der Leybucht in den Sand gegraben hatten, und er las die Zeichen der Zeit. Konnte er mehr tun, als sich nach ihnen richten? Gott selbst schrieb seine Runen in den Küstensand und in die Geschichte der Völker. Man mußte so aufmerksam sein wie der kleine Witzeld beim Lesen, um diese Runen entziffern zu lernen.

Auch der Burgbau in Aurickhove wurde jetzt wieder in Angriff genommen. Der Frühling machte die Erde lebendig und brachte auch das Blut der sturen Friesen in Wallung. Leichter ging ihnen die Arbeit von der Hand, froh pfiffen sie ihr Lied bei der Arbeit. Ocko spornte sie an, alle Kraft einzusetzen, damit diese Burg eine sichere Landesveste und bald bewohnbar würde. Und es fehlte auch nur weniges, als er bald, nachdem das Sommerkorn gesät war, die Feuerzeichen aufleuchten ließ.

Ein Dorf kündigte es dem andern, daß jeder freie Friese in Wehr und Waffen auf dem Upstallsboom bei Aurickhove zu erscheinen habe.

Foelkeldis stand mit Witzeld am Fenster der Oldeborg. Sie warteten auf Ocko. In den letzten Tagen hatten sie sich kaum gesehen. Die Vorbereitungen für den Feldzug ließen ihm kaum Zeit, mit den Seinen die Mahlzeiten einzunehmen. Witzeld brannte darauf, mit dem Vater hinauszuziehen als dessen Speer- oder Schildträger.

Ocko hatte ihn sehr ernsthaft angehört, als Witzeld darum bat, und dann mit Bedeutung gesagt:

"Und wer soll die Mutter beschützen? Und die kleine Schwester? Wir brauchen auch verständige Männer im Lande, mein Sohn."

Nun zogen die Männer wieder alle zu dem heiligen Grabhügel. Aus allen Gauen kamen sie herbeigeströmt. Auf dem breiten Weg, der von Norden über Marienhove nach Utengrahove führte, sah man Lanzenspitzen blitzen. Hylo Attena brannte seit langem darauf, in diesen Krieg zu ziehen.

Ja, so war auch Foelkes Vater ausgeritten, und sie und Gyla hatten einen Speerwurf weit entfernt gestanden. Unvergeßlich der Augenblick, wo Kampo an ihnen vorbeigeritten war. Gott im Himmel, wie hatte er sie angesehen! Einmal noch leuchtete sein Panzerhemd mit den ausgezackten Lederstücken unter all den andern auf, dann war er untergetaucht in dem Blitzen der

Harnische. Und nie, nie hatte sie ihren Vater wiedergesehen! Wer von denen, die dort mit aufgepflanzten Lanzen vorüberzogen, würde zurückkommen? Oh, längst nicht alle. Aber Ocko, Foelke glaubte ganz fest zu wissen, daß er wiederkäme. Und als er nun in die Westerkammer trat, von der aus sie Ausschau hielten, konnte sie ihm froh und zuversichtlich gegenübertreten.

Es konnte nicht anders sein. Er mußte wiederkommen. Er mußte doch sein Kind sehen!

Sie sagte ihm dies. Wie kindlich sie war in diesem Augenblick, dachte er. Er war nicht so sicher, daß er heimkehren würde. Zu oft war ein Speer so an ihm vorbeigesaust, daß er ihn surren hörte und den kalten Luftzug spürte, den er mitbrachte.

Aber wenn Foelkeldis nur glaubte, daß er zurückkäme, dann konnte er wenigstens frei aller Sorgen um sie ausziehen.

"Wann kommst du wieder?"

Er lachte. "Zum Margaretentag, wie damals. Halte den Trunk bereit."

Im Burghof trafen die drei Almer. Er war gekommen, sich von Foelkeldis zu verabschieden. An der Johanniskirche wirkten außer ihm zwei Vikare und ein Kaplan. Diese drei sollten ihn während des Feldzuges vertreten. Nichts konnte Almer bewegen, in der Heimat zu bleiben, wenn die Männer ins Feld zogen.

Als Foelkeldis in sein steinernes Gesicht sah, erfaßte sie plötzlich eine große Angst, er möchte nicht heimkehren.

"Almer", flehte sie, "seht mich nicht so an, als ob es das letztemal wäre. Es wäre nicht auszudenken, wenn Ihr - Ihr müßt Witzeld unterweisen, und ... Ihr ... Wer sollte denn sonst mein Kind taufen, Almer?"

Er mußte Witzeld unterweisen und ihr Kind taufen. Ein Wunder, daß er nicht auf Ocko achtgeben sollte.

Es war zum Lachen. Zu welchem Ende mochte dies führen. Der Krieg kam Almer gerade recht.

Witzeld erzählte am Abend Wunderdinge von dem Heerbann am Upstallsboom. Sein Vater war zum Folkleder gewählt worden. Er hatte den andern Häuptlingen ihre Aufgaben zugewiesen, und dann war er wie ein König allen vorangeritten gen Osten. Witzeld hatte noch lange seinen runden Broekmerhelm blinken sehen, denn Ocko war größer als die meisten andern.

"Und er allein hatte goldene Sporen und einen goldenen Gürtel, Mutter. Er allein ist Ritter im sechsten Seeland."

Manche Frauen hatten Witzeld sagen hören, es sei gut, daß Herr Almer mit dem Heere zöge. Er sei ein Kriegsmann wie die andern, und auch Herr Keno sei der Meinung gewesen, daß Almer ebensowohl einen Schwertstreich wie das heilige Brot auszuteilen imstande wäre.

Für Foelke kamen nun schwere Monate. Nicht nur, daß sie in all ihrer Jugend allein die Oberaufsicht über die Wirtschaft führen mußte. Das Schlimmste war, daß sie die Tage und Nächte ohne Ocko zubringen sollte. Sie sagte sich immer wieder, es sei ein großer Fehler, so einseitig zu sein. Ob das wohl jemals anders würde? Ihre Herzwurzeln waren in ihrem Gemahl, aus ihm sog sie Lebenskraft, ohne ihn mußte sie verwelken wie eine Blume. Selbst die Freude auf das Kind vermochte nicht das dauernde Heimweh nach Ocko zu überwinden.

Es gab ihr Trost, daß täglich mehr Licht die Welt durchflutete. Die Nächte wurden immer heller. Oft lag Foelkeldis wach und versuchte, eine bequeme Lage ausfindig zu machen. Wie allein sie war in dem großen, tiefen Wandbett! Gottlob, daß die Nächte kürzer wurden.

Ocko hatte ihr den Knecht Hicko zurückgelassen, so daß die Feldarbeit verrichtet und auch der Burgbau in Aurich unter seiner Aufsicht fertiggestellt werden konnte. Hicko und Ermina hatten endlich den Weg zueinander gefunden und wollten im Herbst heiraten. Sie sollten die Oldeborg verwalten, wenn die tom Broeks nach Aurickhove ziehen würden.

Auf den Feldern und in den Höfen sah man jetzt wieder in der Hauptsache Frauen arbeiten. "Wir müssen ihre Arbeit tun", sagten die Frauen, wenn sie an die Männer dachten, trieben am Walburgstage das Vieh wie alljährlich auf die Weide, besserten, so gut sie es verstanden, die niedrig hängenden Strohdächer aus, säten vorm Urbanstag Flachs und Hanf und sahen bei abnehmendem Maimond die Dreschdielen und Gulfe nach, um sie, wenn nötig, mit Lehm zu verschmieren.

Daneben liefen ihre eigenen Arbeiten weiter. Sie breiteten wie alljährlich ihr Leinen auf dem Rasen aus, als die Obstbäume blühten, sie unterrupften die Gänse, karnten fleißig Butter, salzten sie ein und machten Käse auf Vorrat.

Ja, es war gut, daß die Tage lang wurden. Wie hätte man sonst alles schaffen sollen! Ehe man sich's versah, war der Wonnemond mit den schwärmenden Bienen und blühenden Obstbäumen dahin. Das Jahr ging seinen Gang und schritt auf die Sonnenwende zu. Wer irgendwie Zeit fand, ging noch vorher daran, die Felder zu zwiebrachen, damit sie bereit lägen für die Wintersaat. Das Güstfalgen mußten die meisten in diesem Sommer wegen Mangels an Arbeitskräften unterlassen und sich damit begnügen, das Notwendigste zu verrichten, damit Mensch und Tier im kommenden Winter zu leben hätten.

Bis zum Margaretentag gab man sorgfältig auf die Bienenschwärme acht. Es schien ein gutes Honigjahr werden zu wollen, und das bedeutete viel für Friesland. Die Bienenzucht war hier seit alters her nicht unbedeutend, wenn man auch nur wenig Honig auf die fremden Märkte trug. Haferbrot und Honig bildeten die Hauptspeise der Armen, während die Wohlhabenderen sich an Roggenbrot gütlich taten. Ohne Honig aber war kein friesisches Haus.

Um die Sonnenwende wollte Gyla kommen. Foelke sah ihrer Ankunft mit großer Sehnsucht entgegen. Dann war der Tag nicht mehr fern, an dem Ocko heimkommen würde. Und wenn er da war, dann wäre bald die Zeit erfüllt, dann käme ihr Kind.

Gylas stilles Wesen war für Oldeborg eine Wohltat. Mit erstaunlicher Sicherheit fand sie sich in dem Haushalt ihrer Tochter zurecht. Mit der gleichen Selbstverständlichkeit aber entdeckte sie gleich am ersten Tage, daß die kleine blonde Algeth krank werden würde, steckte sie ins Bett und gab ihr einen schweißtreibenden Aufguß. Ihre Beutel mit Zwiebeln und getrockneten Blättern hatte Gyla mitgebracht. An steinigen Wegrändern begann um diese Zeit der Quendel seine rosaroten, stark duftenden Blüten zu öffnen, die in kurzen Ähren oder kleinen, runden Köpfen über den eiförmigen, kurzstieligen

Blättern schaukelten. Er galt als Bienenpflanze, und auch seine reichen Blüten ließen auf ein gutes Honigjahr schließen. Man nannte ihn hier einfach Frauenkraut, weil er gegen fast alle Frauenkrankheiten Verwendung fand. Die am Johannistag gesammelten Blätter trocknete Gyla. Sie pflegte den Frauen, die ihre Niederkunft erwarteten, einen Tee daraus zu kochen, und auch dem Vieh mischte sie vor und nach dem Gebären gedörrte Quendelblätter durch das Futter.

Man konnte jeglicher Kreatur die schwere Stunde tragen helfen, wenn man Obacht gab auf all die Gaben, die Gott in so reichem Maße vor den Menschen ausbreitete. Und diesmal würde es ihre eigene Tochter sein, der Gyla in solcher Stunde Linderung der Schmerzen bringen sollte.

Um die Sonnenwende begannen auch die Melissen zu blühen, die man in Friesland Herzkraut nannte, weil sie das Herzklopfen besänftigen. Ägidius hatte Gyla erzählt, die Melisse sei in den Mittelmeerländern zu Hause. Man pflanzte sie seit mehreren Jahren in den Klostergärten an, aber neuerdings fand man sie auch schon in den kleinen Kräutergärten der Bauern. Gyla rieb auf Ägidius' Anraten ihre Bienenstöcke damit aus. Die Melisse hatte einen starken Duft, der die Bienen anzog und an den Stock fesselte. Und wenn sie die Bienenkönigin aus dem Schwarm holen wollte, rieb Gyla sich die Hand mit Melissensaft ein. Auch auf Kranke hatte Melissentrank eine gute Wirkung. Gyla hatte gefunden, daß sie froher wurden. Sie wollte ihn auch Foelke bereiten, glücklich, daß sie wieder für ein Kind sorgen konnte. Sie freute sich auf die stillen Tage, in denen sie Foelkeldis pflegen durfte. Das kleine Menschenkind, auf das sie warteten, gab schon jetzt ihrem Leben neuen, reichen Inhalt.

Der Margaretentag verging, ohne daß Ocko oder ein Bote von ihm gekommen wäre. Am Nachmittag vor Maria Magdalena gingen Gyla und Foelke dem Moore zu. Sie wollten noch mehr Bärlappsporen sammeln, um sie als Streupulver gegen das Wundsein des kleinen Kindes zu verwenden.

Da sahen sie von Norden her einen Reiter auf Oldeborg zueilen. Witzeld lief ihm entgegen, und Foelke und Gyla gingen auf die Wilden Äcker zu, die hinter der Burg zwischen Oldeborg und Veenhusen lagen. Hier wollten sie den Kommenden erwarten.

Es war Eberhard, Louwert Itzingas ältester Sohn. Er zitterte vor Aufregung wie sein Pferd und strich sich das schweißverklebte blonde Haar aus dem Gesicht.

"Was bringst du, Eberhard? Nachricht von meinem Gemahl?" fragte Foelke.

"Komm zu dir, Kind! Reibe zunächst deinem Tier den Schweiß ab, und dann erzähle uns. Oder willst du es mir allein sagen? Es dünkt mich keine gute Botschaft zu sein ..."

"Sag nur, ob er lebt, Eberhard", flehte Foelke. "Alles andere..."

"Er lebt", stöhnte der Bursch, "aber in dieser Nacht ... Auf unserer Burg ... Burgfrau, genau wie damals, als mein Ältervater ..."

"Heilige Mutter Gottes - wieder ein Überfall? Ein Mord?"

Und nun erzählte Eberhard, daß gestern abend Gäste aus dem östlichen Norderland auf der Itzingaburg gewesen seien. Sie hatten Botschaft aus dem Harlingerlande gebracht. Ritter Ocko habe viele Feinde dort, aber auch viele Freunde. Diese wollten lieber unter die Botmäßigkeit Ritter Ockos, als dauernd den Übergriffen der Oldenburger ausgesetzt sein. Auch Edo Wiemcken sei nicht abgeneigt, hatten sie erzählt, sich in gewissen Grenzen einer Führung Ocko tom Broeks unterzuordnen - freilich wohl in der Hauptsache darum, weil er keinen anderen Ausweg sähe. Er läge ständig mit den Oldenburgern im Streit, und gegen die Leute an der Weser bestände wohl in ganz Friesland die gleiche Feindschaft. Edos Seeräubereien wiederum seien geeignet, die Bremer im höchsten Grade aufzubringen. Jedenfalls wolle Graf Christian Ocko im Harlingerland freie Hand lassen. Der Feldzug gegen die Hadeler müsse glänzend verlaufen sein. Die Harlinger Häuptlinge hätten zu Schiff Botschaft erhalten. Burgen und Schlösser seien besetzt und viel Beute gemacht worden. Sein Vater, Louwert Itzinga, habe sich ausgezeichnet durch große Tapferkeit, und -

Der Bursche vermochte nicht weiterzusprechen. Nach und nach erfuhren die Frauen, daß in diesem Augenblick, als die Häuptlinge Einzelheiten aus dem Kampf erzählen wollten, Waffenlärm hörbar und plötzlich die Tür aufgerissen worden sei. Niemand konnte sich erklären, wie in eine gut befestigte

Burg Fremdlinge eindringen konnten. Aber die Itzingas wohnten wohl zu nahe am Meer. Still sei es nie um die Burg. Das Rauschen und Tosen des Wassers verschlinge das Geräusch der Schritte. Kurz, es sei ebenso zugegangen wie vor nunmehr vier Jahren. Es habe ein Gemetzel in der Winterstube gegeben, wie man es sich grausiger nicht vorstellen könne. Die Mutter sei vor Schreck wie erstarrt gewesen. Foelkeldis wisse ja, daß auch sie ein Kind erwarte. Die Ältermutter habe zum Glück bereits geschlafen, und die Schwestern seien erst heute früh gewahr geworden, was die Nacht gebracht hatte.

Drei der fremden Häuptlinge lägen tot auf ihren Bahren, die übrigen hätten die Verfolgung der Weserleute aufgenommen, aber die seien bis auf einige Verwundete wieder entkommen, ja, hätten mehrere Norder Bürger mitgeschleift, von denen Fredeborn und Itze nicht befreit werden konnten. Sie hatten sie auf die Schiffe geschleppt und segelten nun schon längst wieder irgendwo in der Friesischen See gen Osten.

Mittlerweile war man bei der Oldeborg angekommen. Eberhard band sein Pferd an die Eiche und ging mit den Frauen in die Sommerstube.

Gyla holte ihm Honigwasser. In diesem Augenblick tat es ihr gut zu denken, daß es Pflanzen auf der Welt gab, die nichts von Schuld und Leid wußten, die ihre Blütenkelche selig der Sonne zuwandten und sich willig den Bienen hingaben in all ihrer Süßigkeit.

Als sie wieder eintrat, sah sie Foelke blaß und zitternd auf Eberhard einreden. Witzeld stand neben ihr.

Diese Nachricht müsse sofort weitergegeben werden. Es sei unbedingt erforderlich, daß Ocko und Louwert sie erführen.

"So rasch es nur geht, müssen sie es erfahren, Eberhard", drängte Foelke. "Du hast alles miterlebt, du mußt reiten. Wenn ich könnte, ich würde selbst - Ich gebe dir einen Knecht mit und sende deiner Mutter einen Boten. Heute kannst du hier schlafen, morgen früh mußt du reiten."

"Mutter, Mutter", flehte Witzeld, "laßt mich mit Eberhard reiten. Ich will zu meinem Vater. Er darf doch so nicht heimkommen, Mutter?"

"Nein, Witzeld. Dein Vater darf so nicht heimkehren. Jetzt, wo er siegreich war, muß er noch dieses Letzte sühnen. Aber er wird Hilfe brauchen, denn der Streit wird durch diese Tat verschärft. Ihr müßt daher zunächst zu Graf Konrad nach Oldenburg reiten. Christian ist im Hadelerland, Konrad in Oldenburg. Saget ihm, daß er mit Heereskraft unseren Leuten zu Hilfe ziehen müsse. Dieser klägliche Sieg auf einer Burg, deren Herr nicht anwesend ist, könnte den Hadelern neuen Mut geben. Jetzt muß der letzte Schlag geführt werden. Ich weiß, daß Ocko so denkt, und darum", fuhr sie leiser fort, "darf auch ich nicht anders denken. Er will, was recht ist, und darum will ich, was er will."

Sie war sich so klar über das, was zu geschehen hatte, daß sie sofort einen Knecht zur Itzingaburg sandte mit der Nachricht, Eberhard werde am andern Morgen in der Begleitung eines treuen Broekmerländers nach Oldenburg reiten.

"Und ich, Mutter?" fragte Witzeld noch einmal.

Sie lächelte: "Auch ich meine, daß du mit Eberhard reiten mußt. Du kennst viele Feldwege, die von Strackholt aus ins Lengenerland führen. Auf der Burg Uplengen wird man euch gewiß die Pferde wechseln, aber kehret schon vorher im Mormerland im Kloster Barthe ein. Schade ist es, daß Thedingen nicht auf dem Wege liegt, sonst könntet ihr meine Schwester besuchen. Was willst du denn deinem Vater sagen lassen durch die Oldenburger, Witzeld?"

"Ich werde ihm sagen lassen, die Meinung meiner Mutter sei, er dürfe nicht eher heimkehren, als bis dieser Mord gerächt wäre und für immer Friede werden könne."

In dieser Nacht schlief Gyla in der Westerkammer, um Foelke in jedem Augenblick nahe zu sein. Ihre Zeit war um, Gyla hielt sich bereit.

Foelke fand keinen Schlaf. Sie stand bald auf und ging in der mondhellen Kammer hin und her. Sie spürte, daß in dieser Nacht ihr Kind kommen wollte. Unter welchen Sternen wurde es geboren -. Die grauenhaftesten Erinnerungen waren wieder in ihr aufgewacht. Sie kämpfte vergebens dagegen. Das Geschrei der Seevögel war wieder um sie. Sie ritt über Marienhove nach Norden. Am Tage vorher hatte sie mit Herrn Keno vom

Marienturm aus über das Land gesehen, und alles war groß und schön gewesen. Und über Nacht war ein Mord geschehen, und sie ließ sich nicht von Meike zurückhalten, sie mußte Herrn Keno nahe sein. In seiner Nähe würde sich alles mildern. Sie hörte in der Erinnerung das scharfe Geschrei der Möwen, sah das schneeweiße Gefieder der Seeschwalben in der Sonne gleißen, den tiefblauen Rücken warm aufglänzen.

Die beiden Türme der Norder Kirchen waren ihre Wegweiser gewesen. Westeel hatte noch gestanden, Westeel, das reiche Dorf! Der Bäcker mit dem dicken, verschwommenen Gesicht, die schwatzenden Frauen - vorüber. Dann war ihr schon von weitem der Lärm der Stadt entgegengedrungen. Die vielen Mönche in den weißen Kutten, der Norder Marktplatz, das Klagen und Jammern in den Häusern. Und all das war nur ein Vorspiel gewesen zu dem Entsetzlichen, das sie auf der Burg selbst erwartete. Der Kriegsknecht hatte lachend seltsame Worte gesprochen von einem Leidener Laken, auf dem man Köpfe abschlagen ließ. Es war grauenvoll anzuhören gewesen.

So würden die Knechte nun auch wieder auf der Brücke stehen und sich den Kopf zerbrechen, wie es möglich gewesen war, daß in der letzten Nacht Fremde hier eindringen konnten. Genau wie damals würden die Toten aufgebahrt sein in dem Beinhaus. Sie, Foelkeldis, hatte sich in dem hufeisenförmigen Burggebäude nicht zurechtgefunden und war geradewegs in den Ostflügel hineingegangen, in ein Nebenhaus, von dem sie annahm, daß es keinen der Haupträume enthielte.

Und da - die Bahren. Herrn Eberhards Kopf.

"Mutter, es war furchtbar", stöhnte sie. Und Gyla, die längst auch aufgestanden und neben ihrem Kind durch den großen Raum hin und her gegangen war, erfuhr zum erstenmal, was Foelke damals auf der Itzingaburg gesehen hatte.

"Du mußt dich nun hinlegen, Kind", mahnte Gyla, "und denke nicht mehr an all die Schrecknisse. Denke an dein Kind."

"Meint Ihr denn, Mutter, daß es keine Bedeutung für sein Leben habe, was in der Stunde seiner Geburt über uns allen hängt?"

"Das hat es gewiß", sagte Gyla still. "Die gleiche Bedeutung aber hat unsere Freude für diesen kommenden Menschen. Gottes

Gnade und unsere Liebe können Licht in das Dunkel seines Lebens bringen, meine Foelke. Du brauchst nun viel Kraft, mein Kind, auch Kraft zur Freude. Eine Geburt ist eine große Tat. Und nun komm, Liebe, und trinke, was ich dir gekocht habe, mein tapferes Mädchen."

Liebevoll strich sie der Tochter über das vom Schweiß schon feuchte Haar, legte dann Torf nach, wärmte Windeln und Weißzeug auf der sauber gescheuerten Eisenplatte, legte heiße Backsteine in die bereitstehende rote Wiege und weckte eine Magd, damit sie für warmes Regenwasser sorge.

In der Stille der Nacht war dann und wann das Rauschen des Meeres in der Ferne hörbar, wiewohl es eine Wegstunde bis zur Leybucht war und man im Getriebe des Tages deren Leben wohl nicht spürte. Jetzt in der Nacht war jeder Laut klarer und schärfer gegen andere Geräusche abgegrenzt. Gyla war vertraut mit der Sprache der Nacht, und seit Kampos Tod hörte sie ihr oft lieber zu als dem lauten Tage.

Gegen Mitternacht aber verstummte das leise Summen in der Ferne ganz, nun war wohl die Ebbe eingetreten. Gyla trat abermals an Foelkes Wandbett:

"Nun hast du eine Ruhepause, Kind", sagte sie tröstend und wischte Foelkeldis mit einem nach Rosenessig duftenden Tuch den Schweiß von der Stirn. "Ehe sich nicht die Wasser der Friesischen See wieder auf die Küsten stürzen, wird kein Kind die Wände dieser Kammer beschreien." Und sie gab Foelkeldis einen herzstärkenden Trank und legte ihr kühle Wurzeln in die brennendheißen Hände.

"Versuche etwas zu schlafen", bat sie. "Du wirst noch Kraft genug brauchen."

"Wie gut seid Ihr, Mutter", sagte Foelke und schlief wirklich für kurze Augenblicke ein. Nun war sie wieder ihr liebes, kleines Mädchen, dachte Gyla, und der mütterlichen Hilfe bedürftig. Glücklich die Mutter, die in solcher Stunde bei ihrem Kind sein durfte! Gott verband die Herzen am besten durch die Not. In dieser mitternächtlichen Stunde wurde Gyla verständlich, warum Gott sie immer noch nicht zu sich rief. Es gab zuviel Leid auf der Welt, und der Menschen waren wenige, die sich Zeit nahmen, die Schmerzen anderer zu stillen. Ihre schöne Tochter -. Sie errötete, als ob sie sich auf unrechten Gedanken ertappte. Was verlangte sie denn! Foelke war jung, und sie liebte mit solcher Kraft, daß es sie selbst fast aufsog. Gott hatte sie an einen besonderen Platz gestellt. Es war keine Frage mehr, daß das Geschlecht der tom Broeks allmählich die Führung in ganz Friesland übernehmen würde. Gottes Weisheit lenkte mit den äußeren auch die inneren Geschicke der Menschen. Gutwillig und voll unendlicher Liebeskraft, wie Foelkeldis war, würde auch sie gewiß Leiden verstehen und heilen.

Gyla stellte sich ans Fenster. Die Sterne vergingen im Weltall, und der Mond war längst untergegangen. Die Kühle, die zwischen Tag und Nacht die Welt neblig überzog, drang durch die Ritzen der Fensterscheiben. Nun begann der Kampf um das Licht. Die Erde fing an, wieder auszuatmen. Die steigende Sonne warf in Siegesgewißheit die ersten hellen Schimmer über den östlichen Himmel, ein rosarotes Wölkchen zog leicht seine Bahn. In dem Rankgewächs an der Burgmauer begannen die ersten Vögel verschlafen zu zwitschern, und nun wurde in der Ferne auch das Grollen der See wieder vernehmbar. Das Wasser kam aus dem Meere zurück. Es suchte erneut seinen Weg zum Lande. Der Pulsschlag des Meeres ging ohne Unterlaß weiter. Das Meer lebte, und ihm waren Menschen und Tiere eng verbunden.

Foelke stöhnte in den Qualen der neu einsetzenden Kindsnöte. Schreckhaft weiteten sich ihre Augen. Mit aller Kraft strebte jetzt ihr Kind der Welt zu.

Nun ging es auf das Letzte. Gyla nahm Malvenblätter und legte sie ihrer Tochter unter den schmerzenden Rücken, um die Geburt zu beschleunigen.

Es war ein hartes Stück Arbeit, das erste Kind zur Welt zu bringen. Was man auch an Hilfen gab, die letzte Kraft mußte ein Weib selbst aufbringen. Gyla gab Foelkeldis den Aufzieher in die Hand, der von der Decke der Butze an einem Tau herunterhing, und stemmte ihre Füße gegen warme Backsteine.

Plötzlich bemerkte sie, daß Foelke sich kraftlos zurückfallen ließ. Sie war weiß wie der Kalk an den Wänden und schien keine Schmerzen mehr zu fühlen.

Sie ist außerhalb ihres Leibes, dachte Gyla, sie schaut zu, wie sie selbst ein Kind zur Welt bringt. Reichte die Kraft nicht aus?

Das plötzliche Versagen kannte Gyla aus Foelkes Leben gut. Nach Kampos Tod hatte das Mädchen lange zu Bett gelegen und während zweier Tage nicht zu sprechen vermocht. Aber lange durfte dieser Zustand nicht dauern. Es bestand Gefahr, daß die Seele sich nicht wieder mit dem Leibe verband.

Gyla rieb Foelkeldis mit stark duftenden Kräutern, wusch sie wiederum mit Rosenessig und legte dann betend die Hände auf das Herz und die Stirn des Kindes. Dann rief sie Foelke bei ihrem Namen.

Es war das Werk weniger Augenblicke gewesen - gottlob, beim Klange ihres Namens kam Foelke wieder zu sich. Sie empfand ihre Schmerzen wieder, aber sie hatte auch die Kraft gefunden, die für die letzte Anstrengung nötig war. Als das Brausen der See wieder an ihre Ohren drang, wußte sie sich eingebettet in das Leben der Erde, und mit den Wellen der Leybucht fand auch ihr Kind den Weg an den friesischen Strand.

Im dämmernden Morgen des Maria-Magdalenen-Tages, der heraustrat aus dem Kampfe mit den Schatten der Nacht, wurde Ocka tom Broek geboren und beschrie die Wände der Oldeborg im Broekmerland.

Als Ritter Ocko nach monatelanger Abwesenheit bald nach dem Bartholomäustage heimwärts ritt, stand sein junges Weib auf der Schwelle der alten Burg und reichte ihm seine Tochter.

Witzeld, der dem Vater entgegengeritten war, hatte ihm erzählt, daß die kleine Schwester am dritten Tage ihres Lebens getauft worden und daß Gyla und Doda von Greetsiel zu Gevattern gebeten waren. Doda habe immer wieder gesagt, die süße Ocka sei das Ebenbild der schönen Königin Giovanna von Neapel, und nun mußte Ocko sagen, ob auch er dies finde.

Er lächelte und stritt es nicht ab, sei es nun, um Witzeld und Doda die Freude zu machen, sei es, daß er es wirklich glaubte. Er hatte in diesem Kriege des öfteren an Giovanna gedacht. Es war seit langem das erstemal, daß er nicht in ihrem Dienst kämpfte.

Jetzt empfing ihn Foelkeldis. Sie hatte ihm seine Tochter geboren, während er für die Geburt eines größeren Friesland kämpfte. In diesem Augenblick wußte er, daß er nie von Giovanna gegangen wäre, hätte sie ihm ein Kind geboren. Mit einer Frau, die einem unter Lebensgefahr einen Sohn oder eine Tochter zur Welt gebracht hatte, war man auf Gedeih und Verderb verbunden, durch alle kommenden Generationen und auch durch das eigene Leben.

Er gab Foelkeldis ihr Kind zurück, schlang seinen Arm um beide, nahm Witzeld an die andere Hand und ging mit seinem Reichtum in die Oldeborg.

Nach der Gewohnheit der Krieger erzählte er wenig von den Kämpfen und Strapazen der letzten Monate. Es bedrückte ihn, daß viele Broekmer und Norder gefallen, daß auch mehrere bereits eroberte und gut befestigte Burgen des Feindes wieder in dessen Hände gekommen waren. Aber auf das Ganze gesehen, konnte er mit dem Erfolge dieser Fehde zufrieden sein.

"Ohne die Verstärkung, die ich euch beiden verdanke", sagte er zu Foelkeldis und Witzeld, "hätte die Sache wohl anders ausgehen können. Denn die Sachsen hatten gerade damals neuen Mut gefaßt."

Witzeld wurde rot vor Stolz und Freude.

"Vater, Eberhard und ich, wir sind gejagt, so schnell die Gäule konnten. Graf Konrad hat gesagt, das Broekmerland und seine Herren könnten stolz sein auf ihren Nachwuchs."

"Das sind wir auch", lobte Ocko und zog seinen Sohn auf das Knie. "Und daß du mir zu gleicher Zeit die Nachricht brachtest, das dunkelhaarige Mädchen dort sei geboren, und daß eure Mutter gesund sei und durchaus nicht wolle, daß ich ohne einen endgültigen Sieg heimkäme, das war besonders schön, mein Sohn."

Es sei nun wirklich das letztemal, so glaubte Ritter Ocko fest, daß die Weserleute sich zu Überfällen nach Friesland wagen würden. Mit Oldenburg habe man genaue Abmachungen getroffen, auch in bezug auf das Harlingerland, das jetzt ebenso wie Rüstringen unter der Oberhoheit des Broekmerhäuptlings stände.

Edo Wiemcken, der sich die Landesführerschaft auch in Östringen angemaßt hatte, war, der Not gehorchend, von der Herrschaft über diese Landesteile zurückgetreten. "Das ist gut", sagte Ritter Ocko, "und im Augenblick sehr nützlich. Man wird mannen nannten, stand mit seiner Gemahlin Frouwa von Pilsum bei ihnen. Man sprach darüber, daß Gela ihrem Gemahl außer Manslagt auch das schöne, reiche Pilsum zugebracht hatte. Die Verwandtschaft der tom Broeks im Emsigerland war kein Schade für sie.

Ritter Ocko und seine Gemahlin ritten nun über den großen Klosterplatz, vorbei an dem Dormitorium, dem Refektorium, den Gasthäusern, der Schule, dem Krankenhaus und den Werkhäusern, lauter notdürftig fertiggestellten Gebäuden, bis zur Schmiede, bei der sich Folkmar Allena, Louwert von Westerhusen und viele andere Häuptlinge gerade aufhielten. Ockos goldener Rittergürtel blitzte in der Morgensonne, und "Seht den Herzog von Friesland", rief einer aus dem Volk.

Folkmar schleuderte seinen Gaul herum, warf einen niederschmetternden Blick in die Gegend, aus welcher der Ruf erklungen war, und verbarg nur mühsam seine Wut. Aber er konnte nicht hindern, daß der Name jetzt an dem Ritter haften blieb.

Bei der Begrüßung der Beningamannen und der Häuptlinge von Larrelt, Jennelt, Eilsum und all der andern kleinen Marschdörfer dieser Gegend entging Ocko nicht die Zurückhaltung, die ihm entgegengebracht wurde. Hier hatte Folkmar während seiner Abwesenheit gutes Ackerland gehabt, so schien es. Nun, bei Bier und Würfelspiel würde der Mund all dieser Dorfhäuptlinge weniger verschlossen sein als jetzt. Ocko konnte warten.

Die Stunde, in der die Weihe des Chores und der Altäre vollzogen werden sollte, nahte. Man sah das Volk vor dem Hause der Priorin zusammenlaufen, um den Augenblick nicht zu verpassen, in dem der Archidiakon im Ornat des Weihbischofs aus der Tür treten würde.

Daher begab sich Ocko mit Foelkeldis in die Kirche, seinem Weib wurde ohnehin das viele Umherstehen schwer. Sie sah bleich und müde aus, und er fragte leise:

"Wärest du lieber zu Hause geblieben, Foelkeldis? Hast du Schmerzen?"

"Wenn ich bei dir bin, geht es mir gut", flüsterte sie und schmiegte sich an seine Seite. "Lieber, Folkmar und die

Beningamannen und der alte Kampo, sie sinnen nichts Gutes für uns. Wir dachten, dies wäre eine Friedenshandlung. Es ist ein Stillstehen der Wasser wie während Ockas Geburt. Aber man hört schon die zurückkehrende Tide. Wir müssen Obacht geben, Ocko."

"Sie fürchten mich nach diesem Sieg", sagte er ruhig, aber nicht ohne Stolz.

"Sie halten dich für untreu, Lieber", gab sie zurück.

Mit einem Ruck wandte er ihr das Gesicht zu.

"Was sagst du da?"

"Als du soeben mit ihnen über die beigelegte Fehde sprachst und Graf Christian deinen Freund nanntest, faßte Folkmar sein Schwert fester - ihn kann man am leichtesten durchschauen. Die anderen kniffen die Lippen zusammen, und manche wandten sich ab, damit man ihr Gesicht nicht sähe."

"Sie meinen, ich verriete Friesland an Oldenburg?"

"Du solltest dir überlegen, mein Gemahl, ob du ihnen nicht offen von dem Vertrag mit den Oldenburgern erzählst?"

"Das geht sie gar nichts an", sagte Ocko erregt. "Ihr enger Verstand wird niemals begreifen, was jenseits des Zaunes vor sich geht. Sie ähneln sich alle, und das verrät einen armen Geist."

Sein Blick fiel auf zwei hölzerne Figuren. Die eine stellte den heiligen Dominikus mit seinem Hunde dar, die andere Thomas von Aquino, den berühmtesten Schüler Alberts des Großen. Dessen Bildern und Statuen war Ocko in Neapel begegnet, denn aus jener Gegend stammte Thomas.

Der Holzschnitzer, es schien ein Meister aus dem westfälischen Kreis zu sein, hatte auf besondere Art das Wesen des größten Dominikaners gezeigt. Thomas stand hoch aufgerichtet da, den Blick in die Ferne gerichtet, den Fuß fest auf einem sich windenden Gegner, den er besiegt hatte. Es war ohne Zweifel Averroës, der arabische Geistesfürst.

Erregt rückte Ritter Ocko in dem Gestühl nach vorn. Welche Überlegenheit strahlte aus diesem kühnen Gesicht! Nur solcher Überlegenheit war es gelungen, den harten Kampf zu entscheiden. Es ging Thomas nicht um einen persönlichen Gegner, es ging um zwei Geisteswelten. Am Hofe Giovannas selbst, auch dann würde ich erkannt haben, daß er weiter sieht als die andern. Ich würde ihm glauben und ihm folgen.

Der Gottesdienst ging seinem Ende zu. Herr Johannes von Scheppen nannte nun die Namen der Häuptlinge, die, von göttlicher Liebe durchdrungen, wie er sagte, dieses Kloster gegründet hatten und deren Bilder man auf dem Innenflügel des Hochaltars in der Stiftergruppe bei der heiligen Margareta, die das Vorbild aller reinen Gottesdienerinnen sei, sähe. Er fordere diese Häuptlinge auf, nunmehr die Urkunde auf den Altar dieser Kirche zu legen und Gott zu geloben, das Kloster und alle guten Menschen zu beschirmen.

Da trat Ritter Ocko als ältester der genannten Häuptlinge vor den Altar, sah schweigend über die Menschenmenge hin, hielt in der Linken die Urkunde, legte die Schwurfinger der Rechten auf den soeben geweihten Altar und sprach laut und langsam, indem er sich bald an das Volk, bald an die Häuptlinge in dem eichenen Gestühl wandte, an deren Sitzknäufen schalkhafte Fabeltiere grinsten, er bekenne sich zu dem Glauben, daß Gottes Vorsehung ihn vor allem deswegen mit dem Ritterschwert umgürtet habe, damit er Unmündigen und Waisen zu ihrem Recht verhelfe und die Stätten, die dem göttlichen Dienste geweiht seien, schütze und sie samt allem, was zu ihnen gehöre, mit der Schärfe seines Schwertes verteidige gegen alle, die danach trachteten, ihnen unrecht zu tun.

Folkmar und Louwert hatten einige Schritte vom Altar entfernt gestanden. "Mit dem Ritterschwert umgürtet" - das konnte in Friesland niemand außer dem tom Broek sagen. Und öffentlich rief er durch die Kirche den Hunderten der Menschen zu, daß es nach seinem Dafürhalten Gottes Vorsehung sei, die ihn mit diesem Schwerte Roberts des Weisen umgürtet habe! Weiberhände waren es gewesen im Dom von Sankt Gennaro zu Neapel! Nicht das geringste hatte dieser lächerliche Ritterschlag mit der Vorsehung höchster Weltenmächte zu tun. Folkmar kochte vor Wut.

Er brauchte nach diesem öffentlichen Bekenntnis Ockos zu seiner göttlichen Sendung keines anderen Beweises, um die Häuptlinge von dem Hochmut des tom Broek, seiner Verstiegenheit und seiner unausstehlichen Anmaßung zu überzeugen.

Beningamannen und der alte Kampo, sie sinnen nichts Gutes für uns. Wir dachten, dies wäre eine Friedenshandlung. Es ist ein Stillstehen der Wasser wie während Ockas Geburt. Aber man hört schon die zurückkehrende Tide. Wir müssen Obacht geben, Ocko."

"Sie fürchten mich nach diesem Sieg", sagte er ruhig, aber nicht ohne Stolz.

"Sie halten dich für untreu, Lieber", gab sie zurück.

Mit einem Ruck wandte er ihr das Gesicht zu.

"Was sagst du da?"

"Als du soeben mit ihnen über die beigelegte Fehde sprachst und Graf Christian deinen Freund nanntest, faßte Folkmar sein Schwert fester - ihn kann man am leichtesten durchschauen. Die anderen kniffen die Lippen zusammen, und manche wandten sich ab, damit man ihr Gesicht nicht sähe."

"Sie meinen, ich verriete Friesland an Oldenburg?"

"Du solltest dir überlegen, mein Gemahl, ob du ihnen nicht offen von dem Vertrag mit den Oldenburgern erzählst?"

"Das geht sie gar nichts an", sagte Ocko erregt. "Ihr enger Verstand wird niemals begreifen, was jenseits des Zaunes vor sich geht. Sie ähneln sich alle, und das verrät einen armen Geist."

Sein Blick fiel auf zwei hölzerne Figuren. Die eine stellte den heiligen Dominikus mit seinem Hunde dar, die andere Thomas von Aquino, den berühmtesten Schüler Alberts des Großen. Dessen Bildern und Statuen war Ocko in Neapel begegnet, denn aus jener Gegend stammte Thomas.

Der Holzschnitzer, es schien ein Meister aus dem westfälischen Kreis zu sein, hatte auf besondere Art das Wesen des größten Dominikaners gezeigt. Thomas stand hoch aufgerichtet da, den Blick in die Ferne gerichtet, den Fuß fest auf einem sich windenden Gegner, den er besiegt hatte. Es war ohne Zweifel Averroës, der arabische Geistesfürst.

Erregt rückte Ritter Ocko in dem Gestühl nach vorn. Welche Überlegenheit strahlte aus diesem kühnen Gesicht! Nur solcher Überlegenheit war es gelungen, den harten Kampf zu entscheiden. Es ging Thomas nicht um einen persönlichen Gegner, es ging um zwei Geisteswelten. Am Hofe Giovannas war oft von diesen Dingen die Rede gewesen. Der neu entdeckte Aristoteles war der Held des Jahrhunderts. Durch die Übersetzung des großen Araberlehrers Averroës waren Handschriften auf dem Wege über Spanien auch in das übrige Abendland gekommen. Thomas allein hatte die Gefahr erkannt. Er hatte sich in ein stilles Kloster zurückgezogen, wo selbst die Mitbrüder ihn nicht kannten und ihn mit einem fremden Namen anredeten. Dort hatte Thomas von Aquino die ungeheure Arbeit der Übersetzung ins Lateinische auf sich genommen, fühlend, daß sich arabische, nicht abendländische Geistesart in der des Averroës kundtat. Aristoteles aber war Grieche! Nur unverfälscht durfte ein solcher Geist seinen Siegeszug in die Kultur des Jahrhunderts antreten.

Die Tat des Thomas hatte Bedeutung für die abendländische Geschichte, die in diesen Jahrzehnten so reich an Spannungen und Gewichtsverschiebungen, aber auch trächtig von Zukunftswillen war.

Je länger er sich in die Betrachtung dieser Holzschnitzerei verlor, um so klarer wurde Ocko tom Broek, daß es in Friesland um das gleiche ging: um den Kampf der Geister. Und eine harte Entschlossenheit legte sich um seinen Mund.

Die Kirche füllte sich nun mit Menschen. Das Sternengewölbe des Mittelschiffs blickte auf eine große Zahl friesischer Männer und Frauen, die teilhaben wollten an der feierlichen Handlung der Klosterweihe und der Übergabe der Urkunde durch die mächtigsten Häuptlinge des Landes. Manche Emsiger, Anhänger Folkmars, sahen mit Mißbilligung darauf, daß der Broekmerhäuptling sich allein in die Kirche gesetzt und nicht gewartet hatte, bis die andern Häuptlinge mit ihm gingen. Doch mochte man es dem Zustand seines jungen Weibes zugute halten.

Das Kloster würde unter der Oberaufsicht der Norder Predigermönche stehen, und Herr Luppoldus schritt als Oberster des Konvents, der einmal den Stiftern Rechenschaft abzulegen hatte über alles, was hier geschah, an der Spitze der singenden Mönche durch den Hauptgang der Kirche, in dem die Sänger sich zu beiden Seiten aufstellten. Jetzt zogen, geführt von der jungen Priorin Tetta Kampana, die Nonnen ein, die hier nun täglich in Seelenübung vor Gott treten würden. Es waren

Augustinerinnen aus dem Kloster Reide, das Jahr für Jahr mehr den Fluten ausgesetzt war und gewiß einmal ganz aufgegeben werden mußte. Die Nonnen hatten ihre schwarzen Gewänder bereits gegen weißwollene vertauscht und hofften, hier in Dykhusen eine neue Heimat zu finden. Die Regel, nach der sie bisher gelebt hatten, war der neuen eng verwandt.

Die Weltgeistlichen, unter ihnen auch Herr Almer, zogen in geschlossenem Zuge in die Kirche, geführt von den Pröpsten.

Unter den frommen Gesängen der Mönche und Nonnen und dem Gebetsgemurmel des Volkes betrat der Archidiaconus Frisiae, Herr Johannes von Scheppen, im feierlichen Ornat des Weihbischofs die Kirche.

Als er das Confiteor las, stimmten die Patres und Mönche mit lauter, heller Stimme den Introitus der Kirchweihe an, und "Terribilis est locus" schallte es durch die schlichte Klosterkirche.

Während Herr Johannes nun die Weihe des Chores, der Altäre und auch des Altares in der südlich angebauten Sakristei vornahm, konnte Foelkeldis nicht umhin, besorgt zu ihrem Gemahl aufzusehen. Sie hatte während der ganzen Zeit gespürt, daß er mit Willenskräften wie geladen war. Was wollte er tun -.

Er hielt die Urkunde in der Hand, die er, Folkmar und Louwert unterzeichnet hatten, und seine Finger spielten zuweilen mit dem großen Siegel aus rotem Wachs, das sich wirklich wie das eines Landesherrn ausnahm neben den beiden andern. Foelkeldis fühlte, daß auch die andern Häuptlinge ähnliches dachten, und sicher nicht mit freudiger Genugtuung. Sie sah auch jetzt viele Blicke auf ihrem Gemahl ruhen. Sein stolzes Gewand, die güldenen Sporen, der Gürtel, sein großes Siegel, die Tatsache, daß die von ihm geprägten Schillinge gern überall als gutes Geld in Zahlung genommen wurden, wohingegen andere an Wert und Achtung einbüßten - all das konnte die Männer, von denen sie sich im Augenblick umgeben sah, nur erregen. Wenn man hinzunahm, daß Ocko sich tatsächlich innerlich und äußerlich den Oldenburgern mehr verbunden wußte als seinen engstirnigen Landsleuten, so genügte es, um mit Sorgen in die Zukunft zu sehen. Aber Foelkeldis konnte sich nicht verheimlichen, daß sie die Friesen gut verstand. Wäre sie nicht Ockos Gemahlin gewesen - nein, sagte sie nun zu sich selbst, auch dann würde ich erkannt haben, daß er weiter sieht als die andern. Ich würde ihm glauben und ihm folgen.

Der Gottesdienst ging seinem Ende zu. Herr Johannes von Scheppen nannte nun die Namen der Häuptlinge, die, von göttlicher Liebe durchdrungen, wie er sagte, dieses Kloster gegründet hatten und deren Bilder man auf dem Innenflügel des Hochaltars in der Stiftergruppe bei der heiligen Margareta, die das Vorbild aller reinen Gottesdienerinnen sei, sähe. Er fordere diese Häuptlinge auf, nunmehr die Urkunde auf den Altar dieser Kirche zu legen und Gott zu geloben, das Kloster und alle guten Menschen zu beschirmen.

Da trat Ritter Ocko als ältester der genannten Häuptlinge vor den Altar, sah schweigend über die Menschenmenge hin, hielt in der Linken die Urkunde, legte die Schwurfinger der Rechten auf den soeben geweihten Altar und sprach laut und langsam, indem er sich bald an das Volk, bald an die Häuptlinge in dem eichenen Gestühl wandte, an deren Sitzknäufen schalkhafte Fabeltiere grinsten, er bekenne sich zu dem Glauben, daß Gottes Vorsehung ihn vor allem deswegen mit dem Ritterschwert umgürtet habe, damit er Unmündigen und Waisen zu ihrem Recht verhelfe und die Stätten, die dem göttlichen Dienste geweiht seien, schütze und sie samt allem, was zu ihnen gehöre, mit der Schärfe seines Schwertes verteidige gegen alle, die danach trachteten, ihnen unrecht zu tun.

Folkmar und Louwert hatten einige Schritte vom Altar entfernt gestanden. "Mit dem Ritterschwert umgürtet" - das konnte in Friesland niemand außer dem tom Broek sagen. Und öffentlich rief er durch die Kirche den Hunderten der Menschen zu, daß es nach seinem Dafürhalten Gottes Vorsehung sei, die ihn mit diesem Schwerte Roberts des Weisen umgürtet habe! Weiberhände waren es gewesen im Dom von Sankt Gennaro zu Neapel! Nicht das geringste hatte dieser lächerliche Ritterschlag mit der Vorsehung höchster Weltenmächte zu tun. Folkmar kochte vor Wut.

Er brauchte nach diesem öffentlichen Bekenntnis Ockos zu seiner göttlichen Sendung keines anderen Beweises, um die Häuptlinge von dem Hochmut des tom Broek, seiner Verstiegenheit und seiner unausstehlichen Anmaßung zu überzeugen.

Der Ritter hatte sich selbst gerichtet.

Kurz vor dem Nikolausfest desselben Jahres 1378 brachte Foelkeldis abermals ein kleines Mädchen zur Welt. Sie wollte es gern nach ihrer Mutter benennen, aber Gyla bat, dem Kind den Namen Tetta zu geben und die junge Schwester mit Elborg Kenesna zu Gevattern bitten.

"Dann hat auch Tetta ein Kind, für das sie sorgen kann", sagte Gyla liebevoll.

Tetta hatte die Mutter wiederholt gebeten, zu ihr nach Dykhusen zu ziehen. Aber seit die kleine Ocka auf der Welt war, fand Gyla neuen Lebensmut. Sie hatte das kleine Wesen damals in die Kirche nach Utengrahove getragen, damit es des Segens der Taufe teilhaftig würde. Während der heiligen Handlung hatte das Kind immer wieder die Augen groß aufgeschlagen und die Ältermutter angeblickt, und Gyla hatte sich ihm, während Gottes Wort erklang, in ihrem Herzen so zugehörig gefühlt, daß sie um dieses Kindes willen nun in Strackholt bleiben wollte. Nichts wünschte sie sehnlicher, als daß die kleine Ocka viel bei ihr sein dürfe. Noch wackelte sie wie eine Ente durch die Räume und ruderte sich mit den Händen weiter. Es war ein besonders kräftiges, aber feingliedriges Geschöpf, das auffiel durch große, fragende Augen, die so blau waren wie die aller tom Broeks, und durch sehr dunkles Haar.

Das Neugeborene war hellblond und zarter. Gyla meinte, es sähe Tetta ähnlich, und fand, daß sie, die Ältermutter, auch für dieses Kind auf Strackholt bleiben müsse. Sie sollten es gut haben bei ihr, Foelkes Kinder. Sie gaben ihrem Leben einen neuen Sinn.

Im November dieses Jahres starb Kaiser Karl IV. Als die Kunde von seinem Ableben über Oldenburg nach Friesland gelangte, schwang sich Ritter Ocko auf sein Pferd und ritt zu Almer. Mit keinem konnte er so weit über den Zaun sehen wie mit ihm, es sei denn mit Graf Christian zu Oldenburg.

Almer ging erregt in seinem Studierzimmer auf und nieder, als Ocko eintrat.

"Was hatte Petrarca von diesem Kaiser erhofft", sagte er. "Er nannte ihn den vom Himmel gesandten Schirmer unserer Freiheit. Es gälte keine mittelmäßige Sache, schrieb er dem Kaiser, es gälte das Römische Reich. Durch Gottes Gnade ist uns in dir unser Augustus wiedergegeben worden, heißt es wörtlich in dem Brief."

"Du hast den Kaiser in Italien gesehen", fuhr er fort. "Du warst in Rom, als Papst und Kaiser sich seit Menschengedenken zum erstenmal dort begegneten. Ist es nicht schmerzlich, Ocko, zu wissen, daß es aus ist mit der deutsch-römischen Einheit, wie sie doch einmal bestanden hat?"

"Jammervoll war es anzusehen, Verwandter," bestätigte Ocko. "Dieser Kaiser hat vieles verwinden müssen. Die Krone wurde ihm durch zwei Kardinallegaten am Ostertage überreicht ... gut erinnere ich mich daran. Am gleichen Tage mußte der Kaiser Rom verlassen. Cremona hat ihn zwei Stunden vor den Toren der Stadt warten lassen ... Und jetzt, Almer, stehen sich die päpstlichen Heere gegenüber. Die einen wollen einen französischen, die andern einen italienischen Papst. Jeder führt die Schlüssel Sankt Peters im Banner. Das Schisma ist Wirklichkeit geworden. Giovanna und ihr Hof sind in den Bann getan. Christen kämpfen im Namen Christi gegen Christen."

"Der Zerfall macht nirgends halt, Ocko. Wundert dich das? Deutsche gegen Deutsche, Christen gegen Christen und Friesen gegen Friesen."

Ocko blieb vor ihm stehen.

"Wie meinst du das? Hast du Nachrichten aus dem Emsigerland?"

"Nein", sagte Almer frei. "Die würde ich dir längst überbracht haben. Ich habe nur gehört, daß man dich Herzog von Friesland nennt. Und das hat mir genügt."

Es wurde noch einmal Sommer, bevor Edzard von Greetsiel eines Nachts nach Oldeborg ritt, um Ocko heimlich die Nachricht zu überbringen, daß Folkmar und die Beningamannen Truppen zusammenzögen und Waffenübungen veranstalteten.

Ocko war auf Burg Broke, um auch diese so zu befestigen, daß sie eine immerhin mögliche Belagerung durch die Emsiger aushalten konnte. In der letzten Zeit hatte er die Hoffnung auf eine gütliche Beilegung der inneren Widerstände aufgegeben. Sein Schwager Haro von Valdern ließ ihm schon im Winter dann und wann heimlich Nachricht zukommen, daß Kampo von Emden sich haßerfüllt gegen ihn geäußert und gedroht habe, falls Ocko etwa auch beabsichtige, Emden unter seine, wie der Ritter sich auszudrücken beliebe, Botmäßigkeit zu bringen, so wie das Harlingerland, so könne er seinen und seiner Broekmerländer Leichname am Strande von Borkum zusammensuchen, falls die Fische ihnen eine so weite Reise durch die Ems vergönnten.

Ocko tom Broek konnte dem alten Kampo seine Haltung nicht verübeln. Eine Eroberung Emdens war ihm bislang noch nicht in den Sinn gekommen, aber es war natürlich, daß der vereinsamte Drost des Ritters Siege im Osten mit seiner eigenen Stellung in Zusammenhang brachte. Viele Menschen haben dadurch Kraft, sagte sich der welterfahrene Broekmerhäuptling, daß sie blind sind für neue Erkenntnisse.

Aus dem gleichen Grunde fühlten sich die übrigen stark, denn eine sachliche Prüfung der Streitkräfte und der Kriegserfahrung konnte unmöglich zu ihren Gunsten ausfallen. Ocko hatte seine Truppen zu strengstem Gehorsam erzogen. Der Friesen Eigentümlichkeit war seit jeher, in wilder Wut unter Kampfgeschrei auf den Feind zu stürzen. Viele Schlachten hatten sie durch ihre Eigenwilligkeit und ihren unerhörten Mut entschieden.

Ocko hielt Edzard Cirksena einige Tage im Torturm der Oldeborg verborgen. In der Nacht hatte ihn außer zuverlässigen Burgknechten niemand kommen sehen.

Heimlich wurden die Norder und Haro von Valdern verständigt, und als dann zwei Tage später in der frühen Dämmerung des Augustmorgens in allen Dörfern die Feuerzeichen aufloderten, strömten alle wehrfähigen Männer auf Utengrahove zu und versammelten sich des Ritters Weisung gemäß bei der Johanneskirche, wo Almer das Heer nach altem Brauch segnete.

Ocko gab den Befehl zum Marsch nach Südwesten. Man war noch in der weiten, baumlosen Ebene des Wiegboldsburer Meeres, als Ocko in der Ferne das Aufblitzen von Lanzen gewahrte. Nicht weit von Loppersum befahl er daher die Aufstellung zur Kampfordnung. Noch war kein Erntearbeiter auf den Feldern zu sehen. Die Sonne brach sich langsam Bahn durch den Morgennebel. Es war nichts als die genaue Kenntnis der friesischen Kampfesweise und der Volksseele, die Ocko tom Broek seinen eigenen Plan eingab. Er mischte im Gegensatz zu jeglicher Überlieferung die Spießknechte und die Reiter unter die Fußtruppen und gab diesen dadurch inneren Halt. Dann ließ er den Feind herankommen.

Seinen eigenen Leuten verbot er jegliche Verfolgung und jeglichen Angriff. Der erste Trupp, der sich näherte, wurde von Kampo Abdena befehligt. Mit wildem Kampfgeschrei stürzten die Emsiger vorwärts. Die Broekmer Lanzen und Bogen empfingen sie. Kampo fiel an der Spitze der Seinen, und bald bedeckten noch neunzig andere Emder das Schlachtfeld.

Nun war es schwer, die Broekmer noch länger im Zaum zu halten. Nur Ocko tom Broeks eiserner Wille, der gelenkt war von immer wacher Vorsicht, konnte sie weiterhin am Platz festhalten.

Ocko hatte damit gerechnet, daß sich die Feinde auch weiterhin in Einzeltrupps statt geschlossen auf ihn stürzen würden. Und so kam es auch. Den Emdern folgten die Beningamannen. Sie rannten wie die Abdenaschen Truppen in ihr Verderben. Zuletzt stürzte Folkmar Allena in blinder Wut an der Spitze seiner Reiterschar in den Pfeil- und Lanzenregen der Broekmer hinein. Er schrie:

"Nieder mit dem Ritter! Nieder mit dem Herrenfreund!"

Und "Nieder mit dem Herzog von Friesland. Wir brauchen keinen Herzog. Wir sind freie Friesen", erklang es wild aus Folkmars Reihen.

Jetzt wurde es auch Ocko schwer, an Ort und Stelle zu verharren. Die Adern an seiner Stirn schwollen, tiefe Falten gruben sich um seinen Mund, und die ihn kannten, wußten, was den Feinden bevorstand, wenn diese Kräfte zur Lösung kamen.

Noch immer ordnete er kein Vorgehen und keine Verfolgung an. Die Osterhusener kämpften tapfer. Als aber Folkmars Pferd, geblendet von der Morgensonne, die sich in einem blanken Panzer spiegelte, scheute und zu Boden stürzte und der Osterhusener Häuptling sich auf das eines Knechtes schwingen

mußte, als er sich inmitten vieler Toter und wenig Lebender sah, da blieb auch ihm und den Seinen keine andere Wahl als die Flucht.

Und nun löste sich der Bann, der auf den tom Broekschen Truppen gelegen hatte. Der Ritter sprach das erlösende Wort. Jetzt war die Stunde da. Jetzt durften sie die Verfolgung aufnehmen und losschlagen. Alle nur mühsam bezähmte und zurückgehaltene Kraft wurde frei. Der Ritter sprengte allen voran, in der Faust die Brandfackel. Mit gezogenen Schwertern folgten die Seinen. Jetzt war kein Halten mehr. Allzu lange hatten sie in Ruhe verharren und warten müssen. Die erste Schlacht, die in Friesland durch bloße Verteidigung gewonnen war, ging in die Verfolgung des Feindes über.

Sie rasten auf Loppersum zu. Die Einwohner flohen in blindem Entsetzen. Die Wachen an den Burgen wurden niedergemacht, die Männer, die sich wehrten, erschlagen, viele gefangen genommen, die Weiber und Kinder auf die Felder getrieben. Loppersum brannte. Die rote Lohe stieg zum Himmel auf. Das Gebrüll der Tiere war weithin zu hören. Bald stand von der Burg nur noch eine Ruine.

Die wilde Jagd näherte sich Süderhusen. Folkmar hatte es Boinck gestohlen. In der Osternacht hatte er einen Knecht bestochen. In der Osternacht -. Diese Tat zu rächen, waren die Broekmer hier. Süderhusen brannte.

Ritter Ockos Brandfackel jagte auf Cirkwehrum zu. Osterhusen stand unter Wasser, Folkmar hatte das Siel geöffnet. Seine Ernte ertrank, seine Felder wurden verwüstet. Mochte das Wasser den Rest der Vernichtung besorgen.

Nun brannte auch Cirkwehrum, nun Canhusen. Die Beningamannen wurden gewahr, daß der angebliche Herzog von Friesland mit Schwert und Brandfackel umzugehen wußte.

Aber die Menschen im Emsigerland brachte das Entsetzen um den gesunden Verstand. Das Jammergeschrei der Weiber und Kinder und das schaurige Gebrüll der verängstigten Tiere, die lodernden Brände, die sich von Dorf zu Dorf wälzten und die gottgegebene Ernte dieses Jahres in Flammen aufgehen ließen, die verwüsteten Getreidefelder, der Zug der gebundenen Gefangenen - all das war so grausig, daß eine jener

Furchtepidemien ausbrach, wie sie das Zeitalter kennzeichneten. Die Gefühlswogen überschlugen sich, und ein Gebetssturm griff um sich, wie man ihn seit dem Untergang Westeels in den Fluten nicht mehr erlebt hatte. Singend und betend zogen die Leute in geschlossenem Zuge in die nächste Kirche, fielen zu Boden und riefen Gott an, ein Wunder zu tun und sie zu erlösen.

Als Ritter Ocko am späten Abend dieses Tages in Aurickhove eintraf, vermochte seine Gemahlin kein Wort aus ihm herauszuholen.

Er aß und trank nicht mehr. Er ließ sich ein Bad bereiten und ging zu Bett. Aber er fand keinen Schlaf.

Foelkeldis schmiegte sich an ihn. Sie fragte nicht mehr. Er war heimgekommen. Er hatte auch dieses überstanden. Sie hatte am westlichen Himmel die Brände aufsteigen und den Himmel in roter Brandglut leuchten sehen. Es mußte ein harter Kampf gewesen sein. Ocko hatte ihn vermeiden wollen, aber -

"Wenn etwas sterben will, Foelkeldis, dann muß man ihm noch zu seinem Tode verhelfen", sagte er jetzt mit heiserer, tiefer Stimme. "Ich wollte es langsam wandeln, aber ich mußte es zerschlagen."

Jetzt konnte also, so meinte er wohl, ein größeres Friesland werden? Als sie in sein müdes, zerfurchtes Gesicht sah, fühlte sie, daß er trotz seines Sieges litt unter den Qualen dieser Geburt - daß Friesen Friesen erschlagen mußten um eines fernen Zieles willen.

9.

Seit vielen Jahren hatte es auf friesischem Boden nicht so viele Tote an einem Tage gegeben, und es war nicht zu verwundern, daß immer neue Züge von Büßern das Land durchwallten.

Diesmal waren es die Minoriten aus dem Bruderkloster in Valdern, die, ihrer besonderen Aufgabe entsprechend, in allen Dörfern predigten und das Volk immer weiter in den Büßerwillen hineinrissen. Daß die Menschen vor Angst und Elend außer sich geraten waren, sah man daran, daß sie durchaus singen wollten. Es waren in den letzten zwanzig Jahren einige lateinische Lieder ins Friesische übersetzt worden, aber in der Gottferne griffen die schwer Geprüften am liebsten zu den altbekannten lateinischen Gesängen.

Manche wollten sonderbare Zeichen am Himmel gesehen, andere seltsame Beobachtungen an Tieren gemacht haben. Es war nicht viel anders, fand Ritter Ocko, als in Italien, wo Hühner und Gänse sich nach den Aussagen aufgeregter Weiber so lange schreiend im Kreise drehten, bis sie tot umsanken, und wo an Virgils Grab blutige Tropfen vom Himmel fielen. Der tiefe Jammer um das neue Gräberfeld und der feste Glaube, daß Ritter Ocko durch Zauberei die Broekmer so lange an ihrem Platz gehalten habe, ergriff auch den Nüchternsten und führte ihn von den Bahnen gesunden, gewohnten Denkens weg in die Schwärmerei hinein. Im Kloster Langholt waren längst Verstorbene erschienen und hatten, wie Emsländer im Broekmerland erzählten, vor Ritter Ocko gewarnt. Er würde mit seinen Eroberungsgelüsten nicht an der Leda haltmachen. Das Oberledingerland würde bald seine Brandfackeln lodern und sein Schwert blitzen sehen.

Mit den Verstorbenen waren die Friesen immer eng verbunden, aber jetzt suchten ihre aufgeregten Seelen mehr denn je nach Zeichen und Hilfen aus der unsichtbaren Welt und die Zahl der Stiftungen wuchs ins ungemessene. Die Jahrtage wurden mit peinlicher Sorgfalt innegehalten. Am Vorabend der

Jahrtage versammelte sich die Geistlichkeit der Kirche, um die Totenvesper zu begehen und danach in feierlicher Prozession das Grab zu umschreiten. Nachts wurden überall die Vigilien gesungen, während mehrere Priester die Messe lasen, und am folgenden Tage flammten dann die Talglichte auf in der heiligen Totenmesse. Keine dieser vielen Feiern endete ohne reiche Almosenspenden. Die Mildtätigkeit loderte plötzlich empor, um Ruhe und Frieden des eigenen Gewissens, Versöhnung mit Gott und gute Fürsprecher in der anderen Welt zu erlangen.

In der Stadt Emden, deren Einwohner wohl am schmerzlichsten litten ob all ihrer Verluste, fand bald nach der Schlacht bei Loppersum eine Barfüßerprozession statt, bei der vier Priester im linnenen Gewande den auf einer Bahre ruhenden Leib des Herrn trugen. Propst Hisko ergriff die günstige Gelegenheit, das Volk für einen Heiligkreuzaltar, der in dem neuen gotischen Seitenschiff der Cosmaskirche noch fehlte, und die reichsten Bürger für die Stiftung von Pfründen zu gewinnen. Alle Schenkungen geschähen um des Seelenheiles willen und um Gott wieder mit Friesland zu versöhnen, sagte er.

Hisko Abdena war nach dem Tode seines Onkels Kampo der einzig männliche Erbe der ganzen Familie und mußte nun auch das Amt des Drosten übernehmen. Zwar lebte Lewart noch, Hiskos Vater, aber er war schweren Gemütes. Mit ihm war nicht zu rechnen. Von nun an oblag Hisko außer den geistlichen Geschäften die Sorge für die öffentliche Sicherheit, der Vorsitz in den peinlichen Gerichten, für die er selber einen Vogt zu seiner Hilfe zu ernennen hatte, und der Oberbefehl für die Emder Truppen. Hiskos Macht in Emden war nun unbeschränkt. Er selbst stiftete für den neuen Altar eine Ewige Lampe, die fortan Tag und Nacht vor dem Heiligen Sakrament brannte.

Propst Hisko verfehlte nicht, Ocko tom Broek als den ungläubigen Fremdling hinzustellen, der mit fremder Völker Kampfesweisen tapfere Friesen hingeschlachtet habe.

Die Kunde von all diesen Geschehnissen drang vor allem durch die vielen Bettelmönche ins Broekmerland. Für sie war jetzt günstige Zeit. Sie predigten, wo immer sich willige Zuhörer fanden, und standen länger als sonst bei den Hausfrauen und Mägden an der Haustür, um das Neueste zu berichten.

Dominikaner aus Norden erzählten voller Stolz, daß ihr Opferstock, zu dem der Prior und ein städtischer Pfleger den Schlüssel hatten, schon zweimal in diesen wenigen Wochen habe geleert werden müssen, was sonst während eines Vierteljahres nur einmal geschähe.

Im Broekmerland äußerte sich die Verwirrung nicht auf gleiche Weise wie bei den Emsigern. Es waren verhältnismäßig wenig Broekmer gefallen, und der gewaltige Sieg half den Schmerz leichter ertragen. Gleichwohl hatte Almer bemerkt, daß sich mehr Gläubige als sonst um des Ablasses willen zu ihm drängten, wenn er unter Glockengeläut, begleitet von Ministranten, die Fähnlein und Laternen trugen und feierliche Lobgesänge erklingen ließen, das Sakrament zu Kranken und Sterbenden trug. Und dem heiligen Leonhard, dem Patron der Kranken und Siechen, deren Zahl durch die Verwundeten wieder vermehrt worden war, hatte man niemals soviel Lichte und Spenden geopfert wie in diesen Wochen. Es war Almer auch aus dem Norderland berichtet worden, daß die Bettelmönche, die im allgemeinen durch ihre öffentliche Seelsorge, die sie auf freien Plätzen und an Straßenecken ebensowohl wie in ihren Kirchen betrieben, dem Volk vertrauter waren als die Weltgeistlichen, erneuten Zustrom erhielten. Man drängte sich zu ihren Beichtstühlen, und viele wollten auch dort begraben sein, wo sie während der Lebenszeit gebeichtet und Trost erhalten hatten. Die Zeit brachte dies mit sich. In Friesland, das sahen Ocko und Almer, fehlte kein wesentlicher Zug der Frömmigkeit, wie sie sich in diesen Jahrzehnten in der ganzen Christenheit kundgab.

Almer selbst bemühte sich, den Auswüchsen der Verwirrung rechtzeitig zu steuern, indem er das Volk in seinen Predigten und bei Krankenbesuchen vor der Vergröberung des Übersinnlichen warnte, die unheilvolle Folgen zeitigen müsse. Er verbot aufs strengste die Beschwörung Verstorbener, pflegte aber deren Gedächtnis im Gebet und las mit besonderer Andacht das Totenamt.

Für ihn selbst war es eine große Hilfe, daß das Volk seiner ganzen Kraft bedurfte. Er fühlte sich krank. Er mußte sich jetzt selbst eingestehen, daß es ihm trotz aller Bemühungen nicht länger möglich war, neben der Frau, die er liebte, zu leben. Jetzt ging sie mit ihrem dritten Kinde, und, er lachte kopfschüttelnd, sie erwartete, daß er und kein anderer ihren Sohn taufe. Denn diesmal, hatte sie zuversichtlich erklärt, würde sie einen Sohn gebären. Es war ihm unerträglich, daß sie nun ein Kind nach dem andern zur Welt bringen würde und daß er dies mit ansehen mußte. Oft peinigte ihn sein Gewissen. Sie war die Frau eines andern. Er war ihr Seelsorger, ihr Beichtvater, der Erzieher und Lehrer ihrer Kinder, der Freund ihres Gemahls. Es gab nur einen Trost für ihn, daß er sie bereits vor Ocko gekannt und geliebt hatte. Aber für immer neben ihr herleben - nein, das konnte er nicht. Wie einen Ruf des Schicksals empfand er damals den Zug ins Hadelerland. Wahrhaftig, er hatte sich nicht geschont. Er hatte Gott angefleht, ihm einen, einen einzigen Spieß, einen Schwertstreich zu gönnen. Er hinterließ ja nicht Frau und Kinder wie die andern Männer. Er hatte sich dem tollsten Nahkampf ausgesetzt, und es gab Krieger, die ihn für unverwundbar erklärt hatten. Er mußte einsehen, Gott hatte anderes mit ihm vor. Nun wollte er, wenn die Wirren dieser Zeit sich legten, Ocko und seinen Bischof bitten, ihn für einige Jahre zu beurlauben. Er gedachte, eine Wallfahrt nach Sankt Michael in der Normandie zu machen und dort nach England überzusetzen, um endlich einmal Iona zu besuchen, die Insel, von der aus Columban einst seine Helfer auf das Festland und auch nach Friesland sandte. Almer meinte, wenn irgendwo, so müsse seine Seele dort Ruhe finden. Die Natur mußte der friesischen verwandt sein. Auch dort sangen die Wellen, flüsterte unaufhörlich der Wind, zogen die Wolken, ballten sich wundersam zusammen oder jagten wie wilde Tiere über den Himmel. Es war dasselbe Meer, das dort schaumgekrönt unter jagenden Wolken aufblitzen oder sich wie eine leicht gekräuselte Haut als Grenze zwischen die Höhen und die Tiefen legen würde. Zwar würde ihn Felsgestein statt grüner Weiden, brauner Moore und sumpfiger Leegden umgeben, aber dort wie hier waren die Menschen der Erde hingegeben - der Erde und allem, was zu ihr gehörte.

Eines Tages kamen mehrere Bauern auf die Burg, die ein Anliegen an Ritter Ocko hatten. Die junge Burgfrau empfing sie. Sie war bleich und hatte tiefe Schatten unter den Augen. An den Händen traten die Adern hervor - man sah es Foelke

Kampana wohl an, daß ihrem Körper das Letzte abverlangt wurde. Aber sie war vergnügt und lachte. Sie müsse wohl mit ihrer Kinderschar eine andere Bleibe suchen, wenn solch wichtiger Männerrat im Saal tage, sagte sie.

Die heftigen Proteste der Männer deutete sie richtig. Es handelte sich um eine Angelegenheit, die sie für bedeutend hielten. Gewiß war es ihnen angenehmer, mit Ocko und Almer allein zu sein. Mit der Entschuldigung, nach den Mägden sehen zu müssen, verließ Foelkeldis den Saal, Ocka an der Hand, Tetta auf dem Arm und das Jüngste unter dem Herzen. Sie war den Mannsleuten sehr vertraut in diesem Augenblick, solche Zustände kannten sie von ihren eigenen Weibern.

Als die junge Burgfrau fortgegangen war, sahen sie sich ein wenig im Saal um. Almer forderte sie auf, sich um den Kamin zu setzten, aber sie wollten des Ritters Kommen abwarten und nahmen solange auf den Bänken Platz, die an den Wänden standen.

Ihre Blicke blieben an den merkwürdigen Schränken mit den Schubladen hängen, die an einem Ring herausgezogen werden konnten. Bei einem war das Holz durch weiches blaues Tuch verkleidet. Auf einem Aufsatz waren herrliche Silberpokale und andere Schaugeräte zu sehen, die wohl zum Teil aus Italien, zum Teil aber auch von friesischen Goldschmieden stammten. Ritter Ocko war bekannt dafür, daß er viel Gold- und Silbergerät erlesenster Arbeit kaufte.

Fast die ganze Westseite dieses Raumes nahm ein riesengroßes Fenster ein. Es hatte Blindglas und war vielfältig in winzige Vierecke eingeteilt. Die übrigen Wände waren mit gestickten Vorhängen verkleidet, welche Bilder aus der Heiligen Geschichte darstellten. Es sah warm und gut aus, daß die Wände so verkleidet waren, fanden die Männer, und die Weiber hatten nicht immer den Kalk von den Leibröcken abzuklopfen, wenn man sich gegen eine Mauer lehnte.

Mit Teppichen waren auch die Bremer Fliesen des Fußbodens belegt. Auch sie wiesen schöne Muster von Bäumen und Blumen auf. Auf einem meinten die Broekmer den Lebensbaum und die beiden ersten Menschen zu erkennen.

Durch die geöffnete Tür blickte man in die Burgkapelle, deren Fenster schöne Malereien aufwies.

Jetzt setzte der Diener Faltstühle um den großen Kamin und legte dicke Teppichstücke darauf. Eine Magd in der roten Tracht der Broekmerinnen trat ein, nahm die Feuerzange von einem Messinghaken, setzte den herabgebrannten Torf zurecht und stellte neue Torfsoden im Halbkreis um die brennende Mitte. Mit einem ledernen Blasebalg entfachte sie rasch eine neue Glut.

Als Ocko nun eintrat, erhoben sich die Männer, und auch Herr Almer verließ den einen der beiden Hochsitze am Kamin und ging dem Ritter entgegen.

Ocko hatte die Pullstöcke mit den scharfen Eisenspitzen im Burghof stehen sehen. Die Bauern hatten nicht mehr Pferde genug -. Es war traurig, daß viele edle Tiere bei Loppersum mit ihren Herren hatten verbluten müssen. Viel war er diesen Männern schuldig. Viel sorgendes Denken. Er hieß sie sich alle um das warme Feuer setzen.

Sie begannen, von der Landarbeit zu erzählen.

Dabei fielen ihnen Kindheitserinnerungen ein, in denen Imel und Ocko eine Rolle spielten.

"Mit Imel haben wir viel verloren", sagte einer, "aber jetzt meinen auch wir, daß Gott ihn nicht zur Unzeit zu sich rief."

Alle schwiegen.

"Er hätte dies alles schwer ertragen", nahm ein anderer den Gedanken wieder auf. "Erzähle du selbst, Sibbelt, wie Imel sich verhielt, als ihr euch kämpflich grüßen wolltet, du und Luert Emmena."

Und Sibbelt Aggena berichtete, wieder ganz versunken in jene nie verlöschende Erinnerung. Luert hatte ihm den Schimpf der Handbindung angetan und ihm auch das Tuch über den Kopf geworfen.

"Du wirst begreifen", sagte Sibbelt erregt, "daß ich in keine Sühne willigte, Ocko. Keiner von euch allen hier hätte sich dazu verstanden. Daß ein Friese dem andern Zwang antut, ist nie geduldet worden. Niemand wird solchen Schimpf vergessen. Der Mönch verlas dann die Stelle aus den Willküren, daß der Streit vor der Tagundnachtgleiche beschworen werden müsse.

Da trat dein Bruder vor, Ocko, und sagte, aus Blutsaat unter Brüdern erwüchse nur Haß und weiteres Blutvergießen. Niemals mehr solle ein Friese des andern Blut vergießen."

Er schwieg. Ocko sah mit einem langen Blick von einem zum andern und senkte dann die Lider. Er hatte oft die Richterwahl in Utengrahove miterlebt und sah jetzt deutlich seinen Bruder neben dem dicken Stein unter der alten Eiche stehen. Dort hatte Imel in einem kleinen Zwischenfall, der für diese Männer von Bedeutung war, für den Frieden gesprochen. Das war sieben Jahre her. Erst sieben Jahre? Es dünkte den Ritter eine andere Welt zu sein, die sich hier vor ihm auftat. Aber er hatte immer empfunden, daß Imel und er, fast gleichaltrig, zu verschiedenen Welten gehörten.

"Und wie hast du dich dann verhalten, Sibbelt?" fragte er.

"Ich habe auf den Kampf verzichtet."

Nun nahm Folpert Luert das Wort.

"Die Geschichte ist noch nicht zu Ende", sagte er. "Am Walburgstage wurden wir dann vereidigt, Imel und ich und die beiden andern, und du kannst dir ja denken, daß Luert trotz der Schlichtung des Streites beim Bier nicht zahm war."

"Nein, zahm war er nie", bestätigte Ocko, "ich habe ihn bei Loppersum kämpfen sehen. Ihm wurde es am schwersten, so lange ruhig im Sattel zu verharren, wie ich wollte. Er focht wie ein Stier trotz seines Holzfußes. Er ist gefallen. Es ist mir leid um Luert."

"Gott sei seiner Seele gnädig", sagte Sibbelt, "er hat den Totschlag an Boro gesühnt, und er ist ein Kriegsmann geworden, wie dein Bruder es wollte. Aber was würde Imel sagen, Ocko, daß Luert nun doch im Kampf gegen Friesen fallen mußte?"

Almer bemerkte, daß Ockos Gesicht hart wie Stein wurde. Worauf wollten die Männer hinaus? Auch Almer sah es nicht klar.

Folpert stand auf.

"Wir meinen, Ocko tom Broek, daß dies nun ein Ende haben muß. Sie nennen dich Herzog von Friesland, und soviel wir hier sehen, wohnst du in einem herzoglichen Hause. Nun wissen auch wir, daß Friesland niemals ein Herzogtum war. Aber unser

Graf solltest du werden. Dies wird dir der Kaiser des Reiches bestätigen. Du hast die Fehde gegen die Hadeler gewonnen, dir gehorcht das Harlingerland, du hast Folkmar Allena geschlagen, wir wollen, daß du unser Landesführer und Graf von Friesland wirst. Auf daß für alle Zeiten gesichert sei, daß kein Friese das Schwert gegen einen andern ziehe. Und nun sollst du uns sagen, was dich um solchen Vorschlag dünkt."

Ritter Ocko verharrte unbeweglich in dem Hochsitz an der Westseite des Feuers. Almer dagegen stand auf, ging eine Weile auf und nieder, stellte sich dann an die Wand, dem Kamin gegenüber, und versenkte sich in den Anblick eines der großen Wandteppiche. Ocko sah, daß dieser die Versuchung des Christus darstellte. Da wußte er, wie Almer dachte.

Aber erst in diesem Augenblick wurde ihm bewußt, daß er selbst schon solche Möglichkeiten halb träumend, halb spielerisch erwogen, freilich bald wieder verworfen hatte. Diese Männer sprachen klar aus, was einmal kommen mußte. Aber sie übersahen die Sachlage nicht genügend. Folkmar lebte, Hisko lebte. Hisko hatte große Gewalt. Wie dachte das Oberledingerland, wie die andern Friesen westlich der Ems, wie Oldenburg über solchen Plan?

Es war zu früh. Eine politische Schwärmerei treu ergebener Broekmerländer, die zu seiner eigenen Klärung beigetragen hatte, so mußte der Vorschlag gewertet werden.

"Mit euch kann man alles wagen", sagte er lachend und gab jedem die Hand. "Wir wollen sehen, wie weit wir kommen."

Damit waren sie zufrieden.

An einem der folgenden Tage wurde die Urkunde unterzeichnet, die den Frieden sichern sollte. Ocko unterschrieb als erster. "Ocko tom Broek, miles et dominus, terrae Broecmanniae et Avericae", stand dort in großen, geraden Buchstaben zu lesen. Es folgten die Namen der übrigen Häuptlinge, neben denen der Titel "capitanus" sich wiederholte.

Als Folkmar sein bescheidenes Siegel neben das große, rote des Ritters drückte, sagte er verbissen:

"Vom miles zum Comes Frisiae ist es wohl nicht mehr weit. Nun, was tut's, mit der Freiheit Frieslands ist es ohnehin vorbei, wenn nicht ..."

Und er murmelte irgend etwas, was keiner verstand.

Der Ritter befand es für richtig, die Anspielung zu überhören.

Mit Haro Ayldesna schloß Folkmar einen Frieden besonderer Art: Am Nikolaustage dieses Jahres wurde der Ehevertrag zwischen seinem Bruder Ayld und Haros einziger Tochter Ocka unterschrieben. Von nun an sollten die Valdernschen und Osterhusenschen Lilien in einem gemeinsamen Garten blühen. Auch diese Fehde war beigelegt.

Als der Ansager am Stephanstage nach Aurickhove kam, um die Verwandten zu dem Verspruchsbier nach Valdern einzuladen, lag Foelkeldis im Bett. Sie hatte an diesem Morgen ihren ersten Sohn geboren. Er sollte Keno heißen.

In dem nun folgenden Jahre ebbten die Wogen des Geschehens ab und fluteten zurück in den Urgrund der Zeit.

Als der kleine Keno ein Jahr alt war, entwöhnte Foelkeldis ihn. Es war das erstemal, daß sie ungezwungen ein Kind von der Brust gab. Bislang war immer das nächste schon in ihr gewesen, und für zwei hatte ihre Kraft nicht ausgereicht.

Es wurde ihr auch diesmal schwer, darauf zu verzichten, daß es weiterhin aus ihrer Brust trank. Jedesmal war dies ein Verzicht gewesen, der lange schmerzte. Niemals, meinte sie, hatte sie wieder den langen, weltweiten Blick von ihren kleinen Mädchen erhalten wie damals, als sich noch die süßen, roten Münder um ihre Brustwarze schlossen und sie das Ziehen spürte, das ihren ganzen Körper in Erregung brachte.

Einmal mußte der Entschluß gefaßt werden. Aber wenn sie dann wieder am Morgen ihre pralle Brust sah, die schwer von süßer Milch war, wenn das scharfe Ziehen sie durchdrang und das weiße Tröpfchen vor die braune Warze trat, dann nahm Foelkeldis wieder in unendlichem Glück ihren Jungen und preßte ihn gegen die Brust. Er schüttelte wie ein kleines Tier das Köpfchen, und jetzt hatte er, was er wollte und sog in kräftigen Zügen so lange, bis die Brust schlaff und weich herunterhing.

Über Tag dachte Foelkeldis zuweilen, daß auch dieses Kind schon die Weltenfernen verlassen habe, von denen noch so lange der Blick eines Menschen erzählte, der bereits geboren war, aber durch den Schlaf noch immer wieder in sie zurückgeholt wurde. Es lächelte, jauchzte, es stieg herab, es wurde ein Mensch.

Nur an der Brust, dachte sie, da hängen unsere Blicke ineinander wie ehedem, und wir sind eingeschaltet in den Urstrom ewig kreisenden Lebens - Mutter und Kind.

Wenn es sich so traf, daß Ocko da war, während sie das Kind nährte, streckte sie die Hand aus, und er setzte sich zu ihr und lauschte mit ihr dem kräftigen Schlucken seines Sohnes. Foelkeldis fühlte, daß sie ihn einschließen mußte in diesen Strom. Sonst blieb ein Mann außerhalb einer Tür, die sich nie für ihn öffnen konnte. Er war dem Lebensquell ferner als sie, aus deren Brust es unaufhörlich strömte und sich unaufhörlich neu gebar. Er wußte nicht, wie es war, mit dem eigenen Herzblut solch ein Menschlein zu nähren und zu sehen, wie es aus eben diesem Herzblut seine Kräfte zog und sein eigenes Leben aufbaute. Aber wenn sie Ocko an einer Hand hielt und er die andere auf seinen Sohn legte, dann war auch er eingeschlossen in den Urstrom schenkenden, nährenden, ewig flutenden Lebens.

Je mehr sich ihr Körper nun wieder in seine früheren, straffen Formen zurückfand, um so mehr spürte Foelkeldis die ungeheure Sehnsucht, die Ocko nach ihr empfand. Ja, es wurde nun Zeit, daß sie den großen Jungen wirklich absetzte. Sie wollte es so langsam und vorsichtig tun, daß weder Keno noch sie darunter litt. Aber sie mußte nun wieder mehr für Ocko da sein. Er hatte in den letzten Jahren wenig genug von ihr gehabt. Er hatte sie schließlich kaum noch anzufassen gewagt, bald war es der schwere Leib, der schmerzte, bald die Brust, die keine Berührung vertrug. Die Kinder hatten ihren Leib beherrscht. Sie hatte es als selbstverständlich empfunden, daß Ocko sie schonte, sie hatte gemeint, sie allein litte in diesen schweren Jahren. Sie allein mußte ja die Mühsal und die Schmerzen ertragen! Aber war es denn nur ihr Leib gewesen, den die Kinder ihm wegnahmen? Hatte sie irgendwelche andern Sorgen gekannt als die um diese drei kleinen Kinder? Sie hatte Ocko und seine Aufgabe fast vergessen und gut gemerkt, wie unlieb es ihm gewesen war, daß sie damals, als die Broekmer Männer Grafenpläne geäußert hatten, nicht an seiner Seite saß.

"Ich bin zu lange allein gewesen", pflegte er zu sagen, "ich mag nicht mehr ohne dich sein."

Nun hatten sie vier Kinder - sie würde nicht böse sein, dachte Foelkeldis errötend, wenn sie für eine Zeitlang nur Ockos Weib sein dürfte und nicht gleich wieder Mutter wurde. Wenn seine Finger um ihre Hüften glitten, durchschauerte es sie heißer als je zuvor. Sie liebte diesen Mann. Und nie im Leben würde sie es fertigbringen, ohne seine glühende, drängende Liebe -

Mit Leib und Seele wollte sie nun wieder ihm gehören. Nur ihm.

Am Tage vor Mariä Reinigung, gerade bevor die Lichter des neuen Jahres geweiht werden sollten, ließen sich in Aurickhove Friesen aus den Seelanden westlich der Ems melden. Sie kämen mit einem Anliegen an den mächtigen Ritter Ocko.

Mit von der Kälte heiß geröteten Gesichtern betraten die Hunsingoer und Fivelgoer den Saal. Foelkeldis' Gesicht überflog ein Schatten, als sie erfuhr, woher diese Männer kamen. Sie sah auf die drei kleinen Kinder, die zu ihren und ihres Gemahls Füßen gespielt hatten, zog an einer dicken, grünen Seidenschnur neben dem Kamin und übergab die Kleinen der eintretenden Kindsmagd. Witzeld wurde als des Ritters Knappe vorgestellt, der er auch war, und sorgte mit dem Diener für Bewirtung.

Man setzte sich um das offene Feuer, und die Männer rieben sich die steifen Hände und erzählten von ihrer Fahrt. Sogar die Ems sei noch fest gewesen, obwohl sie sich, soweit man sähe, an ihrer Mündung durch die Fluten des letzten Herbstes stark verbreitert habe.

Foelkeldis saß still in ihrem Hochsitz, dem Ehrenplatz, den der älteste der Gäste durchaus nicht von der Burgfrau hatte annehmen wollen, wie ihm doch gebührte. Sie hatte bemerkt, wie Ocko ein neues Feuer durchströmte, als der Diener ihm diese Männer meldete. Seine Nasenflügel hatten gebebt wie die eines edlen Tieres, wenn es in den Kampf ziehen soll. Ob schon jetzt das stille, schöne Familienleben ein Ende fand?

Die Männer schilderten ausführlich, wie es drüben, jenseits der Ems, aussah. Es war das erstemal, daß Foelkeldis so unmittelbar von jener Gegend hörte, die gar nicht weit entfernt und doch wie in einer andern Welt für sie gelegen war. Die

Fluten schluckten Jahr für Jahr mehr Land, erzählten die Westfriesen, die Zuidersee nähme an Umfang zu, und Gott allein wisse, ob nicht noch mehr Festland einmal als Insel gelten müsse. Sie erinnerten an Texel und Vlieland, die vorzeiten ja auch zum festen Land gehört hatten, und an die zunehmende Zerstörung der Insel Bant, die ja, wie alle Inseln vor dem sechsten Seeland, zu Ritter Ockos Besitz gezählt würde.

Gegen die Fluten aber hülfe Deichbau. Überall in ihren Landen gäbe es ein geschriebenes Deichrecht, das streng gehandhabt würde. Man hoffe, mit der Zeit nicht mehr Land zu verlieren, sondern dem Meere neues abzugewinnen. Ginge doch die See planvolle Wege - Utrecht versande, Amsterdam gewänne an Bedeutung.

"Sie geht so planvolle Wege wie der Herzog Albrecht, Ritter", sagte jetzt ein jüngerer Mann, den sie Tjark Houwerda nannten, "und dieser denkt wie alle Grafen in Holland. Sie können und werden niemals begreifen, daß Friesen frei sein und ihnen nicht gehorchen wollen."

"Bislang hatten wir östlich des Flie Ruhe vor ihnen", fuhr einer aus dem Geschlecht der Hugingas fort. "Ihr wißt, Ritter, daß die Holländer seit Jahrhunderten das Land westlich der Zuidersee als das ihre betrachten, wiewohl unsere Brüder dort sich nie dareinfinden werden. Es ist freilich so, daß das Meer uns im Stich gelassen hat. Je weiter sich die Zuidersee ausbreitete, um so größer wurde der Raum, den sie zwischen uns und die Westfriesen legte. Aber Herzog Albrecht gibt keine Ruhe. Er macht weder an der Zuidersee noch an der Lauwers halt, und, dieses wollten wir Euch sagen, Ritter, glaubet nicht, daß die Ems unüberschreitbar ist für diesen Bayern."

Der Weißhaarige, der neben Foelkeldis saß, sagte nun mit ruhiger Stimme:

"Die Grafen von Holland haben sich eine Monarchie geschaffen und sind willens, uns Friesen in diese einzubeziehen. Sie haben ein Doppeltes vergessen, zum ersten, daß wir auf Grund alter Rechte nur dem Kaiser unterstehen und keinem andern auswärtigen Herrn, zum andern, daß sie Eindringlinge sind. Sie haben sich dort festgesetzt wie die Misteln auf dem Eichbaum. Es bedarf einer geschickten Hand, die scharfe und gerade Schnitte auszuführen versteht, Ritter, um diese

Mistelplage von dem friesischen Eichbaum zu nehmen. Gott sei's geklagt, daß das ganze Land bis zum Sinkfal fremde Weisen und Gesetze angenommen hat - friesisches Land."

Nun fuhr ein anderer auf:

"Ein Gefolge von Lehnsmannen hat dieser bayrische Herzog. Sie sind ihm untertänig mit all dem Land, das ihnen nicht mehr gehört. Das niedrige Volk ist versklavt. Dort gibt es Herren und Knechte, Ritter, dort beugen sie das Knie! In der Grafschaft Holland gibt es so gut Leibeigene wie im Bistum Utrecht und in der Grafschaft Oldenburg. Saget uns, Ritter, wie Ihr Euch Leibeigene friesischer Herkunft vorstellt. Edle und Freie kennt der Friese, sonst niemand."

"Nobiles et liberi", wiederholte der Alte, "nein, sonst niemand. Holland aber kennt Leibeigene und weltliche und geistliche Lehnsmannen. Und Holland will uns überrennen. Holland läßt nicht nach. Albrecht von Bayern ist der Sohn eines Kaisers, und er hat kaiserliche Gelüste. Er wirbt englische und französische Söldner, und ihrer Rosse Huf jagt über friesische Getreidefelder."

Foelke überlief es heiß und kalt. Wieder war ihr zumute wie damals in Oldenburg, wo sie Geschichte als lebendige Gegenwart erlebte. Was sie einmal gehört, hatte den schönen Schimmer von Sagen und Mären angenommen, aber eines leuchtete doch als helle, bedeutungsvolle Erinnerung auf:

"Herr Keno, der Vater meines Gemahls, hat vor dreißig Jahren gegen Holland gekämpft", sagte Foelkeldis mit blitzenden Augen. "Graf Wilhelm von Holland ist dazumal in der Nähe von Stavoren gefallen. Damals sind alle, so erzählte mein Vater, alle Friesen, die zwischen Lauwers und Weser wohnten, zu Wasser und zu Lande nach Holland und Waterland gezogen, und sie haben sich an die Seite ihrer Brüder gestellt. Der Graf hat sechshundert Edelleute bei sich gehabt, die mit Ehren Gold tragen durften. Es ist kurz vor dem Dionysiustag gewesen, und ein schweres Unwetter ist aufgekommen. Graf Wilhelms Schiffe sind weggetrieben und sein Heer besiegt. Er selbst ist von Friesen erschlagen worden, wie es der Herzog von Geldern geweissagt hatte, als er ihn aus der Taufe hob."

Die letzten Worte hatte sie wie träumend hinzugefügt, weil ihr plötzlich ihre kleinen Kinder einfielen - ob deren Paten auch wohl die Zukunft geschaut hatten? Niemand hatte ihr etwas darüber verraten. Sie selbst war nur bei einer einzigen Taufe innerlich von Zukunftsschauern angerührt worden. Ihr kleiner Keno, den Graf Christian aus der Taufe hob, hatte unverwandt den Priester angeschaut und wie ein Engel gelächelt, als Herr Almer das heilige Wort sprach "Fürchtet Euch nicht". Seit der Taufe war Almer es, dem das Kind die Ärmchen entgegenstreckte, sobald es ihn sah. Es liebte Almer mehr als seinen Vater.

Sie hatte überhört, was der Weißhaarige neben ihr sagte.

"Verzeiht, Herr Aybo", bat sie, "ich dachte an meine Kinder."

"Ich dachte auch an Eure Kinder, Burgfrau", sagte der alte Mann. "Schön wäre es, wenn sie einmal keine Kämpfe mehr gegen die Grafen von Holland zu führen brauchten."

Ocko hatte sich bisher nicht zu den Ausführungen seiner Gäste geäußert.

"Wie steht es um die Einigkeit innerhalb Eurer Gaue? Denken alle wie Ihr?" fragte er nun.

"Nein", antwortete Tjark Houwerda. "Die Schieringer und Vetkoper zerreißen sich wie hungrige Wölfe, Ritter. Parteihader regiert bis an die Zuidersee. Wenn Ihr uns beistehen wolltet, Herr, wir nehmen an, daß man Euch auf der Seite der Vetkoper finden würde. Da stehen wir alle."

Ein kaum merkliches Lächeln glitt über Ritter Ockos Gesicht.

Schieringer und Vetkoper, einstmals vor vielen Jahren Bezeichnungen für Mönche, die in Streitigkeiten geraten waren. Die vornehmen Zisterzienser in ihren weißen Mänteln hatte man Vetkoper genannt, die gewöhnlicheren Gegner Schieringer. Wer wußte heute noch den Grund dieses Streites? Die Konversen, die für ihre Klöster Kriege führten, suchten Unterstützung bei den weltlichen Herren, was eine Erweiterung, oft auch eine Verschiebung der Gegensätze herbeiführte.

Hatte Ocko nicht ähnliche Zustände in Italien kennengelernt? Bekämpften sich nicht dort noch heute Guelfen und Ghibellinen? Wer wußte noch den ursprünglichen Grund ihres Streites? Hatte die Uneinigkeit nicht dahin geführt, daß Ludwig der Bayer, der Vater eben dieses Herzogs Albrecht von Holland, solange neben Friedrich von Österreich als deutscher Kaiser regierte, bis einer von beiden starb?

Nichts als persönlicher Parteihader war es, den die Hunsingoer und Fivelgoer jetzt vor Ritter Ocko ausbreiteten. Abschließend aber sagte Herr Aybo Onsta: "Nicht selten wurden Streitigkeiten beigelegt, wenn die Friesen gemeinsam gegen den gleichen Feind zogen. Wollet dies bedenken, Ritter. Beschlafet es eine Nacht und laßt uns morgen Eure Antwort wissen."

In der folgenden Nacht fand Ocko tom Broek wenig Schlaf. Bei dem Biergelage am vergangenen Abend war ihm ein noch tieferer Einblick in die inneren Verhältnisse der Landschaften zwischen Flie und Ems geworden. Er hatte gesehen, daß unauslöschlicher Haß zwischen Friesen und Holländern, östlich der Lauwers aber eine gleich große Erbitterung zwischen Schieringern und Vetkopern herrschte, und er vermochte nicht zu glauben, daß, vorausgesetzt, daß alle Vetkoper sich willig unter seinen Befehl stellten, die Schieringer im Lande Ruhe hielten. Ebensogut hätte Folkmar Allena sich in Osterhusen friedlich seiner Viehzucht hingeben und lammfromm des Ritters Heimkehr abwarten können. Friesen können erbittert hassen, er, Ocko, kannte sie. Folkmar war zwar so geschlagen, daß er sich voraussichtlich lange Zeit nicht zu erheben vermochte, aber würde dieser unruhige Mensch jemals Ruhe geben? Ocko spürte den tiefen Haß, der ihm von diesem Verwandten entgegengebracht wurde. Er blieb für Folkmar nur der Ritter, der bereits durch die Annahme der Ritterwürde die friesische Freiheit verraten hatte. Er blieb der Fremdling, der andere Völker, andere Sitten, andere Kampfesweisen kannte und - nicht verachtete.

Nein, es war nicht geraten, die eben gewonnene Sicherheit im sechsten Seeland durch einen Krieg gegen Holland aufs Spiel zu setzen. Die holländische Gefahr war da. Sie war groß. Sie rückte bedenklich nahe. Ocko tom Broek wußte dies wohl. Auch das hatte er im Auge gehabt, als er das Bündnis mit Oldenburg schloß. Im Osten war ihm der Rücken gesichert. Gleichwohl wies er den Gedanken an eine neue Fehde von sich. Er mußte Herzog Albrecht auf andere Weise zuvorkommen. Wäre es nicht viel besser, ein Bündnis mit ihm zu schließen? Nicht durch Gewalt, durch Klugheit mußte er Albrecht überwinden.

Holland war unter seinen Grafen reich und mächtig geworden. Die Grafenherrschaft hatte das Land aufblühen lassen. Man pflegte dort die Kunst auf eine Art, wie er es nur in Italien gesehen hatte. Holland war ohne Frage geistig lebendig, und Holland hatte ohne Frage weltliche Macht. Ocko hielt es für ebenso aussichts- wie sinnlos, gegen dieses Land zu kämpfen mit dem Zweck, dessen Grafen zu vertreiben, um das ursprünglich friesische Gebiet für Friesen zurückzugewinnen. Auch das wäre Schwärmerei. Nicht minder als die übertriebenen Bußbedürfnisse der Emsiger nach der verlorenen Fehde oder die Grafenpläne seiner getreuen Broekmer. An ihren Torffeuern erzählten sich die Friesen aller Gaue im Winter von den Heldentaten der Väter in den Kriegen gegen die Erbfeinde, die Normannen und die Holländer, und die Sehnsucht, das an die Grafen von Holland vor Jahrhunderten verlorene Westfriesland einmal wieder zurückzugewinnen, wurde mit dem Haß von Geschlecht zu Geschlecht fortgepflanzt. Unwandelbare Treue und übertriebenes Festhalten am Althergebrachten führten die Friesen immer von neuem in sinnlose Schwärmereien hinein. Denn das Leben war längst über ihre Sorgen hinweggegangen. Ihrer aller Traum war noch immer die Einigung der sieben Seelande unter friesischer Herrschaft. So nüchtern und phantasielos sie im täglichen Leben waren, so schwärmerisch konnten diese Menschen werden, wenn empfindliche Saiten ihrer Seele angerührt wurden. Die friesische Freiheit - sie verführte sie zu den verstiegensten Schwärmereien.

War er selbst kein echter Friese mehr? War er angekränkelt von der Fremde heimgekommen wie so viele? Ach, es war nicht eitel Glück, soviele Jahre fern der Heimat zugebracht zu haben. Wenn man wiederkam, spürte man, daß ein feiner Schleier vor den Augen fehlte, der früher dagewesen war. Man erkannte die Mängel der Heimat, und das tat oft weh. Man durchschaute plötzlich die Schwächen der eigenen Landsleute. Diese häuften sich, weil sie allen eigentümlich waren. War denn ein einziger da, der auch auf weite Sicht arbeitete, der erkannte, daß zuerst mit der unseligen inneren Zerrissenheit aufgeräumt werden mußte, bevor man sich gemeinsam gegen einen äußeren Feind wenden konnte? Ritter Ocko fühlte sich oft sehr einsam in der Heimat.

Hier am Feuer hatten sie neben ihm gesessen, zuerst die Broekmer mit ihrem seltsamen Anliegen, heute abend die Männer aus den Gauen jenseits der Ems.

In ferner Zukunft mochte einmal die Zeit kommen, wo Holland und Friesland wieder einem gemeinsamen Herrn gehorchten, der binnen Landes und nicht außer Landes geboren war, gleich dem Priester. Denn so mußte es sein. Kein deutscher Stamm war so sehr darauf angewiesen wie der im äußersten Nordwesten, den die See hart und allzu eigenwillig und freiheitsdurstig gemacht hatte. Aber jetzt war es sinnlos, zu träumen. Jetzt mußte man handeln. Auch Holland träumte. Aber es träumte nicht von der Vereinigung der getrennten Brüder, es träumte von Macht.

Graf Albrecht hatte Mittel, seinen Machttraum zu verwirklichen. Eine Unzahl weltlicher und geistlicher Lehnsmannen unterstand ihm. Sie waren ihm zur Lehnsfolge verpflichtet, aber - sie waren sicher vor ihm.

Es hatte Ocko tom Broek in Erstaunen versetzt, was die friesischen Edelinge über das Lehnswesen sagten. Wußten sie nicht, daß dieses in ganz Europa herrschte? Daß sich niemand unfrei, wohl aber sicher zu sein dünkte, wenn er sich einem mächtigeren Lehnsherrn verpflichtete? War den Friesen unbekannt, daß das Staatswesen Giovannas von Neapel, dem er, Ocko, bislang unterstanden und gedient hatte, auf solchem Lehnswesen ruhte?

Schadete es, wenn man sich für eine Zeit auch die Flanke sicherte, um in Ruhe den eigenen Zielen nachgehen zu können? Niemals würden die Unruhen zwischen Holland und Friesland ihr Ende finden, wenn nicht endlich der mutige Entschluß gefaßt wurde, sie auf dem Boden der bestehenden Möglichkeiten aus der Welt zu schaffen. Ohne Opfer war das im Augenblick nicht möglich. Aber das Opfer hatte einen Sinn, wenn es der Zukunft diente.

Ockos Entschluß stand fest. Es gab nur diese eine Möglichkeit. Aber niemand würde ihn verstehen. Nicht einmal im eigenen Seeland rechnete er mit Verständnis. Ein Lehnsmann - härter konnte er ihnen nicht ins Gesicht schlagen. Mit Scheuklappen gingen sie durch die Welt, und nach hundert Jahren würden diejenigen, die sich freie Friesen nannten, noch Schimpf und Schande über ihn häufen, wenn - er nicht Erfolg hatte. Er stand gegen eine Welt von Feinden und gegen eine Welt von Freunden. Aber er mußte den Kampf mit beiden aufnehmen. Es blieb ihm keine andere Wahl.

In Ocko tom Broek stieg der brennende Wunsch auf, daß seine Söhne ihn einmal verstehen und ihm einmal recht geben möchten. Sie mußten begreifen, daß er das Knie nur beugte um der friesischen Freiheit willen.

Ihm war jetzt so klar, was er wollte, daß er auch die finstere Nacht, die ihn umgab, mit den Sinnen zu durchdringen meinte. Er sah den dunklen Kopf seines Weibes neben sich, sah auch den Schutzheiligen zu Häupten und zu den Füßen seines Bettes. Ähnliche Empfindungen hatten ihn vor seinem Fortgang von Italien bewegt - Sankt Michael war der Helfer im Kampf um das zu Gebärende. Ocko wußte, daß er mitten in diesem Kampf stand.

Am folgenden Morgen zelebrierte Herr Almer in der Burgkapelle die Messe, an der die gesamte Hausgemeinschaft mit ihren Gästen teilnahm. Am Mariä-Reinigungs-Tage wurden die Kerzen für das kommende Jahr geweiht. Almer bezog diese Handlung in den Gottesdienst ein. Der Tag war ein Fest für die Broekmer. Das Herumtragen der geweihten Kerzen war heidnischen Ursprungs, aber die Priester duldeten es. Es war ergreifend zu sehen, wie inbrünstig sich die Menschen in diesem lichtarmen Lande Jahr für Jahr dem Licht entgegensehnten und diese Sehnsucht am Lichtmeßtage in die Natur hinaustrugen.

Die holländischen Gäste schickten sich eben, nach beendetem Gottesdienst, zum Fortgehen an, als Ocko sie bat, seine Antwort schon jetzt entgegenzunehmen.

"Gebe Gott", sagte Herr Aybo Onsta, "daß auch Licht in die Finsternisse hineinscheine, von denen wir Euch am gestrigen Abend berichteten."

"Ich habe euren Plan erwogen. Aber ich kann es nicht für ratsam erachten, daß wir Broekmer mit euch gegen Holland ziehen."

"So wollt Ihr uns nicht beistehen gegen den Erbfeind der Friesen?" brauste Herr Tjark Houwerda auf.

"Ich werde Euch beistehen. Aber anders, als Ihr denkt. Wartet es ab."

"Man rühmt Eure staatsmännische Klugheit", sagte Herr Aybo, indem er aufstand, "aber bedenket, Ritter, daß Ihr in Friesland seid, nicht mehr in Italien!" Die andern horchten auf. Das hatte wie eine Warnung geklungen.

"Ich werde bedenken", sagte Ritter Ocko, "daß Friesland und Italien in eine Zeit hineingewachsen sind, in der die Klugheit den Haß überwinden muß."

Am Valentinstage sandte Ritter Ocko nachts einen Diener mit einem versiegelten Brief und einem Beglaubigungsschreiben nach dem Haag, nannte ihm die Häuptlinge, bei denen er auf der Reise übernachten solle, und riet ihm, zu Schiff heimzukehren, sobald Herzog Albrecht ihm eine schriftliche Antwort erteilt habe.

Er selbst war sehr schweigsam in dieser Zeit. Er fühlte sich einsam. Die Warnung Herrn Aybos hatte er verstanden, aber sie konnte ihn in seinem Entschluß nicht irre machen. Es blieb nur ein Weg. Er sagte Foelkeldis, er wolle versuchen, mit Albrecht von Holland ein Bündnis zu schließen. Auf welche Weise dies geschehen würde, solle vorerst niemand erfahren.

Am Gregorstage kam Ockos Sendbote zurück. Von dem mitgebrachten herzoglichen Schreiben war der Ritter befriedigt. Am Tage vor Mariä Verkündigung schiffte er sich mit einem kleinen Gefolge in Marienhove ein, fuhr südlich des friesischen Inselkranzes entlang, landete in Amsterdam und ritt von dort nach dem Haag, Herrn Albrechts Residenz.

Er sprach unterwegs kaum ein Wort. Er hatte verbreiten lassen, daß er zu Verhandlungen nach Holland führe. Es war die Wahrheit, aber Ocko hatte sie in ein freundliches Gewand eingekleidet. Ihm selbst stellte sie sich am 9. April dieses Jahres 1381 unverhüllt gegenüber. An diesem Tage wurde Ocko tom Broek, Häuptling des Broekmer- und Auricherlandes, der Lehnsmann des Grafen von Holland.

Man verlas in Anwesenheit der holländischen Edelherren, die Zeuge der feierlichen Handlung waren, den Brief, welcher der Form und dem Lehnsrecht entsprach und in der herzoglichen Kanzlei aufgesetzt worden war, und Ocko vernahm, "dat ik mynen leven ende geduchten here, hertoge Aelbrecht van Beyeren, mit mynen vryen wille ende van mynen eygenliken goede, tot enen rechten eygendom opgedragen hebbe ende overgegeben sulck goet als hier na beschrewen staet ..." Das Lehnsrecht verlangte, daß er seine Güter benannte, und so erklangen aus holländischem Munde die Namen Broekmerland, Auricherland, zwei Burgen in Oldersum mit allem Zubehör, die Burgen in Süderhusen, Loppersum, Cirkwehrum, Canhusen mit allem Zubehör, der Turm und die Kirche in Norden und die Inseln vor dem sechsten Seeland.

Ocko wußte, es war eine der ersten Urkunden aus dieser Gegend, die in niederdeutscher Sprache geschrieben wurde. Das Niederdeutsche drängte sowohl das Lateinische wie die Heimatsprache der Friesen zurück.

Ocko setzte Namen und Siegel unter den Brief und empfing danach durch feierliche Belehnung seine Güter als Erblehen zurück. Er beugte das Knie und leistete den Huldigungseid.

Dies geschah am Dienstag nach Palmsonntag im Jahre des Herrn 1381.

Zur Verwunderung der Westemsiger zog Herzog Albrecht plötzlich seine Truppen von friesischem Gebiet zurück, und es war keine Rede mehr von einer Überschreitung der Lauwers oder gar der Ems. Die Menschen gingen ihrer Beschäftigung nach. Der Parteihader zwischen Schieringern und Vetkopern aber blühte weiter. Wie man hörte, hatte sich Propst Hisko von Emden den Schieringern angeschlossen, und auch von Folkmar Allena erzählte man sich, er sei in der Gegend von Groningen und kämpfte auf allerlei Weise gegen die verhaßten großspurigen Vetkoper.

Das sechste Seeland aber erholte sich von den ausgestandenen Schrecken. Die Burgen des Emsigerlandes wurden schöner als zuvor aufgebaut, und Ocko ließ sie durch zuverlässige broekmerische Drosten verwalten.

In Aurickhove arbeitete jetzt ein niederländischer Meister, den Ocko aus dem Haag mitgebracht hatte. Er malte einen wunderschönen dreiflügeligen Nebenaltar für die kleine Burgkapelle, der dem heiligen Michael geweiht werden sollte. In den Höhen schwebten Engel, und als der Mönch diese malte, sah er oft die kleinen Töchter des Burgherrn an, die gern in seiner Nähe spielten, so daß Ockas dunkles und Tettas blondes Köpfchen bald wie aus Himmelshöhen auf die Beter in den Bänken schauten.

Seit Ritter Ocko seine Residenz nach Aurickhove verlegt hatte, wuchs das kleine Dorf sich zu einem Marktflecken aus. Bislang hatten hier außer der Lambertskirche und den Häusern der Geistlichen nur wenige Bauernhäuser gestanden. Jetzt sah man überall Leute an den Lehmdobben arbeiten. Dicht neben einem Brunnen hatten sie ein Grube ausgehoben, holten in Holzeimern Wasser, gossen es zu dem klumpigen Lehm und stampften diesen mit einem Pfahl so lange, bis er schmierig genug war und sich auf das Kreuzwerk von Pfählen werfen ließ, die das Gerüst des Hauses bildeten. Ocko bewunderte immer wieder, wie sauber und sorgsam die Leute hier arbeiteten. Tagelang stampften sie, rückwärts gehend, mit einem Pfahl die neuen Dreschdielen, bis sie endlich glatt und schön genug waren. Mit der gleichen Sorgfalt, sagten sie, würden die Gulfe bearbeitet, die auch aus Lehm und zur Aufnahme des Heus und der Getreideernte bestimmt waren.

Des Ritters Gedanken schweiften jetzt oft nach Italien. Der Sommer dieses Jahres 1381 verlief so friedlich, daß er Ocko, dem Krieger, fast unwirklich schön zu sein dünkte. In der großen Welt außerhalb Frieslands aber herrschten Verwirrung, Zwietracht, Zersplitterung, und auch die Königin von Neapel war stark in Mitleidenschaft gezogen. Sie hatte den Herzog von Braunschweig geheiratet, der ihr ein treuer Helfer war. Aber zum erstenmal in ihrem Leben war Giovanna mit einem Papst verfeindet. Urban hatte sie und ihren Hof in den Bann getan, und in diesem Sommer Karl, den Giovanna aufgezogen und sehr geliebt hatte, zum König von Neapel gekrönt. Es waren verworrene Zustände, schlimmer, als Ocko sie je in Neapel miterlebte. So hatte sich die Königin schließlich in das Castello Nuovo zurückziehen müssen. Dort lebte sie jetzt. Ihren Gemahl hielt man in einem anderen Kastell gefangen.

Die letzten Jahre waren mit eigenen Sorgen und Plänen so ausgefüllt gewesen, daß Ocko tom Broek wenig an Giovanna gedacht hatte. Nun quälte es ihn bisweilen, daß er nichts zu ihrer Unterstützung tun konnte. Es wunderte ihn, daß er in den letzten Jahren, erfüllt von seinem Schicksal und seinen neuen Aufgaben, bisweilen hatte glauben können, die inneren Beziehungen zwischen ihnen gingen doch zu Ende und es bliebe nur die Erinnerung. Gab es überhaupt eine abgeschlossene Entwicklung im Leben zweier Menschen, die sich so sehr geliebt hatten? Nur im Vergänglichen, meinte er jetzt. Das Vergängliche aber war imstande, das Ewige zeitweilig mit seinem Lärm zu übertönen, so daß die leisen, ruhevollen Melodien nicht widerklingen konnten in der menschlichen Seele. Aber jetzt sah er wieder Giovannas lange, schmale, gepflegte Hand, ihre schönen, ruhigen Bewegungen, und er hörte ihre warme Stimme, als sie ihm die Worte Boccaccios vorlas: "Die unendliche Liebe hat nichts als eine große Freudigkeit in mir zurückgelassen."

Es war am Helenentage des nächsten Jahres, als ihn um die Mittagsstunde die Erinnerung an Italien wieder überfiel. Nun waren es sechs Jahre, seit er mit seinen Schwestern die königliche Galeere verlassen und den Fuß auf die friesische Kogge gesetzt hatte.

Er war in den letzten Tagen viel unterwegs gewesen. Der Mai blieb trockener, als die Bauern wünschen mochten, aber wie verklärt lag die Heimat da. Die Meeden waren gut abgetrocknet, das Gras strotzte bis in die Spitzen hinein von Kraft. Auf den Weiden graste das Vieh. Schöner konnte es in der ganzen Welt nicht sein, meinte Ocko tom Broek, als in Friesland, wenn das Wasser in die Erde gesickert war und die großen, schönen Tiere das Land bevölkerten.

Er war in Ihlo und Meerhusen gewesen, um sich die Abrechnungen der Klöster vorlegen zu lassen, die er in seinen Schutz genommen hatte. Beide Klöster lagen am Moorrand, wie die meisten in Friesland. Die Mönche hatten fleißig gearbeitet, viel Torf abgegraben, Abzugskanäle angelegt und gutes Land für ihren Orden gewonnen.

Meerhusen zeichnete sich aus durch seine großen Schafherden. Hier wurde noch immer das alte Fresum gewebt, das friesische Wollzeug, aus dem vor vielen Jahren die Mäntel hergestellt wurden, die außer dem Vieh zu dem wertvollsten Besitz des Friesen gehörten und von auswärtigen Klöstern, die Besitzungen im sechsten Seeland hatten, gern als jährliche Rente in Zahlung genommen wurden.

Heute morgen war Ritter Ocko in Timmel gewesen. Foelkeldis beabsichtigte, ihren dortigen Hof an das Kloster Dykhusen überschreiben zu lassen. Vielleicht könnte Hillert, der Pächter, mit seiner Familie vom Kloster übernommen werden, hatte sie gemeint. Er habe in den letzten Jahren seine Pflicht getan. Die Kinder wuchsen gut heran und halfen bereits in der Wirtschaft. Foelke konnte den traurigen Blick nicht vergessen, den Hillerts Frau ihr zugeworfen hatte, als sie einmal mit ihrem Vater in Timmel gewesen war, kurz bevor Imel beerdigt wurde. Mena erzog ihre Kinder zu Arbeit und Gottesfurcht, und es war besser statt schlechter in Timmel geworden. Das Kloster Werden hatte es früher so gehalten, daß es Klosterbeamte in Haupthöfe setzte. Die Boten des Abtes waren jährlich in Loga und Weener erschienen, um die Abgaben zu erheben. So, meinte Foelkeldis, könnte man es vielleicht auch mit Timmel handhaben. Ocko möge dieses mit Gyla besprechen.

Und so ritt Ocko denn um die Mittagsstunde von Timmel gen Osten, auf Strackholt zu. In der Nähe des alten Geestdorfes rieselten die Blüten der Obstbäume zur Erde nieder. Die Zweige neigten sich weit über die Hecken, und Ocko ritt langsam unter diesem Blütenregen hindurch.

In Italien blühten um diese Jahreszeit längst die Rosen. Aber heute lag hier der gleiche Sonnenglast über dem Lande wie dort. Man vermochte fast die Augen nicht zu öffnen, und die Ferne verschwamm im Dunst, wie im Süden um diese Tageszeit die Kuppen der schneebedeckten Abruzzen. Ritter Ocko schloß die Augen und ließ sich von seinem Pferde weitertragen.

Der Tag war heiß. Die Mittagsglocken hatten die Feldarbeiter ins Haus zurückgerufen. Nur hier und dort sah man einige, die zu weit von ihrem Hof entfernt waren, im Schatten eines Schwarzdorns am Erdwall sitzen und die irdene Flasche mit Honigwasser an den Mund führen. Der Schwarzdorn schützte vor bösen Geistern, die um Mittag, wenn der Mensch müde wurde und der Schaffenskraft des Morgens wie der schweigenden Ruhe des Abends gleich fern war, gern über die Seele herfielen und sie verwirrten.

Kurz bevor er Ulbargen erreicht hatte, lenkte Ocko sein Pferd nach rechts in das Moor hinein, das ihn jetzt noch von dem Strackholter Geeststrich trennte. Dieser Moorgürtel war nicht breit, aber noch besonders sumpfig. Weiter östlich hätte der Reiter einen guten, alten Pfahldamm, die Spetze, finden können, aber ihn gelüstete, heute diesen weniger begangenen Helmer zu benutzen. Die Welt dünkte ihn verzaubert zu sein. Der ferne, hohe Himmel, die brütende Mittagshitze, die einen Sommertag im Süden vortäuschte, der unendlich süße Jubel der Lerchen über ihm, irgendwo in den Höhen, der unaufhörlich leise über das Moor streichende Wind, der raunte von den fernen Welten, aus denen er kam und das Herz seltsam weit und groß machte - die Mittagsstunde entrückte der Wirklichkeit. Ocko meinte plötzlich, Bilder aus Italien zu sehen. Greifbar lebendig standen längst gefallene Söldner neben ihm, treue, tapfere Gesellen, um deren Tod er lange getrauert. Sie waren südlich von Neapel, nicht weit vom Kastell Muro. Es sollte wieder in den Krieg gehen. Sie sahen fragend zu ihm auf.

Im gleißenden Sonnenschein lag der Golf von Neapel nun vor ihnen, aus dem sich Capri im grauweißen Klippenkleid majestätisch wie eine Königin erhob.

Der flimmernde, glitzernde Golf, jetzt ritt Ocko auf ihn zu. Er hörte seines Pferdes Hufe auf Wasser schlagen. Aber es war nicht der Golf von Neapel - ein rostbrauner friesischer Moorsee lag vor ihm, ein Erlenbruch, flimmernd und schimmernd im Mittagssonnenglast, umspielt von unzähligen Mücken, umstanden von Sumpfprimeln, Wasserschwertlilien und all den Moosen, die in ihren Blättern soviel Wasser ansammeln konnten, daß sie nachher fast an der Luft lebten und eine lebendige, blühende Decke über das Moor breiteten.

Ocko lenkte sein Pferd zur Seite, den Erlen zu, und schloß abermals die Augen. Sogleich umfing ihn wieder die weiche Luft Italiens. Er hörte die klagenden, langgezogenen Rufe der Barkenführer über den Golf klingen, und nun vernahm er leise, wie aus weiter Ferne, Giovannas liebe, ruhige Stimme. Die Worte, die sie sprach, verstand er nicht, aber der weiche, liebevolle Ton drang ihm mitten ins Herz. Und jetzt nannte sie seinen Namen.

In diesem Augenblick scheute das Pferd. Als Ocko, seltsam berührt, die Augen öffnete, sah er Giovanna von Süden her über den Moorsee am Erlenbruch schreiten. Sie kam auf ihn zu. Sie schwebte über dem abgründig tiefen, dunklen Wasser, als sei sie ihm entstiegen und streckte bittend die Hand nach Ocko aus. Die Fingerspitzen der andern berührten den Hals, um den ein breiter, roter Streifen lief. Auf ihrem Antlitz lag dieselbe stille Heiterkeit wie damals, als sie von der Freudigkeit sprach, welche die unendliche Liebe zu ihm in ihrer Seele erschaffen hatte. Aber ein noch tieferer Friede erglänzte aus ihren Augen. Damals hatte trotz ihrer Tapferkeit und wahren Freudigkeit doch das schwere, einsame Leben ohne den Geliebten noch vor ihr gelegen, jetzt - er wußte, jetzt war sie tot. Sie war zu ihm gekommen, ihm dies zu sagen. Nun hatten alle Qualen ihres Lebens ihr Ende gefunden.

Aufstöhnend warf sich Ocko tom Broek über sein Pferd und jagte davon.

Er blieb mehrere Tage bei Gyla, zumal auch seine älteste Tochter gerade hier in Strackholt war. Immer wieder nahm er das Kind auf den Schoß und versuchte sich einzureden, daß auch er Schwärmereien zugänglich sei, wenn er glaube, Ocka habe Ähnlichkeit mit Giovanna. Seine beiden Schwestern behaupteten dies nach wie vor. Doda liebte das kluge Kind zärtlich und war der festen Überzeugung, diese tom Broek würde so gelehrt werden wie die Königin von Neapel, aber auch wie diese ihren Liebreiz behalten. Elborg dagegen sprach mehr von all dem Leid, das Giovanna widerfahren war, und wünschte der Nichte ein schlichteres Leben. Aber auch sie war so verliebt in das dunkelhaarige, zierliche Mädchen, daß sie ihm ein ungewöhnliches Schicksal prophezeite. Gewiß würde Ocka einmal so weite Reisen machen wie ihr Vater, meinte Elborg.

Nach jenem Besuch in Oldenburg, bei dem er und Graf Christian viel von Italien gesprochen hatten, war in Ocko der Wunsch erwacht, Giovanna zu bitten, die Patenschaft bei dem Kinde zu übernehmen, das er und Foelkeldis erwarteten. Er hatte Foelkeldis um ihre Zustimmung gebeten, und sie fragte lachend, ob er ihr Kind einmal an den Hof dieser Königin zu schicken gedenke. Mit Foelkes Einwilligung gab er dann einem

Romfahrer ein Schreiben an Giovanna mit. Die Antwort war nicht mehr vor der Taufe eingetroffen, aber wenige Monate nachher hielt Ocko einen Brief in Händen, in dem die Königin ihm schrieb, sie freue sich mit ihm auf dieses Kind, als ob es ihr eigenes sei. Und sie begleite sein Herabkommen zur Erde mit warmem, frohem Herzen.

Nun war Giovanna tot, aber mit diesem Kinde hatte sie sich verbunden.

Ocko setzte seine kleine Tochter auf die Herdplatte und verwischte die immer wiederkehrenden Bilder, indem er mit Gyla über die Umschreibung des Timmeler Hofes in ein Vorwerk des Klosters Dykhusen sprach. Gyla war sehr froh über Foelkes Entschluß, zumal der Hof nun fürs erste in die Hände ihrer zweiten Tochter überging.

Sie selbst hatte auch ein Anliegen an ihre Kinder und freute sich, es mit dem Schwiegersohn besprechen zu können. Es handelte sich um Ulske, ihre Magd. Das Mädchen hatte ihr Herz an einen reichen Strackholter Bauernsohn gehängt und erwartete von ihm ein Kind. Der Bursche aber sollte, so wollten es seine Eltern und Verwandten, eine reiche Jungfrau aus Bagband heiraten und war auch des öfteren in dem Nachbardorf gesehen worden.

"Nun kannst du dir ja denken, Schwiegersohn", sagte Gyla, "daß die anderen Bauernsöhne des Dorfes das Sittengericht übernommen haben, wie es hierzulande üblich ist. Ulske ist arm und vom Niederrhein zu uns hergekommen. Aber sie ist ein ehrbares Mädchen und versieht ihren Dienst mit großer Geschicklichkeit. Als Hinderikus, ihr Geliebter, eines Abends wieder hier im Küchenhaus war, haben die Burschen den Schornstein verstopft und den Mann gegen Morgen aus dem Rauch hervorgezerrt und gefragt, ob er dieses Mädchen ehelichen wolle. Es war vor wenigen Wochen. Ulske begann bereits dick zu werden, und es war allen bekannt, daß nur Hinderikus der Vater ihres Kindes sein konnte. Er sah sich gezwungen, um der Schande des Wassertauchens zu entgehen, sich zu dem Mädchen zu bekennen. Als er das getan hatte, ist Ulske vor die Burschen hingetreten, hat ihnen ihren Dank ausgesprochen für solche Hilfe und hinzugefügt, sie sei zwar nicht binnen Landes, sondern außer Landes geboren, aber ebenso stolz wie die Friesen. Ihr sei nicht gedient mit einem Manne, der sich von Eltern und Verwandten überreden lasse und sie nur gezwungen zum Weibe nehme. Ich habe ihr gut zugeredet, Ocko, denn mancher Jüngling wird erst zum Mann, wenn er eine Frau neben sich hat, die weiß, was sie will. Aber das Mädchen wollte nicht mehr. Sie hat nun einen Trost an Ocka gefunden und möchte gern zu euch nach Aurickhove, wenn sie ihr Kind hat. Es ist wegen des Geredes im Dorf besser, daß sie geht. Zudem hing sie immer mehr an Foelke als an mir. Frage meine Tochter nun, was sie von dieser Sache denkt. Ich glaube, sie nimmt Ulske gern zu sich."

Am Michaelstage trat Ulske ihren Dienst in Aurickhove an. Foelke fand in den kommenden Jahren eine große Stütze an dem fröhlichen, tatkräftigen Mädchen. Sie hatte den kleinen Burschen wie ihre eigenen Kinder in der Burgkapelle taufen lassen und selbst die Patenschaft bei ihm übernommen. Sie verstand gut, daß Ulske zunächst alle Mannsbilder verwünschte und zu dem Kind strenger als nötig war. "Es geschieht nur, damit er später weiß, was recht ist", pflegte sie zu sagen, wenn sie das Kind schlug. "Sein Vater hat ein Mühlenpferd geheiratet, größer und breiter als er selbst ist, aber Kinder bekommt sie nicht. Auch er weiß jetzt, was recht ist. Jeder lernt es einmal, Burgfrau."

Ulske hatte eine große Liebe zu Foelkes Kindern, mit denen ihr kleiner Helmrich spielte, und eine besondere Fähigkeit, die übrigen Dienstboten bei guter Zufriedenheit zu erhalten. Und das war viel wert. Denn in Aurickhove ging es anders zu als auf den meisten Burgen des sechsten Seelands. Die Grafen von Oldenburg mit ihren Damen waren hier häufige Gäste. Man vergnügte sich auf der Jagd und übte sich in ritterlichen Spielen. Auch Turniere fanden zum Erstaunen und Ergötzen des Volkes auf dem neuen Marktplatz in Aurickhove statt. Die Broekmer waren stolz auf ihre ritterlichen Herren, die den Grafen in nichts nachstanden. Junker Witzeld nahm es an edlem Anstand und in allen ritterlichen Behendigkeiten mit jedem der erlauchten Fremden auf. Die Oldenburger waren gern bei den gastlichen Friesen und brachten auch ihre Verwandten, die jungen Grafen von Hoya und Diepholz, oft mit nach Aurickhove. Konrad und

Christian empfanden warme Freundschaft für Ocko tom Broek. Die gegenseitigen Vereinbarungen wurden stillschweigend innegehalten, und Edo Wiemcken, dem das Rüstringerland westlich der Jade gehörte, machte den Oldenburger Herren jetzt keine Schwierigkeiten mehr. Seine fortgesetzten Seeräubereien in der Wesermündung hatten ein vorläufiges Ende gefunden. Die Holländer hatten den Rüstringer auf ein Schiff gelockt und entführt, und ganz Friesland war lange Zeit voll des Lachens über den klugen Edo, der sich hatte einfangen lassen.

"Seid unbesorgt", sagten aber die Rüstringer, die ihrem Herrn eine Burg gebaut hatten, welche der Landesveste in Aurich an Größe und Pracht gleichkam, wie sie meinten, "Edo Wiemcken kommt wieder."

Es waren nun schon über drei Jahre vergangen, und das Rüstringerland wartete immer noch. Da erschien eines Tages Jarste in Aurickhove.

Gott im Himmel, dachte Foelke, als sie Jarste sah, wie alt ist diese Frau geworden! Sie hatten sich vor nunmehr fünfzehn Jahren bei der Beerdigung Imels gesehen, und jede hatte eine gute Erinnerung an die andere von diesem Tage mitgenommen.

"Euch erkenne ich nur an den Augen wieder", sagte Jarste zu Foelkeldis. "Ein Kind waret Ihr damals, und nun habt Ihr selbst vier Kinder."

"Am Laurentiustage werde ich meinen neunundzwanzigsten Jahrestag feiern", sagte Foelke lachend. "Nein, Jarste, ein Kind bin ich nun nicht mehr."

Und sie führte der Rüstringerin ihre Schar vor.

Jarste zog alle drei zu sich her. Sie sah jedes liebevoll an.

"Willst du denn schon ein Großvater werden?" sagte sie zu Keno. "Du hast ja fast keine Zähne mehr - so ja, du hast recht, wenn man genau zusieht, kann man schon neue erkennen. Ich möchte, es würde auch einmal in mir alles neu. Wenn ich doch wüßte, wie das zu machen wäre ... Kannst du mir das nicht sagen, Keno?"

"Vielleicht weiß mein Vater es", sagte das Kind, "mein Vater weiß alles."

"Ja, darum bin ich auch zu euch gekommen", sprach Jarste, "ich habe gehört, daß ihr einen so sehr klugen Vater habt, der alles kann und alles weiß."

Die Kinder verloren nun die anfängliche Scheu vor Jarstes knochigem Gesicht und ihrer großen Nase und begannen, von dem Vater zu erzählen, der oft im Turnier Sieger sei und es immer noch an Behendigkeit mit den jungen Vettern aus Greetsiel und Bruder Witzeld aufnähme.

Wieder streichelte Jarste liebevoll die Kinderköpfchen.

"Du siehst mich an, als ob du dir etwas wünschtest, Ocka", sagte sie nun. "Was könnte das wohl sein? Was möchtest du gerne?"

"In die weite, weite Ferne ziehen, wie mein Vater", antwortete das schöne Mädchen.

"So, so - dann ist wohl die Sehnsucht der Friesen in dir. Sie weitet den Männern das Herz, daß nichts sie hält und sie auf das Schiff gehen und unbekanntes Land suchen."

"Unbekanntes Land suchen", wiederholte Ocka, "ja, Jarste, das möchte ich."

Heute waren Gäste aus dem Norderlande gekommen, und Hero von Dornum hatte seine beiden ältesten Söhne Lütet und Eger mitgebracht, die sich gern in Kampfspielen übten, aber ebensogern noch mit den tom Broekschen Kindern vor der Burg spielten. Heute galt ihre Anteilnahme lange dem kleinen Hund, den Jarste mitgebracht und Ocka geschenkt hatte. Lütet stellte sachkundig fest, es sei ein Hirtenhund edelster Rasse, und er würde einmal, wenn er herangewachsen sei, großen Wert haben. Jarste verstand sich auf Hundezucht.

"Wenn deine Hündin soweit ist, reite ich mit ihr ins Rüstringerland, Ocka", sagte Lütet, "und wenn sie dann Junge bekommt - gibst du mir eines davon ab?"

Ocka schürzte die Lippen.

"Kannst du dich nicht auch so an ihr freuen?" sagte sie kurz. "Muß sie unbedingt Junge kriegen? Du magst sie nur leiden, weil sie einmal Junge haben wird, von denen eines dir gehören soll."

Das verstand der Vierzehnjährige nicht. Tiere mußten Junge haben, wozu waren sie denn sonst auf der Welt.

Am Abend wurde getanzt. Die Kinder durften einen Augenblick zusehen, und Lütet verneigte sich höfisch vor Ocka und führte sie an der Hand in die Mitte des Saales.

Er trug einen kurzen Leibrock wie alle Männer und verstand es, mit großer Behendigkeit die Bewegungen auszuführen, die der Volkstanz verlangte. Er schlug die Hände bald auf dem Rücken, bald zwischen den Schienbeinen, bald über dem Kopf zusammen, kniete, sprang wieder auf, schwenkte Ocka, die jede dieser Bewegungen nachmachen mußte, im Kreise herum, setzte sie wieder nieder und gab sich Mühe, beim Ausklang des Tanzliedes Buhske di Remmer die ungestüme Lebendigkeit, welche die ersten sieben Strophen beherrscht hatte, in die ernsten, langsam und getragen zu tanzenden Schlußzeilen überzuleiten.

Denn die Ballade von Buhske di Remmer endete sehr traurig. Untreue war ihr Inhalt. Liebe und Treue wurden nicht geachtet, und daran freilich mußte ein Friesenherz zerbrechen.

Mit langsamen, vornehmen Bewegungen leitete Lütet seine kleine Tänzerin zu ihrer Mutter. Das Spiel hatte Ocka aufgeregt. Sie begann zu weinen, und Foelke übergab die Kinder nun Ulske, die ihnen das Märchen von König Rinkrank zu erzählen versprach. Das sei fröhlicher, sagte sie.

"Die Mär von König Rinkrank ist auch traurig", meinte Tetta müde und wollte nicht mitgehen.

Nun mischte Jarste sich ein.

"Aber fängt sie nicht schön an, Kinder? Wer über den Glasberg gehen konnte, ohne zu fallen, der sollte die Königstochter heiraten. Und als ein Königssohn kam und es versuchen wollte, da nahm ihn die Prinzessin an die Hand und wollte ihm helfen, weil sie ihn liebte. Aber sie selbst fiel - ja sie selbst fiel."

"Und da hat sich der tiefe Abgrund aufgetan", sagte Ocka, "und sie ist in den gläsernen Berg hineingefallen, und der Berg hat sich über ihr zugetan. Der König hat den Glasberg abgraben lassen, aber die Prinzessin war in den Abgrund der Hölle gesunken. Da mußte sie eines alten Mannes Magd sein."

Ritter Ocko trat herzu. "Die Prinzessin war aber klug, Ocka, sie ließ sich nicht festhalten. Hat sie nicht den Bart des Alten eingeklemmt und ist dann ruhig die Leiter hinangestiegen?"

Da lachten die Kinder und gingen willig mit Ulske. Jetzt mußte diese von vorn anfangen zu erzählen, aber sie durfte nur die Worte gebrauchen, mit denen die Ältermutter in Strackholt diese Mär berichtete.

"Ihr habt es gut, Ritter", sagte Jarste, als die Kinder gegangen waren. "Wenn ich vier Kinder hätte, würde ich wohl nicht ein Leben führen wie Buhske di Remmers verratenes Weib oder im Abgrund bleiben müssen und Magddienste bei einem Mann tun, der es nicht wert ist, gleich jener Prinzessin. Ich bin nicht gekommen, Euch dies zu klagen, aber in ganz Friesland erzählt man sich von den Nächten, die Hayo Husseken mit andern Weibern zubringt. Warum sollte ich allein es verheimlichen. Mir ist jetzt aber jeglicher Trost genommen worden, Ritter, jemals die Leiter zu finden, von der Ihr zu Eurer schönen Tochter spracht. Wenn mein Bruder nicht heimkommt, bin ich dazu verurteilt, zeit meines Lebens dem König Rinkrank zu dienen. Helft mir, Ocko tom Broek, helft mir, daß Edo frei wird. Eure Gemahlin tanzt an der Hand Heros von Dornum, sie sieht her zu Euch. Herrgott, wie glücklich seid ihr, daß ihr euch so liebt! Edo hat die holländischen Kaufleute geschädigt, Ihr wißt es, Ihr wißt auch, daß er zu Bremen hält. Hayo Husseken dagegen schädigt Bremen, so gut er kann. Vielleicht gefällt er Euch dieserhalb, mein Gemahl - ich weiß es nicht. Ich muß mit Euch sprechen, ohne etwas zu verhüllen. Ihr habt Euch gut zu den Oldenburgern gestellt, die uns niemals wohlwollten. Ihr habt Gerechtsame in Edos vier Landesvierteln diesseits der Jade erworben, und ich habe mir sagen lassen, daß Ihr Euer großes, rotes Siegel neben den mit Spieß und Schild gerüsteten Rüstringer Mann im Sternenfeld gesetzt habt, als Ihr jenen Vertrag mit meinem Bruder schlosset - so wird es auf Wahrheit beruhen, daß er Euch ... Muß ich 'untertänig' sagen, Ritter?"

"Nein. Wir haben uns Sicherungen gegeben, Edo Wiemcken und ich. Der Vertrag selber ist geheim."

"Sicherungen -. Gut. Wäre es anders, hätte ich Euch gewarnt. Edo erträgt es nicht, irgendeines friesischen oder auswärtigen Herrn Untertan zu sein. Ihr wäret nicht gut mit solchem Vertrage gefahren."

"Ich bin selber Friese", sagte Ocko langsam.

"Das seid Ihr, Gott sei gedankt dafür. Auch Ihr ertrüget es nicht, jemals eines großen Herrn Untertan zu sein. Das glaube ich von Euch", sagte Jarste überzeugt, und ihre schönen, grauen Augen blickten lange in des Ritters Gesicht. "Das glaube ich von Euch, Ocko tom Broek, Eure Freiheit würdet Ihr niemals preisgeben. Auch Edo könnte das nicht tun. Und nun hat man sie ihm genommen, und wir alle sehnen uns nach ihm. Wenn ihr euch Sicherheiten gegeben habt, wie Ihr Euch auszudrücken beliebtet, so steht für Euren Vertragsgenossen ein. Redet ein gutes Wort für ihn bei den Holländern. Ihr könnt es. Man sagt, Ihr hättet ein Bündnis mit Herzog Albrecht abgeschlossen. Der Herzog gibt etwas auf Euer Wort. Er hat seine Truppen aus Westfriesland zurückgezogen. Sagt ihm, er möge meinen Bruder freigeben."

Foelkeldis war herzugekommen und setzte sich neben ihren Gemahl. Sie hatte die letzten Worte gehört und bemerkt, daß Ockos Gesicht steinern wurde.

Immer, wenn von den Holländern die Rede war, lenkte er das Gespräch auf andere Dinge. Es stimmte Foelkeldis traurig, daß er ihr gerade über diese wichtige Angelegenheit so wenig gesagt hatte. Er war noch schweigsamer und vorsichtiger in seinen Worten geworden als vorher.

"Lieber", sagte sie nun und versuchte, einen Blick aus seinen Augen zu erhalten. "Lieber, wenn du Jarste helfen könntest! Auch ihr Bruder würde dir eine solche Tat nicht vergessen."

Weibergedanken, Weiberwünsche. Gerade er sollte seine Hand zu Edo Wiemckens Befreiung bieten! Der gewehrte Mann im Sternenfeld, den Edo im Wappen führte, hatte schon Herrn Keno, seinem Vater, zu schaffen gemacht. Und Ocko zweifelte nicht daran, daß er und seine Nachkommen immer ein Auge auf den wilden, streitbaren Rüstringer haben müßten. Jarstes Vertrauen aber rührte ihn. Und - unter keinen Umständen durfte sie den Glauben verlieren, daß er den Holländer zu beeinflussen vermöchte. So sagte er denn:

"Sammelt ein hohes Lösegeld in Euren Landen und bietet es dem Herzog an. Ich zweifle nicht daran, daß er seinen Gefangenen dafür freigibt."

"Ist das alles, was Ihr mir zu sagen habt, Ritter?"

"Ich will ein gutes Wort für ihn einlegen, wenn es soweit ist. Damit müßt Ihr Euch zufrieden geben. Viel mehr kann ich nicht für ihn tun, Jarste."

In dieser Nacht schmiegte sich Foelkeldis eng an ihren Gemahl. Sie hatte das bestimmte Gefühl, als verheimliche er ihr etwas Wichtiges. Manches Mal hatte sie in den letzten Jahren darunter gelitten. Ocko war oft fort gewesen und daheim sehr schweigsam. Aber das war seine Art. Er hatte nie viel erzählt. Und sie liebte ihn, wie er war. Gerade daß er so vorsichtig war in allem, was er sagte, und andere Menschen stets vor vollendete Tatsachen stellte, machte ihn ihr besonders wert.

"Du mein Geliebter", flehte sie, "mein Gemahl - ich will alles mit dir tragen, was immer du mir auferlegst. Aber eines ertrage ich nicht, daß du nicht offen gegen mich bist. Ocko, das darf nicht sein! Wenn ich dich nach Holland frage, weichst du mir aus. Du sagst mir nicht die nackte Wahrheit. Du kleidest ein, was dort vor sich gegangen ist. Du sagst, du habest ein Bündnis mit Albrecht geschlossen. Lieber, Lieber - zieh dieser Wahrheit das Kleid aus. Stelle sie nackt vor mich hin. Ich werde sie ertragen. Fünf Jahre lang bist du mir ausgewichen. Nun sage mir, was ich wissen muß, da ich dein Weib bin und von deiner Kraft lebe."

Er streichelte ihren dunklen Kopf. Tränen standen in ihren Augen.

"Ich habe es dir nicht erzählt, weil du es nicht verstanden hättest, Foelkeldis. Ich bin des Herzogs Lehnsmann geworden, mein Weib. Nun weißt du es."

Da erstarrte ihr Gesicht. Das Entsetzen faßte sie.

"Darauf steht der Tod", sagte sie, "das ertragen deine Gegner nicht. Nein, das dulden sie nicht. Das können sie auch nicht ertragen, Ocko!"

"Niemand wird es je erfahren", sagte er. "Wir haben den Vertrag geheim zu halten geschworen. Fünf Jahre sind vergangen."

"Ja, fünf Jahre sind vergangen. Und abermals fünf Jahre werden vergehen. Und was dann? Solche Verträge kann Folkmar gebrauchen."

"Du denkst an Verrat? Wer sollte ..."

"Ich denke, mein Gemahl, daß der erste Friese das Knie gebeugt hat vor einem fremden Herzog, daß du dies warst, und daß es sich rächen wird."

Müde sagte er:

"Du siehst, wie recht ich hatte, es dir nicht zu sagen. Du hast es nicht verstanden, obwohl die vergangenen fünf Jahre mir recht gegeben haben. Ohne diesen Lehnsvertrag wären sie wohl anders verlaufen, meine Foelkeldis. Albrecht hat die Macht, ein großes Heer und viel Geld. Er wollte Westfriesland unterwerfen und hätte, darin haben die Westergoer klar gesehen, an der Ems nicht haltgemacht. In der ganzen europäischen Welt gilt das Lehnsrecht. In Italien waren alle adeligen Grundbesitzer Lehnsmannen der Königin. In Frankreich, in Flandern, überall ist die Erde in Lehen aufgeteilt."

"Nur nicht in Friesland", klagte sie. "Ocko, Ocko, begreifst du denn nicht, daß du uns allen ins Gesicht geschlagen hast? O mein Gemahl, sie werden dich für einen Verräter an der Freiheit Frieslands ansehen. Sie werden sagen, du habest Friesland an Holland verraten."

"Sie werden töricht genug dazu sein", sagte er, "weil sie meine weiteren Pläne nicht kennen. Ich weiß, daß Folkmar in Westfriesland ist. Aber auch wir sind da. Ich habe seit langem Broekmer in das Land gesandt. Sie halten die Verbindung mit den Vetkopern aufrecht. Ost-Friesland, meine Foelkeldis, reicht von der Lauwers bis zur Weser. Nur ein einiges Ost-Friesland kann die Grundlage für ein großes, einiges Friesland sein. Ich stehe in Verhandlungen mit den Häuptlingen des Mormer- und des Lengenerlandes. Verstehst du nun besser, warum ich so handeln mußte, Foelkeldis?"

"Ich verstehe es nun besser. Aber so wie es mich traf, wird es alle treffen, mein Gemahl, mitten ins Herz. Und nicht alle werden es danach so verstehen wie ich, weil nicht alle dich lieben. Ich will mit dir schweigen, Lieber - schweigen und wachen."

Von jetzt an erschien Foelke die Luft steif und schwer von Kommendem, und sie wunderte sich nicht, als nach wenigen Tagen diese knisternde Schwüle von einem Gewitter aufgesogen wurde, wie das Broekmerland es seit Jahren nicht erlebt hatte.

Der Wind heulte um die Burg, und die Bäume ächzten und stöhnten wie unter den heftigsten Herbststürmen. Zackige Blitze durchzuckten die schwarze Gewitterluft, und knatternde Donnerschläge schienen die Burg zusammenschlagen zu wollen.

Foelkeldis zog die Kinder an und ging mit ihnen nach unten, um eher draußen sein zu können, wenn der Blitz zünden sollte.

Die Burg blieb verschont, aber die Brandglocke der Lambertskirche ertönte und gab ihr Klagen den andern Glocken des Landes weiter.

Mitten in dem furchtbaren Unwetter sprengte ein Reiter in den Burghof und meldete, nach Atem ringend, dem Ritter, daß der Dom von Sankt Marien brenne. Man habe sofort Sturm geläutet, und es sei gelungen, einen Teil des Feuers zu löschen, aber der Altar, die Sakristei und damit viele Kostbarkeiten, vor allem die reichen priesterlichen Gewänder und Altardecken, seien bereits verbrannt. Jetzt prassele der Regen in die Flammen und helfe den Einwohnern löschen.

Foelke war wie erlöst, als sie dies hörte, obwohl sie der Schmerz durchfuhr, daß es gerade dieser herrliche Dom war, auf den sich Gottes Hand im Feuer gelegt hatte. Der Mariendom war der erste des Broekmerlandes, den ihr Fuß betreten, und sie dachte noch jetzt oft an den Wundertag, an dem Herr Keno mit ihr hineingegangen war und ihr das prächtige Innere gezeigt hatte. Das war an jenem Tage gewesen, an dem er von dem Willen der Broekmänner gesprochen hatte. Es müsse ein Wille aufstehen, hatte er gesagt, der alle Friesen wieder zusammenführe.

Als der gewaltige Gewitterregen endlich die Flammen gelöscht und der Welt Beruhigung gebracht hatte, löste sich auch die Spannung der Seele, und Scham überfiel Foelke, daß sie an dem weitreichenden Willen ihres Gemahls zu solchem Ziele gezweifelt hatte. Freilich, wenn sie sich fragte, was Herr Keno zu Ockos Schritt sagen würde, quälten sie auch weiterhin Zweifel. Aber war Ocko nicht ein ganz anderer Mensch als sein Vater? War die Zeit inzwischen nicht weitergegangen? Hatte Herr Keno nicht völlig andere Aufgaben zu erfüllen gehabt, die mehr das Land und seine Gestaltung, als politische Ziele betrafen? Vor allem, hatten Herr Keno und Imel oder ihr Vater Friesland so klar als einen kleinen Teil der großen Welt angesehen, wie Ocko das vermochte? Wenn sie sich dieses alles vergegenwärtigte, sah Foelke Kampana wieder den Willen der Broekmänner als einen breiten, gewaltigen, rauschenden Strom, der sie alle durchflutete und in jedem zum Meer hinstrebte. Ocko hatte bereits Großes erreicht, er würde Friesland noch weit voranbringen.

Oh, sie mußte zu ihm gehen und in seinen Armen Sicherheit gewinnen, daß klug und recht war, was er getan.

Sie fand ihn damit beschäftigt, seinem Pferde einen Dorn aus dem Fuß zu ziehen. Liebevoll klopfte sie dem Tier den Hals und redete ihm gut zu, so daß es willig seinen Fuß dem Herrn überließ.

"Wenn alle quälenden Dornen so leicht zu ziehen wären", sagte Ocko tom Broek und betrachtete den spitzen Störenfried. Dann warf er ihn fort, legte die Hände auf die Schultern seines Weibes, sah ihr in die Augen und sagte:

"Du hast wieder nicht geglaubt, Foelkeldis."

Diese Worte schnitten ihr ins Herz. Wer sollte denn an ihn glauben, wenn sie, sein Weib, zweifelte? Dann war er ja allein mit seinem großen Willen und seiner Tat.

Almer hatte einmal in einer Predigt ein Wort gebraucht, das ihr jetzt einfiel: Die Liebe glaubt alles!

Weinend schlang sie die Arme um seinen Hals:

"Ich glaube, Ocko! Ich glaube! Hilf mir, daß ich immer glaube. Es ist die Angst, die mir zuweilen den Glauben nimmt."

Das zeitige Frühjahr des Jahres 1387 brachte schwere Fluten. Sie ergossen sich weit in die Westermarsch und zwangen die letzten Einwohner von Westeel, endlich die geliebte Heimat aufzugeben. Auch sie waren jetzt gezwungen, sich am Rande des Hochmoors anzusiedeln, wie schon viele zu des alten Keno Zeiten taten. Sie zogen mit dem wenigen, was sie aus den Fluten gerettet hatten, nach Upgant, Osteel oder Tjüche. Dieses Hochmoor, das die Grenze war zwischen den Bistümern Bremen und Münster, schied zugleich das Norder- und das Broekmerland voneinander, so daß die Kirchengemeinde Westeel bei ihrer endgültigen Auflösung in beiden Ländern Aufnahme fand.

Die meisten aber suchten ihre neue Heimat bei den Broekmern, und so mochte es kommen, daß sie beschlossen, alles was noch Wert haben konnte für Ritter Ocko, ihm zu schenken. Ihr größtes Heiligtum war die Kirche. So, wie diese war, schenkten sie sie ihm, mit ihren Wänden und ihrem Dache. Mochte er beides dazu benützen, den durch Brand so stark beschädigten Dom von Sankt Marien wiederherzustellen.

Jetzt war es für Ocko tom Broek auch an der Zeit, im Predigerkloster zu Norden ernsthaft vorstellig zu werden wegen der vor zweimal sieben Jahren gestohlenen signa sacrata. Die Zeit hatte Gras wachsen lassen über jene üble Tat fanatischer Mönche, jedoch vergessen war sie nicht. Der neue Prior war ein ruhiger, verständiger Mann. Er sah sich auch nicht veranlaßt, mit Ritter Ocko, der Dykhusen gegründet und seinem Konvent zur Betreuung anvertraut hatte, Uneinigkeiten heraufzubeschwören und besprach die Angelegenheit mit den zwölf Mitgliedern seines Konvents, die alle für die Übergabe der Paramente an den Ritter stimmten. Statt Herrn Heinrich von Harlingen amtierte jetzt Bruder Hilarius als Magister studencium in Norden. Er hatte nach seinem Studium in Bologna in mehreren großen Städten für den Orden gearbeitet und den Titel Praedicator generalis erhalten, so daß er im Range einem Magister der Theologie gleichkam. Hilarius' größte Freude aber blieb, die Chronik des Klosters zu schreiben, damit in ihr ein Bild des Ordens und der ganzen Zeit um die Jahrhundertwende sichtbar werde.

Am Tage vor Mariä Empfängnis wurde die Schenkung in feierlicher Weise vorgenommen. Der Abt der Schola Dei von Ihlo, Herr Almer und Herr Siado von Osteel unterzeichneten die Urkunde. Hilarius kam am folgenden Tage, um Ocko zu dieser Treuekundgebung der Westeeler zu beglückwünschen.

Der alte Mönch war von der gleichen geistigen Beweglichkeit wie vor Jahren, doch hatte auch ihn die Zeit langsam zu gehen gelehrt. Er klagte über starke Gliederschmerzen, die ihn in den Übergangszeiten des Jahres überfielen und wohl eine Folge des langen Lebens im warmen Süden seien.

"Ich bewundere Euren Gemahl", sagte er freimütig zu Foelkeldis. "Nie hatte das sechste Seeland einen Herrn wie ihn.

Er hat uns geeint und den Holländer zum Stillstand gebracht. Die anderen schwärmen, Ritter Ocko denkt. Er denkt und tut, was nötig ist, Burgfrau."

Hilarius kannte die große Welt, und er kannte die Geschichte vieler Völker. Foelkeldis konnte sich nicht verhehlen, daß des alten Magisters Urteil eine kräftige Stütze für sie bedeutete.

Der Wiederaufbau des Domes von Sankt Marien beschäftigte lange Zeit die Gemüter der Broekmer. Jeder wollte sein Scherflein dazu beitragen, daß bald wieder das Kupferdach erglänze und den Schiffern den Weg in die Heimat wiese. Nun blieb ein großer Schmerz. Eine der drei herrlichen Glocken war geborsten. Ihr Geläut war weit über die Grenzen des sechsten Seelands hinaus berühmt geworden. Man mochte sich nicht von dieser Glocke trennen. Es wurde beratschlagt, ob sie umgegossen werden solle. Niemand stimmte dafür. Diese Glocke durfte nicht zerstört werden, und wenn sie nicht mehr den vollen, schönen Klang von sich gab, der das härteste Herz erweichen konnte, nun, dann mochte sie wehklagen mit gebrochener Stimme. Wurden Menschen nicht auch alt? Wurde nicht auch ihre Stimme einmal brüchig? Gott setzte allem ein Ziel, auch einem Glockenleben. Man beschloß, der geborstenen Glocke die Ruhe des Alters zu gönnen. Sie sollte das Sterbegeläut für vornehme und verdiente Friesen ertönen lassen und an die Vergänglichkeit alles Irdischen gemahnen.

Manche sahen in dem Kirchenbrand eine Warnung des Herrn der Erde.

Wenige Jahre später mehrten sich die bösen Zeichen. Über Emden sah man ein gewaltiges Feuer am Himmel, das die Nacht zum Tage machte und über der Burg in Aurickhove die Gestalt eines Kreuzes annahm. Mit Donnergetöse änderte sich dann mitten in der Nacht der Himmel, und die aufgeregten Menschen sahen deutlich einen Vogel von Südwesten nach Osten fliegen, seine Schwingen über Aurickhove ausbreiten und sich langsam in die Lüfte heben. So mochte eine Seele den Leib verlassen und der Ewigkeit zuschweben, der sie einmal entstiegen.

Die Kirchen füllten sich mit betenden Menschen. Die Seelen waren erregt ob so seltsamer Vorzeichen. Am Walburgstage des Jahres 1391 jagte ein eiskalter Wind über Friesland, und

Hagelschauer prasselten auf das eben trocken gewordene Land, so daß viel Vieh vor Kälte starb oder erkrankte. Dieses Unwetter gereichte auch den Schiffen zum Schaden, und manches Wrack trieb an den Strand.

Es kam hinzu, daß gerade in diesem Frühjahr die ersten Seeräuberschiffe vor Borkum gesichtet worden waren. Was sollte werden, wenn die Piraten jetzt, wie bislang die Ostsee, auch die Nordsee durch ihre furchtbaren Räubereien unsicher machten? Genügte es nicht, daß die See der Feind der Friesen war? Fraß sich nicht gerade in den letzten Jahren die Ems in erschreckender Weise in das Küstengebiet ein? Der Dollart spülte ein Dorf nach dem anderen weiter ins Land hinein wie Steinchen und Muscheln.

Auf das kalte Frühjahr, das unter der Herrschaft des Ostwindes gestanden hatte, folgte ein trockener Sommer, und wenn nicht mehr Tau als sonst in den Nächten auf die Erde niedergerieselt wäre, hätte es wohl in dem Wasserlande an Getränk für Mensch und Vieh gefehlt.

Es war deutlich zu spüren, daß Erde und Himmel in großer Erregung waren, und mancher Broekmer erinnerte sich an Herrn Kenos Worte nach der gewaltigen Sturmflut, die Westeel verschluckte. Herr Keno hatte wie kein anderer das Leben der Erde und der Menschen als eines erkannt. Er konnte sich den Menschen nicht ohne die Erde und die Erde nicht ohne den Menschen denken und war der Meinung, daß eines des andern Leid im innersten Wesen spüren müsse. Was mochte der Himmel, was die Erde in diesen Jahren so erregen? Drohend hing es über Friesland.

Witzeld war in diesen Tagen viel um seinen Vater. Foelkeldis hatte zuweilen den Eindruck, als ob auch diese beiden Männer, obwohl sie es nicht zugeben wollten, durch die seltsamen Ereignisse und Zeichen beunruhigt würden, und selbst Almer war, so schien es ihr, nachdenklicher als sonst.

An einem der ersten Augustabende sprach Ocko den Wunsch aus, mit Foelkeldis und Witzeld zu Almer ins Pfarrhaus zu reiten.

"Dort hast du mich willkommen geheißen", sagte er zu ihr, als sie durch den Pfarrgarten auf das Haus zuschritten. Seine Stimme klang sonderbar ernst und ruhig, und es kam Foelkeldis plötzlich in den Sinn, daß alte Leute wohl sagten, Anfang und Ende müßten sich zu einem Ring schließen.

Ob Ocko Ähnliches dachte?

"Hier stand ich vor dir, Almer", sagte Ocko dann, sich in des Priesters Studierstube umschauend, "als ich heimkam, und hier stehe ich nun und frage mich, was ich eigentlich in diesen fünfzehn Jahren erreicht habe."

"Vater, wie kommt Ihr auf solche Gedanken!" wehrte Witzeld verwundert. "Liegt nicht vor aller Augen, was Ihr geschaffen? Ihr wart es, der die Weserleute nach jahrzehntelanger Fehde endgültig besiegt habt. Ihr habt Folkmar und seine Helfershelfer geschlagen. Durch kluge Verträge habt Ihr das Ausland in Schach gehalten - wir haben seitdem Frieden, Vater."

"Wir haben seitdem Frieden", wiederholte Foelkeldis. "Dafür weiß dir das Land den größten Dank, mein Gemahl, daß du uns durch das Schwert und durch deine Klugheit den Frieden gesichert hast."

Almer sah dem Freund offen ins Gesicht.

"Ich weiß, daß du ein noch größeres Ziel vor dir gesehen hast, als du damals vor uns standest, und nun meinst du, daß du es erst zu einem geringen Teil verwirklicht hättest."

Ocko blickte ihn dankbar an. Almer verstand als einziger, daß ihm nicht genügen konnte, was er bislang erreicht hatte.

"Du mußt nicht vergessen", tröstete der Priester, "daß sich hier alles langsamer entwickelt als im Süden. Du möchtest Friesland zu einem Baum heranwachsen sehen, dessen Geäst weit über Land und Meer reicht. Solch ein Baum muß zunächst Wurzel fassen, Freund, und das hat er getan. Ich bin durchaus der Meinung, daß keine Macht ihn mehr aus dem Boden des sechsten Seelandes herauszureißen vermag. Auch Albrecht von Holland nicht."

"Auch Albrecht von Holland nicht", wiederholte Ocko langsam. "Kannst du dir denken, Almer", forschte er, sich etwas vorneigend, "warum Holland seit zehn Jahren keine Eroberungsgelüste mehr gezeigt?"

"Nun du mich fragst, will ich es dir sagen: du wirst des Herzogs Lehnsmann geworden sein. Es ist der klügste der Schritte, die du unternommen hast."

Witzeld wandte mit einer raschen Bewegung den Kopf:

"Ist das wahr, Vater? Ihr habt niemals darüber gesprochen. Ich wagte auch nicht danach zu fragen."

"Gleichwohl scheint es dich nicht allzusehr zu überraschen, mein Sohn?" lächelte Ocko.

"Wenn ich offen sein soll: nein. Herr Almer hat mich seit vielen Jahren durch die Geschichte Europas geführt. Ich kann Euch nur bewundern, Vater, daß Ihr in Friesland den Mut zu einer solchen Tat fandet."

Ritter Ocko atmete tief ein.

"Euch beiden hätte ich also den Vertrag zeigen dürfen."

"Auch mir", bat Foelkeldis leise und schob ihre Hand in die ihres Gemahls. Er sagte nichts darauf, aber er streichelte ihre Hand. Das schnitt ihr durchs Herz.

"Du tatest recht daran, ihn keinem von uns allen zu zeigen", sagte Almer mit Bestimmtheit. "So konnten wir mit Fug und Recht jedem Neugierigen antworten, daß auch wir nichts wüßten."

"So gab es also Neugierige genug?"

"Nicht unter den Broekmern. Aber bedenke, was für eine Stellung du dir errungen hast, Ocko. Ist denn noch ein einziges der Länder des Seelandes da, das dir nicht bewundernd gehorcht? Südlich der Leda regiert für dich der junge Focko Ukena, so daß nicht einmal Mormer- und Oberledingerland ohne deine Führung sind. Du hast eine Flotte geschaffen, wie sie eines Handelsvolkes würdig ist. Du mißt deine Taten an denen, die du in Italien vollbrachtest. Ja, dort wird ein gelungener Feldzug mit einem pomphaften Friedensfest gefeiert, einerlei, ob im folgenden Jahre abermals der Krieg in vollem Gange ist. In der Heimat hast du erreicht, daß keine Schwerter mehr klirren. Das Volk hat seiner Arbeit nachgehen, es hat sein Land bebauen und nasses entwässern können, wie es der Friesen Aufgabe ist."

Ocko tom Broek reckte sich hoch auf. Des Freundes warme Worte lockten aus ihm heraus, was ihn in der letzten Zeit bewegt hatte:

"Die Vorarbeiten sind beendet, die Sicherheitsmaßnahmen getroffen. Mit dem Norderland fing es an. Wir wurden uns bald einig, Louwert, Hylo und ich. Ich wollte auch Folkmar in meine Arbeit hineinstellen, ich gründete mit ihm Dykhusen. Er wollte keinen Frieden. Wir haben ihn geschlagen. Später mußte Edo Wiemcken sich einfügen, auch das Harlingerland untersteht mir. Mit Oldenburg verbindet uns reine Freundschaft. Herzog Albrecht bleibt jenseits der Zuidersee. Lauter kleine Taten, mein Sohn, gemessen an den Heereszügen deines Vaters in fremder Herren Dienst - aber wenn eine einzige von ihnen nicht geglückt wäre, gäbe es heute kein geeintes Seeland. Und nun", er stand auf und stemmte die geballten Fäuste in die Seite, "werde ich an den zweiten Teil meiner Lebensaufgabe herantreten. Ja, Almer, die Wurzel ist fest im Boden. Der Baum soll wachsen können. Ich werde ihm Raum schaffen."

Am Nachmittage des 6. August ritt Ocko tom Broek mit seinem Weibe der Leybucht zu. Er hatte plötzlich eine große Sehnsucht nach der Weite des Meeres. Sie waren einige Tage in Oldeborg gewesen, wo besonders Foelkeldis sich innerlich beheimatet fühlte. Hier hatte ihr neues Leben mit den Menschen begonnen, denen sie von jenem Wundertage an mit Leib und Seele angehörte. Hier hatte sie auch zum erstenmal in den Armen ihres Geliebten geschlafen. Jede Kammer war voller Erinnerungen, aber die Westerkammer, in der sie an jenem Herbstmorgen ihr erstes Kind empfangen hatte, blieb ihr eine heilige Stätte. Sie sehnte sich danach, noch einmal ein Kind zu empfangen. Sie wollte wieder ein kleines Wesen an die Brust legen können. Noch war sie jung genug dazu, und die andern Kinder wuchsen so schnell heran. Keno stand im zwölften Lebensjahr, und die Mädchen waren fast ebenso groß wie sie selbst.

Eine große Sehnsucht wurde in Foelkeldis wach, der sich eine leichte Unruhe beimengte, es möchte einmal zu spät sein. In unendlicher Liebe sah sie zu ihrem Gemahl hinüber. Er war sechzig Jahre alt geworden am letzten Michaelstage, aber wer zählte die Jahre Ocko tom Broeks? War er nicht ewig jung? Sein Haar war gebleicht, und die Falten, deren jede sie liebte, hatten sich schärfer in sein Gesicht gegraben. Sein Antlitz war ihr nur lieber geworden dadurch, und sie meinte, seit sie durch seinen

Mangel an Vertrauen um ihn gelitten, noch inniger mit ihm verwachsen zu sein.

Er war heute besonders schweigsam, und er blickte so aufmerksam auf alles, was sie beide umgab, als ob er es zum ersten Male sähe. Der Roggen stand nur halb so hoch wie sonst. Dünn und gerade richteten sich die Halme nach der Mittagshitze wieder auf.

Die Bohnen zeigten die ersten gelben Blätter, und in den Gärten begannen die Sonnenblumen ihre schönen, großen Blüten zu öffnen.

An den Grabenrändern blühten Taubnesseln und Wundklee, und der Huflattich breitete sein schirmendes Dach über die geringe Feuchtigkeit des Bodens. Die Abhänge der Erdwälle waren mit Farnen bestanden, und die tiefroten, leuchtenden Dolden der Ebereschen nickten über den Häuptern der Reiter.

In der Nähe der Leybucht wurden die Bäume niedriger und kahler. Das Geschrei der Möwen und Seeschwalben kündigte schon lange vor Marienhove die Nähe des Meeres an. Ocko stieg vom Pferde und ging mit Foelkeldis auf den Deich.

Sehnsuchtsvoll sah er in die Ferne. "Möchtest du wieder fort, Ocko?"

"Nur mit dir. Aber du mußt bei den Kindern bleiben."

Er sah sie in großer Liebe an. Aber ihr Herz erfüllte sich mit Angst unter diesem langen Blick. Sie zog ihn fort aus der unendlichen Weite und ging mit ihm zum Dom.

Die Tür war weit geöffnet, und sie schritten gemeinsam durch den breiten Mittelgang auf den Hochaltar zu. Dort beugte Ocko das Knie, und Foelkeldis kniete neben ihm.

"Heilige Mutter Gottes", flehte ihr Herz, "was auch der Wille der Himmlischen sei, alles, alles will ich tragen, aber laßt mir diesen meinen Mann ..."

Als sie sich erhoben, sah sie sein Antlitz von Ruhe durchleuchtet. Da verging ihre Angst um ihn. Sie hängte sich in seinen Arm und wußte sich unlöslich mit ihm verbunden.

Ocko betrachtete die Steinbilder an dem Fries, der oberhalb der Säulen entlanglief, und blieb vor einem Pelikan stehen.

"Diesen Vogel habe ich oft über den Golf von Neapel fliegen sehen", sagte er. "Seltsam sieht er aus, wenn er durch die Lüfte streicht, die Schwingen weit geöffnet, den Hals gebogen und den Schnabel weit vorgestreckt hält ... Weißt du, daß kein Tier so wie er für seine Jungen sorgt? Man sagt, er öffne die Brust, Foelkeldis, und nähre die Jungen mit seinem Herzblut. Darum nennt Thomas von Aquino den Christus einen reinen Pelikan."

Die Nacht war besonders sternenklar, und Ocko tom Broek kam es in den Sinn, in den Torturm hinaufzusteigen, um die Stellung der Gestirne zu betrachten. Er hatte sich in Italien viel mit der Sternenkunde beschäftigt. Man erwartete von einem Condottiere, daß er wußte, welche Konstellationen günstig waren und welche Unglück brachten. Er hatte danach den Beginn eines Feldzuges zu bestimmen. Hier in Friesland war Ocko solches Gehaben fremd geworden, doch hatte er sich kürzlich wieder daran erinnert, als Magister Hilarius ihm von dem Ende seines alten Gegners Bernabó Visconti erzählte. Bernabó war in seinem Kastell von seinem Neffen Giangaleazzo überrascht worden. Man hatte das Schloß belagert und es durch eine List fertiggebracht, den alten Tyrannen gefangenzunehmen. Der hatte wohl gewußt, daß er der Sonne Licht zum letztenmal gesehen, als Giangaleazzo ihn in den Kerker werfen ließ, aber daß er schon nach so kurzer Zeit durch Mord beseitigt würde, ebenso wie die Königin von Neapel, der ungarische Henkersknechte vor dem Altar des Kastell Muro die Schlinge um den Hals geworfen hatten, das mochte Bernabó nicht geahnt haben. Nun, Hilarius hatte hinzugefügt, in der Nacht, in welcher der Mord geschah, hätten Jupiter, Saturn und Mars im Hause der Zwillinge gestanden.

Kräfte des Himmels, Kräfte der Erde - und der Mensch in alles hineingestellt mit seinem Willen, seiner Freiheit und seiner Verantwortung. Für Ocko tom Broek hatte dies nichts beängstigend Zwingendes, eher etwas Tröstliches. Aber daß die Sterne heute für ihn, den im Zeichen der Waage Geborenen, günstig standen, das konnte selbst der Zuversichtlichste nicht behaupten.

Die Mitternacht war lange vorüber. Ocko wollte zu Foelkeldis und den Kindern gehen und sich schlafen legen, da hörte er aus südlicher Richtung Rufe herüberschallen. Alle vier Wächter seiner Burg stießen zu gleicher Zeit ins Horn, und die Fußknechte auf den breiten Burgwällen wurden lebendig. Ein nächtlicher Angriff. Ocko war im Nu unten, weckte Witzeld und traf seine Anordnungen. In den letzten Jahren waren neue Feuerwaffen eingeführt worden; des Ritters Knechte hatten sich in deren Gebrauch geübt. Sie handhabten die ungelenken, schwer beweglichen Rohre bereits ebensogut wie ihre Armbrust und den Spieß. Ocko tom Broek sah dem Kommenden mit Ruhe entgegen.

Der Feinde aber schienen immer mehr zu werden, und im Broekmerland brannten noch keine Feuerzeichen. Die Menschen schliefen in Frieden, und niemand vermochte sie zu benachrichtigen. Da sah Ocko einen einzelnen Reiter von der Burg aus sich fortschleichen.

Er brach nach Norden durch, da schien die feindliche Umfassung noch nicht geordnet zu sein. Das konnte nur Witzeld sein. Sein Sohn hatte die Gefahr erkannt und handelte blitzschnell. Er würde Hilfe holen.

Foelkeldis und die Kinder waren erwacht und drängten sich in heißer Angst um den Vater. Jetzt wurden die wilden Rufe der Feinde verständlich:

"Mynen leven ende geduchten here, den hertoge Aelbrecht van Beyern ...", klang es höhnisch, und "Gegheven in den Haaghe, s'dinxdages na palmedach int Jahr ons Herr 1381 ..."

"Verrat", schrie Foelke auf. "Ocko, sie haben dich verraten."

"Witzeld holt Hilfe", sagte Ocko ruhig. "Folkmar kämpft nicht mit Friesen, er hat Söldner geworben, das ist seine Rache für Loppersum. Mit fremdem Volk will er mich vernichten."

Die Besatzung der Burg schlug sich heldenmütig, aber einer nach dem andern sank um und blieb liegen. Im Norden brannten die Feuerzeichen, aber bis Hilfe kam -.

"Herr Folkmar sendet einen Boten, Ritter, er will mit Euch verhandeln. Er gibt Euch freies Geleit."

Ingrimmig stieß Ocko hervor, er gedenke nicht zu verhandeln. Er werde Herrn Folkmar ein zweites Loppersum bereiten. Da traf ein Spieß den Mann an seiner Seite. Sterbend röchelte er: "Verhandelt, Ritter! Es bleibt Euch nichts anderes übrig."

Jetzt stürzte Foelkeldis aus dem Haus, fiel wie außer sich auf die Knie und flehte ihren Gemahl an, die Burg nicht zu verlassen.

"Er wird dich töten, du kommst nicht wieder. Du darfst mir dies nicht antun, ich -"

Der Blick des Sterbenden hing immer noch an dem Herrn.

"Ich werde zu ihm gehen", sagte Ocko. Da starb der Mann, Foelkeldis schrie auf, als ob sie den Verstand verloren habe und hielt Ocko mit aller Kraft fest.

Da erfüllte ihn eine große innere Ruhe. Er hob sie zu sich empor, streichelte sanft ihren Kopf, küßte sie noch einmal auf den Mund und sagte dieselben Worte wie am Nachmittag angesichts der unendlichen Weite des Friesischen Meeres:

"Du mußt bei den Kindern bleiben, meine Foelkeldis." Dann ging er über die Zugbrücke. Sie stand mit weit ausgebreiteten Armen und sah ihm nach.

Der Sendbote Folkmars wich ihm nicht von der Seite. Er hob das Banner der Allenas, und sofort setzte der Kampf aus. Herr Folkmar erwarte ihn in der Schnappe, sagte der Herold, und der Ritter folgte ihm.

Foelkeldis eilte in ihre Schlafkammer, von wo aus sie den Weg bis zur Schnappe überblicken konnte. Vor dem Fenster sank sie in die Knie. Dort ging ihr Gemahl, seine Gestalt wurde kleiner, jetzt konnte sie die Hände nicht mehr erkennen - jetzt bückte er sich und trat durch die niedrige Tür in die Herberge.

Sie klammerte sich daran, daß ihm sicheres Geleit zugesagt worden war. Sicheres Geleit - was verstand Folkmar darunter.

Nun war ihr, als würde sie ganz hineingezogen in Ockos Wesen. Sie wußte, was er jetzt dachte. Bevor er eintrat, hatte er noch einmal zum Himmel aufgeschaut, wie er gern zu tun pflegte. Es war noch früh am Morgen. Die Vögel begannen soeben ihren Frühgesang. Foelkeldis hatte oft mit ihrem Geliebten auf den Gesang gelauscht. Ocko kannte alle Vögel an ihren Stimmen, und er hatte einmal gesagt, es gäbe kein Tier, das so wie der Vogel die Liebe der Sonne zur Erde spüre. Die Nacht höbe Menschen und Tierseelen fort, die Vögel allein errieten, wann das Licht sich wieder Bahn brechen und der Erde das Leben von neuem zuführen wolle. Unter Vogelsang hatte Ocko die Schnappe betreten. An der Wendung seines Kopfes hatte Foelkeldis gesehen, daß auch er dies empfand. Die Kinder drängten sich um die Mutter. Sie schob sie fort. Sie war bei ihm.

Jetzt öffnete sich abermals die Tür der Schnappe.

Zwischen zwei Allenaschen Bannerträgern verließ Ocko tom Broek die Herberge. Folkmar folgte. Sie standen sich gegenüber. Hatten sie noch immer miteinander zu sprechen? Jetzt fiel das Licht der aufgehenden Sonne auf Ritter Ocko. Es spiegelte sich in den Schuppen seines Panzers und leuchtete ihm ins Gesicht. Folkmar blickte in südwestlicher Richtung und hob ein wenig den Arm. Da flog schwirrend ein Spieß aus eben dieser Himmelsgegend und traf Ocko tom Broek im Nacken. Lang ragte er vorn aus seinem Halse heraus. Der Ritter wankte und sank um.

In wildem Jammer schrie Foelkeldis auf und fiel dann zu Boden.

Sie wußte, Ocko war tot.

ANHANG

Worterklärungen

Bentbesen: Besen aus Bentgras, das im Moor wächst und etwa 60 bis 70 cm hoch wird. Diese Länge haben auch die Besen, sie sind ohne Stiel. Das Gras wird, nachdem es sorgsam geordnet ist, fest zusammengebunden. Man umspannt mit der Hand die kräftigen Stiele, der obere Teil der Halme dient also zum Fegen. Er schmiegt sich weich dem Fußboden an und nimmt leicht den Staub fort. Noch heute werden diese "Bembessems" in den Bauernhäusern angeboten und gern gekauft. Selten sieht man andere Besen für das Wohnhaus; im Stall und auf der Dreschdiele werden Strauchbesen, die man aus Birkenreisern herstellt, gebraucht.

***Butze*:** Wandbett. In jedem friesischen Wohnhaus sind durchschnittlich zwei Butzen. In einer Butze schlafen zwei, selten mehr Personen. Kinder werden, wenn viele Gäste auf dem Hof und wenig Platz für sie da ist, auch wohl zu mehreren hineingelegt. Von der Wohnküche aus werden die Türen geschlossen und, wenn auch die Erwachsenen zu Bett gehen, für die Nacht geöffnet. - Die Butze ist von innen weiß gekalkt, hat am Fußende ein Bettbord und oben an der Decke einen Eisenhaken, an dem ein Tau mit einem Holzgriff herunterhängt, mit dessen Hilfe sich Kranke umlegen bzw. aufrichten sollen. - In neuerer Zeit, in der auch das offene Feuer dem Ofen Platz macht, werden Schlaf- und Wohnräume getrennt und freistehende Betten aufgestellt.

Darg: Sumpfmoor. Wenn man von der Geest her das Randmoor überschreitet, trifft man zuerst auf Dargboden, der nur von einer dünnen Kleischicht bedeckt ist. Je weiter man in die Marsch vordringt, um so kräftiger wird diese Kleischicht. Darg darf nicht nach oben gegraben werden, er verdirbt das Land. Da er reich ist an Schwefelwasserstoff, macht er das Brunnenwasser in der Marsch an vielen Stellen für Menschen ungenießbar.

Enter: Einjähriges Rind.

Esschart: Frauenschmuck, bestehend aus - meistens drei - goldenen Brustschilden und mehreren Ketten. Die Brustschilde waren erhaben gearbeitet, mit vielen kostbaren Edelsteinen besetzt und so groß, daß sie "eine Kanne Wasser fassen" konnten. Wir verdanken die genaue Kenntnis der friesischen Nationaltracht und aller zugehörigen Schmuckgegenstände dem Ostfriesen Unico Manninga von Lütetsburg, der uns nicht nur das erste friesische, sondern damit zugleich das erste d e u t s c h e Trachtenbuch hinterlassen hat. Er lebte um 1560.

Fletiewa: Flethgabe, Mitgift, Aussteuer.

Fohr: Eine etwa 2 m breite, 1,20 m hohe, hölzerne Pforte, die oben meistens durch einen Baumstamm abgeschlossen wird. Das Fohr führt in einen Kamp (Feld, Weideland) hinein. Der übrige Teil des Kamps ist von einem etwa $1^1/_2$ m hohen Erdwall, der von Bäumen und Gestrüpp bestanden ist, umgeben. In der Nähe des Fohrs werden an Sommerabenden die Kühe gemolken. Durch das Fohr verlassen Menschen und Tiere das Land.

Folkleder: Volksleiter, Volksführer.

Fredekogge: Freede-Kogge. Koggen, dickbauchige Segelschiffe, die mit Gewappneten besetzt und ausgesandt wurden, Frieden zu stiften.

Gestrengede Ringe: Ringe, die aus verschiedenen ineinandergeschlungenen, auch verschiebbaren Strängen gefertigt sind. Manninga berichtet, sie seien 5-7 Lot Goldes schwer gewesen; zum Vergleich: unsere heutigen Trauringe sind durchschnittlich ein halbes Lot schwer.

1 Gras Land: Alte Bezeichnung für ein Ackermaß, die man in den friesischen Urkunden allgemein antrifft (friesisch: gerse, lateinisch: terra pascualis). In Ostfriesland rechnet man drei Gras gleich zwei Diemat, wobei ein Diemat soviel Land ist, wie ein Mann an einem Tage mähen kann. Demnach würde ein Gras Land etwa 0,45 bis 0,56 ha betragen.

Grüppe: Die lange, etwa ein Fuß breite Grube, die sich hinter den Ställen der Rinder entlangzieht, um den Mist aufzunehmen.

Güstfalge: Sechs- bis siebenmaliges Pflügen. Nur dadurch kann man das Unkraut, z.B. den Hederich, vernichten.

Gulf: Der Boden über den Vieh- und Pferdeställen, der zur Aufnahme des Heus und des Getreides dient.

Hammrich: Die gemeine Dorfmark, die Dorfflur, nicht ein einzelnes Stück Weideland. Noch heute nennt man Teile der früheren Gemeinweiden Hammriche.

Hatte: Kopfbedeckung der Frauen. Eine Hatte war 3-4 Ellen, also 2-3 m lang und wurde so um den Kopf gewunden, daß die Zipfel herunterhingen.

Helmer: Weg durchs Moor.

Himten: Altes Getreidemaß.

Hofde: Ärmelkanal.

Kajung: Äußerer Teil des Deiches.

Kapkavel: Kopfbedeckung der Männer, die über den ganzen Kopf gezogen wird und auch Brust und Schultern bedeckt. Auf den alten Bildern sieht der Kapkavel rot oder grün aus und ist von wunderschön gezackter Goldlitze berandet.

Klootschießen: Wettkämpfe, die im Winter auf hartgefrorenem Feld nach genau festgesetzten Regeln stattfinden. Man wirft mit dem "Kloot", einer Kugel, die aus dem Wurzelholz der Weißbuche gedrechselt und zum Teil mit Blei ausgegossen wird.

Koker: Schrein.

Kolk: Ein tiefes, durch Fluteneinbruch an der Innenseite des Deiches entstandenes Wasserloch.

Kramstube: Wochenstube.

Kuhvenne: Eine Venne, auch Fenne geschrieben, ist ein einzelnes Stück Weideland.

Leegden: Niederungen.

Lehmdobben: Lehmgruben. Noch heute sieht man die Friesen in der beschriebenen Weise ihre Dreschdielen bearbeiten.

Liekedeeler (niedersächsischer Ausdruck): Liek - gleich; deelen - teilen. Störtebeker verteilte die Beute so, daß jeder gleichviel bekam.

Meeden (englisch: meadow): Wiesenmoore, die oft von Landseen unterbrochen und nur gering besiedelt sind. Sie ziehen sich als Dargschicht unter dem Kleiboden, bis unter das Wattenmeer und die Inseln entlang.

Nagelholz: Im Luftzug getrocknete Rinderkeule. In Ostfriesland wurde bis vor kurzem weder Schinken, noch Wurst, noch irgendwelches anderes Fleisch geräuchert. Man salzt es und hängt es frei an den großen Eisenhaken der Balkendecke der Wohnküche in die Nähe des offenen Feuers. Auf diese Weise getrockneter Nagelholz, Schinken oder Speck zeichnet sich durch besonderen Wohlgeschmack aus.

Pael: Kopfschmuck der Frauen, einem Diadem ähnlich. Ein Pael hat Kettenglieder, damit er sich dem Kopf besser anfüge. Er ist ungefähr sechs Finger breit und mit vielen bunten Edelsteinen verziert. Dieser Stirnschmuck hatte an beiden Enden kleine, runde Ösen, durch die ein Band gezogen wurde, um den Pael am Haar oder am Haarnetz zu befestigen.

Quad: Böse, Quadheit: Bosheit.

Rediewa: Rechtgeber, Richter.

Reit: Schilf.

Eine Rute: Altes, friesisches Grundmaß. Auch die Länge der Äcker wurde nach Ruten bestimmt. Für die innere Geest beträgt die Rute 14-16 Fuß, aber auch da schwankt ihr Wert von Dorf zu Dorf. In manchen Dörfern war die halbe Rute in die Kirchenmauer eingegraben, an einer Stelle betrug sie z.B. gut sieben Fuß. Auch in Findlinge, die in die Kirche eingemauert wurden, findet man das Maß einer halben Rute eingehauen. Nach diesem Grundmaß wurden dann Streitigkeiten beigelegt. Das Maß der halben Rute entspricht wiederum der Länge eines Speers und einer Schwa (Sense). Heute wird in der Emder Marsch die Rute zu 16, im Broekmerland zu 15 Fuß gerechnet.

Schersson: Frauenkleid. Die Nationalfarbe der Friesen war Rot; wir würden heute vielleicht "himbeerfarben" sagen. Man schnitt rotes Tuch oder Leinen ("Leidener Laken") alle zwei Finger breit voneinander und nähte es mit groben Stichen wieder zusammen. Die Kleider sehen dadurch aus, als ob sie plissiert seien, sie zeigen einen bewundernswert guten Sitz. Von oben bis unten waren sie mit silbernen, vergoldeten Platten benäht, die in 4, 6, 8 oder 10 Längsreihen von oben nach unten laufen. Diese Platten sind rund oder viereckig, zeigen Rosen, Löwen, Schwäne oder andere Bilder als Gravierung und sind durch Kettenglieder miteinander verbunden. Alle Kleider haben einen runden, verhältnismäßig tiefen Halsausschnitt. Man kann sich schwerlich eine Vorstellung von der Pracht und dem Goldwert eines solchen Scherssons machen. Oft hatte es goldbeschlagene Ärmel, d.h. mehrere Reihen der beschriebenen Goldplatten zogen sich auch an den Ärmeln bis zu den Händen herunter; oft umschließen den Arm von oben bis unten sechs oder sieben breite, schwere Goldreifen, die wie der Pael aus Gliedern zusammengesetzt sind und am Verschluß goldene Glöckchen oder dicke, kunstvoll verzierte Knöpfe, etwa in Form von Rosen, zeigen. Bemerkenswert ist, daß die Friesin nicht nur an Festtagen, sondern auch bei der Arbeit Gold trug. Zwar blieben die langen Goldplattenreihen der Festtracht vorbehalten, aber ein schöner, goldener Gürtel legt sich auch um die Mitte der Landarbeiterin. Ein kostbares Stukelband ist durch ihren blonden Zopf geflochten; goldene Knöpfe, fast so dick wie ein Ei, erglänzen auf ihren Schultern und viele Ringe an ihren Fingern.

Schwa: Der deutschen Sense ähnlich. Die Schwa weist eine besondere Biegung auf, ohne die sie zum Mähen untauglich ist. Um die Schwa zu schärfen, schlägt man die Schneide mit Hilfe eines Hammers, wodurch sie nachher wie gezähnt erscheint.

Schwälen: Das gemähte Heu bleibt je nach der Witterung mehrere Tage auf dem Lande liegen, wird gewendet und dann geschwält, d.h. in Haufen zusammengerollt. Die Haufen heißen Oppern.

Sendrecht: Öffentliches Gericht der Kirche.

Siel: Deichschleusen. Ohne Siele haben auch Deiche keinen Wert. Siele dienen zur Ableitung des Binnenwassers in das Meer; außerdem mußten schon die ältesten Siele das Meerwasser, das bei hohen Fluten das eingedeichte Land überströmt hatte, wieder abführen. Das Auflassen der Sieltore heißt Sperren des Siels. Siele haben naturgemäß immer eine große strategische Bedeutung gehabt.

Soden: Viereckige Torfstücke, die zum Gebrauch nochmals durchgeschlagen werden.

Stove (englisch stove, Ofen): Die erste Freundlichkeit, die noch heute die friesische Bäuerin jeder Besucherin erweist, ist, daß sie ihr eine Stove unter die Füße schiebt. Sie nimmt ein Stückchen glühenden Torf aus dem offenen Feuer, legt es in die Teste, ein ziemlich flaches, irdenes Gefäß mit einem kleinen Griff und stellt diese Teste in einen oft kunstvoll geschnitzten, mit einem schönen Messingbügel und Messingknöpfen verzierten, etwa 30 cm langen, 20 cm hohen hölzernen Behälter, die Stove. Mit einer solchen Stove gehen manche alten friesischen Bäuerinnen noch heute an den kalten Wintersonntagen in die ungeheizte Kirche.

Stukelband: Vier Doppelschnüre, die in rotseidenen Quasten enden und von oben bis unten mit goldenen Kugeln, Rosen, Eicheln, Blattwerk oder anderem verziert sind. Sie wurden in den Zopf hineingeflochten.

Tacke: Altes Maß für Bier.

Talemann: Der Beisitzer des Richters.

Teste: Siehe Stove.

Tröstelbeer: Leichenfeier, bei der "zum Trost" Bier getrunken wurde. Ebenso kommt die Bezeichnung Kindelbeer für Kindtaufe zustande.

Upstallsboom: Ein Hügel in der Nähe Aurichs (Ostfriesland). Der Upstallsboom ist eine alte Kultstätte der Friesen. Er hatte lange Zeit Bedeutung als Thing-Stätte.

Utengrahove: alte Bezeichnung für Engerhafe

Warf: Künstlich aufgeworfene Hügel von recht verschiedener Größe. Auf den Warfen der Marschen liegen ganze Dörfer, auf kleineren oft nur ein oder zwei Bauernplätze. Auch die Höhe ist sehr ungleich. Es gibt Warfen von 2 und solche von 8 bis 10 m Höhe. Eine genaue Untersuchung der meisten Warfen *(holländisch Terpen)* steht noch aus.

Wrake: Rache.

Wyelbrot: Kreisrundes Osterbrot.

Wyk: Heiliger Sprengel, Bezirk um die Kirche herum, abgeschlossen durch die Wykmauer.

Wylster: Goldener, meistens breiter, gezackter Reif, den man sich um das Handgelenk legte.

Ostfriesische Häuptlingsgeschlechter

wie sie uns in dem Roman "Foelke Kampana" vor Augen treten

Keno Hilmersna tom Broek

Keno der Ältere (gestorben 1376)

Keno der Ältere (Herr Keno) hatte vier Kinder:

Elborg
Doda
Ocko
Imel

Elborg und ihre Nachkommenschaft

Elborg Kenesna tom Broek (der Vatername wurde immer in den Namen des Kindes hineingenommen) war verheiratet mit Haro Aylds von Großvaldern. Ihre Kinder sind:

Heiko
Ocka

☆ ***Heiko***, Elborgs Sohn, Herrn Kenos Enkel, verheiratet mit Adda Wiardsna von Klein-Valdern, Wiards und Djudelkes Tochter. Heiko und Adda haben zwei Söhne: Ayld und Wiard.

☆ ***Ocka***, Elborgs Tochter, Herrn Kenos Enkelin, ist verheiratet mit Ayld, einem Brudersohn Folkmar Allenas.

Doda und ihre Nachkommenschaft

Doda Kenesna tom Broek, verheiratet mit Edzard Cirksena von Greetsiel, dem Sohn von Ulrich Cirksena, einem Freund und Altersgenossen Kenos des Älteren. Dodas Söhne:

Haro
Enno
Imel

☆ ***Haro*** Edzardsna, auch Haro in de Greet genannt.

☆ ***Enno*** Edzardsna, im Buch Enno von Norden, später auch Enno von Greetsiel genannt, war verheiratet mit Gela von Manslagt. Zwei Söhne: Ulrich und Edzard.

Ulrich: (Historische Anmerkung: Dieser Ulrich Cirksena wurde später der erste Graf von Ostfriesland. Ulrichs zweite Gemahlin war Theda, Hebe und Uko Fockens Tochter, Ocka tom Broeks Enkelin. Der Sohn dieser Theda - Gräfin Theda - ist der in der Geschichte wohlbekannte Edzard der Große.)

Edzard: Enno von Nordens zweiter Sohn, war in erster Ehe verheiratet mit Moderke von Pilsum, in zweiter mit Frouwa von Berum. Dieser Edzard, Dodas Enkel also, wurde der Heerführer des Freiheitsbundes, wie im Buch IV berichtet.

☆ *Imel,* im Buch Imel von Eilsum genannt.

Ocko und seine Nachkommenschaft

Ritter Ocko (gestorben 1391)

Ocko Kenesna tom Broek, Ritter Ocko, war verheiratet mit Foelke Kampana, Kampos und Gylas Tochter aus Strackholt. Ritter Ocko und Foelke Kampana haben vier Kinder (Witzeld eingerechnet):

Witzeld, Ockos vorehelicher Sohn

Ocka

Tetta

Keno (Keno der Jüngere)

☆ *Ocka,* Foelkes erstes Kind, verheiratet mit Lütet von Nesse, Hero von Dornums Sohn. Ocka tom Broek und Lütet von Nesse haben zwei Töchter und einen Sohn: Hebe, Ette, Keno.

Hebe (oben bereits erwähnt), verheiratet mit Uko Focken, Focko Ukenas Sohn. Hebes Tochter Theda, die spätere Gräfin Theda, ist also eine Urenkelin Foelke Kampanas.

Ette, verheiratet mit Hedde Kankena von Wittmund.

Keno, Ockas und Lütets einziger Sohn, starb im Kindesalter.

☆ *Tetta,* Ritter Ockos und Foelke Kampanas zweite Tochter, benannt nach Foelkes Schwester Tetta, der Priorin von Dykhusen, war verheiratet mit Sibrand von Loquard, einem Sohn von Brunger und Wiska von Loquard. Einer der Söhne Sibrands und Tettas ist Brunger II., ein anderer hieß Ocko.

☆ *Keno,* Keno der Jüngere (gestorben 1417) hatte einen vorehelichen Sohn Itze. Keno der Jüngere war verheiratet mit Adda Itzinga von Norden, der Tochter Louwerts und Djudelkes. Adda Itzinga war also die Enkelin des alten Herrn Eberhard Itzinga, des Freundes und Altersgenossen Herrn Kenos.

Addas Bruder Eberhard Itzinga war verheiratet mit Sibbe Allena, Folkmar Allenas Tochter, mit der er eine Tochter Hyma hatte.

Keno tom Broek der Jüngere und Adda Itzinga hatten zwei Kinder: Ocko (Ocko der Jüngere) und Tetta.

Ocko der Jüngere (gestorben 1435) war verheiratet mit Ingelberch von Oldenburg.

Tetta war verheiratet mit Sibeth Papinga, dem Enkel Edo Wiemckens, dessen Schwester Jarste wir im I. Buch kennenlernen.

Imel und seine Nachkommenschaft

Imel (gestorben 1376), Herrn Kenos jüngster Sohn, hatte zwei Töchter:

Adda
Fossa

☆ ***Adda*** tom Broek, später Adda Folkmarsna genannt, verheiratet mit Folkmar Allena von Osterhusen, dem erbitterten Gegner Ritter Ockos (Addas Onkel). Addas und Folkmars Kinder:

Haro, Häuptling zu Hinte und Larrelt. Er hatte zwei Söhne: Ayld und Frerich (Frerich von Larrelt)

Sibbe, bereits erwähnt als Gemahlin Eberhard Itzingas, des Schwagers Kenos des Jüngeren. Sibbe war in erster Ehe verheiratet mit Enno von Larrelt. Sibbes Tochter Hyma heiratete Udo Focken, Focko Ukenas Sohn.

Imel Beninga von Osterhusen und Grimersum war verheiratet mit Hebe, Gerold Beningas einziger Tochter. (Anmerkung: Es bestand also eine doppelte Verwandtschaft zwischen den Allenas und den tom Broeks:

a) Adda tom Broek, Herrn Imels Tochter, war verheiratet mit Folkmar Allena,

b) Elborgs Tochter Ocka war verheiratet mit Folkmar Allenas Brudersohn Ayld).

☆ ***Fossa*** tom Broek, Herrn Imels jüngste Tochter, war verheiratet mit Hisko Abdena, Propst von Emden, ebenfalls einem geschworenen Gegner Ritter Ockos und des Hauses tom Broek. Fossas Kinder sind

Reinste, verheiratet mit Eggo von Westerwolde, und
Imel Abdena

Calendarium

Januar

06. Epiphania Domini
Das Fest der Erscheinung Christi
Das Fest der Heiligen Drei Könige
Dreikönigstag

07. Valentinus
St.-Valentins-Tag, des Bischofs
16. Marcellus
20. Sebastian
22. Vincentius
St.-Vinzenz-Tag

Februar

02. Purificatio Mariä
Reinigung Mariä
Mariä Lichtmeß
14. Valentinus
St.-Valentins-Tag, des Märtyrers
22. Petri Stuhlfeier
24. Matthias

März

12. Gregorius
St.-Gregors-Tag
19. Josephus
St.-Josephs-Tag
25. Annunciatio Mariä
Das Fest der Verkündigung Mariä
Mariä Verkündigung

April

23. Georg
St.-Georgs-Tag
25. Marcus
St.-Markus-Tag des Evangelisten
28. Vitalis

Mai

01. Walpurgis
Walburgstag
12. Pancratius (Eisheilige)
13. Servatius (Eisheilige)
15. Sophia
Sophientag
23. Helena
24. Dominicus
25. Urbanus
St.-Urbans-Tag

Juni

15. Vitus
St.-Veits-Tag
St. Viti
24. Nativitas Johannis Baptistae
Das Fest der Geburt Johannes des Täufers
St.-Johannes-Tag
29. Petrus et Paulus
Peter-und-Pauls-Tag

Calendarium

Juli

13. Margaretha
Margarethentag
22. Maria Magdalena
25. Jacobus
St.-Jakobs-Tag

August

01. Vincula Petri
Petri Kettenfeier
10. Laurentius
St.-Lorenz-Tag
15. Assumtio Mariä
Mariä Himmelfahrt
Unser Frauentag
der erste
24. Bartholomäus

September

01. Egidius
Ägidiustag
08. Nativitas Mariä
Mariä Geburt
Unser Frauentag der jüngere
29. Michael Archangelus
St.-Michaels-Tag

Oktober

04. Franziskus
09. Dionysius
18. Lucas, der Evangelist
28. Simon et Judas
Simon-und-Judas-Tag

November

01. Allerheiligen
02. Allerseelen
11. Martinus Episcopus
St.-Martins-Tag
23. Clemens
30. Andreas

Dezember

06. Nicolaus
St.-Nicolaus-Tag
08. Conceptio Mariä
Mariä Empfängnis
13. Lucia
24. Vigilia Domini
Weihnachtsabend
Christabend
25. Nativitas Domini
Das Fest der
Geburt Christi
Weihnachtsfest
Christfest
26. Stephanus
St.-Stephans-Tag
27. Johannes, der Evangelist

Das Sechste Seeland um 1400

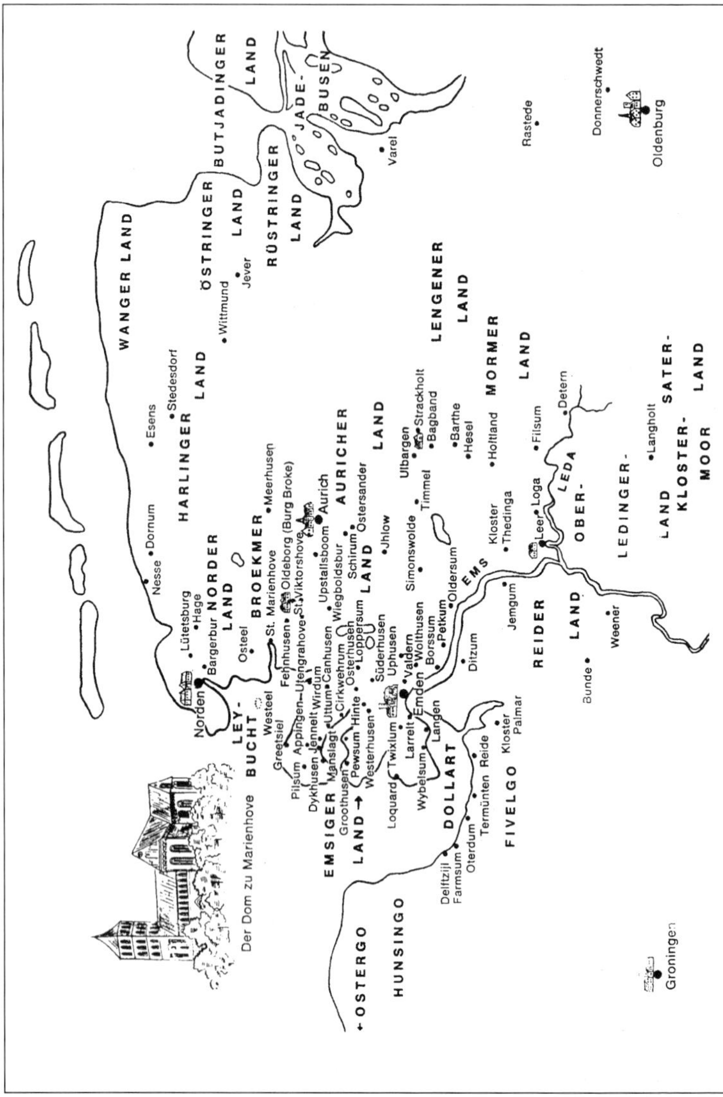